中华文化与传播研究

第七辑

谢清果　钟海连　主编

国家社科基金一般项目"华夏文明传播的观念基础、理论体系与当代实践研究"（19BXW056）阶段性成果；

福建省专业学位研究生导师团队"华夏文明传播研究团队"建设成果；

福建省本科高校教育教学改革研究项目"华夏文明传播学的理论体系、教学模式与实践探索的综合改革研究"建设成果；

福建省高校人文社科研究基地"中华文化传播研究中心"建设成果；

厦门大学一流本科课程"华夏传播概论"建设成果。

九州出版社
JIUZHOUPRESS

图书在版编目（CIP）数据

中华文化与传播研究. 第七辑 / 谢清果，钟海连主编. -- 北京 ：九州出版社，2020.9
ISBN 978-7-5108-9514-2

Ⅰ．①中… Ⅱ．①谢… ②钟… Ⅲ．①中华文化－文化传播－研究 Ⅳ．①G125

中国版本图书馆CIP数据核字(2020)第173009号

中华文化与传播研究·第七辑

作　　者	谢清果　钟海连　主编
出版发行	九州出版社
地　　址	北京市西城区阜外大街甲 35 号（100037）
发行电话	(010)68992190/3/5/6
网　　址	www.jiuzhoupress.com
电子信箱	jiuzhou@jiuzhoupress.com
印　　刷	北京九州迅驰传媒文化有限公司
开　　本	720 毫米 ×1020 毫米　16 开
印　　张	30.75
字　　数	560 千字
版　　次	2020 年 10 月第 1 版
印　　次	2020 年 10 月第 1 次印刷
书　　号	ISBN 978-7-5108-9514-2
定　　价	78.00 元

《中华文化与传播研究》

主办单位：

厦门大学传播研究所

中盐金坛盐化有限责任公司

协办单位：

华夏传播学会

华夏文化促进会

国际中华传播学会（美国）

中国传媒大学媒体创意研究中心

福建省传播学会

福建省易学研究会

厦门市易学研究会

厦门大学国学研究院

四川大学老子研究院

厦门大学道学与传统文化研究中心

厦门筼筜书院

厦门伟纳机电技术有限公司

两岸关系和平发展协同创新中心

中国新闻史学会新闻传播思想史专业委员会

中国新闻史学会台湾与东南亚华文新闻传播史研究委员会

卷首语

2020年注定是惊心动魄的一年。新年伊始，突发的新冠疫情席卷全球，给人类的生命与健康带来严重危机，给世界经济发展造成巨大挑战。面对疫情，中国人民众志成城，投入这一场不能输的没有硝烟的战争，并得到国际社会的广泛支持与赞美。在疫情面前，中国再一次充分展现了"一方有难，八方支援"的民族精神。武汉紧急，全国各地全力驰援；他国求助，中国慷慨解囊。面对被甩锅与污名化，中国政府坚持立场，以海纳百川的胸怀和气魄，为需要帮助的国家、机构等提供人力、物力、财力援助，倾情相助世界各国人民抗疫，书写着大爱无疆的抗疫情怀，用行动和事实证明中国的大国担当、大国智慧及华夏文明的魅力。《求是》杂志发表习近平总书记的重要文章《团结合作是国际社会战胜疫情最有力的武器》，指出："病毒没有国界，疫情不分种族，人类是休戚与共的命运共同体，唯有团结协作、携手应对，国际社会才能战胜疫情。"一场疫情让我们更加清楚地认识到构建人类命运共同体的重要性和迫切性。中国政府呼吁全球合作抗疫、构建人类命运共同体的宏愿，彰显了华夏共生交往观的精妙。

我们秉承"华夏传播·文明传承·文化自觉·民族复兴"的宗旨，致力于推动中华文化与传播研究，构建人类命运共同体，打造中国文明治理体系，传播中国式文明治理方案，促进中国本土文化的研究及跨文化交流，提升中华文化的传播力、感召力与国际认同，提升中国国际话语权，增强民族文化自信心、自豪感。

疫情期间，学术研究者笔耕不辍，承蒙众多同仁的努力与支持，《中华文化与传播研究》第七辑已经完成前期编辑，将要如约与读者见面。本辑以"圣贤文化与组织传播研究"为主题，旨在探讨贤文化及其当代价值，特邀中盐金坛盐化责任公司博士后科研工作站、厦门大学新闻传播学院博士后流动站联合培养的博士后赵立敏主持，汇集中国古代圣贤文化及其现代应用的研究新成果：《论黄宗炎道德事功合一论》探讨浙东学派黄宗炎的五常理论，认为其道德事功合一论继承和深化了儒家成贤作圣思想，并包含着商业伦理省思；《论〈周易〉中的"贤"概念及其在企业文化中的应用》认为，《易传》中的"贤"主要有贤人、尚贤、养贤、用贤这四层内涵，进而探讨贤在企业文化中的应用；《贤文化关键词的价值初衷及美学向度》提出，贤文化的核心内容为八个关键词：敬天、尊道、明本、顺性、尚贤、慧物、贵和、致远，并探讨贤文化对当代企业管理及发展的意义。

本辑一如既往地推出"盐文化传播研究""华夏传播研究""华莱坞电影与中华文化传播"等专栏。郑阳明主持的"盐文化传播研究"专栏探讨了盐梅宰相傅说及其作为一种文化传播的接受过程；《井盐文创产品设计趣味表达方式》结合井盐主题文化要素等，对井盐文创产品设计进行探讨。谢清果教授主持的"华夏传播研究"专栏刊载了邵培仁教授为《华夏传播研究：媒介学的视角》所作的序，深情地回顾了华夏传播学研究的艰难历程与独特魅力，对谢清果教授在《华夏传播研究：媒介学视角》中提出的"生活媒介"概念表示赞许，并对带有浓烈的中国风气派的传播学研究路径满怀期待。本专栏其他论文还结合战国铜餐具、孟子思想、华夏民间舆论传播活动、"木兰从军"IP 等问题，从传播学的角度进行探讨。

推动本土文化建设，强化不同文化的交流融合是大势所趋，中国文化走出去是国家重要的文化战略，加强不同国家、地域的文化交流，促进文明对话是构建人类命运共同体的重要路径。本辑特邀宁波大学辛红娟教授主持"《道德经》英译传播与现代阐释"专栏，汇集四篇研究与译介文献：刘园晨、辛红娟采用量化分析方法对《道德经》英译研究进行回顾并展望；蔡觉敏对美国之 Dao 与老庄自由精神进行比较论述；洪嘉俊对《道德经》"真"字进行探析；杨玉英对美国西德·卡斯勒等著《"他者"的中国眼：〈道德经〉与教育》进行部分译介，以实现学术研究跨文化交流。传播学本土化是我国传播学发展的必然，立足于中国乡土文化的传播学研究日渐受到重视，赵爽英主持的"媒介与乡村"专栏设置了对赵月枝、孙信茹两位传播学者的专访，两位学者分别从全球视野、媒介人类学等角度，对乡村传播研究提供有意义的思考和借鉴，特别是关于现实社会中村落的空间流变及民俗文化的传播研究，对于建构本土化传播理论及研究路径、开拓研究视野具有重要意义。

此外，张实龙主持的"宋明理学传播研究"、洪长晖主持的"新媒体传播研究"、王彦主持的"新地缘政治学与去极端化传播"、陈志强主持的"古琴与中华文化"等特色专栏，对相关专题进行集中探讨。

　　中国政府的治理理念及治理能力在战"疫"中经受了严峻的考验,由此更加坚定了我们对中国文化与传播开展纵深研究的信念与信心。历史和现实表明,中国文化的魅力应为世界共享,中国文化与传播研究尤其是跨文化传播研究,应被寄予厚望。"各美其美,美人之美,美美与共,天下大同"正是中国共生交往观与构建人类命运共同体的追求目标。

谢清果　钟连海

2020 年 5 月

目　录

一、圣贤文化与组织传播研究

主持人语

在中国的传统文化中，人们对偶像的崇拜，实现了一个从"神话英雄"向"人间圣王"的转变历程。对"圣贤"的崇拜，在儒、释、道、墨、农、兵等各个流派中，都始终如一。圣贤不仅拥有完美人格，而且圣贤的言行都是后世的表率。从先秦时期的尧、舜、禹、汤、文、武、周公、孔、孟等，到宋明时期的程、朱、王，乃至到清朝的曾国藩等等，圣贤文化源远流长。圣贤在各家流派中的具体内涵、使命不同，例如老子说："圣人处无为之事，行不言之教"，又说："是以圣人为腹不为目"。而儒家的圣人追求，按照张载的想法是"为天下立心、为生民立命、为往圣继绝学、为万世开太平"。显然道家心目中的圣人和儒家心目中的圣人是有"无为"与"有为"之别的。除此之外，儒家的圣贤思想中还为人们勾勒出圣、贤、士、君的级序，从而方便人们的修行可以逐层而进。此外，圣贤思想在不同的流派中又有很多共通之处，大体上都表现为"敬天、尊道、明本、顺性、尚贤、慧物、贵和、致远"。

圣贤的光辉是指引人们向前而行的璀璨的明灯，圣贤的思想和行为示范对于现代企业的经营管理、企业文化的宣传、企业品牌的传播也有着重要的借鉴意义。从企业的角度来看，现代企业从古代圣贤文化中提炼、吸取有益于企业发展的思想因子，本身也是对传统文化的一种创造性转换和创新性发展的努力。本栏目主要探讨了圣贤思想文化之于现代企业的意义。例如，《贤文化关键词的价值初衷及美学向度》以中盐金坛盐化有限责任公司为个案，归纳了贤文化的核心内容为八个关键词：敬天、尊道、明本、顺性、尚贤、慧物、贵和、致远。这也是中盐金坛企业文化的精华所在，体现着中国管理哲学的美学特色。《老子传播思想的悖论及对企业文化宣传的启示》一文探讨了老子的传播思想，指出老子处于一种"不能言而必须言"的境地，由于"道"这种信息的特殊性，导致老子必须使用"隐喻式传播"，这对于现代企业文化的传播与认同颇有启发，企业文化的宣传更应该注重内向传播、柔性传播这样的传播方式。《黄宗炎道德事功合一论》则分析了黄宗羲的弟弟黄宗炎的"道德事功合一论"思想，从这一学说出发可以进一步反思当代商业伦理。《论〈周易〉中的"贤"概念及其在企业文化中的运用》则分析了"贤人""尚贤""养贤"的关系以及贤文化在中盐金坛盐化有限公司中的运用。《道家"天乐"论音乐美学传播思想探究》探讨了道家对于声音传播的见解，指出"天乐"是一种合天地自然人心的纯然之声。《海德格尔与老庄物之艺术传播本源思想比较》则比较了海德格尔与老庄对于"物"的看法，指出了海德格尔的"物性"和老庄的"物化"有何不同之处。就企业而言，如何使用音乐感化员工、凝聚人心以及企业如何驾驭工具，都是企业经营必须思考的重要课题。

赵立敏（中盐金坛盐化责任公司博士后科研工作站

厦门大学新闻传播学院博士后流动站）

道家"天乐"论音乐美学传播思想探究

李巧伟 *

（衡阳师范学院，湖南衡阳 421002）

摘　要： 道家以音乐论道，提出"天乐"论美学思想。以有无相生，提出音声相和。天籁之音为音声相和的具体表现，强调音乐的自然性，随物自化。道家认为只有通过自我虚位才能实现"物化"，重返生命之本根，从而达到至乐无乐，大音希声。

关键词： 道家；天乐；天籁；虚静；至乐无乐

基金项目： 国家社会科学基金一般项目"南岭走廊瑶族音乐文化形态与族性认同研究"（项目批准号：18BMZ091）。

道家追求"天人合一"，反对社会伦理道德对人的束缚。在音乐方面体现为"天乐"思想，《庄子·天运》篇中明确提到"天乐"：

吾又奏之以无怠之声，调之以自然之命，故若混逐丛生，林乐而无形；布挥而不曳，幽昏而无声。动于无方居于窈冥；或谓之死，或谓之生；或谓之实，或谓之荣；行流散徙，不主常声。世疑之，稽于圣人。圣也者，达于情而遂于命也。天机不张而五官皆备，无言而心说，此之谓天乐。故有焱氏为之颂曰："听之不闻其声，视之不见其形，充满天地，苞裹六极"。汝欲听之而无接焉，而故惑也。①

---

* 作者简介：李巧伟（1981—），男，汉族，硕士，教授，现任衡阳师范学院音乐学院副院长，研究方向：音乐人类学，艺术哲学。
① 陈鼓应注译：《庄子今注今译》，北京：商务印书馆，2012年，第427页。

"听之不闻其声，视之不见其形，充满天地，苞裹六极"是一种顺应自然的音乐，是"道"之美的生动体现。"天乐"是一种通神明、合天地自然人心的纯然之声。"无怠之声""无言而心悦"成为道家音乐美学的核心思想。

一、音声相和

"道"是万物的本源，"乐"是"道"的具体表现，两者之关系犹如有、无之关系。老子以有无相生，提出"音声相和"说："有无相生，难易相成，长短相形，高下相倾，音声相和，前后相随，恒也。"①《礼记·乐记》中写道"凡音者，生人心者也。情动于中，故形于声，声成文，谓之音。"音与声乃有无之关系，音为艺术加工之乐，声为未加修饰的自然之声。庄子提出"无声之中，但闻和音"：

> 视乎冥冥！听乎无声。冥冥之中，独见晓焉；无声之中，独闻和焉。故深之又深而能物焉，神之又神而能精焉；故其与万物接也，至无而供其求，时骋而要其宿。②

深远之中，但见其象；无声之中，但闻和音。声与音究竟有何关联？其中涉及"道"与"物"之间的关系。老子称："视之不见，名曰夷……绳绳兮不可名，复归于无物。是谓无状之状，无物之象，是谓'惚恍'。"③老子在描述"道"时，认为"道"混沌一体，无边无际，不可名状，无形无象，最终还原为没有物态。然而，在《老子》（二十一章）中，又写道："道之为物，惟恍惟惚，惚兮恍兮，其中有象；恍兮惚兮，其中有物。"④老子进一步阐述了道与物的关系，道作为事物，似有似无，如此恍惚，其中却有实物。老子为何一方面称道复归于无物，一方面又称道中有物？

《老子》开篇写道："无，名天地之始；有，名万物之母。故常无，欲以观其妙；常有，欲以观其徼。此两者，同出而异名，同谓之玄。玄之又玄，众妙之门。"⑤在老子看来，道与物的关系即无与有的关系。无、有分别被称

---

① 饶尚宽译注：《老子》，北京：中华书局，2013年，第5页。
② 陈鼓应注译：《庄子今注今译》，北京：商务印书馆，2012年，第352页。
③ 饶尚宽译注：《老子》，北京：中华书局，2013年，第34页。
④ 饶尚宽译注：《老子》，北京：中华书局，2013年，第53页。
⑤ 饶尚宽译注：《老子》，北京：中华书局，2013年，第2页。

为天地的初始、万物的本原，同出于道而名称不同，从常无中，可以观察道的微妙，从万物之有中，可以观察道的边际。然而，所谓的有无只是命名而已，道是不可以被命名的，老子称"吾不知其名，强字之曰'道'，强为之名曰'大'。大曰'逝'，逝曰'远'，远曰'反'。"① 老子勉强取名为"道""大"，但是"大"也是暂时的，必须遗忘。有无的区分实际是对道的降格。"道"与"物"，即"声"与"音"之间的关系，音与声互为表里，声为音之本，音为声之表。

二、天籁之音

天籁之音为音声相和的具体表现。《齐物论》中，子綦对子游说："汝闻人籁而未闻地籁，汝闻地籁而未闻天籁夫！"②

籁是古代的一种箫，人籁是指人吹竹管发出的声音，地籁，是风吹洞穴发出的声音，而天籁则借子綦之口说："吹万不同，而使其自己也，咸其自取，怒者其谁邪！"③ "自取"表明万窍发出千差万别的声音，是各个窍孔的自然状态所致，并没有其他东西发动。这强调了天乐自然而为的状态，不需要外物的推动，发声要随物自化，即物化。《至乐》中写道：

> 昔者海鸟止于鲁郊，鲁侯御而觞之于庙，奏《九韶》以为乐，具太牢以为膳。鸟乃眩视忧悲，不敢食一脔，不敢饮一杯，三日而死。此以己养养鸟也，非以鸟养养鸟也。夫以鸟养养鸟者，宜栖之深林，游之坛陆，浮之江湖，食之鳅鲦，随行列而止，委蛇而处。彼唯人言之恶闻，奚以夫譊譊为乎！《咸池》《九韶》之乐，张之洞庭之野，鸟闻之而飞，兽闻之而走，鱼闻之而下入，人卒闻之，相与还而观之。鱼处水而生，人处水而死。彼必相与异，其好恶故异也。故先圣不一其能，不同其事。名止于实，义设于适，是之谓条达而福持。④

把海鸟引进太庙，送酒给它饮，以《九韶》之乐取悦海鸟，海鸟三天便死。因为这是以人的方式养鸟，而不是以鸟的方式养鸟。鸟最怕听人的声音，为什么还要弄得这般喧杂。如果在野外演奏《九韶》《咸池》等音乐，鸟兽都

---

① 饶尚宽译注：《老子》，北京：中华书局，2013年，第63页。
② 陈鼓应注译：《庄子今注今译》，北京：商务印书馆，2012年，第43页。
③ 陈鼓应注译：《庄子今注今译》，北京：商务印书馆，2012年，第43页。
④ 陈鼓应注译：《庄子今注今译》，北京：商务印书馆，2012年，第530页。

会逃走，人却会围过来欣赏。因此，万物各有自己的标准，不能以人的标准作为唯一标准。

《人世间》中，庄子用一个木匠的故事，提出"以物观物"的观点。木匠看到一棵社神的栎树，称其是不材之木，才能不被砍伐。木匠回到家中，梦见栎树对他说：

> 女将恶乎比予哉？若将比予于文木邪？夫柤梨橘柚，果蓏之属，实熟则剥，剥则辱；大枝折，小枝泄。此以其能若其生者也，故不终其天年而中道夭，自掊击于世俗者也。物莫不若是。且予求无所可用久矣，几死，乃今得之，为予大用。使予也而有用，且得有此大也邪？且也若与予也皆物也，奈何哉其相物也？而几死之散人，又恶知散木！①

栎树认为木匠是将它与有用之木相比，有用之木正由于他们的才能不能享尽天年而夭折，栎树力求做到无所可用才得以保全。栎树和木匠都是物，木匠既不能从自己的立场将栎树与有用之木作比，也无法了解栎树的苦心。木匠醒后明白，栎树以自己的方式保全自己，这种方式不能从常人的角度，而要从栎树的立场才能理解。在此基础上，庄子提出"物化"说，庄子称：

> 昔者庄周梦为蝴蝶，栩栩然蝴蝶也，自喻适志与！不知周也。俄然觉，则蘧蘧然周也。不知周之梦为蝴蝶与，蝴蝶之梦为周与？周与蝴蝶，则必有分矣。此之谓物化。②

物化即还原物自然，做到"以物观物"，意识与世界互相交参、补衬，同时出现，物物相应和、相印认。不只是蝴蝶是庄周梦中之物，庄周亦是蝴蝶梦中之物，不可单以庄周的视角去观蝶，也要以蝴蝶的视角观庄周，这样才能做到物我两化。"物化"的最终目的是实现"道通为一"，庄子说："故为是举莛与楹，厉与西施，恢恑憰怪，道通为一。其分也，成也；其成也，毁也。凡物无成与毁，复通为一。"③从道的轮回来看，天地一指也，万物一马也。人只是宇宙万物中的一员，没有理由以其主观情感去界定万物，万物各

---

① 陈鼓应注译：《庄子今注今译》，北京：商务印书馆，2012年，第156页。
② 陈鼓应注译：《庄子今注今译》，北京：商务印书馆，2012年，第109页。
③ 陈鼓应注译：《庄子今注今译》，北京：商务印书馆，2012年，第75—76页。

具其境，各得其所，各依其性，各展其能。顺应物本身，便回到"道"的本源状态。因此，"物化"即"道"的实现过程。"天籁之音"即孔穴物化之音，庄子进一步论证："夫子曰，夫道，渊乎其居，�乎其清也。金石不得无以鸣。故金石有声，不考不鸣。万物孰能定之！"[1]

金石因自身而发声，没有外物可以决定金石如何发音。与天籁之音相对的是一些小言者。小言者自认为掌握了标准，唇枪舌剑，互相攻击，"夫随成心而师之，谁独且无师乎？奚必知代而心自取者有之？愚者与有焉。"如果依据自己的成见作为判断标准，那么连愚人都有一个标准。庄子用"乐出虚，蒸成菌"形容小言者，他们好像音乐从中空之器中发出来，意即这些人被束缚在条条框框中，发出的声音千篇一律，毫无生气。

三、虚心之乐

天籁之音需随物自化，如何才能做到"物化"？《养生主》中：

庖丁为文惠君解牛。手之所触，肩之所倚，足之所履，膝之所踦，砉然向然，奏刀騞然，莫不中音；合于《桑林》之舞，乃中《经首》之会。[2]

庖丁之所以能在宰牛时，进刀割解合于《桑林》乐章的舞步，合于《经首》乐章的韵律，是因为对道的追求。在宰牛时，能保持一颗虚静之心，因而能顺着牛身上自然的结构去用刀，虚静乃是天乐的根本。

老子提醒我们必须忘记有无的区分，回到无物状态。正所谓："致虚极，守静笃。万物并作，吾以观复。夫物芸芸，各归其根。归根曰'静'，静曰'复命'。"万物纷繁众多，最后总会回复到根源，根源都是最虚静的，虚静是生命的本质，即"复命"。虚无和实有实质同出于一体，回归到万物一体、自然而为的"道"的本源状态。庄子将虚无和实有合二为一，称为"无有"，《庄子·庚桑楚》中写道："天门者，无有也，万物出乎无有。有不能以有为有，必出乎无有，而无有一无有。圣人藏乎是。"[3]庄子认为自然的总门，是"无有"，"有"不能出于"有"，必定出于"无有"，"无有"是无和有的统一。只有通过虚才能实现"无有"，庄子接着写道：

---

① 陈鼓应注译：《庄子今注今译》，北京：商务印书馆，2012年，第352页。
② 陈鼓应注译：《庄子今注今译》，北京：商务印书馆，2012年，第116页。
③ 陈鼓应注译：《庄子今注今译》，北京：商务印书馆，2012年，第705—706页。

彻志之勃，解心之谬，去德之累，达道之塞。贵富显严名利六者，勃志也。容动色理气意六者，谬心也。恶欲喜怒哀乐六者，累德也。去就取与知能六者，塞道也。此四六者不荡胸中则正，正则静，静则明，明则虚，虚则无为而无不为也。①

庄子认为贵富显严名利、容动色理气意、恶欲喜怒哀乐、去就取与知能这四种六项不在胸中扰乱就能平正，内心平正就能安静，安静就能明澈，明澈则能虚空，虚空就能顺应自然而无所不能。唯有自我虚位，即虚心，才能实现"道通为一"。庄子通过"朝三暮四"的寓言，告诉我们"两行"的道理：

狙公赋芧曰：朝三而暮四。众狙皆怒。曰：然则朝四而暮三。众狙皆悦。名实未亏而喜怒为用，亦因是也。是以圣人和之以是非而休乎天钧，是之谓两行。②

名和实都没有改变而猴子喜怒不同，这是因为顺着猴子的心理。圣人不会困于自己的内心，从某一角度看问题，而是通过虚心顺应自然均衡，即"道通为一"的观点，这叫作"两行"。 虚是万物的本源，虚即不依据某一既定标准，做到"用心若镜，不将不迎。应而不藏，故能胜物而不伤"。通过虚心才能实现以物观物，镜子本身空无一物，才能"怀六合"，"镜万有"，如果它先有某种映像或污迹，就不能公正完整地理解万物。刘勰在《文心雕龙》中写道：

神居胸臆，而志气统其关键；物沿耳目，而辞令管其枢机。枢机方通，则物无隐貌；关键将塞，则神有遁心。是以陶钧文思，贵在虚静，疏瀹五藏，澡雪精神……独照之匠，窥意象而运斤，此盖驭文之首术，谋篇之大端。③

"疏瀹五藏，澡雪精神"出自《庄子·知北游》，指情性不可妄动，使人烦闷，即要做到虚静，刘勰认为这才是写文章的关键。只有虚静才能消除意

---

① 陈鼓应注译：《庄子今注今译》，北京：商务印书馆，2012年，第713页。
② 陈鼓应注译：《庄子今注今译》，北京：商务印书馆，2012年，第76页。
③ 刘勰：《文心雕龙》，范文澜注，北京：人民文学出版社，2014年，第493页。

志的错乱，贯通大道的障碍，做到由耳目去接触外物，文辞使外物表达无遗。表达功能活跃，那么事物的形貌就可充分描绘。《庄子·达生》篇中的木匠梓庆是独照之匠的代表，梓庆说：

> 臣将为鐻，未尝敢以耗气也，必齐以静心。齐三日，而不敢怀庆赏爵禄；齐五日，不敢怀非誉巧拙；齐七日，辄然忘吾有四肢形体也。当是时也，无公朝，其巧专而外滑消。然后入山林，观天性。形躯至矣，然后成见鐻，然后加手焉。不然则已。则以天合天。器之所以疑神者，其是与！①

通过斋戒七日安静心灵，忘记形体，以一颗虚静的心观察树木，实现"以天合天"，即"以物观物"，一个形成的鐻钟宛然呈面在眼前，然后加以施工，从而创造了一个惊犹鬼神的乐器——鐻。运斤用的是《庄子·徐无鬼》中"匠石运斤成风"的典故。庄子曰："郢人垩幔其鼻端，若蝇翼，使匠石斫之。匠石运斤成风，听而斫之，尽垩而鼻不伤，郢人立不失容。"②郢地人捏白土把一滴泥点溅到鼻尖上，如蝇翼般，请匠石替他削掉。匠石挥动斧头呼呼作响，随手劈下削去泥点，那小滴泥点完全削除而鼻子没有受到丝毫损伤。这正是庖丁解牛的精妙之处，依据匠人精神"以神遇而不以目视，观知止而神欲行。依乎天理，批大郤，导大窾，因其固然，技经肯綮之未尝，而况大軱乎！"从而发出天籁之音。

四、至乐无乐

以虚空之心，发咸其自取之音，实现"大音希声"。老子称"听之不闻，名曰''希'"，因为一切合于自然的分际，因此能做到听之不闻。庄子将天乐视为人生的最高境界：

> 夫明白于天地之德者，此之谓大本大宗，与天和者也；所以均调天下，与人和者也。与人和者，谓之人乐；与天和者，谓之天乐。
> 庄子曰："吾师乎！吾师乎！齑万物而不为戾气泽及万世而不为仁，长于上古而不为寿，覆载天地刻雕众形而不为巧，此之谓天乐。故曰：'知天乐者，其

① 陈鼓应注译：《庄子今注今译》，北京：商务印书馆，2012年，第568页。
② 陈鼓应注译：《庄子今注今译》，北京：商务印书馆，2012年，第740页。

生也天行，其死也物化。静而与阴同德，动而与阳同波。'故知天乐者，无天怨，无人非，无物累，无鬼责。故曰：'其动也天，其静也地，一心定而王天下；其鬼不祟，其魂不疲，一心定而万物服。'言以虚静推于天地，通于万物，此之谓天乐。天乐者，圣人之心，以畜天下也。①

何为天地之德，《老子》（五十一章）写道"道生之，德畜之，物形之，势成之。是以万物莫不尊道而贵德。道之尊，德之贵，夫莫之命而常自然。"道化生万物，德养育万物，用不同形态区别万物，在各种环境中成就万物。万物尊道贵德，因为道和德没有对万物发号施令而永远顺其自然。庄子将这一天地大德称为大宗师，体现了他宗大道为师的观点。调和万物却不以为义，泽及万世却不以为仁。生也天行，死也物化，其动也天，其静也地，以一颗虚静之心，通天地，协调万物，便为天乐。天乐实现了与天地同德，与万物自化。自然之声乃为最高、最静谧之声，天成地宁，日月光照而四时运行，实现"言无言，终身言，未尝不言；终身不言，未尝不言"。因此，庄子在《天运》篇中称天乐"天机不张而五官皆备，无言而心说"。

《至乐》篇中，庄子进一步提出"至乐无乐"的观点。在庄子看来，礼乐为束缚人性而作，他说："多于聪者，乱五声，淫六律，金石丝竹黄钟大吕之声非乎？而师旷是已。"五声，六律，容易迷乱人的视听。象师旷那样，改变自然之乐从属五音，犹如标榜仁义、炫耀德行之徒，蔽塞本性沽名钓誉，不是真正的聪敏。纵情的音乐、烦琐的礼仪是导致天下大乱的原因：

澶漫为乐，摘僻为礼，而天下始分矣。故纯朴不残，孰为牺樽？白玉不毁，孰为珪璋？道德不废，安取仁义！性情不离，安用礼乐！五色不乱，孰为文采？五声不乱，孰应六律！夫残朴以为器，工匠之罪也；毁道德以为仁义，圣人之过也。②

庄子认为，盛德的时代，和鸟兽同居，和万物并聚，没有君子小人之分。大家都保持纯朴之心。等到圣人出现，急于求仁，天下才开始迷惑。抛弃本性，所以出现礼乐；五色散乱，所以出现文采；五音错乱，才和六律。因而，

① 陈鼓应注译：《庄子今注今译》，北京：商务印书馆，2012 年，第 396—397 页。
② 陈鼓应注译：《庄子今注今译》，北京：商务印书馆，2012 年，第 290 页。

庄子认为至极的音乐在于无乐,礼乐掩盖下的"乐"扭曲了人的本性,真正的音乐"覆载天地刻雕众形而不为巧","淡然无极而众美从之",顺应自然,至简至朴,"与天和者,谓之天乐"。天乐之乐在于与天地精神往来,达到与天同乐的境界,不以人事变迁或喜或悲。庄子妻死,惠子吊丧,看到庄子"鼓盆而歌",责备庄子无情。庄子说:"杂乎芒芴之间,变而有气,气变而有形,形变而有生,今又变而之死,是相与为春秋冬夏四时行也。"①庄子视生死变迁,如春夏秋冬变化,为妻死而哭哭啼啼,是不参透生命的表现。《让王》篇中,庄子借儒家之口道出了"穷通皆乐"的思想:

孔子穷于陈蔡之间,七日不火食,藜羹不糁,颜色甚惫,而犹弦歌于室。颜回择菜于外,子路子贡相与言曰:"夫子再逐于鲁,削迹于卫,伐树于宋,穷于商周,围于陈蔡,杀夫子者无罪,藉夫子者无禁。弦歌鼓琴,未尝绝音,君子之无耻也若此乎?"②

孔子被围困陈蔡之间,七天没有生火煮饭,仍在室中弹琴唱歌。子路子贡议论,先生倍受屈辱,还在唱歌,是不知耻的表现。孔子则回答:

君子通于道之谓通,穷于道之谓穷。今丘抱仁义之道以遭乱世之患,其何穷之为?故内省而不疚于道,临难而不失其德,天寒既至,霜雪既降,吾是以知松柏之茂也。陈蔡之隘,于丘其幸乎。③

孔子认为穷困时的快乐和通达时的快乐,不过寒暑风雨交替而已,苦中作乐,乃是"岁寒,然后知松柏之后凋也"的超然态度。

庄子的"至乐无乐"与老子的"大音希声"有异曲同工之妙。《天运》篇皇帝对北门成谈《咸池》之乐。第一阶段:"吾奏之以人,征之以天,行之以礼仪,建之以太清。"以人事顺应天事,以清浊音调和阴阳,因而"四时迭起,万物循生",当乐曲展开旋律时,自然万物也开始生长。音乐之中出现天宽地广的气势,忽而消逝忽而兴作,忽而停止忽而升起。这一阶段是这一首交响乐的第一乐章,以人事、礼仪配"天道",让人感悟"道"的伟大,从而

---

① 陈鼓应注译:《庄子今注今译》,北京:商务印书馆,2012年,第524页。
② 陈鼓应注译:《庄子今注今译》,北京:商务印书馆,2012年,第877—878页。
③ 陈鼓应注译:《庄子今注今译》,北京:商务印书馆,2012年,第878页。

产生"惧"。第二阶段："吾又奏之以阴阳之和，烛之以日月之明。其声能短能长，能柔能刚；变化齐一，不主故常；在谷满谷，在阬满阬；涂郤守神，以物为量。其声挥绰，其名高明。"第二乐章变化有规律，却能推陈出新，旋律悠扬，意境开阔。更加之演奏技巧的高超，余音不绝，流韵无穷。要思虑却不能明白，要观看却见不到，要追赶却赶不上，"傥然立于四虚之道，倚于槁梧而吟"，面对生生不息的大道，只能倚在树下歌吟，靠着几案休息。达到"形充空虚，乃至委蛇"，即内心空明，随顺应变，从而变得"怠"（松弛）。

第三阶段："吾又奏之以无怠之声，调之以自然之命。"第三乐章，极致精微，"故若混逐丛生，林乐而无形；布挥而不曳，幽昏而无声。"众乐齐奏而不见形迹，乐声播散而不留曳，意境幽深而不可闻。故而有"听之不闻其声，视之不见其形，充满天地，苞裹六极"的魅力。这一乐章把人从雄奇变幻的境界带入纯和无欲、顺应自然的天地。你想听却听不到，因此感到"惑"。庄子认为"天乐""惧""怠""惑"三个阶段正是与道会通的过程。在惊惧中体会"道"的无穷无尽，领悟只有松弛才能顺应，最后迷惑于道的无影无踪。由此，达到"至乐无乐"的最高境界。道家以音乐悟"道"，以道法自然的"天籁之音"寻访人生的最高境界，是中国艺术精神的集中体现。

海德格尔与老庄"物"之艺术传播本源思想的比较

文　玲*

（衡阳师范学院，湖南衡阳　421002）

摘　要：海德格尔认为作品之"物性"是涉及艺术本源的关键问题。为了超越主体与客体、物与我之间的对立，不用主体的主观性去描述艺术品，而是强调在艺术作品中，存在者之真理自行设置入作品中。然而，海德格尔无法否定艺术作品与人的关系。试图从艺术作品的独立性探寻艺术本源，最后又落入了必须深入理解艺术家活动的窠臼，令海德格尔不得不承认艺术作品的本源是一个谜。老庄"物化"说，"复命"说，强调物我齐一，虚心待物，能有效解释艺术作品的本源问题。

关键词：艺术作品；物性；物化；虚静

基金项目：国家社会科学基金青年项目"佛教传播中的文明交流互鉴话语构建研究"（项目批准号：18CXW019）

海德格尔在《艺术作品的本源》这篇文章中，以"艺术家是作品的本源。作品是艺术家的本源"引出了对"艺术"的探讨。他认为艺术家和作品都是通过一个第三者存在，这个第三者即艺术。那么，艺术以何种方式同时成为艺术家和作品的本源？海德格尔认为作品之"物性"是涉及艺术本源的关键问题。

"道"作为中国艺术思想的核心概念，老子在描述"道"时，称："视之

---

*　作者简介：文玲（1981—），女，湖南衡阳人，湖南师范大学在读博士后，浙江大学博士，衡阳师范学院副教授，主要从事符号学研究。

不见……绳绳兮不可名，复归于无物。是谓无状之状，无物之象，是谓'惚恍'。"①认为"道"混沌一体，无边无际，不可名状，无形无象，最终还原为没有物态。然而，在《老子》（二十一章）中，又写道："道之为物，惟恍惟惚，惚兮恍兮，其中有象；恍兮惚兮，其中有物。"②老子进一步阐述了道与物的关系，道作为物，似有似无。如此恍惚，其中却有实物。老子为何一方面称道复归于无物，一方面又称道中有物，其中也牵涉了对"物"的理解。可见，"物"是东西方艺术思想的内核，但两者存在着差异。将两者进行比较，有助于增进我们对艺术的理解。

一

海德格尔认为所有作品都有一种物因素，他写道："在艺术作品中，物因素是如此稳固，以致我们毋宁必须反过来说：建筑作品存在于石头里。木刻作品存在于木头里。油画在色彩里存在。语言作品在话音里存在。音乐作品在音响里存在。"③那么，这种物因素究竟是什么？海德格尔区分了"纯然的物本身"和"物之存在"（即物性 die Dingheit）。纯然之物指纯粹之物，差不多带有贬义，指除了物别无其他。在论述"物性"时，海德格尔辨析了对物的三种传统观念。第一种观念把物之物性规定为具有诸属性的实体，对物的理解即对物的称呼和关于物的谈论。海德格尔认为这种物性观，使得物的结构被命题框架设计出来，人把自己陈述物的方式转嫁到物自身的结构上。这种关于物之物性的解释，即认为物是其特征的载体，物性指代的概念。海德格尔认为这种解释没有切中物的本质属性和自足特性，这种解释实质上是让理性占据了物性。当我们以主谓句式（命题结构）定义某物时，是将物当作认识对象，对物的属性进行概括，实质上是一种科学认知，疏离了人与物的关系。由此，出现了对物性的第二种解释，认为应该用感官去感知物，物是感性之物。海德格尔认为这一解释无非是让物在感官上被赋予多样性的统一，仍然没有改变物的概念属性，只是让我们为物所纠缠，丝毫没有拉近人与物的距离。第三种解释认为物是质料和形式的结合，海德格尔称质料与形式是西方所有艺术理论和美学的概念图式，能够回答艺术作品中的物因素问题，物因素即构成作品的质料。但是质料和形式是什么都可以归入其中的笼统概

① 饶尚宽译注：《老子》，北京：中华书局，2013年，第34页。
② 饶尚宽译注：《老子》，北京：中华书局，2013年，第53页。
③ 马丁·海德格尔：《林中路》，孙周兴译，上海：上海译文出版社，2004年，第4页。

念，仍然是一种概念机制。

在此，海德格尔区分了三种物：自然物、用具物、艺术作品。自然物指花岗岩、水等自然存在之物，用具之物指斧、鞋、罐等有用之物。海德格尔认为质料——形式最适合用于用具上，统一于有用性之中。用具在某种意义上离人最近，用具之用在于"上手"，我们不观察锤子而是用锤子锤钉子。正因为用具离我们最近，所以很容易从用具开始探讨什么是物。但是，用具不独立，它的存在是由于人的存在。自然物不是人造的，是独立的。因此，把用来分析用具的质料与形式套在自然物上不合适。艺术作品介于自然物和用具之间，是人造的，但却像自然物一样是独立的。质料——形式只能部分说明艺术作品，不能充分说明艺术作品的本质。从人造的却又独立这一角度分析艺术作品，是海德格尔艺术观的独特之处。

西方关于物性的三种解释，物是属性的承担者、物是感觉杂多的统一体、物是形式加诸其上的质料。第一种解释是以理性去认识，第二种解释是用感性去感知，第三种解释仍然是一种以语言谈论物和艺术作品的方式。均没有跳出理性与感知、主观与客观二分的思维模式，是以物我对立的立场去理解物。海德格尔试图摆脱主体的主观认识，让艺术品自行显现。用一双农鞋区分了用具与艺术作品，农妇穿着鞋子劳动，对鞋子思量得越少、观看得越少、感觉得越少，农鞋越是真实地成其所是。然而，在凡·高的一双农鞋的画里，却不会遭遇到用具因素。我们经验到的是：

从鞋具磨损的内部那黑洞洞的敞口中，凝聚着劳动步履的艰辛。这硬邦邦、沉甸甸的破旧农鞋里，聚集着那寒风料峭中迈动在一望无际的永远单调的田垄上的步履的坚韧和滞缓。鞋皮上粘着湿润而肥沃的泥土。暮色降临，这双鞋底在田野小径上踽踽而行。在这鞋具里，回响着大地无声的召唤，显示着大地对成熟谷物的宁静馈赠，表征着大地在冬闲的荒芜田野里朦胧的冬眠。这器具浸透着对面包的稳靠性无怨无艾的焦虑，以及那战胜了贫困的无言喜悦，隐含着分娩阵痛时的哆嗦，死亡逼近时的战栗。这器具属于大地，它在农妇的世界里得到保存。正是由于这种保存的归属关系，器具本身才得以出现而得以自持。①

---

① 马丁·海德格尔：《林中路》，孙周兴译，上海：上海译文出版社，2004年，第18—19页。

海德格尔认为如果农妇穿着鞋，也能经验到用具本质性存在的丰富性，即获得一种可靠性。借助于这种可靠性，农妇通过这个用具而被置入大地的召唤中；借助于用具的可靠性，农妇才对自己的世界有了把握，世界和大地为她而在此。器具的可靠性保证了大地无限延展的自由。因此，只有在可靠性中才能发现器具的有用性是什么，有用性是可靠性的保障，可靠性是有用性的依据。正是凡·高的一幅油画揭开了这个器具即一双农鞋实际上是什么。如此，存在者进入了它的存在无蔽状态之中。借助可靠性，器物成为艺术作品。海德格尔称："在作品中，要是存在者是什么和存在者是如何被开启出来，也就有了作品中的真理的发生。"① 随即，他找到了艺术作品的本质：存在者的真理自行设置入作品。艺术作品以自己的方式开启存在者之存在。在作品中发生这样一种开启，即解蔽，也就是存在者之真理，艺术就是真理自行设置入作品中。

海德格尔关于艺术的本质说，是为了超越主体与客体、物与我之间的对立，不用主体的主观性去描述艺术品，而是强调在艺术作品中，存在者之真理自行设置入作品中。海德格尔从荷尔德林那里把"大地"概念引入了自己的哲学，把"大地"称为"人在其上和其中赖以筑居的东西"、"一切涌现者的返身隐匿之所"和"庇护者"，把世界建立为世界、使世界（Welt）"世界着"，也就是艺术。海德格尔的大地对于人来说是"自行锁闭着"的，只有作品才"把作为自行锁闭者的大地带入敞开领域之中"，"让大地成为大地"。然而，海德格尔不得不承认："无论我们多么热诚地追问作品的自立，如果我们不领会艺术作品是一个制成品，就不会找到它的现实性……作品的作品因素，就在于它由艺术家所赋予的被创作存在之中"，② "在这一事实的强迫下，我们不得不深入领会艺术家的活动，以便达到艺术作品的本源。完全根据作品自身来描述作品的作品存在，这种做法已证明是行不通的"。③ 经过绕圈子的一场讨论，他在文末的"后记"中承认"艺术作品的本源"是一个"艺术之谜"，"这里绝没有想要解开这个谜。我们的任务在于认识这个谜"。④ 在"附录"中也谈道："艺术是什么的问题，是本文中没有给出答案的诸种问题之一。其中

---

① 马丁·海德格尔：《林中路》，孙周兴译，上海：上海译文出版社，2004年，第21页。
② 马丁·海德格尔：《林中路》，孙周兴译，上海：上海译文出版社，2004年，第45页。
③ 马丁·海德格尔：《林中路》，孙周兴译，上海：上海译文出版社，2004年，第45页。
④ 马丁·海德格尔：《林中路》，孙周兴译，上海：上海译文出版社，2004年，第67页。

仿佛给出了这样一个答案，而其实乃是对追问的指示。"①

二

老庄关于"物"的论述，有助于解开海德格尔的"艺术之谜"。海德格尔为了把自己和人本主义区别开来，从现象学的立场上把艺术家和主体都放到"括号"里去，庄子直接否定以人的立场作为衡量万物的标志，提出"万物齐一"的观点。《齐物论》中写道：

> 啮缺问乎王倪曰："子知物之所同是乎？"曰："吾恶乎知之！""子知子之所不知邪？"曰："吾恶乎知之！""然则物无知邪？"曰："吾恶乎知之！虽然，尝试言之。庸讵知吾所谓知之非不知邪？庸讵知吾所谓不知之非知邪？且吾尝试问乎女：民湿寝则腰疾偏死，鳅然乎哉？木处则惴栗恂惧，猨猴然乎哉？三者孰知正处？……毛嫱丽姬，人之所美也，鱼见之深入，鸟见之高飞，麋鹿见之决骤。四者孰知天下之正色哉？自我观之，仁义之端，是非之涂，樊然淆乱，吾恶能知其辩！"②

在庄子看来，万物没有共同的标准，万物并不遵循人的法则。人睡在潮湿的地方，就会患腰痛或半身不遂，泥鳅却不会。人爬到树上会惊惧不安，猿猴却不会，这三种动物中谁的生活习惯才符合标准？毛嫱和西施是世人认为最美的，但鱼见了就要深入水底，鸟见了就要飞向高空，麋鹿见了就要急速奔跑。这四种动物究竟哪一种美才算最好标准？因此，万物有其自身的标准，人自认为知道的并非真的知道，人的看法正是导致是非、纷争的源头。《人世间》中，庄子用一个木匠的故事，提出"以物观物"的观点。木匠看到一棵社神的栎树，称其是不材之木，才能不被砍伐。木匠回到家中，梦见栎树对他说：

> 女将恶乎比予哉？若将比予于文木邪？夫柤梨橘柚，果蓏之属，实熟则剥，剥则辱；大枝折，小枝泄。此以其能若其生者也，故不终其天年而中道夭，自掊击于世俗者也。物莫不若是。且予求无所可用久矣，几死，乃今得之，为予

① 马丁·海德格尔：《林中路》，孙周兴译，上海：上海译文出版社，2004年，第74页。
② 陈鼓应注译：《庄子今注今译》，北京：商务印书馆，2012年，第97页。

大用。使予也而有用，且得有此大也邪？且也若与予也皆物也，奈何哉其相物也？而几死之散人，又恶知散木！①

栎树认为木匠是将它与有用之木相比，有用之木正由于他们的才能不能享尽天年而夭折，栎树力求做到无所可用才得以保全。栎树和木匠都是物，木匠既不能从自己的立场将栎树与有用之木作比，也无法了解栎树的苦心。木匠醒后明白，栎树以自己的方式保全自己，这种方式不能从常人的角度，而要从栎树的立场才能理解。在此基础上，庄子提出"物化论"，庄子称：

昔者庄周梦为蝴蝶，栩栩然蝴蝶也，自喻适志与！不知周也。俄然觉，则蘧蘧然周也。不知周之梦为蝴蝶与，蝴蝶之梦为周与？周与蝴蝶，则必有分矣。此之谓物化。②

物化即还原物自然，做到"以物观物"，意识与世界互相交参、补衬，同时出现，物物相应和、相印认。不只是蝴蝶是庄周梦中之物，庄周亦是蝴蝶梦中之物，不可单以庄周的视角去观蝶，也要以蝴蝶的视角观庄周，这样才能做到物我两化。"物化"的最终目的是实现"道通为一"，庄子说："故为是举莛与楹，厉与西施，恢恑憰怪，道通为一。其分也，成也；其成也，毁也。凡物无成与毁，复通为一。"③从道的轮回来看，天地一指也，万物一马也。人只是宇宙万物中的一员，没有理由以其主观情感去界定万物，万物各具其境，各得其所，各依其性，各展其能。顺应物本身，便回到"道"的本源状态。因此，"物化"即"道"的实现过程。

"道"即艺术作品的本源，"物化"可以理解为使世界世界着，物由此获得了独立性。"物化"思想可以化解海德格尔思想的矛盾，海德格尔思想的矛盾，在于他在器具的基础上谈论作品，器具的存在由人而创造，只是人在不关注器具的有用性获得可靠性时，器具才成为独立的艺术作品。虽然海德格尔极力强调"艺术是真理自行设置入作品"中，"谁"或者以何种方式"设置"是一个"始终未曾规定但可规定的"问题，因而其中"隐含着存在和人之本质的关联"，存在者的"无蔽"状态，依赖于人，因为存在乃是对人的允

---

① 陈鼓应注译：《庄子今注今译》，北京：商务印书馆，2012年，第156页。
② 陈鼓应注译：《庄子今注今译》，北京：商务印书馆，2012年，第109页。
③ 陈鼓应注译：《庄子今注今译》，北京：商务印书馆，2012年，第75—76页。

诺或诉求，没有人便无存在，海德格尔不得不承认艺术就是人的创作和保存。但他把艺术家仅仅看作艺术品实现自身"作品性"的工具；艺术作品的存在虽然借助艺术家的创造，但从根本上来说并不在艺术家身上，也不在别的人身上，而是独立地另有所在。这是一种超于人的"存在"、超于人的"真理"，实际上是对人的降格。老庄则强调物的自然状态，物不依赖于人而存在。物我不分，人应该视自己与物完全合二为一，不应该理智地或客观地看待它，视它为某种我们可以置身于其外的东西。当物我齐一时，物便进入本真澄明之境，即海德格尔所说的"去蔽"。老庄思想表面看似将人与物等量齐观，却是真正的人本主义。

三

老子说："无，名天地之始；有，名万物之母。故常无，欲以观其妙；常有，欲以观其徼。此两者，同出而异名，同谓之玄。玄之又玄，众妙之门。"①在老子看来，道与物的关系即无与有的关系。无、有分别被称为天地的初始、万物的本原，同出于道而名称不同，从常无中，可以观察道的微妙，从万物之有中，可以观察道的边际。然而，所谓的有无只是命名而已，道是不可以被命名的，老子称："吾不知其名，字之曰道，强为之名曰大。大曰逝，逝曰远，远曰反。"②老子勉强取名为"道""大"，但是"大"也是暂时的，必须遗忘。有无的区分实际是对道的降格。老子提醒我们必须忘记有无的区分，回到无物状态。正所谓："致虚极，守静笃。万物并作，吾以观复。夫物芸芸，各归其根。归根曰'静'，静曰'复命'。"③万物纷繁众多，最后总会回复到根源，根源都是最虚静的，虚静是生命的本质，即"复命"。物"复命"的过程体现了中国艺术哲学中的"物化"思想。唯有自我虚位，即虚心，才能实现"道通为一"。庄子通过"朝三暮四"的寓言，告诉我们"两行"的道理：

狙公赋芋曰：朝三而暮四。众狙皆怒。曰：然则朝四而暮三。众狙皆悦。名实未亏而喜怒为用，亦因是也。是以圣人和之以是非而休乎天钧，是之谓两行。④

---

① 饶尚宽译注：《老子》，北京：中华书局，2013年，第2页。
② 饶尚宽译注：《老子》，北京：中华书局，2013年，第63页。
③ 饶尚宽译注：《老子》，北京：中华书局，2013年，第40页。
④ 陈鼓应注译：《庄子今注今译》，北京：商务印书馆，2012年，第76页。

名和实都没有改变而猴子喜怒不同，这是因为顺着猴子的心理。圣人不会困于自己的内心，从某一角度看问题，而是通过虚心顺应自然均衡，即"道通为一"的观点，这叫作"两行"。虚是万物的本源，虚即不依据某一既定标准，做到"用心若镜，不将不迎。应而不藏，故能胜物而不伤"。通过虚心才能实现以物观物，镜子本身空无一物，才能"怀六合"，"镜万有"，如果它先有某种映像或污迹，就不能公正完整的理解万物。那么，虚无和实有实质同出于一体，回归到万物一体、自然而为的"道"的本源状态。庄子将虚无和实有合二为一，称为"无有"，《庄子·庚桑楚》中写道："天门者，无有也，万物出乎无有。有不能以有为有，必出乎无有，而无有一无有。圣人藏乎是。"①庄子认为自然的总门，是"无有"，"有"不能出于"有"，必定出于"无有"，"无有"是无和有的统一。只有通过虚才能实现"无有"，庄子接着写道：

彻志之勃，解心之谬，去德之累，达道之塞。贵富显严名利六者，勃志也。容动色理气意六者，谬心也。恶欲喜怒哀乐六者，累德也。去就取与知能六者，塞道也。此四六者不荡胸中则正，正则静，静则明，明则虚，虚则无为而无不为也。②

庄子认为贵富显严名利、容动色理气意、恶欲喜怒哀乐、去就取与知能这四种六项不在胸中扰乱就能平正，内心平正就能安静，安静就能明澈，明澈则能虚空，虚空就能顺应自然而无所不能。

四

海德格尔试图超越西方主客二分的逻辑框架，但是他深陷理性的泥沼，强调真理在艺术作品中的自行显现。真理是一种揭示与遮蔽的对立，"去蔽"依赖人的认识能力，农鞋只有对农妇敞开一个世界，才能获得自身的存在。老庄则看到了物之虚无，万物最终要复归于虚无，人才能保全生命的真气。"物"因此成为中国艺术的本质属性。如中国诗词中的物不是通过语言描述，而是以物象的方式呈现，去除了"思"的活动，将我们带入天人合一的宇宙

① 陈鼓应注译：《庄子今注今译》，北京：商务印书馆，2012年，第706页。
② 陈鼓应注译：《庄子今注今译》，北京：商务印书馆，2012年，第713页。

本源状态。视觉性极强的物象，近似电影镜头，不是人的主观折射物。因为拍摄时摄像机的机位只能位于某处，影像只能呈现外在世界的某一个侧面，我们在银幕上所看之物是从这个角度看到的这把椅子。摄像机是一架既无记忆又无意识的机器，通过具体呈现在我们面前的现实物，能够将巴赞所说的"纯真的"现实物记录下来。巴赞说：

摄影机镜头使客体摆脱了我们对它的习惯看法和偏见，清除了我的感知蒙在客体上的精神尘垢。唯有镜头的变种冷眼旁观的性质能够还世界以纯真，引起我的注意，激起我的爱恋。①

摄像机再现方式会改变被再现之物，因为不同的机位、不同的拍摄角度会让物在我们的头脑中产生不同的印迹，使物象可以获得类似电影镜头不断换位的全方位展示，物以在宇宙中存在的自然状态将人带入天人合一的本源状态。叶维廉在《中国诗学》一书中写道："中国古典诗里，利用未定位、未定关系，或关系模棱的词法语法，使读者获致一种自由观、感、解读的空间，在物象与物象之间作若即若离的指义活动。"②在叶维廉看来，古诗词语法的含混性正是其诗意的体现，用现代汉语翻译出来则诗意全无。他举了晏几道的词《临江仙》中的两句：

落花人独立，微雨燕双飞。

如果翻译为"有人独立在落花里，有燕子双飞在微雨中"，则毫无诗意可言。这种翻译强调的是人与落花、燕子与微雨的关系，界定事物的分际，是一种认知行为。认知行为规范了世界的秩序，让世界变得井然序然，却丧失了"道"。正如庄子所说"是非之彰也，道之所以亏也。"在原词中，物具有独立自主性。我们可以模拟摄像机镜头，落花（全景）人独立（近景），微雨（全景）燕双飞（近景），也可以采用景深镜头：落花、微雨（前景），人独立（中景），燕双飞（背景），产生落花人／独立，落花／人独立；微雨／燕双飞，微雨燕／双飞多重境界。

---

① [法] 安德烈·巴赞：《电影是什么》，崔君衍译，北京：文化艺术出版社，2008年，第12页。
② 叶维廉：《中国诗学》，北京：生活·读书·新知三联书店，1994年，第27—28页。

人、落花、燕子、微雨具有多重关系。我们可以用摄像机分别拍成四个镜头，四个镜头不同的组合方式可以产生不同的意境。

落花＋人	人因花而立
人＋落花	花因人而落
人＋双燕	人因双燕而立
落花＋微雨	微雨打湿落花
人＋落花＋微雨	花因人而落泪
落花＋双燕＋微雨	双燕因花落泪
微雨＋落花＋人＋双燕	花因雨而落、人因花而立、燕因人而飞

双燕、落花、微雨衬托自己的形单影只，于是引发对心爱之人的思念。然而，物物组合，不单单传达词人的思念之情，也将读者带入人、花、燕相互印衬的混沌之境，创造了花因人而落泪，双燕因花落泪，花因雨而落、人因花而立、燕因人而飞等多重意境。物象与物象的多重关系，营造"天人合一"的虚无境界。同样，陶渊明的《饮酒》也体现了中国艺术的"物化"精神。"采菊东篱下，悠然见南山"，"采菊东篱下"缺少主语，"悠然见南山"中的南山既可作主语，也可作宾语。使得采菊、东篱、南山可作为分镜头自由组合。

采菊东篱下（特写）＋南山（全景）	我在东篱下采菊心情舒畅，猛然抬头喜见南山
南山（全景）＋采菊东篱下（近景）	南山悠然地出现，年复一年守望着在东篱下采菊的人们

这样，南山与我实现"物我两化"，重返"天地与我并生，万物与我合一"的虚无境界，这正是中国艺术精神的最高体现。

海德格尔的"物性"说，是从与人最近的用具入手，从人造的却又独立这一角度分析艺术作品，强调艺术作品是存在者真理的自行显现。但艺术作品由谁创造，艺术作品的价值如何评价等问题，让海德格尔无法否定艺术作品与人的关系。试图从艺术作品的独立性探寻艺术本源，最后又落入了必须深入理解艺术家活动的窠臼，令海德格尔不得不承认艺术作品的本源是一个谜。海德格尔无法解开"艺术之谜"的症结在于，他理论的出发点始于物我两分的立场。用具由人创造，人只有在不关注用具的有用性时，才能经验到用具的本质性存在。用具敞开了一个世界，"作为家园般的基地而露面"，这一世界不是作为认识对象而存在，而是人诗意栖息之所。物在此被召唤带到近旁，使物之为物与人相关涉，"人是存在的看护者"。可见，海德格尔的循环论证在主客二分的迷宫里失去了方向。老庄"物化"说的出发点，即物我合一，强调物的自然而为状态，要随物自化。《齐物论》中，子綦对子游说："汝闻人籁而未闻地籁，汝闻地籁而未闻天籁夫！"①籁是古代的一种箫，人籁是指人吹竹管发出的声音，地籁，是风吹洞穴发出的声音，而天籁则借子綦之口说："吹万不同，而使其自己也，咸其自取，怒者其谁邪！"②"自取"表明万窍发出千差万别的声音，是各个窍孔的自然状态所致，并没有其他东西发动。人籁符合海德格尔的艺术观，人籁依赖人的创造，也可以获得独立敞开一个世界。但在庄子看来，恰恰这种依赖降格了艺术作品的价值，相反随窍孔自然发声才是最高的艺术。而且，无需人的介入去评价自然发声是否为艺术作品，"言以虚静推于天地，通于万物，此之谓天乐。天乐者，圣人之心，以畜天下也"。天乐实现了与天地同德，与万物自化。自然之声乃为最高、最静谧之声，天成地宁。以一颗虚静之心，通天地，协调万物，便为天乐。由此，物我齐一、虚心待物可视为艺术作品的本源。

---

① 陈鼓应注译：《庄子今注今译》，北京：商务印书馆，2012年，第43页。
② 陈鼓应注译：《庄子今注今译》，北京：商务印书馆，2012年，第43页。

论黄宗炎道德事功合一论

胡士颖*

（中盐金坛盐化责任公司博士后科研工作站
复旦大学管理学院博士后流动站，江苏常州，213200）

摘　要： 作为明末清初浙东学派的代表人物，黄宗炎善于从字形字义出发解释《周易》、阐述儒家思想。他以仁、义、礼、智、信的字形构成为基础发挥儒家五常理论，把这五种道德范畴作为人心所本、行为处事的核心要目。但他未将性情、理欲关系分判绝对化，在肯定人的身心需求合理性同时强调道德、身心修养工夫，最终达到内在道德与外在事功的合一。道德事功合一论继承和深化了儒家成贤致圣思想，在儒家政治思想层面外，也切合浙东民间商业意识的觉醒。

关键词： 黄宗炎；道德；事功；五常；性情理欲

基金项目： 国家社会科学基金一般项目"浙东学派黄宗羲、黄宗炎易学文献整理与思想研究"（项目批准号：19BZX061) 的阶段性成果。

　　黄宗炎（1616—1686），字晦木，号鹧鸪，明贡生。其父黄尊素亡于晚明政治斗争，兄黄宗羲为中国古代重要思想家。宗炎自幼受教于黄宗羲，并深受影响；亦师从节义大儒刘宗周，奠定了一生学术人格与精神。宗炎早年，事场屋之习，修科举之业，声闻远播，与胞兄宗羲、弟宗会浙东知名，誉为"浙东三黄"；明亡清祚，宗炎恋念旧朝，欲捐顶踵以酬家国，几度陷于锋刃险难，此后甘于惨淡清苦，不食清粟，自号"鹧鸪"。宗炎学脉深厚，吟诗作

---

　　* 作者简介：胡士颖（1983—），男，安徽阜阳人，"中盐金坛盐化责任公司博士后科研工作站 复旦大学管理学院博士后流动站"博士后，中国社会科学院哲学研究所副研究馆员，研究方向：中国古代哲学研究。

文，闻名艺林，与仁人志士交游唱和不绝，五十以后专事易学，声气广闻于京师，影响以至于后学。黄氏所存著作以收入四库全书的易学三书（《周易象辞》《周易寻门余论》《图学辨惑》）为主，所著诗歌、文赋、医学、小学等大多散佚，此外还有篆刻、绘画、书法等艺术作品传世。

自先秦以来，孔子所倡导的"为政以德"成为中国治道思想的基本原则，而成圣成贤的德性修养也是千百年来中国社会为人处事的核心议题。虽然《大学》以修齐治平把个体修养与天下事功做了经典阐述，但实际社会生产生活中的问题极为复杂，理想的道德原则与现实的利益抉择往往难一统合，故而南宋时期发生过关于心性、事功学派分歧与讨论并且未能最终解决。明代理学的心性工夫论大行其道，却因王朝倾覆的社会问题再次引发关于心性与事功的反思，以黄宗羲、黄宗炎为代表的浙东学派发力甚大形成清初经世实学研讨之风气。黄宗炎解《坎》卦之"水洊至"之象，结合"君子以常德行，习教事"，认为君子士人修身养德，如一水流而来一水复续而至，先后两体合而为一，但见其渐深渐广而无彼此踪迹之可间①，进而阐述关于仁义理智四德说，提出人己合一、德行事功为一的贤者修养论与知行观。他以经义为基础，立修身之本，倡导实修，并经世致用于事业活动。

一、"仁义礼智信"五常说

《孔子家语·五仪解》载，孔子认为人有"五仪"：庸人、士人、君子、贤人、圣人，提出君子当言必忠信、仁义在身、思虑通明、笃行信道、自强不息。"所谓贤人者，德不逾闲，行中规绳。言足以法于天下而不伤于身，道足以化于百姓而不伤于本。富则天下无宛财，施则天下不病贫。""所谓圣人者，德合于天地，变通无方。穷万事之终始，协庶品之自然，敷其大道而遂成情性。明并日月，化行若神。下民不知其德，睹者不识其邻。此谓圣人也。"②表明君子、贤人、圣人三者处于不同层级的境界，圣人气象大而化之，君子主要在于个体修养，而贤人要德不逾矩并且在社会事务处理上有所成就。黄宗炎认为君子修生进德非一日可就，必须是日就月将，自细至巨，方可常其德行，子弟从之，朋友远来，无骄无吝，以习其教事；学者不厌，教者不倦，犹细流归并而为江海，最后达到"人己合一，德愈盛而教愈大，物我相

---

① 《周易象辞》卷九，清文渊阁四库全书本。本文中《周易象辞》《周易寻门余论》《图学辨惑》引文皆为文渊阁四库本。

② 《孔子家语》卷一，四部丛刊景明翻宋本。

承而化于道"（《周易象辞》卷九）的境界。宗炎德业修为之论，建立在对孔孟修养德目之深入认识的基础之上，孟子继孔子倡导仁、义、礼、知四端或四德，在其后加入"信"，也即儒家思想中的"诚"，成为仁、义、礼、智、信五德。宗炎认同孟子的性善论思想，并进一步讨论了孟子提出的"四德"与"信"，具体讨论了这五种道德范畴。

宗炎从"仁"字形体结构分析入手，探讨仁的本义、引申义，这也是他切入问题，提出对"仁""义""礼""智""信"五德进行讨论的出发点和共同点。首先，宗炎释"仁"说：

> 仁，从人、从一、从心。正孟子所谓："仁，人心也。"圣而尧舜，愚而桀纣，其心一也，所以性善也。性善者，仁也，善之长也，人皆有之。小篆作 仁，在人之体为元，在人之心为仁，即此一理也。"二"者何指？此上、下也，上通于天，下彻于地，人与天地合德者，即此仁也。（《周易象辞》卷一）

这段话秉承孟子仁即人心的看法，认为正符合"仁"字之形体构成。孟子曾说"人皆可以为尧舜"，尧舜有仁义之心，桀纣也同样具有，他们之所以有圣、愚之不同，是由于尧舜力行仁义之道，但在性善这一点上没有差别，因为天命为性，乃天地生生之道，为纯阳之气而未杂于阴，心本于性，仁本于心，故宗炎认为"性善者，仁也，善之长也"。"元"即首，在"元亨利贞"四德中，元为仁，因而人体之元与人心之仁的道理是一样的。至于"仁"字右边字形的解释，宗炎说法颇为不同，汉许慎《说文解字》中言"仁者兼爱，故从二。"[1] 宗炎认为乃是人通天彻地，与天地合德之意，在此基础上，宗炎进一步指出："仁，人心也，心为众体之主宰，心仁则众体皆仁矣。故云：体仁，元长万善，仁长众人。"（《周易象辞》卷一）

《说文》释"义"为"己之威仪也。从我羊"[2]。宗炎解"义"近于《释名》"义，宜也。裁制事物，使合宜也"[3]，他结合孟子解释"仁"为"人心"、"义"为"人路"，认为：

---

① 《说文解字》卷七，清文渊阁四库全书本。
② 《说文解字》卷十二，清文渊阁四库全书本。
③ （汉）刘熙：《释名》卷四，四部丛刊景明翻宋书棚本。

🔲义，宜也，从羊、从我。万事万物各有当然之极则，乃恰好适可之谓，惟一执我见皆失其宜矣。我者，一人之私心也。羊之为物，性最乖戾，不能驯扰，然而有一主之者，为群羊所宗，其饮食卧起无不随之，斯羊识路，行必居先，虽乖戾而无迷失之患，以群羊无我见也。孟子曰："义，路也。"羊能知路，当舍我而从之。(《周易寻门余论》卷下)

宗炎以为万事万物都有自身一定之极限与法则，换句话说，也是他们自身存在之合理性，认识这种合理尺度，就要做到孔子所说的"勿意、勿必、勿固、勿我"，否则会因执着一己之私心而无法做出适当判断。故宗炎认为："义者，裁制时宜之妙用，知极于终而神化出焉。以之居上位，则德业及于天下后世，而帝王之事成，何有于骄？以之居下位，则德业被于身心，留于万古，而圣贤之学显，何有于忧？"(《周易象辞》卷一) 而之所以能行此者，正如宗炎所言之"头羊"。

《说文解字》言"礼"为"履也。所以事神致福也。从示从豊，豊亦声"[1]。宗炎释履为礼，认为礼主乎敬，敬以行礼，登降揖让，服物采章，都是礼的表现，实行礼也即昭示一种文明传统与德性文化：

🔲礼，履也，从示、从丨。天以高卑之分示人，人制为上下之仪文品节，以则天也。示属天，丨属人，又作丰，为祭祀晏享备物丰盛之意，凡嘉美之会合，品物既隆，仪文复盛，所以表其诚敬，然上下贵贱有等有序，因其隆盛之至者，而递降杀之，则为天泽之分，使大小共由而为履也。(《周易象辞》卷四)

这段话揭示礼作为仪文品节起到区分社会尊卑贵贱的效果，宗炎认为礼起源于祭祀活动，起初是以丰盛物品、繁复仪式表示一种诚敬态度，而后逐渐扩展到整个社会的等级秩序，成为社会各个等级成员所共同奉行之普遍的社会存在与制度要求。儒家在此基础上，着重阐释了"礼"的道德意义，宗炎尤其强调"礼"的内在性，认为礼不是外在的待人接物之仪式，也非一时一刻的某种行为举止："然非临时所能卒办，必私居独处，常若见大宾、承大祭，庄敬严肃，养之有素，而后泛应曲当，举错合宜。"对人的一生来说，其仪容举止皆能符合礼仪，则即为一种盛大德行，这也是一种君子之德行，"君

---

① 《说文解字》卷一，清文渊阁四库全书本。

子立身有敬而无肆，纯一不杂，已尽克而礼尽复，故以戒慎恐惧为乐"（《周易象辞》卷四），必然要守身絜矩，前后左右无不在其中，不是一曝十寒或以常人习性可以做到的。

宗炎释"知"独出匠心，他结合《系辞》"君子居其室，出其言善，则千里之外应之，况其迩者乎；居其室，出其言不善，则千里之外违之，况其迩者乎？"从字形结构出发，以六书即音韵考究"知"之古义、本义说：

知，心之灵明也，从口、从矢。口以出言，发于心而千里应；矢以及物，亦自近而穷远。中物为巧，知之事，一言为知，一言为不知。口之德，人心昭融洞彻，揆事审物，矢口而发，必然中鹄，非聪明天授者不能也。转平声为晓识之义，其说略同。然领会者，述之事知也，昭融洞彻者；作之事智也。或加万作![图]，再加自作![图]。恐人恃一曲之小慧，矢口为言，不知敬慎，故须考于古而合，乃非私见，考古而得其所目，乃为真智也。（《周易寻门余论》卷下）

"知"在古文中有智慧之"智"与认识之知两层含义。在孟子那里，"知"为"是非之心"，辨别是非善恶的能力。宗炎认为"知"是心之灵明，认为是先验存在于人心的。围绕"口"与语言表达，宗炎认为"知"有两种含义，一方面是聪明而有异常禀受，大致相当于孔子所言"生而知之者"；另一方面为类似于因言语得失而形成的"是非"，是故"是非之心，人皆有之，见不可为而思止，是非之心也"（《周易象辞》卷十）。在这一意义上，宗炎强调以"敬慎"态度，避免因类似言语不当而造成的是非，保持昭融洞彻的人心。

在孟子那里，"仁义礼智"为四端或四德，宗炎继承孔孟思想，发挥了孟子四德说的同时，还解释"信"字，强调"诚"的思想，他说：

![图]信，诚也，从言、从心。人之恶德，澜翻诈伪，莫甚于言。盖皆取给于口，不由心生者也，即御人口给之，谓诚确之士，将有言也，先拟于心思，吾行可以从否，持己则言顾行，行顾言，与人则久要不忘。朋友有信，实心口相谋，不妄出、不轻诺者也。小篆以人言为信，机械变诈，翻云覆雨，俱是此言所造，岂足为信邪？（《周易寻门余论》卷下）

《说文解字》释"信"为："诚也。从人、从言。"①宗炎基本上不同意这种解释，他认为这是小篆的错误写法，是以人之所言为诚信之说，不知翻云覆雨之事皆是言所导致的，因此不可相信小篆的说法。他认为"信"应从言、从心，使人欺诈虚伪、德行败坏，莫过于口出之言。只有言出于心，才能言行相顾、心口相谋，不妄言轻诺，这样才是"信"。不过，宗炎还提出信的本字为"申"，语曰：

信，本申字。自人君与听言者而立意，凡人以言相告者，无论其君子小人，务使得尽其说，择善而从，不善而戒，不可使之稍有屈抑，不竟所长也。申之对为屈，古作讯，从言、从出。凡在我出言，不宜轻率，亦不可自取畅达，当以屈抑为德也。（《周易寻门余论》卷下）

与上面以朋友之交和言由口出之"信"有所不同，以"申"言"信"，更为强调人君对臣民、上级对下级的政治作为上的诚信，即开张圣听、察纳雅言，君无戏言，而臣民也需言出有据，也不可犯上以求畅达。可见，宗炎欲借此申明政治之诚，天下之信，而不仅仅将信作为个人之德行要求或交际原则。

二、"性情理欲"修养论

宗炎对仁、义、礼、智、信五者之讨论，不完全是对道德范畴或概念的定义，而是旨在通过字义明确一种道德指向与践履意义，他指出："人生天地之中，无论在朝在野，持己与人，须臾不可违礼，动静语默皆所阅历，即皆有礼。"由是可见其关于道德范畴的见解，同时也是对人生活日用、言行举止、语默动静等道德实践的意见，换句话说，也即是关于人生修养的一种讨论，故而他强调："大而孝弟忠信，小而登降揖逊，事事合宜，即为圣道。峻极于天，小人惟谨于明庭广众，而怠忽于闲居独处，坦坦幽人即慎独君子也。养其未发之中，以待中节之用，修其达道，坦坦无碍，与避世傲物者异矣。"（《周易象辞》卷四）仁义礼智落实于修养工夫，在宋明儒者看来，关键在于处理好性情、理欲的关系。宗炎对性、情、理、欲四者的认识，总体上还是理学内部争论的延续，而明末清初社会状况及其文化思潮则促使学者不得不

---

① 《说文解字》卷三，清文渊阁四库全书本。

在此重新审视和更加迫切地寻求答案，出现了明显不同于以往官学一统下的思考路向。

从来源上，宗炎直接继承了《说文解字》中"人之阴气有欲者，从心青声"的说法，而加以阐释，"情"字为"心"旁，"青"声，青属东方之色，东方的五行属性为木，代表春天生发之义，生则具形即已非纯粹而为阴气所无杂。对于人的行为，从表征来看，有恻隐、羞恶、辞让、是非等，宗炎认为这些是情之善的方面，是美好的一面，而相反的是如果沉溺于感官物欲，则发为私欲，是恶的一面，他说："情虽非性，而情善实根性善，性无所依倚，其善何从而见，情则有所专属，就其流而测其原，因其枝而寻其本，是不诬也。"（《周易象辞》卷十九）情与性有所不同，就情而言，即为爱恶远近之情伪，推极而谓取，求索资给而谓感，发此而交彼即是人情，表现在爱、恶，二者相攻不止而吉凶生，从根本上说，情还是比较具体，是人之思想意欲的外在表现；就性而言，则内在于人，情之恻隐、辞让、是非等表现来源于性，没有性，则情无所本，善无其源。不过，从实践的角度，情与性在生活日用中发用不已，从个人之道德良知的修养，到修身、齐家、治国、平天下的社会实践，情与性皆一体无间，"恻隐、羞恶、辞让、是非皆情善也，即性善也。继善成性，从四端而窥见，苟曰情之非性，则释氏之讹，我偏见外道者，正在于此，何用袭彼为哉？"（《周易寻门余论》卷上）

在此基础上，宗炎认为性情关系主要体现为习与性成，"性未有不善，蒙未有不正者，就其正而养之，勿忘勿助、毋暴毋弃，即圣之所以为圣，其功不外乎是"（《周易象辞》卷三）。宗炎释"蒙"卦认为从象的角度而言，上山下水，如泉之始达，或壅于泥土，或窒于砂石，未能即通，有幼稚弱小蒙昧蔽塞之象。"其性、其质天真全备，不雕不琢，诚中形外，自然宣畅而亨通。赤子之良知、良能，不待勉强已是爱亲敬兄，但在扩而充之，使不日就于旁落即得矣，岂圣人之知能，师保之学问，有所增益于童蒙之外哉？"（《周易象辞》卷三）宗炎认为，即使是先知先觉者，也是由昔日之童蒙发展而至，仁、义、礼、智非由外铄，以人治人其则不远，童蒙之初，得天者之原，不参以欺伪，必于此时早为之模范，闲其邪而匡之正，及时施教，稍失之迟缓，则习与性成而不可挽回。情可善可恶，性未有不善，也是刘宗周和黄宗羲的固有看法，黄宗羲认为："情之善，原从性之善而来，但情之善可迁，而性之善不可迁。不知情之迁，迁于外物耳，当其无物之时而发之，何尝不仍是恻隐、羞恶、辞让、是非之心乎？其不迁也明矣。"因此性情虽然都是人所本有的，但情却非本然，会因外物而改变。

理欲关系方面，宗炎认为："欲，贪欲也，从欠，从谷。人之贪侈无有程限，如谷之受，水不能充满，所谓溪壑难厌者也，此乃气质使然，非性情之罪，俗加心，作慾，失其旨矣。"（《周易象辞》卷十二）认为人之贪欲、奢侈没有限度，如山谷之深而水不能满，即欲壑难平之谓。宗炎认为这是后天因素造成的，情性本善，贪欲等不是由人之情性所致。因此将加"心"作"慾"，有失"欲"之本然所指。他肯定饮食等基本的人身需求是合理的，没有这些人就无法存于世间，肯定了欲的普遍性与合理性，他说"饮食人所同欲，且一日不可无者"，不过，人却因此而易生嫌隙："惟节俭寡欲之人，自然鲜所争夺，人君使民无讼，非身先节俭不可，俭者不夺人，天下化之可以刑措矣。"（《周易象辞》卷七）

宗炎并没有像程朱理学那样否定人的欲望，要求灭人欲，而是看到人之欲求的合理性，即有不合于中正之道，也不是人的本性所致，故而可以正确的方法予以化解，正如地中之雷，有动之机而实未尝动，是理欲未分、喜怒哀乐未发的状态，只要蕴畜培养则无有不善。正如孔子将人分五仪，黄宗炎对道德修养原则的取舍较为圆通，他看到人性复杂的一面，道德原则的实现总是要面对十分复杂的社会环境与问题，极端化与绝对化的修养方式在个体层面或许能够实现，但在社会层面往往会失败并且造成难以预料的后果。

三、道德与事功合一

如果说以上关于四德、五常论述及修养的主要侧重点在于理论探讨和个体修为，宗炎之意实不止于此，他还有着更高的要求，也就是主张道德与事功合一。道德、事功的问题在儒家思想发展的每个阶段都有不同形式的讨论，如先秦主要表现在义与利、内圣与外王，宋代表现在朱熹与陈亮、叶适的争论。这一问题在明代表现尤为突出，程朱理学不断发展与分化、心学的盛行与衰落、东林党人的现实主张都涉及道德与事功问题，而明末亡国之痛则使其成为当时学术思想界的普遍关注的问题之一。

德性高低是一己身心之修养，是对内在与个体方面而言，而错诸事功由内向外作用于外部世界，则谓之行为，内在之德与外化之行并非可以分离的，唯有身心成就、躬行实践，把道德理论付诸具体的孝悌忠信的活动，它才具有现实意义。因此他解"道"字说：

道，路也。从人从行。道在于地，不行则地已茅塞之矣，行则为道用之而成路也。大哉圣人之道！非虚位也，非虚理也，待其人而后行，行则始可谓之道，或作𢖻从辵从首，言首之所向，足之所履者是也。（《周易象辞》卷四）

宗炎强调"道"的根本在于实践，以具体的行为去实现，只有这样才是实行实理，"惟以身心所成就之德，为我躬行实践，且莫之所施，为孝弟忠信，是可见之行事者也"，这一观点更准确地概括为"道德事功合二为一"，他说：

上古之人，道全德备者多为天子，次之者为相、为群，后又次为卿士、百执事，其下蚩蚩黎庶，皆奉行上焉者之教化而莫敢异同者也，是以道德事功合而为一。五品、五教即存乎平水土、播百谷之中，求所谓心性不传之秘，无有也。（《周易象辞》卷一）

宗炎认为上古三代之时，有德之人即有其位，像尧、舜、禹那样，天下之人无不备受其泽。在此基础上，他以为上古之人从天子到黎民，都是德位相称，换句话说也就是内在品质与外在事业相平衡，代表外在功业成就之五品与文明教化的五教不在现实生活之外，而在平水土、播百谷等社会生活之中，表现在社会实践的各个方面，由是宗炎概括为道德与事功合一。

在儒家思想发展的统序里，道德与事功并没有像宗炎所描述的那样一致沿着三代的传统发展，这也是儒家学者所一致关注和讨论的理论问题。宗炎认为：

益、伊尹虽不为天子，而其学问大约见于禹、汤之政治，巢、许即出而有为，岂能过于尧、舜乎？降及衰周，至于夫子，备圣人之德而莫能试用，始有匏瓜、传道之叹，而道德、事功于此分矣。然其所以分者何也？即尧、舜、禹、汤之所行，遇夫子而不得行之学问也。使夫子而得行之，其成功、文章更有盛于如天之治也，非云尧、舜事功之粗迹，夫子道德之精微也；非云平章洽和，尧舜之事功、峻德、执中，尧舜之道德也；非云期月三年，夫子之事功性天，夫子之道德也。有道德者必发为事功；有事功者必本诸道德，惟释氏以入世为烦恼，止欲见性证觉，鄙夷诸色相，后儒因之，道德事功，遂判然而不可合。（《周易象辞》卷一）

三代圣人、圣君在德位上是同一的，益、伊尹不是天子，但辅佐君主开创了不朽的道德功业，只是这一情况到了孔子则发生了转变，孔夫子学问高深、道德精微，虽具备圣人之德行，但周游列国而不见用，一生空怀恢复周公之治的美好愿望，可见道德与事功在孔夫子身上已无法像尧、舜、益、伊尹等人一样达到统一。不过孔子删定六经，确立了儒家思想的核心理论，对中国古代思想文化产生了深远影响，一度有"天不生仲尼，万古如长夜"之评价。故宗炎仍然肯定道德与事功合一，说"有道德者必发为事功，有事功者必本诸道德"，由此他批评佛教消极遁世，而后世儒者误入佛教之途，则道德事功分判为二：

> 后世儒者有所谓性命之学，兴其学专主于明心性、闻天道，指诵习、辞章、名物为小数，是不必聚也，自谓独得真传，悟后渐能深造，且耻下问矣。辨其所辨，非圣人所谓辨也。学问既成，胸次侧隘，自立门户，稍有异同，不啻如寇雠，则抉其秋毫之失，不遗余力以为快，未有能宽居者也。至于仁行，则道德事功已分两途，视子臣弟友不过在外之粗迹，孝友敬信不过气质之名节。其愚者，则迂腐庸鄙，废三年而察缌功，愦愦于字句之末，全昧其纲领；其智者，亦气质严肃，待人接物寡薄恩情，求夫和蔼如春之度，不可得也。(《周易象辞》卷一)

宗炎鉴于明亡之教训和儒学发展的错误倾向，认为后世儒者所称之性命之学，专主于明心性、阐天道，把诵习之学、辞章之学、名物制度之学看作微不足道或与道德良知无关；自以为得到上古圣贤之真传，徒以体悟为学，耻于下问；即有所分辨，也是误入歧途，不是圣人学问意义上而言。《文言》所言之"学聚问辩"自然不去践履。这些儒者，学问尽管有所积累，却胸襟狭隘，自守一家之言，别人与其学说稍有不同，则待之如寇贼、仇人，互相指责，不遗余力，并以此为乐；父子、君臣、兄弟、朋友等伦理关系对他们只是落入形而下之外在粗浅之物，孝、友、敬、信等伦理准则仅被当作气质之名节而固守形式，也即是说道德事功已判然为二，自然与《文言》之"宽居仁行"也毫无所及。这些儒者，或废三年之力而仅有缌麻之微功，毕力于字句之末而纷扰烦乱全无纲领；或其气质外表严谨肃穆，待人接物寡恩薄情，不能给人如沐春风之感。从宗炎之论来看，主要针对的应该是明代心学及其流弊所做出的全面、深刻之反思，同时也是当时普遍的学术思潮，不过宗炎并没有像颜李学派那样尤重践履，仍强调道德与事功的统一性。

四、道德事功合一论背后的商业伦理省思

黄宗炎主张道德与事功之合一，这也是黄宗羲的思想主张。宗羲言："自仁义与事功分途，于是言仁义者陆沉泥腐，天下无可通之志。矜事功者纵横捭阖，齰舌忠孝之言。两者交讥，岂知古今无无事功之仁义，亦无不本仁义之事功。四民之业，各事其事，出于公者，即谓之义；出于私者，即谓之利。故不必违才而易务也。"① 二人所言虽有所不同，但认识是一致的。不过，宗炎之思想结论，一方面是对理学的反思的结果，一方面是恢复孔孟之学，这二者都在其思想中占有重要地位，不应混为一谈。黄宗炎的五常说、修养论与道德事功合一思想，是对孔子"贤人"概念的具体阐释，也是对宋明心性事功争论的整合，囊括了以君子德性工夫的修身观，并进一步要在社会事务层面有所建树，达到个体与社会的统一，即"言足以法于天下而不伤于身，道足以化于百姓而不伤于本"。

黄宗炎将修身与事功合一思想主要本之于儒家固有的理论学说，也是对明清社会政治激变儒者如何自处的反思。除此以外，还值得注意的是，黄宗炎不满清朝而宁为隐者，与浙东人士交游甚多，其中不乏亦学亦商者。他和吕留良交往甚密，为解决生计参与过一些商业活动，这种现象对于当时浙东较为发达的商品经济而言并不稀见。明清之际，浙东一代形成了深厚的经商基础，商人、商帮已经成为较为显著的群体，而动摇传统"士农工商"的阶层限制背后是浙东学者对民间经商行为的肯定与辩护。黄宗羲作为浙东学派的代表人物，其思想并未限制于儒家政治经济理论中的重农抑商传统，倡导经世致用、实功实用，在社会经济方面肯定民间商业行为对于富民的重要意义，提出"工商皆本"，如在《明夷待访录·财计三》中言："世儒不察，以工商为末，妄议抑之。夫工固圣王之所欲来，商又使其愿出于途者，盖皆本也。"② 黄宗炎认为："农工商贾各尽其力以求食，如此者其权在己而不在人"。（《周易象辞》卷九）虽然"商贾贸易以自全"（《周易象辞》卷十四），但商贾重利，在商业利益驱使下会做出违背社会道德、公序良俗的事情，不符合儒

---

① 黄宗羲：《国勋倪君墓志铭》，《黄宗羲全集》第十册，杭州：浙江古籍出版社，1986年，第498页。

② 黄宗羲：《黄宗羲全集》第一册，杭州：浙江古籍出版社，1985年，第41页。

家一贯的重义轻利思想，那么道德事功合一便成为解决义利之辨可以探讨的途径，即在肯定商业活动的同时，运用儒家贤者养成理论对商人的个体修养和商业伦理加以熏染教化。对当前社会经济和企业管理而言，黄宗炎道德事功合一思想也不乏现实意义，现代经济与企业管理者不仅需要专业头脑，个人德性功夫的内化与淬炼更加有利于经济活动达到功利价值与社会责任的统一，而引入德才兼备的尚贤管理也能使得员工身心安顿，从而营造良好的工作环境、文化氛围。

老子传播思想的悖论和对企业文化宣传的启示

赵立敏*

（中盐金坛盐化责任公司博士后科研工作站
厦门大学新闻传播学院博士后流动站，江苏常州，213200）

摘　要：如果说孔子是传播的乐观派，强调"正名"以及"知无不言，言无不尽"，那么老子似乎就是传播的悲观派，从老子强调贵言、绝智、弃辩等论述看，老子似乎是反传播的，这与他主张的"道"这种信息的特殊性不无关系。然而老子要让人们能够去体会"道"，又不得去传播，这就陷入了"不可言而必须言"的传播悖论之中，而且老子反传播却又勾勒出所有传播者都期望的一种至高的传播效果，事实上老子使用的是一种隐喻式传播，他的传播媒介是宇宙万物，他并不真的反对传播本身，而是反对传统的低效的传播媒介和传播方式。对于企业文化的传播认同而言，老子的传播思想启示企业文化的传播更应该注重内在传播和柔性传播。

关键词：老子；道；传播悖论；隐喻式传播；企业文化

基金项目：常州市社会科学院盐文化研究中心课题"贤文化在企业文化构建中的传承与创新实证研究——以中盐金坛为例"（项目批准号：Ywhyj202011）

一、引言

彼得斯在《对空言说》中说道："我们陷入对空言说的悲剧境地，体现的是一种交流的无奈。而我们渴望的是一个人与人之间没有误解、彼此敞开心

---

* 作者简介：赵立敏（1983—），男，湖南湘潭人，"中盐金坛盐化责任公司博士后科研工作站 厦门大学新闻传播学院博士后流动站"博士后，衡阳师范学院副教授。研究方向：跨文化传播、话语传播。

扉的理想的乌托邦。"① 彼得斯提出世界上存在两种基本的传播态度,一种是悲观的,一种是乐观的。悲观者认为言说不过是"从自我城堡中进行的徒劳的突围",② 要达到彼此之间心灵与心灵相契的言说是不可能的。乐观者则认为通过言说可以消除语义的迷雾,可以揭示出他者特性。人们总是对传播的理想状态抱有期待,却对传播的障碍和隔阂倍感苦恼。各种阻碍传播的因素横亘在传播的面前,似乎很难逾越,这使得人们不得不去重新思考一个问题:传播何以可能?

埃里希·弗洛姆曾说道:"在我们想要解释自己的一种感受或经验时,往往会遭遇到相同的困难。假如你处在一种有些恐怖,但没有太多危险的世界里,你常常会有迷失、被遗弃及阴沉沉的感觉。你如果想向朋友描述这种心情,你会再度发现你必须很费力地思索适当的语言来表达。同时往往你会感到自己所说的话,没有一句能够完满、适当地说明这种心情的许多细致部分。"③ 对于那些很难言说甚至根本就不能言说的东西,我们是寻求出路去做无力的挣扎? 还是像维特根斯坦在《逻辑哲学论》中说的那样"凡是不能说的事情,就应该沉默"呢? ④ 不过,即便保持沉默,人们也会有很多的非议,有人会认为沉默并非是好的选择,因为沉默就意味着要完全放弃言说,断绝沟通,那么别人又如何知道我们的所思所想呢? 正如有学者说道:"(沉默)这个解答或许不能令人满意。因为无法排除下述可能:恰好这些真实与我们如此密切相关,如此直接地在我们之间和我们身上,以至于我们实在不能对它们沉默。"⑤ 不过,也有人会认为沉默是金,沉默是另一种传播的姿态,更能传递深刻的信息,关键是当我们开始懂得沉默的时候,我们就可能转入自省和内观,由此我们从人与人的对话进入自己与自己的对话之中。从沉默转向沉浸,陶渊明在诗中说道:"此中有深意,欲辩已忘言。"总之,传播何以可能,这一问题是无论中国还是西方都面临的共同性世界难题。

---

① 彼得斯:《对空言说:传播观念史》,邓建国译,上海:上海译文出版社,2017年,第89页。

② 彼得斯:《对空言说:传播观念史》,邓建国译,上海:上海译文出版社,2017年,第125页。

③[美]埃里希·弗洛姆:《被遗忘的语言》,郭乙瑶等译,北京:国际文化出版公司,2001年,第7页。

④[奥]维特根斯坦:《逻辑哲学论》,郭英译,北京:商务印书馆,1985年,第20页。

⑤[瑞士]奥特:《不可言说的言说:我们时代的上帝问题》,林克、赵勇译,北京:生活·读书·新知三联书店,1994年,第31页。

二、老子的传播悖论

如果说孔子是传播的乐观派，那么老子似乎就是传播的悲观派了。孔子强调的是"知无不言，言无不尽"。孔子力求通过语言来规范社会现实，所以他非常在意"名"与"实"的关系。孔子说："名不正，则言不顺；言不顺，则事不成；事不成，则礼乐不兴；礼乐不兴，则刑罚不中；刑罚不中，则民无所错手足。故君子名之必可言也，言之必可行也。君子于其言，无所苟而已矣。"（论语·子路）在孔子看来，名是对信息的规范，言是传播的行动，它们是建立礼乐和刑罚的根基。相比孔子对语言规范的重视，老子则显示出对语言的轻蔑与不信任态度。从老子的种种言论看来，老子似乎都是一个不折不扣的反传播的大思想家。他的文字里面充溢着对传播的不信任，但是他又不得不通过传播让别人知道自己的想法，这样老子就陷入了一个传播的悖论之中：无法言说而又不得不说。白居易就在《读老子》诗中，发出如此的疑问："言者不知知者默，此语吾闻于老君。若道老君是知者，缘何自著五千文？"

在短短的五千言中，老子反传播的言论似乎俯拾皆是。他在开篇就写道："道可道，非常道，名可名，非常名。"（第一章）指出能够说出来的"名"便不是"道之名"。他对于言语的传播功能是非常怀疑的，提出"贵言"甚至"不言"。他说："圣人处无为之事，行不言之教"（第二章），又说："悠兮其贵言。功成事遂，百姓皆谓：我自然"（第十七章）。他在第五章说："多言数穷，不如守。"在第二十三章说："希言自然。"他还说："绝智弃辩，民利百倍……见素抱朴，少私寡欲。"（第十九章）他的希言、绝智、弃辩，都反映出他对语言传播的极端不信任。而生活在现代世界的人谁也无法否认：语言是最基本的传播媒介，离开了语言，我们就很难交流。可是老子不仅怀疑语言的传播功用，对于一切在现代看来都是最基本的传播形式的视觉传播、声音传播、气味传播等都抱有着强烈的怀疑态度，他说："五色令人目盲；五音令人耳聋；五味令人口爽；驰骋畋猎，令人心发狂；难得之货，令人行妨。"（第十二章）对于接收信号的人类感官，他也很不信任，"是以圣人为腹不为目"（第十二章），"不行而知，不见而明，不为而成"（第四十七章）。我们常说乘坐交通工具可以去更远的地方，走出去才能获取更多的信息，不能闭目塞听，闭门造车，老子却如此说道："不出户，知天下；不窥牖，见天道。其出弥远，其知弥少。是以圣人不行而知，不见而明，不为而成"（第四十七章）。我们追求信息传播的昭明，追求对真相的明察，老子却说："众人熙熙，如享太牢、如春登台。我独泊兮其未兆，如婴儿之未孩，儽儽兮若所归。众人皆有余，而我独若遗。我愚人之心也哉！沌沌兮！俗人昭昭，我独昏昏，俗人察察，我独闷闷。澹兮其若海，飂兮若无止。众人皆有以，而我独顽似鄙。我独异于人，而贵食母。"（第二十章）相比现代传播推崇的"昭昭""察察"，老子更喜欢的是"昏昏""闷闷"。从以上言论看来，似乎老子怎么都是一个反传播的思想家。他意识到人类的语言、感官、智慧这些我们现在认为是传播所依赖的工具都不是理想的传播介质，甚至还会扭曲、蒙蔽"道"的传播，让人离"道"越来越远。然而，我们真的就可以由此断定老子真的是一个反对传播的思想家吗？

三、老子反传播背后的传播思想

尽管老子看上去反对传播，但是他却向人们勾勒出一种理想的传播境界。例如他说道："明道若昧；进道若退；夷道若；上德若谷；广德若不足；建德若偷；质真若渝；大白若辱，大方无隅；大器晚成；大音希声；大象无形。"（第四十一章）他所说的"大"就是传播的至高效果。然而成就"大"，不是靠声音和形状等常规的传播方式就能得到的，不是通过做加法，而是做减法才能得到的。无论如何，老子都离不开传播，正如白居易提出的悖论："言者不知知者默……缘何自著五千文？"老子希望人们能够接近"道"，就必须借助传播，正所谓不能言而必须言，不过，老子既然放弃了一般的传播媒介，那么他走出这一悖论的传播注定非同寻常。

（一）老子传播的"道"是一种特殊信息

首先，我们要弄清楚老子要传播的是何物？显然，老子《道德经》的核心是"道"。如果把"道"理解为一种信息的话，那么这种信息绝对是一种不同寻常的信息。它本身就具有难以言说的特性，具有无限性，而要用有限的东西去解释无限，这本身就是很难做到的。事实上，难以言说的东西还有很多，比如"在西方，最著名的莫过于宗教中的'上帝'问题：我们只有 / 能'不可言说的言说'；当然，还有哲学中的康德'物自体'问题：康德认为除了'上帝'，还有'灵魂、自由'属于'不能说 / 无法认知'的问题。而在东方，有难以界定的佛教中的'空'和中国文化中以老庄为代表的'道'

（含'无'）。"①此外，很多神秘的语言、谶语、天启等等都不会被直白地说出来，而是以一种隐晦的传播方式暗示出来，所谓天机不可泄露，于是人们便只能通过童谣或者令人琢磨不透的残言片语去领悟可能的意思。老子所谓的"道"是什么呢？老子如此解释道："有物混成，先天地生。寂兮寥兮，独立而不改，周行而不殆，可以为天地母。吾不知其名，强字之曰'道'，强为之名曰'大'。"（第二十五章）老子还形容"道"具有这样的特性：它"视之不见，名曰夷；听之不闻，名曰希；搏之不得，名曰微。此三者不可致诘，故混而为一。其上不，其下不昧，绳绳兮不可名，复归于无物。是谓无状之状，无物之象，是谓惚恍。迎之不见其首，随之不见其后"（第十四章）。张岱年说："老子所谓道，从其无形无状来说，没有可感性，在其没有可感性的意义上亦可谓没有物质性；从其有物有象来说，又具有客观实在性。从其无为没有意志没有情感来说，可谓又不具有精神性。道是超越一切相对性的绝对，可称之为超越性的绝对。"②可见，老子的道是无形、无状、无声、无色的，超出了可感、可见的具体形象范畴，故而是无法用语言文字加以界定和指称的，这就是所谓的"道常无名"。"道"的这种虚无性、超验性和无限性决定了它处于一种不可言说的境地，诸如语言文字、视觉、声音等一切有形的媒介形态都无法真正表达出"道"的真意。

（二）"道"传播的方式是隐喻式传播

然而，对于不可言说的"道"，老子又必须通过言说指引人们去体认"道"的存在，对于这个悖论的解决，老子使用的是不一样的传播方式。关于老子的传播，已有不少学者做过研究，比如谢清果教授指出老子的传播是一种"内向传播"，所谓内向传播是指"认知主体以自我为对象，以固有信息和现实信息为操作内容，以应对环境为目标，而实现的对自我认知、自我改造的过程"③，或者这种传播还可以称之为"内省式"传播，其实质是一种自我与自我的交流。或者还可称为"诗性传播"或"弱传播"等等。所以老子表面上看是反传播，其实真正反的只是有损传播的媒介。他意识到有限的媒介能够令信息歪曲，媒介在传递信息的时候，会因为编码和解码的不一致而无法实现

① 何玉国：《老子"论"道之言说方式研究》，《南开学报》（哲学社会科学版），2019年第2期。
② 张岱年：《张岱年全集》（第七卷），石家庄：河北人民出版社，1996年，第180页。
③ 谢清果：《内向传播的视域下老子的自我观探析》，《国际新闻界》，2011年第6期。

理想的传播效果，会出现噪音以及信息的损耗，会扭曲信息，这一切导致媒介传递的信息可能不再是原来的那个信息了。今天，我们解决这个问题的办法主要有两个：一是从语言的角度，通过诠释学的运用，尽量还原本真的意思。诠释学为我们面对语言媒介缺陷时提供了相应的解决方案。另一个办法是从技术的角度，通过技术的改进来保证信息编码与解码的一致。然而，这两个办法在老子看来都不是好的办法，因为他对语言和工具两者都抱有一种完全的不信任态度。可是老子又不得不去言说本无法言说的"道"，这就导致老子不得不以一种"曲线救国"的方式去言说道——隐喻式传播。隐喻的作用在于，"以某个其他的东西替代原来所意味的东西，或更确切地说，这个其他的东西使原来那个所意味的东西得到理解"①，是"通过另一种事物来理解和体验当前的事物"②。隐喻引导人们去理解，却不能把本体与喻体完全等同起来，这样老子就可以避免去直接说"道"，因为"道"的特性决定了老子无法直接去说。在《道德经》中，存在大量的隐喻，例如老子经常以"母"喻"道"，"母"在《道德经》中共出现七次，诸如"谷神""牝""玄牝之门""天地之根"都是以"母"喻"道"的表现③。老子还经常以"水"喻"道"，此外老子把抽象玄妙的"道"比做成橐籥、户牖、毂、埏埴等具体事物。"更重要的是，老子'论'道选择的具体事物皆源自我们熟悉的、日常所见所感的、经验世界的事物，诸如'橐籥''户牖''刍狗''婴儿''赤子''水'等，'道'虽然微妙难识，但这些事物却是我们所能够体验、经验到的。"④喻体在此虽然无法等同于本体，但是隐喻却能让人们不断靠近本体，让有形之物去表现无形之物，让不可捉摸的东西变得容易被人理解。例如，老子多次用"婴儿"象征"道"。他在第十章说道："载营魄抱一，能无离乎？专气致柔，能如婴儿乎？"在第二十章说道："绝学无忧，唯之与阿，相去几何？……我独泊兮其未兆，如婴儿之未孩……"又说："知其雄，守其雌，为天下溪。为天下溪，常德不离，复归于婴儿。"（二十八章）或许婴儿那种无欲无求的原初

① ［德］伽达默尔：《真理与方法》（上），洪汉鼎译，上海：上海译文出版社，2004年，第93页。
② ［美］乔治·莱考夫、马克·约翰逊：《我们赖以生存的隐喻》，何文忠译，杭州：浙江大学出版社，2015年，第3页。
③ 方芳，戚涛：《"道"之隐喻与隐喻之"道"——〈道德经〉隐喻机制解读》，《学术界》，2016年第7期，第138页。
④ 何玉国：《老子"论"道之言说方式研究》，《南开学报》（哲学社会科学版），2019年第2期。

状态，未曾被世俗中的乌烟瘴气所习染，恰恰与"道"有着高度相似之处。此外，何玉国教授还指出老子还善于用疑似性词语来传播"道"，目的在于表达一种不肯定的、疑似的语气，"让'道'重新回复和回归到'它未被说出的状态'，"这恰恰也说明了老子对于已经说出的内容和东西的不完全信任和肯定，这也正说明了老子处于欲说还休和难以沉默之间的某种尴尬和纠结"①。

（三）"道"理想的传播媒介是自然万物

我们知道，人是最主要的传播者，也是最不可靠的传播者，因为人会受到欲望、情感或者智慧的干扰。显然，在老子那儿，人并不是最理想的传播者，除非能"致虚极，守静笃"（十六章），能"见素抱朴，少私寡欲"（十九章）。这样的人在老子那儿是最接近"道"的圣人。故"圣人处无为之事，行不言之教"（第二章），"是以圣人为腹不为目"（十二章）。除了圣人，老子还认为自然宇宙、天地万物无不在表现着"道"，它们才是传播"道"最为理想的主体和媒介。所以老子说："人法地，地法天，天法道，道法自然。"道在自然而然中显现，依据自然之性，顺其自然而成其所以然。道无须去强求，它就在日月运行和寒暑交替中呈现出它的影子，在飞潜动植的生息繁衍中传达出它的真意。"道"不是人们通过理性沉思而得到的智识，它是事物本身的样子，是自然而然的规律。它是一种"自在"，就如海德格尔眼中的"此在"一样。正是因为自然本身无所欲求，独立自在，所以它成了承载并传播"道"最好的主体。

四、老子传播思想对企业文化宣传的启示

"企业文化是指在某一特定的社会制度和经济条件下，结合某一特定的生产经营实践所形成的企业员工共同遵守的共同愿景和价值观、共同认可并遵循的职业道德和行为规范的总和，是一个企业在自身发展过程中形成的以价值观为核心的独具本企业特点的文化管理模式。"②企业文化不仅包括外在的、统一的视觉符号和行为规则，还包括企业的经营哲学、价值理念、企业精神、职业规范等等，而且后者拥有根本性地位。企业文化建设面临的一个重要问题就是企业价值和观念的认同问题。不少企业发现，尽管他们制定了自己的

---

① 何玉国：《老子"论"道之言说方式研究》，《南开学报（哲学社会科学版）》，2019 年第 2 期。

② 周睿：《道教哲学在企业文化建设中的应用》，《山东社会科学》，2012 年第 12 期。

文化理念，也做了不少文化宣传工作，但是企业员工对企业文化的认同度依然很低。似乎不管企业怎么去宣传，企业员工总是很难融入其中，置之事外，对于企业理念只是口头上的赞同，而无法达到那种宗教信徒一般的虔诚，更难以把理念自觉地运用到行动指导上。事实上，企业理念、价值这类东西与"道"相似，具有与"道"一样的传播特点。企业文化的传播不仅需要通过外在符号的传播，还需要内在的传播，需要主我与客我的交流，文化的认同是一种心灵彼此的相契。所有企业都希望员工对企业文化理念和价值的遵循是自然而然的行为，是出自内心的本能一样，而不是刻意的或强制的不得已行为，正如"道"是自然而然的一样。为了达到这样的认同效果，我们可以从老子的"道"的特性与隐喻式传播中获得企业文化传播相应的启示：

（一）文化价值的传递应更加注重内向传播

企业文化的传播不是依靠疾风骤雨式的传播就能立马见效的，也不是一时兴之所至就去传播一下，不是一阵一阵的。企业文化的传播应该是一个长期不懈的过程，而且应该如春风化雨一般，如自然化育相类。要做到这一点，就应该顺人心、顺人意，做到"顺天之时，随地之性，因人之心"。企业在传播自身文化时，应该保持真诚，"信不足焉，有不信焉"（十七章）。"言善信"（八章），"夫轻诺必寡信"（六十三章），如果企业的诚信不够，那么企业员工就可能不把企业文化当成一回事。企业在传播文化时应该注重员工对文化的感同身受，做到自知，所谓"知人者智，自知者明。胜人者有力，自胜者强"（三十三章）。而员工在接受企业文化时，应该保持日省自身有自知之明，做到"致虚极，守静笃"（十六章），如此才能做到"不出户知天下，不窥牖见天道"（四十七章）。

（二）文化价值的传递应该更加注重柔性传播

企业文化的认同，需要立足在柔性传播的基础之中。就像水一样，滋润万物，滴水穿石。"天下莫柔弱于水，而攻坚强者莫之能胜，其无以易之。弱之胜强，柔之胜刚，天下莫不知，莫能行。是以圣人云，受国之垢，是谓社稷主；受国不祥，是为天下王。正言若反。"（七十八章）老子提出上善若水，水可以随物赋形具有"润物不争""谦卑处下""顺时而动"等特性，在企业文化的传播过程中，应该像水一样，因势利导，以顺应为主，而非强迫。应以疏导为主，而不应堵塞。应以默默滋润为主，而不应过分张扬。所以，老子说："天下之至柔，驰骋天下之至坚"（四十三章），"见小曰明，守柔曰强"
（五十二章），柔性传播更能深入人心，能"无有入无间"（四十三章）。水不
仅柔弱，还诚朴。老子说："信言不美，美言不信；善者不辩，辩者不善；知
（zhì）者不博，博者不知（zhì）。圣人不积，既以为人，己愈有；既以与人，
己愈多。天之道，利而不害。圣人之道，为而不争。"（第八十一章）柔性传
播呼唤真诚的交流。老子提倡传播者应该真诚，避免居高临下的姿态，反对
在传播活动中华而不实、夸夸其谈甚至弄虚作假。"企者不立；跨者不行。自
见者不明；自是者不彰。自伐者无功；自矜者不长。其在道也曰：余食赘形。
物或恶之，故有道者不处"（二十四章）和"持而盈之不如其已；揣而锐之不
可长保"（九章）均说明传播者不可锋芒毕露，咄咄逼人。"是以圣人方而不
割，廉而不刿，直而不肆，光而不耀"（五十八章），传播者应该懂得方正而
不割人，锐利而不伤人，直率而不放肆，光亮而不刺耀，像水一样至纯至简。

论《周易》中的"贤"概念及其在企业文化中的应用

孔德章*

（厦门大学哲学系，福建厦门，361005）

摘 要：在《周易》文本中，"贤"概念首先在《象》中被提了出来。"贤"概念经历了由经济概念到德行概念的转变过程。在《易传》中"贤"主要有：贤人、尚贤、养贤、用贤这四层内涵。当前这一概念也被运用于企业文化建设，这也进一步丰富了"贤"概念的内涵。

关键词：《周易》；贤；企业文化

对于"贤"的探讨，已有的文献中主要是从墨家、儒家尚贤的角度来论述的，其中的代表性文章有陈来先生的《竹简〈五行〉篇与子思思想研究》（《北京大学学报》2007 年第 2 期）、李贤中先生的《墨家"尚贤"思想探析》（《周易研究》2014 年第 1 期）。从《周易》的角度对"贤"概念进行探讨则相对较少，这一方面代表性论文主要有林忠军先生的《试论〈易传〉的人本管理思想》（《中州学刊》2007 年第 1 期）、郑万耕先生的《〈周易〉与治理能力问题刍议》（《中国哲学史》2018 年第 1 期）等文章。但这些文章并未充分地对"贤"概念展开论述，皆是作为文章中的一个小点。故本文尝试着在前人研究的基础上，对《周易》中的"贤"概念做进一步的分析探讨，并结合企业具体的文化建设来分析该概念的现实意义。

---

* 作者简介：孔德章（1987—），女，吉林省吉林市人，厦门大学哲学系硕士研究生，研究方向：中国古代科技哲学。

一、《周易》中"贤"概念的提出

在《周易》的卦辞与爻辞中，并未出现"贤"的概念，"贤"概念最早出现在"彖"中①，"彖"解释大畜卦卦辞曰："大畜，刚健笃实辉光，日新其德。刚上而尚贤，能止健，大正也。不家食吉，养贤也。利涉大川，应乎天也。"②此处"贤"概念具有两层含义，一层是尚贤，一层是养贤。尚贤则表现为"刚健笃实辉光，日新其德"，并由"日新其德"而开出"能止健"之品质，以此而致"大正"之生命状态。养贤则表现为"不家食"，即不自食于家，当有包容开放的心态，这种包容的心态则具体落实到一种"公"的生命状态之中。养贤于此亦有两层含义：一则为养贤能之人，次则可言养己之贤明之德。

关于"贤"概念的原本内涵，《说文解字》有如下解释："多财也，从贝。"段注："财各本作才。今正。贤本多财之称。引伸之凡多皆曰贤。人称贤能，因习其引伸之义而废其本义矣。《小雅》：'大夫不均，我从事独贤。'《传》曰：'贤，劳也。谓事多而劳也。'故孟子说之曰：'我独贤劳。'戴先生曰：'投壶，某贤于某若干纯。贤，多也。'"③从段注中可以看出，"贤"至少有五层意思：第一，其原意指"多财"；第二，由"多财"而引出凡是"多"，皆可称为贤；第三，为"劳"之意。《广雅疏证·释诂》认为："贤，亦劳也。贤劳，犹言劬劳。"《韩诗》注《诗经·小雅·鸿雁》中的"劬劳于野"曰："劬，数也。"④《广雅·释诂》和《经典释文》亦都采用了此说法。故此处将"贤"解释为"劳"之时，实际上便有过度之意，即所谓的"多"之含义。故亦可把"劬劳"纳入"多"的范畴中去理解；第四，在此基础上，又引申为人之懿美德行，称德行之多为贤，在《墨子闲诂》中，孙诒让引《玉篇》云："贤，有善行也。"⑤此善行即为懿美之行；第五，指有德之人。《左传》说道："庸动、亲亲、暱近、尊贤，德之大者也。"⑥《礼记·大传》有言："圣人南面而听天下，所且先者五，民不与焉：一曰治亲，二曰报功，三曰举贤，四曰使能，

---

① 根据朱伯崑《易学哲学史》第一卷第二章第一节"关于《易传》形成的年代"的内容，《彖传》是《易传》中出现时间最早的。刘大钧先生的《周易概论》中则持其他观点。本文取朱伯崑先生的观点。

② 程颢、程颐：《二程集》，王孝鱼点校，北京：中华书局，1981年，第828页。

③ 段玉裁：《说文解字注》，北京：中华书局，2013年，第282页。

④ 王先谦：《诗三家义集疏》，北京：中华书局，1987年，第631页。

⑤ 《诸子集成·墨子闲诂》第四册，北京：中华书局，2006年，第25页。

⑥ 杨伯峻编著：《春去左传注》，北京：中华书局，2016年，第463页。

五曰存爱。"孙希旦注曰:"贤,谓有德者。"①尊贤、举贤即尊崇、推举有德之人,其目的则是为了政和人兴。在《说文解字》中对"贤"的理解之外,"贤"亦有聪明、尊重、善、才能四种含义。作为聪明这层含义,"贤"通常作为"愚"的反面而出现,如《尹文子》有言:"三曰况谓之名,贤愚爱憎是也。"②《经典释文》:"鼎,革去,贤愚别,尊卑序。"③两处引文中"贤""愚"皆对举而出现。《论语·学而》言:"贤贤易色。""上'贤'字,犹尊重也;下'贤'字,谓贤人也。"④引文第一个"贤"字便是尊重之意。《礼记·内则》言:"若富,则具二牲,献其贤者于宗子。"孔氏曰:"贤,犹善也。"⑤杨雄在《太玄》中有言:"太虚既邪,或直之,或翼之,得矢夫。《测》曰:虚邪矢夫,得贤臣也。"⑥亦作"善"解。王弼《老子道德经注》中解释"贤"曰:"贤,犹能也。"⑦此处便作才能解。

从《诗经》到《礼记》《墨子》《尹文子》《易传》,"贤"的概念也发生了相应的变化,逐渐由"多"(或者说"劳")而转向"善""懿美德行""有德者"。其本意并未指向道德层面,而仅仅指经济层面上的富足,其内涵由财物之"多"而逐渐引申为德行之"厚"。后者也就成了"贤"概念最主要的内涵,春秋战国以降,人们主要是从德行的角度来理解"贤"的概念。由此可知,"贤"的概念经历了一个由经济概念到道德概念的转变过程。由《象·大畜》的内容和成书时间来看,这个转变过程最迟在战国末期便已经完成。

二、《周易》中"贤"概念的主要内涵

在《易传》中,"贤"概念的重要性在于,它是沟通"道"和"人"的重要中介,是一个可以具体实践操作的概念,而非像"道"一样无法捉摸把握。和"圣人"的概念不同,"贤人"的境界通过努力是可以达到的,这也就为现世之人提供了一个切实可行的操作模板。因此可以说,"贤"概念在《周易》乃至我们的传统文化中具有重要的指导意义。大体说来,在《易传》中,"贤"主要包括以下几个内涵:贤人、尚贤、养贤和用贤。

① 孙希旦:《礼记集解》,北京:中华书局,1989年,第905—906页。
② 《诸子集成·尹文子》第6册,北京:中华书局,2006年,第1页。
③ 陆德明:《经典释文》,上海:上海古籍出版社,2013年,第110页。
④ 皇侃:《论语义疏》,北京:中华书局,2013年,第12页。
⑤ 孙希旦:《礼记集解》,北京:中华书局,1989年,第741页。
⑥ 司马光:《太玄集注》,刘韶军点校,北京:中华书局,1998年,第25页。
⑦ 王弼:《老子道德经注》,楼宇烈校释,北京:中华书局,2011年,第9页。

1. 贤人

《周易·系辞上》有言："乾道成男，坤道成女；乾知大始，坤作成物；乾以易知，坤以简能。易则易知，简则易从；易知则有亲，易从则有功；有亲则可久，有功则可大；可久则贤人之德，可大则贤人之业。"[①] 于此文本中，我们可以看到对"贤"的解释，首先便可以将之理解为"贤人"，即有德业之人。这里的德业主要包括两个方面：其一，有亲；其二，有功。由于其有亲、有功，故贤人具有"久"和"大"的特点。王弼注曰："天地易简，万物各载其形；圣人不为，群芳各遂其业。德业既成，则入于形器，故以贤人目其德业。"孔颖达疏曰："'可久则贤人之德'者，使物长久，是贤人之德能养万物，故云'可久则贤人之德'也。'可大则贤人之业'者，功劳既大，则是贤人事业。行天地之道，揔天地之功，唯圣人能然。今云贤人者，圣人则隐迹藏用，事在无境。今云'可久'、'可大'，则是离无入有，贤人亦事在有境，故'可久'、'可大'，以贤人目之也。"[②] 贤人的德业便具体表现为"能养万物"，而非囿于一己之私，此即所谓"可大"者也。《文言》曰："上九曰'亢龙有悔'，何谓也？子曰：'贵而无位，高而无民，贤人在下位而无辅，是以动而有悔也。'"[③] 贤人于此处含有高贵之意。惠栋在《周易述》中引《后汉书》言："李固上书曰：'臣闻气之清者为神，人之清者为贤。'"[④]

《文言》曰："天地变化，草木蕃；天地闭，贤人隐。《易》曰：'括囊，无咎无誉'，盖言谨也。"金景芳先生在《周易全解》中认为"天地变化，草木蕃；天地闭，贤人隐"为互文，即人事感天地变化而亦有相应呈象。"这里讲天地'变化'，是说天地交感，变化万物，则草木蕃殖茂盛，而贤人亦出。讲天地'闭'，是说天地隔绝，阴阳不通，则草木不蕃，贤人隐遁。"[⑤] 贤人于此处具有与天地之气相应的特点。《庄子·大宗师》中所言"天时，非贤也"[⑥]，便从反面说明了贤人与天地相感性之特点。

观之上述《周易》的几处引文，"贤"皆为"贤人"之意，归而言之，

① 王弼、韩康伯、孔颖达：《宋本周易注疏》，于天宝点校，北京：中华书局，2018年，第379页。

② 王弼、韩康伯、孔颖达：《宋本周易注疏》，于天宝点校，北京：中华书局，2018年，第379、382页。

③ 王弼、韩康伯、孔颖达：《宋本周易注疏》，于天宝点校，北京：中华书局，2018年，第28页。

④ 惠栋：《周易述》，郑万耕点校，北京：中华书局，2007年，第466页。

⑤ 金景芳、吕绍刚：《周易全解》，上海：上海古籍出版社，2017年，第69页。

⑥ 阎建忠：《南华真经释义》，北京：社会科学文献出版社，2013年，第126页。

《周易》中所述之贤人主要指有德业，并且能够感应天地之气的高贵之人。

2. 尚贤

《大畜·彖》曰："大畜，刚健笃实辉光，日新其德。刚上而尚贤，能止健，大正也。"王弼注曰："处上而大通，刚来而不距，'尚贤'之谓也。"[1]该引文中，尚贤是"刚健笃实"者的一种价值选择，这些人能够要求自己"日新其德"，通过所尚之贤人的帮助而开出"能止健"之品质，以此而致"大正"之生命状态。故王注曰："尚贤制健，大正应天，不忧险难，故'利涉大川'也。"[2]可以说"尚贤"在《周易》中是一种重要的价值选择。"尚"主要有两层意思：第一，"尚"通"上"。《说文解字》曰："尚，曾也。"段注曰："尚之曷亦舒，故释尚为曾。曾，重也。尚，上也。皆积絫加高之意。"[3]《广雅·释诂》曰："上，君也。"[4]由此可知"尚"有尊敬、尊崇之义，在此意义上"尚贤"又可称为"尊贤"；第二，"尚"有佑助之意。《尔雅正义》言："亮、介、尚，右也。注曰：'绍介、劝尚，皆相佑助。'"[5]故"尚贤"于此处有佑助贤才之意。这两种理解在上述《彖·大畜》中都解释得通。大有卦上九爻曰："自天祐之，吉无不利。"程氏注曰："五有文明之德，上能降志以应之，为尚贤崇善之义。"程氏又引《系辞》言："天之所助者顺也，人之所助者信也。履信思乎顺，又以尚贤也，是以自天祐之，吉无不利。"[6]此亦是强调"尚贤"的重要性，将它视作"天祐"之重要条件。

3. 养贤

《彖·大畜》曰："不家食吉，养贤也。利涉大川，应乎天也。"[7]此处养贤则表现为"不家食"，即不自食于家，当有包容开放的心态，这种包容的心态则具体落实到一种"公"的生命状态之中。养贤于此亦有两层含义：一则为养贤能之人，次则可言养己之贤明之德。二者相同者则为养贤之主体有其公心，对其所接触的对象持包容开放的态度。《说文解字》言："养，供养也。"[8]

① 王弼、韩康伯、孔颖达：《宋本周易注疏》，于天宝点校，北京：中华书局，2018年，第182页。
② 王弼、韩康伯、孔颖达：《宋本周易注疏》，于天宝点校，北京：中华书局，2018年，第182页。
③ 段玉裁：《说文解字注》，北京：中华书局，2013年，第49页。
④ 王念孙：《广雅疏证》，江苏：凤凰出版社，2000年，第4页。
⑤ 邵晋涵：《尔雅正义》，李嘉翼、祝鸿杰点校，北京：中华书局，2017年，第37页。
⑥ 程颢、程颐：《二程集》，王孝鱼点校，北京：中华书局，1981年，第772页。
⑦ 程颢、程颐：《二程集》，王孝鱼点校，北京：中华书局，1981年，第828页。
⑧ 段玉裁：《说文解字注》，北京：中华书局，2013年，第222页。

又"供，供给。"段注曰："给者，相足也。"① "相足也"意味着"养贤"内在地蕴含了一种态度："养贤"若解释为蓄养贤人，则本身意味着对贤人的尊重和身心需求的满足；若解释为养己之贤明之德，则意味着对自我有着一以贯之的严格要求，从而达到"相足"的状态。

《彖·颐》曰："天地养万物，圣人养贤以及万民。颐之时大矣哉。"孔颖达疏曰："'圣人养贤以及万民'者，先须养贤，乃得养民，故云'养贤以及万民'。圣人但养贤人使治众，众皆获安。"② 按照孔颖达之解，此处养贤则主要指蓄养贤人，以治理万民而使众人安之。《彖·鼎》曰："鼎，象也。以木巽火，亨饪也。圣人亨以享上帝，而大亨以养圣贤。"王弼注曰："去故取新，圣贤不可失也。饪，孰也。天下莫不用之，而圣人用之，乃上以享上帝，而下以'大亨'养圣贤也。"③ 王弼强调了圣贤之重要意义，认为"圣贤不可失也"。并在"而大亨以养圣贤"前加了主语"下"，按照王氏之解，则此处的"贤"不能理解为蓄养，而更确切地说来当是供养。按照王弼之解，此处则存在"下（或称为大众）—贤—圣—上帝"的内在逻辑关系，圣贤乃是大众沟通上帝之重要途径。然李鼎祚引虞翻注曰："大亨谓'天地养万物'、'圣人养贤以及万民'。贤之能者，称圣人也。"④ 虞翻引《彖·颐》训"大亨"，以此逻辑，"而大亨以养圣贤"则当理解为圣人大亨以养圣贤。按照虞翻之解，则贤一方面有蓄养贤才之义，更重要的一层意思则是圣人要养己之贤德良行。此亦是为何要在"亨"前面加一个"大"的原因所在，此"大"字重在强调圣贤行于尘世之中时所需要的一种持续性和变易性⑤，若孔子周游列国之举便是。

4.用贤

尚贤、养贤之目的则在于用贤，"贤"本身便包含了经世致用的内涵，故"贤"概念中亦自然包含了"用贤"这一层内涵。无论是养贤人而用之，抑或养己之贤而用之，其目的皆在对自我、对社会能有所用。《周易·系辞上》言：

① 段玉裁：《说文解字注》，北京：中华书局，2013 年，第 375 页。

② 王弼、韩康伯、孔颖达：《宋本周易注疏》，于天宝点校，北京：中华书局，2018 年，第 187 页。

③ 王弼、韩康伯、孔颖达：《宋本周易注疏》，于天宝点校，北京：中华书局 2018 年，第 303—304 页。

④ 李鼎祚：《周易集解》，王丰先点校，北京：中华书局，2016 年，第 309 页。

⑤ 此处变易性则说明了一种艰难性。

"有亲则可久,有功则可大;可久则贤人之德,可大则贤人之业。"① 此处所言"可大"便具体指的是贤人的经世致用。这里需要强调的是,用贤包括"德"和"才"两方面,这也是由当时的具体时代背景所决定的。"悲夫! 百家往而不反,必不合矣! 后世之学者,不幸不见天地之纯,古人之大体。道术将为天下裂。"② 《庄子·天下篇》具体描述了春秋战国时期百家争鸣的一个学术环境,并做出总结,认为"道术将为天下裂"。"道"裂而后"贤"出,或者说"尚贤"而"裂道"。"贤"乃是作为一种"器"而存在,但是"贤"和"道"并非前后顺序的关系,而是一种表里的关系,"贤"是"道"的外化表现,但同时"贤"所表现已然不是"道",而只能是"道"的一个方面。在一定程度上可以说,"贤"概念是周朝礼乐文化在春秋战国礼崩乐坏背景下的一种价值重构。一方面,"贤"是对原有礼制的一种解构,另一方面,"贤"也是对原有礼制的继承。在春秋战国时期,以血缘作为基础的分封制的逐渐瓦解,社会逐渐形成了"士"的阶层。"'尚贤'思想在周朝便已出现,由于整个社会秩序的建构是以宗法分封制为基础的,从而使'尚贤'总是屈从于宗法血缘关系及其等级特权秩序。"③ 可以说"贤"概念的产生有其鲜明的时代背景。在这种时代背景下,正是需要贤能之人来匡扶济世。"达则兼济天下,穷则独善其身",无论兼善天下还是独善其善,都需要用"贤"。因此,用贤的主要目的便在于达到中和、美善的状态,实现反身修德,经纶天地,从而使得个体和集体组织获得更好的发展。

三、"贤"概念在企业文化中的应用

"企业文化是指企业在一定价值体系指导下所选择的那些普通的、稳定的、一贯的行为方式的总和。……价值观,尤其是价值目标,是企业文化的核心构成。"④ 由引文可知企业文化是企业管理中的一个重要方面,一方面,企业要想获得长足的发展,企业文化是其前进的内在动力;另一方面,尤其在当前人们物质生活水平日渐提高,对精神生活更加注重的大背景下,对一个企业的精神产品和企业文化亦更加重视。同时,从国家层面来说,我们当前极

---

① 王弼、韩康伯、孔颖达:《宋本周易注疏》,于天宝点校,北京:中华书局,2018年,第379页。

② 阎建忠:《南华真经释义》,北京:社会科学文献出版社,2013年,第675页。

③ 彭新武:《贤人之治:价值与流弊》,《山西大学学报》2016年第2期。

④ 陈春花:《企业文化的改造与创新》,《北京大学学报》1999年第3期。

为重视文化自信的建构，所以个体需要文化自信，国家需要文化自信，企业亦需要文化自信。这便从三个方面都对企业提出了文化上的要求。因此，对于一个企业来说，企业文化的建设可以说是必不可少的，甚至可以说，企业文化是一个企业的灵魂所在，直接关系到这个企业的精气神，进而进一步影响这个企业所生产出来的具体产品和所提供的服务品质。

前文说到尚贤、养贤的目的便在于用"贤"，"贤"概念中本身具有经世致用的特点。同时"贤"又是凡圣之间的过渡阶段，圣人似乎是可望而不可即，而贤人则是可望又可及的。于是相关企业在建构自己的企业文化时，便将"贤"概念作为企业文化的核心内容。江苏省金坛市中盐金坛盐化有限责任公司在建构自己的企业文化时，提出了"贤文化"的重要概念。该公司对"贤文化"的内涵做了如下阐述：敬天、尊道、明本、顺性、尚贤、慧物、贵和、致远。以"尚贤"这一内涵为例，该公司对"尚贤"这一概念做了如下解释：知之不易，行之亦艰，惟贤者可通知行。如是则知中有行，行中有知，知则真切笃实，行则明觉精察，知行合一方为贤才。贤者内修其身，博学厚德；达者外建其功，修己安人。该企业对"尚贤"的解释主要是从"知""行"两个方面切入，希望通过慎思明辨和辉光笃行实现内贤外达的状态。总而述之，该公司的"贤文化"主要是从德性的角度入手，是一种与刚性的制度不同的柔性的德教。由此可知，该企业所建构的企业文化的内涵主要是从主体的角度出发，更加注重的是公司成员自身的成长，并希望通过自身的成长来发挥主体在工作中的主动性，从而由这种主动性带动产品质量和服务意识的提高。

该公司总经理管国兴先生说过一句话——幸福的生活从一碗饭开始。在他的倡导下，该公司食堂米饭的口感非常好。员工对这一举动亦是赞赏有加。这一举动虽然相当细微，却是一个非常具有人情味的决策，同时也非常好地体现了该企业所建构的"贤文化"，即"尚贤"内涵中所谓的"达者外建其功，修己安人"。在这些举措中，企业领导者的决策便与该企业所建构的文化统一起来了。而普通员工对企业文化的认同感和归属感正是在这样的具体措施中慢慢增长的。如此方可构成一种良性循环。一旦这种良性循环形成时，这一企业文化便将提供更加明显的文化动力，从而促进企业更好地前行。这里要强调，在建构企业文化的初期，外在的投入和决策者的决策是非常关键的。很大程度上，在建构企业文化的初期阶段，决策者起到了决定性的作用。但是只要这种企业文化慢慢进入轨道，具有相对独立性时，决策者便可以抽出自我，若《道德经》所谓的"功遂身退"，而企业依旧具有强大动力，即实现所谓的文化反哺企业。因此，前期的培养是极为重要的，这正好就是文化的特性。文化是内在的、阴柔的、缓慢的，它需要耐心、需要呵护、需要不断的营养。因此企业在建构自己文化的过程中，也需要意识到这种过程性。用一个比喻，企业文化就像刚出生的婴儿。企业要建构自己的文化，就像父母要养育刚生出来的婴儿一样。如何养这个婴儿，便是企业文化如何定位的问题。中盐金坛将企业文化定位在"贤文化"上，就是确定了如何养育孩子的方式。接下来的就是具体的养育举措了。该公司建设自己的博士后工作站，开展国学夏令营，出版《宏德学刊》《中盐人》、《贤文化》等刊物，举办"宿沙讲坛"，鼓励员工进行在职深造，并积极与南京大学、厦门大学等高校进行合作，建立校企之间的联系，取长补短，各自发挥所长。这都是在建构"贤文化"这一企业文化的理念下而进行的具体举措。当然这些举措必然也要付出相应的代价，这就是赫伯特·西蒙所说的"价值判断"和"事实判断"[1]。每一个举措的实施都需要考虑这两个因素，而企业文化的建构则更是如此。因为建构企业文化这一举措是一个长期的、需要持续投入的行动。中盐公司从2010年成立企业文化部以来，经过十年的努力，中盐金坛盐化有限责任公司在企业文化方面的建设取得了相对丰硕的成果，这集中体现在盐业同行、企业界以及公司内部成员对该公司的认可上，同时与高校的联系，则进一步引进了人才，提高了专业性和可持续性，从而也增强了企业自身的弹性。中盐公司的企业文化建设已经进入了良性发展轨道，这为该公司树立了良好的企业形象，从而也有利于该公司更好地面对未来的机遇和挑战。

---

① 赫伯特·西蒙：《管理行为》，詹正茂译，北京：机械工业出版社，2019年，第4页。

贤文化关键词的价值初衷及美学向度

孙彩琪　孙　鹏 *

（陕西师范大学 710119；中盐金坛《贤文化》编辑部 213200）

摘　要： 以建设受人尊重百年企业为目标的中盐金坛公司，采取科技与人文双轮驱动的企业发展策略，提出了融合中国优秀传统文化与现代企业经营管理智慧为一体的贤文化为企业文化。贤文化的核心内容为八个关键词：敬天、尊道、明本、顺性、尚贤、慧物、贵和、致远。从文字训诂的视角，能够发现贤文化关键词饱含敬畏自然、以人为本、尊道贵德、上善若水等价值初衷，也能够看出贤文化关键词体现出自然美、德性美、做人美、生活美等美学向度。贤文化关键词以潜移默化的力量在企业人心中植入美的理念，在以文化人、化人成贤的过程中提升企业人的素养，以中国式管理艺术带动当代企业的科学发展，以生生不息的活力引领企业人建设安身立命的美好家园。

关键词： 价值初衷；美学向度；贤文化

在人类社会的发展中，文化通过思想传播和理念引导的方式而产生"以文化人"的作用。文化得以传播、引导、化人的力量之源，在于其本身的魅力。这种魅力是符合人类生存和审美需要的价值所在，是引领人类奔向幸福和美好的力量。文字是传播文化的重要载体，起着传承文化价值和文化魅力的重要作用。汉字在传播文化信息、传承文化价值中的作用尤为明显，在展示汉文化魅力的同时，能够较好地把文化的实用价值和审美价值体现出来。"汉字作为传播语言信息的符号系统，从产生开始，就具有实用价值和艺术审美价值。汉字的艺术审美价值体现在：汉字的造字构形思维来源于人类先天

---

　　* 作者简介：孙彩琪（2000—），女，汉族，陕西师范大学 2017 级本科生，专业：美术学；孙鹏（1977—），男，汉族，哲学博士，研究方向：中国哲学、中国盐文化。

的审美要求、汉字的构形方式是人类后天美感形成的必然、汉字的构形体现了审美活动本体生成的特征。"①汉字具有的实用价值和艺术审美价值,以生生不息的活力推动着中华文化的传播和社会发展。"文字是思想的化石,这在汉文字身上体现得尤为突出。汉民族的美学思想同样积淀、凝固在汉字这种活化石中。通过汉字训诂,可以窥见中国古代具有民族个性的关于美本质的思想。"②本文以凝聚着中盐金坛公司企业价值理念的贤文化关键词为例,采用文字训诂的方法,在剖析贤文化关键词蕴含的哲学思维和道德取向之同时,呈现其实用价值和审美价值,展示其代表的现代企业价值理念和美好初衷,从美学向度探究贤文化引领企业价值理念的魅力之所在。

贤,是中国传统文化的一个重要概念,具有道德和价值观两重意境。儒家从文化及道德修养的角度,将人分为普通人、士人、贤人、圣人等多种层次。士人是指知书达理的读书人。古代生产力落后,读书也成为富人的特权,普通老百姓渴望有机会读书学习而成为士人;士人希望修身立德成为德才兼备的贤人;贤人希望有所建树,成为在立德、立功、立言方面有成就的圣人;圣人希望进一步通晓天、地、人之理,成为知天之人。通过学习和自我修养,从普通人向士人、贤人、圣人、天人的逐级晋升,成为古代从普通百姓到知识阶层人格修养晋升的层级和目标,也成为推动古代社会发展和劳动者素养提升的动力,成为古人完善人格、服务社会、提升自身价值的一种美的追求。

现代社会中,绝大多数人都有机会读书学习,成为掌握一定知识和技能的"士人"。可是,如果不注重道德修养,就有可能成为有才无德之人,成为实现人民向往的美好生活的障碍。中盐金坛公司基于现代企业的实际,认识到现代企业员工一般是学有专长的知识分子,类似于古代社会中的士人。鼓励企业人继续提升素养,修德立身,努力成为贤人,有助于促进企业人技能提升的同时,不断完善人格,成为德才兼备的贤者。故此,中盐金坛公司将企业追求的境界定位在"贤",名其企业文化为"贤文化"。

企业文化能否成为凝聚人的精神力量,关键在于企业文化本身是否能够满足企业人的价值需求,能否调动企业人的审美需要。优秀企业文化建设的过程,是让企业人在生产劳动过程中享受到美的过程。当企业人把生产劳动与享受生活融为一体的时候,企业文化的精神力量必然带来企业发展中物质

---

① 秦剑文:《从先民的美学意识看汉字的构形》,《曲靖师范学院学报》,2002年第2期。

② 祁志祥:《汉字训诂与中国美学》,《贵州社会科学》,1996年第1期。

的飞跃。中盐金坛公司立足于历史悠久的盐文化传统，汲取儒家文化的思想智慧，把现代科技文明的新元素与现代企业生产经营策略体现的哲学之美融合在一起，提出以"敬天尊道，尚贤慧物"为企业的核心理念，并且把敬天、尊道、明本、顺性、尚贤、慧物、贵和、致远作为企业贤文化的关键词，引领企业人形成修德行、讲奉献、比进取的主流价值理念，为培育贤才、奠定受人尊敬的百年基业提供精神动力和智力支持。贤文化关键词凝练了中盐金坛公司的价值理念，而且以中国深厚的传统文化为底蕴，把敬业奉献与立德树人结合起来，以美的内涵立德树人，以美的理念引领企业人在美好生活建设的道路上前进。

从《说文解字》关于汉字的训释入手，分析贤文化关键词的含义，有助于发现贤文化引领企业价值理念的美学内涵。"《说文解字》是中国第一部按部首编排，并以六书理论系统地分析字形、说解字义、辨别声读的汉语字典。许慎对汉字的训释，不仅包含着汉字文化信息，同时也蕴藏着汉字美学意识，是中华美学的重要资源。"①汉字的字形构造及其偏旁部首代表的意义，是汉字所表达意思的基础。汉语词语的思想内容及内涵，尽在组成该词语的汉字中得以表达。因此，从训诂学入手，可以看出贤文化关键词中的每一个汉字都包含一个故事、一种哲学、一种美。

贤文化的"敬天"，就是对自然的敬畏，对资源的珍惜，对生活于其中的自然环境及社会环境发自内心而体现于言行的爱护和敬畏。这种由内而外的敬和爱折射出一种人文之美的理念和精神。它强调的是以内心之敬自然流露出对外在的爱，从而接近于人与自然及社会和谐的"天人合一"境界，是一种美的追求。"天人合一，也就是一种中国优秀传统文化所追求的审美境界和美学精神。"②贤文化敬天理念蕴含的天人合一思想，与中国古代绘画追求将自然美与艺术美融合起来的天人合一意境是相似的。"敬"字意为恭敬、严肃、尊重、信仰、敬畏、有礼貌地献上，表达恭在外表，敬存内心之意。也就是说，"敬"是外在言行、态度和内在思想、观念的统一，言行恭敬、认真与内心尊重、敬畏的合二为一才能算得上"敬"。《说文解字》指出，构成"敬"字的两个组成部分分别表示"自我告诫、自我警醒""用棍子或鞭子敲

① 陈守湖：《汉字美学：物性能指、诗性表征及生态意旨 —— 以〈说文解字〉为考察中心》，《湖南师范大学社会科学学报》2017 年第 1 期。
② 黄卫星，张玉能：《汉字的构成艺术与"向内求善"的中华美学精神》，《云南艺术学院学报》，2016 年第 4 期。

打"①之义，意为通过自我反省、自我鞭策，警醒自己不要犯错误，严格约束自己在道德修养上不断进步，追求个人素养的提升和人格的完善。经过汉字改革之后，"敬"的字形结构有所变化，但其含义及其体现的审美意向一直沿用下来。"天"字在甲骨文、金文中意为人的头，这种意思在"天灵盖""刑天"等词语中还可以体会出来。后来，"天"字多用引申义，意为上面的、地面以上的高空、自然界等。在中华传统文化中，天也是文化信仰体系的核心，狭义的仅指与地相对的天；广泛意义上的天，即道、太一、大自然、天然宇宙。天还是一个神格化的概念。春秋战国之时，人文理性精神勃发，神为人创，民为神主的观念逐渐盛行起来，上古神秘观念渐渐消退，"皇天上帝"之概念渐由自然之"天"取代，天为道德民意的化身，构成了后世中国文化信仰的基础。"敬天"成为中国文化中最基本的理念和信仰要素。古希腊哲学家柏拉图认为美就是一种理念。贤文化的敬天理念，正是中国文化几千年传承至今的一种美。

贤文化提倡尊道。"尊有多种含义。首先，尊通'遵'，有遵循之意。在古代，这种用法比较普遍。《墨子·备城门》中'然则守者必善而君尊用之'就是这种用法。其次，尊有重视之意。《玉篇·寸部》解释为：'尊，重也。'《吕氏春秋·审为》的'能尊生，虽富贵不以养伤身，虽贫贱不以利累形'，其中的'尊'为'重视'之意。再次，'尊'还有'敬重'的意思。《广雅·释诂一》曰：'尊，敬也。'《论语·尧曰》'尊五美，屏四恶，斯可以从政矣'，其中的'尊'即为'敬重、推崇'之意。贤文化关键词'尊道'中的'尊'，比'遵'的含义更加丰富，有遵循、重视、敬重之意。"②

《说文解字》把"道"解释为"所行道"。《汉语大字典》进一步把"道"解释为道路、门类、方法、本体、规律、道德、引导、治理等多种意思③。哲学中的"道"，是指万物运行的自然轨迹，是运行所遵循的规律。万物的产生是环境作用的结果，故此，万物运行皆有其自然的规律。此规律，就是其运行应有的"所行道"。

贤文化尊道思想，提倡遵循事物的规律行事，推动事物向健康方向发展的一种理念。尊道的行为表现为重视环境对事物的作用及事物本身对环境的反作用，以事物与环境之间的和谐关系及可持续发展为重，对事理、规律、

---

① （汉）许慎：《说文解字》，上海：上海古籍出版社，1981年，第1735页。
② 孙鹏：《贤文化·尊道》，《贤文化》，2019年第3期。
③ 徐中舒主编：《汉语大字典》，成都：四川辞书出版社，1990年，第4119页。

道义、技艺等存有尊重和敬畏之情并付诸行为过程中。尊道思想体现出顺应自然及事物自身规律的和谐之美。

贤文化提倡明本。"本"的字义为长在木下的根，《说文解字注》解释为："木下曰本。从木，一在其下。"①如果树没有根，就无法吸收养分，也就无法生长，故名之为"本"。从这个角度扩充开来，"本"是人和动植物的生命之源。因此，人和树木一样，要有"根""本"才能生存发展，而人的"根"或"本"则是人之所以为人的特性——德性。"人的德性，儒家称之为'仁'或'良知'，道家称之为'德'，这些名词所指代的都是人生存发展的'根''本'。人若离开了为人之'根''本'，不但不能得到生存发展，甚至不能成其为人，与禽兽无别，所以孟子说人的德性是人有别于禽兽的'几希'。"②企业是由众多人组成、立于天地之间的有生命力的组织，同样有它的"本"，企业若要持续生存发展，同样不能离开"本"。"企业的本是什么？《贤文化纲要》明确指出'员工为企业之本，本立则企业固；科技为兴盐之方，方举则企业强'。科技是第一生产力，而科技掌握在员工手中，所以员工就是企业的核心生产力，是企业的第一资源，是企业之'本'。一家企业如果人才兴盛，必然事业兴旺；只有筑牢企业之基，稳固企业之本，企业才能够如有本之木苍翠茂盛，如有源之水奔流不息。"③这样的企业才能够在造福民生、服务社会的实践过程中，彰显生机勃勃的活力之美。

贤文化主张顺性。"性"字由"心"和"生"构成，表意为内心产生，指人的本性、事物的性质或特性，也可以指人或事物的性情、脾性以及思想、情感和生活态度等。《广雅》指出"性，质也"④，认为"性"是人或事物的本质，即本性。《中庸》开篇"天命之谓性"⑤，指明"性"是天然禀赋。《荀子·正名篇》提出"生之所以然者谓之性"⑥，意思是说性乃生命之所以为生命的本来样子。《说文解字注》对"性"的解释是"人之阳气性……善者也"⑦，

① （清）段玉裁注：《说文解字注》，许惟贤整理，南京：凤凰出版社，2015年，第437页。
② 孙鹏，钟海连：《传统本末思想的传播与现代企业的价值取向》，《中华文化与传播研究》，2018年第3辑，第117页。
③ 钟海连，孙鹏：《贤文化·明本》，《中国盐业》，2018年第8期，第34页。
④ 徐中舒主编：《汉语大字典》，成都：四川辞书出版社，1990年，第2447页。
⑤ 陈晓芬，徐儒宗译注：《论语·大学·中庸》，北京，中华书局，2011年，第288页。
⑥ 方勇，李波译注《荀子》，北京：中华书局，2015年，第61页。
⑦ （清）段玉裁注：《说文解字注》，许惟贤整理，南京：凤凰出版社，2015年，第876页。

表明"性"是指人之阳,具有善的特征。中国传统哲学认为万物由阴和阳组成,"性"是人的"阳",表现出来就是"善"。古人把行为和思想分为善和恶,并且用阴阳对应善恶:善念、善行可公之于众,属阳;恶念、恶行难以见人,属阴。故此,《说文解字》把"性"解释为"人之阳气性……善者也",也就是说"性"是"阳",是"善"。

这种认为"性"是"阳""善"的思想,在孔孟学说中已经形成。孔子有"性相近也,习相远也"①的论断,认为人们阳的一面是相似的,人与人的悬殊是由于生活中形成的不同的"习"造成的。孟子明确提出人性本善的论断,并且用水之处下不争比喻人性之善:"人性之善也,犹水之就下也。"②孟子认为人的"性"是善的,处下不争,是人厚德包容的一面。

"性"亦有"不改,不迁"之意。改指时间变化,迁指空间运动。从"不改""不迁"的字义可知"性"具有稳定、忠实、自然的特征。董仲舒认为性是生命的根本,表现出来就是人的质朴和可靠:"性者,生之质,质朴之谓性。"③"本质、质朴、稳定是'性'的体现,而不稳定、多变是情和欲的使然;性静而情动,情动而产生欲;人欲变动不定,使生命在和自然的矛盾运动中逐渐损耗。关于情、欲的多变性以及对生命的伤害作用在中国传统思想中形成已久。《礼记》把人的情分为七种:'何为人情? 喜、怒、哀、惧、爱、恶、欲。'七情六欲不同于'性',人的'性'是自然、质朴、稳定不变的;情和欲是不稳定、多变的,对生命起到损坏作用。所以,古人提倡清心寡欲以减少对生命的消耗,以坚守的执着和稳定的信念修身养性。"④

《说文解字注》解释"顺"为:"理也。理者,治玉也。玉得其治之方谓之理。凡物得其治之方皆谓之理。理之而后天理见焉。条理形焉。非谓空中有理。非谓性即理也。顺者,理也。顺之所以理之。未有不顺民情而能理者。凡训诂家曰从,顺也。曰逊,顺也。曰驯,顺也。此六书之转注。曰训,顺也。此六书之假借。"⑤把"顺"解为"理也",并且借助对玉的打磨使其彰显本身漂亮的纹理来解释"顺"的字意,表明了"顺"不是简单的顺从,而是通过顺应而进行治理、教化、驯服,使其抛开不规则的外在蒙蔽而彰显出固

---

① 陈晓芬,徐儒宗译注:《论语·大学·中庸》,北京:中华书局,2011年,第58页。
② 方勇译注:《孟子》,北京:中华书局,2010年,第212页。
③ (清)段玉裁注:《说文解字注》,许惟贤整理,南京:凤凰出版社,2015年,第876页。
④ 孙鹏,钟海连:《贤文化·顺性》,《中国盐业》,2018年第19期。
⑤ (清)段玉裁注:《说文解字注》,上海:上海古籍出版社,1981年,第2005页。

有的质朴和美丽。贤文化提倡的顺性，正是提倡顺应固有的规律，以润物细无声的方式使事物彰显出本性质朴的善和美。"中华文化中的美，是与善结合在一起的美。美即是符合义理的生命精神，与人的高尚本质相一致的生命精神，能满足人健康的精神。"① 贤文化关键词顺性，是倡导顺应人固有的善良本性，以阳刚的进取精神营造美好的生活，是对善的倡导和美的追求。

贤文化提倡尚贤。何谓贤？"贤"的繁体字写作"賢"，由臤和贝组合而成。"臤"意为驾驭或掌握，"贝"在古代意指钱财及财物。段玉裁《说文解字注》指出："贤，本多财之称，引申之凡多皆曰贤。人称贤能，因习其引申之义而废其本义矣。"② 这段话说明了"贤"本义为多财，贤人是能够以厚实的财富基础和杰出的才能为众人做很多好事因而拥有很大声望的人，也就是有财富而且有道德、拥有造福众人之才能的德才兼备之人。儒家思想是中华民族传统文化的主流，这种对"贤"的解释很显然体现了儒家对"贤"的认识。儒家认为修身修德是拥有财富、成就事业的基础，有"积善之家必有余庆"③ 的观点。故此，在儒家提倡的圣贤人格中，贤人是掌握一定的财富而能够积德行善、造福众人的有德有才之人。奚刘琴博士在其研究论文中指出："后来，'贤'之'多财'本义渐渐淡薄，'有贤能有声望'的引申义反而广为人知。因此，德才兼具、德才过人，成为对'贤'一词的普遍理解。"④

《汉语大字典》对"尚"的解释有增加、添饰、超过、尊重、举荐、喜欢、愿望、久远等多种，而且还有其通假字"上""掌""当""常"等相同的字义⑤。《说文解字注》解释为："尚，曾也，庶几也。"⑥ 徐灏对此注曰："尚者，尊上之义，向慕之称。尚之言上也，加也。曾犹重也，亦加也。"在和"贤"连用而组成的"尚贤"一词中，"尚"的意思显然是尊重、举荐、喜欢、增加之意。尚贤，也就是鼓励人们朝着德才兼备方向努力，提升自身素养和服务社会的能力，尊重有德有才之人，举荐并给予贤者相应的职权让他们更好地发挥造福社会的作用，形成并坚守尊贤、爱贤、用贤、成贤的美好人文生态。

① 陈思杰编著：《中华十大义理》，北京：中华书局，2008年，第161页。
② （清）段玉裁注：《说文解字注》，许惟贤整理，南京：凤凰出版社，2015年，第492页。
③ 孙振声：《白话易经》，北京：中外文化出版公司，1990年，第27页。
④ 奚刘琴：《孔子圣贤观的治道思想发微》，《中华文化与传播研究》，2019年第5辑，第121页。
⑤ 徐中舒主编：《汉语大字典》，成都：四川辞书出版社，1990年，第609页。
⑥ （清）段玉裁注：《说文解字注》，许惟贤整理，南京：凤凰出版社，2015年，第86页。

贤文化倡导慧物。"慧"是一个形声字,由"彗"和"心"构成。"彗"字上部的两个"丰"指的是草、竹之物,该字意为用草、竹之物制成扫帚。在"彗"的下面加上"心",表达的意思是把无用的野草、竹竿,经过内心构思后,制作成有用的扫帚,使无用之物成为有用之物。这就是慧的本义——聪明、智慧,也体现出古人对生产劳动及经验技能的肯定与认可。由"慧"的本义引申为狡黠,在佛学中意指了悟、破惑证真,在中医中有清爽、眼睛清亮等意,如慧根、慧眼等。"慧"作聪明义时,与"惠"通假,兼具仁爱、柔顺、善待等意思。比如,《世说新语·夙惠》中"何晏七岁,明惠若神"①,"惠"有聪明之意。《礼记·表记》中"节以一惠"②,此句之"惠"就是"善"的意思。

物字也是一个形声字,牛旁勿声。在古人思想中,牛是一种比较大的动物,故此以"牛"作形旁表示"物"。《说文解字》有"牛为大物"③。段玉裁注此句为"牛为物之大者。故物从牛"④,意为牛看起来比较大,所以用"牛"作形旁来表示物。甲骨文中,物特指杂色牛。牛色杂,毛色众多,引申为万事万物之意。现代汉语中,物字表示物体、事物、形色、环境等多种意思。《易·系辞》有"方以类聚,物以群分"⑤,其中"物"指的是客观存在的物体。物字不但指物体,还可以指事、事情之意。《玉篇·牛部》有"物,事也"⑥。直接表明物乃事、事情之意。《易·家人》中"君子以言有物,而行有恒"⑦的"物"就是"事"的意思。《礼·哀公问》"敢问何谓成身,孔子对曰:不过乎物。"⑧《周礼·地官·大司徒》"以乡三物教万民,而宾兴之。"⑨其中的"物"皆是指事、事物、事情之意。

贤文化之慧物,兼有慧"物"和慧"事"之意蕴。慧物,就是要顺应自然,善待万物,以合理的方法、科学的技术开发利用自然资源,使自然之物成为有利于百姓生活及社会进步的有用之物。慧事,就是要以仁爱之心待人处事,敬畏自然,成就人事,以利于人的发展和社会进步为本,坚守善的德

---

① 徐中舒主编:《汉语大字典》,成都:四川辞书出版社,1990年,第2472页。
② 徐中舒主编:《汉语大字典》,成都:四川辞书出版社,1990年,第2473页。
③ (汉)许慎:《说文解字》,上海:上海古籍出版社,1981年,第209页。
④ (清)段玉裁注:《说文解字注》,许惟贤整理,南京:凤凰出版社,2015年,第92页。
⑤ 孙振声:《白话易经》,北京:中外文化出版公司,1990年,第4页。
⑥ (清)段玉裁注:《说文解字注》,许惟贤整理,南京:凤凰出版社,2015年,第92页。
⑦ 孙振声:《白话易经》,北京:中外文化出版公司,1990年,第113页。
⑧ 徐中舒主编:《汉语大字典》,成都:四川辞书出版社,1990年,第2118页。
⑨ 徐中舒主编:《汉语大字典》,成都:四川辞书出版社,1990年,第2118页。

行和操守，建设人民向往的美好生活。

贤文化主张贵和。"和"字由"禾"与"口"组成。"禾"代表禾苗，意为粮食五谷。通过种植庄稼、获取五谷的途径满足对食物的需求，而不是通过捕猎或掠夺。这表明"和"字体现的是和谐共生、和谐相处之意。"'和'字在古代写作'龢'，由'龠'与'禾'组成。'龠'指多孔的竹管乐器，用以和众声。'禾'泛指谷物。古人用五谷祭祀，伴以和悦的乐声，换取内心世界的满足与和谐。'和'的另一种写法是'盉'。盉是古代一种调味的器皿和礼器。《论语疏正》曰:'乐调谓之龢，味调谓之盉，事之调适者谓之和，其义一也。'无论乐声之调和、味道之调和，还是人事之调适，都是通过调配不同成分之间的比例关系，以达到和的最佳状态。"① 这种状态，体现的正是一种审美心理的表达。"'和'作为儒家的美学表达，既是审美心理内涵的要求，即要求主体情感的传达和抒发要适中，恰到好处，又强调了对立范畴之间的和谐关系，即要求审美对象不同因素间的和谐统一。"②

"和"字还可以看作由"千""人"及一个"口"字组成。千人口中说出一样的话，同声相应，可见人们之间心往一处想、力往一处用、志往一处凝的关系。这种关系是人们之间想法一致、志趣相投、为着共同的理想而齐心协力的人与人之间的和谐关系。

"和"是多音字，虽然发音不同，但是字意都接近和谐、协和之意。《汉语大字典》解释如下:四声发音的"和"字表达声音相应，和谐地跟着唱或伴奏；附和，响应；答应，允许；以诗歌酬答，依照别人诗词的题材和体裁作诗词③。《道德经》曰:"有无相生，难易相成，长短相形，高下相盈，音声相和，前后相随。"④ 其中的"和"就表示相应、相随之意。二声发音的"和"字表达和谐、协调，适中、恰到好处，喜悦，和顺、平和，和睦、融洽，和解、和平，暖和，调和、调治、调教，汇合、结合等。《论语》中"君子和而不同，小人同而不和"⑤ 的"和"表达协调、协同之意。《中庸》之中"喜怒哀乐之未发，谓之中；发而皆中节，谓之和"⑥ 的"和"表达恰当、恰如其分之

① 孙鹏，钟海连:《同声相应，大道和生——现代企业对传统"贵和"思想的传承与实践》，《中华文化与传播研究》2019年第5辑，第27页。
② 冯华:《汉字结构形式与儒家美学观》，《小说评论》，2013年第5期。
③ 徐中舒主编:《汉语大字典》，成都:四川辞书出版社，1990年，第650页。
④ 陈鼓应注译:《老子今注今译》，北京:商务印书馆，2003年，第80页。
⑤ 陈晓芬，徐儒宗译注:《论语·大学·中庸》，北京，中华书局，2011年，第160页。
⑥ 陈晓芬，徐儒宗译注:《论语·大学·中庸》，北京，中华书局，2011年，第289页。

意。

"贵"字意为崇尚、重视、敬重、尊重，或表达以某种情况为贵之意。

从"贵""和"的字意可以看出，贤文化提倡的贵和，表示崇尚和谐、重视和气、做人做事以和顺为贵，把"和"之大美彰显于人间①。

贤文化主张致远。"远"之义主要有二：一是遥远，指空间距离大；二是久远，指时间长。由此二义引申出深远、高远、边远、差距大等多种含义。《说文解字》对"远"的解释是："远，辽也。从走，袁声。"②"远"之义与走息息相关，意指迈开脚步，走向远方。要走得遥远，就需要迈开脚步，不怕苦和累，不畏险与阻，要有明确的目标、坚强的意志、清晰的头脑、充分的准备。"远"字用于形容人或企业的发展状况，意指前途广阔，事业扩展到遥远的地方，功业绵延到久远的未来。"致"之义有多种，主要是达到、引来、导致、致使之意。《说文解字》解释"致"为："送诣也。《言部》曰：诣，候至也。送诣者，送而必至其处也。引申为招致之致。又为精致之致。"③《说文解字注》进一步指出："谨畏精微，深造以道而至，曰诣。"④从对字义的解释可以看出，"致"所表达的"达到，致使"是因为谨慎敬畏地深造，把精微细致之处都已经做得很好之后，自然而和谐地达到想要的境地，"以道而至"地实现目标。

"致远"一词较早出现在《周易·系辞》中："服牛乘马，引重致远。"⑤意为负载沉重的货物或负担，坚忍不拔地走到远方。《周易》法天象地，效法天地精神，提倡奋发厚德，获大成就："探赜索隐，钩深致远，以定天下之吉凶，成天下之亹亹者，莫大乎蓍龟。"⑥借用蓍草龟甲之象表明天地之道，鼓励勤勉努力，追索隐秘的事理，钩取深藏的法则，获致远大的成就。"'钩深致远'后来就被沿用下来，表达钩取深处之物，招致远方之财的意思。'良马难乘，然可以任重致远；良才难令，然可以致君见尊。'（《墨子·亲士》）《墨子》的这句话表达出要善用良马良才推动事业到达遥远之境。贤文化主张的致远，

---

① 孙鹏，钟海连：《同声相应，大道和生——现代企业对传统"贵和"思想的传承与实践》，《中华文化与传播研究》2019年第5辑，第27页。

② （清）段玉裁注：《说文解字注》，许惟贤整理，南京：凤凰出版社，2015年，第133页。

③ （汉）许慎：《说文解字》，上海：上海古籍出版社，1981年，第297页。

④ （清）段玉裁注：《说文解字注》，许惟贤整理，南京：凤凰出版社，2015年，第133页。

⑤ 孙振声：《白话易经》，北京：中外文化出版公司，1990年，第196页。

⑥ 孙振声：《白话易经》，北京：中外文化出版公司，1990年，第191页。

就是以平和的心态、敬畏的精神、谨慎的言行、精深的造诣，尽精微而致广大，自然和谐地发展，以道而至地推进人生和事业。"①

"汉字创造具有极高的艺术审美价值，它是汉民族审美思维的产物。"②贤文化关键词中的每一个汉字，以深刻的人文内涵和很高的审美价值，体现贤文化在引领企业科学发展和建设美好生活过程中的美学向度。

贤文化关键词，是中盐金坛公司企业文化的核心语言。在这种语言中，现代企业和企业人的责任意识和价值初衷，以中国哲学特有的语言表达出来，体现着中国管理哲学的美学特色。"普通语言学，就它的内容可以转化为哲学而言，其实就是美学。"③贤文化关键词是把企业的价值理念与企业人的精神追求融为一体的凝练表达，这些关键词蕴含做人、做事、做企业的哲学，体现出当代企业和企业人精神追求的美学内涵。组成贤文化关键词的每一个汉字，既饱含质朴的价值初衷，也体现出当代企业文化的美学智慧。

①　孙鹏，钟海连：《贤文化·致远》，《贤文化》2018 年第 4 期。

②　章辉：《从传统审美形态看汉字的美学建构》，《浙江工业大学学报》（社会科学版）2009 年第 5 期。

③　克罗齐：《美学原理》，朱光潜译，上海：上海人民出版社，2007 年，第 191 页。

二、盐文化传播研究

主持人语

从盐文化产生起，其传播就已经渗透到了社会生活之中。然而盐文化传播研究自身却出现了一种自主性焦虑，因为盐文化的研究及传播来自很多学科，如社会学、文学、历史学、经济学、历史学等，甚至可以说，从人文社会科学到自然科学，都在某个领域有盐文化的地位。

换种说法，盐文化传播研究栖居在人文、社会、自然各学科与社会有机体的交汇处，构成一个研究的公共领域。从盐文化传播的视角去关照和勾连其他众多学科，也是这一研究领域的开放及独特之处。因此，从这个意义上来讲，盐文化传播研究有望结出更多硕果，并与当代社会形成联系，并回报社会。

本期刘育霞博士的论文《盐梅宰相傅说的文化传播考察》一文，以文献学方法详细考察了"盐梅宰相"典故的来龙去脉。"傅说"形象后来逐渐演化出"国家所需之贤才"的寓意，并被演绎成"出身低微、终于高位"的贤士传奇，另一方面又被作为"选贤任能"的人才选拔理念从而影响后世。此外，

"盐梅宰相"还在史学文学中得到重视，成为众多史学家、文学家赞扬和以其来抒发情感的对象。文学价值之外，"梅盐之佐"相关典故在民俗学、建筑学、文化学等方面的影响，引起了世人越来越多的关注和挖掘。

张久美副教授的论文《井盐文创产品设计中的趣味表达与传播》，则与现实紧密结合。通过将井盐生产的遗址等作为最主要的元素运用于文创产品的设计，并以美学中的"趣味"为指导，将井盐生产的工具作为最独特的元素，古镇、古街等作为最直接的元素，而一些衍生文化作为辅助元素进行提取，从设计方法、造型、功能、使用等的趣味表达上来探讨井盐文创产品的开发设计，达到对井盐文化进行多角度的传播。

郑明阳（《中盐人》副主编、助理研究员）

盐梅宰相傅说的文化传播考察

刘育霞[*]

（中盐金坛盐化有限责任公司博士后科研工作站
厦门大学哲学博士后流动站，江苏常州，213200）

摘　要：傅说是一位和殷高宗共同开创了"武丁盛世"，并被殷高宗誉为"盐梅之佐"的贤相。本文以"盐梅宰相"傅说为研读对象，通过考察该典故的来龙去脉，结合后世文本中对"傅说"形象的援引，考察傅说文化现象的传播。

关键词：傅说；盐文化；盐梅；贤相

基金项目：河南省哲学社会科学规划项目一般项目"上清派与六朝文坛互动关系研究"（编号2018BWX011）阶段性成果。

一、元典溯源：傅说其人其事

《中国成语大辞典》中收有"盐梅相成""盐梅之寄""梅盐舟楫""水火相济，梅盐相成"等词条。释意大致相同，烹饪靠水火而成，调味则盐梅而用，盐和梅相调和，舟和楫相配合，用来指辅佐的贤臣。[①]意思虽约略明了，却始终感觉差强人意。细细究来，是因为这一系列成语文化底蕴过于厚重，工具书却并未给予溯流穷源。

上述一系列成语的主人公——傅说，是上古圣人的杰出代表。《山西通志》记载："傅说，商王武丁辅佐。初为胥靡，在傅岩从事版筑劳动，故以傅为姓。武丁夜梦得圣人，命百工至野外访得，举为上宰。傅说作《说命》三篇，进

---

* 作者简介：刘育霞（1982—），女，汉族，河南洛阳人，文学博士，"中盐金坛盐化有限责任公司博士后科研工作站、厦门大学哲学博士后流动站"博士后，河南师范大学文学院副教授，主要从事古典文学、古代文化、宗教文学等相关研究。

① 王涛等：《中国成语大辞典》，上海：上海辞书出版社，2007年。

献治国良策，使商王武丁复兴殷室。"①这位比孔子生活的时代早了大约七百年的圣人，是杰出的政治家、思想家、军事家和建筑学家，先秦文献多有记载。

傅说曾提出过一套完整严密的治国策略，对武丁时期商朝的复兴起了决定性的作用。他还是一位军事家，建议武丁"惟甲胄起兵"。这是一种慎战思想，包含"刚柔并济、止战为武"的策略，极大影响了武丁的军事行动，对后世的军事与兵法影响也极为深远。②傅说还是一位建筑学家。今山西平陆境内的巅岭坂道，由傅说当胥靡时主持修筑，是我国最早修筑的人工道路，也是目前世界上极其宝贵的文化遗存。③

在大约成书于两千五百年前的《尚书》中，存有《说命》三篇。兹简摘《说命》原文关键如下：

高宗梦得说，使百工营求诸野，得诸傅岩，作《说命》三篇。……王庸作书以诰曰："以台正于四方，惟恐德弗类，兹故弗言。恭默思道，梦帝赉予良弼，其代予言。"乃审厥象，俾以形旁求于天下。说筑傅岩之野，惟肖。爰立作相，王置诸其左右。命之曰："朝夕纳诲，以辅台德。若金，用汝作砺；若济巨川，用汝作舟楫；若岁大旱，用汝作霖雨。……若作酒醴，尔惟曲蘖；若作和羹，尔惟盐梅。尔交修予，罔予弃，予惟克迈乃训。"④

大致意思是说，殷高宗武丁初继位时，沉默不言，政由宰出，以观国风。后来做梦，天赐圣人，名"说"，命百工遍寻朝野，于荒野之中、傅岩之间找到服劳役的傅说。名曰"傅说"，傅者，辅也；说者，悦也。武丁任命傅说为相，令傅说勤勉辅佐、赤诚相见，并下令说道：希望你早晚尽职尽责地助我修德，如是铁器，你要作磨石；如渡大河，你要作舟楫；如遇大旱，你要作甘霖……如果作甜酒，你就作酒曲；如果作羹汤，你就作盐和梅。你要多方指导我，不要抛弃我，我定会接纳教诲。

关于这段文字，有两段注文很妙。孔安国传曰：盐咸梅酸，为作羹汤调味之必需，故而，"盐梅"被喻为国家所需之贤才，梦得贤相被称作"盐梅之

---

① 山西省史志研究院：《山西通志·人物志》，北京：中华书局，2001 年，第 786 页。

② 罗琨：《"惟甲胄起兵"与中国古代军事思想传统》，《中华傅圣文化研究文集》，北京：文物出版社，2010 年，第 126 页。

③ 魏嵩山：《傅说与巅岭坂道的修筑》，《中华傅圣文化研究文集》，北京：文物出版社，2010 年，第 161 页。

④ 王世舜译注：《尚书》，北京：中华书局，2012 年，第 413 页。

梦"。《唐律释文》释曰：盐梅，古者和羹用盐梅，使其羹味好。取譬喻言贤人君子，佐辅帝王之道，使治道纯备，犹如羹味得盐梅也。为表示对傅说的尊重与信任，武丁尊称傅说为"梦父"。武丁与傅说成为中国历史上"明君贤相"故事系列中最打动人心的一个。由此，也便有了盐梅之梦、盐梅之寄、盐梅之佐、盐梅之任、盐梅舟楫、梅盐相成等等不同称法。

二、传播接受：傅说的文化意蕴

作为圣人的"傅说"，因着自身的传奇色彩，他的生平经历、语言、思想、行为、成就和影响，都成为后世文学作品竞相描摹塑造的对象。自先秦开始，便有不少作品对该典故有所援引。其中，最广为人知的是《孟子·告子》、《墨子·尚贤》和《庄子·大宗师》。

孟子曰：舜发于畎亩之中，傅说举于版筑之间，胶鬲举于鱼盐之中，管夷吾举于士，孙叔敖举于海，百里奚举于市。故天将降大任于斯人也，必先苦其心志，劳其筋骨，饿其体肤，空乏其身，行拂乱其所为，所以动心忍性，增益其所不能。[①]（《孟子·告子》）

古者舜耕历山，陶河濒，渔雷泽，尧得之服泽之阳，举以为天子，与接天下之政，治天下之民。伊挚，有莘氏女之私臣，亲为庖人，汤得之，举以为己相，与接天下之政，治天下之民。傅说被褐带索，庸筑乎傅岩。武丁得之，举以为三公，与接天下之政，治天下之民。此何故始贱卒而贵，始贫卒而富？则王公大人明乎以尚贤使能为政。[②]（《墨子·尚贤》）

前一段话出自《孟子·告子》。在孟子这段著名的励志名言中，傅说与虞舜、胶鬲、管仲、孙叔敖、百里奚齐名。虞舜，"三皇五帝"之一；胶鬲、管仲，皆有"盐宗"之誉。这些人，都历经了人生的艰难困苦，意志坚韧，初心不改，为王为相，兼济天下。孟子对他们的盛赞之意溢于言表，显示出傅说等人在儒家心目中举足轻重的地位和影响。

后一段话出自《墨子·尚贤》。墨子指出，古时圣王，尚贤使能，用心纯然，天下皆获其利。虞舜被唐尧任命为天子，伊尹被商汤重用作宰相，傅说

---

① 方勇译注：《孟子》，北京：中华书局，2012 年，第 253 页。
② 方勇译注：《墨子》，北京：中华书局，2011 年，第 66 页。

被武丁任命为三公，他们何以始于贫贱，终于富贵？皆是因为为政者能够做到尚贤使能、任人唯贤。

孟子和墨子论证的重点不太相同。孟子重点旨在证明艰难困苦，玉汝于成和"是金子总会发光"的道理。墨子则是为了说明为政者应当尚贤使能，摒弃偏见，不论出身，任人唯贤，同时，也说明了贤明君主重视人才的必要性和重要性。和儒家、墨家的现实主义思想不同，在以庄子为代表的道家学派那里，傅说被视为全德之人、得道之人，甚至是天上的星宿。

夫道有情有信，无为无形；可传而不可受，可得而不可见；自本自根，未有天地，自古以固存；神鬼神帝，生天生地；在太极之先而不为高，在六极之下而不为深，先天地生而不为久，长于上古而不为老。狶韦氏得之，以挈天地；伏戏氏得之，以袭气母；维斗得之，终古不忒；日月得之，终古不息；勘坏得之，以袭昆仑；冯夷得之，以游大川；肩吾得之，以处大山；黄帝得之，以登云天；颛顼得之，以处玄宫；禺强得之，立乎北极；西王母得之，坐乎少广，莫知其始，莫知其终；彭祖得之，上及有虞，下及五伯；傅说得之，以相武丁，奄有天下，乘东维、骑箕尾而比于列星。①（《庄子·大宗师》）

庄子这段话是为了阐释"道"的精深玄妙。他广列上古"得道者"，傅说与伏羲、黄帝、颛顼、西王母、彭祖等并举，被演绎成为与众神仙和天上星宿相类的永恒存在。因此，傅说又被称为"傅说星""箕尾星""箕尾臣"等。

春秋战国乱世纷争，思想极为自由，百花齐放、百家争鸣，学派林立，彼此之间，既难以相互认同，亦难以相互服膺。像"傅说"这样，出身低微，辅佐圣主，创造中兴，终得高位的贤德者，却得到了儒、释、道等诸多流派的一致认同和广泛兴趣。以傅说为代表，越来越多"出身低微，终于高位"的贤士传奇出现在诸子百家文章之中，如伊尹之于商汤、皋陶之于唐尧。一段又一段"明君贤相"的佳话被创造出来，大行于时。这既是诸子百家站在自己立场上，为新兴士阶层的踊跃发声，也是为自身政治主张和学术思想的积极努力。② 这标志着战国时代人才的选拔和任用，打破了贵族的世袭和垄断。因此，傅说的事迹在先秦文献中广为转载。除上述以外，《国语》《荀子》

① 方勇译注：《庄子》，北京：中华书局，2015 年，第 102—103 页。
② 甘岚、闫志：《傅说传说与战国"选贤"思想》，《中州学刊》，2014 第 11 期。

《吕氏春秋》等作品皆有相近的记录和保存。

清代著名史学家赵翼在《二十二史扎记》卷二"汉初布衣将相之局"条中简明扼要概述了"傅说盐梅"在人才变革史上的重大意义："盖秦汉间为天地一大变局。自古皆封建诸侯，各君其国，卿大夫亦世其官，成例相沿，视为固然。其后积弊日甚，暴君荒主，既虐用其民，无有底止，强臣大族又篡弑相仍，祸乱不已。再并而为七国，益务战争，肝脑涂地，其势不得变。而数千年世侯、世卿之局，一时亦难遽变。于是先从下者起，游说则范雎、蔡泽、苏秦、张仪等，徒步而为相。征战则孙膑、白起、乐毅、廉颇、王翦等，白身而为将。此已开后世布衣将相之例。"① 目光如炬，见解深刻，令人信服。

三、创造生发：傅说的文学演绎

单凭先秦文献中这几则材料，关于"盐梅之佐"我们大致可以做到"窥豹之一斑"，但尚不能全面认知傅说其人其事的历史价值与重大影响。如要深入研究，还应结合文学史上的一系列经典作品予以考察。司马迁《史记·殷本纪》曰：

> 帝小乙崩，子帝武丁立。帝武丁即位，思复兴殷，而未得其佐。三年不言，政事决定于冢宰，以观国风。武丁夜梦得圣人，名曰说。以梦所见视群臣百吏，皆非也。于是乃使百工营求之野，得说于傅岩中。是时说为胥靡，筑于傅险。见于武丁，武丁曰是也。得而与之语，果圣人，举以为相，殷国大治。故遂以傅险姓之，号曰傅说。②

这一则君臣相遇、君臣相悦、君明臣贤的故事，被司马迁的如椽巨笔勾勒得简洁又完整，生动又传奇。应该说，后世对于傅说的了解，绝大部分是通过这段精彩文字而来。

遍观汉代文赋，贾谊《鹏鸟赋》、扬雄《反离骚》、傅毅《洛都赋》、张衡《思玄赋》均有援引，情感基调多为颂赞。如贾谊《鹏鸟赋》写道：

> 万物变化兮，固无休息。斡流而迁兮，或推而还。形气转续兮，变化而蟺。沕穆无穷兮，胡可胜言！祸兮福所依，福兮祸所伏；忧喜聚门兮，吉凶同域。

---

① 赵翼著，王树敏：《廿二史扎记校证》，北京：中华书局，1984年，第36页。
② 司马迁：《史记》，北京：中华书局，1959年，第102页。

彼吴强大兮，夫差以败；越栖会稽兮，勾践霸世。斯游遂成兮，卒被五刑；傅说胥靡兮，乃相武丁。夫祸之与福兮，何异纠缠；命不可说兮，孰知其极！水激则旱兮，矢激则远；万物回薄兮，振荡相转。云蒸雨降兮，纠错相纷；大钧播物兮，块圠无垠。天不可预虑兮，道不可预谋；迟速有命兮，焉识其时。①

这篇《鹏鸟赋》作于贾谊被贬长沙之际，全赋借与鹏鸟的问答，抒写贬谪的愤懑情绪。作者写时间永恒流动，万物永恒变化，福祸相依，喜忧相替。吴国曾经强大，越国退居会稽，夫差却最终被勾践所败。李斯曾经高居相位，最终受五刑而死。傅说曾经荒野服役，最终被重用为相。福祸相依，如同绳索；天命难测，谁知究竟；云升为雨，雨降为云；万物往返，激荡转化；天道自然，死生有命。这段文字中，因为个人经历和思想信仰的缘故，贾谊在援引典故时，侧重于阐释"变化"，用法不同于先秦侧重的"举贤"。汉魏六朝是文学自觉的时代，文学的样式和内涵都得到空前丰富。傅说相关典故也得到多角度的阐释，以上即可视为佐证。

翻阅《全唐诗》，"盐梅之佐"相关典故被演绎得更加丰富。出现了"傅说羹""傅说霖""傅说舟""傅家鼎""济川""为楫""作霖""为霖""作砺""为砺""盐梅""调梅""殷羹""商霖""商鼎""巨川材""巨川舟"等不同称谓和叫法。援引该系列典故入诗的诗人，数不胜数，仅担任过宰相的便有李峤、张说、苏颋、王维、元稹等。文才卓著、抱负非常的又有王勃、孟浩然、李白、高适、刘长卿、杜甫、岑参、皎然、钱起、白居易、张祜、贯休、许浑、温庭筠、罗隐、公乘亿、李咸用、徐寅等等。简摘数例如下：

悲君还姓傅，独不梦高宗。（姚合《赠终南山傅山人》）
因知寰海升平去，又见高宗梦里人。（贯休《上卢使上君》）
宾御莫辞岩下醉，武丁高枕待为霖。（许浑《和淮南王相公》）
君恩催早入，已梦傅岩边。（刘长卿《和中丞出使恩命过终南别业》）②

诗人们援引"盐梅之佐"的系列典故，或表达"千里马常有，而伯乐不常有"的人生失落，或表达"身无彩凤双飞翼，心有灵犀一点通"的君臣默

---

① 霍旭东：《历代辞赋鉴赏辞典》，北京：商务印书馆，2011年，第87页。
② 彭定求等：《全唐诗》，北京：中华书局，2018年。

契，或表达"乘风破浪会有时，直挂云帆济沧海"的壮志胸怀。当然，唐代诗人们对该典故的喜爱之情不止于此，他们还充分运用了时代赋予的胸怀、风度和情思，赋予了该系列典故丰富的文化意蕴。

在将近三千位有作品传世的唐代诗人中，"诗仙"李白对这一典故也十分倾心。李白在《纪南陵题五松山》中描写道："圣达有去就，潜光愚其德。鱼与龙同池，龙去鱼不测。当时版筑辈，岂知傅说情。一朝和殷羹，光气为列星。"在《酬张卿夜宿南陵见赠》中又盛赞道："傅说未梦时，终当起岩野。万古骑辰星，光辉照天下。"在《冬夜醉宿龙门，觉起言志》中又慨叹："傅说版筑臣，李斯鹰犬人。欻起匡社稷，宁复长艰辛。"在这些诗句中，自视甚高、不肯俯首向人的李白，对傅说传奇经历、非凡成就的钦慕之意，呼之欲出。

唐宋以后，文学作品对于"梅盐"典故的援引，更是海量，主题大约不出唐诗其右，此处不欲赘述，但有一点需要指出：每逢乱世，尤其是朝局动荡不安，奸佞小人当道，"明君贤相"佳话难以再现的时代，文学作品中的"思贤"主题更加突出，"梅盐"相关典故的运用也就更加频繁，其文化意蕴更为世人追忆。

四、横向传播：傅说的多维延伸

随着时代的发展，文学价值之外，"梅盐之佐"相关典故也在民俗学、建筑学、文化学等方面产生影响及传播，引起了世人越来越多的关注和挖掘。

翻阅先秦史料，并未存有关于傅说生平的其他记录，但民间将农历四月初八定为傅说诞辰日——相传，佛教释迦牟尼、道教尹喜真人、天师葛玄的诞辰日亦为四月初八。山西平陆境内今存"傅圣庙""傅相祠""傅岩书院"。近年来，全国范围内傅氏宗亲认祖寻根活动规模日盛，"傅圣"祭奠活动规模颇巨，每年大型庙会的持续时间往往在十天以上。

据元代续执中《重修傅岩庙记》记载："傅岩在虞、虢之间，今隶平陆界。岩旧有庙，未知始于何代，按碑刻唐大历中御史杨辚辞，尚踵六朝之习，不载修建本末。庙前一大石，金大定十年立，只大刻'傅岩'二字，故兴废之端，漫不可考。国初时，庙烬无存，民无瞻仰。至皇庆中为县尹福童装饰祠宇，中位神像，疏牖高闳，金灿碧露。"① 《平陆县志》虽未显示傅圣庙始建于

---

① 柴应辰：《平陆县志》（乾隆十八年），平陆县志编纂委员会办公室 2003 年整理重印，第 241 页。

何年何月，但自唐以后，此庙先后经历多次修葺与重建。见于县志记载的便有：元皇庆二年、明嘉靖三十四年、明崇祯十五年、清康熙三十八年和清嘉庆二十三年。

清代《重修商相大殿山门碑记》记载："建庙以来，前人之述备矣，年深日久，宫殿纪毁，欲嗣而葺之，苦钱财无资。于是集腋捐货，重修殿宇，增其旧制，又于山门作小楼数间，登览之顷，万象森列，岂非天造地设之一境软燕篙凄怆，如或见之，各愿为之一新，踊跃欢聚，不历年而功竣焉。"① 今日所见傅圣庙重建于 20 世纪 90 年代。据记载，在筹备和重建过程中，国家领导人和社会各界纷纷予以关怀支持，显示出平陆人民弘扬民族文化、重振民族精神的决心和信心。

除了承担民俗活动的傅圣庙和傅圣祠之外，平陆县城还存有傅岩书院。清人杜若拙《创建傅岩书院记》记载："平陆古虞国，有商相版筑之迹在焉，……创建书院一区，额曰：傅岩，志地也。……又于楼西别分一区建傅相祠三楹，盖凡有国，各自祭其先圣先师，使学者以时瞻拜，知所宗法也。祠前为亭，园其顶以象文笔，又前甃一方池引水，以象文波，池南则客厅三楹，游息谈宴之处也；庖舍廪厩，悉皆错具，总其形势，外则负条面河，蛟欲腾而凤欲起也；内则清泉流绕，茂树森疏，风浴之趣，盎然心目。"② 傅公庙香火旺盛，傅相祠庄严肃穆，傅岩书院书香氤氲，建筑与庙会，成为当地胜景与乐事。

"胶鬲生涯，桓宽名论。夷吾煮海，傅说和羹。"这是一副常见于各地盐神庙、盐商会的对联。能够和夙沙氏、胶鬲、管仲三位"盐宗"并列，表明傅说在盐业史、盐文化史上的崇高地位。时至今日，以傅说思想为核心的傅圣文化，已被视为我国上古时期最具有代表性的文化。傅圣文化的内涵包括傅说本人的思想学说、史事典故、相关作品和遗迹文物等；其外延则涵盖武丁在位期间，以及殷商晚期，社会政治、经济、文化、军事等方面，甚至包括整个上古文明在内。两千多年过去了，傅圣文化对于今天的国家治理、企业管理、人才选拔、个人修为等等，也都还具有积极的借鉴意义。

---

① 王安溪：《圣人傅说》，北京：中国青年出版社，1998 年，第 81 页。
② 言如泗：《平陆县志》（乾隆二十九年），平陆县志编纂委员会办公室 2003 年整理重印，第 431 页。

井盐文创产品设计中的趣味表达与传播

张久美　左莎莎　王庆莲　唐　思[*]

（四川轻化工大学机械工程学院，四川自贡，643000）

摘　要：将井盐生产的遗址等作为最主要的元素，井盐生产的工具作为最独特的元素，古镇、古街等作为最直接的元素，一些衍生文化作为辅助元素进行提取，从设计方法、造型、功能、使用等的趣味表达上来探讨井盐文创产品的开发设计，达到对井盐文化进行多角度的传播。

关键词：井盐文创；趣味表达；盐文化传播

基金项目：四川省教育厅人文社会科学中国盐文化研究中心项目（YWHY17-10）阶段性成果。

"趣味"原是一个美学概念，简单地说包括两层含义：一是"意味"，一是"审美鉴赏的一种能力"。从字面意思上看是使人愉快、使人感到有趣的意思。"趣味"是中国古典美学的审美范畴，在美学史的进展中"趣"和"味"起初是各自发展的[①]。近年来，旅游业的竞争已经由价格战、广告战转向提高旅游服务，优化旅游形象的竞争。打造一个更人性化、趣味化的旅游项目将成为各个拥有旅游资源的城市所要着重研究的课题。而作为盐都的自贡，正可以从"趣味"入手，打造文创等旅游文化产品，从而起到传播盐文化的作用。

---

　* 作者简介：张久美（1979—），女，重庆人，硕士，四川轻化工大学副教授，中国盐文化研究中心特约研究员，研究方向：工业设计、文创产品、装备产品等方面的设计研究；左莎莎（1993—），四川自贡人，四川轻化工大学机械工程学院工业设计系研究生，研究方向：工业设计；唐思（1989—），四川成都人，成都艺术职业大学讲师，研究方向：产品设计；王庆莲（1980—），四川乐山人，成都理工大学工程技术学院讲师，研究方向：产品设计。

　① 陆坚：《贡井盐业历史之文化解读》，《盐文化研究论丛（第五辑）》，成都：巴蜀书社，2011年。

一、井盐主题文化要素

井盐是历代所有食盐（井盐、海盐、湖盐、岩盐）中最主要的食用盐之一。文化是一个群体在一定时期内形成的思想、风俗、习惯以及由这个群体折射出来的一切活动①。中国的盐文化由来已久，中国的井盐文化主要集中在四川省自贡地区。自贡是四川省的地级市，是一座因盐设市的城市，是最主要的井盐生产区域之一②。井盐文化在自贡得到高度发展，逐步形成了几类代表性的主题文化元素：一是井盐生产的遗址、遗存和现有生产现场。如井盐生产历史的辉煌见证物——天车、世界第一口古盐井——富义井、第一口超千米目前仍在产盐的深井——燊海井等；二是井盐生产（凿井、修井、汲卤、煎盐等）使用的工具，如鱼尾锉、财神锉、提须子、柳穿鱼、霸王鞭、煎锅等③；三是因井盐生产、贸易而产生的古镇、古街，盐商、会馆及建筑等，如自贡有名的釜溪河、王爷庙、张家花园、盐业历史博物馆、仙市古镇、三多寨等；四是由盐文化而产生的与人们现代生活息息相关的饮食文化元素，如自贡盐帮菜、天车香辣酱、太源井晒醋，还有独具地方特色的火边子牛肉、富顺牛佛烘肘等；五是由盐文化衍生出来的相关文化元素，如灯会、龚扇、扎染、剪纸、刺绣等传统工艺品文化等④。

遗址和现场是盐文化的载体和基础，是最主要的主题文化元素；井盐生产工具不仅在国内外是独一无二的，今后也不可能再次形成了⑤，是不可复制、独具特色的文化元素；古镇、古街、会馆、会所是看得见，最直接、最能反映盐文化生活的主题文化元素；饮食文化是和现代人们联系最紧密、最容易被大家记住和接受的文化元素；衍生文化是传播方位最广、传播速度最快的文化元素⑥。

二、井盐文创产品设计趣味表达方式

井盐文化旅游是一种世界级的历史文化旅游，要想走得更远就必须适应

① 任君：《基于文化定位的区域形象识别系统构建》，《包装工程》，2013年第16期。
② 张久美：《基于井盐文化特色的旅游纪念品开发研究》，《包装工程》，2014年第14期。
③ 周国荣：《中国钻探发展简史》，北京：地质出版社，1982年，第38—42页。
④ 曹羽茂、张涟、钟庆华：《自贡井盐文化旅游再开发的思考》，《成都电子机械高等专科学校学报》，2012年第3期。
⑤ 游建军、康珺：《井盐文化：自贡城市文化软实力建设的核心》，《四川理工学院学报（社会科学版）》，2011年第6期。
⑥ 张久美、周立：《系列化旅游纪念品设计与自贡井盐文化传播》，《盐业史研究》，2016年第1期。

旅游业由价格战、广告战转向提高服务、优化形象的转型发展趋势，适应市场的发展需求，与目前现代化的旅游方式接轨。恰当地运用井盐文化开发设计出具有趣味表达方式的井盐文创产品是一种有效增强井盐文化主题旅游吸引力的方法，符合当下消费者在"盐"旅游上的心理诉求。

要做到井盐文创产品开发设计的趣味表达，可以从设计方法的趣味表达、造型设计的趣味表达、文化运用的趣味表达、功能使用的趣味表达和使用方式的趣味表达等几个方面进行。

（一）设计方法的趣味表达

设计方法的趣味化可使设计出的盐文创产品增加"盐旅游"的附加值。用趣味的方式表现文创产品，有利于盐文化和盐历史表现的完整性，让消费者直观了解盐文化并产生兴趣，使游客在轻松愉快的体验中感知文化内容、了解历史故事，对文创产品产生自然的购买行为，满足游客在购买之后的体验需求。

井盐生产有着庞大的体系，在一件产品上很难将其完全展现，但我们可以通过几个典型的生产过程探知。图1相框系列文创产品设计以采卤时用的花车造型为主要支架，在支架上悬挂了六个相框，相框上的图案选取具有代表性的物件或场景，表现出打井制盐的全过程。整套相框的正面从头至尾诉说着打井、制盐的故事，背面附上井盐生产的图说石刻与正面呼应，整套相框融合了诸多盐文化元素，井然有序地组合成一幅井盐生产的生动图卷，完整地展现了井盐生产的过程，比枯燥地解说生动、有趣得多，使游客乐于接受井盐文化的熏陶。

图1　相框系列文创产品

（二）造型设计的趣味表达

造型的趣味化比较注重使用者在使用产品过程中的精神交流，故宫博物院的文创产品设计中采用的后妃的簪子造型美观、风格各异，游客游览后留下了深刻的印象。在井盐文创产品设计中亦可选择那些既有典型文化代表性，又造型独特的文化元素来进行趣味化的造型提取，设计出创意性的文创产品，使游客过目不忘，产生购买欲望，同时买回家后送给亲友又可以有效传播盐文化，产生后续的旅游和购买行为。

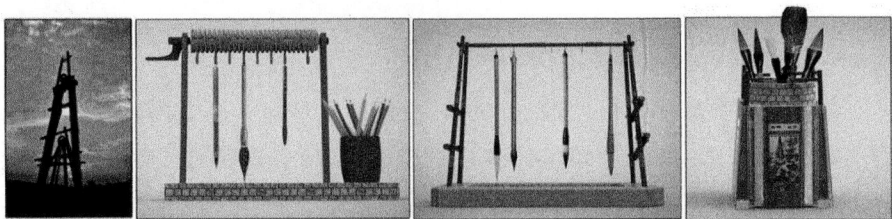

图 2　文具系列文创产品

图 2 文具系列的两款笔架通过把盐业文化中最具盐文化特色并且最能直观体现盐文化特色的盐井、井架元素设计成生活中经常使用的笔架、笔筒。巧妙地把盐井、井架的外观造型、结构特点与设计的文创产品的造型结构特点相结合，使产品变得有趣，游客使用笔架、笔筒时就能体会到盐文化的气息、感受到井盐文化生活，而不自觉地体会到井盐文化。

（三）文化运用的趣味表达

文化是人们生活习惯的某种特点和规律性的表现，比如节日文化、书法文化和饮食文化等。有时候文化能找到其对应物。文创产品设计包含了文化信息，也赋予了社会信息，有些文化信息可通过符号化、图形化方式来传达。我们可以在把握好符号化的文化含义基础上从设计和文化之中寻找出他们对应的沟通关系进行文创产品的趣味表达。

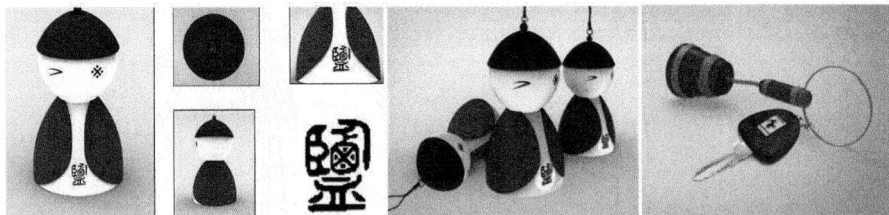

图 3　玩偶系列文创产品

在最具井盐文化代表的自贡地区，人们亲切地称呼当地的年轻人为"幺弟""幺妹"，这是当地特有的一种文化，通过称呼人们能亲切地感受到旅游地人民的热情与关爱。图3中的"幺仔"系列玩偶的设计外形取源于"盐"字的金文篆体，文字在悠久的历史长河中对文化的推进不容忽视，"盐"无论是文字还是实物对井盐文化的代表是不言而喻的，这一系列有趣的玩偶设计让人们感受到盐文化的亲切。

这款小玩偶可以根据市场需求变化灵活改变，根据季节、年龄、男女要求不同生产出不同系列产品，购买使用时游客可根据自己的需求或挂在手机上或挂在钥匙扣上，让生活更有趣。产品还可根据功能的不同，调整尺寸，改变为系列调味罐，摇身一变成了旅游地的另一具有特色的食用型文创产品（调味盐）的包装，达到多物同时销售，促进旅游地市场经济发展的目的。

（四）功能使用的趣味表达

事物之间或多或少存在着形态或功能上的相似之处，因此，人类才能利用优点，摒弃缺点，创造出优良的产品。寻找文创产品功能上的趣味化，即设计出产品的趣味功能是最基本最直观的趣味表达方式[①]。

图 4　生活用品系列文创产品

图4的生活用品设计采用了一种专为盐井工人提取掉落打井工具的辅助工具"二提须"作为设计元素来设计了一款落地灯，将"二提须"的外观特点巧妙抓取，与造型和功能结合，让人们感受到在辛勤的劳作后也会见到美好生活的曙光。U盘作为互联网时代的重要载体之一，也是人们在忙碌中追求美好生活的帮手。此款U盘设计将"二提须"的"提"的结构用到了"U"

---

① 柏任静：《办公用品的趣味化设计研究》，北方工业大学硕士论文，2015年。

盘的盖子打开上，形象而生动。

（五）使用方式的趣味表达

消费观念是长期受社会环境影响而形成的一种消费倾向，消费观念具有一定的稳定性。文创产品的消费行为多发生在旅游景区，消费过程受消费心理和消费观念的影响，游客的消费心理具有自发性和可变性[①]。

文创产品设计应当考虑如何通过新形式和新创意来诱发消费者的自发性消费行为，文创产品的新颖性和趣味性是影响消费心理变化的关键因素[②]。随着经济和社会的快速变化，产品的设计形式也发生着急剧的变化，人们越来越喜爱带有游戏化、自主化的趣味产品，他们充满着无规律、无目的性的特点，这种特色正是产品的趣味之所在。

在研发井盐文创产品时应改变传统产品的形式，增强人与产品之间的自发互动行为，结合互联网环境下人们旅游生活中形成的新习惯、新行为方式。

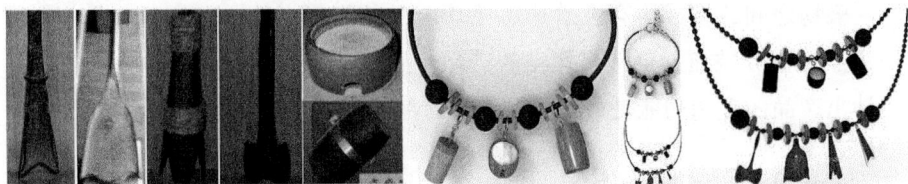

图 5　饰品系列文创产品

图 5 的饰品系列设计中"手链"设计运用了卓筒井、煮盐锅等采盐、制盐工具的造型，配合檀木珠、玉等装饰物件，形成古朴之感，表现出元素本身的古老性与井盐历史文化的厚重感。给它们写上名字，使消费者能更好地认识它们，提升文化识别性。"毛衣链"比同系列的耳坠、手链更有浓厚的盐文化气息，它组合了前面提取的"解刀""大鱼尾锉""小鱼尾锉""猫舌""卓筒井""考咸碗""煮盐锅"造型，与其他装饰珠串一起形成一款古朴又不失时尚的毛衣链，静静地向你诉说曾经的光辉岁月。

与其他设计不同的是，该系列产品的设计使消费者购买时更为灵活，每个人可以根据自己的需要和喜好购买适合的配件，自由组合、自己搭配。这种设计将自由化、趣味化的特点带入了文化饰品设计之中，影响了产品的设

① 汪哂秋、何人可：《原始动机心理下的时尚设计理念》，《包装工程》，2017 年第 2 期。
② 杨剑威、彭敏、王毅：《陕西皮影文化符号下的文创产品设计研究》，《包装工程》，2019 年第 4 期。

计风格，显示了文创产品也朝着趣味化的方向发展。成功的趣味产品传达的不仅是简单的好玩，还有情感的交流和文化思想的传递。

三、井盐文化产品的传播

随着传统企业的转型升级，我国掀起了文创产业发展的热潮。文创产品作为感性产品，需与消费者产生情感共鸣后才能完成购买行为。文创产品设计最大的意义在于将浓厚的文化精髓与产品的生活性浓缩在一起，让优秀的传统文化内涵能够融入日常使用的产品之中，使每一位使用者在使用该产品时，能用一种更加轻松、有趣的方式去解读中国传统文化内涵，传递一种积极向上的生活态度。因此，在文创产品设计中从设计方法、产品造型、文化运用、产品功能和使用方式等方面进行趣味设计，既灵活运用了现代化的设计表达手法，又结合了现代材料与先进的加工工艺，设计生产出了既造型简约优美，又富有情趣化的创意文化产品，还可提高文创产品的设计品质，促使购买行为的产生，达成盐文化传播的效果。

三、华夏传播研究

主持人语

通常，华夏传播研究是以 1978 年香港中文大学余也鲁教授召开的多学科探讨中国文化中传播问题的研讨会为开端。后来，1993 年，余也鲁先生在其支持创办的厦门大学新闻传播系成立 10 周年的时候，推动成立了厦门大学传播研究所，并召开了海峡两岸中国文化中的传播问题研讨会，从此大陆的传播学中国化研究越发欣欣向荣。

本刊创办以来得到了邵培仁等前辈学者的鼓励与支持。邵老师《华夏传播学研究的艰难历程与独特魅力》是他为我主持的《华夏传播研究：媒介学的视角》一书撰写的序，刊发此序意在一起感受前辈学者对晚辈从事该领域研究的勉励，也体悟邵老师字里行间流露出的对华夏传播研究的理解与思考。其实，邵老师与其弟子姚锦云合作出版的《华夏传播理论》更是一部华夏传播研究领域中里程碑的著作，这里顺便向各位朋友隆重推荐。王笋老师的《〈国家宝藏〉中的战国铜餐具前世传奇的齐文化设置分析》一文从热播的《国家宝藏》第二季"战国铜餐具"的前世传奇作为研究对象，从人物等各个角度来探讨节目是如何建构齐文化，视角独特新颖。李承志的《"以仁行义，以义制礼"学理架构下孟子思想的传播学诠释》一文从传播学是人学的命题出发，围绕兴于仁的内向传播、据于义的社会正义传播、成于礼的传播素养等三个层面探讨孟子的传播思想，为我们深入探讨经典文本的传播思想提供了一次很好的范例。张萌萌的《故事化舆论：作为华夏民间舆论传播活动的古代"说书"》一文关注传统的"说书"文化，却独辟蹊径，从舆论传播的角度加以研究，探讨"说书"活动的舆论生成机制，构建"火炉"模型，并称之为"故事化舆论"。马丹凤的《"忠孝""和谐"与"自我""自由"——"木兰从军"IP的古今中美叙事对比》一文是从迪士尼出品的新近刘亦菲主演的真人剧情版电影《花木兰》、1998年出品动画电影《花木兰》（Mulan）、2004年动画电影《花木兰2》（Mulan Ⅱ）一再演绎中国传统经典IP"木兰从军"故事现象出发，指出美国的改编其实是以《白雪公主》的价值观置换了中国故事本身的文化价值，造成了对原本故事的扭曲，不利于中华文化传播，体现出作者深刻的观察力。

从这五篇文章来看，华夏传播研究已经展现了多种研究路径，不仅有传统的对文本的传播思想研究，对传统传播现象的研究，而且也有当代影视作品的文化传播进行广泛探讨的。当然，也注重对西方媒介学等思想的观照，彰显华夏传播研究古今中外贯通的时代特色。

谢清果（厦门大学新闻传播学院教授）

华夏传播学研究的艰难历程与独特魅力

——《华夏传播研究：媒介学的视角》序

邵培仁 *

（浙江大学传播研究所　浙江杭州　310028）

摘　要：华夏传播理论是面向历史、本土的传播研究，也是面向当下、未来和世界的传播研究。华夏传播理论建设既不要"执拗于内"，也不要"执意于古"，而要"内外兼容，古今贯通"，进行跨时代、跨文化、多学科的立体研究。这是华夏传播研究由冷门发展成为显学的前提和秘诀，是华夏传播研究几十年艰难探索中经验与教训的总结和几代学人共同努力的结果。谢清果教授是华夏传播研究的一颗学术新星。他的一系列学术成果，产生了良好的学术影响。新著《华夏传播研究：媒介学的视角》一书跳脱传统研究框架和思维模式，关注实物形态的"生活媒介"，从牌坊、门户、长江、桥梁、道路、瓷器、房子、祠堂、石刻、家庭、茶叶、礼物、生肖、书信等日常生活媒介入手，探讨具有华夏民族传统的生活场景和传播特色，是一部富有中国风格和人文情怀的学术著作。

关键词：华夏传播，中国风格，本土化，媒介学，谢清果

——

近日收到厦门大学谢清果教授的新作《华夏传播研究：媒介学的视角》清样，感慨颇多。谢清果教授是近年来冉冉升起的一颗学术新星，在华夏传播领域潜心钻研，取得一系列丰硕成果，产生了良好的学术影响。他担任华

---

　* 作者简介：邵培仁（1953—），男，浙江大学传播研究所教授、博士生导师，国际华莱坞学会会长，美国中国传媒研究会主席，中国传播学研究会副会长，华夏传播研究会顾问。

夏传播研究会会长，广泛联络海内外专家学者，硬是将一个原本比较冷清的研究领域搞得风生水起、红红火火，成为显学！

我在 20 世纪 90 年代，受香港中文大学余也鲁教授感召介入本土传播和华夏传播研究，并在余先生指导和关心下推出了一系列研究成果，学界专家也发表了《筚路蓝缕，以启山林——略论邵培仁同志的传播学研究实绩》《整体互动论：独树一帜的传播模式——略论邵培仁的传播学研究》等多篇评论给予鼓励和肯定。《论中国古代受众的信息接受特色》和《传播学本土化研究的回顾与前瞻》是这一时期引用率最高、影响较大的两篇论文。

进入 21 世纪，我对本土传播研究进行了重新界定，拓展了原有的边界。[①]一方面在传播学基础理论研究中渗透中国传统文化和现代学术的元素和营养，另一方面在传播学交叉研究和亚洲传播研究中尽力在中国五千年的历史典籍中追根溯源，寻找理论依据，《媒介生态学》《媒介地理学》和《亚洲传播理论》等书及相关系列论文就反映了这种理念，具有这样的特点。同时，主办"和谐平衡：华夏传播理论的生态学视野""亚洲主张：国际传播研究的新视界"和"国际传播视野中的华莱坞电影"等学术研讨会积极推动和配合传播学本土化研究。

从 2013 年开始，我主持的华夏传播理论研究先后得到浙江省社科基金和国家社科基金的资助，我和弟子特别是博士弟子姚锦云（现在是暨南大学新闻传播学院教师）合作撰写、发表了近 30 篇学术论文，与锦云合著的《华夏传播理论》[②]一书，一拖再拖，现在已由浙江大学出版社出版。

我的博士弟子、现为南京大学新闻传播学院博士生导师潘祥辉教授是华夏传播研究的一员大将。近年来，他潜心研究，辛勤耕耘，发表了一系列功力非凡、才气逼人的优秀学术论文，《华夏传播新探》一书出版以来更是好评如潮。

在博士生弟子中，浙江大学传播研究所博士生导师卫军英教授近来致力于佛教文化传播研究，深得浙江省佛教界知名人士的赏识。据他自己讲，未来几年他将会有十多种佛教文化传播研究方面的著作先后面世。

但是，同谢清果教授相比，我们就是沙漠绿洲上一位旅客。他是在华夏

---

① 邵培仁：《中国传播学界需要学术寻根》，《当代传播》，2012 年第 1 期，《新华文摘》2012 年第 8 期论点摘编；邵培仁：《华人本土传播学研究的进路与策略》，《当代传播》，2012 年第 3 期，《新华文摘》2013 年第 9 期。

② 邵培仁、姚锦云：《华夏传播理论》，杭州：浙江大学出版社，2020 年。

传播研究领域里，用心最多、用力最多、成果最多的优秀学者。他不仅出版和发表了《华夏传播学引论》《华夏文明与传播学本土化研究》《华夏文明与舆论学本土化研究》《华夏传播学读本》《华夏传播学的想象力》等有影响的学术著作和一系列学术论文，而且"甘为他人作嫁衣裳"，筹资创办了《中华文化与传播研究》与《华夏传播研究》两本集刊，一年两辑，为华夏传播研究和学科建设做出了积极的贡献。同时，谢清果教授还在厦门大学建构起一套贯通本、硕、博的华夏传播学教学体系，分别开设了"华夏传播概论""史论精解——华夏传播理论""研究前沿——华夏传播研究学术史"等课程，以及全校性核心通识课程"华夏文明传播"，建构了相应的教材和教辅系统。这在全国也是独一无二的。更为可喜的是，他主持的"华夏文明传播的观念基础、理论体系与当代实践研究"得到了国家社科基金项目立项，主持的"华夏文明传播学的理论体系、教学模式与实践探索的综合改革研究"是福建省的教改项目，他组建的"华夏文明传播研究团队"入选福建省教育厅 2019 年省级专业学位研究生导师团队。这些优异成绩都是他刻苦努力的结果，我为此感到由衷的高兴。

二

学界通常认为，传播学正式传入中国的进程肇始于 1978 年，迄今已逾40 年了。其实，华夏传播研究的兴起是与传播学本土化的进程互动互助、共进共演的。传播学研究本土化，实际包括了"传播学研究的中国化"和"传播学研究的中国特色"两个方面。作为施拉姆的学生，香港中文大学余也鲁教授和台湾政治大学徐佳士教授较早提出了"传播学研究中国化"问题。他们不仅最先为"传播学研究中国化"研究鼓与呼，而且亲力亲为，发表了多篇相关论文。1978 年他们先后在中国香港与台北分别举办了为期一周的有关中国传统文化中传播问题座谈会，并邀请导师施拉姆先生与会指导。施拉姆先生全程参与了座谈，表达了对中华文化传播问题研究的兴趣与期待。1993年，在厦门大学新闻传播系创办 10 周年之际，余也鲁先生主张再次举办中国传统文化中传播问题学术研讨会。当年 5 月初，在两岸暨香港传播学者的共同努力下，"海峡两岸中国传统文化中传的探索座谈会"在厦门大学顺利举办。会议围绕"传播学中国化"问题展开讨论，气氛热烈，其成果就是 1994年出版的余也鲁、郑学檬主编的《从零开始：首届海峡两岸中国传统文化中传的探索座谈会论文集》。"这是中国大陆出版最早的具有本土文化视角的传播研究文集。"①台湾政治大学新闻系陈世敏教授事后曾深情地指出，虽然1978年台湾政治大学与香港中文大学共同举办了"中国文化与传统中'传'的实际"研讨会，台湾传播学者组织了研究团队，也取得了一些成绩。不过，"可惜的是，传播学术界却迟至一九九三年在厦门大学点燃传播学本土研究的火苗，于一九九七年出版《华夏传播论》，开启了第二阶段的'中国化'工作——寻求中国式（本土的）传播理论"②。

　　1993 年 5 月下旬，中国社会科学院新闻研究所和厦门大学新闻传播系共同发起主办"第三次全国传播学研讨会"，我有幸参加会议向余先生和徐先生当面请教。会议除了回顾 1982 年和 1986 年两次全国传播学研讨会的情况，建设"有中国特色的传播学"是三个议题中讨论最热烈的议题。此后以厦门大学传播研究所为推动机构，在全国发起了由余也鲁先生出资的"中国传播研究资助项目"的招标工作。在正式立项的"五史六论"项目中，我也幸运地主持了"六论"中的中国受众观念研究项目，这是我进入华夏传播研究领域的第一个项目。1997 年 4 月，"第五次全国传播学研讨会"由中国社科院新闻研究所和杭州大学新闻与传播学院共同主办，会议邀请了香港中文大学、香港浸会大学、台湾政治大学、中国文化大学和国内 30 多家高校传播学者与会，会议的显著特点就是注重传播理论与中国国情结合，尝试建设有中国特色的传播学。我作为主办方传播研究者，向会议提交的论文《传播观念断想》③正是对中国传统传播思想的一次挖掘。因为这些机缘，我与厦门大学传播研究所一直保持着学术联系，密切关注他们的华夏传播研究的新进展。厦门大学传播研究所原来的主事人——黄星民教授同我是好朋友。他退休后，谢清果教授接任他的研究所所长工作，我们也成了好朋友，自然也就联系紧密，两人经常就如何推动华夏传播研究向纵深发展共同谋划。

三

　　随着媒介化社会的到来，媒介学似乎一夜之间成为显学了，这方面的论著可谓层出不穷。但是在一片繁荣的背后，我们如果稍加分析就会发现，许

① 王怡红、胡翼青主编：《中国传播学 30 年》，北京：中国大百科全书出版社，2010 年，第 105 页。

② 陈世敏：《华夏传播学方法论初探》，《新闻学研究》2002 年总第 71 期，收录陈国明主编《中华传播理论与原则》，台北：五南图书出版有限公司，2004 年，第 135 页。

③ 邵培仁：《传播观念断想》，《杭州大学学报》（哲学社会科学版），1997 年第 4 期。

多的成果不仅没有向历史的维度伸展，也未能密切关注当下中国现实，尤其是中国问题，缺乏明晰的中国问题意识，少有明确的中华文化立场。因此，许多看似高大上的研究成果其实就是西方传播观念的中国表达，或者说是西方传播理论的中国运用，存在着"西方中心主义"或"过度西方化"的倾向。换句话说，"中国传播学研究对西方传播学有一定的依赖性，特别是一些从西方学成归来的专家学者，他们用的传播理论和方法是西方的，思维是西方的，甚至表达也是西方的，论著的参考文献都是西方的，有的几十个注释中看不到一个中文文献"①。当然，我们不反对中国传播学界吸收和借鉴西方好的传播理论和研究方法，但是一定要增强与把握自身的文化主体性和学术自信心，不要忘记自己是谁和文化之根在哪里？因为媒介是全球的、世界的，文化不是，学术也不是②。甚至，即便是中西方一样的媒介，在不同的文化情境下，它的交往功能与意义是很不一样的。理解和把握媒介的功能与意义，应当牢牢坚持在具体的情境中领悟，也需要在具身交往中去体悟。从这个角度看，谢清果教授能够独辟蹊径，关注起中国社会实践中的"生活媒介"，并从媒介学的意义上，阐发这些"生活媒介"是如何嵌入中国人的生活交往实践，是如何形塑中国人的交往方式与思想观念，而这正是建构华夏传播学的必经之路。因为媒介本身是传播学科关注的核心要素，正如作者所说的"无传播不媒介，无媒介不传播"。透过"媒介"及其"媒介域"，基于媒介所关联的社会、文化、技术就能鲜活地呈现在我们的视野中，就能建构起交往的网络，如此便能帮助我们深刻地理解中国人的传播观念、传播制度和传播伦理。

　　谢清果教授的这部新作，提出"生活媒介"概念，而不是探讨通常的大众传播媒介，诚然是一种创新，同时也是对麦克卢汉以及德布雷等西方的"泛媒介"观念的一种呼应。当今时代，"万物一体""万物互联"乃至"万物皆媒"。然而，我们应当注意的是，万物虽然都有成为媒介的可能，但万物并不是天生就能成为充分交往的媒介。也就是说，万物成为媒介是有条件的，即一个事物只有在特定的场景下，只有这种事物参与到事物之间或内部关系的建构或解构，从而使事物因其而发生了关联，促进了信息传递，并进而产生了意义共享效果，那我们才能说此事在此时此景就是一种"媒介"。而且这种"媒介"可以是但未必一定是具体的、实物形态的物体，它可能是抽象的、观

　　① 邵培仁：《携手共同构建人类整体传播学》，《国际新闻界》，2018 年第 2 期。
　　② 邵培仁：《媒介是全球的，文化不是！》，《现代视听》，2019 年第 7 期。

念形式的，例如以符号形式存在的意象实在。清果的新作目前关注的实物形态的"生活媒介"，包括牌坊、门户、长江、桥梁、道路、瓷器、房子、祠堂、石刻、家庭、茶叶、礼物、生肖、书信等 14 种媒介。据他说，将来还可能研究观念形态的"生活媒介"，例如作为观念媒介的卦象，作为声音媒介的民歌，作为时间媒介的节日等等。我十分期待谢清果教授这种带有浓烈中国风气派的传播学研究路径。当然，这也是华夏传播学研究独特魅力的重要方面。

这些年，我一直倡导传播研究应当追求和坚守人文情怀，认为"传播是人性的外化，人格的折射。人类的全部符号都是人性和人格的建筑材料"。"文化的核心是人，人类的精彩在人文，人文情怀则是一种更加高尚的情趣、境界、博爱和胸怀。""人文是'万物的尺度'、传播的准星和学术的坐标。人文情怀是我们进行传播研究的出发点、动力源和目的地。"① 正是在这种意义上，我认为《华夏传播研究：媒介学的视角》也是一部富有人文情怀的学术著作。

基于此，我乐于向读者朋友推介清果教授的这部新作！

---

① 邵培仁、潘戎戎：《追求和坚守传播学研究中的人文情怀》，《当代传播》，2019 年第 3 期。

《国家宝藏》中的战国铜餐具前世传奇的齐文化设置分析

王 笋*

（淄博职业学院，山东 淄博，255314）

摘 要：中国优秀传统文化只有在广大受众中有效地传播并致效，才能真正得到继承与发扬。本文以《国家宝藏》第二季"战国铜餐具"的前世传奇作为研究对象，分析该档综艺节目是如何对该文物的前世传奇进行议程设置，展现齐文化，传播华夏文明。

关键词：战国铜餐具；齐文化；议程设置

基金项目：本文系 2019 年度山东省"传统文化与经济社会发展"专项课题（项目编号：CT201911064）阶段性研究成果。

战国铜餐具，现珍藏于山东博物馆。该青铜器于 1991 年冬，由山东省文物考古研究所在临淄区张家庄村东发掘一座战国时期的大型墓葬时出土的。战国铜餐具整体呈罍形，整套餐具外形小巧，却又内含乾坤，共能容纳 59 件餐具，其中包括 10 个耳杯、10 个小碟、10 个盒子、4 个碗、25 个盘，外加罍形的餐具外壳，器具共达 62 件。可供应一场十人盛宴的这一文物内含的铜餐具可按照大小依次叠放整齐后全部装入铜壶之中。专家推断该餐具是为士大夫阶层主人出行时随身使用的，餐具集中体现了齐国当时饮食的分餐制。作为山东博物馆的镇馆宝藏之一的战国铜餐具在大型文博探索节目《国家宝藏》第二季第八期节目被展示。节目中，《国家宝藏》根据历史史实对该文物

---

* 作者简介：王笋（1986—），男，汉族，山东淄博人，硕士、淄博职业学院助教，研究方向：戏剧影视制作与传播。

合理撰写其前世传奇，该传奇故事的设置充分展现了齐国当时的生活状态，有效向广大受众展示了齐文化的魅力，取得了较好的传播效果。

一、研究背景

（一）栏目背景

新时代我国党和国家领导人对中华优秀传统文化越来越重视，中华优秀传统文化是习近平总书记十八大以来治国理念的重要来源。习近平总书记指出，中华优秀传统文化是人们进行道德教育修养的"好教材"，"认真汲取中华优秀传统文化的思想精华和道德精髓……使中华优秀传统文化成为涵养社会主义核心价值观的重要源泉。"2017 年 12 月由中央电视台、央视纪录国际传媒制作有限公司制作推出的《国家宝藏》是新时代中华传统文化类综艺节目的优秀代表，现已推出两季（2020 年 1 月 29 日，大年初五，推出一期新春特别节目）。从豆瓣评分看，该节目两季的评分都为 9.1，属于深受观众喜欢的制作精良的电视综艺节目。该节目采用分单元制作模式、每期有不同主题的综艺类节目，融合运用纪录片及综艺两种创作手法，立足于中华文化这一宝库资源，通过对所要展示文物的梳理与总结，演绎了文物背后的历史与故事。与其他文化类节目不同，该节目通过邀请有影响力的公众人物作为每件国宝的"国宝守护人"演绎文物前世传奇，并寻找国宝的今生守护人，为观众讲述国宝的今生故事。该节目通过电视化语言的呈现，让文物"活"了起来，让文物不仅是一件博物馆中的陈列品，更能让游客在走进博物馆欣赏文物之美的同时，了解文物所承载的华夏文明和中华文化延续的精神内核，感受到"生命"的文化传奇，唤起大众对文物保护、文明守护的重视，引起了观众的入"博物馆"新风尚。

（二）理论基础

本研究依托于"议程设置"理论，该理论作为传播学的经典理论，其研究规范涉及各种公众议题。"议程设置"理论的雏形最早见于 1922 年李普曼在其经典著作《舆论学》（Public Opinion）中提出的"新闻媒介影响'我们头脑中的图像'"观点。1972 年，传播学者马克斯韦尔·麦库姆斯（Maxwell McCombs）和唐纳德·肖（Donald Shaw）两人共同发表了《大众媒体的议程设置功能》一文，这标志着"议程设置"概念及理论框架正式形成。英国学者丹尼斯·麦奎尔评论此理论："想将议程设置保留为一种理论和研究指南，最好把它置于社会化理论和学习理论相结合的基础上"。①中国学者郭庆光教授在《传播学教程》中总结该理论：大众传播往往不能决定人们对某一事件或意见的具体看法，但可以通过提供给信息和安排相关的议题来有效地左右人们关注哪些事实和意见及他们谈论的先后顺序。大众传播可能无法影响人们怎么想，却可以影响人们去想什么。②史安斌在《议程设置理论与研究 50 年：溯源·演进·前景》具体论述了议程设置的三个阶段：传统议程设置、属性议程设置及网络议程设置。③

（三）战国铜餐具的前世传奇

山东博物馆推选的国宝——战国铜餐具的前世传奇梗概为：稷下学宫学子们因学术分歧及餐饮口味的不同，对林心如饰演的美丽厨娘夏姜的所做饮食提出各种"无理"要求。夏姜觉得他们众口难调，这项工作她难以胜任，故欲偷偷逃出学宫却不得。后经"稷下学宫第一学子"荀子学生齐鹿先生指点，夏姜在学宫学子野餐时采用铜餐具分食，以饮食文化为喻体，不但成功解开了困局，还调和了学子之间的"口味之争"与"学术分歧"。

二、齐文化在该前世传奇中的议程设置

（一）年代、地点设置

由于主墓室被盗，考古专家对战国青铜餐具的主人无法考证，只确定是战国时期的墓葬。这一遗憾反而为此则传奇故事的创作提供了发挥空间。最终故事发生时间设置为战国末期荀子早年游学于齐稷下学宫的时期（史料记载，荀子早年在齐国游学期间，学识渊博，曾三次担任过当时齐国稷下学宫的祭酒，即：学宫之长）。地点则选择了坐落于齐国都城的稷下学宫。稷下学宫，作为世界上第一所由官方举办、私家主持的特殊形式的高等学府，是齐文化的标识，是当时东方文化的交汇中心。稷下学宫作为当时百家学术争鸣

<hr>

① 丹尼斯·麦奎尔，斯文·温德尔：《大众传播模式论》，祝建华译，上海：上海译文出版社，2008 年，第 94 页。
② 郭庆光：《传播学教程（第二版）》，北京：中国人民大学出版社，2011 年，第 193—195 页。
③ 史安斌，王沛楠：《议程设置理论与研究 50 年：溯源·演进·前景》，《新闻与传播研究》，2017 年第 10 期。

的中心园地，为天下学术争鸣局面的形成提供了有力支持。

将此时期的稷下学宫选为战国铜餐具前世传奇的发生背景，可将大家带入极具学术氛围的战国时期的齐国的稷下学宫，向受众展示齐国当时人们社会生活情景的一角，展示当时齐人的精神风貌，使整个前世传奇故事颇具文化魅力与历史底蕴。

（二）国宝守护人的选择

《国家宝藏》将每件文物都绑定一位与之气质相符的明星嘉宾，让他们或客观娓娓道来该文物传奇的前世，或直接装扮成古人的形象对该宝藏故事进行演绎。战国铜餐具的守护人最终选择的明星为我国知名艺人林心如，她在电视连续剧《还珠格格》中的形象深受全国人民喜欢。林心如自身形象温婉柔顺、容貌美丽，身材高挑，符合东周时期美女的形象。先秦文化里，有诸多文献可查到时人对美女的"好述"，齐国女子更是以出众的容貌被当时世人所称道，如《左传》成公九年写道："虽有姬、姜，无弃蕉萃。"从先秦古籍文献中窥略齐国女性的美好体态，发现林心如跟当时形象比较切合。容颜娇美上，《诗经·卫风·硕人》描写齐女庄姜出嫁卫庄公的境况，对庄姜容貌有集中而直接的描写："手如柔荑，肤如凝脂，领如蝤蛴，齿如瓠犀。螓首蛾眉，巧笑倩兮，美目盼兮。"通过对庄姜手、肤、项、齿、额、眉、唇、眼的描绘，刻画了一个容貌出众、淡雅素洁的美人形象。林心如的整体形象与"庄姜"相符合。其次在身材上，齐国女性较高挑。两周时期，女性体态以身材颀长为美，而齐国女性正具备此种体态之美。《诗经·卫风·硕人》写道："硕人其欣""硕人敖敖"。林心如身高167厘米、体重约46千克，身材高挑修长，符合当时齐人对身材审美的要求。可以说林心如的个人形象与齐女子"夏姜"形象能够达到完美统一。

综合来看，林心如整体形象符合齐国美女的历史形象，通过林心如塑造的"夏姜"形象，受众能够对战国时期齐女子的形象有一个大概印象。且林心如知名度高绯闻少，有良好的群众基础，有较高的收视率保证。节目最终选择林心如作为战国铜餐具的国宝守护人、齐文化的代展示人，是符合历史事实与节目传播需求的。

（三）角色人物的设置

1 主角设置

（1）姓名的设定

战国铜餐具的主人公的姓名设置为"夏姜"。此人物为杜撰人物，历史上并没有此人物的原型。但该姓名的设置集中体现了齐国当时的女子姓名文化。

夏姓，从姓氏的演变来看，夏氏发源于今河南、安徽省境。早期繁衍于中原一带，并向西、向北扩展，春秋时期，夏征舒的后裔夏齿、夏区夫均仕陈国（今河南）大夫，夏御寇仕齐国（今山东淄博）大夫。故战国时期的齐国内有"夏"氏一姓。且采用"夏"姓，与林心如在《还珠格格》一剧中的"夏雨荷"角色的姓氏相一致，能够在本期节目传播效果上起到较好的推动作用。

姜，齐国开国君主姜尚（一名望，字子牙，或单呼牙，也称吕尚，别号飞熊）的姓。姜尚是齐国的缔造者，齐文化的创始人。姜，在齐文化里占有举足轻重的位置。在齐文化中，"齐姜美女"泛指整个齐国的女性群体（狭义上仅指齐国贵族中的姜姓女子）。《诗经·陈风·衡门》写道："岂其取妻，必齐之姜。"从此可见，当时的齐姜女性是当时各国人民心中的公认佳偶。受周文化的影响，齐姜的女子重礼，后人将美貌与品德兼备的齐姜女性称为"孟姜女"。其原初形态可上溯到《左传》，中国古代四大爱情传奇之一的孟姜女（此指杞良妻，而非后经演绎的秦始皇修长城时的范喜良妻）故事的主人公孟姜女就是此类女子的杰出代表，其形象已然成为忠贞守礼女性的代表。

综上所述，"夏姜"名字的设置是符合齐文化、符合传播规律的一个名字，一定程度为大家展现了齐国，尤其齐国女子的姓名文化。

（2）职业的选择

战国铜餐具的宣传以"最美厨娘"作为标签进行传播。厨娘这一职业的选择，首先是跟战国铜餐具的实用功能相一致的。另外，这也跟当时齐姜女性的社会分工相一致。东周时期，受"男女有别"与"男尊女卑"观念的影响，齐国对两性性别的塑造方式存在很大差异，对女性主要侧重于技能教育。如齐统治者以"富民"为目的对女性开展的纺织技能教育，并为了使女工勤于纺织，齐统治者采取了一系列相关措施，如禁止树杂木妨害女工。《管子·巨乘马》写道："宫中四荣，树其余，曰害女工。"

（3）性格的塑造

在齐国浓厚文化氛围下，受地理位置、气候环境等的影响，该国的女子被视为先秦时期最开放、最活跃的女性群体。

首先，齐国女性在性格上具有不拘小节的开放性。齐国人普遍心胸宽广，从《管子·牧民》"毋曰不同生，远者不停；毋曰不同乡，远者不行；毋曰不同国，远者不从"中可见一二。齐国的女子更是不拘泥于传统道德规范，她们敢于走出家门同男性进行自由交往。《左传·成公二年》记载了鞌之战中齐顷公退兵回国时与辟司徒之妻展开的对话。在这次对话中，该女子在危急关头先问君危再问父危，整个过程显示其落落大方且临危不乱的性格。齐国的平民女性兼具不拘小节的性格特点。《史记·滑稽列传》中对淳于髡的描绘："若乃州闾之会，男女杂坐，六博投壶……日暮酒阑，合尊促坐，男女同席，履舄交错，堂上烛灭……"，真实描写了当时齐国平民不拘小节的性格。正是因为齐国女子具有此性格，所以在设置夏姜性格时，其带有明显的外向不拘一格的性格特点，夏姜敢于偷偷跑出稷下学宫，敢于与稷下学宫的学子们同席而坐并表述己见，调和"口味"之争。

其次，齐国女性在性格上具有机智灵活的思辨性。司马迁对于齐人的评价为"足智，好议论"。在刘向所著《列女传》的卷六之《辩通传》共收录十五位善辩的先秦、秦、汉时期的女性事迹，其中齐国女子占七篇。从这些文献中都可以看出，齐国的女子具有聪明睿智能言善辩的性格特点。例如《列女传·辩通》中记载的无盐女钟离春针对齐宣王身边的危险分析答曰："今大王之君国也，西有衡秦之患，南有强楚之雠，外有二国之难。内聚奸臣，众人不附。春秋四十，壮男不立，不务众子而务众妇。尊所好，忽所恃。一旦山陵崩弛，社稷不定，此一殆也……此四殆也。故曰殆哉殆哉。"本期栏目在战国铜餐具前世传奇中塑造善辩的女性形象——"夏姜"，她能够针对稷下学宫的学子们无理要求与其展开辩论、发表己见，用辩证的思维方式解决问题，用"饮食自己的规矩"做包涵大家不同喜好的"百家饭"，向大家传播"和"的理念。

另外，齐国女性在性格上具有顾全大局的远见性。据史料记载，在齐地涌现了一大批具有远见卓识的女性，她们用自己的言行塑造了一批头脑敏捷、政治敏锐、行动果敢的女性形象。例如《史记·晋世家》曾记载：重耳为避骊姬之乱而入齐地，并在齐住五年，其间与齐桓公同宗女姜氏喜结连理。重耳渐忘其鸿鹄大志，没有离开齐国之意。赵衰、狐偃就在桑树下商量如何离齐之事，姜氏侍女听到并回屋偷偷告诉了姜氏。姜氏将此侍女杀死，劝谏重耳赶快离开齐国，曰："子一国公子，穷而来此，数士者以子为命。子不疾反国，报老臣，而怀女德，窃为子羞之。且不求，何时得功？"重耳不听，姜氏后与赵衰等人用计灌醉了重耳，用车载着他强行离开了齐国。重耳后历经磨难，入主晋国，成为春秋五霸中第二位霸主，开创晋国长达百年的春秋霸业。这位姜氏充分展示了齐国女性具有大局思想、远见卓识的形象。夏姜在此前世传奇中也充分展现了此性格特点。为解决稷下学宫学子们的口味之争，夏姜用具有分餐功能的罍形餐具解决了学子们春游餐饮时的口味不同、学术分歧的问题。最后厨娘夏姜在传奇结尾说出了："今天我将十人宴饮之餐具，装在这小小的罍中，尝试一种新的用餐方式，希望你们能够放下偏见，试着去理解食物，去品味四方，重新定义对饮食的理解。希望终有一天，这稷下学宫的庖厨不用再做百家之饭，而是能做一家之餐。"她用厨娘的语言阐述了小人同而不合，君子和而不同的这一道理，展现了小小厨娘的大局思想。

战国铜餐具对齐国美厨娘"夏姜"的形象塑造，该女子性格开朗、明是非、善思辨、有大局观，这一形象是对当时齐国女子优点的整体形象的概括，这也是战国铜餐具前世传奇塑造最成功的人物形象。

（四）人物语言的设置

为实现传播效果的最大化，战国铜餐具前世传奇中的人物语言采用了更符合现在受众喜好的流行语言方式。稷下学宫的学子们，在语言上除了引经据典各家学派的代表的言论"某曰"外，为更贴合现在受众的接受习惯，采用学子们一本正经地说教下出现反转，惊现"讨厌，师兄，说死他""走，听听去"这种富有戏剧性的萌萌哒的语言，使整个前世传奇营造出严肃中不乏活泼的氛围，受到大家的一致好评。以哔哩哔哩视频客户端（以下简称为 B站）弹幕为例，在出现这些萌萌哒的语言的时候，是受众弹幕评论最多的时间点，出现霸屏现象。

（五）不合史实内容的设置

战国时期，史料考证齐人饮食采用的是并列而坐的分餐制，而战国铜餐具前世传奇展示的学子们的春游聚餐是环绕式的分餐制，这是与历史史实不相符合的。为避免对受众产生误导产生歧义，该情节设置为：参加春游的学宫学子看到此种分餐形式，墨家学子慎靫提出质疑，曰："并列而坐你都忘了吗？"敢于发表意见的夏姜答曰："今天我们就这么做。"简单的对白就向广大受众介绍了齐国当时的并列而坐的分餐制史实。前世传奇之所以采用环绕式分餐制是为了配合舞台演出效果而杜撰出来的分餐方式，以保证前世传奇能够在符合历史情境下继续展开。

三、效果研究及建议对策

《国家宝藏》第二季第八期于 2019 年 1 月 27 日晚 19：30 在中央电视台综艺频道（CCTV-3）首播，本期共展现了山东博物馆精选的极具山东文化的银雀山《孙子兵法》《孙膑兵法》汉简、战国铜餐具、明衍圣公朝服三件珍贵文物。作为一档公益类节目，该节目在央视网、央视影音、B 站、优酷视频、爱奇艺、腾讯视频等平台联合上线播出，各个含有视频资源的网站或客户端都有相关的资源链接，受众能够极为方便地对该节目进行点击收看。

（一）本期节目效果分析

1. 首播收视情况分析

表 1 《国家宝藏》第二季第八期首播收视情

期数	播出日期	CSM52 城收视情况			CSM 全国网收视情况		
		收视率 %	排名	市场份额 %	收视率 %	排名	市场份额 %
第八期	2019.01.27	0.378	12	1.299	0.370	22	1.280

*数据来源为央视索福瑞，调查范围为 4 虽以上观众

*收视排名为周日晚间 19：30—24：00 自办节目排名，并不一定为同一时段

从统计结果看，战国铜餐具的首播收视率较高，其中 CSM52 城收视排名为 12、全国网收视排名为 22。该栏目能在周日这一综艺节目聚集的时间段获得此收视率情况实属不易。其取得这样的传播效果，除了整档栏目的节目编排样式外，其传播渠道的选择也十分重要。如央视网在对本期节目开播前就对战国铜餐具进行宣传报道："'你还记得大明湖畔的夏雨荷吗？'张国立老师在现场的一句提问，把我们拉回到追剧的小时候，也让我们更加期待这件"战国铜餐具"的国宝守护人林心如。"（原题为：《国家宝藏》走进山东博物馆 王学圻、林心如战国"论道" 鹿晗演绎江南才子沈德符，2019 年 1 月 25 日）其中"你还记得大明湖畔的夏雨荷吗？"是一网络热词，其传播甚广。报道将"夏雨荷"与"夏姜"的形象相融合，有利于吸引受众的视线，引起共鸣。

2.受众接受分析

《国家宝藏》这档综艺节目将应用纪录片和综艺两种创作手法有机地融合了起来，节目带有文化的内核、综艺的外壳及纪录的气质，十分符合受众，尤其年轻受众的喜欢。以用户主要为青少年的 B 站为例，第八期弹幕共计评论 1.4 万条，这充分显示了该期节目对受众的传播致效程度。

另外，在新浪微博客户端上以"战国铜餐具"作为关键词进行搜索，发现博主对战国铜餐具的推送都贴上了"国家宝藏"的标签，战国铜餐具陈列处已成为部分受众参观山东博物馆的打卡地之一。该现象表明了具齐文化色彩的战国铜餐具真正进入了大众视野并为大家所接受、喜爱。

（二）节目议程设置的延伸思考

1.构建传播语境

国家宝藏本期节目通过对战国铜餐具前世传奇的设置，为广大受众构建了带有浓厚齐文化色彩的传播语境，以舞台剧的形式展现了战国时期齐国女子、稷下学宫学子、齐国人民的社会生活面貌。

首先，此语境的构建依托于战国铜餐具的前世传奇故事充分尊重历史史实基础上的合理想象，为大家塑造了极具齐国女性特点的美厨娘角色，这是该传奇能够上演的基础。史安斌、王沛楠在总结属性议程设置中指出，大众传媒不仅影响受众对客体的注意度，也影响他们对议题属性的判断，不仅告诉公众"想什么"，也成功告诉他们"怎么想"。[①]该前世传奇通过对"美厨娘"的塑造，让受众对该时期女子形象引起了关注。例如笔者在"影视作品赏析"授课中，指导学生赏析本期节目过程中，学生提出了"当时的女子那么开放？"的议题，笔者与学生共同考证了此议题设置的合理性。

其次，运用舞台剧这一极具直观性的综合艺术的表现形式。舞台剧在营造氛围、构建传播语境上有着天然的优势。在当代传统文化类综艺节目的组织形式还是主要以竞技（如：《中国诗词大会》《中国成语大会》）、说教（如：《百家讲坛》《鉴宝》）为主的现状下，《国家宝藏》运用舞台剧这一表现形式在整个传统文化类总结节目中也算独树一帜。本期战国铜餐具前世传奇在演出过程中通过演员的姿态、动作、对话、独白等表演，在舞台上塑造具体艺

---

① 史安斌、王沛楠：《议程设置理论与研究 50 年：溯源·演进·前景》《新闻与传播研究》，2017 年第 10 期。

术形象、向观众直接展现战国末期的齐国人民生活一角的情景；受众通过三壁镜框式舞台沉浸式窥视齐国人民当时的生活情境，感受齐文化的魅力。

最后，前世传奇的语言特点为该语境的又一亮点。在整个前世传奇中，人物的语言呈现出引经据典的严肃性、交心谈话的日常性、插科打诨的趣味性相统一的特点，能够很好地吸引受众在观看中的注意力。

2. 栏目传播的碎片化与整体性的统一

网络议程设置的核心观点认为大众媒体不仅告诉我们"想什么"或者"怎么想"，同时还决定了我们如何将不同的信息碎片联系起来，从而构建出对社会现实的认知和判断。[1] 议程设置进一步解释媒介影响"我们头脑中的图景"的性质。[2] 战国铜餐具作为山东博物馆的镇馆之宝，它的前世传奇创造了一个极具齐文化的舞台世界，向受众有效传播了齐文化；该文物与明衍圣公朝服、银雀山《孙子兵法》《孙膑兵法》汉简的前世今生故事共同展现了齐鲁文化影响与魅力；而齐鲁文化作为中华传统文化的优秀代表，对整个华夏文明产生了无可替代的作用。《国家宝藏》通过文物碎片化的前世今生故事让文物活了起来，共同演绎着中国上下五千的华夏文明。

另外，《国家宝藏》给文物设置的传奇故事短小，都可单独拿出来进行推送，非常适合短视频平台、社交媒体、自媒体的推送，符合当今受众碎片化接受信息的习惯。这些传奇故事的个别推送与栏目的多平台整体推送共同构成合力，增加了栏目的宣传手段、争取了更优的传播效果。

最后，国宝守护人实现了由个人到全体热爱华夏文明的普通人的扩散。该节目注重明星的"流量""明星"效益，选择当红明星作为国宝守护人演绎文物的前世传奇，然后通过明星寻找国宝的今生故事的经历者共同担当国宝守护人，最后二者共同号召全体受众守护国家宝藏，传承中华文明。三级国宝守护人的选择共同建构了全民守护国宝、守护文明的传播体系。

（三）传统文化类节目的建议对策

新时代的中国已经进入了媒体融合时代，如何将中华传统文化借助融合的媒体进行传播，让广大受众如何主动接受信息并发扬，成为当今的重要课

---

[1] 史安斌、王沛楠：《议程设置理论与研究50年：溯源·演进·前景》《新闻与传播研究》，2017年第10期。

[2] 曾振华、曾林浩：《网络议程设置：理论、方法与展望》《江西师范大学学报（哲学社会科学版）》，2019年第6期。

题。谢清果教授在《中国文化的话语权提升之道》中指出,提升话语权的关键点之一是让我们的话语能听见,能听进。① 像《国家宝藏》这样的综艺节目能够将中华优秀传统文化与综艺节目有机结合,向广大受众展示了中华传统文化的魅力,推动了中华文化传播,构建了华夏传播研究体系,其实现形式值得业界深入研究。

1.实现方式

要想中华优秀传统文化在综艺节目类传播致效,首先必须从传播业态进行入手,传播者必须组织符合传播规律的传统文化综艺节目,从节目定位、传播方式、目标受众等方面进行组织综艺栏目。尤其需要注意的是,网络自制节目应该是以后传统文化类综艺节目的制作方向之一,这样的栏目可更有效地吸引新时代年轻受众的注意力。

2.选择途径

媒体融合时代,综艺节目的传播方式呈现多种媒介共同传播的传播样式,节目的传播不再局限于单一传播媒介对广大受众进行传播。尤其要注意的是,网络传播媒介与其他媒介的充分融合,能够实现综艺节目传播效果的最大化。

3.服务受众

中华优秀传统文化要想真正实现在广大受众中产生效果,节目需要将教育方式实现为寓教于乐式或者受众感受式,由原来的直白告诉受众转变为受众自己体验,争取受众由受传者向传播者的转变,让大家主动接受并传播传统文化。

4.注重反馈

随着网络的发展,传播的效果能够较及时得到反馈。综艺节目制作方要时刻关注传播效果,并在可调控范围内及时调整综艺节目的组织模式,以让节目更符合受众的需要,更好地服务受众,综艺节目在服务中向大家传播传统文化,让大家感受华夏文明魅力。

---

① 谢清果:《中国文化的话语权提升之道》,《人民论坛》,2016年第23期。

"以仁行义，以义制礼"学理架构下
孟子思想的传播学诠释

李承志[*]

（山东大学新闻传播学院新闻传播学，山东济南，250100）

摘　要：人真正的主体性不得彰显与社会传播整体失序是当下传播乱局互有关联的两个主要表征，其背后的本质问题是由西方的民族性所开出的现代性出现了难以自愈的缺陷。这给我们在传播学本土化（localization of communication）的学术背景下通过诠释本土思想文化资源建构本土化的传播学以及达成传统儒学与现代性的接榫进而实现现代性诉求的民族性表达提供了启发与契机。身处社会大转型时期的孟子作为儒门心性之学的滥觞，其对人学（human science）尤其是主体性与道德性的关注对当下的传播乱局有直接的观照意义。在传播学的现代视域（horizon）下，运用诠释学（hermeneutics）的方法，参照儒学"以仁行义，以义制礼"的学理架构体系，孟子的传播思想被划分成为"仁""义""礼"三个观念层级，分别对应其形上的内向传播本体论、形下的社会传播正义论与个人传播素养论，落脚点则分别放在主体性、道德性与实践性上。孟子传播思想不仅直面当下传播乱局的两个表征，更在本质上为弥补现代性的缺陷贡献了民族性智慧。

关键词：孟子；传播思想；主体性；传播秩序；民族性与现代性

"现代性与启蒙"计划所许诺的"解放的理想"直指"人的解放"（the

---

　　* 作者简介：李承志（1997—），男，山东省邹城市人，山东大学新闻传播学院新闻传播学 2019 级硕士研究生，研究方向：华夏传播与跨文化传播。

emancipation of man）①，但启蒙运动百年之后，这一原初的启蒙承诺距离兑现却仍是遥遥无期：真正的"人"（person）依然只是海市蜃楼，而由启蒙歧出的"大众"（mass）却是如日中天，日甚一日地为社会少数人所控制的"大众传媒"（mass media）所控制，甚至浸淫于民粹主义（populism）中而不自知。诚然，大众传媒面前人人平等，并且随着新兴媒体与传播技术的发展会愈发平等。但在"传播学知识论的三个悖论"②的阴影下，人人平等便意味着人人为零，科技万能便意味着一无所能，媒介无所不为便意味着无恶不作：人终于成了媒介和技术的奴隶，甚至沦为传媒控制者的奴隶——即"奴隶的奴隶"。总之，"人"的真正的"主体性"③最终不得彰显，"人"的解放之路仍是穷途末路——而这也是媒体技术发展过程中一系列道德、伦理与人性等"失序"问题的根本症结。

"传播的主体是人"④：传播的出发点在人，最终的传播效果也要施加于人，人是传播的最基本单位。传播学为了重建人的"主体性"便不得不进行"人学（human science）转向"，或者说是将启蒙运动以来所谓的"人文主义"（humanism）传统进行解构。从历时性的角度来说，传播学对真正的人"主体性"的重视本质上是对现代性的一种反思，而反思之参照只能也必定是当前被遮蔽了的前现代原创时期的思想资源⑤。此要求下，包含着深厚的人学底蕴的中国儒学便成了传播学转向的重要借鉴。尤其是作为儒门正宗的心性之学，其对人的主体性的认识更是已臻化境——而孟子作为其滥觞，其参考意义更是不言而喻。更重要的是，我们对以媒介为代表的现代性反思还寄托着社会转型的要求，而包括传播思想在内的孟子思想恰恰是在中国第一次社会大转型中应运而生的，这就给我们的反思更平添了一层特有的参考价值。当然我们仍然强调前现代的思想资源不可持原教旨的态度全盘照搬，而是要在充分了解的基础上为我所用，做现代性的诠释（modernistic interpretation）。

儒家向来有"以仁行义，以义制礼"的学理架构传统，我们对孟子的传播思想的诠释也分为"仁""义""礼"三个观念结构层级。所谓"兴于仁"

---

① 黄玉顺：《前主体性对话：对话与人的解放问题——评哈贝马斯"对话伦理学"》，《江苏行政学院学报》，2014年第5期。

② 吴予敏：《传播学知识论三题》，《深圳大学学报（人文社会科学版）》2001年第6期。

③ 更不消说后现代主义的主体间性的建构，因为主体间性的前提仍是主体性。

④ 孙旭培：《华夏传播论》，北京：人民出版社，1997年，"序言"第4页。

⑤ 原创时期即雅思贝尔斯所提出的"轴心时代"（Axial Period），同时这里的反思（reflection）并非复魅（re-enchantment）。

者，是从形而上的层次剖析孟子的内向传播本体论，落脚点在于主体性；"据于义"者，是从形而下层次的社会视角解读孟子的社会传播正义论，落脚点在于道德性；"成于礼"者，则是从形而下层次的个人视角整理孟子的个体传播素养论，落脚点在于实践性。

一、兴于仁：内向传播本体论

李敬一先生认为儒家的传播思想"提倡人的道德和人格的自我完善，提倡自我反思"①——此即为谢清果教授所提倡的"作为儒家内向传播观念的'慎独'"②；钱穆先生从儒学的角度认为这是一种"人之为人的自我内在精神心理的一种检视与反省"③；郭庆光教授从传播学的角度认为儒家的内向传播是一种"以完善个人的品德和行为为目的"的"内省式思考"④。事实上，内向传播受到儒学的青睐是由儒家"以人为本"的主体性精神特质与其由"内圣"开出"外王"的内在学理决定的。据此孟子用内向传播本体论为传播做出了形上架构，而内向传播本体论简而言之即"人之有言，皆本于心"⑤。

孟子对人内传播系统有一套独特的认识方法：和现代传播学的主流观点所认为的大脑是人的思维意识器官不同，孟子认为人支配思维与精神的器官是"心"，"君子所性，仁义礼智根于心，其声色也睟然，见于面，盎于背，施于四体，四体不言而喻"（《孟子·尽心上》），人的本性如仁、义、礼、智和情感如喜、怒、哀、乐都是由"心"来控制的。这样"心"实际上成了个体道德和知识的滥觞，是为朱子所说的"心统性情"。故考察孟子的内向传播思想，着眼点即在"发明本心"。

人内传播是"一切传播活动的基础"⑥。一方面，和现代传播学中米德所主张的"短期的、以解决现实问题为目的的'内省式思考'"不同，孟子的人内传播则是一种"苟日新，日日新，又日新"（《大学》）的"日常的、长期的自我反思活动"⑦，这在时间层面上体现了人内传播的基础性。另一方面，就孟

① 李敬一：《中国传播史》，武汉：武汉大学出版社，1996年，第87页。
② 谢清果：《作为儒家内向传播观念的"慎独"》，《暨南学报（哲学社会科学版）》，2016年第10期。
③ 冯达文、郭齐勇：《新编中国哲学史》，北京：人民出版社，2004年，第93页。
④ 郭庆光：《传播学教程》，北京：中国人民大学出版社，2011年，第67页。
⑤ 朱熹：《四书章句集注·孟子集注卷三·公孙丑章句上》，北京：中华书局，2001年，第233页。
⑥ 郭庆光：《传播学教程》，北京：中国人民大学出版社，2011年，第61页。
⑦ 郭庆光：《传播学教程》，北京：中国人民大学出版社，2011年，第67页。

子的政治哲学的展开层级而言，"天下之本在国，国之本在家，家之本在身"（《孟子·离娄上》），故万物皆备于我，皆备于我之"反身而诚"与"正心诚意"的内向传播。反演回去则唯有澄明的人内传播才能使人际传播、组织传播等其他传播方式获得感通而止于至善。"贯通修身与治世"①——这在逻辑层面上体现了人内传播的基础性。故就传播活动的基础性而言，孟子的人内传播实现了时间与逻辑的统一。

郭庆光认为，"人内传播伴随着人的感情和复杂的心理活动"②。但是孟子却认为情感和心理活动都是"情"的范畴，"心"所能够产生的只是"性"，而"情"是"性"的特殊表现，或者说"情"的本质是"性"。情之于性盖如朱子所谓："犹有物在中而绪见于外也。"③因此在孟子看来人内传播的作用不在于反思只作为表象的"情"，而应当体察作为本质的"性"，从而进一步发明自己的本心。因此孟子的"发明本心"比现代传播学通行意义上的人内传播更具超越性（Transcendent）和内生力。或者说，孟子给每个作为传播个体的人都安放了一个内在超越者（Immanent Transcendence）——一个知识与道德的界限。当前的传播以至现代性的乱象与失序多源自哲学主体性转向后人对超越者的悬隔或遮蔽，即"一切神圣的东西都被亵渎了"④，因此在当前重新建构一个具有神圣性的超越者是必要的。

孟子的"发明本心"无疑给我们提供了前鉴："人皆有不忍人之心"，是心若"火之始然，泉之始达"，"唯君子能扩而充之"⑤。内向传播的可能性与内在超越的神圣性皆源自此"性善论"，因为倘若人的本性非善，那么反思内心的人内传播活动便彻底失去了意义。不同于现代传播学所认为的人内传播的"两端都与外部过程保持着衔接关系"⑥；孟子认为善人本自足，绝非由外铄我，故"反思本心"的起点与外界少有联系；但"思仁得义"之后的"行仁施义"，即人内传播的终点则与外界联系紧密。在孟子看来，"发明本心"

① 谢清果：《内向传播视域下的先秦儒家"慎独"观》，《杭州师范大学学报（社会科学版）》2017年第5期。
② 郭庆光：《传播学教程》，北京：中国人民大学出版社，2011年，第64页。
③ 朱熹：《四书章句集注·孟子集注卷三·公孙丑章句上》，北京：中华书局，2001年，第238页。
④ 马克思、恩格斯（著），中共中央马克思、恩格斯、列宁、斯大林著作编译局（译）：《共产党宣言》，北京：人民出版社，1997年，第31页。
⑤ 朱熹：《四书章句集注·孟子集注卷三·公孙丑章句上》，北京：中华书局，2001年，第237页。
⑥ 郭庆光：《传播学教程》，北京：中国人民大学出版社，2011年，第64页。

的一端连接着形上者，一端连接着形下者；一端连接着超越性，一端连接现实性；一端连接社会性，一端连接个体性；一端连接道德，一端连接知识。在主我与客我的自我互动中，在"本心"两端被打通的同时，主体性的人完成了沟通内外与吐故纳新的传播使命。从哲学的角度讲，孟子的"发明本心"既不为神性所累，又不为外物所役，人真正的主体性在这个洋溢着人性的过程中被充分彰显。

二、据于义：社会传播正义论

所谓传播正义论，即"一般正义论"在传播领域的特殊表现，简言之即传播的社会规范建构及其制度安排，其核心课题是传播的正义原则（principles of justice）①。实际上，包括孟子传播思想在内的"儒家传播思想的核心是将传播与现实政治紧密相连，借助传播以实现对道德的规范，影响社会舆论，维护社会秩序的安定"②。如果说孟子的人内传播思想是为了解决形上的"人"的主体性的问题，那么传播正义论则更加关注形而下的社会传播中的"序"的问题。

（一）共时性层面的有序传播

在共时性层面上，孟子试图构建一种在根本上以德行为标准的，在礼制框架下，自上而下、政教合一的有序传播体系。"君子之德，风也；小人之德，草也。草上之风必偃。"（《孟子·滕文公章句上》）"风草论"即是对这样一种传播体系的形象注脚。"有德者居高位"至少在前现代中国社会中是一种普遍共识，儒家对这一点尤为肯定，孟子也有"是以唯仁者宜在高位"（《孟子·离娄章句上》）的说法。总的来说，至少在周公制礼作乐后的前现代中国社会中，人的道德和社会政治地位就取得了大致的统一，且在时间上越往西周早期追溯就越能获得这种统一。孟子生活的战国时期虽已是礼崩乐坏，但德行与社会地位相关联的脉络却还大致清晰，因此孟子仍选择了"道德"作为了构建传播体系的标准或者传播的正义原则。在儒家看来，"道德观念统驭

---

① 参考约翰·罗尔斯（John Bordley Rawls）：《正义论》（Theory of Justice），何怀宏、何包钢、廖申白译，北京：中国社会科学出版社，2009年。其中，正义原则"是在一种公平的原初状态中被一致同意的"某种"原初契约"，用以"调节所有进一步的契约"。

② 李敬一：《中国传播史》，武汉：武汉大学出版社，1996年，第87页。

传播行为"①，即传播应当是德行的单向流布——由德行高者流布至德行低者。出于德行与社会政治地位的统一，则自社会政治地位视之，常态的传播路径便自然是由上及下，由高及低而定于一尊。此外，德行流布的主要表现形式是教化——"上行下效式风化顺民"②，即孟子所谓"善政不如善教"，政治和教化在一个传播体系中融合起来，是为政教合一。

当然这只是孟子和儒家为前现代社会所构建的理想中的传播体系，某种意义上只存在于儒家建构的"文化价值世界"——"一个传播的'虚拟空间'"③之中。虽然一方面，就孟子构建的传播体系本身而言，依托着民本思想，孟子已经给地位在下的"国人"④保留了由下至上的发声机会，"从传者本位出发却提出对传者的约束及纠偏要求"⑤。但另一方面，就构建传播体系的标准而言，随着社会的发展尤其是社会大转型之后，道德越来越难堪任自身作为传播正义原则的使命，故孟子为当时社会所建构的社会传播体系实际上在生成后便在持续地解体，因此将这套体系安放于现代社会更是无稽之谈，但这并不妨碍我们对孟子的传播正义论做解构性的理解：

现代社会是否需要传播正义？答案是肯定的。因为如果我们还想过一种有序的、有伦理的和有逻辑的媒介生活，就需要传播正义。在这一点上我们和前现代的孟子实际上具有共同的诉求。但是如果道德不再能充当现代社会的传播正义原则，那究竟由什么来充当呢？现在的我们似乎很难给出一个哪怕是大致准确的答案。道德、知识、法律、政治和经济似乎都发挥了一定的作用但是又很难具体地说哪个因素发挥了绝对的作用。故传播正义原则的混沌导致了社会传播规范的失范与社会传播秩序的失序。孟子的传播正义论之所以能够建立起来就是因为明确了道德在社会传播中的核心地位。因此如果不明确新的传播正义原则，那么现代社会的传播正义论绝难建立。另外，孟

---

① 孙旭培：《华夏传播论》，北京：人民出版社，1997年，第40页。

② 杨小玲：《"风草"传播模式及其政教合一传播思想——〈论语〉传播学再解读》，《中南民族大学学报（人文社会科学版）》2014年第5期。

③ 谢清果、陈昱成：《"风草论"：建构中国本土化传播理论的尝试》，《现代传播》2015年第9期。

④ 《四书章句集注·孟子集注》卷二梁惠王章句下中有："左右皆曰贤，未可也；诸大夫皆曰贤，未可也；国人皆曰贤，然后察之；见贤焉，然后用之。左右皆曰不可，勿听；诸大夫皆曰不可，勿听；国人皆曰不可，然后察之；见不可焉，然后去之。"又有："左右皆曰可杀，勿听；诸大夫皆曰可杀，勿听；国人皆曰可杀，然后察之；见可杀焉。然后杀之。故曰，国人杀之也。"

⑤ 杨小玲：《"风草"传播模式及其政教合一传播思想——〈论语〉传播学再解读》，《中南民族大学学报（人文社会科学版）》，2014年第5期。

子视道德作传播正义原则并且由于在前现代社会中道德易与社会政治地位取得统一，故实现传播的一元性与单向性并非难事。但这样一种单线条的有序性在现代社会中是否还有机会实现？或者进一步追问：我们对有序的追求究竟应该到达什么程度？道德是否还有可能充当正义原则？如果能的话又究竟能在多大程度上充当？当然孟子不能给我们提供现成的答案，但是他的思想却能提示我们做诸如此类的进一步深入思考。

（二）历时性层面的道统传播

孟子对传播秩序的追求，还体现他力图构建一种历时性层面上的具有文化传承意义的道统传播体系。"道统"一词虽由韩愈首倡[①]，但孟子却最早"历序群圣之统"[②]，"言必称尧舜"[③]，有意识地构建了道统传播体系并主动加入其中。葛兆光先生从历史学的角度认为道统是一种以论证儒学"合法性"与"合理性"为目的的历史系谱或者叙事方式[④]，潘志锋女士则进一步阐释这种历史谱系可进一步划分为"人物谱系"与"经典谱系"[⑤]。这给我们从传播学的角度认识道统，即道统传播提供了启发。所谓的历史系谱即历时性的传播体系，人物与经典都是传播媒介，而论证儒学的"合法性"与"合理性"即是传播正义的要求，其行为本身也是在追求传播正义。

横向上的道统传播与孟子所构建的共时性的传播体系有重合之处，但不同于后者以政治教化为目的，道统传播更偏重于学术思想传播领域。简而言之，两者的着眼点分别在"学统"与"政统"上。在孟子眼中，儒学是且只有儒学是完全合乎道德的学说，或者说是完全符合传播正义的学说，因此在孟子构建的理想中的道统传播体系中，并没有给"异端邪说"留有任何余地。但自"诸子出于王官"[⑥]之后，百家争鸣的格局业已成为事实，传播乱局已然定型，各学派皆在不遗余力地传播自己的思想，甚至不择手段地构陷、诋毁

---

① 韩愈：《昌黎先生文集》卷十，宋蜀本。

② 朱熹：《四书章句集注·孟子集注卷十四·尽心章句下》，北京：中华书局，2001年，第377页。

③ 朱熹：《四书章句集注·孟子集注卷五·滕文公章句上》，北京：中华书局，2001年，第251页。

④ 葛兆光：《道统、系谱与历史——关于中国思想史脉络的来源与确立》，《文史哲》，2006年第3期。

⑤ 潘志锋：《清初道统观研究》，北京：社会科学文献出版社·人文分社，2016年，第9页。

⑥ 班固：《汉书》卷三十，清乾隆武英殿刻本。

其他学说①。异端邪说既然一时难以消弭，孟子便不得不在传播战线上辟邪卫道以维护传播正义，恢复传播秩序，"正人心，息邪说，距诐行，放淫辞"（《孟子·滕文公下》）。孟子所依靠的传播手段是"辩"②，不断提高儒学的正统声音，用力之深以至于"外人皆称夫子好辩"（《孟子·滕文公下》）。

由于同处于社会大转型时期，战国时代的传播乱局与当今的传播现状确有相似之处，孟子批驳异端邪说以维护儒家道统的做法与当下提高新闻舆论"四力"，弘扬主旋律以及坚守舆论阵地的工作具有一定的对应性。但我们更应当看到的孟子的"好辩"只是手段，而手段背后的依托是道统传播体系与传播正义论。孟子架构的传播正义论的正义原则是道德，而儒学本身是道德之学，所以孟子站在儒学立场上的一系列道统传播活动才具有"合法性"与"合理性"。但是，现代社会的传播正义论一时尚未健全，传播正义原则一时尚不明晰，所谓的"主流""主导"实际上仍缺乏依据和说服力。因此，整饬当前的传播乱象当务之急不在于手段的不断翻新，而在于现代传播正义论尤其是正义原则的建立健全。

纵向上的道统传播指的时间维度上的文化传播活动。所谓的文化，即"人类为了传达关于生活的知识和态度，使之得到传承和发展而使用的、以象征符形式来表现的继承性观念体系"③。诚如孟子所言，"圣人，百世之师也……奋乎百世之上。百世之下，闻者莫不兴起也"（《孟子·尽心下》）。在传播正义论的加持下，孟子蕴含着"无间"时间观念的"尚友古人"与"知人论世"的思想④，使得孟子的道统传播体系能够轻易冲破流俗的时间概念的限制而在当下涵摄与开示传统，实现中国文化尤其是儒家文化这样一套继承性观念体系的传承发展历经千年而不得断绝。道统传播的文化传播功能容易让人想到大众传播的"社会遗产传承功能"，但是二者明显的区别在于前者怀抱置身其中的态度明确以文化传播为主要而根本的任务，而后者的社会遗产传承功能则多是"日行而不自知"的超脱事外的无意识行为，或者说大众传播的基本着眼点并不在于文化传承。此问题当然可归因于现代传播正义论尚不明确上，但从本质上讲这仍是由于现代性所引发的人的主体性失落所导致的传播现象。

---

① 《孟子》卷九万章上近乎全篇都是孟子为先贤辩诬可为其一证。

② 《孟子》一书中，孟子批判过农家、墨家、兵家、纵横家与杨朱派的道家并且与夷子、陈相、景春、白圭、陈仲子、淳于髡、尹士、任人、周霄和孟季子等人进行过辩论。

③ C.吉尔兹：《文化的解释学》，日本东京：岩波书店，1987年，第251页。

④ 黄玉顺：《中国正义论的形成——周孔孟荀的制度伦理学传统》，北京：东方出版社，2015年，第45页。

钱穆先生曾断言："文化即是人生"①，对文化的重视即是对个体生命的重视。这个意义上，启蒙承诺所一再宣称个体性解放的真正的"人"（person）其实是一种文化生命，而"大众"（mass）则是被消解了文化属性的个体生命，此亦为大众传播忽视文化传承之根本症结。大众传播或应效仿道统传播唤醒传承文化的主动意识，此虽不能从根本上改变当前传播之乱局，但至少对于纠偏现代性甚有功效。

自媒介的角度而言，道统传播体系所依赖的媒体是典籍与人。典籍（classics）当然是一种纸质媒体，但是它与一般意义上的物质承载信息的媒体形式又不尽相同。在道统传播体系中，典籍的纸张承载了文本信息，同时纸张和信息组成的整体又承载了具有神圣性的儒家道统精神，因此典籍既是内容媒体又是精神媒体，是为典籍的双重媒体性。双重媒体性的存在是因为从根本上来说，儒家认为典籍是人的载体——不仅是人的"延伸"，更是人的"化身"，是故"立言"可致"不朽"。事实上，包括孟子在内的儒家向来有"以身体道"的"人媒"与"身教"的传播思想②，"人"是最理想的传播媒介，只是由于死亡是人不可逾越的可能性，才不得不将人寄托于典籍之中。又因为人是本体论意义上道的载体（精神载体），因此儒家典籍才具有双重媒体性。从根本上说，"人媒"思想的背后是儒家对人的"主体性"的高扬。现代性下的大众传播扼杀人的主体性与剥离媒介的双重媒体性，尤其是精神媒体性其实是一体两面的问题，这应引起我们的深刻反思。

三、成于礼：个体传播素养论

"在诸多传播问题中，传者的修养问题是孟子论述的最为透彻的命题"③，这是孟子试图从个人修养角度去规范社会秩序的尝试。但何止是传者的素养，孟子对传播素养的讨论实则囊括了传播者和受传者双方。这是由孟子注重个体内向传播的传播形上架构决定的，当然也受到了孟子建构的传播正义论的影响。甚至从某种程度而言，个体传播素养论的作用就是填充传播正义论所建构的传播秩序与规范的框架。同时，儒家对"礼之用"的格外重视又使得儒家的传播素养观一定程度上游移在"仁""义"层级之外而具备一定的独立

---

① 钱穆：《中国历史研究法》，北京：生活·读书·新知三联书店，2001年，第132页。
② 杨小玲：《"风草"传播模式说及其政教合一传播思想——〈论语〉传播学再解读》，《中南民族大学学报（人文社会科学版）》，2014年第5期。
③ 李敬一：《中国传播史》，武汉：武汉大学出版社，1996年，第29页。

性（independence）。此外，孟子的个人传播素养观本质上虽属于一种前现代思想的形下范畴，但由于其形上依托具备现代性意义上的合理性，因此其本身具备一定的普适性（universal）①。独立性和普适性是当下社会参照并实践孟子个人传播素养观的前提。个体传播素养论作为孟子传播思想的形下展开，其范围当然极广，此处仅列典型：

（一）反求诸己

反求诸己与发明本心应有严格区别：性善论基础上的发明本心是孟子对传播做出的形上架构，而发明本心过程前的让人意识到应当去发明本心的形下思维过程或方法则是反求诸己，或者说是反思（reflection）。机械地讲，反思与传播似乎是一对矛盾的范畴，但是在孟子的传播素养观里，反思成了传播的一个非常重要的环节。"枉己者，未有能直人者也"（《孟子·滕文公下》），"爱人不亲反其仁，知人不知反其智，礼人不答反其敬。行有不得者，皆反求诸己"（《孟子·离娄上》）。孟子重视自反的思想反映在传播领域即无论在传播环节之前，还是在传播环节之后，反思总是与传播如影随形，当然这是由人内传播的基础性决定的。在孟子的观念中，传播的公式应当是"以内向保外化，以外化促内向"②的"反思—传播—再反思—再传播"的循环往复以至无穷。这个公式中的反思是完全的"求在我者"，传播则有"求在外者"的成分，故从个人角度而言，工夫更应下在反思上。当然，反思是整个传播过程的一部分，它是为传播服务的，之所以要提高个人"反求诸己"的素养，是为了获得更良好的传播效果和更井然的传播秩序，进而言之则是维护孟子以道德为正义原则的传播正义论的必然要求。

（二）知言

所谓"知言"者，即"诐辞知其所蔽，淫辞知其所陷，邪辞知其所离，遁词知其所穷"（《孟子·公孙丑下》）。当然，"知言"本身是一种自受传者角度而言的传播素养或技巧，对说服传播研究有直接的指导意义。但孟子对"知言"的阐释绝非仅停留在说服技巧的层面上，盖如程子所言，"夫心通乎道，

---

① 指一种超越时代的普遍性，区别于普世性（global）。
② 谢清果：《内向传播视域下的先秦儒家"慎独"观》，《杭州师范大学学报（社会科学版）》2017年第5期。

然后能辨是非，如持权衡以校轻重，孟子所谓知言是也"①，孟子是通过"知言"谈"知心"。事实上，"心"与"言"两个范畴具备丰富的且互有关联的诠释学意义：例如前者可指孟子的传播形上架构，后者可指传播的形下展开；又如二者可分别代指孟子的传播公式中的"反思"与"传播"两环节。自符号学角度而言，"心"与"言"可分别指涉意义与符号。传播过程中，传播者通过符号对意义进行编码，而受传者却难以凭借已有经验完全地解码符号并获取传播者的本意，此即为先秦儒家所说的"言不尽意"②。对这个问题，孟子有"不得于言，勿求于心，不可"（《孟子·公孙丑下》）的明确回答，因此"知言"的本质是"知心"，接收符号是为知晓意义，这种传播素养当然还是孟子内向传播本体论在受传者角度的符号学表现。

（三）品德素养

与作为传播正义论中正义原则的道德有所不同，这里的品德素养仅指传播领域和传播过程中传受双方所应遵守的社会规范，与前者的关系表现为部分与整体的关系。当然，孟子对道德整体的规定会深刻影响到传播领域的品德素养，例如"大行不加，穷居不损"的"大丈夫"之"浩然之气"作为传播者的品格条件会影响传播者信誉，进而影响传播的可信性（credibility），因为"人们首先要根据传播者本身的可信性对信息的真伪和价值做出判断"③。此外，在人际传播的诸方面，就传播品德修养而言，"浩然之气"也发挥了提纲挈领的作用：第一，在传受双方身份地位不平等时，身份较低的一方应保持不卑不亢的传播态度，"说大人，则藐之，勿视其巍巍然"（《孟子·尽心下》）。第二，传播正义论既已规定道德作为正义原则，因此人际传播的前提与依托便只能是道德，传受双方应做到不挟贵、不挟贤、不挟长，不挟故，不挟兄弟，不挟有勋劳④。第三，传播者不应做利口伤人的"狂狷"，更不能做似是而非的"乡原"，"似是而非的东西，比显然非的东西更可恶"⑤。

---

① 程颢、程颐：《二程文集》卷十，清文渊阁四库全书本。

② 黄寿祺，张善文：《周易译注卷九·系辞上传》，上海：上海古籍出版社，2001年，第563页。

③ 郭庆光：《传播学教程》，北京：中国人民大学出版社，2011年，第183页。

④ 《四书章句集注·孟子集注》卷十万章章句下中有："不挟长，不挟贵，不挟兄弟而友。友也者，友其德也，不可以有挟也。"卷十三尽心章句下中有："挟贵而问，挟贤而问，挟长而问，挟有勋劳而问，挟故而问，皆所不答也"。

⑤ 冯友兰：《中国哲学史新编（上册）》，北京：人民出版社，1998年，第377页。

（四）知识素养

孟子的传播正义论虽以道德为正义原则，但他并不反对知识在传播中发挥作用。孟子眼中，传播素养可以实现道德与知识的统一，故德智兼备的传播主体在现实中具有存在的可能性。"贤者以其昭昭，使人昭昭"（《孟子·尽心下》），"天之生此民也，使先知觉后知，使先觉觉后觉也"（《孟子·万章上》）是孟子对传播知识素养的论断。实际上，传播是一个使信息不对称向信息对称转化的过程，起初的信息不对称是因为传播者和受传者之间存在着信息差，这是传播得以进行的前提，因此知识昭明的先知先觉者的存在就传播过程而言是必要的。当然，这里的"知"和"觉"虽然具备了一定的知识色彩，但仍具有相当的道德倾向。传播素养虽能囊括道德和知识，但前提是知识臣服于道德并以此凸显道德的传播正义原则的地位，以保证前现代那种极简洁的传播秩序。自实践性言之，现代社会断难做到这一点。

（五）责任伦理

注重言责是儒家的一个传统，孔子有"一言可以兴邦，一言可以丧邦"（《论语·子路》）①的警告。言责当从两个角度理解，即合乎传播正义时的尽言与违背传播正义时的不言。因此"士未可以言而言"与"可以言而不言"（《孟子·尽心下》）皆不合于孟子的个人传播素养论，但显然"未可以言而言"能够带来更直接而恶劣的后果，为此孟子就曾批评告子："率天下之人而祸仁义者，必子之言夫。"（《孟子·告子上》）由此看来，不当言论的传播不单单会影响个人的思维和行动，更会影响国家政治与社会伦理，这也是之所以要构建社会传播正义论的原因之一。传播正义论在社会层面约束不当言论，而担负言责的传播素养则从个体角度约束不当言论。"人之所以轻易其言者，以其未遭失言之责故耳……非以为君子之学，必俟有责而后不敢易其言也。"②故就担负言责而言，韦伯（Max Webber）所提出的"意向伦理"与"责任伦理"③虽不可偏废，但"责任伦理"显然更加重要。有言责者不可出于动机的善而强加言论于社会，他同时必须考虑到言论的社会后果。当前的传播乱象，

<hr>

① 原文作"一言而兴邦……一言而丧邦"。
② 朱熹：《四书章句集注·孟子集注卷七·离娄章句上》，北京：中华书局，2001年，第286页。
③ 马克思·韦伯 (Max Webber)：《学术与政治》（Wissenschaft als Beruf und Politik als Beruf），钱永祥等译，上海：上海三联书店，2018年，第111页。

某种程度就是由于传播者缺少责任伦理所致。

四、结语

孟子的传播思想是一个完整而系统的思想体系，它既是传统儒学的当代阐释，又是现代传播学的民族表达。民族性与现代性是一体两面的问题，这两个维度互为函项，我们不能为追求其中的一个维度而去遮蔽另一个维度，因此原教旨的儒学与全盘西化的传播学都应当被摒弃。而从民族性与现代性的角度来说，我们所讨论的由于启蒙运动以来人的主体性失落而造成的传播乱象实际上是由西方民族性开出的现代性出现了缺陷。文艺复兴与宗教改革尝试着通过对二希传统的诠释开出现代性，继承传统并进行现代转换，但明显这种现代性发展至当下出现了问题。这给我们从儒学传统中阐发民族性的现代性提供了启发与机遇。孟子的传播思想不外乎是从传播学的视域（horizon）对孟子思想做系统诠释，在关注儒学和传播学的同时观照过往常被忽视的民族性与当下弊病不断的现代性，以期实现现代性诉求的民族性表达。

故事化舆论：作为华夏民间舆论传播活动的古代"说书"

张萌萌*

（厦门大学新闻传播学院，福建厦门，361005）

摘　要：自古以来，由于中国古代下层人民识字率低，"说书人"在很长历史时期内都扮演着为他们提供信息的重要角色。笔者拟从舆论学视角探讨古代"说书"，将其看作华夏民间舆论的一种传播活动，并借助场域理论、修辞学、舆论学从"说书"活动的传播场地、传播主体、传播特征及传播效应四个向度剖析"说书"活动的舆论生成机制，构建"火炉"模型，进而解析"说书场"中官方舆论与民间舆论的隐形博弈，探讨其与政府、社会之间的潜在互动，以期为当代网络听书产业的发展提供些许借鉴与参考。

关键词：说书；华夏舆论传播；故事化舆论；场域理论

基金资助：厦门大学一流本科课程"华夏传播概论"、厦门大学课程思政"华夏传播概论"。

"说书"是古代中国一种典型的口语传播形态，相比于经史子集这一类的典籍，口语传播的特点使得说书的传播对象不仅仅局限于能够识字读书的知识精英群体，还接触到了更加多数的大众，是真正与普通百姓密切相关的文化传播行为。古代中国社会流动率低，说书人通过游历四方把同样的故事带到不同的地方，让原本难以相互沟通的人通过听书形成了共同记忆。从以上两方面来看，说书的覆盖面广阔使其成了一种普遍的民间"读"物。此外，

---

*　作者简介：张萌萌（1998—），女，甘肃敦煌人，厦门大学新闻传播学院传播学系"华夏传播概论"课程修课学生。

相比于官方灌输式的宣传教化，说书拥有天然的注意力吸引优势。说书人通过叙事化语言讲述情节生动的历史故事，并不时地对故事中的人物或事件加以点评，或褒奖或批判，于无形中反复多次地形塑了社会大众的共同信仰，说书人通过妙趣横生的语言与抑扬顿挫的语音语调，让听众沉浸其中，触抵他们的心灵，达到了一种"润物细无声"的境界。这样一种覆盖广、形塑强的传播活动是华夏民间舆论传播研究中十分重要的一部分。

一、研究缘起

当前学界对于我国古代"说书"的研究主要从历史、艺术、文学等视角出发。陈汝衡的《说书史话》[①]对说书的历史流变做出简叙，揭示了说书的源流，同样在历史学方面，李红、王红箫在《评书理论学术话语体系构建初探》[②]中通过对说书的溯源来探讨"说书"在我国古代不同朝代的历史沿革，也有学者聚焦于某一时期说书艺术发展出的特定模式，呈现出这一时期下说书活动的形态，如侯冲的《俗讲新考》[③]。这些史料支持下的考证都为我们很好地阐释了"古代说书是什么"的问题。同时说书还常常被当作一种民间艺术形态去研究其表演特点与魅力，田连元在《谈评书艺术的形式特点——说、演、评、博》[④]中就凝练出了说书作为传统曲艺的表演风格与特点。除了以上三个维度，也有不少学者将"说书"这一娱乐活动与人们的社会生活联系起来，李勇军的《"三言"中市民意识的体现》[⑤]将说书看作折射当时民间社会的一面镜子，认为说书的篇章中可以反映出普罗大众的政治关怀与婚恋观、义利观的变迁。而针对不同时期下的说书活动对当时所处社会环境的影响，邵郁、王睿颖的《敦煌俗讲变文的社会教育作用》[⑥]阐释了唐代的俗讲对于社会各方产生的影响和教育启示作用，平瑶的《居然别有弦歌曲——清末民初的说唱艺术与社会生活》则发现说唱艺术由于得到几乎整个社会的广泛参与而开辟出了一种自由平等、反秩序的文化场域[⑦]。综上，当前对我国古代说书

---

① 陈汝衡：《说书史话》.北京：人民文学出版社，1987年。
② 李红、王红箫：《评书理论学术话语体系构建初探》，《广西社会科学》，2019年第1期。
③ 侯冲：《俗讲新考》，《敦煌研究》，2010年第4期。
④ 田连元：《谈评书艺术的形式特点——说、演、评、博》，《曲艺》，2018年第9期。
⑤ 李勇军：《"三言"中市民意识的体现》，《云南社会科学》，2006年第1期。
⑥ 邵郁、王睿颖：《敦煌俗讲变文的社会教育作用》，《高等函授学报（哲学社会科学版）》，2012年第8期。
⑦ 平瑶：《居然别有弦歌曲——清末民初的说唱艺术与社会生活》，《探索与争鸣》，2018年第8期。

的研究中，相对缺乏对于其舆论功能的关注，在此基础上，本文希望探讨说书如何影响人们的共同信念和形塑我国古代的民间舆论，进而与国家和社会形成互动的，以期从舆论学视角窥探说书艺术内部蕴含的世界图景。

当前华夏舆论传播研究图景中政治色彩较为浓厚。谢清果、王昀的《华夏舆论传播的概念、历史、形态及特征探析》一文揭示了"在长期中央集权体制下，中国古代之舆论一度受到上层建筑的影响较大，并在后期极权政治的制度运作中逐渐调整为以上层建筑'舆论监督'为主导的舆论传播模式"①。华夏舆论研究也多围绕这一模式展开，林语堂《中国新闻舆论史》通过对汉代"党锢"、宋代学潮和明代东林党运动等大规模舆论运动的分析，反映了我国古代君主专制下知识精英对于当权者的反叛②，而朱传誉在《中国民意与新闻自由发展史》中对各朝出版与言论自由的探讨也体现了民间舆论与官方舆论的争斗与博弈③，这两位先驱为华夏舆论的研究奠定了十分具有政治色彩的研究方向，后续学者在此基础上对各朝代下以官方政府为主体的舆情收集制度和民众的舆论表达进行了深入探讨，如邵培仁提出的"民本主义"与"轻言主义"舆论观④，张萌秋、许静的《对中国古代言官制度的舆论学分析》⑤分析了我国古代不同的舆论制度，张玉霞在《中国古代的舆论与政治》⑥一文中阐明了我国古代不同时期舆论对于政治的影响，这些研究都重点关注了华夏舆论的政治功能。

实际上，公共舆论既包括纵向的、政治面向的"舆论监督""舆论引导"等功能，也包括横向的、社会面向的"社会团结"等功能。⑦当前华夏舆论研究更多关注纵向的统治阶级对社会舆论的监督、引导和管控，以及自下而上的舆论传播活动的政治功能，本文希望从政治与社会两方面来论证"说书"作为古代中国的民间舆论传播活动与政府、与社会之间的互动，不仅关注民间舆论与上层建筑的对话，还探讨其在百姓之中的横向传播对于社会团结所

① 谢清果、王昀：《华夏舆论传播的概念、历史、形态及特征探析》，《现代传播（中国传媒大学学报）》，2016年第3期。
② 林语堂：《中国新闻舆论史》，上海：上海人民出版社，2008年。
③ 朱传誉：《中国民意与新闻自由发展史》，台北：正中书局，1974年。
④ 邵培仁主编：《20世纪中国新闻学与传播学·宣传学与舆论学卷》，上海：复旦大学出版社，2002年，第243页。
⑤ 张萌秋、许静：《对中国古代言官制度的舆论学分析》，《青年记者》，2018年第36期。
⑥ 张玉霞：《中国古代的舆论与政治》，《新闻爱好者》，2006年第12期。
⑦ 方振武、吴潇阳：《公共舆论与社会团结——爱弥尔·涂尔干的"公共舆论"思想》，《新闻与传播研究》，2018年第4期。

起到的作用。同时，由于缺乏适度的保障，在"统治阶级—知识精英—民间大众"的舆论对话体系中民间大众的声音往往被湮灭，当前对于真正的"舆人之论"的研究并不多见。虽然陈力丹认为"传统社会的舆论通常不处于哲人们的主要视野内"①，这是因为此前华夏舆论研究更关注政治功能，而民间舆论在历史进程中对于政治的影响则十分有限，但是如果考虑到舆论团结社会的功能，以民间大众为主体的舆论也能显现出其价值。当前还未有将古代说书作为舆论形态的研究，那么究竟说书是如何促进民间舆论形成，又给其所处社会环境带来了怎样的影响？本文将尝试对这些问题进行探讨，从政治与社会两方面来论证"说书"作为古代中国的民间舆论传播活动与政府、与社会之间的互动，不仅关注民间舆论与上层建筑的对话，还探讨其在百姓之中的横向传播对于社会团结所起到的作用。随着工业化和城市化的发展，古时的"说书"艺术正在逐渐退出公众日常生活的舞台，但是当下网络上许多"类说书"的舆论传播活动依然活跃，本文通过对古代"说书"舆论传播机制的研究，以期为当下民间舆论传播活动在政治对话与社会团结上继续发挥积极作用提供有益参考。

二、作为媒介的"说书"

从传播学的视角看"说书"，无论是其口语传播的形态、故事语言的运用还是社会教化和舆论引导的传播效果，都证明了"说书"并不只是简单的民间娱乐活动，而是我国古代一种寓教于乐的独特传播形态和重要的舆论机制。

（一）"说书"的源起与流变

"说书"一词最记载于《墨子·耕注》篇："能谈辩者谈辩，能说书者说书"。当然，这种"说书"还不是后来意义的"说书"，主要是指引经据典。讲述事理之意。②真正具有"说书"元素的传播形态是周朝的瞽人诵诗。《周礼·春官宗伯下》云："瞽矇掌播鼗、柷、敔、埙、箫管、弦歌，讽诵诗，世奠系，鼓琴瑟。"这里瞽矇指盲人，倡优活动时期，他们通过创作和表演一些诗乐，为君王提供娱乐。这种比较原始的艺术活动中，包含了最早的说书元素，③这可以说是说书的最初的雏形。隋朝《太平广记》中有记载："才出省

---

① 陈力丹：《舆论学：舆论导向研究》，北京：中国广播电视出版社，1999年，第3页。
② 倪钟之：《中国曲艺史》，沈阳：春风文艺出版社，1991，第33页。
③ 倪钟之：《中国曲艺史》，沈阳：春风文艺出版社，1991，第32页。

门，即逢素子玄感，乃云："侯秀才可以（与）玄感说一个好话。"隋代人著作中所指"说一个好话"就是令人讲一个动听的故事的意思，这是古代记录中最早提及"说书"的，① 当时被称作"说话"，后来在历朝历代中说书发展出了不同的形态。"说"主要指的是讲述，有些时候也包括唱，而"书"主要指故事，不同形态的说书讲述内容也有所不同，包括历史事件、文学作品和佛经讲义等。说书人的行头不过一桌一扇一醒木而已，但是却能够凭借高超的说书技艺，把故事说的引人入胜，吸引了广大人民群众，杨联陞先生曾提到那些"起媒介作用，且多数以媒介为职业（乃至主要职业）"② 的，不管是人与人、人与物还是人与神间的媒介，都可以称为职业性的媒介人物。③ 说书人的故事常常跨越古今的时空背景和地域上的限制，为听众提供了丰富的信息内容，属于这类"媒介人物"中的一种。

（二）"说书"造就"故事化舆论"的独特形态

从周初的"瞽人诵诗"、唐朝"俗讲"到明清"说书"，我国古代"说书"活动形态丰富，不同的朝代、语言，或是表演方式塑造了说书的各个种类，这些前人已有丰富的考证，在此不再赘述。说书人不仅讲故事，还通过对故事中的人物事件加以评价，在塑造人物形象的同时传递着某种价值观。例如《清忠谱》第二折《书闹》中颜佩韦之所以大闹书场，正是因为他听了说唱艺人李海泉讲忠臣韩世忠被奸臣诬陷受难时，颜佩韦心中因忠臣蒙冤而愤懑不平，进而大打说书人李海泉，以解其心中怨气。忠君爱国的教育思想就在此处说书内容中以潜移默化的方式宣传开来。④ 不过这种价值观的传递，还有赖于听众对于信息的接受程度，在说书与听书的过程中，说者与听者需要共同进入一套共时的编码与解码，二者之间双向传播，共同促使了说书"教化"与"娱乐"功能的实现。可见，古代说书活动在特定的社会情境下以说故事的方式将历史与现实、精英与百姓勾连，进而引发社会共鸣，促进民间舆论的形成，而这种舆论是通过讲故事和听故事而逐渐孕育而成的，故称之为"故事化舆论"。《休庵影语·泪史自序》中有记载"我往往见街上有弹唱说词的，

---

① 陈汝衡：《说书史话》，北京：人民文学出版社，1987年，第9页。

② ［美］杨联陞：《中国文化中"报"、"保"、"包"之意义》，贵州：贵州人民出版社，2009年第142页。

③ ［美］杨联陞：《中国文化中"报"、"保"、"包"之意义》，贵阳：贵州人民出版社，2009年，第142—143页。

④ 孙越：《"说书"概念及其文化转移》，《中华文化论坛》，2018年第9期。

说到古今伤心事体，那些听说人，一个个泪汪汪。"① 可见说书人的故事语言的确能够通过艺术化的形式触抵人们的心灵。

（三）"说书"故事化舆论的影响与效果

有关如何讲好故事，亚里士多德曾提出"在组织情节并将它付诸言词时，诗人应尽可能地把要描写的情境想象成就在眼前，犹如身临其境，极其清晰地'看到'要描绘的现象，从而知道如何恰当地表现情景"，这正是说书活动中开场词所起到的作用。说书活动初始，说人往往通过开场词先为听众构建一个情境，二三言语点明何年何月何人何事，一是通过这一情境的塑造引起听众的注意，交代清楚了故事所处的时间空间背景与人物之间的关系再讲故事能使听众真正地走进故事②；二是情境中往往隐含着人物所处的冲突境遇，暗示着后续的情节和预告着人物的命运，引发人们对于故事的深入思考。而这些故事的主题往往是"官民间矛盾""封建束缚与自由"等一些社会争议的话题，故事的冲突也反映出社会各方舆论间的冲突，故事主人公悲惨的遭遇使听众悲伤、愤懑，再次引发这一议题相关的社会舆论，最后通过中国人喜爱的大团圆结局化解冲突与矛盾，起到舆论引导和社会教化的作用。

三、"火炉"模型：说书造成舆论的机制

我国古代底层人民文化程度低，接收信息的渠道少，同时缺乏一定的思考能力，他们可能对某些事物具有某种情绪，但是却很难独立形成一种明确的态度和价值观。说书对他们来说不只是单纯的娱乐，还帮助他们加深对人事物的认知，进而形成某种态度和信念，不同的人听同一类故事，久而久之便形成了共同的价值观念，可见说书引导听众产生了一种合意。刘建明在《基础舆论学》中提到，"造成舆论"的含义，是指把人们潜意识中的意见发掘出来，变成社会显意识的公开意见，把少数人的观点、态度扩展为多数人的观点、态度；把分散的、彼此孤立的意见集合为彼此呼应的社会整体意见，把声势尚小、影响甚微的局部意见变成声势浩大的社会反响。③ 那么古代说书是如何把说书人一个人的意见变成社会大众的共同意见的呢？说书作为一种重要的民间舆论传播形态，在独具特色的传播场地、传播主体、传播特征和传

---

① （明）盛于斯：《休庵影语·泪史自序》，上海：上海开明书局，1931年，第24页。

② ［希腊］亚里士多德：《诗学》，陈中梅译，北京：商务印书馆，1996年，第125页

③ 刘建明：《基础舆论学》，北京：中国人民大学出版社，1988年，第276页。

播效果等因素共同作用下，"说书"如同一个火炉，民间舆论在其中燃烧着，源源不断地向社会外界散发着能量。

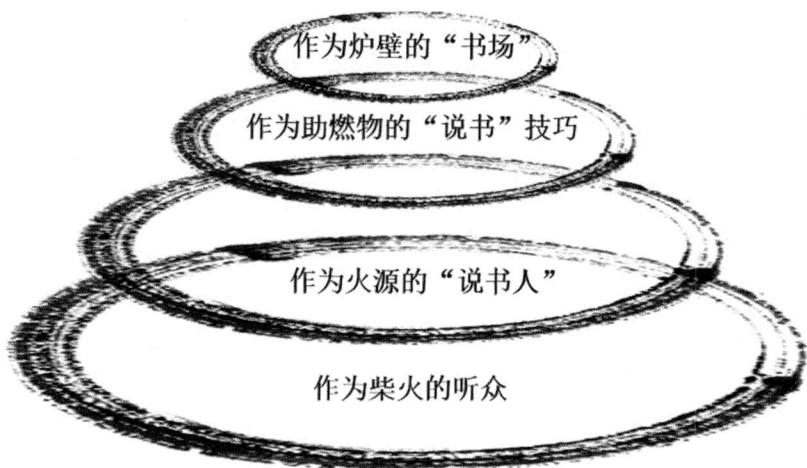

（一）作为炉壁的"书场"

"场"（field）是一个来自物理学的概念，指物体周围传递重力或电磁力的空间。[①] 德国心理学家勒温最早把"场"引入社会科学提出"心理场"。他认为：场即生活空间（life space），也就是"个人"加上（心理的和非心理的）"环境"。[②] 在这一基础上，法国社会学家皮埃尔·布尔迪厄提出更加普遍的场域理论："从分析的角度来看，一个场域可以被定义为在各种位置之间存在的客观关系的一个网络（network）或一个构型（configuration）。"[③] 从传播学的角度看，即场域内的传播主体通过信息交换活动向其他各方产生"力的作用"，对"他物"产生一定的影响力。"场"不仅是舆论形成的条件、空间，而且是推动舆论发展的契机，甚至制约着它的正负方向。[④] 借助"场"的范

---

① 刘海龙：《当代媒介场研究导论》，《国际新闻界》，2005 年第 2 期。

② 刘海龙：《当代媒介场研究导论》，《国际新闻界》，2005 年第 2 期。

③ 布尔迪厄、华康德：《实践与反思——反思社会学导引》，李猛、李康译，邓正来校，北京：中央编译出版社，1998 年，第 133—134 页。

④ 刘建明：《社会舆论原理》，北京：华夏出版社，2002 年，第 35 页。

式研究社会舆论，能帮助我们认识舆论产生的具体机制。我国古代的说书活动通常拥有一个固定的场合，无论茶馆还是街头，人们总是聚集在一起听书，形成了一个"书场"。民间的平头百姓们结束了一天的劳作后，在这个"书场"中日复一日、年复一年地听说书人讲故事，除了娱乐消遣之外，说书人通过历史故事和穿插故事间的评述潜移默化地影响着群众的认知与态度。"书场"中说书人和听众不断交换信息，说书人使用慷慨激昂的语言对故事内容进行歌颂或批判，这一富有感染力的刺激因子在"书场"中震荡，引起听众的附和与心理上的趋同，并最终形成某种共同意见，成为一个意见产生的社会共振圈。

1. 书场人员密集和交往频率高

舆论作为"公众的意见或言论"[①]，需得在人群密度大、交往频率高的场合内才得以产生。根据《东京梦华录》中的记载："街南桑家瓦子，近北则中瓦片，次里瓦。其中大小勾栏五十余座，内中瓦子莲花棚，牡丹棚；里瓦子夜叉棚，象棚，最大可容数千人。"[②]可以看出北宋汴都的"瓦子"规模较大，而且作为公共场合，人人都能去。即便其中的一些需要纳钱进入，但是票价并不高，即便是买不起票的人也可以在门口听书，只听书不吃茶，同样也能参与到"书场"中来。在这里包括说书在内的各类民间艺术表演吸引着广泛的群众，把原本不相关的各类人群聚集在同一物理空间内，通过他们在"书场"中不断地碰撞，整个火炉灶内的能量相互转换与迁移，营造出了易于舆论生发的环境。说书活动看似只有说书人一个人在提供观点，但其实听书的观众们无时无刻不在通过鼓掌、喝彩与唏嘘的方式向说书人提供着反馈，并与周遭一同听书的观众产生互动。用掌声表达集体意志，诉诸一致意见，是最简单、最常见的肢体舆论。[③]当群体对说书内容十分认可和赞赏时会通过鼓掌这一集体行为传递给说书人自己对所讲内容的拥护，同时掌声也是听众群体中的一种信息交往，鼓掌的人们之间形成一种共识，也传递给那些不十分认可当前内容的听众以舆论压力，这种压力也可能会改变其态度。

2. 高开放度的"书场"社会环境

---

① 中国大百科全书总编辑委员会：《中国大百科全书·新闻出版卷》，北京：中国大百科全书出版社，1990年，第457页。

② 孟元老：《东京梦华录》，郑州：中州古籍出版社，2010年，第44页。

③ 刘建明、纪忠慧、王莉丽：《舆论学概论》，北京：中国传媒大学出版社，2009年，第81页。

一个场域的开放度依赖于其中信息种类与数量，而意见的丰富对于舆论导向的正误起着重要作用。"书场"并非是封闭闭塞的，而是与外界环境紧密相连的，不会关起门来说书。对于场外社会中的各种思潮与不同意见，说书人的故事基本都能涉及，是一种杂说而非对某一派别思想的专门宣传。同时，舆论场的开放度还包括这样一种含义，即社会环境有宽松的言论自由。[1]一方面，从场外环境出发，说书作为一种民间娱乐活动，比起依赖于出版业的书籍和报刊，受到官方政府的言论限制较少，从秦始皇焚书坑儒开始，在我国传统社会各个阶段都常常能看到禁书以愚民的政策，相对而言，说书这般活态的文本难以真正禁止与消灭，统治阶级的管控度相对低，因此说书场的舆论氛围更为宽松。另一方面，从场内互动出发，书场内部的开放度也比较高。虽然"书场"形式上与私塾中的讲授十分相似，但相比于有着严明纪律和等级差异的学堂，"书场"中各方人员之间权力距离小，规范约束少，说书人可以比较自由地决定说什么，听众也可以在说书过程中随时发表自己的态度，场内人员之间信息可以自由流通。综上，"书场"是社会上各类舆论碰撞的地方，不同的意见之间展开对话，在讨论中形成一种主流意见并不断地吸引新的个体逐渐壮大成为广泛的民间舆论。

3."书场"中的渲染物象

如果对"舆论"这一个单元进行拆分，可以看到每一种舆论当中都有若干个"舆论细胞"，其中一种重要的部分就是"情感与情绪"。为了让"书场"中的物质都活跃起来，说书人常常通过语言与非语言符号给"书场"升温，一方面通过语音语调的起伏顿挫来避免观众的审美疲劳，保持其情绪的高昂，在这样一种持续性专注和兴奋的状态下，人们更容易被故事情节所感染，对于故事中的坏事产生"愤怒、悲伤与担忧"等情绪，形成情感共振。

如上述所言，作为"炉壁"的书场在空间上起到了聚合的作用，为群众提供了一种共识性的集体体验，加强了"炉内"人们的交流与联系，促进了思想观念的整合，但与此同时"炉壁"也具有某种隔离的效应，它将火炉内的火焰与外界区隔开来，炉内之火往往难以冲出炉壁。相比于那些"爆米花"式的突然爆发的舆论，说书人的舆论传播是润物细无声的，它并不形成暴风雨式的冲击，而是一般社会意见的平稳传播，属于平缓式舆论生成模式。说书人通过讲故事而引发的合意通常并不直接与当时政治挂钩，虽然他们可能

① 刘建明：《社会舆论原理》，北京：华夏出版社，2002年，第37页。

在故事中痛斥贪官污吏，讽刺官场黑暗，但是通常只进行到"态度确立"的环节而难以发展到"揭竿而起"，所以即便我们"书场"是十分活跃的，但这种活跃仅限于燃烧而难以形成爆炸，"书场"中的舆论可以在火炉中熊熊燃烧，却难以突破炉壁的约束对外界产生直接的影响。这一点也是"书场"区别于西方公共领域的重要标志。哈马贝斯认为"公共领域说到底就是公众舆论领域，它和公共权力机关直接相抗衡"①，而我国古代社会由于处于中央集权的专制制度之下，缺乏民主制度的保障，"书场"中的舆论很难直接与国家上层建筑对话，难以真正地实现舆论监督的功能和产生行为层面的政治影响。

（二）"书场"中作为柴火的听众

燃烧最基础的原料是可燃物，书场中的听众如同柴火，他们本身虽然具备燃烧的物质元素，但是由于缺乏适宜的条件一直无法引起舆论的"燃烧"。纵使我国古代人民对于生活中的某些事物都有自己的看法与感受，但正如李普曼在《舆论学》中指出的"身外世界与脑海图景"的差异，"任何人对于没有经历过的事件，只能有一种凭他对那事件的想象所引发的感情"②，听书人个体由于信息渠道闭塞，且其自身的思考能力不足，难以形成对某个事物完善的见解的价值判断，是没有被点燃的柴火，但是听书人所具备的"流动性"与"感染性"的特质决定了它们一旦在书场中被"点燃"，就可以通过自身影响更多的人。没有燃烧的柴火是可燃物，而燃烧起来的柴火又可以作为"火源"点燃其他柴火。"书场"中的听众是流动的，他们在书场里通过故事习得其中的行为规范并接受某种价值观念，走出书场他们就会按照这种习得的规范约束自己的行为举止，并对身边的他者产生期待，期待他们也能按照这种规范行事，这样的期待随着听书人数量的增长和在人群之间的流动不断扩大影响，慢慢就会形成一种社会性的期待，一旦有人想要违反这一规范，就需要承受巨大的舆论压力和担心社会群体的负面反馈。这一过程中，作为柴火的听众因为被说书故事所吸引和感染，自觉自愿地通过书场外的"二次传播"促进了社会上集体意识的形成和发展。

---

① 哈马贝斯：《公共领域的结构转型》，曹卫东译．上海：学林出版社，1999年，第2页。
② 沃尔特·李普曼：《舆论学》，北京：华夏出版社，1989年，第8页。

（三）"书场"中作为火源的"说书人"

"舆论的最后形成，必须借助舆论领袖的评价指导，把不同层次、不同社会环境的舆论圈连成一个整体，使局部意见转化为大多数人的共同意见。"[1]可见"书场"把作为可燃物的人群聚集起来还不够，还需要作为"火源"的说书人提供燃烧所需要的能量，由于信息渠道受限，民间大众常常需要借助说书人提供丰富的信息与精辟的分析来确立和塑造意见，此时，说书人作为"人群中那些首先或较多接触信息，并将经过自己再加工的信息传播给其他人的人"[2]便扮演着一个舆论领袖的角色，承担起在传播活动中"为他人提供信息、观点或建议并对他人施加个人影响"[3]的功能。在喻国明、韩运荣为舆论领袖描绘出的大致"轮廓"中，舆论领袖一定是具备公共利益的代言人，且具备"消息灵通""分析力强"和"人格魅力"的特质。[4]明末清初的大说书家柳敬亭不仅拥有炉火纯青的高超说书艺术，而且"对人和善，随时随地排难解纷，肯帮人家的忙，也是大众热爱的人物"[5]。据吴伟业《柳敬亭传》中记载：客谓有生者曰："方海内无事，生所谈皆豪猾大侠草泽亡命，吾等闻之笑谓必无是，乃公故喜诞耳，孰图今日不幸亲见之乎？"生闻其语慨然。吴伟业将其所处社会中亲眼所见的真实事件与柳敬亭说书中"豪猾大侠草泽亡命"的故事联系起来，曾经他笑嗤的荒诞故事，都成了事实[6]。可见，"说书人大多识文断字，具备一定的文化基础，有些艺人甚至拥有较深的文学功底"，[7]不仅能够接触到不同种类的信息与意见并对其进行整理和再加工，充当着民间大众和社会信息、文学作品之间的媒介，而且通过深入人心的说书艺术手法对故事中反映出的各类社会现实进行分析评述，揭露了古代封建社会中的黑暗面，体现出了一定的社会责任感，吸引着听书的人们自觉、自愿地成为他们的舆论追随者。

---

① 刘建明：《基础舆论学》，北京：中国人民大学出版社，1988年，第106页。

② 郭庆光：《传播学教程》，北京：中国人民大学出版社，2011年，第189页。

③ 郭庆光：《传播学教程》，北京：中国人民大学出版社，2011年，第189页。

④ 韩运荣、喻国明：《关于舆论领袖的"素描"》，《新闻知识》，2005年第6期。

⑤ 陈汝衡：《说书史话》，北京：人民文学出版社，1987年，第169页。

⑥ 陈汝衡：《说书史话》，北京：人民文学出版社，1987年，第173页。

⑦ 郝佩林、小田：《近代江南说书人的乡村地位》，《上海师范大学学报（哲学社会科学版）》，2018年第3期。

（四）"书场"中作为助燃剂的说书技巧

无论何时探讨说书，我们都无法忽视说书技巧对传播效果产生的巨大影响。在"书场"舆论生成的过程中，说书人精湛而富有趣味的说书技巧，起到了相当大的助推作用，如同助燃剂一般地促使火炉中的舆论"燃烧"得更迅速、更充分。

我国古代的说书活动与西方的公共演讲一同作为人类传播历史上典型的口语传播活动，而西方早有对这一类演讲技巧较为系统的理论归纳与总结，这里借助亚里士多德修辞论，从修辞学角度分析我国古代说书中的修辞艺术是如何发挥其"说服"作用的。

亚里士多德提出了说服论证三种形式：说之以理、动之以情和服之以德。"服之以德"在本文传播主体的部分已经阐述了说书人是如何通过自己的博闻强识和德艺双馨来赢得声望和获得听者追随的，这里不再赘述。"说之以理"是指每提出一个主张，就要给出支持这一主张的论据，说书人对于故事中正负面人物的赞赏和批判，都需要给出相应的故事情节作为例证，这种例证既可以是史料，也可以是虚构的寓言，只需从逻辑上使听众信服。此外，由于人们处在忧愁或愉快、友善或者憎恶的情绪下做出的判断也是不尽相同的，在感情上赢得听众的认同后，说理也更容易令人信服。"动之以情"希望通过选择百姓热爱的故事和对故事细节的进行生动描摹，搭配适当的语调和用词，综合使用各类充满艺术感的非语言符号来激发人们的情绪进而促使舆论的形成。

在说书的"火炉模型"中，上述要素不断刺激着"书场"中意见的碰撞和相互影响，在这种氛围的烘托下，炉内温度升高，多数人的情绪和态度活跃起来，在相互交往中人们的思想逐渐凝聚为一种集体意识并在不断地重复确认中形成了民间舆论。

四、说书舆论与社会生活的两种互动

公共舆论研究主要存在两种路径，一种是政治意义上的"竞争与服从"路径，即现在的主流研究路径，另一种是社会意义上的"个人与集体"路径。①前者关注舆论的政治功能，考察国家上层建筑自上而下对民间舆论的引导、

<hr>

① 方振武、吴潇阳：《公共舆论与社会团结——爱弥尔·涂尔干的"公共舆论"思想》，《新闻与传播研究》，2018年第4期。

监督与民间舆论的下情上达之间的互动。后者关注舆论的社会功能，重点关注如何通过民间舆论维护社会团结。

（一）书场中民间舆论与官方舆论的隐性博弈

布尔迪厄的场域理论中，每个场域都规定了各自特有的价值观，拥有各自特有的调控原则。这些原则界定了一个社会构建的空间，行动者即根据他们在空间里所占据的位置进行运作，以求改变或维持其空间方位。[①] 而传播在布尔迪厄这里不仅仅是说者和听者之间的对话关系，而是不同说话者的社会地位、力量、禀赋、才能、资本和知识等各种显示权力的因素之间的交换活动和语言游戏。[②] 按照这种观点，我们可以把"书场"看作一个各方博弈的游戏场，在这里场域既是资本作用的舞台，也是惯习养成和延展的地方，更是主体的实践体验的场所[③]，官方舆论和民间舆论在场内依据自己的"资本"和"惯习"，以制定对自己有利的游戏规则和以取得游戏的胜利为目标进行实践。

1. "书场"中行动主体与其"资本"力量

"书场"中的行动主体主要包括"统治阶级""说书人"和"民间大众"，这三个主体共同处于一个充满冲突与竞争的空间，他们手中掌握的不同资源决定了各主体在"书场"中的不同地位和竞争力。作为监管者的统治阶级在"政治资本"和"经济资本"上具有很大优势，封建专制制度下的统治阶级有权颁布禁令来限制民间的说书活动，而被统治的民间大众的权力则通过"文化资本"体现，作为说书活动的真正受众，他们的喜好与反馈对说书人的内容生产具有重要的影响，说书人总是千方百计地迎合听众口味。处于这两种力量之间的是作为内容生产者的说书人，其最大的优势则是能够通过自己对文本的创作与加工，结合生动的现场演绎吸引足够的社会关注，拥有相当一部分的社会影响力，这种资本被称为"社会资本"，一般代指话语主体产生的社会关系网、拥有的各种资本质量和数量，可以外化为关注度。[④]

---

① 朱清河：《场域理论视野下弱势群体媒介势弱的形成及其救助》，《新闻大学》，2010 年第 1 期。

② 张斌：《场域理论与媒介研究——一个新研究范式的学术史考察》，《新闻与传播研究》，2016 年第 12 期。

③ 王学琛：《媒介场域理论：媒介研究的新范式》，《传播与版权》，2017 年第 10 期。

④ 刘柏慧：《网络场域中舆论生成的影响因素研究》，《声屏世界》，2019 年第 9 期。

行动主体	扮演角色	资本力量
统治阶级	监管者	政治资本、经济资本
说书人	内容生产方	社会资本
民间大众	反馈者	文化资本

2.说书人的"干预性"和"受干预性"

除了关系性、斗争性这些场域的普遍性特征，媒介场域最重要的特征在于它的"干预性"和"受干预性"。①一方面，说书人能够"以仲裁者的身份按他的逻辑做出评定"，借助舆论的现实效力对统治阶级和底层人民产生一定的干预和影响。我国传统社会由于长期缺乏民主制度的保障，民间群众难以参与到政治生活当中，然而"说书"作为古代中国民众最普遍的读物，通过《三国》和《岳传》等故事向听者传输忠孝礼义和诛奸除佞的价值观念，另外也有以现实社会中的政治斗争事件为题材的作品向官僚阶级发出质疑和挑战，这些活动不但促进了底层人民政治意识的萌芽和发展，也对统治阶级的为所欲为起到了一定的震慑作用。

如《沈小霞相会出师表》借一个女子与公差巧妙争斗的故事，反映了权臣严嵩父子专权误国的政治事件。②诸如此类具有政治色彩的故事反映了民众对当世的一些不满，而这些蕴含在故事中的政治观念随着说书活动渗透进听众的心里形成一种民间对于官方政府的普遍态度。

同时，说书人又受到来自政府管控和市场规律的双重限制。在我国古代的传统社会中，一切涉及意识形态的传播活动都或多或少地受到上层建筑的管控，不同朝代下政府给予说书的自由和宽松程度不同，但是从保留下来的说书资料及旧艺人说书内容看，举凡劝忠教孝、三纲五常、三从四德（妇女）之类的封建道德，经常成为说书的重要题材。③明朝时期《莺哥行孝义传》和《开宗义富贵孝义传》两篇开场唱词虽长短不一，但是其内容宣唱均是围绕"贞、烈、孝"而展开的。④这样看来说书艺人因为被统治阶级所利用，在许多场合做了他们的代言人⑤。对于说书，官方政府常常通过严苛的压制或是引

---

① 程粟：《新媒体环境下的媒介场域分析》，《青年记者》，2019年第24期。
② 李勇军：《"三言"中市民意识的体现》，《云南社会科学》，2006年第1期。
③ 陈汝衡：《说书史话》，北京：人民文学出版社，1987年，第2页。
④ 刘楠：《明代说书研究》，硕士学位论文，延安大学，2019年，第31页。
⑤ 陈汝衡：《说书史话》，北京：人民文学出版社，1987年，第3页。

导性的指示来干预它。元完颜纳丹等纂《通制条格》卷二十七《班词》中记载过这样一条禁令："诸民间子弟，不务生业，辄于城市坊镇，演唱词话，教习杂戏，举中淫谑，并禁治之。"可见元代蒙古贵族统治集团入主中原颇害怕汉人和南人的反抗，除在政治上加紧对他们的压迫和剥削而外，对于民间的群众说唱施加残酷的禁令。① 很多时候，统治阶级又期望借助说书人帮助他们传输他们希望人民具有的价值理念和意识形态，进而巩固统治和维护当前的社会现状。因此清人在入关以后，就不像当初蒙古人对民间说唱那样横施禁令，反而利用说唱艺人代他们宣扬封建道德，或者代统治阶级讲说上谕。② 长期在这样的管控中，说书人自然就慢慢培养出一种无意识的为统治阶级说话的惯习以保障说书活动的进行。但这绝不代表说书人就完全成为官方舆论的发言人，那些富有人民性的、反映现实的故事不但没有消失，而且一直兴盛着，因为这些是听众喜欢的故事。《包龙图断曹国舅传》中，曹家二国舅仗着自己是皇亲国戚，夺人妻子，杀人孩子，但经过包公的秉法断案，他最终被斩杀。"杀人偿命从来有，欠债还钱自古闻"③，公案类故事迎合了人们对于"善恶终有报"的期待，做坏事的权贵受到惩罚，平头百姓所遭遇的不公终能得到解决。故事是讲给人民听的，只有人民买账，说书活动才得以继续运作，他们的集体力量同样对说书的内容选择起着至关重要的作用。

无论在哪个国家和历史时期，无论是民主制、君主立宪制，还是独裁君主制的社会，统治者和被统治者之间总是存在着一种对立——一种拔河式的博弈和较量。④ 我们可以看出，说书既倡导官方舆论，也为民间舆论发声，在这一场拔河比赛中，舆论主体之间的话语博弈是一个重要景观。强势的一方占领话语高地，形成"显舆论"，弱势的一方处于劣势，形成"潜舆论"。两者并非割裂存在，而是会在一定条件下相互转换。⑤

（二）说书建构的集体意识维护社会团结

社会团结是一个国家有秩序运作的前提和基础，法国社会学家涂尔干按照不同的时空背景将社会团结分为"机械团结"与"社会团结"。机械团结依

① 陈汝衡：《说书史话》，北京：人民文学出版社，1987年，第11、96—97页．
② 陈汝衡：《说书史话》．北京：人民文学出版社，1987年，第12页．
③ 朱一玄校点：《明成化说唱词话丛刊》．郑州：中州古籍出版社，1997年，第187页。
④ 王海、何洪亮：《中国古代舆情的历史考察——从林语堂〈中国新闻舆论史〉说起》，《湖北社会科学》，2007年第2期。
⑤ 刘柏慧：《网络场域中舆论生成的影响因素研究》，《声屏世界》，2019年第9期。

赖于社会的集体意识，在这个社会中人们无论是在生活方式上还是在思想意识上的同质化程度都较高，全部社会成员都受到共同意识的影响，偏离者会受到社会舆论的强烈谴责。换言之，机械团结社会的制裁机制是严厉的社会舆论，而一种行为或现象之所以受到共同的批判，是因为社会成员具有相似的价值观，他们对事物的生活意义具有相同的认知①，通常是劳动分工程度较低的社会，即对应我国古代"说书"所处的传统社会。后者则对应一种个性鲜明的现代社会。当前社会正处于一个从机械团结到有机团结转换的过程之中，一方面传统社会的共同意识显著下降，而另一方面，一套服务于有机团结的法律与道德体系尚未架构完成，所以从社会团结这样一个新的视角来研究说书活动引发的民间舆论十分必要，它将为我们当下持续发挥社会共识、维护社会团结和避免社会失范的作用提供有益参考。

涂尔干的集体意识是指"社会成员信仰和感情的总和，以及由此构成的明确的生活体系"②。而道德是指以善恶为标准，通过社会舆论、内心信念和传统习惯来评价人的行为，调整人与人之间以及个人与社会之间相互关系的行动规范的总和。③集体意识和道德共同作用于维护社会秩序，前者内化于个体的内心，是一种自我约束，而道德更多体现为外界和他人的规范。在这个从个人到集体的过程中，说书通过"道德规范"和"社会意识整合"两种路径增进社会的机械团结。

说书引发的民间舆论对社会道德的形成确立和发展调整都起着十分重要的作用。如果按照戈夫曼所说"世界是一个大舞台"，那么说书为民间群众提供的"人生模仿模式"就如同前台，是具有一整套抽象的、模式化的期待④。说书人借助对正面人物的塑造引导人们按照他们的样子来要求和塑造自己，使公众自觉自愿地希望成为那样的人，为他们提供一种行为规范，从而保证公民行为的正确性，或是通过负面人物引发群体对这类行为的共同抵制，进而对现实生活中的某些行为造成舆论压力，对人的思想和行为都具有较强的规范。如说书文本中暗含着不同时期人们的"婚恋观""义利观"等价值观的

① 周立民：《涂尔干社会理论的文化维度及其方法论意义》，《合肥学院学报（社会科学版）》，2015年第4期。

② [法]埃米尔·涂尔干：《社会分工论》，渠东译，北京：生活·读书·新知三联书店，2013年，第42页。

③ 谢清果：《华夏文明与舆论学中国化研究》，北京：九州出版社，2018年，第210页。

④ 王晴锋：《戈夫曼拟剧论的内涵、误释与道德性》，《西北民族大学学报（哲学社会科学版）》，2019年第4期。

引导，《包侍制断歪乌盆传》中杨宗富被杀害后通过其灵魂与她的夫人对话时说"念我家中相聚日，再莫将身去嫁人。若还嫁了由闲事，苦了孤男孤女身。在家敬重公婆老，天地神明作证盟。休在家中称男女，劳心将息过朝春。"①从中我们不仅能够看到杨宗富对他妻子的期待，同时也折射出了我国古代传统社会对于女性的要求。说书活动通过刻画贞洁烈女来推行妇道，通过唱导佛教实现"佛教庶民化"，通过这种潜移默化的方式教化群众，塑造共同的价值观。有时，说书引发的舆论也能够对当前社会中的已有规范发出挑战，并对其进行改造或者建立新的体系。

有学者指出："即便是在高度专业化和职业化的社会，机械团结和有机团结仍交叉存在着，共同联结着社会中的每一个成员。"②中国本身就是一个多民族国家，且没有共同的宗教信仰，因此在劳动分工无法取代集体意识的当下，我们不能忽视机械团结对社会秩序的作用，而对古代说书民间舆论的社会功能的探讨，有助于我们持续巩固我们社会的集体意识，来维护社会团结和避免社会秩序的混乱。

五、结语

从中国故事生产传播的历史脉络看，绵延上千年的说书艺术及其口语叙事传统深刻影响着中国的通俗文化文学样态③，尽管步入现代以来，随着互联网技术的发展各类新兴媒介对传统曲艺造成了相当大的冲击，但是这种"听故事"的行为却并没有退出人们的生活，而是借助网络媒介以"有声阅读"的形式重新焕发出了新的生命力。现代化以来，随着技术发展人们越来越依赖视觉文化，进入了"图片为王"的读图时代，如今有声阅读逐渐兴起，不仅有助于纠偏"视听失衡现象"，④而且象征着一种听觉文化的复归，正如麦克卢汉所预言的"重新部落时代"和"听觉空间的回归"。目前，中国的有声阅读在内容选取、叙事手段、互动性等方面都处于摸索阶段，传统说书以及由此形成的整套改编和叙事体系，非常值得借鉴。⑤在故事生产与传播方面，

① 朱一玄校点：《明成化说唱词话丛刊》，郑州：中州古籍出版社，1997年，第182页。
② 韦兰明：《民族团结教育论》，桂林：广西师大出版社，2013年，第26页。
③ 赵丽华、林佩：《从说书到有声阅读：中国故事生产传播的历史脉络》，《现代出版》，2019年第4期。
④ 刘世博：《基于场景构建的有声阅读的创新发展策略》，《视听》，2019年第4期。
⑤ 赵丽华、林佩：《从说书到有声阅读：中国故事生产传播的历史脉络》，《现代出版》，2019年第4期。

当前听书产业可以汲取古代说书在情境塑造和情节演绎上的经验，打造逼真的"在场感"，在内容题材选择上，也可以充分利用传统说书中的经典故事和结合当代民情民意再加工起到反映和引导舆论的作用，通过网络听书向听众传递一种积极健康的认知和应对社会问题的态度观念。随着城市化的进程，现代都市人越来越成为孤立的原子化个体，失去了以往礼俗社会中人的聚合，而听书应用可以充分发挥互联网的优势打造听书社群，让拥有共同兴趣的书友之间产生对话，让人们在听书过程中感受到他人的陪伴、集体的在场，重新找回那种被陪伴、被联结的集体记忆，[1] 充分发挥民间舆论对于团结社会的正效应。

综上，说书作为我国古代的民众的重要信息来源蕴藏着丰富而尚未发掘的舆论价值，本文借助中西方优秀的传播学理论，从舆论学视角出发探讨我国古代传统社会的说书活动，希望能够引起更多学者对于这一重要的民间舆论传播活动的舆论色彩的关注。其次，在学理上提出了"火炉模型"来分析说书引发舆论的具体机制，避免了西方理论先入为主的框架，而是在对华夏传播活动的研究中根据需要引入中西方理论，不仅更加贴合我国传播活动的实际状况，而且能凝聚西方传播理论与华夏传播理论的精华，造就具有中国特色和中国气派的研究范式。最后，通过回溯我国古代的舆论传播，可以从我国古代几千年社会的稳定存续中汲取经验，为当代中国的"听书产业"提供借鉴与参考。

---

① 李汇群：《中国故事再生产〈红楼梦〉移动有声阅读研究》，《现代出版》，2019 年第 3 期。

"忠孝""和谐"与"自我""自由"

——"木兰从军"IP 的古今中美叙事对比

马丹凤*

（厦门大学新闻传播学院，福建厦门，361005）

摘　要："木兰从军"的故事历经千年演绎，已经成为蕴含"忠孝""和谐"等核心价值观的中华传统经典 IP，同时以其强大的包容性不断吸纳特定的时代精神从而获得了生生不息的活力。迪士尼在演绎这一故事时，在一定程度上抹去了其"忠孝""和谐"的内核，代之以"自我实现""自由平等"的西方价值追求。其成功，在给我们提供借鉴意义的同时也应当引起足够的警惕，即对待那些中国经典 IP，应尽心发掘其内涵和新的演绎空间，切莫将宝贵财富拱手让人。

关键词：木兰；忠孝；和谐；迪士尼；IP

基金资助：福建省教改项目、厦门大学教改项目"华夏文明传播学的理论体系、教学模式与实践探索的综合改革研究"的阶段性成果。

一、前言

由迪士尼出品，刘亦菲主演的真人剧情版电影《花木兰》即将在中国上映，这是迪士尼继 1998 年出品动画电影《花木兰》（*Mulan*）、2004 年出品动画电影《花木兰 2》（*Mulan Ⅱ*）之后，再次对中国传统经典 IP "木兰从军"的故事进行演绎。

回顾"木兰从军"故事在中国历代文人雅士、戏子伶人、影视工作者笔

---

* 作者简介：马丹凤（1997—），女，河南洛阳，厦门大学新闻传播学院 2019 级硕士研究生，研究方向：舆论传播研究。

下、口中、镜头内的流传、演变，不难发现，"木兰从军"已然是历经千年演化而成型的庞大故事谱系，其中蕴含着的"忠孝节义""家国两全""和谐共生"等中国传统价值观不仅一脉相承、流传千年，更因不断注入的时代特色而绵延不绝、生生不息。但自迪士尼改编起，屹立千年的"华夏女儿"木兰形象在国人心中渐有土崩瓦解之势。取而代之的，是迪士尼凭借其精湛的制作工艺、巨大的全球影响力塑造的"迪士尼公主"木兰，一个追求自我实现、平等自由的"美国梦"代言人。

此次由中国演员主演的真人版《花木兰》上映，或许将引起更大的关注、讨论、认同。值此之际，笔者对中国历代"木兰从军"IP 的叙事以及迪士尼动画版《花木兰》的演绎进行梳理比对，以图拭去蒙在"华夏女儿"木兰身上的历史尘埃，扯下覆在"迪士尼公主"木兰身上的"中国外衣"，探究作为中华传统经典 IP 的"木兰从军"故事的应有之义。

二、"忠孝"与"和谐"：作为"华夏女儿"木兰的价值内核

（一）千年演化形成庞大故事谱系

木兰并非中国正史记载的人物①，木兰从军的较完整的故事最早出现于郭茂倩编写的《乐府诗集》中的《木兰辞》。据考证，这篇北朝民歌大约作于北魏迁都洛阳以后，中间经过隋唐文人的润色，最后在宋代进入文学作品领域。木兰从军的故事被人们用民歌、诗词、小说、戏曲、戏剧、电影、电视剧、电脑游戏等不同形式反复解读，反复重现，最终形成了一个庞大的故事谱系，成为国家与民族的集体记忆和传统文化的精华②。

"弯弓征战作男儿，梦里曾经与画眉。几度思归还把酒，拂云堆上祝明妃。"唐代诗人杜牧一首七言绝句《题木兰庙》简要讲述了木兰从军的故事。同时期的其他诗人也多有诗文提及此事，如白居易在《戏题木兰花》中写道："怪得独饶脂粉态，木兰曾作女郎来。"韦元甫的《木兰歌》中对木兰从军故事情节的描写已相当细致，基本包含了宋代郭茂倩整理收录的《木兰辞》中木兰愁于征兵、决定替父从军、万里奔赴、十年征战、荣归故里的全过程。

---

① 但是学者萧涤非认为木兰替父从军之事在历史上必定是实实在在发生过的，否则绝对不会凭空便有了《木兰辞》这部杰作。

② 吴保和：《花木兰，一个中国文化符号的演进与传播——从木兰戏剧到木兰电影》，《上海大学学报》（社会科学版），2011 年第 1 期。

相比之下,《木兰辞》的特殊性在于对木兰的家庭成员进行了更完整的建构、更着重的描述,将其置入一个包含父母、姐弟的五口之家,从而使得木兰替父从军后父母的赡养问题得到妥善解决。

唐宋以后,木兰从军的故事得到更广泛、多元的演绎。元代侯有造的小说《祠像辨正记》中增加了木兰自尽拒绝被纳入宫中,被皇帝封为孝烈将军的情节,代表了木兰故事中悲剧结局的一类;明代万历年间徐渭的杂剧作品《雌木兰替父从军》中增加了木兰姓花,其父名为花弧的设定以及木兰归乡后嫁给王朗的情节,代表了木兰故事中大团圆结局的一类。清代张绍贤的《北魏奇史闺孝烈传》在《雌木兰替父从军》的基础上加了木兰与敌方女将成亲的情节,使这一故事更加具有戏剧性。

在这个过程中,木兰从军故事的情节不断拓展,关系人物不断增加。木兰的形象也从"忠孝"意味浓重、令人敬仰的巾帼英雄转变为拥有沾染明清通俗小说中喜怒哀乐、爱恨情仇的普通人一面的生动人物。

民国之后,木兰从军故事的情节、人物关系已趋于稳定,但随着传播技术的不断提升,木兰从诗文、话本、戏剧舞台走向影视荧幕。其中包括1926年梅兰芳主演的京剧电影《花木兰》、1928李旦旦主演的无声电影《木兰从军》,1939年陈云裳主演的《木兰从军》,1956年常香玉主演的豫剧电影《花木兰》,1999年袁咏仪主演的港剧《花木兰》,2009年赵薇主演的电影《花木兰》等。

(二)"忠孝""和谐"一脉相承

木兰从军的故事谱系所关涉的中华文化内涵相当丰厚,包括服装、建筑、戏曲音乐、日常生活、军事行政制度等表层文化;传统的封建帝制、宗族家庭、伦理孝道等深层文化;"巾帼不让须眉"的女性文化;功成身退、淡泊名利的隐士文化等等。其中,最重要的是"孝"文化。

"孝"是中华民族传统文化的根本。"夫孝,始于事亲,中于事君,终于立身。"(《孝经·开宗明义》)纵观我国传统孝文化几千年的历史进程,把握其理念形态首先应明确传统孝文化的精神本质,那就是"敬"与"忠"。"敬"中还包括了"顺"的含义,所谓孝顺,孝中有顺。"忠"则体现了个人与国家、君主的关系以及处世的原则,包含了忠君、忠国、忠于义理、忠于事业,

体现了个人对待国家公务上的责任意识和奉献精神①

木兰的行为也在"事亲""事君""立身"三方面体现着"孝"文化。从《木兰辞》开始，每一版故事都始终坚持一点是，木兰从军的动机是在"阿爷无大儿，木兰无长兄"的情况下"替父"，这是"事亲"层面的"孝"；木兰从军杀敌报效国家，这是"事君"层面的孝，也是木兰的"忠"；木兰沙场立功成为花将军，这是"立身"层面的孝。

木兰对父亲的"敬"与"顺"在豫剧和黄梅戏版的《花木兰》中体现得最为明显，因为这两个版本中木兰是在获得父母首肯的情况下出征的，避免了 2009 年赵薇主演的电影《花木兰》等其他版本中"不辞而别"的无礼。

木兰替父从军，为的是忠孝两全。"孝"和"忠"在理论上是一体的，但现实中往往"忠孝难两全"，特别是在从军、为官等事务上，为国尽忠便不能侍奉父母跟前。花木兰的从军行为能够实现"忠孝两全"，一是因为"从军"是"替父"，二是因为在绝大多数版本中，木兰有姐姐和弟弟能够代替她留在家中侍奉父母，三是因为木兰在战后回归家庭侍养双亲。

战后回归家庭这一点同时也体现着"和谐"的价值观。儒家的和谐哲学中强调"和为贵""和而不同""和则多利""仇必和而解"，其中"和而不同"是和谐的本质所在，即统一体内多种因素的差异与协调②。

木兰从军故事的"和谐"价值观主要体现在两点，一是木兰以女儿身行男儿事的和谐，二是木兰所处的中国传统社会既强调男权又赞扬"巾帼不让须眉"的和谐。

《木兰辞》、豫剧《花木兰》等版本均以木兰纺织为开篇，这是木兰作为传统中国家庭中"女儿"身份的鲜明体现。与此同时，木兰跟随父亲勤习武艺，"要学那大丈夫英雄好汉"（豫剧《花木兰》唱词），并女扮男装替父从军。至此，"女娇娥"成为"男儿郎"，木兰的身份面临着发生社会性别上的转变的风险。为了达到"女儿身"与"男儿志"的和谐共生，木兰从军的故事中通过描写木兰"梦里曾经与画眉"等情节维持其在军旅期间的女儿身份，更重要的是使其在战后回归家庭重拾红装。《木兰辞》中描述其"脱我战时袍，著我旧时裳。当窗理云鬓，对镜贴花黄"。《雌木兰替父从军》写木兰和王郎成亲时候的娇羞，豫剧《花木兰》写"花木兰羞答答，施礼拜上"向元

---

① 何建良，杨向荣：《中国孝文化的理念形态及其现代传承》，《井冈山大学学报》（社会科学版），2013 年第 5 期。

② 黎红雷：《儒家的和谐哲学及其在当代中国的运用》，《现代哲学》，2006 年第 3 期。

帅细说端详，都体现着木兰对其女性身份从始至终的认同。

其次，木兰从军的故事发生在男权社会，女子替父从军乃是突破常规之举，是对社会世俗的挑战。这种突破和挑战之所以被容许，一是因为行为的出发点是"替父""忠君"，维护的是男权社会既有的权力秩序；二是因为行为的完成是通过"女扮男装"实现的，即是以男性身份建功立业；三是因为行为的结局是木兰回归家庭、回归女儿、妻子的身份，这是对男权社会家庭伦理的再次确认。正因如此，木兰从军的故事才能够实现社会基本伦理与创新突破行为的和谐共生。

（三）注入时代精神使其生生不息

自北朝至今，木兰从军的故事在一次次的演绎、一代代的流传中，除了保留"忠孝""和谐"的精神内核，还因为不断吸纳特定的时代精神而具有了生生不息的活力。

1927 年国民革命时期，申报剧场消息版有文如："《木兰从军》一片中木兰发出'国事千钧重，头颅一掷轻，为家为国何光荣'的呼喊，用武力以求中外之和平，发论至广，方今华夏多难，该片旨在唤起我中华二万万须眉与二万万巾帼奋动爱国热忱，鸣鸡起舞，枕戈待旦云云。"五四运动后自由恋爱、婚姻自主的思想和抗战时期保家卫国的责任与激情在 1939 年华成影业拍摄的《木兰从军》中体现出来。木兰的婚姻对象改为在战争中萌发感情的战友；影片中的木兰父亲反复强调了"国家完整"对每位国人的重要性。"国家养兵千日，用兵一时，如今国家有事，每一个老百姓都应该去打仗。"这些直接或间接的爱国话语大大激发了"孤岛"地区人民的爱国热情与民族自豪感。①

1956 年的豫剧电影《花木兰》，内逢社会主义制度基本确立，毛泽东提出"百花齐放、百家争鸣"的双百方针，外逢抗美援朝，保家卫国，因此影片一方面塑造了"纯净单一"的社会氛围，没有奸臣强权、爱情线索，唯一作为"落后分子"的刘大哥也仅是抱怨并终被教化；一方面又大胆自信，用巾帼英雄典故和与父亲比武获胜的情节安排使木兰在获得父母同意的情况下参军，"谁说女子不如男"的唱段反映出"妇女能顶半边天"的思想，广为流传；另一方面，因为"若都是恋家乡不肯出战，怕战火早烧到咱的门前"等

---

① 王梦姣：《"木兰电影"研究》，硕士学位论文，西南大学,2017 年，第 30 页。

台词和戏外常香玉义演捐赠飞机的举动的结合，"国家兴亡，匹夫有责"的观念被最大化。

可见，在每一次被翻版时，"花木兰"都被"新阅读者"——拍摄者的目光投射为各种不同的叙事形象，而每一次投射都可能是一种"社会象征行为"，并提供对民族自身现实处境的深刻或功利的重构①。

三、"自我"与"自由"：作为"迪士尼公主"木兰的价值内核

（一）迪士尼《花木兰》对"忠孝""和谐"的篡改

从表面看，迪士尼的动画电影《花木兰》对中华文化有颇多呈现，不过这些呈现更多地表现为对中华文化符号的运用。影片开头的水墨山水画镜头，比如长城、祥云、峭壁和烽火，在木兰相亲情节中的神似古代敦煌壁画中"飞天"形象的一群待嫁的少女，木兰准备的小抄和祠堂碑文所表现的书法和篆刻艺术，中国许多传统民族乐器如二胡、唢呐、铜锣、腰鼓等传统乐器演奏的音乐，具有中国传统特色的亭台楼阁、碑塔庙宇、祠堂、宫殿建筑等等。

在对于"忠孝"这一深层价值的表达上，迪士尼明显偷换概念。一方面将中国版本中木兰对父亲的"敬"与"顺"通过花园密谈的情节转换为对父亲的"爱"。中国"孝"文化更强调"顺"，而在西方家庭观念中，子女对父母的"爱"是在"平等"的基础上。因此影片中木兰用在差役宣读征兵书时出面阻止、吃饭时一言不合就摔碗、和父亲大吵的方式阻止父亲出征，这在中国任何一个版本中都不可能发生。同样的，因为西方父母子女相互的依赖性并不强，社会保障体制完善，养儿防老的观念不流行，所以也不会考虑木兰的设定中没有兄弟姐妹，从军后父母谁来赡养的问题。

另一方面，影片通过在相亲环节中多次强调"光耀门楣"和多次出现祠堂和供奉祖先神位的画面表现出的中国的"家族文化"代替"孝文化"。孝是家族文化的要求也是基石，但两者并不相同。中国的家族是一个具有内聚力和连续性的实体，将当下所有家族成员、活着的人与已逝的祖先，凝聚为一个整体，一损俱损、一荣俱荣。②因此，木兰即使不愿意相亲也乖乖顺从媒婆的梳洗打扮，因为她的行为影响的不只是她的脸面，她必须为家族争光。另

---

① 戴莹莹：《神话·类型——纵览电影史上的花木兰》，《北京电影学院学报》，2000年第1期。

② 黄金兰：《家族观念在中国传统社会中的秩序功能》，《现代法学》，2016年第3期。

外，由于儒家的"永生"说法，中国还演化出了一套关于生与死的民众信念。此种信念认为，人死之后，肉身腐化但会形成一种与生时一样的精灵样貌。他们仍过着如生前的各种生活，并有着同样的需要，这些需要的满足仰赖于子孙的供奉。[①] 故去的长辈要保佑活着的后辈，活着的后辈要祭祀和供奉故去的长辈。[②] 因此影片安排，木兰去相亲时，花父去祠堂祭拜祖先，希望祖先保佑木兰能找个好婆家；因为表现不佳，木兰最终出嫁未成，她觉得愧对花家祖先，于是到祠堂祭拜，希望求得祖宗的谅解；木兰女扮男装出走，祠堂里的木须一路协助她建功立业。

这一改编虽有依据，但影片体现出的迪士尼对中国家族观念的态度耐人寻味。木兰在相亲时的举动使人明显感觉中国家族观念中的"光宗耀祖"是一种对自由个性的束缚；祠堂里供奉的祖宗神明更是在发现木兰女扮男装离家后互相指责推诿吵成一团，老奶奶口中的"他们早就上天了"以及一碰就坏的石神仿佛都暗示着中国家族观念中对祖宗神明的崇拜的荒谬。但是他们的否认态度又不十分坚决，安排木须最后帮助木兰取得了功绩。这恐怕是因为在一定程度上，中国家族永恒的观念承担着类似于西方宗教的功能，也即，它满足了人们本性中对于安全和永恒的渴望。

迪士尼的《花木兰》中，中国故事谱系的另一个价值追求——"和谐"也不成立。影片一改《木兰辞》开篇和豫剧《花木兰》等展现的既"当户织""当窗理云鬓，对镜贴花黄"也"胆量高，武艺强"的融合女儿身份、男儿志向的"和谐"的形象塑造，而是将木兰刻画为一个"反叛者"。她不守闺训，做家务时弄得鸡飞狗跳；她不施脂粉，纵马奔驰在街头，把相亲的会场扰得乱七八糟。即，她从一开始就不认可当时社会对女性的期待，脱离了旧时代女性的角色设定。这是典型的"女性主义"和"反叛精神"。

（二）追求"自我实现"与"平等自由"的迪士尼公主

既然迪士尼版本的《花木兰》在"孝"文化的表达上已经跑偏，自然也就不存在"忠孝两全"的价值追求，而是转向追求自我实现。影片中的摆在木兰面前的实现自身价值的路原本只有"嫁得好"这一条。相亲失败后，她在祠堂中伤心苦恼的不是没有光耀门楣，而是"什么时候才能显示真正的自

---

① 黄金兰：《家族观念在中国传统社会中的秩序功能》，《现代法学》，2016年第3期。
② 申耿羽：《中国神灵信仰中的家族绵延观念——以重庆大足的调查为例证》，《中共杭州市委党校学报》，2012年第1期。

我"；其从军动机也并非只是为了"替父"和"尽孝"，而是"我只想证明自己的能力，希望当我揽镜自照时，就会觉得对得起自己"。因为这一价值追求的变化，所以影片索性将中国众多版本的木兰故事中木兰从军前武艺高强的设定去掉，让其在新兵营摔打，经过类似与美国特战队训练的培训逐步提高自身价值。从一个不起眼的小人物到能上阵杀敌、临危救驾的英雄，受皇帝嘉赏、万人朝拜，以一人之力力挽狂澜，实现自身价值，充满了个人英雄主义色彩。不止如此，片中更是借皇帝的口直接表明"有时候一个人就可以改变战局"。这样的木兰像是一个生活在类似中国北魏时期古战场的女牛仔，通过个人的努力实现自我价值。此外，一直以来跟着木兰的木须也在这个过程中成为真正的守护神，也是一种自我实现的过程。

纵览全片，木兰自主地追求爱情和婚姻，不情愿相亲；木兰相亲时遇到的手捧着一只蟋蟀笼子横穿马路，弄得满街人仰马翻、嘴下不留情的奶奶自由到恣意；将士们在前往边关的路上与路边的女性调笑；被识破性别后以平民身份，指挥男性同伴扮女装救驾；木兰受到皇帝嘉奖时激动地拥抱皇帝等等细节都表明迪士尼的木兰追求的是美国的，他们称之为普世价值中的自由、平等、人权等。

四、思考与启示

千年演化使"木兰从军"本身已经成为一个含义丰富的中国元素，其所表达的"孝"文化是中国传统文化的根本，其追求的"忠孝两全"与"和谐"价值虽难免有时代的局限性，但去其糟粕后在当今社会仍有重要意义。何况，先人已经用实践证明，木兰的事故具有极强的包容性、开放性，是一个有着足够演绎空间的经典 IP。但如今，这一宝贵文化财富却没有得到国人足够的重视和精心的演绎，没有哪一国内版本得到中国青年人、世界人民的喜爱和认同。这一点，迪士尼做到了，但其在影片中注入大量西方文化，摒弃"忠孝两全"与"和谐"的价值追求，致力于自我的实现和追求自由、平等，美国梦色彩浓重。如此改编之下，迪士尼的《花木兰》已经不能说是一个中国故事，它披着中国外衣，长着美国内核。这显然是不利于中华文化的传播的，同时也警示我们的传播工作者、文艺工作者，应重视、发掘中华传统 IP 的现代演绎价值，不要让那些曾在历史的天空中闪耀光辉的明珠就此蒙尘，而是将他们打造成真正的中国好故事，传向青年、传向世界。

四、宋明理学传播研究

主持人语

宋明理学向来是学者们深耕细作之沃土。有关宋明理学传播研究，也有许多内容。宋明理学作为心性之学，最重视的是工夫。个体的修养工夫其实就是一种内传播。宋明理学家师生之间有纵向的学术传承，相互之间有横向的学术交流，这属于人际传播。宋明读书人普遍都有教化民众的责任心，他们走村串乡，留下了大量的有关传播的文献。有不少宋明理学家为了提高自己的传播效率，常常对传播活动本身有理论的思考，便有各自的传播思想。可以说，宋明理学也是我们构建华夏传播学丰厚的宝库。浙江万里学院文化与传播学院有几位老师尝试从事宋明理学传播研究，在大海边淘宝，偶然拾到几枚贝壳，便欣喜若狂，不揣简陋，向诸位方家请教。

胡秀娟的《论金履祥对朱子知行观的阐发》指出，众所周知，王阳明有一个"知行合一"，其实金履祥早就提出"知行合一"。只是二者"知行合一"内涵不同。金履祥的"知行合一"是发扬了朱子的知行观，他强调"知而能之，知行合一"，这和朱熹所提出的"知行相须"的内涵是一致的。在此前提下，金履祥在具体的知行关系的讨论中继承了朱子"知为先""行为重"的观点，并把这二者关系最终统一于他所提出的"知行并进"。金履祥的知行观特点在于他在继承朱熹观点的基础上避免了为学者陷入割裂理论和实践两者关系的误区中。其局限则在于，金履祥认为只有圣贤方可达到知行合一的境地，在"先觉""后觉"之间划了界限。文章依据文献资料说话，在文献资料比较中得出自己观点。

俞跃的《语言与教化：陆九渊传播思想初探》认为，作为心学鼻祖，陆九渊的教化工夫兼具内向传播与群体传播的意义，其传播思想的意旨是以道德教化为内容，以人的存在为关切，通过主体间的互动，达到理想人格与社会有序的传播效果。作为传播的媒介，象山既注意到语言在传播活动中所具有的表达含义、表征意义的作用，同时指出其具有的局限性。而在语言的传播形式中，象山突出了口传所具有的随时指教，以及情意因素的融合等独特意义，这不仅可以丰富教化传播的内涵，亦能提升传播的效力。文章具有较强的理论思辨，能将哲学与传播理论相结合，具有一定的深度。

张实龙的《基于传播视角看王阳明的话头之变》指出，传播者在传播活动中提出话头，有助于提高传播效率。依钱绪山观点，指王阳明为学有三变，为教也有三变，并分析钱绪山区别为学与为教的原因。王阳明先后提出三个话头，即"知行合一"、"静坐"和"致良知"。根据梁任公有关好话头的七项标准，我们可以说明王阳明话头之变的原因。其中附带证明王阳明龙场悟道悟的是"知行合一"。王阳明话头之变对于今天的传播实践有三点启示：一是传播者要有诸己而后才能传于人，二是传播者心里要有受众，三是要在传播活动去"致良知"。文章依据现实传播的经验，对王阳明话头之变的原因做出切合情理的说明。

张实龙（浙江万里学院文化与传播学院教授）

基于传播视角看王阳明的话头之变

张实龙[*]

（浙江万里学院　浙江宁波　315110）

内容提要：传播者在传播活动中提出话头，有助于提高传播效率。王阳明先后提出三个话头，即"知行合一""静坐"和"致良知"。根据梁任公有关好话头的七项标准，我们可以说明王阳明话头之变的原因。王阳明话头之变对于今天的传播实践有三点启示：一是传播者要有诸己而后才能传于人，二是传播者心里要有受众，三是要在传播活动去"致良知"。

关键词：王阳明；梁启超；话头；传播

基金项目：教育部人文社科研究规划基金项目《王阳明传播思想研究》（编号 17YJA860025）阶段性成果

王阳明重视学术创新，也重视学术传播。在心学传播过程中，他尤其重视话头的提炼。所谓"话头"，有多种解释。通俗说来，"话头"就是"话把儿"或"话柄"。思想家用一两个字或一句话，来概括自己学术的全部精神，旗帜鲜明，令人一望便知其学术特色，这就是话头。王阳明说："我这个话头，自滁州到今，亦较过几番，只是'致良知'三字无病。医经折肱，方能察人病理。"[①]分析这一句话可知，王阳明是经历一番过程，然后才将话头敲定为"致良知"三字。研究王阳明的话头之变，对于今人的传播实践大有裨益。

＊ 作者简介：张实龙（1964—），男，安徽安庆人，浙江万里学院文化与传播学院教授，研究方向：中国文化史与浙东心学。

① 王守仁：《王阳明全集》，上海：上海古籍出版社，1992年，第105页。

一、话头提炼有助提高传播效率

梁任公谈到话头时说："正如现代政治运动与社会运动之'喝口号'，令群众得个把柄，集中他们的注意力，则成功自易。"① 这是说，宣传家重视话头的提炼，是为了提高自己的传播效率。

黄梨洲说："大凡学有宗旨，是其人之得力处，亦是学者之入门处。天下之义理无穷，苟非定以一二字，如何约之使其在我！故讲学而无宗旨，即有嘉言，是无头绪之乱丝也。学者而不能得其人之宗旨，即读其书，亦犹张骞初至大夏，不能得月氏要领也。"② 黄梨洲所谓的"宗旨"，大约相当于王阳明所说的"话头"。传者用来概括自己学术的一二字，是经过千辛万苦磨洗出来的，所以说"是其人之得力处"。有这一二字作为统帅，其学术内容便可纳入一个系统。受者也可以根据这一二字，直契传者的精神实质，进而掌握其学术之全部，所以说"是学者之入门处"。黄梨洲这一番话，将话头如何提高传播效率说得一清二楚。

宋明学者大都重视话头的提炼。如程明道提出"识仁"；杨慈湖提出"不起意"；朱子提出"敬义夹持，诚明两进"；陈白沙提出"静坐以窥端倪"；湛甘泉提出"随处体认天理"等等。宋明学者如此重视话头的提炼，大概是师法孔子。孔子曾以"思无邪"三字来概括《诗经》三百首。有学生曾问阳明先生："'思无邪'一言，如何盖得三百篇之义？"他回答说："岂特三百篇，《六经》只此一言便可该贯，以至穷古今天下圣贤的话，'思无邪'一言也可该贯。此外更有何说？此是一了百当的功夫。"③ 孔子解说《诗经》提出"思无邪"的话头，从某种程度来说，也是方便了读者去掌握《诗经》的本质，从而促进了《诗经》的传播。

二、王阳明的三个话头

王阳明传播心学，先后提出过三个话头。钱绪山说："先生之学凡三变，其为教也亦三变：少之时，驰骋于辞章，已而出入二氏，继乃居夷处困，豁然有得于圣贤之旨，是三变而至于道也。居贵阳时，首与学者为'知行合一'

---

① 梁启超：《王阳明知行合一之教》，冯友兰等：《知行合一：国学大师讲透阳明心学》，北京：台海出版社2016年，第4页。

② 黄宗羲：《明儒学案·发凡》，黄宗羲：《黄宗羲全集》，杭州：浙江古籍出版社，2005年，第7册。

③ 王守仁：《王阳明全集》，上海：上海古籍出版社，1992年，第102页。

之说；自滁阳后，多教静坐；江右以来，始单提'致良知'三字，直指本体，令学者言下有悟；是教亦三变也。"①对于钱绪山说阳明先生的"为学三变"，学者议论纷纷，莫衷一是。本文在此有一个问题提请大家注意：钱绪山为何要以"龙场悟道"为界，将王阳明的"为学"与"为教"严格地区格开来？

笔者以为，所谓"为学"，是王阳明自己学如何做人；所谓"为教"，是王阳明教他人如何做人。王阳明在"龙场悟道"之前，也曾教他人如何做人，但彼时他对圣人之道毕竟没有彻悟，所传播的内容很难说是自己的东西，故钱绪山不提王阳明彼时的"为教"。王阳明在"龙场悟道"之后，在学如何做人的路上，肯定也有一个精进的过程。他说："我在南都以前，尚有些子乡愿的意思在。我今信得这良知真是真非。信手行去。更不着些覆藏。"②这说明他在"龙场悟道"以后，"为学"并没有停止。但是此时王阳明毕竟已经悟到圣学真谛，以后在实践中不断学习，不过是要做到娴熟而已。正如钱绪山说王阳明："若夫力学之次，立教之方，虽因年不同，其旨则一。"③据此我们可以说，王阳明"龙场悟道"之时，为学的大致格局与基本方法已经确定，以后的为学工夫无非就是精打细磨而已。故钱绪山不提王阳明这个时段的"为学"。

钱绪山提出王阳明"为教"有三变，即"知行合一""静坐"和"致良知"。有学者认为这种提法不伦不类，他说："德洪恐怕并未意识到，'静坐'作为工夫，怎能与作为圣门主旨的'心即理''知行合一''致良知'等阳明在千死百难中'体贴'出来的本体论命题相提并论呢？"④其实在笔者看来，人所能传播的就是教人如何用工夫，通过用工夫去实现"本体"，"本体"本身是不能传播的。"知行合一""静坐""致良知"都是王阳明曾经用过的工夫。此三种工夫相互涵摄。只是由于着眼点不同，故有不同的说法。"知行合一""静坐""致良知"是王阳明传播心学的过程中先后提出的三个话头。海外学者秦家懿先生说："'三变'指阳明在不同时期讲学的要点，故所变亦不妨宗旨。"⑤此言颇中肯綮。

王阳明在"天泉证道"时说："无善无恶是心之体，有善有恶是意之动，

---

① 钱德洪：《钱德洪集》，钱明辑：《徐爱 钱德洪 董沄集》，南京：凤凰出版社，2009年，第185页。

② 王守仁：《王阳明全集》，上海：上海古籍出版社，1992年，第116页。

③ 王守仁：《王阳明全集》，上海：上海古籍出版社，1992年，第1358页。

④ 王晓昕：《阳明心学撮论》，成都：西南交通大学出版社，2016年，第15页。

⑤ 秦家懿：《王阳明》，台湾：东大图书股份有限公司，1987年，第38页。

知善知恶是良知，为善去恶是格物。只依我这话头随人指点，自没病痛，此原是彻上彻下工夫。"① 由此人们似乎可以发问："四句教"也是王阳明的一个话头，为何钱绪山没有提及？笔者以为，"四句教"只是"致良知"的展开。相比较而言，"致良知"更适合作为话头。因此，笔者根据钱绪山的说法，认定阳明先生传播心学先后采用三个话头：龙场悟道以后，在贵阳王阳明首提"知行合一"。两年后，他改提"静坐"。正德十二年（1517），始提"致良知"②。

三、王阳明话头之变的原因探析

王阳明在传播心学过程中，为何会有这样的话头之变？梁任公说："口号之成立及传播，要具备七种标准：一是语句要简单，二是意义要明确，三是内容要丰富，四是刺激力要强大，五是法门要直截，六是不要含宗教性，七是不要带玄学性。"③ 众所周知，梁任公不仅是思想家、政治家、教育家、史学家、文学家，而且也是出色的传播家。他所提出的有关宣传口号的七项标准，是颇有见地的。我们依据此七项标准，来考察王阳明传播心学的实际情况，就知道了他为什么会有如此的"为教三变"。

王阳明龙场悟道以后，应贵州提学副使席书的邀请，来主讲贵阳书院，"是年先生始论知行合一"④。王阳明开始传播心学，为什么要首提"知行合一"这个话头呢？要回答此问题，必须弄清楚：王阳明龙场悟道悟的是什么？

冈田武彦先生回答说："简言之，'龙场悟道'无非是对'心即理'的体悟。"⑤ 有不少学者也附和这种观点。这种说法于《年谱》似乎有据。《年谱》谈到阳明龙场之悟时说："始知圣人之道，吾性自足，向之求理于事物者误也。"⑥ 有学者分析这一段话，认为从本体上和工夫上都证明了龙场所悟的内容是"心即理"⑦。但是笔者以为，说阳明先生悟到的是"知行合一"似乎更恰当一些，理由有四点：

① 王守仁：《王阳明全集》，上海：上海古籍出版社，1992年，第117—118页。
② 束景南：《阳明大传："心"的救赎之路》，上海：复旦大学出版社，2020年，第1006页。
③ 冯友兰等：《知行合一：国学大师讲透阳明心学》，北京：台海出版社，2016年，第4页。
④ 王守仁：《王阳明全集》，上海：上海古籍出版社，1992年，第1229页。
⑤ 冈田武彦：《王阳明与明末儒学》，上海：上海古籍出版社，2000年，第44页。
⑥ 王守仁：《王阳明全集》，上海：上海古籍出版社，1992年，第1228页。
⑦ 王晓昕：《阳明心学摭论》，成都：西南交通大学出版社，2016年，第18页。

第一，《年谱》记载："是年先生始论知行合一。始席元山书提督学政，问朱、陆同异之辨。先生不语朱、陆之学，而告之以其所悟。书怀疑而去。明日复来，举知行本体证之《五经》诸子，渐有省。往复数四，豁然大悟，谓'圣人之学复睹于今日；朱陆异同，各有得失，无事辩诘，求之吾性本自明也。'"①这里清清楚楚地告诉我们，王阳明与席书谈论的是他龙场所悟的，他龙场所悟的就是"知行合一"。按照常理推测，也应该是这样的：一个学者出去讲学，当然是讲自己当下最有心得的内容。

第二，《年谱》记载王阳明，"忽中夜大悟格物致知之旨，寤寐中若有人语之者，不觉呼跃，从者皆惊"②，这说明他当时异常兴奋。王阳明之所以如此兴奋，是因为他找到成圣之路（正如席书所言"圣人之学复睹于今日"）。龙场悟道之前，王阳明念念不忘的是"圣人处此，更有何道？"③这说明他对如何成圣仍未有答案。当时人认为，要想成为圣人，就应该"先知后行"，即先知道圣人有些什么，然后再去学做圣人④。但在王阳明看来，按照这种方法，是永远学不成圣人。要想理解圣人有些什么，那就必须具有与圣人相当的境界。好比说，要理解国手下棋，就必须具备与国手相近的棋力。初学者又怎么可能真正理解圣人呢？王阳明认为这是将工夫做倒了⑤，是以小人之心度君子之腹⑥。其结果很有可能是恶性循环：终身不知导致终身不行，终身不行导致终身不知⑦。王阳明龙场悟道，认识到成圣之路是"知行合一"⑧。初学者虽

① 王守仁：《王阳明全集》，上海：上海古籍出版社，1992年，第1229页。

② 王守仁：《王阳明全集》，上海：上海古籍出版社，1992年，第1228页。

③ 王守仁：《王阳明全集》，上海：上海古籍出版社，1992年，第1228页。

④ 《二程遗书》说："凡看文字，非只是要理会语言，要识得圣贤气象。"（程颢、程颐：《二程集》，北京：中华书局，1981年，第284页）王阳明学生周道通认为："凡学者才晓得做工夫，便要识得圣人气象。盖认得圣人气象，把做准的，乃就实地做工夫去，才不会差，才是作圣工夫。"（王守仁：《王阳明全集》，上海：上海古籍出版社，1992年，第58页）

⑤ 王阳明说："尽心、知性、知天，是生知安行事；存心、养性、事天，是学知利行事；夭寿不贰，修身以俟，是困知勉行事。朱子错训'格物'，只为倒看了此意，以'尽心知性'为'格物致知'，要初学便去做生知安行事，如何做得？"（王守仁：《王阳明全集》，上海：上海古籍出版社，1992年，第5页）

⑥ 王阳明说："圣人气象自是圣人的，我从何处识认？若不就自己良知上真切体认，如以无星之称而权轻重，未开之镜而照妍媸，真所谓以小人之腹而度君子之心矣。圣人气象何由认得？"（王守仁：《王阳明全集》，上海：上海古籍出版社，1992年，第58页）

⑦ 王阳明说："今人却就将知行分作两件去做，以为必先知了然后能行，我如今且去讲习讨论做知的工夫，待知得真了方去做行的工夫，故遂终身不行，亦遂终身不知。此不是小病痛，其来已非一日矣。"（王守仁：《王阳明全集》，上海：上海古籍出版社，1992年，第4—5页）

⑧ 王阳明说："此圣门知行合一之教。"（王守仁：《王阳明全集》，上海：上海古籍出版社，1992年，第43页）

然不知道圣人有些什么，但知道圣人是纯用"良知"行事。人生来就有"良知"，王阳明说"满街人是圣人"①就是植根于此。人由于秉赋有偏，"良知"遭到遮蔽。当我们做到"知行合一"，"良知"便会呈现出来（"知行合一"的"知"即是"良知"）。初学者做到"知行合一"，虽然他的"良知"与圣人的"良知"不可同日而语，如小孩子只"知"洒扫进退。但是只要时时做到"知行合一"，时时让自我"良知"呈现，就可以如泉之始达，终将汇成江河湖海，圣人必将可期而至。有了这一发现，王阳明才会那么兴奋。

第三，王阳明悟道以后，"乃以默记《五经》之言证之，莫不吻合，因著《五经臆说》"②。这表明王阳明所悟是一种全新的说法，他自己也没有把握，便迫不及待地到儒家的原始经典《五经》里去寻找支持。如果他悟到的是"心即理"，那他最容易想到的应该是陆象山。陆象山早就提出"心即理"，他说："人皆有是心，心皆具是理，心即理也。"③王阳明没有到陆象山的著作里去寻找根据，而是溯源到原始经典，这说明他悟到的不是"心即理"，而是"知行合一"。原始经典里虽然没有"知行合一"这一旗帜鲜明的口号，但那意思却是有的。正如熊十力先生所说："故知行合一之论，虽张于阳明，乃若其义，则千圣相传，皆此旨也。"④因此，阳明先生才会觉得"莫不吻合"，这极大地提振了他的自信心。

第四，王阳明说："外心以求理，此知行之所以二也。求理于吾心，此圣门知行合一之教。"⑤按照王阳明的意思，只有真正做到了"知行合一"，然后才能真正做到对"心即理""吾性自足"等心学命题的自信。"心即理""吾性自足"等不是用来说说的，而是要以"知行合一"的实践来诠释的。也就是说，做到了"知行合一"，那么"心即理""吾性自足"等也就包含在其中。因此，《年谱》中说"始知圣人之道，悟性自足，向之求理于事物者误也"云云，这样说也没有错误。

王阳明龙场所悟是"知行合一"，这是毫无疑问的。他要传播自己的心学，当然是要打出"知行合一"这一旗号。这是因为：其一，主人在招待客人时，总是要拿出自己最拿手的菜。"知行合一"是王阳明"自百死千难中得来"，

① 王守仁：《王阳明全集》，上海：上海古籍出版社，1992年，第116页。
② 王守仁：《王阳明全集》，上海：上海古籍出版社，1992年，第1228页。
③ 陆九渊：《陆九渊集》，北京：中华书局，1980年，第149页。
④ 熊十力：《十力语要》，北京：中华书局，1996年，第6页。
⑤ 王守仁：《王阳明全集》，上海：上海古籍出版社，1992年，第43页。

自然也是他最得意最拿手的东西。其二，关于"心即理""吾性自足"等这些
概念，前人均有提及，王阳明如果以这些作为口号，刺激力不强大。其三，
王阳明传播心学，是要教受众如何去用工夫，而"心即理""吾性自足"等偏
重于理论，玄学意味重。其四，此时王阳明生命中已有了对于"良知"的感
知，因为"知行合一"的"知"就是"良知"。只是此时王阳明有此意，却
一时还不能明晰地表达出来。他说："吾'良知'二字，自龙场以后，便已不
出此意。只是点此字不出。"① 其五，一般人都是遵循朱子的"先知后行"，将
"知行合一"作为宣传口号，便具有强大的冲击力。因此，王阳明第一次出来
讲自己的心学，当然是要讲"知行合一"。

但是在传播过程中，令王阳明没有想到的是，以"知行合一"去传播心
学，传播效果并不好。王阳明说："吾始居龙场，乡民言语不通，所可与言者
乃中土亡命之流耳；与之言知行之说，莫不忻忻有入。久之，并夷人亦翕然
相向。及出与士夫言，则纷纷异同，反多扞格不入。何也？意见先入也。"②
王阳明的"知行合一"的"知"是"良知"，是本体之"知"，而士夫的先入
之见是"心里知道"的"知"，此两者不在同一频道上，自然是"扞格不入"，
士夫们自然也是理解不了王阳明的"知行合一"。"知行合一"作为一个口号，
符合上面梁任公提出的七条标准中的六条，就是不符合第二条（"意义要明
确"）。尽管王阳明"于学者言，费却多少辞说"③，但是一般受众甚至包括他
的学生，还是不能真正地理解④。王阳明后来也知道自己在传播心学上所犯的
错误，他说："悔昔在贵阳举知行合一之教，纷纷异同，罔知所入。"⑤

后来王阳明改提"静坐"的话头。王阳明提出"静坐"话头原因有三：
其一，"静坐"有实效。王阳明自己正是由于"日夜端居澄默，以求静一"⑥，
而后获得龙场悟道。"静坐"正是王阳明的"得力处"，故而他要提出给学者
作为"入门处"。其二，正是激于"知行合一"话头的表意不明确，王阳明才
提出"静坐"。"静坐"作为传播话头，语句简单，语意明确，这是显而易见

---

① 王守仁：《王阳明全集》，上海：上海古籍出版社，1992 年，第 1575 页。
② 王守仁：《王阳明全集》，上海：上海古籍出版社，1992 年，第 1575 页。
③ 王守仁：《王阳明全集》，上海：上海古籍出版社，1992 年，第 1575 页。
④ 王阳明的学生徐爱说："如今人尽有知得父当孝、兄当弟者，却不能孝、不能弟，便是
知与行分明是两件。"（王守仁：《王阳明全集》，上海：上海古籍出版社，1992 年，第 3 页）
⑤ 王守仁：《王阳明全集》，上海：上海古籍出版社，1992 年，第 1230 页。
⑥ 王守仁：《王阳明全集》，上海：上海古籍出版社，1992 年，第 1228 页。

的。钱绪山记载，阳明师生"每临坐，默对焚香，无语"①。可见，"静坐"几乎是阳明学派的必修课。其三，"静坐"作为一个话头，其后面有着丰富内容。王阳明教人静坐，当然不同于佛、道的打坐。他说："初学时心猿意马，拴缚不定，其所思虑多是人欲一边，故且教之静坐、息思虑。久之，俟其心意稍定，只悬空静守如槁木死灰，亦无用，须教他省察克治。"②佛、道的打坐，就是要人悬空静守，如槁木死灰。王阳明要初学者静坐，是要排除私心杂念，是"使自悟性体，顾恍恍若有可即者"，可以"以此补小学收放心一段工夫耳"③。心静以后还是要省察克治。省察是要省察"天理"，克治是要克治自身不合"天理"之处。静坐就好像将镜子擦亮，然后人去看着镜子来美容。

将"静坐"作为传播口号，也有不好的地方。其一，刺激性不强大。佛、道两家都提倡静坐。儒家学者也有不少提倡静坐的工夫，如宋代程伊川、李延平，明代的陈白沙等，都是提倡静坐的工夫。王阳明再提"静坐"，受众没有什么新鲜感。其二，容易走偏。正是由于佛、道也提倡静坐，有些学者因为修习静坐，渐渐地坠入佛、道而不自知。王阳明说："是徒知静养而不用克己工夫也。如此临事，便要倾倒。人须在事上磨，方立得住；方能静亦定、动亦定。"④其三，产生弊病。静坐还有更严重的弊病，就是遇事六神无主。阳明先生说："吾昔居滁时，见学者徒为口耳同异之辩，无益于得，且教之静坐。一时学者亦若有悟；但久之渐有喜静厌动流入枯槁之病。"⑤钱绪山通过静坐，似乎有所顿悟，便喜滋滋去告诉王阳明，结果被王阳明点破他的病痛⑥。

王阳明最后提出"致良知"的话头。他说："吾昔居滁时，见诸生多务知解，口耳异同，无益于得，姑教之静坐。一时窥见光景，颇收近效。久之，渐有喜静厌动，流入枯槁之病，或务为玄解妙觉，动人听闻。故迩来只说'致良知'。良知明白，随你去静处体悟也好。随你去事上磨练也好，良知本体原是无动无静的，此便是学问头脑。我这个话头，自滁州到今，亦较过几番，只是'致良知'三字无病。医经折肱，方能察人病理。"⑦由此可见，王阳明

①　王守仁：《王阳明全集》，上海：上海古籍出版社，1992年，第1300页。
②　王守仁：《王阳明全集》，上海：上海古籍出版社，1992年，第16页。
③　王守仁：《王阳明全集》，上海：上海古籍出版社，1992年，第1230页。
④　王守仁：《王阳明全集》，上海：上海古籍出版社，1992年，第12页。
⑤　王守仁：《王阳明全集》，上海：上海古籍出版社，1992年，第12页。
⑥　王守仁：《王阳明全集》，上海：上海古籍出版社，1992年，第1575页。
⑦　王守仁：《王阳明全集》，上海：上海古籍出版社，1992年，第104—105页。

提倡"致良知"的宣传口号，是他在传播实践中逐步得来的。

以"致良知"作为传播口号，完全符合梁任公所提出的七项标准。"致良知"语句简单，意义明确，这不用说。内容也丰富。受众一接触到"致良知"，自然就要发问：何谓"良知"？如何"致良知"？真要去"致良知"，就要去了解"多少次第、多少积累在"①。"致良知"三字的刺激力强大。《大学》里有"致知"，孟子讲过"良知"，但"致良知"三个字却是阳明先生第一个说。受众大都喜欢猎奇，容易被新名词吸引。而且王阳明还说过，人能致得"良知"便是人，不能致得"良知"就是禽兽②。这就是传播学上所讲的"恐惧诉求"，最能刺激受众的心理③。"致良知"作为修身方法直截了当，人人身上都有"良知"，个个可以当下认取。人人都可以根据自身能力，去致自己的"良知"，都有直截下手处。"致良知"不含宗教性，与迷信鬼神没有任何关系；也不带玄学性，不需要讲什么深奥的道理，浅显易懂，普通人一听就能领会。通过以上分析，我们与其说王阳明"致良知"话头完全符合梁任公提出的七项标准，不如说梁任公正是以王阳明的"致良知"话头为范例，然后概括出了那七项标准。

王阳明多年在传播心学的实践中摸索，最终找到了"致良知"三字作为自己的宣传口号，他为此感到无比畅快。他说："今幸见此意，一语之下，洞见全体，直是痛快，不觉手舞足蹈。"④学者听他宣讲，理解起来也非常容易。他说："予自鸿胪以前，学者用功尚多拘局；自吾揭示良知头脑，渐觉见得此意者多，可与裁矣。"⑤钱德洪还描述当时弟子听讲的效果说："诸生每听讲，出门未尝不踊跃称快，以昧入者以明出，以疑入者以悟出，以忧愤愊忆入者以融释脱落出，呜呼休哉！"⑥刘宗周称赞"致良知"三个字的好处，说："虽累千百言，不出此三言为转注，凡以使学者截去之绕，寻向上去而已，世未

---

① 王守仁：《王阳明全集》，上海：上海古籍出版社，1992年，第41页。

② 王阳明说："若违了天理，便与禽兽无异，便偷生在世上百千年，也不过做了千百年的禽兽。学者要于此等处看得明白。"（王守仁：《王阳明全集》，上海：上海古籍出版社，1992年，第103页）

③ 传播学上有一个一般性的假设，即任何一种强烈不安的情绪，例如恐惧、内疚、羞愧、愤怒或者厌恶，都带有驱动的功能特性（卡尔·霍夫兰等：《传播与劝服》，北京：中国人民大学出版社，2015年，第50页）。

④ 王守仁：《王阳明全集》，上海：上海古籍出版社，1992年，第1575页。

⑤ 王守仁：《王阳明全集》，上海：上海古籍出版社，1992年，第1576页。

⑥ 王守仁：《王阳明全集》，上海：上海古籍出版社，1992年，第1576页。

有善教如先生者也。"①

四、王阳明话头之变的启示

王阳明传播心学的话头之变，对我们今天的传播实践，至少可以有三点启示：

第一，传播者实有诸己，然后才能传之于人。王阳明曾说："近世士夫亦有稍知求道者，皆因实德未成而先揭标榜，以来世俗之谤，是以往往隳堕无立，反为斯道之梗。"②王阳明的意思是说，只有具备"实德"的人，才能去传播圣贤之学；"实德未成"之人去传播圣贤之学，只会招来"世俗之谤"，反而不利于圣贤之学的传播。王阳明提出的三个话头，都是他从自我修身实践中总结出来的，都是他自己觉得真实有用，然后才积极地向他人传播。如果王阳明没有"自得"，他也提不出来这样的三个话头。

第二，传播者心中要有受众在。任何传播活动，最终都是指向受众，都是导向受众的理解。传播者不能只是考虑自己有些什么，还要考虑受众能接受什么。因此，阳明学派提出传播一个传播原则——"皆为未悟者设法"。钱绪山说："古人立教，皆为未悟者设法，故其言简易明白，人人可以与知而与能。而究极所止，虽圣人终身用之，有所未尽。盖其见道明彻，先知进学之难易，故其为教也循循善诱，使人悦其近而不觉其入，喜其易而各极所趋。"③王阳明开始提出"知行合一"，"知行合一"是他的"自得"，他对"知行合一"洞若观火，但受众不容易理解。后来他一改再改，最后专提"致良知"。"良知"人人俱有，个个可以当下认取，这就大大方便了受众的接受。这些改变，说明王阳明在传播心学过程中，始终心里装有受众。

第三，在传播过程中"致良知"。王阳明提倡"致良知"，他全身心地投入到传播心学的过程中，传播活动本身就是一个"致良知"的过程。在王阳明看来，人的"良知"自有高下之分。如他说："洒扫应对就是一件物。童子良知只到此，便教去洒扫应对，就是致他这一点良知了。……我这里言格物，自童子以至圣人，皆是此等工夫，但圣人格物，便更熟得些子。"④由此可见，

① 王守仁：《王阳明全集》，上海：上海古籍出版社，1992年，第1613页。
② 王守仁：《王阳明全集》，上海：上海古籍出版社，1992年，第144页。
③ 钱德洪：《钱德洪集》，钱明辑：《徐爱 钱德洪 董沄集》，南京：凤凰出版社，2009年，第180页。
④ 王守仁：《王阳明全集》，上海：上海古籍出版社，1992年，第120页。

童子的"良知"与圣人的"良知"当有分别。王阳明开始提出"知行合一"的话头，那也是他当时在传播方面的"良知"只到这一步。在传播心学的实践中，他始终保持自己对传播的敏锐性，他的传播能力得到不断提高，他在传播方面的"良知"也不断提升。"良知"自能知是知非，自能为是去非。他一改话头为"静坐"，再改话头为"致良知"。王阳明最终选择"致良知"的话头，也是他在传播心学活动中"致良知"的结果。

论晦翁学派"知行观"在传播中的创新

胡秀娟*

（浙江万里学院　浙江宁波　315110）

摘　要：朱熹的知行观上承自程颐，由此完善成为系统的理学体系中的知行观。朱子嫡传门人黄榦在理论上虽承袭了朱熹的主旨，但实际上却已有了分化的倾向，即以理为主、以心性为主。经由黄榦传至何基、王柏，晦翁学派这一支流已然兼容了东莱学派的学术风格，此后以元代金履祥为代表的朱子后学深度阐发了朱熹的知行观，完成了宋元之季朱熹思想的正统传播。

关键词：朱熹；知行观；学术传播

朱熹[①]建立了丰富严密的理学体系，知行观是其中一块重要内容。朱熹的门人及其后学，在传播朱子学的同时，对朱子的知行观进行了创新性的阐发。探讨这些细微的变化，可以看出学术在传播过程中是如何发展的。

一、朱子的知行观：主客观统一

知行关系，是宋代思想家们的核心话题之一。南宋理学大师朱熹的知行观则主要是在北宋五子中的程颐所论基础上进行发扬与丰富。程颐认为："人谓要力行，亦只是浅近语。人既能知见，岂有不能行？"[②]在知行二者之间，程颐更重视"知"。他还说："君子以识为本，行次之。今有人焉，力能行之，

---

　　* 作者简介：胡秀娟（1984— ），女，福建南平人，浙江万里学院讲师，华东师范大学博士后，研究方向：宋明理学与珍稀文献。

　　① 朱熹（1130—1200），字元晦，号晦庵，晚称晦翁，南宋著名思想家、教育家。朱熹学派亦称晦翁学派。

　　② 程颐、程颢著：《二程集》，北京：中华书局，1981 年，第 18 页。

而识不足以知之，则有异端者出，彼将流宕而不知反。"① 程颐强调了知的作用，并宣称：知不足，则有异端者出。由此可知，程颐对知行关系的讨论是有偏向的，即知为本、行为次。

朱熹的知行观在程颐所论的基础上进行阐发。他说："知、行常相须，如目无足不行，足无目不见。"② 他认为知、行不可偏废其一："致知、力行，用功不可偏。偏过一边，则一边受病。如程子云：'涵养须用敬，进学则在致知。'"在朱熹看来，知、行是相互结合，且要"互相发"，就如何"互相发"也有具体指导。"未须理会相发，且各项做将去，若知有未至，则就知上理会，行有未至，则就行上理会，少间自是互相发。"③ 朱熹所说的"未须理会相发"指的是南轩所提及的"致知、力行互相发"，朱熹认为，知与行不可偏废，都要重视，并实际去做，具体落到实处时，若"知"有欠缺，便去理会"知"，若"行"有欠缺，便去理会"行"。

就知、行之间的关系，朱熹明确地说："论先后，知为先；论轻重，行为重。"④ 他认为，知在行之前。这是因为道德实践之行，必须是建立主体自觉的"知"基础上。他反复强调："须是知得，方始行得。"⑤"论先后，当以致知为先。"⑥"故圣贤教人，必以穷理为先，而力行以终之。"⑦ 朱熹在坚持"知行相须"的前提下，要以"知"为先，先知后行方可。如果不知而行，则有"大病"。他在《答程允夫书》中说："'穷理之要，不必深求'，此语有大病，殊骇闻听。行得即是，固为至论。然穷理不深，则安知行之可否哉？宰予以短丧为安，是以不可为可也；子路以正名为迂，是以可为不可也。彼亲见圣人，日闻善诱，犹有是失，况于余人，恐不但如此而已。穷理既明，则理之所在，动必由之，无论高而不可行之理，但世俗以苟且浅近之见，谓之不可行耳。如行不由径，固世俗之所谓迂；不行私谒，固世俗之所谓矫；又岂知理之所在，言之虽若甚高，而未尝不可行哉？理之所在即是中道，惟穷之不深，则无所准则而有过之不及之患，未有穷理既深而反有此患也。《易》曰'精义入

---

① 程颐、程颢著：《二程集》，北京：中华书局，1981 年，第 320 页。
② 黎靖德编：《朱子语类》，北京：中华书局，1986 年，第 148 页。
③ 黎靖德编：《朱子语类》，北京：中华书局，1986 年，第 148 页。
④ 黎靖德编：《朱子语类》，北京：中华书局，1986 年，第 148 页。
⑤ 黎靖德编：《朱子语类》，北京：中华书局，1986 年，第 2577 页。
⑥ 黎靖德编：《朱子语类》，北京：中华书局，1986 年，第 299 页。
⑦ 朱熹：《晦庵先生朱文公文集》，《朱子全书》第 23 册，上海：上海古籍出版社，2010 年，第 2567 页。

神，以致用也。'盖惟如此，然后可以应务；未至于此，则凡所作为，皆出于私意之凿，冥行而已，虽使或中，君子不贵也。"①据此可知，朱熹认为，知不明则不能确定行是否正确。主体自觉的知，是优先于道德实践的行的。如果不去深求理求知，这就有大问题。如宰予、子路是孔圣人的弟子，得到圣人亲自指导，却还是存在失误之处，圣人弟子尚且如此，何况他人。知理可指导具体道德实践行为，穷理既明，行可据之。穷理不深，行则有过之不及的风险。反观穷理既深，则无此风险。故此，朱熹认为要以知为先。他还把知行关系的讨论直接联系到具体为学中："先知得，方行得。所以《大学》先说致知。"②先致知，后格物，"道理明时，自是事亲不得不孝，事兄不得不悌，交朋友不得不信"③。

朱熹坚持在知行相须的前提下，以知为先，同时他也强调以行为重。他反复地说："致知力行，论其先后，固然以致知为先；然论其轻重，则得之以力行为重。"④"论轻重，当以力行为重。"⑤知在行前，是以先后顺序而论，这有益于指导实际的"行"，而道德实践之行则至关重要，是"知"的实际落脚处，主体自主之知的目的是指导道德实践之行，最终还是为"行"所服务的。他甚至还说："苟徒知而不行，诚与不学无异。"⑥"既致知，又须力行。若致知而不力行，与不知同。"⑦仅仅只有理论上的知，而无行动，那么和不知没有什么区别。联系具体为学工夫，朱熹又说："为学之功，且要行其所知。"⑧"书固不可不读，但比之行，实差缓耳。"⑨"虽要致知，然不可恃。《书》曰：'知之非艰，行之惟艰。'工夫全在行上。"⑩为学关键在行，即要具体的"践履"，

---

①　朱熹：《晦庵先生朱文公文集》，《朱子全书》第 22 册，上海：上海古籍出版社，2010年，第 1860 页。

②　黎靖德编：《朱子语类》，北京：中华书局，1986 年，第 281 页。

③　黎靖德编：《朱子语类》，北京：中华书局，1986 年，第 152—153 页。

④　朱熹：《晦庵先生朱文公文集》，《朱子全书》第 22 册，上海：上海古籍出版社，2010年，第 2324 页。

⑤　黎靖德编：《朱子语类》，北京：中华书局，1986 年，第 148 页。

⑥　朱熹：《晦庵先生朱文公文集》，《朱子全书》第 23 册，上海：上海古籍出版社，2010年，第 2811 页。

⑦　黎靖德编：《朱子语类》，北京：中华书局，1986 年，第 2777 页。

⑧　朱熹：《晦庵先生朱文公文集》，《朱子全书》第 22 册，上海：上海古籍出版社，2010年，第 2123 页。

⑨　朱熹：《晦庵先生朱文公文集》，《朱子全书》第 22 册，上海：上海古籍出版社，2010年，第 2231 页。

⑩　黎靖德编：《朱子语类》，北京：中华书局，1986 年，第 223 页。

这也正是为学艰难的地方。

　　总的来说，朱熹的知行观即：知行相须，以知为先，以行为重。以知指导行，且把知落实到行处，知行应互相发用。然而，对朱熹知行观的理解必须从他的理学思想体系的视野切入，朱熹所说的"以知为先"，表现出他强调"道问学"的认识论思想；以行为重，则体现了朱熹的最终指向是道德实践，但道德行为则又带有自觉性，他认为只有在自觉之"知"的基础上才能有自觉之行。朱熹丰富和完善了程颐知行关系论的内涵，并纠正了程颐在知行关系中"知为本、行为次"的偏向。因此可以认为，朱熹的知行观是在认识论视域下展开的，同时又表现了他理学思想体系中主客观统一的特性，所以，朱熹对道德领域和认识领域实际上应该是并重的态度。

　　二、朱子门人黄榦的知行观：偏向于心性

　　尽管门人中亦不乏对朱子知行观矫枉过正者，如廖德明即"重行轻知"，这就片面理解了朱子"以行为重"的观点。但总体来说，朱门弟子对朱子强调的"知行相须"大都一脉相承，例如陈淳所谓"知行一事"："致知，力行二事当齐头着力并做，不是截然为二事，先致知然后行，只是一套底事。"① 他强调知、行"只是一套底事"，应该齐头并做，这与张栻、朱熹所宣扬的"知行相发"是同一内涵。陈淳还详细举例："知行不是两截事，譬如行路，目视足履，岂能废一？若瞽者不用目视，而专靠足履，寸步不决不能行，跛者不用足履，而专靠目视，亦决无可至之处。"② 陈淳用瞽者与跛者行路情况来比喻，知、行之间的关系相当于行路时目视与足履的关系，缺一不可，否则便"不能行"，或"无可至之处"。知行之间是相辅相成的关系，"二者亦非截然判先后为二事，如车两轮，如鸟两翼，实相关系，盖亦交进而互相发也。故至之明则行愈达，而行之力则知益精矣。"③ 陈淳直言"交进而互相发"，也就是随时互相发之意，这又更加详细明确地阐发了张栻和朱熹所说的"知行相发"的状态。

　　对朱子知行观的发展与传播最为深刻复杂的门人当属黄榦。黄榦（1152—1221），字直卿，号勉斋，福建长乐人。黄榦是朱熹最重要的嫡传弟子，受朱

_____

　　① 黄宗羲：《宋元学案》，北京：中华书局，1986年，第2228页。
　　② 黄宗羲：《宋元学案》，北京：中华书局，1986年，第2229页。
　　③ 陈淳：《北溪大全集》，四库全书影印本第1168册，上海：上海古籍出版社，1989年，第741页。

熹影响很大，被称为"紫阳正宗"，他对朱子思想有继承，亦有独立见解，一生始终致力于朱子学的实践与传播。

就知行观而言，他确实是继承了朱子之意旨，并重道问学和尊德性两方面："道问学所以致知，而存乎道体之细。尊德性所以存心，而极乎道体之大。"①同时，他也极得朱子格物致知之精髓，秉持"以知为先、以行为重"的态度："其为学也，穷理以致其知，反躬以践其实，居敬所以成始终。"②黄榦从认识论来把握朱熹的知行观思想，简明扼要道出了知先行重的关系。然而，对朱熹所谓格物穷理、致知践实的法门——"居敬"的内涵，黄榦却有了不同于朱熹核心思想的理解。他首先明确："致知不以敬，则昏惑纷扰，无以察义理之归，躬行不以敬，则怠惰放肆，无以致义理之实。"③但他却过度阐释了"居敬"的内核，导致他从根本上偏离了朱熹的思想。"黄直卿谓敬之义，近于畏者，最切于己。凡一心之发，一事之功，必思之曰：此天理与人欲，苟人欲而非天理，则不敢为，惴惴敬慎，无或有忽慢之心，其为敬也。"④根据黄榦的三传弟子吴澄所言，可见黄榦所理解的"居敬"并不同于朱熹所阐释的"主一无适"，他更加倾向的是"心"，由此从朱熹的认识论、道德论并重转向了偏重道德论。正因如此，黄榦在《石门拟与两浙陈运判》有言："数十年来，风俗日异，谋身之意多于谋国，为私之心急于为公，上之人既不能明示好恶，以力变之，或反推波助澜，使人安之以为当然。所谓廉耻节义，至是扫地矣。国将何恃而能自立耶？此无他，义理不明，而人心不正也！阁下其何道以革之耶？中夜以思，心焉如割，尚翼台慈，痛为当路者言之！"⑤黄榦认为，格物致知的指向是明理，而明义理的关键处在于"人心正"，人心正才可以知道德之善。所以他说："仁义礼智，特就人心而立者耳？天以诗心成万物，人以是心成万事。"⑥由此可见，黄榦的知行观过于强调了心性，有

① 黄榦：《勉先生黄文肃公文集》卷三，《北京图书馆古籍珍本丛刊》第90册，北京：书目文献出版社，1988年。
② 黄榦：《勉先生黄文肃公文集》卷三十四，《北京图书馆古籍珍本丛刊》第90册，北京：书目文献出版社，1988年。
③ 黄榦：《朱子行状》，《朱子全书》，第27册，上海：上海古籍出版社，2010年，第560页。
④ 侯外庐：《宋明理学史》，北京：人民出版社，1984年，第746页。
⑤ 黄榦：《勉先生黄文肃公文集》卷四，《北京图书馆古籍珍本丛刊》第90册，北京：书目文献出版社，1988年。
⑥ 黄榦：《勉先生黄文肃公文集》卷三，《北京图书馆古籍珍本丛刊》第90册，北京：书目文献出版社，1988年。

明显的心学倾向的。

黄榦所学历来被认为是朱门正统，他甚至被喻为"圣门之颜回、曾参"。黄榦在朱子学的传播中也起到了至关重要的承上启下的作用。黄百家曾赞誉黄榦及其弟子对朱子思想的传承："黄勉斋榦得朱子之正统，其门人一传于金华何北山基，以递传于王鲁斋柏、金仁山履祥、许白云谦，又于江右传饶双峰鲁，其后遂有吴草庐澄，上接朱子之经学，可谓盛矣。"① 可见晦翁学派中黄榦一脉应当是最为突出的。就朱子知行观的发扬与传播而言，黄榦偏重心性的思想特点，颇有一些向陆九渊心学思想中的"发明本心"靠拢的意味，由此开启了通向陆学的路径。虽然黄榦的知行观埋下了引发朱子后学分化的导火线，但同时也显示出"合和朱陆"的线索，这对彼时日益激烈的朱陆异同的争论思想环境无疑是有积极意义的。

三、朱子后学金履祥的知行观：知行合一

如上文所言，黄榦弟子中有双峰学派② 较为出众，然另有"北山学派"一脉，影响更为深远，甚至绵延至明代："勉斋之学，既传北山，而广信饶双峰亦高弟也。双峰之后，有吴中行、朱公迁亦铮铮一时。然再传即不振。而北山一派，鲁斋、仁山、白云既纯然得朱子之学髓，而柳道传、吴正传以逮戴叔能、宋潜溪一辈，又得朱子之文澜，蔚乎盛哉！"③ 双峰学派传至吴中行、朱公迁即不再兴盛，未再有名儒出；而北山学派中影响由元至明没有断绝，从朱子学传播这一角度而言，北山学派优胜于双峰学派。尽管黄宗羲说"金华之学，自白云一辈而下，多流而为文人"，但总体还是给予了较高的评价："夫文人道不相离，文显而道薄耳，虽然，道之不亡也，犹幸而有斯。"④ 北山学派对朱子学的传播影响何以如此深远？以知行观的阐发为例，北山学派中有黄榦再传弟子金履祥，他所提"知行合一"的观点，其实绕过了黄榦偏向心性的特点，直接而具体阐释了朱子的知行观。正是以金履祥为代表的后学对朱子思想的继承与发扬，才得以让朱子学传播有了新的发展进程。

金履祥（1232—1303），字吉父，金华人，人称仁山先生，卒谥文安，著

---

① 黄宗羲著：《宋元学案》，北京：中华书局，1986年，第2812页。

② 双峰学派一脉传承为：黄榦弟子饶鲁，传至吴中行，再传至朱公迁。因饶鲁称双峰，故名为双峰学派。

③ 黄宗羲著：《宋元学案》，北京：中华书局，1986年，第2727页。

④ 黄宗羲著：《宋元学案》，北京：中华书局，1986年，第2801页。

有《通鉴前编》二十卷、《大学章句疏义》二卷、《论语孟子集注考证》十七卷、《书表注》四卷。金履祥受业于王柏，又登何基之门，其思想源自勉斋一脉，是朱子后学中最为出众的人物之一。

在继承和发扬朱子的知行观方面金履祥首先提出了"知行合一"这一命题。尽管他与王阳明的知行合一命题完全不同，前者是认识论范畴，而后者则是道德论范畴，但他确实在阐释朱子"知行相须"的观点时，正式提出了"知行合一"说："朱子于《或问》中，论学分'知'、'能'二字，《集注》盖合言之。觉，知也，为，能也。明善，知也，复初，能也。其间语意并合二意，而'效先觉之所为'一句尤明备。夫圣贤先觉之人，知而能之，知行合一。后觉所以效之者，必自其所为而效之，盖于其言行制作而体认之也，段内皆合知能意。"①这是金履祥在《论语集注考证》中对"效先觉之所为"句所做的注释。他特意点出"效先觉之所为"一句尤明备，并强调"知而能之，知行合一"，这其实更加明确地阐述了朱熹所谓知行相须的内在含义。他又阐述当时治学弊病："大抵今日之弊，务讲学者多阙于践履，而专践履者又遂以讲学为无益。殊不知因践履之实，以致讲学之功使所知益明，则所守日固，与彼区区口耳之间者，固不可同日而语也矣。"②金氏用讲学与践履为例，说明讲学践履并重，讲学者所知更加明确，践履者所坚守之理更加稳固。这使知行合一，知行互相发用具有重大意义。显然这与朱熹的知行相须是契合的，金氏从通俗意义层面，用直观的例子解释了朱子的观点，避免为学者陷入割裂理论和实践两者关系的误区中。而金履祥的局限在于，他认为只有圣贤方可达到知行合一的境地，在"先觉""后觉"之间划了界限。

金履祥从认识论角度强调"知先行后"："知止、得止固为一事，然必先知其所止，而后能得其所止，先知而后行也。学者诚知本始之在所先，而末终之在所后焉，则务本循末，而至道近矣。"③金履祥认为先知后行，务本循末，方可近至道。此外，金履祥又以"文、行、忠、信"为例说明了知先行后的意义："文者，诗书六艺之文，所以考圣贤之成法，识事理之当然。盖先教以知之也。知而后能行，知之固当行之也，故进之于行。既知之，又能行

---

① 金履祥：《论语集注考证》卷一，《丛书集成初编》第489册，上海：商务印书馆，1935年，第16页。

② 金履祥：《论语集注考证》卷一，《丛书集成初编》第489册，上海：商务印书馆，1935年，第11页。

③ 金履祥：《大学疏义》，《丛书集成新编》第17册，台湾：新文丰出版公司，2008年，第395页。

之矣，然存心之未实，则知之或务于夸博，而行之或出于矫伪，安保其久而不变，故又进之以忠、信。忠、信，皆实也。"① 而在《大学疏义》中，金氏又具体用"致知、力行"的先后顺序在说明他对知行先后顺序的理解："然不先于致其知，则必不能诚其意，而致知、诚意如车两轮，废一不可……盖致知不过知之而已，诚意则是果然行之，乃为君子之实地，故曰进德之基。基者，实地之谓也，不诚其意，则无以行之。而其所知者，亦徒知之而已矣。"② 金履祥在论"知先行后"时，反复强调它的前提是知行废一不可。他引入致知诚意说，致知是知，诚意则是行，两者不可偏废其一。若知不明，则其行知苟且，见之不真切，为之必不痛快。他明确点出了知的先决作用。在知之真的前提下，诚意之行则是君子落到实地之处。

　　朱熹点出了知的指导意义，并说明致知之法是格物，然而后学者却因此容易陷入误区，天下万事万物如何格尽？金履祥则对此做出了详细的阐释："格物者，非谓格一物而万物通，亦非谓万物皆尽格而后通，但积习既多，则工夫日熟，心知日广，而其推类触长，贯注融通，天下之物自无遗照矣。"③ "至于用力之久，而一旦豁然贯通焉，则众物之表里精粗无不到，而吾心之全体大用无不明矣，此谓物格，此谓知之至也。"④ 金氏分析：致知之要在格物，而所谓格物，并非格一物便能明白万事万物之理，亦非一物一物去格，而是在一定程度的积累中，工夫日熟，心知日广。他还提出了具体的方法"推类触长"，用力久则致"贯注融通"，这在具体实践时避免了流于空泛，更具有现实意义。金履祥所论格物致知，更贴近朱熹的本义：行与知都是统筹在天理之下的，用触类旁通的方式，才可以格尽万物，方可致知。更为难得的是，金氏不仅充分说明朱子思想，还扩大了朱子所提的认识论对象的范畴，突出强调精神现象也可以是认识对象。他解释朱熹所谓"即凡天下之物"说："即者，随其所遇之谓也，凡者，大无不包之辞也。盖格物者，初未尝有截然一足之目，而亦未尝有精粗巨细之间也。惟事物之在天下者无限，而接于吾前

---

① 金履祥：《论语集注考证》卷四，《丛书集成初编》第 489 册，上海：商务印书馆，1935 年，第 42 页。

② 金履祥：《大学疏义》，《丛书集成新编》第 17 册，台湾：新文丰出版公司，2008 年，第 399—400 页。

③ 金履祥：《大学疏义》，《丛书集成新编》第 17 册，台湾：新文丰出版公司，2008 年，第 399 页。

④ 金履祥：《大学疏义》，《丛书集成新编》第 17 册，台湾：新文丰出版公司，2008 年，第 398 页。

者亦无穷，故必随其所遇，巨细精粗，小大幽显，莫不格之，以穷其理焉。"①
他还认为，知识灵觉可到达极深极广处："致，推极也。所谓推极者，言推之
而至其极也。知，犹识也。所谓知识者，言人心之灵觉也。推极吾之知识，
欲其所知无不尽者，盖心之灵觉，莫不有知，在乎推极其知，使凡所知者无
不至于尽而已。"②在知的程度方面，金氏亦详细解说，强调了知须要彻底，
知若不"尽"，则是因为理有未穷，正如金氏所言："所谓致知在格物者，言
欲致吾之知在即物而穷其理也，盖人心之灵莫不有知，而天下之物莫不有理，
惟于穷理有未穷，故其知有不尽也。是以《大学》始教，必使学者即凡天下
之物莫不因其已知之理而益穷之，以求至乎其极。至于用力之久，而一旦豁
然贯通焉，则众物之表里精粗无不到，而吾心之全体大用无不明矣，此谓物
格，此谓知之至也。"③人心之灵莫不有知，所以即凡天下之物均可为认识的
范畴，因此根据天下之物已知之理而穷究其极，心之全体大用均可明，与此
相对应的是用力之久，豁然贯通。而此为知之至，即知的尽头。

从金履祥的知行观来看，他绕开了黄榦在讨论格物致知时的心性偏向，
直承朱熹，甚至还有了进一步的扩充。因此可以说，从宋至元，晦翁学派中
至金履祥才是真正意义地承袭了朱熹以道德理想为核心的本体论思想，并能
够据此阐释朱熹认识论体系中格物致知的外向求理的意义。基于此，以金履
祥为核心的北山学派在形成与发展过程中，朱子学的传播亦日渐繁盛，在空
间跨度上，其影响逐渐扩散至浙东学派，乃至延伸到江西、福建，直至全国；
在时间跨度上，则直至明代仍然不息。

四、结语

综上所述，朱熹的知行观确然上承自程颐，但理学体系中的完善的知行
观理论却是始自朱熹。在他之后的"紫阳正宗"黄榦在理论上虽承袭了朱熹
的主旨，但实际上却已有了分化的倾向：即以理为主、以心性为主。经由何
基、王柏之传，晦翁学派这一支流兼容了东莱学派的学术风格，以金履祥为
代表的朱子后学深度阐发了朱熹的知行观，完成了宋元之季朱熹思想的正统

---

① 金履祥：《大学疏义》，《丛书集成新编》第 17 册，台湾：新文丰出版公司，2008 年，
第 399 页。
② 金履祥：《大学疏义》，《丛书集成新编》第 17 册，台湾：新文丰出版公司，2008 年，
第 396 页。
③ 金履祥：《大学疏义》，《丛书集成新编》第 17 册，台湾：新文丰出版公司，2008 年，
第 398 页。

传播。尽管在北山四先生的派别归属上，有学者认为他们并非朱学嫡派①，这一观点的主要依据是，他们在很大程度上修正了朱学，掺入了吕东莱学说，尤其是王柏之父王瀚、叔王洽其实都先是吕祖谦门人而后又游朱熹之门的。诚然，金履祥的知行观乃至理学思想都不拘囿于朱子学说而有所阐发，确实颇有吕祖谦所提倡的"跳出窠臼"之学术作风，但是从对朱子思想的继承和对朱子思想的传播来看，北山学派实则堪称朱子后学之嫡传与主力。

---

① 朱仲玉：《试论金华学派的形成、学术特色及历史贡献》，《浙江师范大学学报》，1989年底4期。

语言与教化：陆九渊传播思想初探

俞　跃 *

（浙江万里学院　浙江宁波　315101）

　　摘　要：作为心学鼻祖，陆九渊的教化工夫兼具内向传播与群体传播的意义，其传播思想的意旨是以道德教化为内容，以人的存在为关切，通过主体间的互动，达到理想人格与社会有序的传播效果。作为传播的媒介，象山既注意到语言在传播活动中所具有的表达含义、表征意义的作用，同时指出其具有的局限性。而在语言的传播形式中，象山突出了口传所具有的随时指教，以及情意因素的融合等独特意义，这不仅可以丰富教化传播的内涵，亦能提升传播的效力。

　　关键词：陆九渊；传播；语言；教化

　　基金项目：国家社科基金项目"陆九渊道德直觉主义思想研究"（18CZX026）的阶段性成果。

　　作为构建华夏传播学的重要内容，挖掘中国传统哲学中的传播思想不仅是重要的任务，也是可能的途径。相比于朱熹、王阳明，对陆九渊思想的研究尚有不小的空间。其在本心基础上构筑起来的心学体系，特别是其承继传统儒家以来的教化工夫论，与现代传播学有较多关联之处，本文即试从这一角度出发，特别是紧扣传播中的语言媒介，发掘象山哲学的"传播"意义。

一、传播与教化工夫的纠葛

　　从传播的本质看，无论将其理解为"通过社会互动而共享意义"，还是

---

　　* 作者简介：俞跃（1986—　），男，浙江平湖人，哲学博士，浙江万里学院马克思主义学院讲师，研究方向：中国哲学暨中西哲学比较研究。

"通过符号或象征手段而进行的社会互动"①，都是人自身、人与人之间为了一定的目的，通过某种媒介进行的社会互动。而作为工夫，教化是将一定的道德规范、政治观念、社会风俗等通过一定的方式施加于主体（个体），并将其转化为主体的内在德性。教化了的主体又通过教化影响社会，从而使其有序、和谐发展。因此，传播与教化在社会互动及其所具有的规范性功用方面颇有契合，甚至在某种意义上，教化（工夫）就是传播。作为南宋时期重要的哲学家，陆九渊（1139—1193）及其思想无疑具有传统儒家一贯的教化意义，后者从其显著的教化事功中亦有彰显。

事实上，教化之展开，抑或传播之开展，是儒家实践哲学即工夫论的题中之义。正如陈来教授所指出的，"儒家的实践智慧始终是强调以道德为基础，从不脱离德性"。②身处宋明理学这一回应佛教挑战的洪流中，身处与朱熹长期辩难的思想氛围中，象山之学将用力点放在人的安身立命问题上，致力于构建一不同于朱熹的道德形上学系统。由此，象山之教化传播侧重的是道德之维，目的是理想人格的塑造与社会的和谐有序。

作为心学的鼻祖，象山自觉承继了儒家教化传播的系统，即由《论语》和《中庸》开辟的成己与成人两个方面。③相对而言，成己更加侧重成就行为者自身，而成人则更多地指向自我以外的他者。从具体内容看，成己以认识自己、变革自己为指向，成人则更多将认识和改变他者与主体间的关系为内容。将教化与传播相结合看，成己的维度主要与内向传播④相关联，成人的维度则可以是人际传播、群体传播。以上两种传播的方式，在象山哲学中，显露无遗。从内向传播的角度看，象山哲学的宗旨就是要通过恢复本心的方式，达到存在的澄明。作为儒者，他更有传道的使命担当，辟立书院，收徒讲学，培养了诸如"甬上四先生"等贤儒，在白鹿洞书院讲解"君子喻于义、小人喻于利"时，朱熹亦深受教益，或是其知荆门军时的政事，都体现了人际传播、群体传播的维度。

作为一种社会互动，象山在关注传播行为（"行"）的同时，亦重视传播的理念、传播的途径（"知"）的问题。尽管象山并没有对知行问题有充分的

---

① 郭庆光：《传播学教程》，北京：中国人民大学出版社，2011年，第3页。
② 陈来：《论儒家的实践智慧》，《哲学研究》2004年第8期。
③ 龚建平认为《中庸》的"诚"包含了成己、成人的双重含义。见龚建平：《伦理与道德张力下的儒家"成人"道德及其反思》，《哲学研究》2019年第6期。
④ 关于内向传播的定义，参谢清果：《内向传播的视阈下老子的自我观探析》，《国际新闻界》2011年第6期。

讨论，但他仍然注意到了言与行的必然相关性："出一言，做一事，便道全是，岂有此理？……言必信，行必果，硁硁然，小人哉，宜自考察。"①从轻重言，行为重。象山更强调从负面的角度来提示："不曾行得，说这般闲言长语则甚？如此不已，恐将来客胜主，以辞为胜。"②从内向传播的角度看，这种强调是为了突出主体自身修身的实践性品格；而从道德主体间性（人际传播）的角度说，则涉及所谓的身教重于言教，以及普遍意义上对道德性的判断。恐怕很难否认儒家伦理学具有美德伦理学重视行为主体（agent）的品质，但儒家同样重视行为本身（action）。如前所论，象山之"行"，即道德践履的根本指向是通过恢复本心、本心发用而达到圣贤的理想人格，后者同样是其传播工夫包括内向传播与人际传播的根本指向。

作为一项"知行合一"的传播活动，显然无法与一定的媒介相分离。随着科技的发展，传播媒介不仅多样化，更加时新化。但从教化的意义出发，无论是内向传播，还是人际传播，其核心关切都是人。象山在这方面值得关注之点在于其对语言的独特作用给予了心学的诠释。如果将语言视为传播的重要媒介的话，那么语言应当具有"不远人"的特点，由此，传播应当具有教化人的目的。"若某则不识一个字，亦须还我堂堂地做个人。"③在包括语言在内的问题上，象山振聋发聩的话说明作为人之在的存在是语言的家，而批判割裂语言（传播媒介）与人（传播主体）之间的内在关联，反对只是采用逻辑性技术手段的方法。传播行为的发生借助于多种外在的技术手段，但其发端和终点仍然落于人。因此，在技术化的当下，仍然要突出人的主体性，而要警惕人的异化。

因此，象山传播思想的意旨是以道德教化为内容，以人的存在为关切，通过主体间的互动，达到理想人格与社会有序的传播效果。

二、语言在传播中的作用与限度

传播当然无法离开一定的媒介。在现代技术发达的今天，这种媒介可能是电视、网络等。这种形式固然是象山时所无法想象的。但究其本质而言，

① 陆九渊：《陆九渊集》，钟哲点校，北京：中华书局，1980年，第433页。
② 陆九渊：《陆九渊集》，钟哲点校，北京：中华书局，1980年，第437页。
③ 陆九渊：《陆九渊集》，钟哲点校，北京：中华书局，1980年，第447页。

其实传播的主要途径无外乎语言及其固定化形式——文字。① 而要考察象山思想中的语言问题，是首先遇到的困难。牟宗三先生在《从陆象山到刘蕺山》中指出，象山之学并不好讲的主要原因在于象山的语言大抵是启发语、指点语、训诫语、遮拨语，是非分解地说。考察颇具特色的象山语言，对我们理解其传播思想有重要启示。

象山之所以采用非分解地说，是与其对语言和文字的某种警惕直接相关的。"先生所以诲人者，深切著明，大概是令人求放心。其有志于学者，数人相与讲切，无非此事，不复以言语文字为意。"② "诲人"就是其教化的过程，亦可视为其思想的传播，目的是为了使人"求放心"，但在这个过程中，象山强调要"不复以言语文字为意"，就是要对语言文字有警惕，或者说应当限制语言文字的作用。③ 同时，语言文字又在教化传播中扮演着传播途径的作用，后者对传播的功用有很大的作用。

象山说："言固难以尽意，而达之以书问尤难。盖学之不讲，物未格，知未至，则其于圣贤之言必未能昭晰如辨苍素、数奇偶之审也。凡所引用，往往失其本旨。千里附书，往复动经岁时，岂如会面随问随答，一日之间，更互酬酢，无不可以剖析。"④ 语言难以尽意，文字书写则更难，象山所表达的是语言文字在传播中的限度，如后文述及的，他欣赏的是面对面的随问随答。上述问题的讨论就是哲学史上言意之辩的问题。象山在言意关系问题上的基本主张就是"言固难以尽意"，这一说法来自《易传·系辞》，曰："子曰：'书不尽言，言不尽意。然则圣人之意，其不可见乎。'子曰：'圣人立象以尽意，设卦以尽情伪，系辞焉以尽其言，变而通之以尽利，鼓之舞之以尽神。'是故，夫象，圣人有以见天下之赜，而拟诸其形容，象其物宜，是故谓之象。"《系辞》对通过书、语言来传播深奥的圣人之意持不确定甚至否定性的态度，但它提出了"象"这一传播中介来实现言所不能尽意的问题。

事实上，言意之辩在中国哲学史上的充分讨论是魏晋时期，比如王弼的

---

① 在这个部分，笔者从传播途径的角度，把语言与文字做捆绑处理。而在下一节中，则突出了语言与文字的差异。

② 陆九渊：《陆九渊集》，钟哲点校，北京：中华书局，1980年，第489页。

③ 按照唐君毅先生的看法，象山对文字的警惕是由于："此盖由其深感于'千五百年之间'学者'蠹食长于经传文字之间者，何可胜道，方今熟烂败坏'"。见唐君毅：《中国哲学原论·原性篇》，北京：中国社会科学出版社，2005年，第269页。

④ 陆九渊：《陆九渊集》，钟哲点校，北京：中华书局，1980年，第91页。

"寻言观意"与"得意忘象，得象忘言"，亦大致属于"言不尽意"①。与王弼不同的是，象山之说并未能够对"言固难以尽意"给予充分的抽象与概括，更没有利用《系辞》将作为传播意义中介的"象"做进一步的阐发。当然，象山沿用"言固难以尽意"的主张也是一种比较有张力的做法：象山注意到了语言的局限性，也包括在教化传播工夫中的局限性，这是从支离的角度说的；但他又强调了语言在表达含义、表征意义时不可或缺的作用，这是从整体的角度而言的。

从整体的角度是说，象山所传播的是教化人心的大道，因此，其所谓的"圣贤之言"亦即是"本心"，是作为普遍的道德原则。对于形上的道德原则这样超名言之域的问题，当然很难用语言、文字来把握。但另一方面，从支离的角度是说，如果拒斥语言文字的传播，就会使传播终结，也就是坠入反传播，同样也不是象山所愿。因此，象山从诠释、传播、教化的角度，认为本心、"圣贤之言"又是可以言说的，所谓"《诗》《大雅》多是言道，《小雅》多是言事，《大雅》虽是言小事，亦主于道"②。

那么，进一步的追问是传播是否可以离开语言，或者说脱离了语言的传播，还有传播力吗？上述问题，在象山的语言考察中，延续其"言不尽意"的根本主张，发展为无言、独语、无语的讨论。而上述问题，不仅与其作为恢复本心的直觉主义的方式有关，也与内向传播直接相涉，恐怕还会或多或少带有反传播的色彩。

象山对无言、未言的讨论比较集中。"子贡言'性与天道不可得而闻'，此是子贡后来有所见处。然谓之'不可得而闻'，非实见也，如曰'予欲无言'，即是言了。"③"天下之理无穷，若以吾平生所经历者言之，真所谓伐南山之竹，不足以受我辞。"④"自古圣贤发明此理，不必尽同。如箕子所言，有皋陶之所未言；夫子所言，有文王周公之所未言；孟子所言，有吾夫子之所未言，理之无穷如此。"⑤ 在这些讨论中，不难看到，象山所言的"无言"，其所指向的主要是超越性的"性与天道"，也就是象山所谓的本心。如前所论，这个本心是可以去传播、言说的，但要注意限度，或者说要注意方式方法。

---

① 王弼：《王弼集校释》，楼宇烈校释，北京：中华书局，1980年，第609页。
② 陆九渊：《陆九渊集》，钟哲点校，北京：中华书局，1980年，第404页。
③ 陆九渊：《陆九渊集》，钟哲点校，北京：中华书局，1980年，第397页。
④ 陆九渊：《陆九渊集》，钟哲点校，北京：中华书局，1980年，第397页。
⑤ 陆九渊：《陆九渊集》，钟哲点校，北京：中华书局，1980年，第398页。

因此，无辞与未言事实上构成了对本心的认识向度，也就成其为传播的媒介了。

　　从中西哲学史看，象山的上述做法，自然让人联想到维特根斯坦后期的思想。后期维特根斯坦曾对可说与不可说进行了明确分界，"哲学的正确方法也许是这样：除了能说的东西意外，什么也不说，而所谓能说的东西，也就是与哲学无关的自然科学命题。于是当别人想说某种形而上学的东西时，总是应向他表明：在他的命题中，他并没有赋予相关记号以任何意义"。[1] 维氏主张应对不可说之域保持沉默。上述思想，可能要落到反传播中去。但如果结合象山的看法，不难发现，象山并没有丢弃作为"梯子"的语言，由此，其对事关根本原则的大道并未持反传播的主张。

　　这种无言的主张，在象山的默坐、静坐中有了进一步的实践。比如象山先生说其"长兄每四更一点起时，只见某在看书，或检书，或默坐……"[2] 象山对《尚书》深信，对《易传·系辞》"默而成之，不言而信，存乎德行"[3] 的主张也深以为然。众所周知，在象山的学思经历中，与佛教、道教的交往是很多的，对其思想的吸纳亦有自觉。通过默坐、静坐的方式达到本心的澄明，从而祛除私欲，这既是一种主体的内向传播，也可以是人际传播，当然这里并不是说象山创造了一种默坐传播。从语言的角度说，默也就意味着无言，或者说，对于"道"而言，无言、默坐是最好的言。

　　象山的上述思路与实践，在其弟子杨简那里，有着更深的意义。"孔子曰：'默而识之，学而不厌'，又曰：'予欲无言'，又曰：'吾有知乎哉？无知也。'圣语昭然，而学者领圣人之旨者，在孔门已甚无几，而况于后学乎？比来觉者何其多也！觉非言语心思所及，季思已觉矣，汩于事而昏。"[4] 杨简是象山学派中觉悟经验十分丰富者，他将孔子"默而识之、学而不厌"与"无言"的问题勾连起来，申述觉悟经验是言语所不能及的。但另一方面，慈湖又将默、无言与"识""知"联系在一起，其目的是要表明默、无言是认识、认知的一种途径。在这里，同样就是传播的一种途径。事实上，王阳明也曾说过："此'致知'二字，真是个千古圣传之秘。"[5] 又告知其弟子王龙溪，"四句教"

　　① 维特根斯坦：《逻辑哲学论》，郭英译，北京：商务印书馆，1985年，第97页。
　　② 陆九渊：《陆九渊集》，钟哲点校，北京：中华书局，1980年，第463页。
　　③ 陆九渊：《陆九渊集》，钟哲点校，北京：中华书局，1980年，第403页。
　　④ 杨简：《杨简全集》，董平校点，杭州：浙江大学出版社，2016年，第1878页。
　　⑤ 王阳明：《王阳明全集》，吴光、钱明、董平、姚延福编校，上海：上海古籍出版社，1992年，第93页。

之"四无"之说不要轻易示人。其实，也是默的问题。

　　将"默"的问题理解为传播的一种形式，所要突出的是其中蕴含的知与行的合一。英国哲学家波兰尼曾将知识区分为"明述知识"（explicit knowledge）与"默会知识"（tacit knowledge）[1]，波兰尼说："只有借助于他的这种理解活动，他的这种默会的贡献，接受者在面对一个陈述时，才能够说获得了知识。"[2] 在波兰尼看来，人类所理解的知识往往需要借助语言符号来表达，但默会知识却不采取语言的表达形式，而是诉诸行动，也就是实践。这种理解与我们在传播中的"默"相似，这种实践导向，也就是教化工夫。

　　三、口传在教化传播中的独特效用

　　如果说，象山的"言固然不能尽意"突出了语言的限度，而使其更多地关注于成就自己即内向传播的话，那么，以上述背景为前提，在语言的传播中，象山突出了口传的意义。尽管口语传播是人类传播经历的第一个阶段，但口语的传播却是核心，也是不可或缺的，在教化工夫的传播中更具有其独特的效用。

　　如果把儒家的内向传播与成就自己（成己）相关联，那么成就他人（成人）的维度，则多与外向传播相涉。从儒家道德之域看，只有主体的道德是不够的，还需帮助别人也要道德，从而构建一个和谐有序的社会。这也是儒家的群己之辩，后者即涉及教化的问题。在群己的教化过程中，无法回避的是不同主体间的交往与对话，亦是外向传播的话题，那么，语言特别是口传将发挥什么作用呢？

　　我们先来看朱熹对陆九渊的评价，颇耐人寻味。朱子说："近世所见会说话，说得响，令人感动者，无如陆子静。"[3] "陆氏会说，其精神亦能感发人，一时被它耸动底，亦便清明。"[4] 众所周知，朱子斥象山之学为禅，但这里朱子所表扬的是象山的"能说会道"。从朱陆之异看，象山之会说与朱子注重文字书写的文本诠释形成了鲜明对比。事实上，朱子虽没有将"说"放到其学

---

[1]　郁振华：《人类知识的默会维度》，北京：北京大学出版社，2012年，第46页注2。

[2]　Michael Polanyi, *The Study of Man*, Chicago: The University of Chicago Press, 1959, p.22. 转引自郁振华：《人类知识的默会维度》，北京：北京大学出版社，2012年，第51页。

[3]　黎靖德编：《朱子语类》，第6册，王星贤点校，北京：中华书局，1986年，第2458页。

[4]　黎靖德编：《朱子语类》，第8册，王星贤点校，北京：中华书局，1986年，第2975页。

说的重要位置，却依然对象山之"会说"高度夸赞，足以说明在儒家的教化传播体系中"说"的重要作用。

近代学人同样对象山之讲学有很高的评价。如钱穆认为象山之讲学"既不是胡瑗以来的书院讲学，也不如二程般只是私家朋友讲习"，而是"一种向社会群众的公开演讲，为宋代讲学开一新生面"。① 如此，象山之讲学，即可视为一种大众传播。

而在人际传播、群体传播、大众传播中，对于陆九渊来说，其教化传播的成功案例当属杨简了。据《陆九渊集》载："四明杨敬仲时主富阳簿，摄事临安府中，始承教于先生。及反富阳，三月二十一日，先生过之，问：'如何是本心？'先生曰：'恻隐，仁之端也，羞恶，义之端也，辞让，礼之端也，是非，智之端也。此即是本心。'对曰：'简儿时已晓得，毕竟如何是本心？'凡数问，先生终不易其说，敬仲亦未省。偶有鬻扇者讼至于庭，敬仲断其曲直讫，又问如初。先生曰：'闻适来断扇讼，是者知其为是，非者知其为非，此即敬仲本心。'敬仲忽大觉，始北面纳弟子礼。故敬仲每云：'简发本心之问，先生举是日扇讼是非答，简忽省此心之无始末，忽省此心之无所不通。'先生尝语人曰：'敬仲可谓一日千里。'"② 在这个著名的教化传播中，象山是通过随问随答的口传方式促成了慈湖的大觉，也就是达到了其传播的效果。而问答的口传是以语言为中介的。当然，传播效果如何也有赖于作为受众的杨简。还应该注意到的是，象山在口传的过程中，特别注意启发、疏导，这是其他传播方式所无法比拟的。

与口语的意义相联系，相对于文字书写，象山更在意无意识的"会面随问随答"，③ 也就是所谓的口授、口传。由于条件的制约，书写下来的文字在传抄的过程中经常会发生纰漏，更不要说是口传了，而且口传会大大限制传播的范围。相对于文字传抄后的传播量，口传就小得多。而且口传极易发生误差，且"无对证"。另一方面，象山之时并没有统一的语言系统，大多采用方言。口传过程中，传的人会根据自己的理解增、减相关内容，且在传者看来，这并不损害原意，恰恰是对原意的发挥与完善。既然口传有那么多的局

① 钱穆：《宋明理学概述》，台北：联经出版事业公司，1995年，第163页。
② 陆九渊：《陆九渊集》，钟哲点校，北京：中华书局，1980年，第487—488页。
③ 陆九渊：《陆九渊集》，钟哲点校，北京：中华书局，1980年，第91页。

限，为什么还要大力倡导呢？这就涉及口传的意义问题。①

　　法国哲学家利科尔（Paul Ricœur，1913—2005）曾指出："写—读关系不是说—答关系的一种特殊情形。它不是一种谈话关系，不是一种对话的例证。不足以说阅读就是通过作品和作者对话，因为读者对书的关系具有完全不同的性质。对话是问题和答案的交换，在作者和读者之间没有这种交换。作者不回答读者，而书把写的行为和读的行为分成了两边，它们之间没有交流。读者缺乏写的行为，作者没有读的行为。所以本文产生了读者和作者的两重缺陷。据此它取代了对话的关系，在对话中能够直接把一个人的声音和另一个人听觉联系起来。"②

　　相对于写—读，对话、谈话的形式更加注重主体间的交流，主体间的交流有主体直接面对固态的文本所不具备的优点，如象山前述的随问随答。而且根据利科尔的说法，同时也是一种日常经验，对话中主体的语气、表情、神态等等都构成了其内容的一部分意义。由此，可以更好地、更直接地了解讲者的意图。而固态的书本，读者对于写者的意图，仅从文字方面有时不能很好地领会。可见，面对面的口传比主体面对固态的书本等对象，对成圣更有直接意义。③事实上，从时下大众传播的情况，亦能感受到，受众对口传的需求。比如大量的真人秀节目，观众渴望听到现实中人与人的沟通与交流，又如采访类的节目，观众希望透过神情、态度等来更好地理解。从学术传播的角度看，出于严肃性、规范性，很多学术讲座的讲者完全宣读讲稿，这与读者阅读文本并不大的差异。但一方面，很多时候讲者读着读着就会插一句。另一方面，也是更重要的是，读完讲稿后的互动过程，后者无疑展现了与写—读不同的对话的意义。

　　《论语·子罕》说："子绝四：毋意，毋必，毋固，毋我。"孔子反对程式化、对象化、线性化。相对于口传，书本等形式与程式化、对象化等更为切近。因此，尽管朱熹也十分注重语录体，如四书或问、朱子语类等，但朱子

---

　　① 根据张祥龙教授的研究，《左传》在儒家性命攸关的时候（孔子没到汉尊儒术）没有发挥多大的作用而被今文经学家排斥的一个重要原因是其缺乏口传系统。见氏著：《先秦儒家哲学九讲——从〈春秋〉到荀子》，桂林：广西师范大学出版社，2010年，第55页。

　　② 利科尔：《解释学与人文科学》，陶远华等译，石家庄：河北人民出版社，1987年，第149—150页。

　　③ 事实上，口语是有其教化作用（oral communication）的，甚至相对于书籍等固态载体更为有效。罗伯特·马奥尼（Robert J. Mahony）曾专门考察了陆九渊与口语教化作用的关系，参 Robert J. Mahony, *Lu Hsiang-shan and the Importance of Oral Communication in Confucian Education*, Ph.D., Columbia University, 1986.

哲学的一大特点就是过分强调了外在的理，后者相对于主体而言是对象，是外在的，而且理的权威性导致了其程式化。从经学的发展看，相较于原先的十三经注疏系统，朱熹开创了四书五经的系统，后者后来几乎成为解经的不二之选。对朱子所解、所注的经典，一味地认同、背诵，这是典型的程式化的做法，科举制度从考试内容层面出现了严重的问题，这也导致这一创举的崩塌。

　　因此，口传在传播中的独特效用体现为随时指教，亦可将情、意等因素加入进来，这对于道德教化而言尤为重要。口传不仅可以做到因材施教，也能丰富教化的内涵，提高传播的效力。

五、《道德经》英译传播与现代阐释

主持人语

　　近世以来，西方各国争相从中国道家典籍中寻找民族持续发展的智慧动力，译介和研究老子思想已经成为国际汉学界的一种风尚，学术界甚至把《道德经》翻译和研究成果的多寡看作衡量一个国家汉学研究是否发达的一个重要标准。据统计，《道德经》已经被译入 73 种语言文字，其在英语世界的出版频次与发行量更是惊人，截至 2020 年 4 月共有各类《道德经》英译本 562 种。

　　中国传统思想具有高度综合性，能够被各种不同倾向的思想理论运用到不同的社会环境中，而道家经典《道德经》内容的日常经验性使其很容易与古今中外思想体系相容，题旨的无时代性使其具有较高的现代相容性和可参与现代学术讨论的丰厚潜力。但总的说来，西方社会关注《道德经》，大多是为了解决其自身面临的具体时代性社会问题对中国道家思想的积极应用。诚如安乐哲、郝大维（2003）所言："《道德经》的规划就是要从我们每一个人当中最大限度地有所取益，而我们每个人都是一种独特经验的总集。"本专栏四篇文章分别从国内《道德经》英译研究现状与多学科协同发展空间、美国之 Dao 与老庄自由精神辨析、"道"的"体相用"与"一多"关系、西方教育学对道家思想的取变应用等方面展开剖析，聚焦道学经典及其核心概念意涵的英译与现代阐释，具有明显的跨文化传播价值。

宁波大学刘园晨、辛红娟的论文《〈道德经〉英译研究回顾与展望：基于国内研究论文的计量分析》以 1988—2019 年中国知网收录的 488 篇关于《道德经》英译研究的论文为研究对象，通过计量学工具 CiteSpace 绘制可视化图谱，结合《道德经》英译研究文献细读，对国内《道德经》英译研究的发展概况、研究热点及发展演化历程进行文献计量分析。该论文通过直观的可视化图表分析，指出国内《道德经》英译研究经历了早前的萌芽期、发展期，如今已进入多元化的研究繁荣期；研究热点主要聚焦在译本批评研究、核心概念词汇翻译研究、英译史研究等三方面。该文呼吁学界拓展《道德经》译本批评对象，重视《道德经》英译副文本，深化《道德经》英译传播谱系研究和加强多学科协同研究。

天津外国语大学蔡觉敏的论文《论美国之 Dao 与老庄自由精神》聚焦美国《道德经》或"道"的爱好者"自我标榜为'Dao'的体悟者/传承人"与"对来自中国的'传统'不屑一顾"这一事实悖论。文章分析指出，美国《道德经》爱好者通过张扬"我的道（own tao）"，对抗现代社会中的价值枷锁和现代压力，实现心灵的虚静自由，在虚静自由中直接体悟宇宙自然。美国之"Dao"对中国"传统"的否认，只是对《道德经》之外的仪式和制度等的不认可；但对《道德经》《庄子》中蕴含的精神，他们不仅认可，而且认为这种独立自由的精神才是"Dao"的根本。中国之"道"中的自由个体，与美国之 Dao 的自由精神，其虽然相通，但并非完全相同，更非源流关系；深究在当下的社会语境中美国之"Dao"，对中国道文化的世界化和可持续发展当有借鉴意义。

厦门大学洪嘉俊的论文《〈道德经〉"真"字探析——兼谈"道"的"体相用"与"一多"关系》深入挖掘《道德经》

文本中历代较少为人重视、价值被低估的"真"这一概念术语的源头。文章基于"真"之义的比较与流变，立足中国哲学根基的"一多"关系，从"真"的实践性、过程性和结果性三个维度展开，细致剖析"道体"之"其精甚真""道相"之"质真若渝"、"道用"之"其德乃真"。文章指出，《道德经》中的"真"与"道"的联系十分紧密，对这一概念体系进行系统分析和全面整理，不仅便于呈现"真"这一中国传统哲学概念的源头形态，更能深化对"道"的认识，助益于对老子思想的把握。

长江师范学院的杨玉英选译西德·卡斯勒等著的《"他者"的中国眼:〈道德经〉与教育》，选译文稿分析指出，作为中国文化的"他者"，海外学者常常是从一个有别于中国学者的独特视角来观察、记录和研究其所见所闻的，他们不同的文化背景、价值理念以及审美立场必然会带来与中国学者不一样的认知与诠释。译文开宗明义，在全球化日益加深的今天，中国和西方都需要从自身的传统和对方的视角来客观、全面地认识自己。异质文化、异质文明间只有通过互相不断的交流、对话，才能真正做到了解与沟通。将《道德经》中的教义应用到教育中的成果可为教育工作者、文化研究者和普通读者提供参考，以助教育理念与方法之改进与完善。

各种不同思维视域或文化背景的相互交融是一个古老而现实的精神努力之趋向。在全球化的语境下，文明的"地域历史"已然为"世界历史"所取代，人类传统的地方框架的时空经验正嬗变为全球的整齐划一的经验"座架"，"传统"在与全球化的遭遇中走向何方？如何秉承"传统"并实现"转化性创造"？这是一个亟待多学科领域学者共同投身其中的研究命题。

辛红娟（宁波大学外国语学院教授）

《道德经》英译研究回顾与展望：基于国内研究论文的计量分析

刘园晨　辛红娟*

（宁波大学外国语学院　浙江宁波　315211）

摘　要： 中国古代哲学、文学经典《道德经》言赡义丰、含宏万汇，既是中国古代文明的智慧结晶，也是全人类共有的文化财富，自 19 世纪进入英语世界以来，已成为译本数量最多的中华典籍文本。本文以 1988—2019 年中国知网收录的 488 篇关于《道德经》英译研究的论文为研究对象，通过计量学工具 CiteSpace 绘制可视化图谱，对国内《道德经》英译研究的发展概况、研究热点及发展演化历程进行文献计量分析。研究指出，目前《道德经》英译研究经历了三个不同的发展阶段，呈现出较为多元化的研究态势；研究热点在于译本批评研究、核心概念词汇翻译研究、英译史研究三方面。今后研究需拓展译本批评对象，重视《道德经》英译副文本，深化《道德经》英译传播谱系研究和加强多学科协同研究。

关键词：《道德经》；英译研究；计量分析；可视化呈现

　　《道德经》又名《老子》，其言约义丰，如同宇宙中的"白矮星"，形体虽小，密度极高，散发着耀眼的智慧之光。[①] 自 19 世纪西出国门以来，《道德经》已成为译介数量最多的中华典籍文本，在西方的发行和出版量仅次于《圣经》

---

　　* 作者简介：刘园晨（1996—），男，江苏泰州人，宁波大学外国语学院翻译学研究生，研究方向：翻译史研究、典籍翻译研究。辛红娟（1972—），女，江苏徐州人，宁波大学外国语学院教授，博士生导师，研究方向：翻译理论与实践、中国文化典籍对外译介与传播。

　　① Lionel Giles, "Forward," Ch'u Ta-kao, *Tao Te Ching*. London: Unwin Paperbacks, 1982, p. 10.

和《薄伽梵歌》。近世以来，西方各国争相从中国道家典籍中寻找民族持续发展的智慧动力，译介和研究老子思想已经成为国际汉学界的一种风尚，学术界甚至把《道德经》翻译和研究成果的多寡看作衡量国家汉学研究是否发达的一个重要标准。结合芝加哥大学 2017 年度博士学位论文"The DaoDeJing as American Scripture：Text，Tradition and Translation"、南开大学哲学系副教授、美国学者邰谧侠（Misha Tadd）刊发在《国际汉学》2019 年增刊上的"《老子》译本总目"，以及孔夫子旧书网、亚马逊图书网和中国国家图书馆，中国国家数字图书馆联合检索，我们发现，截至 2020 年 4 月共有各类《道德经》英译本（全译本、节译本、改写本以及借《道德经》之名进行到创作本）562 种。近年来，随着典籍翻译研究的升温，《道德经》英译日益引起国内翻译研究者的重视。为了解国内《道德经》英译研究的现状与不足，本文在文献计量和文献细读基础之上，分析国内《道德经》英译研究的发展演化历程与研究热点，发现当前研究领域存在的不足并提出展望，以期为今后《道德经》英译研究提供有益启示。

一、国内《道德经》英译研究概览与发展

本研究通过文献计量法，借助科学计量学工具 CiteSpace 绘制可视化图谱，对国内《道德经》英译研究现状进行回顾总结。本研究的数据主要来源于中国知网（CNKI），笔者于 2020 年 2 月在中国知网以"道德经"并含"译""英译""翻译"为检索内容，分别以"篇名""主题""关键词"为检索条件展开多轮检索，接着通过对文献标题、摘要、关键词以及具体内容的细读进行逐条筛选，手动剔除重复或无关文献后，最终得到 488 篇论文作为本文的主要对象及 CiteSpace 图谱绘制的数据来源。此外，笔者还通过检索国家图书馆、上海图书馆、读秀网等资源库对国内《道德经》英译研究的专著进行整理搜集。鉴于目前知网可查证的最早《道德经》英译论文——李贻荫的《评 D. C. Lau 英译〈道德经〉》一文出现在 1988 年，故本研究的起始时间为 1988 年。

统计显示，从 1988 年至 2019 年，国内《道德经》英译研究文献共 500 篇，其中学术专著 12 部，论文 488 篇（包含期刊论文 321 篇，硕士学位论文 152 篇，博士论文 9 篇，会议论文 6 篇）。从论文发表的年度和数量分布来看（图 1），国内《道德经》英译研究大致经历了三个发展阶段：1988—1998 年为萌芽期；1998—2008 年为发展期；2008 年至今为繁荣期。

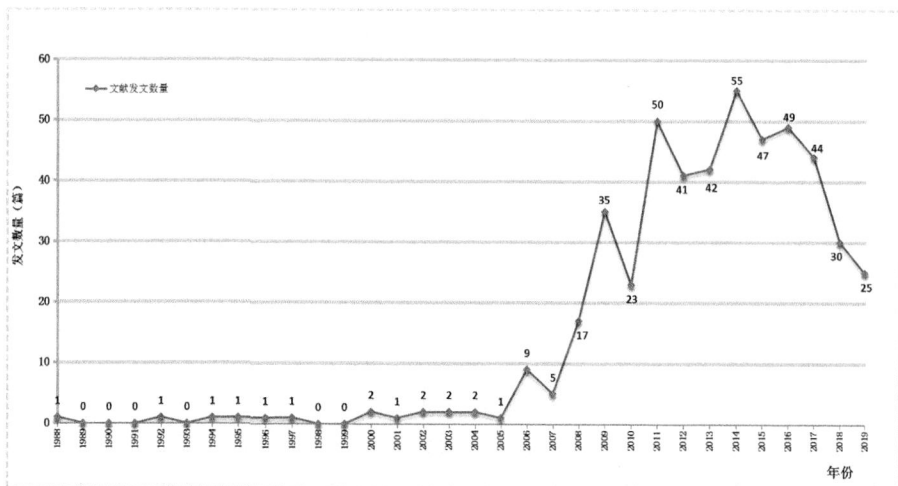

图 1.《道德经》英译研究发文概况

1988—1998 年为萌芽期，在这 10 年间仅出现 6 篇文献，如李贻荫的《评 D. C. Lau 英译〈道德经〉》"和《D. C. Lau 妙译〈道德经〉》，汪榕培的《译可译，非常译——英译〈老子〉纵横谈》等。

1998—2008 年为发展期，共出现 41 篇文献。这一时期的一大特点是出现不少硕士论文，共计 18 篇，如《以目的论为基础对〈道德经〉四个英译本的比较研究》（王瑛，2003），《十种〈道德经〉英译本的描述性研究》（熊瑛，2005）等，这些硕士论文大多基于某一西方翻译理论，对《道德经》多个译本就某些词或章节进行比较研究。此期出现博士论文 3 篇，分别为：《二十世纪西方〈老子〉研究》（张娟芳，2003）、《〈道德经〉在英语世界：文本行旅与世界想象》（辛红娟，2006）、《帛书本〈老子〉四英译本的三维审视》（冯晓黎，2007）。

2008 年至今可说是繁荣期。文献数量大幅上升，共有 453 篇文献。出现 12 部关于《道德经》英译研究的学术专著（图 2），其中《〈道德经〉在英语世界：文本行旅与世界想象》一书分别在 2013 年和 2016 年增印。与此同时，各级课题的立项也推动了《道德经》英译研究的蓬勃发展。如 2010 年教育部人文社会科学研究青年基金项目"典籍翻译与经典重构——《道德经》英译研究"；2014 年河南省教育厅人文社科重点项目"中国人自译《道德经》翻译行为研究"；2014 年国家社科基金项目"《道德经》在美国的译介与接受研究"；2017 年教育部人文社会科学研究青年基金项目"系统功能视域下典籍复译的语际再实例化模型研究——以《道德经》英译为个案"等。

表 1.《道德经》英译研究专著

序号	作者	专著题名	出版社	出版时间 / 年
1	辛红娟	《道德经》在英语世界：文本行旅与世界想像	上海：上海译文出版社	2008
2	李艳	20 世纪《老子》的英语译介及其在美国文学中的变异研究	武汉：湖北人民出版社	2009
3	冯晓黎	帛书本《老子》英译本四种的三维审视	成都：西南师范大学出版社	2011
4	杨玉英	英语世界的《道德经》英译研究	北京：中国社会科学出版社	2013
5	俞森林	中国道教经籍在十九世纪英语世界的译介研究	成都：巴蜀书社	2015
6	王越西	译者主体论视角下的《老子》英译研究	北京：外语教学与研究出版社	2015
7	吴雪萌	英语世界老学研究	武汉：华中师范大学出版社	2016
8	杨柳	《道德经》在多元文化语境下的接受与翻译	南京：南京大学出版社	2016
9	姚达兑	耶鲁藏《道德经》英译稿 (1859) 整理与研究	北京：中国社会科学出版社	2016
10	孟建刚	关联理论视角下《道德经》英译研究	哈尔滨：黑龙江大学出版社	2019
11	张优	《易经》《道德经》对外译介研究	北京，中国社会科学出版社	2019
12	郑海凌	老子道德经释译研究	天津：南开大学出版社	2019

上文从宏观层面对国内《道德经》英译已取得的成就进行了回顾，本文接下来将借助可视化图谱重点考察《道德经》英译研究论文，以便对国内《道德经》英译研究现状进行具体探究。

二、基于可视化呈现的《道德经》英译研究热点分析

"某一领域的研究热点是指在一个具体时间维度内，有着内在关联、一定

数量的论文集中探讨的科研问题。"①关键词是论文核心内容的高度概括与浓缩，对某一研究领域高频关键词的统计和分析可在一定程度凸显该领域的研究热点。基于知网检索到的 488 篇论文，我们利用 CiteSpace 软件绘制出关键词聚类图谱，即研究热点视图，图中每一个节点代表一个关键词，关键词字体越大，说明相关文献越多。由图不难看出，"生态翻译学""英译本""林语堂""语料库""翻译策略"等词字体较大，说明这些词出现频率较高，进一步表明这些词在一定程度上表征了国内《道德经》研究的热点，因此，笔者结合文献细读，从研究主题层面对当前《道德经》英译研究的热点进行分类并加以详述。

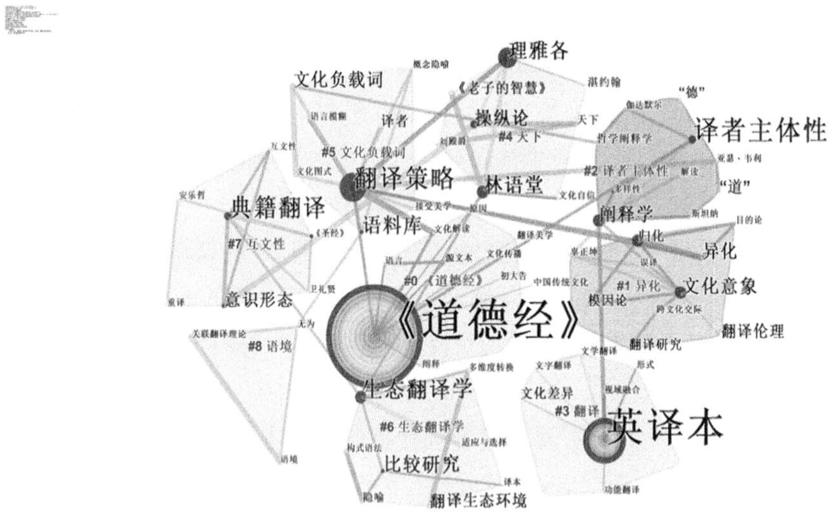

图 2.《道德经》英译研究热点聚类图

（一）译本批评研究

借助图 2 并结合文献细读，我们发现，从译本批评对象来看，目前学界的研究热点主要集中于如下四个译本：亚瑟·韦利（Arthur Waley）②、林语堂、

---

① 金胜昔、林正军：《国内翻译认知研究的文献计量分析》，《外语教学》，2016 年第 5 期。
② 目前，国内学者对于英国汉学家 Arthur Waley 的译名尚未统一，有译为"阿瑟·利利"，有译为"亚瑟·韦利"，还有译为"亚瑟·威利"，本文若非引用他人著作，译名统一为"亚瑟·韦利"。

詹姆斯·理雅各（James Legge）、辜正坤译本。这四个译本诞生的时代、社会历史语境各不相同，但都在《道德经》英译史上产生较为深远的影响。

　　英国汉学家理雅各的《道德经》英译本诞生于 19 世纪，译文虽然带有明显的基督教前见痕迹，但却具有很强的学术严谨性，他将大量研究成果寓于译本前言和注释。美国道教研究学者诺曼·吉拉多特（Norman J. Girardot）曾说，理氏以其独特的译本铺起了一条道路，结束了西方学者对于中国文献业余水平的研究，开始了专业化的汉学研究。①1934 年英国汉学家亚瑟·韦利英译的《道德经》②具有里程碑式意义和地位，它的出现极大地改变了旧有的将《道德经》与基督教教义进行蓄意比附式翻译的局面，该译本自问世起每隔五六年就要重印一次，在中外都具有不可比拟的影响力③。自 20 世纪 30 年代起，华裔学者及旅外学者逐渐加入《道德经》英译行列，林语堂便是其中之一。北京大学外语学院世界文学研究所辜正坤教授的《道德经》译本 *The Book of Tao Teh* 自 1995 年首印后引起国内典籍英译研究者的较大关注。国内学者对于这四个译本的研究较多，其中较具代表性的论文如《"比较"乎？"比附"乎？——理雅各〈道德经〉解读摭谈》（韩振华，2015）、《〈道德经〉英译的关联性研究——以亚瑟·威利的翻译为例》（孟建刚，2018）、《阿瑟·韦利英译〈道德经〉中的历史文化语境重构》（吴冰，2019）等。

　　除上述四个译本之外，还有一些论文对《道德经》英译史上影响力较大、具有转折或开创意义的译本及其译者进行整体性评述。如余石屹以美国哲学家、保罗·卡鲁斯（Paul Carus）《道德经》英译本为研究对象，分析指出卡鲁斯译本"将一套专属于基督教灵修传统的术语引入翻译中，几乎把《道德经》变成一本与当时颇为流行的基督教灵修思想和方法相近的修炼手册。他的翻译和解读开启了 20 世纪西方学者研究《道德经》与宗教体验关系的传统"。④辛红娟基于翻译与创作的关系，从对文本诗意的模仿，对圣人形象的解构和对《道德经》文本元意的重构三方面，深度分析了美国著名科幻、奇

---

① Girardot, Norman J. *The Victorian Translation of China: James Legge's Oriental Pilgrimage*. Berkeley: University of California Press. 2002. p. 9.

② 该译本全称为 *The Way and its Power: A Study of the Tao Te Ching and its Place in Chinese Thought*《道与德：〈道德经〉及其在中国思想中的地位研究》。

③ 傅惠生：《汉英对照老子》（大中华文库），长沙：湖南人民出版社，1999 年，前言：第 32 页。

④ 余石屹：《保罗·卡鲁斯的〈道德经〉英译本研究》，《中国翻译》，2016 年第 6 期。

幻女性主义作家厄休拉·勒瑰恩（Ursular K. Le Guin）《道德经》英译本。①
刘玲娣探讨了美籍华裔哲学家陈荣捷（Wing-Tsit Chan）的《道德经》英译，
指出他的翻译"很大程度改变了过去西方《道德经》英译中的神秘化和宗教
化倾向，凸显了《道德经》的哲学意蕴"。②

（二）核心概念词汇翻译研究

本文"核心概念词汇"是《道德经》文本中能够体现老子学说核心思想
的词汇，如"道""德""天""自然""无"等。这些词汇承载了老子学说的
核心思想，构建了老子学说的哲学体系，对这些词语的理解和翻译是《道德
经》英译的基础。

在这些词汇中，学者探讨最多的是"道"的翻译。"道"是老子哲学体系
的核心，《道德经》全书围绕"道"这一哲学概念，阐述了世界万物的起源、
存在方式、运动发展规律等，老子的整个哲学系统都是由他所预设的"道"
而展开。姚小平是国内较早对《道德经》中"道"的翻译进行专文分析的学
者，他在《"道"的英译和〈圣经〉中的道》一文中指出，西方学者将"道"
译为 way 的理据是源自 way 在《圣经》中的崇高、神圣的含义；虽然耶稣所
昭示的 way 是通向彼岸世界的光明大道、老子的"道"是世俗的人间正道，
而用 way 译"道"也同样可以传达出圣人救人救世的神韵。继姚小平的研究
之后，较具代表性的文章还有杨慧林的《怎一个"道"字了得——〈道德经〉
之"道"的翻译个案》（2009）、李文中的《〈道德经〉的核心概念及隐喻的英
语表述分析》（2015）等。

除了对"道"的翻译进行探讨外，核心概念词"天下"的翻译成为研究
热点，国内论者中肖志兵、温军超都曾撰写系列论文对"天""天下""天道"
的翻译进行探讨，如《亚瑟·韦利英译〈道德经〉的文化解读——以"天下"
一词为例》（肖志兵，2008）、《吴经熊〈道德经〉译本中的"天下"观念剖
析》（温军超，2013）、《刘殿爵〈道德经〉译本中的"天下"概念》（温军超，
2013）等。

---

① 辛红娟：《颠覆与传承：厄休拉·勒瑰恩〈道德经〉英译研究》，《国际汉学》，2015 年
第 3 期。

② 刘玲娣：《陈荣捷与〈道德经〉英译》，《华中师范大学学报（人文社会科学版）》，2016
年第 6 期。

（三）《道德经》英译史研究

对于《道德经》英译史的描述性研究是国内学者的研究热点之一。早期的论文如崔长青的《〈道德经〉英译本初探》（1997）、陈国华、轩治峰的《〈老子〉的版本与英译》（2002）都曾对《道德经》英译版本和英译史有过探讨。

21世纪以来，随着国内学界对于《道德经》英译的体认加深，学者开始对《道德经》西行图景进行系统归纳。《追寻老子的踪迹——〈道德经〉英语译本的历时描述》一文对《道德经》在英语世界的传播历程进行了详细的梳理归纳，作者分析指出，《道德经》在英语世界的传播历经了三次翻译高潮，这三次高潮在不同社会历史文化背景影响之下呈现迥然相异的姿态，译者翻译目的、翻译策略、底本选择等诸多方面差异极大。第一次翻译高潮（1868—1905）出现了14种英译本，译者多为来华传教士，其翻译目的是为了襄助其传教事业，译文带有明显宗教比附色彩。第二次翻译高潮（1934—1963）以亚瑟·韦利的英译本《道与德：〈道德经〉及其在中国思想中的地位研究》为开端，这一时期，西方世界出于对自身命运的忧虑和自身文明的怀疑，开始向东方寻找解救良药，老子思想中的反对战争、主张和谐的观点引起共鸣，这一时期的译者多以文化比较的态度翻译《道德经》，译文追求与原文对等的效果。这一时期的显著特点还在于出现了中国人自己的译本。第三次翻译高潮出现在1972—2004年，马王堆帛书本《道德经》的出土使《道德经》英译及研究出现了前所未有的繁荣景象，这期间共出现了78种英译本。这一时期的翻译不再是单纯的归化或者异化，而是两者结合，追求与原著忠实对等的同时，尽量传达原著优美的语言格式和深厚的文化底蕴。这一时期的另一亮点在于女性译者的加入和对性别问题的关注，这使得《道德经》英译呈现一种多元化的景象。①

近年来，新文献的发现改变了之前学期关于《道德经》早期英译史及首译本的定论。学界普遍认为《道德经》英译以英国传教士湛约翰（John Chalmers）1868年在伦敦出版的《老子，"老学"——关于玄学、政体和道德律的思考》（*"Lau-tsze", The Speculations of Metaphysics, Polity, and Morality, of the "The Old Philosopher"*）开英译《道德经》先河。而学者姚

---

① 辛红娟、高圣兵：《追寻老子的踪迹——〈道德经〉英语译本的历时描述》，《南京农业大学学报（社会科学版）》，2008年第1期，。

达兑访学期间所发现的耶鲁大学所藏《道德经》英译手稿完成于 1859 年，由法国汉学家儒莲（Stanislas Aignan Julien，1797—1873）法语译本转译而成，译者是一位美国来华传教士教师，该手稿誊抄者是美国传教士裨治文（Elijah C. Bridgman）的学生。[①]此文稿的发现颠覆了学界将《道德经》英译最早时间定为 1868 年的结论，也颠覆了《道德经》英译最早源自英国传教士、美国介入道家典籍译介时间相对较晚的学界定论。

三、基于可视化呈现的《道德经》英译研究热点的历时分析

为分析《道德经》英译研究热点随时间的演变与迁移，我们使用 CiteSpace 5.4 绘制时间线视图（timeline view），以 1 年为一个时间分区，将 1988—2019 年划分为 32 个时间分区，选取每个时间分区内被引频次最高的文献引文数据，据此生成《道德经》英译研究的历时发展网络，由图 3 可见高频关键词及其对应的出现年份。以下将在本文第 2 节对国内《道德经》英译研究发展阶段的划分基础之上，结合时间线视图对《道德经》英译研究的发展进行学理剖析。

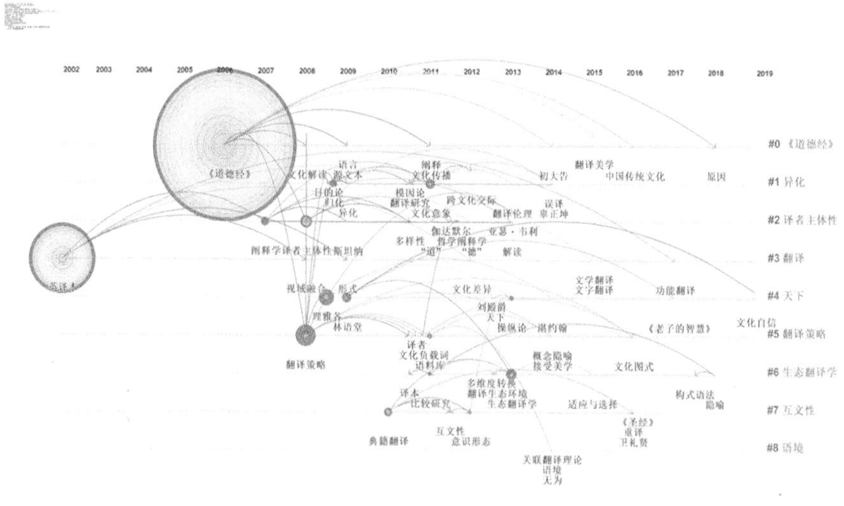

图 3.《道德经》英译研究热点历时演变视图

1988-1998 年间国内《道德经》英译研究文献数量有限，文章多以《道

---

①　姚达兑：《〈道德经〉最早英译本及其译者初探》，《外语教学与研究》，2017 年第 1 期。

德经》部分章节或关键字词的翻译为例对译本进行评述。如李贻荫的两篇文章《评 D. C. Lau 英译〈道德经〉》《D. C. Lau 妙译〈道德经〉》都以《道德经》第二十二章部分字句的翻译为例，对香港学者刘殿爵 ① 《道德经》译本进行"赏析和评议"。② 总体而言，这一时期的研究多对《道德经》译本进行语文学范畴的印象式评点，分析时带有一定主观色彩；文中偶有涉及翻译理论，但对于翻译理论的借鉴是当时国内流行的追求"对等""等效"的西方语言学派翻译理论观，未能将《道德经》英译置于文化对话的层面进行深度分析。

　　进入新世纪以来，随着翻译学界对于文化转向的体认加深，研究者开始作出文化层面研究的努力，正如图 3 中"文化解读""译者主体性""目的论""阐释学"等词的出现。研究者不再局限于语言、文本层面的微观探讨，开始关注意识形态、译者主体性等文化因素在《道德经》英译中发挥的作用，如苗玲玲从底本选取、对原文的理解、语言转换三方面分析了译者在《道德经》英译中发挥的主观能动性。③ 王剑凡基于多元系统理论，分析了传教士时期《道德经》英译经典文本和边缘文本的成因。④

　　2008 年至今《道德经》英译研究文献数量较之前有大幅上升，研究主题和方法呈现多元化发展态势。如图所示，"生态翻译学""适应""选择""翻译生态环境"等理论关键词的出现。生态翻译学由国内学者胡庚申所创立，该学说立足翻译生态与自然生态的同构隐喻，以"生态""平衡""移植"、"适应 / 选择"喻指翻译主体与环境的互动，建立了一套有效的解释性话语。目前在《道德经》英译研究领域颇受青睐，研究者集中于运用该理论探讨亚瑟·韦利《道德经》英译本，据笔者统计显示，此类论文共有 16 篇之多，其中，被引频次最高的论文是王越西的《适应与选择——从生态翻译学视角研究亚瑟·威利之〈道德经〉英译》，该文从生态翻译学视角剖析亚瑟·韦利译本在诸多《道德经》译本中独树一帜的原因，认为该译本适应了和谐的翻译生态环境，彰显了以译者为中心的生态翻译原则，符合整体适应选择度高的

---

① D. C. Lau 是香港著名中国典籍研究学者，现在学界通常将 D. C. Lau 正确译为刘殿爵。
② 李贻荫、金百林：《D. C. Lau 妙译〈道德经〉》，《外语研究》，1995 年第 2 期。
③ 苗玲玲：《译可译，无常译——谈〈道德经〉翻译中的译者主体性》，《学术研究》2002年第 8 期。
④ 王剑凡：《中心与边缘——初探〈道德经〉早期英译概况》，《中外文学》2001 年第 3期。

生态翻译标准，体现了汰弱留强、适者长存的生态翻译规律。①不难发现，在此文之后的同质化研究较多，生态翻译学对于《道德经》英译，乃至典籍英译的理论阐释力仍有待学者进一步论证。

语料库批评译学的发展为《道德经》英译研究由纯定性研究转向定性与定量结合研究提供了可能，为更为客观、科学的研究提供了必要的数据支持。如赵颖（2015）以《道德经》吴经熊英译本和亚瑟·韦利英译本建立小型对比语料库，从词汇、句子和语篇三个层面对两译本进行翻译风格的比较研究，指出吴译用词简单，句式简洁，注重译文可接受性；韦译用词专业，句式繁复，强调译文准确性。文章进一步分析指出造成两者差异的原因在于，吴译旨在沟通中西文化，而韦译则注重《道德经》本旨的准确传达。②李文中（2015）以《道德经》84 个英译本建立语料库，基于概念隐喻理论框架，探讨《道德经》英译本中围绕"道"这一概念的表述而形成的隐喻及意义表达。研究发现英译本围绕"道"这一概念形成"母性""水""河谷"三种互为指涉的隐喻群，共同构成"道"的基本语义。③

四、《道德经》英译研究展望

自 1988 年至今，国内《道德经》英译研究经历了各具特色的三个时期：萌芽期、发展期和蓬勃期。从整体而言，已经取得不少成就：首先，研究文献数量较多；其次，已形成颇为丰富的研究主题；再者，理论途径趋于多元，但仍存在不足，笔者试在前文分析及文献细读基础之上，对当前《道德经》英译研究的不足进行分析并提出展望。

（一）拓展译本批评对象

虽然国内《道德经》英译研究已呈现一定规模，但如前所述，当前的研究仍集中于亚瑟·韦利、林语堂、理雅各、辜正坤等数个译本，同质化研究现象较为严重。据郐谧侠统计显示，目前《道德经》英译本数量已达 452

① 王越西：《适应与选择——从生态翻译学视角研究亚瑟·威利之〈道德经〉英译》，《东北师大学报（哲学社会科学版）》2012 年第 2 期。
② 赵颖：《基于语料库的〈道德经〉两译本的翻译风格研究》，《中国翻译》2015 年第 4 期。
③ 李文中：《〈道德经〉的核心概念及隐喻的英语表述分析》，《解放军外国语学院学报》2015 年第 5 期，第 108—116+150+160 页。

部，① 因此，尚有 70% 左右的译本未进入国内学者的研究视野，这对于《道德经》英译研究的发展极为不利。不难发现，形成研究热点的这些译本都经过国内外出版社多次再版、重印，在《道德经》诸多英译本中属于较为容易获取的一类。

（二）重视《道德经》英译副文本

在对《道德经》英译本的研究中，论者普遍通过考察《道德经》核心概念词汇及章节的翻译来把握译本的整体阐释，② 在论述中较少涉及或者忽视译本的副文本。《道德经》全文仅五千余字，而《道德经》译本却异常厚重。诸多译者通过添加中文《道德经》版本所没有的长篇序言、详尽注释；标题、副标题和互联标题；插图、护封、磁带等副文本来引导读者的阅读与想象。③ 如亚瑟·韦利为译本所写的序言远远超过译文文本自身的长度；理雅各为译文附加长篇前言与详尽注释；英国汉学家彭马田（Martin Palmer）译本中配有中国山水画插图以彰显道家风范等等。

（三）深化《道德经》英译传播谱系研究

《道德经》英译所涉及的翻译类型较为复杂，其中既有同一语系不同语言之间的转译，如目前发现最早的《道德经》英译本是由法国汉学家儒莲的法语译本转译而成；也有不少译本属于同种语言之间的转译，即语内翻译（intralingual retranslation）范畴，如 20 世纪后期接受度最广的两个"平民译本"④:厄休拉·勒瑰恩译本和史蒂芬·米歇尔（Mitchell Stephen）译本均转译自美国哲学家保罗·卡鲁斯 1898 年的英文译本。此外，还有英译本回译为汉语本的现象，如林语堂 1942 年出版的 *The Wisdom of Laotse*（《老子的智慧》）便有 3 种汉语译本。⑤ 因此，在对《道德经》英译本研究时应当注重译本之间的传承与联系。

---

① 邰谧侠：《〈老子〉译本总目》，《国际汉学》2019 年增刊总第 1 期，第 14 页。

② 刘骥翔：《从"再现"到"表征"：一种以"副文本为中心"的典籍英译本描述性分析方法——以吴经熊〈道德经〉英译本为例》，《中外文化与文论》，2019 年第 1 期。

③ 辛红娟：《〈道德经〉在英语世界：文本行旅与世界想》，上海：上海译文出版社，2008 年，第 266 页。

④ Julia M. Hardy, "Influential Western Interpretations of the *Tao-te-ching*." Kohn Livia & Michael La Fargue, *Lao-tzu and the Tao-te-ching*. Albany: State University of New York Press, 1988, pp. 181-185.

⑤ 同上，第 16 页。

（四）加强多学科协同研究

目前国内《道德经》英译研究的文献大多从文学翻译的视域出发，注重作品文学性的表达，而对于《道德经》作为早期中国哲学文本特性的传达和作为中国本土宗教典籍文献的研究阙如。这在很大程度上是由于研究者学术背景的囿限，目前虽然已有学者做出跨学科的努力，但影响较小，因此亟待对《道德经》译本开展文学、哲学、宗教等方面的多学科协同研究，丰富和深化《道德经》英译研究的维度。

五、结语

本文基于对488篇《道德经》英译研究论文的文献计量分析和学理解读，较为全面地呈现了1988—2019年《道德经》英译研究领域的研究热点和发展演化历程，我们认为，国内《道德经》研究的热点主要在于三方面：一译本批评研究；二核心概念词汇翻译研究；三是《道德经》英译史研究。虽然学界关于《道德经》英译研究已取得一定成果，但仍存在许多不足，现有研究亟须加强，我们呼吁学界拓展《道德经》译本批评对象，重视《道德经》英译副文本，深化《道德经》英译传播谱系研究和加强多学科协同研究。

论美国之 Dao 与老庄自由精神

——从"follow tao"的悖论说起

蔡觉敏*

（天津外国语大学国际传媒学院　天津　300204）

摘　要：当代美国，一批《道德经》或者"道"的爱好者宣称"follow tao"，但对"道"之起源地中国的"传统"，他们却不甚认同甚至划清界限，引起了学界对其"Dao"①真实性的拷问。细究被美国之 Dao 否定的"传统"，我们会发现它们并不属于中国"道统"②的本质和标配；另一方面，美国之 Dao 中追求自由、否定物欲、敞开心灵追求灵性自我的神秘主义，则确实能够于老庄之中觅得踪迹。这种美国之 Dao 与"道"的相通之处的被疏忽，一是缘于近年来西方道教学研究重点的转移，二是因为"道"在中国的特殊存在形式不为某些西方学者所知，由此误判"Dao"中的自由元素仅是来源于西方新教主义。

关键词：美国之 Dao；传统；follow tao；自由

《道德经》在海外有着相当大的影响，其译本数量仅次于《圣经》，在有着大量华裔的美国更是有一批忠实的受众。芝加哥大学博士 Lucas

---

＊　作者简介：蔡觉敏（1975—），女，湖南岳阳人，天津外国语大学副教授，古代文学博士，研究方向为古代文学、海外汉学。

①　本文认为，美国所宣称的 Dao 虽然由中国的"道"翻译而来，但实际上与"道"有区别，故此处保持原文。另：由于"道"以前多被译为"tao"，当下多被译为"dao"，故本文对"道"的指称有不一致处，单纯提及时多用当代惯用之"Dao"，对既定说法如"follow tao"和引用文本中的"tao"则保持原有形态。

②　本文中的"道统"特指本文所论及的道文化之传统，并非通常意义上的儒家之"道统"。

Carmichael 在其博士论文《美国圣经〈道德经〉：文本、传统和翻译》(The DAODE JING As American Scripture：Text，Tradition，and Translation）中提出，流行的《道德经》译本影响了"美国哲学道教"的全部和"美国道教"的大部分内容 ①。这些译本的爱好者包括一些声称"跟从道（follow tao）"者，他们的好道行为表现不一，可能是《小熊维尼之道》(*The Tao of Pooh*) 一书的书迷，或是推崇以 Dao 的方式做事或强调遵从事物本身之 Dao，也有可能是网络上那些强调道教与语言无关，只与存在及行为方式有关的自称 Dao 的爱好者们，还有可能既是《道德经》的接受者又是传播者，例如著名小说家娥苏拉·勒瑰恩（Ursula K. Le Guin）。这些人对 Dao 的推崇多没有具体的形式，我们只能从其文本语料中找到道的痕迹。还有一些人，他们对 Dao 的追求更为具体，如美国"梦之旅（Dream Trippers）"和"治愈道（Healing Tao）"都不远万里到道教圣地华山修道 ②。结合当代美国的 Dao 文化，笔者发现，这些爱好者推崇中国道统中的宇宙整体观、阴阳论、自由恬淡的人生哲学等 ③；但是，他们都"撇清"与中国"传统"的关系。那么，既宣称是"Dao"的体悟者甚至传承人，却又对来自中国的"传统"不屑一顾，这种悖论中，隐藏着什么？

首先，我们需要了解，这一否定中国传统的美国之 Dao 中所隐藏着的对中国"道"的认识。这包括被它否定的"传统"以及它们自认为传承了的 Dao 精神。

一、对中国"tradtiton（传统）"的否定

《道德经》的接受者们，一部分没有求 Dao 的具体行动，也不隶属于与 Dao 相关的组织，其自发形成的群体与支持者也否认属于 与 Dao 有关的任何社团。与其说这些人是"不能"，不如说他们是不为和不愿。他们甚至不愿意被称为"daoist"，更愿意说"follow tao"，也不认为应该学习和了解"Dao"的宗主国中国的文化知识。一些有着具体行动的，甚至去华山求道的

---

① 参见 Lucas Carmichael. The DAODE JING As American Scripture: Text, Tradition, and Translation [D].Chicago, Illinois:the University of Chicago, 2017.185-187.

② 参见 David A. Palmer, Elijah Siegler.Dream Trippers：Global Daoism and the Predicament of Modern Spirituality[M].Chicago:University of Chicago Press,2017.

③ 关于美国之"Dao"，笔者《等待"正名"的"西方之'道'"——以美国为例》(《阜阳师范学院学报（社会科学版）》，2017 年第 2 期）和《道家道教的西方大众接受——以美国为例》(《阜阳师范学院学报（社会科学版）》，2016 年第 2 期）等中均有提及，此不赘述。

人，虽然他们自认为自己体悟到了 Dao，但他们也不重视"传统"——中国的道教经书、科仪法事等。他们不仅声称没有传统的宫观制度等，还强调真正的 Dao 就消亡于组织道教出现之时。其组织者 Carl Muller 认为，西方人从 Daoism 中发现了解决西方问题的方法，他们才是真正地继承和恢复了中国之"Dao"；并提出这种 Dao 是"philosophical（哲学的）"的 Dao，以与作为"relegious（宗教的）"的道划清界限。

是否只有在美国文化中成长起来的受众们才否定"传统"？并非如此，华裔传播者在这方面更甚。"整体道（the Integral Way）"的华裔创建者倪华清就拒绝仪式和唱诵，以此将自己与"民间的（folk）"和"宗教的"的道教区分开来；他的弟子也特别强调"整体道"是传承了最早的老子的 Dao，与后来强调道教仪式和敬神仪式的道教不同。"治愈道"的华裔创建者谢明德（Mantak Chia）更为激进，其弟子认为，日常所言的 Daoism 有着佛教、神秘主义道教以及中国文化（民间信仰和儒家等）成分即"传统"内容的是"宗教的"道教，如中国正统道教宫观以及一系列其他有着统一形式和规矩等的道教；而谢明德所教"治愈道"与之不同，它是与 Dao 合一的个体信仰，和早期道教——形成了统一的宫观制度等形式之前的道教——更为接近。不仅如此，更多的好道者将"治愈道"与组织道教的关系对应着"esoteric（神秘主义的）"道教和"宗教的（坏的）"道教的关系，认为前者是"好的、灵性的"，后者是"坏的、制度的"，其中隐含着视中国的宫观制度等"传统"为多余且有害之物。

值得注意的是，这一剥离了中国"传统"的 Dao，得到了广泛的认可和肯定。《道德经》畅销译本作者冯家福（Gia-fu Feng）说，当他丢掉中国传统从西方角度看"道"时，他反而觉得自己体验了道；换而言之，他同样认为中国古代的知识与传统无助于他对母国之道文化的理解。美国汉学家苏德朴（Stephen Eskilden）采访过的美国道观中的华裔道士、加拿大汉学家宗树人（David A. Palmer）采访的华山道士都认为这些也是"道"；笔者在对白云观道士进行的网络调查中，高达百分之七十的人认为这些人可以说是"道"；笔者还和白云观一位道士进行过私下交流，对方也持这样的观点，认为"道"是普在的，中国名之为"道"，但并非只有中国有，也并非只有依照中国的形

式才能体道 ①。

深究普通的《道德经》阅读者与有着狂热求道热情的美国"道士"们否认"传统"的现象，不难发现，他们热爱和研讨《道德经》，但否认与之有着联系的植根于中国文化中的宫观建筑、制度、科仪、（老庄经书之外的其他）经书的解读等。可以说，他们摒弃的"传统"，是与《道德经》同处于中国文化体系之中而在《道德经》之外的科仪等形式。这种对道教制度仪式等的否定与现代社会对传统宗教形式的否定思潮相应。文艺复兴带来了现代性，一个独立的、自发的和自由的"我（self）"从哲学、经济、法律、政治和文化等各方面对当代文化和社会都产生了影响，并产生了以祛魅的、自然主义本体论为基础的具有鲜明特征的西方现代性。它以不断增长的进步、理性和科学发展为基础，弱化了宗教机构、仪式、牧师等的权威，后现代中宗教更为主观化，宗教信仰越来越多地来源于个体自身的内在而不是外在权威和宗教机构，灵性主体将权威置于个体内在中。在美国，这种传统早在 19 世纪初的灵性运动以及艾默生、梭罗、惠特曼等作家中已经开始，进一步发展到现代灵性和异域宗教中，多改造和吸收亚洲传统，反对教会式的宗教教条、仪式、制度等，希望个体越过宗教仪式和制度直接与上帝或者神圣接触，这也是新教改革的余绪。在对中国道文化传统的接受中，他们欣赏非人格的"道"，这一"道"没有上帝的高高在上与权威，而"无为""自然"则契合了对传统僵化制度的突破，故此，他们自然地接受了"道"，而否定了与之相关的宗教形式。

那么，这些宗教形式是不是中国道文化传统的本质？与"道"有关的仪式，本来是促成对"道"的领悟、帮助安顿大众的生老病死，但是，当它仪式化、程式化和职业化后，则有可能固化甚至僵化；与利益挂钩后，更可能沦为招摇撞骗之术，这时就走向"道"的反面了。历史文献和古代小说中对此都多有体现。佛教学者刘勰就描述了当时道门的败坏，寇谦之整顿道教也说明道教徒有不规之举。"三言""二拍"、《西游记》等小说中不乏藏污纳垢的道观和为非作歹的道士；《子不语》中的道士形象既有惩恶行善、正直仗义者，亦有贪财好色、阴险毒辣者。著名道士张三丰强调，"术"要以"道"为先，这反证有"术"并不合"道"者。这种复杂现象在美国同样存在，研究

---

① 参见本人即将发表在 Journal of Daoist Studies（Three Pine Trees Press，美国三松出版社）的 *A False Dao? Popular Daoism in America.*

美国道教的汉学家 Elijah Siegler 就提到，被采访者提到有些道士有不恰当的性行为和借机敛财之举，汉学家 Mistadd 在与笔者的交流中也证实了此一现象。从科仪、法事等"传统"在中美道教的实际地位和效用而言，它即令不一定像某些西方好道者眼中那样"迷信"和"堕落"，但确实并非如此完美与纯净。普通修道者对道教的认识多来自生活现象，从一些所谓修道者的负面行为中产生对"传统"科仪的否定与贬斥，提倡与仪式等无关的"Dao"——更为偏向思想的《道德经》（和《庄子》）中的"道"。与"follow tao"和修道者不同，研究者多是从《道藏》经典中探究道学玄理和修道行为，而道教经典本就是向外界展现道教正面形象、教育道士的文本，研究者由此形成的科仪、制度等印象多是正面的，且认为这些是植根于中国文化的"道"之最本质者，甚至有由此而转向护教立场者。

可以说，仪式等"传统"在现实生活与文本中的两面性造成了否定或推崇它的不同态度。这二者都有片面化——即都刻意放大了自己所喜欢的文化元素（有的喜欢思想、有的喜欢科仪）在整个中国道文化传统中的比例，且都潜在地将《道德经》中的"道"之思想与道教仪式"传统"当成二元对立关系。以此，醉心于"Dao"的普通爱好者将道教仪式当成道文化的"传统"的全部而彻底否定之；倾心于道教仪式的激进学者则极力强调科仪等"传统"的正面意义，尖锐抨击那些没有"传统"的好道者为剽窃。

与某些西方学者和好道者对"传统"的激进态度不同，熟知中国道教之复杂的道士和学者对"传统"更为圆融。如宗树人采访的陈师傅即并不否认道教仪式等"传统"的意义，认为它可以助人体道；但又不过分强调"传统"的重要性，提出仪式等并非悟道的唯一方式，且不否认确实有虽行仪式但无内涵者。笔者调查了近 20 名道士，他们也认为，相比形式，"道"的内涵更为重要，不同文化完全可以有不同的体道方式，而不拘限于中国的程式；另一方面，他们也不否认道教仪式有被热衷名利者用于谋利的现象。

如此可见，美国的中国之"道"爱好者，他们所摒弃的"传统"并非《道德经》本身，而是固化的形式——在他们看来，固化的形式是对《道德经》中的真实自然的"道"的违背。因此，有为的"传统"的痕迹去除得越彻底，才越符合真实的"道"精神。如此可见，对"传统"的摒弃中，隐含的是对"道"的"无为""自然"精神的肯定。

在否认社会"传统"之时，《道德经》的爱好者们自豪于"我的道（own tao）"。在强大的社会压力前，他们以"own tao"对抗现代社会中的价值枷锁和现代压力，实现心灵的虚静自由；也在虚静自由中直接体悟宇宙自然，在祛魅的后现代社会中感受宇宙之"道"以复魅。

二、"own tao"中的自由之我与"我"意义的建构

摒弃"传统"的美国之道，去掉"传统"中的繁文缛节，崇尚简约的生活方式，更喜欢以自我喜好而不是财富功名定义自我，推崇在自身与宇宙之"Dao"的合一中复魅。如此种种，都凸显了"own tao"的个性自由对社会标准的反拨。

首先，这种"自由"是一种带有更多的个体自由色彩的生活。前文提到的对"传统"的否定，就是这一生活理想的实践。但是，所谓"own tao"不仅仅在于否定传统，还在于所有个体都无需他人的指引和集体的允许也有践行"Dao"的权力和机会，个体是"Dao"中最重要的。这种美国之 Dao 受到了美国道教学者柯克兰（Russel Kirkland）的强烈否定，他认为很多美国人将道教"想象"成一个现世的精神理想，任何人——特别是持个人主义的美国人——都可以宣称自己体"道"：

例如，大部分的当代美国人会和你说：当代的美国人不是去将道当成传统和当代中国里实际教育和修炼的对象，而是习惯于从个体简约生活的吸引力和所谓的"与自然和谐相处"的角度来理解"道教"，而这两者都能愉快地甩掉文化包袱。①

他还引用柏艾格（Steve Bradbury）的 *The American Conquest of Philosophical Taoism*（《道家哲学的美国化》，1992）中说：大部分东西方的《道德经》译者，都信仰 taoism 是人类普世遗产，将《道德经》作为与自由主义新教兼容的原始人文学说，将"道"化约为一种西方认识论。在柯克兰看来，这种"Dao"是西方人对"道"的理想化，它产生于新教对教会权威的反抗、Jean-Jacques Rousseau 复归简朴的生活理想、20 世纪对后工业时代文化的反感中，与中国之"道"无涉。透过柯克兰对这一美国之 Dao 的强烈否定，我们不难看出，这侧面证明，"美国之 Dao"中正体现出了自由个性。

其他学者的研究也证实了这一点。汉学家科恩（Livia Kohn）就认为，《道德经》之所以流行，一是因为疏离西方理性主义的人，在《道德经》中

---

① ［美］Kirkland, Russell.*The Taoism of the Western Imagination and the Taoism of China: De-colonizing the Exotic Teaching*, Presented at the University of Tennessee, University of Georgia,1997:20.

发现了对分析理性的否定与对直觉思维的肯定。更多的个体是在返回自然的名义下，从中找到了对社会传统和价值判断、对自我意愿的遵从，她描述学习《道德经》的学生是"go-with-the-flow philosophy of life"。同为汉学家的她学生郤谧侠（Mistadd）认为，"美国道教"中的思想也比较复杂，"它包括还有天人合一（大自然与人类的统一），反对现代性，反对基督教（这包括 follow my own tao），反对政治或经济压迫，反对社会控制（也包括 follow by own tao），反对战争，超越自我的神秘主义，审美观，还有 paradox 思想，还有知足"①。他描述的美国之 Dao 中，同样是流露着强烈的意欲摆脱宗教组织控制的个体自由精神。可以说，不管是认可还是否定当代西方之"Dao"，道教学者的观点都直接或间接地证明了这一美国之"Dao"的"自由"因子，这一自由精神与前文对"传统"的突破是同一精神之正反两面。

不仅如此，美国之 Dao 还有着强烈的个性。表面上看，它是"follow"，是"跟从"，是没有个性的，但"Dao"又各有其"own tao"，因而"follow own tao"其实是各有其道，各行其道，这和庄子中各适其性是相通的。例如，恋爱中的女性，不刻意去做男性欣赏的女子，而是做真实的自己，这就是女性的恋爱之 Dao，强调女性自身的性别特点。可见，虽然强调 follow tao，但具体到个体，则是将自己所听从的自我之"道"提升到宇宙之道的高度，最终听从的只是个体自身的心灵需要，也就是将个体的需要上升到"Dao"的高度，使自我个性上升到宇宙本源的高度。自身成为行动的来源与目的，而这也与这一时期宗教领域内将宗教权威置于内心而不是外在权威与仪式的运动是相应的，以此，"own tao"得以成为无数《道德经》拥趸者的选择。

其次，美国之"Dao"是对虚幻的物质之我的突破和对"我"的充分实现。在这一点上，大量的《道德经》通俗译本和读物充分地显现了这点。

现代化给美国带来了极度丰富的物质，但是，相伴而来的不仅是追逐物质时的紧张感，还包括追逐不得的失落、痛苦以及由此而来的自我否定。人成为高速转动的社会机器上的螺丝，这个机器和人都被所谓现代化和与之相应的社会价值观绑架。此时，主张消除物欲的"Dao"得到了人们的青睐。20 世纪 30 年代怀特·宾纳（Witter Bynner）的《道德经》译本及 90 年代冯家福的译本、90 年代斯蒂芬·米切尔（Stephen Mitchell）的"译本"中均可以看到对这种以金钱、名利、学历为标杆的价值观的否定和对现代病的反

---

① 郤谧侠的观点是在与笔者的私下交流中提出来的。

思。现代化程度越高，这种倾向越明显，在这几本《道德经》译本基础上写成的《改变你的思想　改变你的生活：生活智慧之道》(*Change Your Thoughts - Change Your Life：Living the Wisdom of the Tao*) 中表现得最为明显："圣人最终复归本根，体悟到一己之无限本性……因此，他们抵御物欲和名望的引诱，避免堕落。"① 该书以"Dao"否定追逐名利的个体，连续多周高居畅销书榜首。在现实生活中，"Dao"在生活压力特别大的硅谷影响力更大，也印证了这一点。

表面上看，"Dao"的流行只是因为老庄的淡泊名利思想。但是，否定物欲的哲学流派并不在少，何以"Dao"受到特殊青睐？这即是前文所言的"Dao"中对自我的推崇。作为恒久而普在的宇宙本源和规律，"Dao"足以打倒短暂浮华的现世社会的价值标准；个体以 Dao 之名成就自身（own）之生活方式；自身行为具有了充足的存在意义。

不仅如此，当人不是在外在枷锁作用下被动生活时，自身能量也能够得到最好的实现。当人是一种积极的心态，即进入"心流"模式时，人能够使自身的力量完全进入自然和谐相配的状态，这样才能够最大程度上释放自身的力量，也能够取得最佳效果。在这一点上，科恩注意到《庄子》中的那种凝神而忘与心理学家霍克思（Hawkins）的"心流"理论相通，它让人在不自觉的心理高潮与自由中释放与实现自我②。"follow tao"既是不被世俗价值观扭曲的自然状态，也是顺应个体自身意愿的自由状态。

Dao 之个体自由的独特之处，还在于非人格的"道"给予了人个体最大的宽松环境。米歇尔强调"道"之造物的原则与西方创世论的不同："All things are born from it，yet it doesn't create them."③ 即"道"之造物像母亲生育孩子一样，所生之孩子有个体自身的生命；匠人之造物则是匠人主观意志的体现，所造之物自身没有个体生命发展之可能。笔者曾访谈一位在腿上刻了"道"字的年轻女子，询问其刻"道"字的原因，据她所述，是恋爱时候曾经遇到过一些波折，她和男友感觉有一种冥冥中的力量隐隐约约地引领他们，让他们对感情的前路抱有信心和期望；但是，那种力量并不是高高在

---

① [美] Wayne W. Dyer：《改变思想，改变生活》，王强译，天津：天津科技出版社，2009 年，第 52 页。

② [美] Livia Kohn.*Zhuangzi: Text and Context*.Three Pines Press:St.Petersburg, FL, 2014:21.

③ [美] Mitchell, Stephen. *Tao Te Ching*. London: Frances Lincoln Limited. 1999：ch34.

上地命令她，只是让她感觉到它的存在与陪伴，因而对感情充满信心。她相信这就是"Dao"。不仅如此，在众多的有关 Dao 的读物中，我们都可以感觉到对这种宽容力量的相信。这种对给予个体自由环境特性的青睐，在一些畅销读物中大量存在。笔者曾对比分析了前文所提的《改变你的思想　改变你的生活》和另一本引用达四百余次的《领导之道：〈道德经〉的当代运用》两书的目录，发现其中均有对独立个体意志的肯定，如主张"self-independence（自我独立）""独立思想（Independent Mind）""放手（letting go）""不干预（non-intervention）"等①。这种对个体自由的重视，正是《道德经》中的重要内容："就个体来说，老子主张充分的个人自由与发展空间，主张保护个体的自主与活力，反对外来的控制与干涉……老子反复讲到的'自化''自定''自正''自均''自宾''自朴''自富'等都是指没有外力干预的自发的情况，是百姓对自然自足的生活的憧憬与歌颂，是对无为之治的最好描述。这样诸多的'自'似乎都是就个体来说的。"②

Dao 对个体意义的建构，不仅在于使个体从烦琐的社会枷锁中解放出来，成为个体存在的理由；作为宇宙的神秘力量，它为后现代社会中人们寻找复魅体验奠定了基础。

如前文所述，现代社会中，原有的宗教传统被打破，教会式的宗教教条、仪式、制度被否定，但这并不意味着人们不再需要宗教世界中那个超越的灵性的我，只是人们希望掌握灵性技巧以直接体悟神圣，并寻求可以在现代社会中使自我复魅的灵性技巧和哲学。以此，"不是宗教的宗教"形成了，在这并非传统宗教的宗教中，复魅是要建立人与超越的彼岸世界的联系，是靠敞开自己去建立与宇宙力量即"道"的直接联系，如到华山求道的美国道士凭心灵去直接体悟华山的宇宙力量："那时那地，我们都是'武当'（注：指文本作者在武当山时候体悟到'道'），我们都是武当，你是武当。只要你站在山上或海边，感觉到你与周围的无限融合，这就是道家所称的'一'。"③这种远离尘世与"道"合一的空灵心境，即是复魅体验。其基础即是去除物欲、保持心境的空灵自然，而"道"去除名利、听任事物的自然发展，如《改变

---

① 参见 A False Dao? Popular Daoism in America，两书分别为上文提到的 Dyer, Wayne W. 2009. *Change Your Thoughts - Change Your Life: Living the Wisdom of the Tao*. Carlsbad: Hay House 和 *The Tao of Leadership: Lao Tzu's Tao Te Ching Adapted for a New Age*（Heider, John. 2005）Green Dragon Publishing.

② 刘笑敢：《老子古今》，北京：社会科学出版社，2006 年，第 345 页。

③ [美]The RZA.*The Tao of Wu*. New York:Penguin Putnam, 2010:6.

你的思想　改变你的生活》中提出"不执着（without attchment）"正是如此。在《道德经》及与道相关的文本中，"接受（accept）"和"顺其自然（let go）"等词频繁出现；只有内心真正"接受"，才能真敢于"顺其自然"。人们可以进入一种"Dao"的平和宁静，"Dao"经常被与"平衡"和"和谐"连在一起。如冯家福本《道德经》编辑所言："安顺地接受面临的一切，无需改变它。研究事物和工作的自然顺序而不是反对它。……'理解（understand）'的原始意思是'谦卑地站立'（笔者注：undersand 分成两个单词就是'under'和'stand'）。"①

如此可见，以"Dao"将自身从烦琐的现代社会中解脱出来，过一个简单的生活；从社会价值观的枷锁中解脱出来，以自己作为生活的理由；以自身去感受与宇宙的相通，形成一个灵性的自我，Dao 使人们从忙碌而没有精神家园的个体在复魅中实现对俗世的超越，重建失去的灵性自我。这一点，克拉克（J. J. Clarke）在 2001 年的专著《西方之道》（*The Tao of the West*）中即提出：

这些修炼和文本中贯穿的是对生活的宗教维度的追求，它超出于传统的组织宗教和教义，综合了生活中的精神的、感情的和身体的各方面，形成一种使人感觉和谐和心灵自足的精神追求。与其他运动在一起，道教对寻找精神安宁和自足的人特别有吸引力。他们关注于体验现世社会中的具体存在而不是超越的未知世界，它将人类生活与其自然本源重新关联起来，使人发现生活的意义。②

如此可见，美国之 Dao"背弃"中国文化"传统"，但又坚持"道"，二者并不相悖。但是，这种"自由"精神并不被西方学者所重视，即令有关注者，也更多的是强调中国道教中的灵性自由。笔者窃以为，这与中国之"道"中自由精神特殊的表现形式有关。

三、悖论之源：中国自由之"道"的日常化
美国之"Dao"中对传统的摒弃与对自我主体的追求，与中国之"道"

① [美] Gia-Fu Feng. *Tao Te Ching*. New York: Random House, 1989:ix-x.
② [英] J. J. Clarke.*The Tao of the West - Western Transformations of Taoist Thought*. London: Routledge, 2000:1.

是相通的。但是，中国之"道"中对"自由"的追求并不表现为有形的形式，而是渗透于日常生活中；也无法看到人们为追求自由而付出的巨大努力，得道之士更多地向人们呈现出逍遥自适之趣。这种中国之"道"中自由精神表现的特殊性，使得某些学者认为中国之"道"中没有自由精神、美国之"Dao"中的自由精神只是出于新教中的自由个性，完全与中国无关。

对中国之道中自由精神的疏忽，与近年来西方道教学研究重点的转向有关。从20世纪五六十年代起，海外道教研究重点不再以《道德经》文本为焦点，而是从《道德经》文本拓展至更广泛的方方面面，更多关注身体而不是精神，关注修炼而不是信仰和价值观。《道德经》及《庄子》中崇尚自由、反抗物欲的精神不再是学界最为关注的对象，道教与社会研究、仪式研究、修炼研究等成为学术舞台上的新焦点。这其中，与个体相关的研究则又多以修炼为主。但近年来的修炼研究更重视有形的生理修炼，道教学者多从仪式中寻找体验。这些体验固然能够加深对道教的认识，但是，东西方潜在的思维方式的区别仍是存在的。西方宗教修炼中，更强调从俗世之"我"向超越之"我"的转化，是从A到B的转变，这一超越之"我"与现世中的我是隔绝的，是对现世之我的扬弃。研究中国道教修炼的学者，亦多将重点置于道士对更高更纯之"道体"的追求，并且认为这是对俗世之体的弃绝与超越，甚至将道教最终所意欲形成的"我"当成与俗世对立之"我"。他们更多关注"道"之修炼对身体的影响，对"道"对个体价值观与独立精神个体意义建构的影响，则较少注意，窃以为，这其实也是无形地在以西方的思维观念和本体论上的个人主义来理解东方道教中的"我"。

实际上，中国人的"我"并非只是一种生理的修炼，对更为广泛的大众来说，它更多的是一种价值观、人生观上的影响和提升：人从自由自在的不受污染的"我"，变为被社会桎梏和污染的我；再从被社会桎梏的"我"去掉遮蔽，变为体道的绝对自由之"我"的过程中，"我"是一个否定之否定的螺旋式上升。中国人的世界中，并不存在一个超越的彼岸，自孔子起即回避对彼岸世界的探讨，"未知生，焉知死"。中国人没有一个处于彼岸世界的超越的"我"，"我"始终是在自身之中，无需外求；所谓的本性，也多被认为是被遮蔽而不被个体所意识到。道家之道存于自身，儒家的"天理"和"本心"也都存在于个体内部。中国人所要修炼成的"我"实际就是去掉遮蔽的过程，自我转化并非此境界向另一个超越的他者的转化，而是当下被污垢蒙蔽的个体向去除遮蔽的我的转化过程，如陶渊明的"悟今是而昨非"。比较哲学界的安乐哲（Roger T. Ames）先生提出中国的"self"与西方的有不同①，宗树人先生提出，中国的修炼并不以"self"作为修炼的起点、结局或终极目标。如果必须以西方的"care of the self（关怀自我）"、"self of technology（自我技术）"描述的话，则必须将"self"看成一个过程而不是一个实体或者目标时才行。②

就中国人的自我修炼形式来说，也非必然诉诸有形的仪式。中国人的"道"本就是融合于生活中的。杨庆堃提出中国是弥散式宗教，另一位心理学家彭凯平也提出，中国人的"道"的思维方式，是隐藏在生活日用中的。宗树人先生采访的陈师傅也提道：道教可能会消亡，但道不会消亡，生活中无处不在——实际上，这是相当一部分道士的观点。白云观的一位道士和笔者说：其实，不能说是中国的"道"，因为"道"是宇宙的，不限于某时某地，中国不过是给了它一个名字而已。道教仪式虽是无数百姓安顿生死之处，但中国的百姓并不一定知道"道"，教育程度低者中，知道《道德经》的都很少，但"道"实际上渗透于中国百姓的生老病死中。中国人之于"道"，就如鱼之于水；鱼游于水中，但鱼并不知何为水；中国人处于道中，不一定意识到何为"道"。沉潜于中而不自知，这即是"道"的表现形式。

"道"没有外在表现形式，正是这一点，使得"道"被某些人用以自我标榜自高身价。这反过来也使得某些西方学者认为，"道"如果不是自我标榜，则必须有艰难烦琐的修炼过程。但中国语境下，虽然虚伪者自命得"道"殊为容易；但对真正的修道者来说，"修炼"并非灵光一闪就可达到，它可能有复杂漫长的心理煎熬。在儒家价值观为主流的中国社会，要抗拒功业、名利的巨大诱惑，需要强大的心理承受能力。很多时候，还要经历一个内心摇摆和纠结的求道过程，如魏晋时期的陶渊明三次出仕三次归隐，"一心处两端"（《杂诗十二首·其一》）：出仕之时他"不能为五斗米折腰"（《晋书·陶潜传》）；但退隐期间，他一想到功业无着，即"念此怀悲凄，终晓不能静"（《杂诗十二首·其二》）；数次动摇后，他才真正意识到"性本爱丘山"（《杂诗十二首·其二》），"觉今是而昨非"（《归去来兮辞》），选择了把酒东篱的生活。这可谓从在不同境界间摇摆到最终才了悟自己所能心安之境，这也可谓

① 参见安乐哲：《自我的圆成：中西互镜下的古典儒学与道家》第三章，石家庄：河北人民出版社，2006年。
② 参见 David A. Palmer, Elijah Siegler.Dream Trippers：*Global Daoism and the Predicament of Modern Spirituality*.Chicago:University of Chicago Press,2017:8.

一种"修炼"。但是，这种修炼并非焚香祈祷等形式，只是表现为不同生活形式间的挣扎。这样的例子在中国士人中比比皆是，江湖之远与庙堂之高的斗争中，要修炼到体道境界，殊非易事。

对这一人生挣扎，冯友兰先生曾有论述，他提出人有四种境界：自然境界、功利境界、道德境界、天地境界，人生也可能会在不同境界间徘徊。

一个人的觉解，虽有时已到某种程度，因此，他亦可有某种境界。但因人欲的牵扯，他虽有时有此种境界，而不能常住于此种境界。一个人的觉期，使其到某种境界时，本来还需要另一种工夫，以维持此种境界，以使其常住于此种境界。……平常人大多没有此种工夫，故往往有时有一种较高底境界，而有时又无此种境界。所以个人的境界，常有变化。①

由此可见，中国之人生境界，一是并非真是"轻松一刻"，它也需要"工夫"；二者，它并非追求一个最终的"超越"之我，而是一个在生活中寻找和发现"我"的过程。

中国的修道生活所要达到的"我"，它与西方的"超我"并不同，一个境界到另一个境界的"我"并非截然两分，它可能只是指不同人生境界中的人，如冯友兰所说的"功利境界""道德境界"等。中国的世俗之我向"真我"的修炼，既可能是摒弃社会赋予的个体荣誉、地位等——这些都非个体之固有，也会因形势不同而失去；也可能是自己不再面对社会价值体系伪装出符合社会预期的形象——这些可能是违背个体自身天性的。这些"我"给人带来的只是虚幻的即时满足感，或者是并非出自本身的行动。修炼而至的"我"则是不依赖于外在世界的个体，它有着天人一体的愉悦感和自足感。而且，在天人一体中，个体无须伪装以获得世俗价值体系的肯定，故个体之好恶能够独立于外部世界而不受影响，这是一种内在的、长久的自由。但这个"我"并不是一个超越于此岸世界的彼岸世界的 self，而是与生活完全融为一体的"真我"，是"众鸟欣有托，吾亦爱吾庐"（《读山海经·其一》）的天人合一，是"道"与生活融合无间的"此中有真意，欲辩已忘言"（《饮酒》其五）境界。

如此可见，中国修炼中，有形的仪式并非根本，更为根本的是思想上去

---

① 冯友兰：《三松堂全集》，郑州：河南人民出版社，2000年，第503—504页。

欲以冲破社会价值体系；"道"对"无为"和"道法自然"的肯定中，隐含着对权威力量的消解。事实上，后代多有崇拜个体自由者以庄子来反对僵化的礼法，魏晋和晚明时期的名士即是典型代表。正因此，美国汉学家路易斯·康加迪（Louis Komjathy）非常看重收徒仪式，认为道士身份很重要、入道仪式是从本体论上改变的必要途径；但他所拜师傅即陈姓道士并不看重，他认为收弟子的仪式并非意味着 Komjathy 成为"道士"；而且，道士这一名号也并不重要。

总体而言，美国之"Dao"对中国"传统"的否认，只是对《道德经》之外的仪式和制度等的不认可；但对《道德经》《庄子》中蕴含的精神，他们不仅认可，而且认为这种独立自由的精神才是"Dao"的根本。以此为根本，他们否定了有着固定形式的"传统"。另一方面，美国学界部分学者对老庄中自由精神的忽视、以西方宗教观念定义中国之"道"，以及"道"之自由精神在中国的特殊表现形式，掩盖了《道德经》中的自由精神与美国之"Dao"的联系。但是，中国之"道"中的自由个体，与美国之 Dao 的自由精神，其虽然相通，但并非完全相同，更非源流关系；深究在当下的社会语境中美国之"Dao"，对中国道文化的世界化和可持续发展当有借鉴意义。

《道德经》"真"字探析

——兼谈"道"的"体相用"与"一多"关系

洪嘉俊 *

（厦门大学中文系，福建厦门，361005）

摘　要:《道德经》中"真"与"道"联系密切，道家乃至中国传统哲学中"真"的内涵与此文化源头息息相关。在"体相用"与"一多"两种体认模式下，我们便于把握"道"与"真"的关系及"真"的丰富内涵。当涉及"道"之"体"时，"真"是对"道"存在性的肯定，是一种根本属性。当涉及"道"之"相"时，"真"与"渝"共同作为"道"一种特点的一体两面，是一种一般属性。当涉及"道"之"用"时，"真"是修德求道的方法、要求、目标和结果。

关键词:《道德经》；真；道；体相用；一多

基金项目: 厦门大学一流本科课程"道德经"建设成果。

　　《道德经》是先秦典籍使用"真"字的首开先河者。较之于"道""德""无为""柔弱"等老学重要语词，"真"在其中虽显得不甚突出，所受重视亦不甚足，但其源头意义无疑值得挖掘。与后世之"真"不同的是，《道德经》中的"真"与"道"的联系更为紧密。对《道德经》中的"真"字加以探析，不仅便于呈现"真"这一中国传统哲学概念的源头形态，更能深化对"道"的认识，助益于对老子思想的把握。

---

　　* 作者简介：洪嘉俊（1998—），男，福建漳州人，厦门大学人文学院中文系学生，研究方向：文学与子学。

一、"真"之义的比较与流变

在古代汉语中，"真"字具有道家和道教色彩。"六经、语、孟无真字"①，"真"字最早见于老庄之书。《说文解字》将"真"释为"仙人变形而登天也"虽不足取信，但可见在当时人看来，"真"字带有道家和早期道教文化背景。如徐灏《说文解字注笺》中所说的"自《庄》《列》始有真人之名，始有长生不死而登云天之说"②，这种文化背景可上溯至先秦道家，并在后世不断得到强化。

老庄肇启道家谈"真"的传统。《道德经》中"真"字举凡出现 3 次。其中，无论是"其精甚真"，还是"质真若渝"，抑或"其德乃真"，"真"均作为谓词性成分，用以诠释"道"的特征，尚未成为一个具有独立哲学意义的术语。及至《庄子》，共用"真"字 65 次③，并始有若干名词性的"真"，如"无益损乎其真"，"真者，精诚之至也"等。伴随词性变化的，是术语化和哲学化，"真"部分实现了由阐释者到被阐释者的转变。而无论是作为被阐释者的"真"，还是那些仍用以阐释他者的谓词性的"真"，多在表示"道之性"之余，更加强调"人之性"这一层面，表现出人的主体化倾向。

道教产生后，"真"字术语蜂出泉涌，如恒河沙数。但除了"真人""真一""真君"等仍保留一定的哲学意义之外，有不少都因宗教化而去哲学化，如"真期""真庭""真游""真经""真灵""真录"等。这些语词中，"真"仅充当定语，表示与道教相关，人在其中也就去主体化了。

在中国传统的儒、释、道三家中，儒家素来不谈"真"，只谈"诚"。但后者仅在人性论层面上与前者有相通性，却不具备前者的本体论意义。佛教也常谈"真"，有"真如""真空""真寂""真乘""真门""真言"等诸多术语。作为释、道用字的"真"虽有极大的共性，但佛教之"真"是佛经翻译中从道教引入的，是"格义"的结果。因而，"真"应当是道家的原生话语，后为道教、佛教所用，成为中国哲学与宗教的常用字。

此外，"真"亦是西方哲学的重要概念。从传统哲学到语言哲学，从探索存在及存在者这一层面的"真"，到围绕"真"这一核心概念展开的符合论、紧缩论、融贯论等，西方哲学之"真"呈现出与中国哲学之"真"大相径庭

---

① 王夫之：《船山全书》第 9 册，长沙：岳麓书社，2011 年，第 329 页
② 许慎著，汤可敬撰：《说文解字今释》（上册），长沙：岳麓书社，1997 年，第 1114 页
③ 徐克谦：《论庄子哲学中的"真"》，南京大学学报（哲学·人文科学·社会科学），2002年第 2 期

的面貌。又由于中国哲学重视修己达道、补于世用的特点，遂有了西哲"求真"而中哲"求善"之说法。

但视"求真"为西方独有并不可取。西方哲学之"真"，是对象化、切片式、精确性、非超越性的"真"；中国哲学之"真"，是主体化、整体性、非感官式、超越性的"真"。二者虽有云泥之别，但在各自文化体系中皆有其自身的发展统序。中国文化中的"真"同样有充分的重要性，不容忽视。而奠定"真"作为一个中国特色哲学概念之基础的，正是先秦道家，更具体地说，是《道德经》。因而，研究《道德经》"真"字，着实有不小的意义。

二、"道"的"体相用"与"一多"关系

《道德经》中"真"被用来描述"道"的某些特征，因而如何看待"道"将影响我们对"真"的认识。然而，一直以来，关于"道"异解如云，研究和诠释"道"的方法也各不相同。一者，有学者试图对"道"进行定性，做出"道是某某"之类的论断。但对"道"下一个足以"一言以蔽之"的定义是困难的，其意义不免要被框限于一隅而无法显现其全貌。二者，绕开"道"是什么这一永恒难题，只从某个角度出发阐述其某一方面内涵。这样固然便于深入体现"道"的某些特征，但毕竟只涉及"道"的局部意义。三者，从多个角度分别描述"道"的特征，即刘笑敢所说的"综合解说类"，如方东美、严灵峰和唐君毅分别从四个或六个方面讨论"道"①。

欲更完整地把握"道"的丰富内涵，第三种方法较之前两种无疑更具优越性。但我们不可能无限地并置"道"的不同方面。综合解说并非愈多愈好，能以简约的类项涵盖尽可能多的内容方为上佳。以既简省又全面的标准考察，"三"在数字中处于增则多余、减则不足的独特位置。且正如"三"可以"生万物"，在道家乃至中国传统文化的思维中，"三"也具有其他数字不及的特殊意义。因此相应地，三分论"道"也有其独特优势。陈鼓应就曾将"道"三分而论——"实存意义的'道'""规律性的'道'""生活准则的'道'"②。

陈鼓应的三分论"道"，基于"道"在《道德经》中词义的不同，是关于文本层面之"道"的阐释体系。而笔者则欲以"体""相""用"三个层面来把握"道"之全体，这是基于道家文化思维层面的认识，所建构的是对于

① 刘笑敢：《关于老子之道的新解释与新诠释》，《中国文哲研究通讯》，1997年第2期
② 陈鼓应：《老子注译及评介》，北京：中华书局，1984年，第2—12页

"道"的体认模式而非阐释模式。文本阐释固然重要，但在道家思维中，文字非关"常道"，是应当得而忘之的"筌""蹄"。拘执于文字本身，无益于发明文本以外的大自在。对"道"的把握，难以通过直接接受某一既有文本的阐释而实现。在即文字而超越文字的体认中，却可能一窍通而百窍通。

"体相用"论本出于佛教华严宗《大乘起信论》。佛教传入并兴盛之前，中国哲学惯用"体用"模式，且常常是"用"本于"体"而高于"体"。佛教则视"体"为比"用"更高、更根本的范畴，并引入"相"这一关键范畴。一般而言，"体"是指万事万物本自具足的空性，"相"常指事物显现的某种感官形象，"用"则是事物的"相"所对应的功用[①]。对于《道德经》而言，"体相用"论同样适用。"道"本身存在着即是其"体"，与人或万物相联系便产生"用"。人在用"道"之前，必然存有一个与该"用"相关的对"道"的认识，这就是"相"。"相"是联结"体"与"用"的一个重要环节。从某种意义上说，人们对于"道"的种种认识，都不过是"道"的"相"罢了。

"道"之"体"，与"相""用"之间，是"一"与"多"的关系。"道"有一个整体本质，从不同方面认识和应用就会得到不同的"相"与"用"。这种"一多"关系是体认"道"的又一模式。首先，"一多"对应做减法与做加法两种触及"道"的方式。"无"是"大有"，"有"是因分别而产生的局限。做减法，即打破各个有限之"有"的边界而把握无限的"大有"之"道"，这个"道"是整一的；做加法则是通过把握"有"的总和来把握统涵性的"道"，这个"道"是"多"的集合[②]。其次，"一多"可以体现"道"与人的关系。人是多元的，"道"是纯一的，但纯一的"道"又内在于多元的人之中，使人获得潜在的"得道"可能性。当"道"作为形上实体时是"一"，体现在每一具体个体中是"多"。"道"与万物的关系亦是如此。再次，"一多"便于处理"道"在认识上的两难。"道"经言说则"非常道"，不经言说又使人无从知晓。不可言者是浑一的，以言语称说则是多面的，"道"便在这不可言又不得不言之间。

---

① 陈坚：《不是"体用"，而是"体相用"——中国佛教中的"体用"论再思》，《佛学研究》，2006 年第 0 期

② "为学日益，为道日损。""道"不同于可积累增长的具体知识经验，"道"的含义无法穷尽式阐述，因而做加法似乎不如做减法更能触及"道"。但事实上，在做减法之前或同时，做加法是难以或缺的。我们需要首先要以"为学"的方法"为道"，在对"道"形成一定认识后再做减法以求得"常道"。在"道"的体认过程中，"日益"之道与"日损"之道相辅相成。

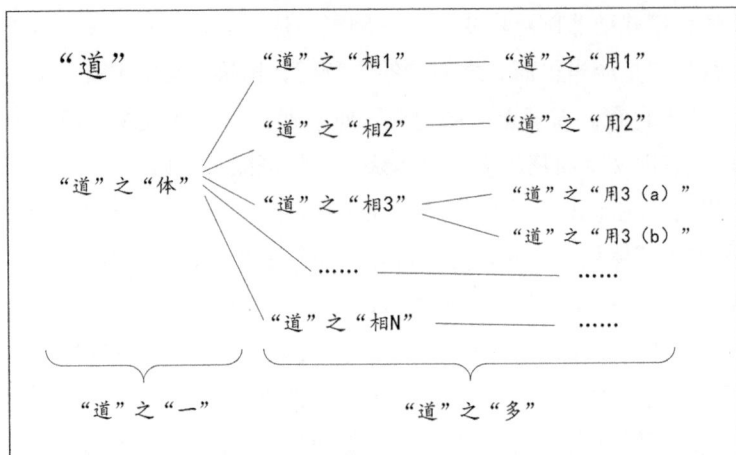

图 1. "道"的"体相用"与"一多"关系

当然，"道"并非天然地就应当三分、二分。从根本上说，"道"是"体相用"不分、"一多不分"①的。无论"体相用"论还是"一多"关系，都是出于认识的方便而采取的一种模式（见图 1）。"体"不真则"道"不存；"相"不真则"道"脱离现象世界；"用"不真则"道"成为空谈；"一"不真则"道"割裂为同名异质的多个部分；"多"不真则"道"成为与人和万物相割裂的独立存在。通过这样的体认模式，"道"与"真"的关系、"真"的丰富内涵更加易于认识和把握。

三、"其精甚真"与"道"之"体"

"道"之"体"是难以讨论的，由于其非感官、非思维、非言语的特点。一旦有了感官、思维、言语的介入，便会因具体化、片面化、封闭化而丧失其统涵性。它的具体指涉，若非说不可，可勉强认为是"道"的存在性。存在性问题是一个根本问题。本体意义的"道"首先必须存在，这是理解和应用"道"的前提和基础。《道德经》含"真"章节中涉及"道"存在性的是第二十一章：

---

① "一多不分"（inseparability of one and many）是中国传统思想文化的内核与特质。该提法由唐君毅于 20 世纪 40 年代率先提出。安乐哲（Roger T. Ames）和田辰山对其进行了详细阐发。见杨朝明《孔子文化奖学术精粹丛书·安乐哲卷》，北京：华夏出版社，2015 年。另见卞俊峰：《豁然（一多不分）》，杭州：浙江大学出版社，2018 年。

孔德之容，惟道是从。道之为物，惟恍惟惚。惚兮恍兮，其中有象；恍兮惚兮，其中有物。窈兮冥兮，其中有精；其精甚真，其中有信。自古及今，其名不去，以阅众甫。吾何以知众甫之状哉？以此。

在这段话中，"真"的直接陈述对象是"精"，而终极陈述对象则是"道"，因为"精"是关乎"道"的。本章指出了"道"的两种存在方式，一是"惟恍惟惚""惚兮恍兮""恍兮惚兮""窈兮冥兮"这种混沌未分的状态，一是"其中有象""其中有物""其中有精""其中有信"这种清晰可感的状态。前者排弃感官智识，是"道"的非物质性存在，是"无"；后者依赖感官智识，是"道"的物质性存在，是"有"。"道"之"体"是"无"与"有"的统一，二者不可偏废。

"真"直接陈述的"精"和间接陈述的"道"之间是何关系？笔者认为，"精"属于"道"存在性中"有"的一方面。关于"精"，《庄子·秋水篇》有"夫精，小之微也"之说；袁培智、袁辉将其解释为"最小的物质颗粒（包括目不可见的）"[①]；黄友敬认为是"广义的生殖万物之精""万物内在的生命力"[②]。无论把"精"理解成构成万物的微元或化育万物的能力，它都与"有"息息相关。

《道德经》说"有无相生"，显然包括"有生无"和"无生有"两个相反相成的环节。本章称"窈兮冥兮，其中有精"，自然属于后者。"其精甚真"，强调的是"无生有"之"真"，是借"有"之"真"言"无"之"真"。《道德经》以"无状之状，无物之象""迎之不见其首，随之不见其后""惟恍惟惚"等语句极写"道"之了无形迹。强调"其精甚真"，正调和了对于"道"虚无缥缈的印象，提醒人们那个无状无相的"道"同可见可感的具体事物一样，是真实存在的。

---

① 袁培智、袁辉：《老子新译》，北京：宗教文化出版社，2003年，第140页
② 黄友敬：《老子传真》，香港：儒商出版社，2003年，第180页

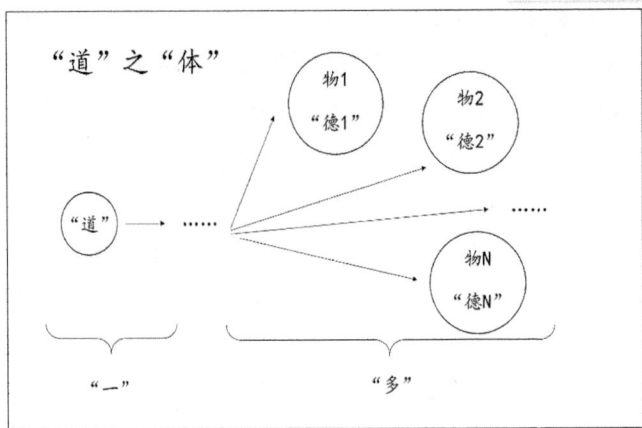

图 2.“道”之“体”的“一多”关系

　　“无”中有“有”，“有”中也有“无”。作为“无”的“道”不同于作为“有”的万物，但“‘道’又是内在于万物的”①。“道”要如何内在于万物？通过“德”。所谓“孔德之容，惟道是从”，“德”从之于“道”，是“道”在人和万事万物上的体现。每个个体的人或物中均存在着“道”的影子。“道”“先天地生”“独立而不改”，以及内在于万物、显现为“德”，是“道”之“体”的“一”与“多”两个方面（见图 2）。

　　“有”中有“无”，即认为具有根本意义的属性内涵于每一个体当中的思维，除了道家，亦为儒、释二家所共有，如儒家的“四端”、佛家的“真如本性”。这种思维使得中国人“求真”时倾向于“内求”而非“外求”，使得“真”具有内在性而非外在性。《道德经》可谓这种思维的重要源头之一。就道家自身的承传发展而言，《道德经》中隐而未发的这层含义，到《庄子》中便可显见。如“其有真君存焉”“无益损乎其真”等，“真”的含义均指向了个体内在。

　　“真”是对“精”，进而对“道”的存在性的肯定。在“真”的前面还冠以一个表示程度较高的副词“甚”。为何要说“甚真”，而不说“至真”或“真”？一是道家语言逻辑特点使然，物极必反，至真则伪；二是另有比“有”之“真”更真的存在，即统“有”“无”于一体的“道”之“真”。这同时也说明了，在道家，或至少在《道德经》的语境下，“真”是有差等的。现实中

---

① 陈鼓应：《老子注译及评介》，北京：中华书局，1984 年，第 5—6 页

的万物是"真",但有限的存在本身使得其真实性也是有限的。"道"作为无限性的存在,其真实性更高一筹。这种"真",是一种根本真实。

谢清果认为"'真'其实是道在'质'上的体现"①,说明这个"真"并不停留于表面,而是触及了"道"的内核,是具有根本性的"真"。"真"在本章文本中虽然尚未发生哲学化和宗教化,但"道"的特点带来的影响已为其此后逐渐发展成一个全化、纯化、根本化的概念做足了铺垫。这样的"真"继承了"道"的种种特性,从日用的真假、真伪、真妄这样的对立关系中抽拔出来,提升到更高的、堪为前提和本质的层次。而这种因在《道德经》中与"道"的密切关系而增附的内涵,成为"真"这一中国哲学重要语词的意义来源。

四、"质真若渝"与"道"之"相"

与难以捉摸的"体"不同,"道"之"相"是"道"显现的种种形象与特点,是我们对"道"的直观感受。但它就像盲人摸象时不同人感知到的象一样,并不同于那头象本身。象本身是"一",摸到的则是"多",对应着"体"是"一"而"相"是"多"。其实"相"自身亦有"一多"(见图3):从各个角度摸象,可得到各种不同的"相";若从整体上把握,则是"无相之相",类似于佛教的"实相"。

在佛教中,"相"有实相与假相之分。实相与"体"无异,但多数语境下"相"指的是假相。佛家认为"六根"所及的"相"不过是"假合"之形,因而反对"着相"。《道德经》中虽较少像佛家一样直接将"相"归诸虚幻不实之物,但多次极言"道"无形无状的特点,同时也频频谈及各对立面之间由于可以互相转化而具有的统一性。在这个意义上,这与佛家"不住于相"之说便大有同似之处。

---

① 谢清果:《道德真经精义》,北京:宗教文化出版社,2015年,第136页

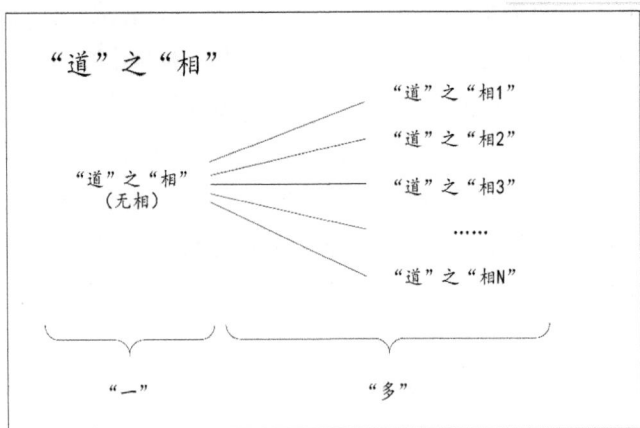

图 3. "道"之"相"的"一多"关系

在《道德经》含"真"章节中，关于"道"之"相"的是第四十一章：

上士闻道，勤而行之；中士闻道，若存若亡；下士闻道，大笑之，不笑不足以为道。故建言有之：明道若昧，进道若退，夷道若纇。上德若谷，大白若辱，广德若不足，建德若偷，质真若渝，大方无隅，大器晚成，大音希声，大象无形。道隐无名。夫唯道善贷且成。

这里的"真"和"渝"，素来有不同的解释。李霖将"真"释为"淳一也"，将"渝"释为"色变也"，认为"质真若渝"是"言道德行人质真淳而无假饰"[①]。董思靖将"真"释为"纯素也"，认为"惟文质兼备，则不执于一，故随物变而内不失其真，外若渝也"[②]。黄瑞云将"真"解释为"淳真"，相应地，将"渝"解释为"污浊"。[③]卢育三将"真"解释为"不变"，将"渝"解释为"变"，认为"最纯真（不变）之德好似在变"[④]。综观可知，"真"有

① 李霖：《道德真经取善解》，熊铁基、陈红星主编：《老子集成》（第 4 卷），北京：宗教文化出版社，2011 年，第 173 页
② 董思靖：《道德真经集解》，熊铁基、陈红星主编：《老子集成》（第 4 卷），第 375 页
③ 黄瑞云：《老子本原》，武汉：湖北人民出版社，2013 年，第 144 页
④ 卢育三：《老子释义》，天津：天津古籍出版社，1987 年，第 185 页

淳朴、纯一、不变诸义①，"渝"有矫饰、污浊、变化诸义。

　　与"其精甚真"之"真"不同的是，这里的"真"无论取何义，始终不能与"渝"割裂开来。在本章的语境下，"真"与"渝"，同"明"与"昧"、"进"与"退"、"夷"与"纇"等一样，都是一种性质的一体两面。二者在比较和对立中产生，同生共灭，有"真"就一定有"渝"，有"渝"就必然有"真"。统涵性的"道"，若只"真"而不"渝"，或只"渝"而不"真"，则无法达到包涵万有的程度，也就称不上是"道"。

　　"其精甚真"和"质真若渝"中的这两个"真"并不相同，它们所表示的分别是根本属性和一般属性。前者是超越简单对立或并列互斥关系的更高层次的属性，后者则需要在对立或并列的关系中得以显现。如果说"体"关乎"道"的根本属性，那么"相"反映的便是其种种一般属性。因为"道"之"体""相"的差别正在于，前者是固有的、无条件、整全性、绝对化、本质化的，而后者则是显发的、有条件、非完整、非绝对、非本质的。

　　根本属性是前提。唯有在此基础上，各种一般属性方有认识和讨论的可能。而人们对于一般属性往往见仁见智，容易互相"是其所非而非其所是"，产生所谓"儒墨之是非"（《庄子·齐物论》）。《道德经》对于一般属性的态度是，有时不偏不倚，有时又有所倚重。所谓不偏不倚，或者说无所标榜，是指在两两对立或并列的关系中不明确表露价值差异。如"有无相生，难易相成，长短相形，高下相倾，音声相和，前后相随"，这里的各组对应属性中，无论前者或是后者均非受到标榜的一方。而有所倚重，或者有所标榜，则是指对于"虚""静""朴""柔""弱""拙"等性质形容词，《道德经》每每予以较多肯定性评价，它们的对立面则相应地附上了相对贬义的色彩。对于"为"与"不为"、"争"与"不争"等动词，价值评判同样向后者倾斜。

　　然而，尽管在文本中，《道德经》有时表现出在对立或并列关系中的倾向性，但这只是一种矫枉过正的表现，实际上并非必然地有所标榜。老庄对于世俗推崇与追求的仁义礼法、荣名功业，以及争逐竞取、求强获胜的态度提出质疑，做出反思。对于"虚静""无为""柔弱"等看似"消极"意义的肯定，实为对世人一味追求所谓"积极"价值所致弊端的一种弥补与反拨。因为，《道

---

　　①　另有观点认为"真"系讹误。如刘师培说："疑真亦当作德。盖德字正文作悳，与真相似也。"见冯达甫：《老子译注》，上海：上海古籍出版社，2007年，第82页。该说法虽非全无可能，但若"真"确为"德"字之误，何以紧邻于前的"广德若不足，建德若偷"未一同讹误？本文不采此说。

德经》既然多番言及对立转化的辩证关系，又如何会偏执一方，标榜其一而贬抑其对立面，与自己所言相违拗？若不见其忧世之诚与救世之志，只在文字这一"古人之糟粕"（《庄子·天道》）上打转，那便如买椟还珠，舍本逐末了。

对"道"的体认和把握固然应不偏不倚；但一旦发之为言、用之于行，总归需要落脚之处。因此，文本上表现出来的倾其一方，并不妨碍对其相反相成之理的体解和贯彻。也因此，第四十一章中说的是"质真若渝"，而非"渝而若真"。"真"与"渝"之间终究是强调前者更甚于后者。在这里，"道"表现出来的淳朴自然的特点是其重点，作为对立面的"渝"仅作补充之用。

此外，作为一种一般属性，"真"同"常""无为""自然""朴""反""虚静""柔弱""不争"等语词一样，都可以揭示"道"表现出来的某些特点。这些词将"道"的特点分割为许多部分，但"道"本身是浑而不分的。如能即文字而超越文字，便可通过种种有限的"相"而把握那个接近于"道"本身的"无相之相"。

五、"其德乃真"与"道"之"用"

"道"的"体"和"相"，都是就"道"本身及人们对"道"的认识而言的。真正将"道"与人联系起来的则是"用"。"道"的"体""用"之间是"一""多"的关系，"道"的"用"本身也有"一""多"关系（见图4）。一方面，"道"有这样或那样的表现，相应地便有这样或那样的功用。这样或那样的功用，是具体的、有限的"用"，是"道"之"用"中"多"的一面。"体相用"三者之间，《道德经》落脚于"用"。法"道"、用"道"是《道德经》在申明"常道"不"可道"的情况下，仍不惜留下五千言的一个重要原因。《道德经》中"道"的功用很多，如修身、养生、治国、用兵等等。而另一方面，"弱者道之用"（《道德经·第四十章》），"道"的根本功用是弱化了的而非强化了的功用，不是具体小用，而是"无用之用"的大用。这种"用"是浑一、无限的，是"道"之"用"中"一"的一面。

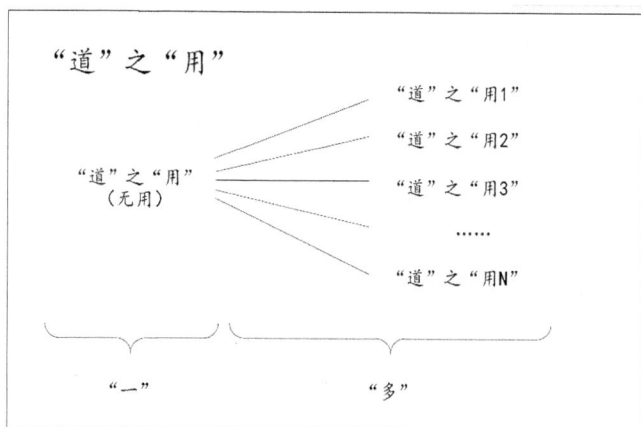

图 4."道"之"用"的"一多"关系

《道德经》第五十四章,是涉及"道"的践行与运用的含"真"章节:

善建者不拔,善抱者不脱,子孙以祭祀不辍。修之于身,其德乃真;修之于家,其德乃余;修之于乡,其德乃长;修之于国,其德乃丰;修之于天下,其德乃普。故以身观身,以家观家,以乡观乡,以国观国,以天下观天下。吾何以知天下然哉?以此。

"修之于身","之"是什么?是"道"及对"道"的原则的运用。若把握的是"道"的某些方面,即它的"相",用之于个人的修身,这便是小用;若能把握完整意义的"道",即它的"体",修身的过程中自然用"道",不悖于"道",这便是大用。"修之于身"前面虽省去了主语但易知主语为人,"其德"的"其"亦指代人,可见"用"的主体在于人。"道"不是人之外孤立存在的某种形而上实体,它同时也内在于在每一个个体中。

但这并不是说每个人都已然把握了"道",都处在"道"之"真"的状态中,而是强调每个个体都有得"道"的可能,都有使其可以"返璞归真"之质。"道生之,德畜之",个体所拥有的向"真"回返的潜质为"道"所生,以"德"的形式保持和呈现。《道德经》第三十八章说:"上德不德,是以有德;下德不失德,是以无德。""上德"与"下德"同"道"的"体"和"相"之间的对应关系显而易见。得"道"之全则为"上德",得"道"之局部则为"下德",将"道"付诸"用"则分别为大用和小用。

　　既然这里的"德"是"道"在人身上的体现，人进行"修德"，就是在实践和运用"道"。"修之于身，其德乃真"，"真"字集中体现了在"用道"的过程中的要求、方法、目标与结果。首先，要"真修身"，这是基本要求。杜弼注："明以近修远立身，以道不拔不脱，固蒂深根。以此修身，真德在己也。"①要踏踏实实地去修，而非停留在虚妄的念头中或口头上，这样修身、用"道"的益处才能真正现诸自身。其次，还要"以真'德'修身"，这是基本方法。宋徽宗注："修之身，其德乃真，所谓道之真以治身也。"②用来指导修身的应当是"德之真"，而非"德之妄"，要用"道"的菁华、真纯之处来修身。再者，"真"还是修身、用"道"的目标和结果。河上公注："修道于身，爱气养神，益寿延年。其德如是，乃为真人也。"③"真人"作为一个哲学与宗教语词，其含义是复杂的，但总不离"得道"这一基本内涵。修身之人当以得"道"之"真"作为目标，在切切实实地修身之后，方可得到"真德"，达到"道"之"真"的境界。在此基础上便可以同理观照家、乡、国、天下，使"大道"行之天下。

　　"道"的"用"之"真"，与"体""相"之"真"均有所不同。"其德乃真"的"真"，字面上理解为真实、真而不妄没有问题。而且同"道"之"真"高于万物之"真"一样，"真"字使得"真德"高于一般的"德"。但是，它毕竟没达到根本真实的高度。同时它又是实践论层面的真实，而非认识论层面的真实，因而它与"其精甚真"这种关于存在的真实也是不同的。此外，它也不同于"质真若渝"的"真"。"修之于身，其德乃真"同时意味着若不能"修之于身"，则"其德不真"，"真"与"不真"之间存在对立互斥关系，但并非同时集于一身的，与表示相反相成的"真"和"渝"的关系显然不同。

　　但作为实践性的"真"，它与"体""相"之"真"又有一定的联系。若以过程性解读，即当"用"之"真"作为一种对修身的要求和方法时，它更接近"相"之"真"，"其德乃真"者表现出一些合乎"道"的特征；而若以结果性解读，即当它作为一种目标和结果时，它更接近"体"之"真"，"其德乃真"者能一定程度上触及"道"之质。

① 李霖：《道德真经取善解》，熊铁基、陈红星主编：《老子集成》（第4卷），第188页
② 彭耜：《道德真经集注》，熊铁基、陈红星主编：《老子集成》（第4卷），第645页
③ 河上公：《道德真经注》，熊铁基、陈红星主编：《老子集成》（第1卷），第163页

"他者"的中国眼:《道德经》与教育

[美]西德·卡斯勒等著,杨玉英*选译

内容摘要:作为中国文化的"他者",海外学者常常是从一个有别于中国学者的独特视角来观察、记录和研究其所见所闻的,他们不同的文化背景、价值理念以及审美立场必然会带来与中国学者不一样的认知与诠释。但是鲁迅先生和美国诗人弗洛斯特都告诫我们,在将"他山"之石拿来为己所用时,不可不加甄别地照搬全取,而是应该"听别人说,走自己的路"。《道德经》的教义于英语世界的"他者"如此,英语世界的"他者"对《道德经》的教义在教育中的应用研究成果于我们亦如是。

关键词:"他者";中国眼;《道德经》;教育

一、英语世界的《道德经》研究

在全球化日益加深的今天,中国和西方都需要从自身的传统和对方的视角来客观、全面地认识自己。异质文化、异质文明间只有通过互相不断的交流、对话,才能真正做到了解与沟通。作为中国古代文化经典代表的《道德经》,在英语世界的传播始于 19 世纪下半期,为 1868 年在英国伦敦出版的约翰·查莫斯(John Chalmers)的英译研究成果《对古代哲学家老子关于形而上学、政体及道德的思考》[①]。20 和 21 世纪,英语世界的学者将《道德经》中的教义运用到人类生活各个方面的应用研究范围不断增加,涉及领导才能、经营管理、教育、医学、社会和谐与日常生活,研究成果也日渐丰富。

---

* 作者简介:杨玉英(1969—),女,四川井研人,长江师范学院外国语学院教授,文学博士,研究方向:英美文学和文学翻译教学。

① John Chalmers trans. *The Speculations on Metaphysics, Polity and Morality of the Old Philosopher Lao Tsze*. London: Trubner & Co., 1868.

二、中国眼

该视角源自国际著名记者、作家爱泼斯坦（艾培，Israel Epstein）的 *My China Eye, Memoirs of a Jew and a Journalist*① （《见证中国：爱泼斯坦回忆录》）②。作为中国文化的"他者"，海外学者常常是从一个有别于中国学者的独特视角来观察、记录和研究其所见所闻的。其次，他们的记录与研究方法也异于中国学者。尽管中国的学术研究不可能完全将海外学者的研究经验作为自身学术观照的基本模式，但他们不同的文化背景、不同的价值理念以及不同的审美立场必然会带来与中国学者不一样的认知与诠释。

三、《道德经》与教育

将《道德经》中的教义应用到教育中的成果可为教育工作者、文化研究者和普通读者提供参考，以助教育理念与方法之改进与完善。该文选译了英语世界的三种将《道德经》运用于教育的研究成果。其中有的成果为全文译介，有的为选译。

（一）道与教育学：《道德经》的语境重构

2000 年，美国佛罗里达州立大学西德·恩伊顿·卡斯勒的博士论文《道与教育学：〈道德经〉的语境重构》发表③。文章主体部分由"导论""文献综述""方法与步骤""作为教育工具之'道'""异议、解释与启示"5 个部分构成。此将第 4 章"作为教育工具之'道'"汉译如下，以窥作者的根本思想。

"作为教育工具之'道'"（Tao as Pedagogy）

该研究的主要目的在于促进我们对当代交际教学法的理解，其次是使道家的哲学思想更容易贴近西方的交际教学法。为了提供作为交际教学法研究之互补基础的道家哲学思想，有必要实施《道德经》中的一些广为流传的主题。通过辨识几个道家的表意文字，或许我们可以发展一种更为清晰的关于从一种道家的视角来描绘交际教学法究竟意指的是什么的感觉。当然，如果

---

① Israel Epstein. *My China Eye: Memoirs of a Jew and a Journalist*. San Francisco: Long River Press, 2005.

② 伊斯雷尔·爱泼斯坦：《见证中国：爱泼斯坦回忆录》，沈苏儒、贾宗谊、钱雨润译，北京：新星出版社，2015 年。

③ Sydne Eden Kasle. *Tao and Pedagogy: A Contextual Reconstruction of the Tao Te Ching*. Ph. D. Thesis, The Florida State University, 2000.

该研究能以某种方式为当代的交际教学法产生一种更切实可行的道家的哲学思想,这一切才有可能。

正如在前面第2章所指出的,当代的交际教学研究主要依赖的是西方思想的、线性发展的哲学。当西方哲学在很大程度上因悠久的传统及其切实可行的本质被喜欢时,古老的东方概念则能作为一种将道家的哲学思想融合进我们的教学法并因而融合进我们的教学过程的有用的工具而被实施。

为了促进道家哲学思想尤其是老子的《道德经》与我们关于当代交际教学法的对话的恰当应用,该章包括了对《道德经》的文本重构。换句话说即是,我希望能将《道德经》引入一种不同于以其文本为本意的阐释体系。我将文本当成一种有活力的叙事文献,从阐释学的角度从当代交际教学法中引出了一种独特的阐释回应。

我第一次对《道德经》的阅读,以及之后对《道德经》的阐释,都是受到了我对教学法之理解的影响。在过去的几年里,我是以自己对批判教学法的理解为基础来阐释《道德经》的。展现在我面前的道家的教学法包括了好几个维度。首先,该章将对已经在第1章中介绍过"圣人"进行更详细的阐释。其次,我将提供一种对某些有可能被用来补充交际教育研究的既存理论基础的道家的表意文字的详细阐述。在我讨论各种表意文字的时候,我将解释它们是如何在本质上不同于我们今天所依赖的那些基本的西方教学法之假设的。

"圣人"

根据第一次对《道德经》的阅读,交际教育者就很有可能想到道家思想与教育学的关系。摆在读者面前的是简短的关于如何平衡生活与和谐生活之引导的81个章节(更像是段落)。

著作的普遍要旨恰恰是修辞的,因为它教导了一种与意欲同时获得个人的与其社会的终极目标的那些人相处的方式。①

终极目标是通过例子通过某人的存在去使人相信。一个人既是满足他自己同时也是最大限度地为他人和社会首先是试图作一个绅士、一个优秀的人、一个最优秀的人、上帝、智者。②

① Robert T. Oliver. *Communication and Culture in Ancient India and China.* Syracuse, 1971, p.239.

② J. Vernon Jensen. *Rhetorical Emphases of Taoism. Rhetorica*, No.3,1987, p. 228.

　　作为一种哲学文献，《道德经》文本为生存之道、行事之道或如我们这篇关于文本重构的文章中所讨论的教育之道提供了一剂处方。

　　首先来对老子的"师"或"圣人"这一概念进行解释是必要的，因为如许多人所认为的，老师在教育的过程中有着最大的责任。正如约翰·杜威所说：

　　在教育事业中教育者的作用在于提供一个可以促进回应和指明学习者方向的环境。①

　　即便是对没有读过对《道德经》的正式介绍或评论的读者来说，也显而易见早在《道德经》第 2 章中老子的话就是在对国君或圣人说的。"不管是传统的还是现代的学问，阐释者通常都会选择将这些段落看成直接针对统治者的处方。"② 实际上，"《道德经》中提及作为理想的人和理想的统治者达 30 次……"③

　　而且正如詹森（J. Vernon Jensen）所解释的：

　　老子自己就是个老师，他主要的弟子有庄子和杨朱。通过训诫和例子，道家的这些先生们传授了一种生活之道，一种关于如何管理个性阐发的体系，一种应对自己与他人的方式。④

　　《道德经》中必定有一种关于"圣人"的社会—历史语境。由于其不是我这篇关于文本批评的文章所观照的东西，但仍然显得有趣而相关。正如拉法格（Machael LaFargue）指出的：

　　有些格言直接反映了在道家学派中一个老师应该是怎样的，其困难即是由于试图去传授的"无言"之道的微妙与非传统的本质，也在于一个人不得不为

---

①　John Dewey. *Democracy and Education*. Delhi: Aakar Books, 2004, p. 188.

②　W. A. Callahan. *Discourse and Perspective in Daoism, Pilosophy East & West*, Vol.39, No.2, 1989, p.176.

③　Wing-Tsit Chan. *The Way of Lao Tzu*. New York: Bobbs-Merrill Company, Inc., 1963, p.132.

④　J. Vernon Jensen. *Rhetorical Emphases of Taoism. Rhetorica*, No.3,1987, p.29.

世界所提供的东西的极度重要性。①

在描绘"圣人"或证明那些拥有圣人品质的人时有一个普遍的观点。孔力维（Livia Kohn）在其对"道"之神秘主义进行考证的时候描绘了"圣人"的那些引人注目的特征：

将其描绘成一个伟人。他是一个兼具统治者、巫师和圣人身份的人。他回归世俗生活并作为老师、引导者和统治者服务其同胞。中国早期的神秘主义因而具有一种政治的维度，这种神秘主义是以既然"道"是秩序井然的那认识到它的人就必须将秩序带给世界这个理念为基础的。一个有修为的神秘主义者因而是一个真正的人，一个完美的人，他与自己完美整合，很容易与天堂交流，并在他那个时代的政治和社会秩序中起着重要的作用。②

亚瑟·韦利将"圣人"描绘成一个很容易与"普通人"区别开来的人，但是他知道并非所有的读者都会同意他的这种阐释：

《道德经》并不试图为普通人指出一条生活之道（尽管任何人都可以将其理解为是为自己指出的，如果他如此选择的话）。它是描绘圣人如何通过实践"道"而获得不知道统治而统治的力量的。③

为了更好地理解道家的哲学思想是如何被用来指导交际教育者、"普通人"或其他人的，让我们来看看陈荣捷对"圣人"的描绘：

……圣人不过就是个理想的人，每个人都可通过实践"道"而成为圣人。在中国传统尤其是在道家传统中，每个人都有成为圣人的潜质。老子《道德经》

① Michael LaFargue. *The Tao of Tao Te Ching: A Translation and Commentary*. New York: State University of New York Press, 1992, p.553. Though many more of the chapters can be interpreted and applied to teaching, LaFargue has listed nine specific chapters: 3, 36, 42, 45, 46, 47, 48, 49 and 75.

② Livia Kohn. *Taoist Mystical Philosophy: The Scriptures of Western Ascension*. New York: State University of New York Press, 1991, p.164.

③ Arthur Waley. Arthur Waley trans. *The Way and its Power: A Study of the Tao Te Ching and its Place in Chinese Thought*. New York: MacMillan Press, 1934. p.92.

中根本就没任何的暗示说圣人是不同的一类人。此外，……老子《道德经》提出了对政府的最有力的一些抗议。这些说给统治者听的抗议和攻击几乎不能让百姓信服。如果圣人被作为统治者挑选出来的话，那是因为他依照"道"培养了"德"的缘故。简言之，《道德经》的主要目标是培养"德"。①

熟悉了"圣人"之后，让我们来了解一下他的性格特征。下面的讨论将会转向我在阅读《道德经》时所辨识的各种道家的表意文字。我再一次强调，该文是一篇叙事的讲述关于交际教学法的阐释体系的文章。

"修养"

当有成见的学者想到交际教学法时，他们几乎立即开始将去等同于某些课堂内外的教学策略。由于几乎不可能将教学理论与教学实践分离开来，即便这种等同不是即时的，也是不可避免的。然而，交际教学法常常忽略对外在考察之前的内在考察。换句话说即是，认识到作为一名有效的教师的"自我"要求"自我"意识，因为它是与作为整体的教学过程相关的，而非仅仅意识到诸如个体的教学实践、学生的需求以及个体的教育环境等孤立的变量。

当然，改善一个人的教学实践会导致一个人的修养在一定程度上的提高。然而，在西方的视野作用下，有将个体的教学行为而非将老师作为与教育过程相互关联的一部分来检验的倾向。这种简化论可能导致教学完全去文本化的观点。作为个体的老师与教学实践、学生和教育发生的环境脱离开来。但这是塑造交际教育研究的唯一之道吗？我认为不是。

正如《道德经》所强调的，有效的领导和在这种情形下的有效的教学，只能当圣人做大量的反思后才可能产生。通过这种方式或在这种语境中，圣人或交际教育者能发展其教育风格，即，源自内省的自我意识为教育者提供了成为一名有效的教师的工具，使他们可以在人群前讲话、回答专业的问题、使教学风格适应学习风格等等，因为"'道'之经验是根植在作为一个人的根本模式的、冥想的'发现'的深度基础之上的"②。

在这个过程之中，"道家休息其身体，冷静其思想，放手对通过命名而成习惯的类型的支配，解放、追求更流畅的变异性与相似性的现代思想，并让其问题作为一种倾向自然地找到其自身的方向即'道'去自行解决以代替思

① Wing-Tsit Chan. *The Way of Lao Tzu*, Op. cit., p.11.
② Shigenori Nagatomo. "An Epistemic Turn in the *Tao Te Ching*: A Phenomeno Logical Reflection". *International Philosophical Quarterly*, 1983, p.173.

考选择。他不必以善恶为标准做决定，因为只有承认'明'比无知更好，承认在自然的倾向中这一个是在最清晰的思维中普遍流行的，其他的也一样将会是最好的，这一个是与'道'一致的，是不证自明的"①。

而且也如拉法格所描绘的：

> 修养在某种程度上与"美德、品性"在西方的发展不同，西方极力强调的是彻底的内化，如此以至于个体的品质被培养为其本能冲动的一部分（不是一个人必须坚守的"坚定信仰"）。②

在读《道德经》的时候，我们发现在几种情况下有引导圣人修养的明确教导，这是一种自然的自我意识的副产品。当我们通过交际教学法之眼来解读《道德经》文本的时候，文本本身会在一定的专业自我修养的程度上谈及老师的愿望。例如，老子在第 33 章中写道：

> 知人者智，自知者明。

"明"这个理念要求圣人关注内在的而非外在的世界。

> 夫物芸芸，各复归其根。归根曰静，是谓复命。复命曰常，知常曰明。不知常，妄作，凶。（《道德经》第 16 章）

于是，这个"明"以某种方式解放了圣人，允许他引导他人。正如第 45 章所言：

> 清静为天下正。

老师实践修养的方式很多。该文从一开始就指出修养的理念并不是新的，它只不过是被放在了一个比如今那些研究交际教学的人所给予的更高的位置

---

① A. C. Graham. *Disputers of the Tao: Philosophical Argument in Ancient China.* New York: Open Court Publishing Company, 1991, p.235.

② Michael LaFargue. *The Tao of Tao Te Ching: A Translation and Commentary.* Op. cit., p.194.

上。最重要的是，老师能意识到他自己与学生之间既存的那种相互依赖。老师可以通过学习如何教学来修养自己，并与教学实践保持一致。老师可以严肃地思考学生的评价，能因任务变得陈旧无用而调整教学计划。

通过将自我作为与教学过程相关的部分来考察，他的教学法对学生来说不那么充满个人意识。总之，老师是教学过程中的榜样，通过认识自我，教育者可以对其教学法有更多的自信，并由此向学生证明自己的自我意识和自信。通过对自我而非对某些规定的教学实践的依赖，教育者更容易在教育过程中找到平静。这是创造一个和谐的社会教育环境的第一步。

"谦卑"

当然，有许多可以修养的方式。其中一个更著名的方式包含了改变我们与他人合作的方式。一个教育者，尤其是从事高等教育的导师，倾向于被具体化为一个信息丰富、受过良好教育的优秀人物。实际上，在西方，对教育的线性研究是在假设学生被他们的老师所引导的前提下发挥作用的。由于容易假设教育者拥有某些领域的专门知识，因而常常假设教育者在许多领域比学生拥有专门知识，而学生不可能拥有老师没有的专门知识。然而，我们知道这些假设都是错的。

许多相当著名的当代教育者如弗莱雷（Paulo Freire）、吉鲁（Giroux）与麦克拉伦（McLaren）和贝尔·胡克思（Bell Hooks）都认为有成效的老师是以一种引人注目的非竞争性的态度来实施教育过程的。然而，这种理念并非新的。在创作于1916年的《民主与教育》（*Democracy and Education*）一书中杜威强调：

> 在共同的活动中，老师是一个学生，而学生并不知道，他却是一个老师。一般说来，任何一方，不管是指令的发出者还是接受者，越少意识到这个，越好。①

杜威还在洛克哈特（Earl G. Lockhart）的《我的天职》（*My Vocation, Or What Eminent Americans Think of Their Callings*）中指出："因而那些进入教育这个行业的人应该提前意识到对某些性格的人来说这是一个太安全太具保护性的职业。没有足够的竞争激励以激发出他们最佳的能量。有些人则把年

---

① John Dewey. *Democracy and Education*. Op. cit., p.167.

轻的学生看成下级，倾向于以一种高高在上的姿态来教学生并获得一种专横或高人一等的姿态。这样的人应该避免去从事教育。有些团体中政治发挥着极大的影响。那些想做老师的人应该先问问自己是否有抵制这些影响的人格魅力，是否能在与他人相处的时候扮演好自己的角色而不成为趋炎附势者、不务正业者和站位者。"①

道家哲学中的一个优先法则是"谦卑"。老子认为为了有效地管理一个国家，或者说管理一个课堂，圣人必须采用谦卑的态度来处理这个过程：

道家的核心主题是人应该努力通过现实的表象深入其内里，这个表象被阐释的传统模式所牢固确立的普通看法遮蔽了。②

老子认为，显示谦卑的一个办法是放弃传统的权力结构的理念。在这个文本重构中，圣人将会通过发挥一种幕后的作用或处于一个甚至比学生更低的位置成为一个更有成效的老师：

对道家思想实践层面的这种启发式的阅读的一个直接好处就是它为老子反对对诡计多端的方法的指控提供了一个连贯清晰的、满意的防卫。我们把这些关于非直接目标的控制的段落当作颠倒我们对"名"之通常情感态度的理由的特别呈现的另外一种态度来对待。关键是只有在这种情形下颠覆对控制的喜好才显得貌似可信，它们不过是显示出我们可能为把低下的价值看得比高贵的还要高的启发式的方式之一而已。③

另一个警告是将放弃统治与放弃权力结构相等同。这仅意味着我们改变权力结构的方法。

实际上，老子的《道德经》中并没有关于集体主义、反封建主义或反对商人的什么证据，也没有对君王的谴责（可参见《道德经》第37、39、42章）。老子所倡导的是一种简单朴实的生活，在这样的生活中，利益、聪明、私利和

① 　Earl G. Lockhart. *My Vocation: Or What Eminent Americans Think of Their Callings. American Journal of Nursing*, Vol.39, No.3, 1939, p.333.

② 　Robert Oliver. *Communication and Culture in Ancient India and China.* Op. cit., p.242.

③ 　Chad Hansen. *Linguistic Skepticism. Philosophy East & West*, Vol.31, 1981, p.333.

邪恶的欲望都是受到摒弃的。①

正如我们在《道德经》第 66 章中所见，当圣人将其放低的时候，百姓（或该文语境中的学生）可能不能理解一种权力斗争：

江海之所以能为百谷王者，以其善下之，故能为百谷王。是以圣人欲上民，必以言下之。欲先民，必以身后之。是以圣人处上能民不重，处前而民不害。是以天下乐推而不厌。以其不争，故天下莫能与之争。

我们也能在第 7 章中发现如下的文字：

天长地久。天地之所以能长且久，以其不自生，故能长生。是以圣人后其身而身先，外其身而身存。非以其无私邪？故能成其私。

在老子的道家思想中，每个人的思想都一样的重要。圣人有可能是统治者，但他的思想不是为了用来建立寡头政治统治。当我们记住万物之间是相互关联的时候这个理念对西方读者来说更合意。换句话说即是，师生之间是没有分别的，由此老师的观点和学生的观点之间也是没有分别的。正如我们可在《道德经》第 49 章所见的那样：

圣人无常心，以百姓心为心。……圣人在天下，怵怵为天下浑其心。

权力的斗争多次因老师不可避免地要负责评价他们的学生而发生在教室里。当我们处在一个评价他人的位置时，我们开始把自己看成与被我们评价的对象相关联的，这是人之天性。因学生常常在教室里可能会感觉到的那种不断的监视而酝酿着一种受争议的师生关系。教育者很不幸发现他们自己在"我是对的，你是错的"模式下起着作用。这对获得宁静和社会和谐有帮助吗？我认为不能。

老子认为圣人不需要以任何优越于他的学生的方式行事。圣人不需要吹嘘他的成就：

---

① Wang-Tsit Chan. *The Way of Lao Tzu*. Op. cit., p.14.

是以圣人自知不自见；自爱不自贵。(《道德经》第72章)

功成而弗居。夫唯弗居，是以不去。(《道德经》第2章)

我们也能在《道德经》第22章见到：

不自见，故明；不自是，故彰；不自伐，故有功；不自矜，故长。

相似的是，第24章也有如下话语：

跂者不立，跨者不行，自视者不彰，自伐者无功，自矜者不长。

"谦卑"也蕴含着在一种非对抗的、非判断的模式中处理教育过程。这可能与老师的传统作用是相对的，这恰是问题的关键。其作用更多被看成知识的提供者而非学生的统治者的教育者，将会在教室里设置一种完全不同的氛围。再一次，通过从这个角度来看待教育的过程，在师生之间不会存在太多的竞争：

圣人不积。既以为人己愈有，既以与人己愈多。天之道，利而不害。圣人之道，为而不争。(《道德经》第81章)

正如我们在第38章可见到的，圣人不仅是一个谦卑之人，他也不全神贯注于将谦卑看作一个特征。正是因为不关注这个特征他才拥有这个特征。正如老子所认为的：

上德不德，是以有德。(《道德经》第38章)

在这种语境重构中，通过宣称不做一个谦卑的教育者，他成了一个谦卑的教育者。

"非指导性的"

非指导性的教育方法的理念看起来似乎是相当荒谬的。总之，老师是被雇佣来管理教室和学生的。然而，道家的方法在某些方面可能是定向的，但当其被比作现代广为接受的对教育的理解时在总体上被认为是非定向的。换句话说即是，在道家视野下起作用的老师在涉及因循守旧者时有可能被认为是非定向的。相似的是，谦卑的老师能培养出对非定向教学的热情。

"无为"

指出道家的圣人并非是懒惰的或不作为的很重要。给他贴上这样的标签将只能被东方的生活之道分配西方的生产力的理念。《道德经》确实为读者呈现了一系列的行为引导，但是它们呈现的是一种与西方人所普遍理解的"为"相悖的东西。正如陈荣捷所指出的：

> 正如公元 4 世纪和 5 世纪的新道家所强调的，圣人不是抱着双臂闭着嘴坐在林中的那个人。他不是隐士。相反，他整天游走。使其成为圣人的是他从未曾忽略那些根本的东西。[①]

将非指导性的教学描绘成可能与道家的哲学思想相关的东西，先描绘两个法则是必要的：一个是"无为"，一个是"无言"。正如在该书第 2 章中所提及的，批判性的教育学使得赋予学生权力的教学实践成为可能。然而，很难想象如果老师口述一项被分配任务的所有因素的话学生能感觉到被赋予了哪怕一点点的权力。比如，在交际教学中，假设老师将分配一项特别的演讲任务给学生做研究，学生被告知什么是重要的和有趣的。另一方面，非指导性的方法将为完成一项任务提供一定的范围。实际上，范围越大，学生能自主选择的机会就越多。学生可选择的机会越多，他感觉到被赋予的权力就越大。

我们在《道德经》中发现了几处谈论"无为而治"的理念的段落，如第 3 章的结尾句："为无为，则无不治。"老子在《道德经》第 10 章指出这种方法是有道德的：

> 明白四达，能无知乎？生之畜之，生而不有，为而不恃，长而不宰，是谓玄德。

---

① Wang-Tsit Chan. *The Way of Lao Tzu*. Op. cit., p.146.

在论及圣人的"无为"与常人的"为"之本质时老子呈现了一种区别：

上德无为而无以为；下德为之而有以为。上仁为之而无以为；上义为之而有以为。上礼为之而莫之应，则攘臂而仍之。（《道德经》第38章）

在第47章中，老子甚至解释说通过"无为"而获得"明"和"静"仍然是可能的来使其读者安心。实际上，他将"无为"描绘成一种为使社会和谐的先决条件：

不出户，知天下；不窥牖，见天道。其出弥远，其知弥少。……是以圣人无为而成。（《道德经》第47章）

最后，在第57章中老子解释了转变和成功，或通过"无为"，在这种修辞学批评的情况下，有效的教学效果出现了：

以无事取天下。……我无为，而民自化；我好静，而民自正；我无事，而民自富；我无欲，而民自朴。

至于教学实践，其中一些例子将包括培养出更多独立的工作，如团队项目。学生将被提供一些关于任务的一般指南，但是他们自己来做重要的决定以努力完成分配的工作。如果老师显然能对问题有所帮助，那么在任何阻碍发生之前将会得到学生的恳求。这样，与传统的观点相比较，老师虽"不为"却处理了教育的过程。

不言

正如之前已经提到过的，非指导性有两个方面：无为而教和不言之师。考虑到教学的效果第一眼感觉"不言之师"有些荒谬。尤其是学生，可能期待一个由老师引导的课堂，在其中大部分的时候是老师在讲。这部分原因是美国学生的社会化是融入了教育过程的。在初级层面上，学生被教导要服从指令。在其次的层面上，许多教育者会选择一种相似的方法，因为这样通常更容易管理一个过度拥挤的学生课堂。当学生达到高等教育的时候，他可能会抱这样一种态度，认为他是在付费给老师来做课堂上所有的事情。在许多学生中也存在着这样的感觉，认为除非老师讲课否则学习是不可能出现的。

实际上，老子甚至承认："不言之教，无为之益，天下希及之。"（《道德经》第 43 章）

然而，教育者说话的频率可能需要被减少以便有效地赋予学生权力。比如，如果一个老师给了学生所有的答案，那学生就可能会去设想他们不需要再提供任何答案了。或者，学生有可能会认为老师给他们找到的答案是无价值的，那么他们就不用再费心提供别的答案了。我们来将这个例子加以扩展，学生有可能形成一种印象，认为他们的同学根本就没有答案，这样会减少同龄人之间互相尊重的程度。

詹森对此解释道：

道家对保持沉默的强调是与他们认为词是不可能准确表达现实这个理念相关的。……嘴被认为是心的门卫，它必须对出口的东西小心防卫，以免心被他人知晓。与保持沉默这个告诫相伴的，是对做一个专注的倾听者的尊敬。①

我们可在《道德经》中找到好几处建议圣人实践"不言之教"的段落。第 2 章的最后一句为"行不言之教"。第 5 章有"多言数穷，不如守中"。第 56 章有"知者不言，言者不知"。

然而，一个行"不言之教"的老师仍然是在"教"。这是一个被广泛接受的法则，这个法则可追溯到苏格拉底和对苏格拉底方法的认知。换句话说即是，"不言之教"从修辞上看很重要。说到中国古代的修辞艺术，罗伯特·司格特（Robert Scott）指出：

不言是言语的缺少。当我们与他们相处时我们想要表达的强烈愿望为"不言"的实践创造了基础。当其满足不了我们想要"言"的强烈愿望时，我们只能潜在地选择有意义的"不言"。②

于是，非指导性的教学中老师讲的话更少。当听到学生的问题后，一个非指导性的老师可能会让一个学生来提供答案而不是他自己把这个问题的答案给出来。非指导性的老师会限制课堂上讲课的时间，他会认识到当学生总

---

① J. Vernon Jensen. *Rhetorical Emphases of Taoism*. Op. cit., pp.222-223.

② Robert Scott. Dialectic Tensions of Speaking and Silence. *The Quarterly Journal of Speech*, 79 (1993):1-18.

是被告知答案的话他们有可能变得对他的话相当地依赖。

"不对抗"

教育者也可能通过在其教学中成为一个非对抗者来培养自我。由于教学过程内部的多种可变因素，注定会产生不一致。最显而易见的是，学生和老师彼此会存在很大的分歧。学生可能不赞同老师处理课堂的方式。与此相似的是，老师也可能不赞同学生处理学习过程的方式。最后，学生可能彼此以这样的方式互动以引起老师的注意。由于这些引发对抗的刺激因素以及其他一大堆的因素，对教育者来说保持其沉默就变得日益重要。

在道家的哲学思想中，非对抗的圣人在有争议的情形中不需要去反抗。相反，他会在一种完全的和谐中以彻底的平静心态去处理任何潜在的对抗。实际上，教育者自由地甚至是无意识地避免了与学生之间的敌意冲突。例如，我们可在《道德经》第68章中见到如下的观点：

善为士者，不武。善战者，不怒。善胜敌者，不与。善用人者，为之下。是谓不争之德，是谓用人之力，是谓配天，古之极。

非对抗的教学方法实际上能赋予学生权力。一旦学生感觉到舒服而非来自老师的威胁，他们就会放松地将精力集中在学习过程中。正如我们可在《道德经》第75章中所见：

民之饥，以其上食税之多。民之难治，以其上之有为，是以难治。民之轻死，以其上求生之厚，是以轻死。夫唯无以生为者，是贤于贵生。

圣人能显示出非对抗的一种方式是通过对对手的屈服。如朴仁熙（Ynhui Park）所解释的："总体的道家的道德法则是放弃意愿并不被强迫地去做事和生活。"[1]

正如由于其特征是"无名"，因此"为"的特征是"无为"。"无为"并非如庄子所使用的比喻那样意指作"槁木死灰"，其意指的是不采取人为的行动、不

---

[1] Yhhui Park. Lao Tzu and Nietzsche: Wanderer and Superman. *Journal of Chinese Philosophy*, 1984, p.406.

干涉或让万物任其自然。^①

卡苏利斯（T. P. Kasulis）解释说可将屈从的行为类比为水之根本的属性。一般说来，屈从能阻止任何形式的对万物自然秩序的干扰。如《道德经》第15章所言：

古之善为士者，微妙玄通，深不可测。……涣兮其若水之将释。

然而，卡苏利斯又警告说，这不应该是个被玷污的特征。或许它是在一个西方的线性范式内部被玷污了的，而非是在道家的哲学思想内部：

"无为"是响应能力的这种非自觉形式的名字。道家对那些模式进行沉思和回应，尽力不去干扰改变的模式。由于运用和直接的对抗总会遭遇抵抗，老子建议我们应该像水那样，既灵敏又能柔顺。然而这种柔顺不是被动的或宿命论的。通过柔顺，水最终磨损了阻挡其道的岩石。^②

格拉汉姆解释说对圣人而言这是一种自然的倾向：

……圣人完美地阐明了他的立场，被吸引着与自然的过程自然共存。他只是将自己放置在一个朝向先是顺从后是征服的位置上。^③

如格拉汉姆所总结的那样，实际上如果一开始就采取了一种屈服的方法，圣人是能阻止任何形式的冲突产生的：

圣人什么都不为但却通过最小的干扰保持了效果的最大化，在隐患发展之

---

① T. P. Kasulis. The Absolute and the Relative in Taoist Philosophy. *Journal of Chinese Philosophy*, 1977, p.391.
② A. C. Graham. *Disputers of the Tao: Philosophical Argument in Ancient China*. Op. cit., p.230.
③ A. C. Graham. *Disputers of the Tao: Philosophical Argument in Ancient China*. Ibid., p.234.

前就已经认识到它，并在其成为问题之前就先将其遏制。①

于是，非抵抗的圣人试图创造一种在其中对抗能被保持在最小程度的教育环境。如教学大纲不仅明确规定了教学任务及其在层级体系中的分量，而且还规定了适合学生的行为标准。表面上这可能显得太死板、太有组织性并因而是反"道"的。然而，如果这些标准被加以解释并被所有人接受的话，那么它们是不需要这么被分析的。

即便是有防卫，引导者也不可避免地要面对与学生的冲突情形。即便是在大学里，学生也存在纪律的问题。学生会被学业的压力困扰并把这些困扰发泄到自己的同学和老师身上。学生有时对自己的成绩相当不满意并强烈地认为自己应该得更高的分数。在激动的时刻引导者应该保持平静，让其自我离开教室，记住"道"引导我们保持中庸之道并不把意见的不同看成必要的输赢，而是应将其看成自然的出现，在其中双方都是围着同一个愿望的，那就是学习。

"灵活性"

此处讨论的最后一个道家的表意文字是灵活性。其包含了两个层面：一是修养，由于前面提及的教学实践，记住不存在任何可用在任何情景下的教学策略是很重要的。圣人知道什么时候表现他的谦卑，什么时候保持沉默，什么时候该避免冲突等等。正如一个道家将会告诉你的，"道"将引导你前行：

执大象，天下往。(《道德经》第35章)

看待灵活性的一个更加实用的方式是考虑到学生本质的多样性。每个学生都是不同的，都拥有自己独特的学习能力和学习目标。每一种教育情景潜在地都是独特的，因为不同的情景里参加的学生不同，课程的内容不同，团队动态不同，甚至教室也是不同的。这里，圣人通过选择既定情景下最恰当的行为模式以一种几乎是无意识的方式自由地采取他自己的管理风格。

"当然，有人或许会猜测，《道德经》直接面对的读者是一个小国的君王，

---

① A. C. Graham. *Disputers of the Tao: Philosophical Argument in Ancient China.* Ibid., pp.233-234.

是统治者，这样的小国不得不在大国中为了生存而随风倒。其在一个大国出现之前撤退直至其勉强维持并经过衰败点的战略在管理、军事战略和格斗中有着非常实际的运用。……日本的柔道就是直接根据《道德经》中的术语来命名的。"①

如《道德经》第27章就是不管圣人的个体信仰，引导他们接受百姓：

是以圣人常善救人，故无弃人。常善救物。故无弃物。是谓袭明。

灵活的老师认识到每节课将会自然地创造其自己的标准设置。他们也认识到每个学生都将其独特的生活和生活经验的独特模式带进了课堂。应该鼓励学生的多样性来取而代之寻求创造一致性的方式，在这样的多样性中他们能采取最能满足学生需要的方式。至于"服从"的概念，课程应该是"灵活多样的"。

老师应该通过现行关于批判性教育的文学所建议的表现出灵活性并欢迎多样性。课堂上的多元文化论显而易见是一种灵活性自己所展示出的方式。反思性教学和体验式教学所完成的任务是一样的。对教育者来说重要的是他能认识到处理任何事情的方法都是有多种选择的。可以采用额外的计划，但是结果是一个更加和谐的学习环境。

显然，灵活性这个概念与该章讨论的所有道家的表意文字都不仅能为未来的交际教学研究提供基础，还能作为老师的行动指南。这个语境重构最适当地包含了老子关于"统治风格"的建议。

《道德经》第58章可很好地用来作为我们这篇论文的概述：

其政闷闷，其民醇醇。其政察察，其民缺缺。祸兮福之所倚，福兮祸之所伏。孰知其极？其无正也。正复为奇，善复为妖。人之迷，其日固久。是以圣人方而不割，廉而不害，直而不肆，光而不曜。

（二）《道德经》：人本心理学与教育的引导图像

1981年，美国密西西比州立大学罗伯特·道格拉斯·芬利（Robert

---

① A. C. Graham. *Disputers of the Tao: Philosophical Argument in Ancient China.* Op. cit., p.234.

Douglas Finley）的教育博士论文《道德经：人本心理学与教育的引导图像》发表①。论文共有 3 个主体部分："导论""《道德经》译文"和"后记"。在此汉译整理论文的"摘要"和"后记"的第 2 部分"一些实际应用"。

"摘要"

远东的灵修文学为新的意象提供了丰富的源泉，也为寻求人类潜在性之更大的参数提供了丰富的引导资源，将其直接应用到心理学和教育领域的研究还比较少。该研究试图通过《道德经》这本论述普遍性和精神输入的世界经典来阐明和巩固东方哲学与西方心理学和教育学之间的联系。该文对《道德经》每一章的翻译接近道家经典的风格，也即是说，尽可能地不带偏见。

在该研究的"导论"中作者讨论了心理学与教育学之间的亲密关系，并阐述了西方社会科学世界观的本质，强调了其对 17 世纪宇宙论的当代社会科学的综合影响以及组成了唯名论—行为主义、经验主义精神和实证主义的思想形式的哲学积累。研究的主体是对《道德经》进行的无韵体英译，并附了对每一章的连续注释，以寻求将《道德经》81 章与当代的问题和语境相联系。

作者在"后记"中讨论了《道德经》中的几个对于以社会科学的唯名论—行为主义—经验主义—实证主义世界观为基础解决某些哲学问题的法则。这个基础为几个自行生效的法则包括整体论、本体论的必要性和本体论的规则提供了根据。研究发展了一种以作为一种对社会科学和教育学的普遍流行的意象之整体替代的法则为基础的宇宙意象。文章的结尾讨论了该研究对教育和咨询实践的一些应用。

"一些实际应用"

"本体论法则"

在前面我们已经明白《道德经》特别为现代心理学和教育学提供了一种对唯名论—行为主义—经验主义—实证主义世界观的批判，并揭露了在科学自身根本的经验主义的姿态中的内在矛盾。积极地讲，《道德经》为非—矛盾的法则和对本体论的必要性法则的采纳提供了一种启发。与当今对为教育作引导的对人与宇宙的未受损伤的图像区分、专门化、简化并最终将其剥夺相反，《道德经》建议的是一个微观和宏观世界的反射图像。与其他模式一样，这个图像所建议的东西远不能说清楚。从其图像中可得到的运用或许是无限的。

---

① Robert Douglas Finley. *Tao Te Ching: A Guiding Image for Humanistic Psychology and Education*. Ed. D. Thesis, Mississippi State University, 1981.

除本体论的必要性外，《道德经》还建议了一种本体论的规则，这种规则是价值的基础，恰是唯名论–行为主义–经验主义–实证主义教育中所缺乏的东西。本体论法则说我们应该寻求和喜欢的是整体而非部分。这被终极逻辑证明是正确的，因为反着做喜欢部分而非整体的话会导致某种死亡的愿望。喜欢自杀或许是某人的特权，但是逻辑事实是，喜欢死而非喜欢生最终是选择一种消极的状态，在这种状态中无人可珍视或喜欢任何东西。

本体论法则说，实际上我们应该喜欢生活的各个领域中的整体而非部分，尤其是我们老师和咨询师这些负责引导他人的人，有责任使得我们是其主体部分的这个过程是个整体而且尽可能地健全。这个完整性的选择的主要方面是把主观性的经验放置在我们活动的中心。远非以一种自我中心的姿态，这意味着拥有我们自己的极度无知，意味着去除我们的特性以及仅作为普通的民众之神秘和力量，用老子的话讲就是，做个简单的人。对自己的无知这种承认是将我们自己向学习敞开。这是开始对话的必要条件，这种必要条件是教育和忠告的根本。朱拉德（S. M. Jourard）（1978）坦言："教育，如果要说它是什么的话，是一种对话。是源自某个活人或死者的邀请，邀请一个人参与扩宽其视野的过程。如果教育不是一种对话，那么它就不是教育。"[①]朱拉德继续说，在对话的结果中是我们学习去信任别人并能足够多地去倾听他们，而且"当我们学习去信任别人并能足够多地去倾听他们的时候，我们才能降低我们的世界模式的僵化程度。相似的对话'设置'我们的世界模式或使其具体化，而新的对话，如果我们能听见的话，则会如一个雕塑家将黏土塑造成新的图像那样重塑我们的世界图像"[②]。

《道德经》提供一些或许可以引导我们降低我们的宇宙以及自我（进而是我们的学生或被忠告者）的模式的僵化程度的方式。为简洁的缘故，这里将其作为引导的思想法则呈现为外在与内在的对话。

"道家思想"

1. 允许例外能反证此规则（智性思考）。智力是在怀特海（A. N. White-head）（1955）所谓的"差异法"基础上实施的。像一台二进制的电脑，它根本上是把一件事与另一件事相比较。一件事要么是 A 要么不是。这相当于在实践中去寻找例外，并在找到这个例外之后假设这个例外会使一些普遍性失

---

① 　S. M. Jourard. Education as Dialogue. *Journal of Humanistic Psychology*, No. 18, 1978, p.47.

② 　S. M. Jourard. Education as Dialogue. Ibid., p.51.

效（这个例外的不是 A 的东西，是被包括在 A 的集合中的）。拿普遍性来说，"所有的天鹅都是白色的"。按照通常的逻辑，如果发现一只黑天鹅就将使这个普遍性失效。但在道家的逻辑中，不完全是这样的。普通逻辑，看到了例外，以二分法来思考事情，来衡量那 99% 的真实和 1% 的例外或错误。道家逻辑没有忽略比例，相反，远非例外是普遍性的反驳，道家逻辑认为例外可以证明此规则。道家的思想家首先期待的只是源自经验主义的普遍性中的真实度。通过了解例外，规则的力量与规则一起得到了证实。

2. 可能的时候从不同的程度而非按固定的类别去思考。这一条规则是对前一条的扩展。我们寻找普遍化，但同时我们又对例外开了口，因而我们的普遍化总是由经验来限定的。有时它可能是非常有趣的普遍化，而有时却又可能是例外或限制。这即是总是用"程度"这个术语去学习思考。

3. 思考谈话的总体而非思考组成等距单位的线性参数。后者是机械的思考，而前者是整体论的思考。"我们谈话的世界是什么"将会成为在教育中注定要被放在任何讨论的最前面的一个问题。取代思考一大堆重要程度一样的问题，我们将会思考位于圈内之圈内的那些问题。

4. 恰当理解万事万物的本质。不必出动空军力量来消灭一只蚊子。实际上，如果我们这么做的话，蚊子不一定能被杀死。相反，令人印象深刻的技巧和勤劳的活动不一定意味着需要重要的学习。实际上，社会科学和教育受到了太多的批评，认为它们充满了对其结果的意义根本不了解的技巧和定量。德·布罗依（De Broglie），一位著名的从高级物理学的角度研究社会科学的方法的物理学家，甚至这样写道："因而，在人类行为的不严格的科学范畴内，定义的严格相反地是随着其在现实世界的实用性而变化的。"[①]

5. 发挥想象力。接受想象力是以其自己的方式，与逻辑一样，与数学一样，与树和石头一样真实的。这意味着在图片中思考。怀特海将其称作"富有想象力的合理化"，并将其比作升空勘测更宽广地面的飞机的飞行。这也意味着不必害怕层级，因为图片或多或少都有其突出的方面，所有的价值都不相同。层级暗示着价值。这就导致了下一个法则。

6. 考虑主观性。这意味着停止对我们自己那部分的否定，放弃客观"观察者"的姿态，将其理解为某种经过培育的非自然的东西。实际上它是唯名论—行为主义—经验主义—实证主义世界观的产物。相反，我们应该欢迎个

---

① F. W. Matson. *The Broken Image*. New York: George Brziller, 1964, p.154.

体的价值判断、个体价值判断的不确定性以及个体的想象力、直觉力和完满感的完整部分。

7. 思想过程。用分类作为工具，而不是作为障眼物。将万物都看成流变的（不是无物，而是流变）。认识到所有的主体也是事件。知道能在一个层面上准确描绘一个过程的句子不一定能准确描绘另外一个过程。当心词语那骗人的本质。正如朱拉德所言，分类倾向于"设置"我们自身的、人类的以及宇宙的图像或"使其具体化"。偶然地，这可在忠告中有许多的运用。许多问题可以理解为是被忠告的人自我分类的结果。在心理学家的帮助下将其自身定义为精神病患者的被忠告者不仅必须放弃自我的行为还要放弃自我的定义。为了做到这个，这样的人必须允许今天的精神病患者不必再成为明天的精神病患者。

"道家思想在教育方面的应用"

在"导论"中已经说过《道德经》的背景是对话，是圣人与帝王之间的对话。"导论"中也提到过在老子生活的那个时代，《道德经》或许是他对自己与自己生活的那个时代之间对话的提炼。与我们即它的读者相关的是，《道德经》提供了一个与过去的大师对话的机会。在所有的层面上，不管是在外与他者还是在内与我们自己，这本书都邀请读者参与更深层次的对话。对话是交流之"道"，而且也是完成教育的手段，如果教育真的是能被完成的话。

没有对话的教育的最大缺陷在于学生被告知了全部的答案但却几乎不知道答案所回答的问题是什么。因而他们只是被给予了一半的对话，其中答案是没有多少意义的，因为它们只是被记住而非被理解了。于是学生变成了会"教育"他人而非自己的教育者。

与死气沉沉相反，为使变得活跃，必要的教育是以问题开始的，而非答案。只有当我们以一种质疑的态度来对待它的时候我们才能完全醒悟，而当我们想要理解某事的时候那我们就不能不采取质疑的态度。在一开始而非在最后就向学习者提出恰当的问题有助于将学习者引导至问题的答案，这样学习者得到的将会是他们自己的答案，而非别人的。

教育的中心问题是"什么是教育"。教育是为了找到一份工作吗？它与技术训练有什么不同吗？教育的要旨是什么？与对话一样，这些问题也是教育必须面对的问题。它们会总是出现在学习者的面前，如果学习者是诚挚的，那他将会发现开始得到的答案不一定是最后需要的答案。道家教育者在训练的时候将会提出的中心问题是"老师是什么？""老师该做什么？""为什么要这么做？""师生关系的本质是什么？""对于教育所提出的忠告，核心问题是'何谓忠告'？""实际上，这个如此被谈被写的过程是什么？""它的要求是什么？""它有哪些类别？""其特性是什么？""我们该如何辨别好与坏？"等，这意味着作为学生彼此间的和与老师间的公开对话，他们将会下意识地公开地发展自己的标准，也会作为他们与作者与自己间对话的结果深度地、主观性地发展自己的标准。

道家忠告者的教育与现在实践主要的分别在于减少了现在对技巧的过多强调。技巧有其位置，但在道家那里它只能屈居第二或第三的位置。只有当技巧缺失的时候对话才可能出现。将"如何"的问题深深植入学生的头脑中，忠告者将自我意识和焦虑灌输给学生并将他们引导至与对话相反的方向。这实际上是距离和"客观性"姿态的培养，学生从中有意识地或无意识地被鼓励将其对话者看成一类以微妙的或粗俗的方式与自己不同的人群。

对技巧的学习是对忠告技能的学习。老子告诉我们，学习恰当地对别人给予忠告是学习如何使自己真实。忠告是两个实体的生物间发生的事。现实有其可感觉的一面。它可能显得似乎相当简单，但忠告者可能更多需要的技巧是学习他感觉可能真实的是什么。

"道家思想在忠告方面的应用"

读者或许已经注意到了该文此处对忠告的建议与卡尔·罗杰斯（Carl Rogers）的方法之间的相似性。精神的这种相似性是真实存在的，而且如果能理解"罗杰斯"实际上是意味着不用运用技巧去做其一致就会得到加强。然而，"罗杰斯"代表的就是一种技巧，而且在此意义上讲，它对于这里所意指的正好是相反的。任何的模仿，包括对卡尔·罗杰斯的模仿，对这个意义来说都是相悖的。

罗杰斯自己说他的方法是"东方的"（1961），斯坦斯特德（R. Stenstrud）（1979）也详细讨论了道教对于罗杰斯和马斯洛（A. H. Maslow）的关系。从次要的意义上讲，我们是"徒劳无益的"，但如果这个尝试有助于我们更深地领会它将对罗杰斯与道教之间的关联意味着什么的话那它同时也是值得的。或许罗杰斯的忠告和道教对于总体的忠告的相关性都会得到证明。

罗杰斯的理想的忠告者可能是道家的，但是根据此前所有的讨论，从重要的意义上讲一个道家的忠告者并不是一个罗杰斯。二者之间的至关重要的对比在于世界观的不同。罗杰斯的忠告牢牢根植于物质的和有机的层面，由此忠告者必须保持一种"价值中立的"姿态。罗杰斯奋力从物质的和有机的层面摆脱出来进入整体的层面，但他保持主要固定在较低层面，不愿意放弃作为真知的主要形式的社会科学、定量研究模式和科学知识评价的传统姿态。

考虑到其经验主义的基础，罗杰斯的忠告只不过是非直接的，因为直接的忠告暗指的不是作为"仅仅相关的"的价值的保证和价值的理解。

道家的忠告将区别价值—知识和对这种价值知识的实施。这是一个广泛的区别，所有类别的价值—相对主义者完全是以无法辨认的面目出现的。但是在指出其构成把价值强加给某人与武断地断言所有的家长都完全是相互之间存在一个有差别的世界。后者不是科学而是科学至上主义。它不是从经验数据得到的，也不是从哲学理解中得到了，而是来自假设。它是一种科学的假设，足够的真实，但它只是纯粹的假设。

举几个例子将有助于把这个差别搞清楚。关于婚姻，道家的忠告者是接受作为基础的、不可缺少的、普遍的家庭制度的。记住例外能反证此规则。因而，他将有资格抵制那种普遍流行的尝试来通过解释消除并因而减少和根除家庭的社会学尝试，也因此道家的忠告者不会因为被认为是放纵的、任性的、认为"什么都行"的普遍流行的相对论者的观点而退缩。因为任何事物在即将创造下一代的时候都是不会"什么都行"的。社会退化和瓦解的逆转过程要求一对能满足孩子们的内在需求的、能起作用的、完整的母亲和父亲。于是，忠告的目的便总是在于挽救需要的家庭。但同时，没人能告知该做什么。

与此相似的是在对性的忠告这个相关而且重要的领域，道家忠告者必须与那些误把自由当特许的人道主义者和自由论者这个主流分离开来。"什么都行"的心态又一次成了缺乏理解和缺乏价值的遮面罩。以手淫为例，原初有效而具启示的发现对犯罪感完全不适合。有人注意到这并非悄悄地滑入了一种对作为构成某种积极的美德之手淫的荒谬可笑的评价中的。我们从未被告知过这种价值的基础，但是女权主义者却带着传教士般的热情向其他女性倡导和传授手淫。就像其他很多东西一样，她们追随男性模式，反对那些她们热心抗议的东西。这证明了一种现象是如何轻而易举地转变成它的反面以及"解放"是如何变成新的强制力的。

再一次提醒记住例外能反证此规则。道家忠告者接受作为普遍标准的异性恋和与普遍标准相反的所有其他的性表现。自然地以两极对立的概念来思考，道家忠告者能理解男女间相互吸引的更深层意义。这种吸引是以性的结合来象征的，但它源自一种不仅是物理结构的而且也是精神结构的、情感的、精神的和宇宙的补充。正如手淫这种状况，为非同寻常的异性恋活动而生的犯罪感的不适当的认知是合法正当而且解脱的，正如对从事这种事情的人的谴责之不恰当的认知一样。然而现在，这种正当的看法变成了一种微弱的宣称性只不过是一种喜欢，正如一个人是喜欢咖啡还是喜欢茶一样的教条。道家不会谴责任何人，但它也不会对宇宙是标准这个事实感到奇怪。

"定性背景"

史蒂文·温伯格（Steven Weinberg），一位科学工作者曾经写道："科学中存在一种根本的元素，这种元素是冰冷的、客观的、非人类的。"[①]1976 年，史密斯（Huston Smith）引了温伯格的这段话来讨论科学对于提供一个真正的世界观之无能为力。史密斯的观点与该文前面呈现的观点是一致的。史密斯认为，科学不能提供一个世界观的原因很简单，因为科学自身在本质上是局部的，它只能解决那些能被觉察到的、行为的、可计量的和机械的东西。被它排除在外的是什么呢？史密斯令人钦佩地简明扼要地告诉我们："意义、目的以及其中每件事都连贯一致的愿景。"[②]

现在我们也处在一个同样希望能简明扼要地重新阐述文章所提及的各种中心问题和已经找到的解决办法的位置。问题不仅是关于逻辑性的或纯理智的或有帮助的，而且也恰恰是关于意义、目的以及连贯一致的愿景的。或者更精确地说，是关于其在现行教育和咨询方面所缺乏的。现行教育分享了现代性的科学的思想形式，这种思想形式的意义、目的和清晰连贯一致的愿景都被剥夺了。但这样的东西不能必须既是装饰物又是教育的核心吗？不能不必是在那些高于其他恰恰期待以其为基础的事物中所缺乏的、不知道意义目的与连贯一致的愿景的咨询吗？如下是我们的古代中国圣人（从广义和狭义上）为教育提供的东西：一种连贯一致的世界观。在这种世界观中，人类生活是有其固有的意义和目的的。这种世界观实际上是一种被拉夫乔伊（Lovejoy）称为"在大部分的人类文明史中占统治地位的官方哲学"的东西。这种世界观也是"在其几次流行中很多有着更微妙的思索性头脑和伟大的宗教导师之不同程度的精确和彻底"的教义。老子为我们提供了一种宇宙观，也可以像史密斯那样说，是一种宇宙观的版本，一种强化的对于宇宙的感觉。这种感觉是科学和现代性都不能消除的。

前面已经建议过，这种背景的暗示有可能是无限的。我们将归纳对忠告

---

①　H. Smith. *Forgotten Truth: Primordial Tradition*. New York: Harper & Row, 1976, p.11.

②　H. Smith. *Forgotten Truth: Primordial Tradition*. Ibid., p.12.

和教育实践尤其突出的 3 个要点来结束此节。①认识到价值是不该被忽略的、不该被避开的或不该被蔑视的，相反，价值和现实是共同扩展的。这意味着现实是人类的现实，宇宙是人类生存其中的家。这种可能性使得宇宙是一个充满爱的宇宙变得貌似可信。②《道德经》的特别在于其阴—阳概念，这是一个动态平衡的法则，为理解、变化和冲突提供了无限的潜在性。从阴—阳法则来看，当事物转变为其反面时我们不应该感到惊讶。实际上，这正是我们所期待的，并期待它是我们预先就有所准备的。③《道德经》为我们提供了一个对于冲突与变化的幸存的引导图像，作为生命的同一体的水之易变的图像，以及与此相反，作为死亡的同一体的水之固执刚强的意象。在忠告他人和我们自身时，我们的任务是根除刚强，而与此同时不放弃我们对普遍性的把守。

"道家思想在管理方面的应用"

对于道家的管理思想已经太多论及，无须再说了。整个《道德经》文本都是设立在关于正确的管理问题背景中的，这个问题也恰是关于正确的管理思想的问题。不管是关于民族的、国家的，还是大学的、教师的、家庭的还是个人自己的问题，答案都是一样的。易变、公开、无知、接受能力、不束缚、无竞争，所有这些都是培养德行的同义词。

（三）高等教育与"福"：《圣经》与《道德经》视角

2017 年 3 月，韩国学者李正圭（Jeong-Kyu Lee）的文章《高等教育与"福"：〈圣经〉与〈道德经〉中的幸福观在高等教育中的应用》在网络上公开发表①。作者分 5 个部分阐释了《圣经》和《道德经》中的"福"观及其在高等教育中的应用：1. 导论；2.《圣经》中的"福"观和法则；3.《道德经》中的"福"观；4."福"观在高等教育中的应用；5. 结语。该节摘译了文章的后 4 个部分如下：

《圣经》中的"福"观与法则

在论及"福"时，《圣经·箴言》强调了先前的智慧和引导以及作为"福"之法则的日常生活。该书提及，如果人追随和实践这种智慧和引导，那他就能获得成功和幸福的生活。其显著的主题是"敬畏主是知识或智慧的开端"，

① Jeong-Kyu Lee. Higher Education and Happiness: The Perspectives of the Bible and Tao Te Ching. *Online Submission*, Jan. 30, 2017.

（《箴言》第 1 章第 7 节和第 9 章第 10 节）即"敬畏耶和华是智慧的训诲"，（《箴言》第 15 章第 33 节）探索寻求智慧既是世俗世界也是宗教生活的根本和目标。《箴言》中"福"观的核心是敬畏主耶和华和寻求主的智慧。

另一方面，《旧约·传道书》不仅强调了"享受生活"，同时也强调了要"记住和敬畏主"。《传道书》认为，敬畏主最大限度是由于对人之欲望、智慧和生活的限制。"福"观突出的主题是"享受你的分"（《传道书》第 9 章第 1—9 节）和"敬畏神"（《传道书》第 12 章第 12—14 节）。对《传道书》的两个主题加以考虑，"福"观的意义是敬畏主、寻求主的智慧和享受你的分。

从"福"观来看，《箴言》显示出了好几个重要的概念，如知识、智慧、正义、道德、避免不道德、敬畏神和仰赖主。

现将《箴言》中与"福"观相关的章节引用如下：

得智慧，得聪明的，这人便有福。（《箴言》第 3 章第 13 节）

他与持守他的作生命树。持守他的俱各有福。（《箴言》第 3 章第 18 节）

众子啊，现在要听我，因为谨守我道的，便为有福。要听教训，就得智慧，不可弃绝。听从我，日日在我门口仰望，在我门框旁边等候的，那人便为有福。（《箴言》第 8 章第 32—34 节）

义人所结的果子就是生命树，有智慧的不能得人。（《箴言》第 11 章第 30 节）

行为纯正的人，他的子孙是有福的。（《箴言》第 20 章第 7 节）

常存敬畏的，便为有福；心存刚硬的，必陷在祸患里。（《箴言》第 28 章第 14 节）

没有异象，民就放肆，惟遵守律法的，便为有福。（《箴言》第 29 章第 18 节）

与《箴言》一样，《传道书》也提供了好几个重要的与"福"相关的概念，如"虚空的生活""人之欲望与生命的限定""在劳碌中享福""生命的智慧""对神的敬畏""命定之期"和"神的权威"。

《传道书》的作者认为，"福"观蕴含者反讽的表达意味，如徒劳的快乐、工作、力量和生活；对人之智慧、欲望和生活的限制以及毫无意义的财富。此外，作者还通过指示性的表达向读者呈现了什么是真正的"福"："享你的分。"（《传道书》第 9 章第 7—9 节）；"万物皆有时。"（《传道书》第 3 章第

1—8 节）；"人活多年，就当快乐多年。"（《传道书》第 11 章第 8—9 节）尽管有各种各样的表达，但《传道书》在其始章和末章却告诉我们："虚空的虚空，虚空的虚空，一切皆是虚空。"（《传道书》第 1 章第 2 节和第 12 章第 8 节）这个句子既是结语也是《传道书》的主题。《传道书》的作者常常宣称"虚空"（hevel）。"虚空"意为"徒劳""无用"。尽管《传道书》为人之力量、财富、智慧、著述和生活的限制而叹息，但它仍然明确地认为智慧和主的禁令是得到幸福的尘世生活的宝贵手段。他总结说："敬畏上帝，谨守他的诫命，这是人所当尽的本分。"（《传道书》第 12 章第 13 节）

现将《传道书》中与"福"观相关的章节引用如下：

凡事都有定期，天下万物都有定时。（《传道书》第 3 章第 1 节）

两个人总比一个人好，因为二人劳碌同得美好的结果。若是跌倒，这人可以扶起他的同伴。若是孤身跌倒，没有别人扶起他来，这人就有祸了。（《传道书》第 4 章第 9—10 节）

我所见为善为美的，就是人在神赐他一生的日子吃喝，享受日光之下劳碌得来的好处，因为这是他的分。（《传道书》第 5 章第 18 节）

我就称赞快乐，原来人在日光之下，莫强如吃喝快乐。因为他在日光之下，神赐他一生的年日，要从劳碌中，时常享受所得。（《传道书》第 8 章第 15 节）

你只管去欢欢喜喜吃你的饭，心中快乐喝你的酒，因为神已经悦纳你的作为。你的衣服当时常洁白，你头上也不要缺少膏油。在你一生虚空的年日，就是神赐你在日光下虚空的年日，当同你爱的妻，快活度日，因为那是你生前在日光下劳碌的事上所得的分。（《传道书》第 9 章第 7—9 节）

光本是佳美的，眼见日光也是可悦的。人活多年，就当快乐多年，然而也当想到黑暗的日子。（《传道书》第 11 章第 7—8 节）

你趁着年幼、衰败的日子尚未到来，就是你所说，我毫无喜乐的那些年日未曾临近之先，当纪念造你的主。（《传道书》第 12 章第 1 节）

我儿，还有一层，你当受劝诫：著书多，没有穷尽；读书多，身体疲倦。这些事都已听见了，总意就是：敬畏上帝，谨守他的诫命，这是人所当尽的本分。因为人所做的事，连一切隐藏的事，无论是善是恶，上帝都必审问。（《传道书》第 12 章第 12—14 节）

在思考了上述的词语和讨论之后，《传道书》中的"福"观可总结如下：

享受简单的、共同的、快乐的生活，记住并敬畏主，追随主的智慧和引导。

《道德经》中的"福"观

从"福"观的角度，老子在《道德经》中提及了基于"道"和"德"的"无为"（《道德经》第3章和第48章）和"返或俗"（《道德经》第40章和第80章）。《道德经》中的概念"福"和"福"观与追求和谐、内在的平静和福的"道"与"德"是相关的。正如李正圭在其发表于2016年的文章《古老亚洲智慧中的教育与幸福：对印度和中国经典的反思》（*Education and Happiness in Ancient Asian Wisdom, Reflections from Indian & Chinese Classics*）中所指出的，《道德经》呈现出了"福"的那些或隐含或比喻性的概念和观点，如：了解"道"乃万物之母（《道德经》第1章）；"无为"（《道德经》第3章和第48章）；像水那样追随"道"（《道德经》第8章和第78章）；饱满的空（《道德经》第11章）；阴阳的平衡（《道德经》第28章和第76章）；知人与自知（《道德经》第33章）；微明（《道德经》第36章）；"返"（《道德经》第40章）；"知足"（《道德经》第46章）；"为道"（《道德经》第48章）；"乐其俗"（《道德经》第80章）和"为道"（《道德经》第81章）。现将《道德经》中与这些主题相关的主要章节引用如下：

不尚贤，使民不争；不贵难得之货，使民不为盗；不见可欲，使心不乱。……常使民无知无欲，使夫知者不敢为也。（第3章：虚其心，实其腹）

上善若水。水善利万物而不争，处众人之所恶，故几于道。（第8章：上善若水）

知人者智，自知者明。胜人者有力，自胜者强。（第33章：知人与知自）

罪莫大于可欲，莫大于不知足；咎莫大于欲得。故知足之足，常足矣。（第46章：知足）

为学日益，为道日损。损之又损，以至于无为。无为而无不为。（第48章：无为，为道）

甘其食，美其服，安其居，乐其俗。（第80章：俗）

信言不美，美言不信。善者不辩，……既以与人己愈多。天之道，利而不害；圣人之道，为而不争。（第81章：天之道）

"福"观在高等教育中的应用

从上面对《圣经》和《道德经》两个文本的讨论中，本文作者权衡了概念"福"和"福"观在高等教育之德育中的应用。道家和基督教的"福"的价值和法则主要集中在对当代韩国高等教育的检验中。为了对研究的问题进行特别的维护，首先，将会对道家对韩国高等教育中的企业文化和伦理价值的影响做简单的回顾，然后会根据伦理价值对基督教对企业文化的影响进行分析。

从韩国的文化史观来看，教育对韩国民众来说是一件传统的相当重要的事，高等教育尤其被看成国家发展和那些将高等教育看成巩固其以儒家的社会—政治价值观为基础的社会—经济地位的有效手段之韩国人强烈愿望达成的驱动力。实际上，由于韩国人对教育的热情和韩国政府的高等教育扩张政策，韩国的高等教育在20世纪90年代已经发展成全民教育。

根据《2016年教育概览：经合组织指标》所示，"韩国在经合组织及其合伙国家中受教育程度已经达到了最高水平之一，它也是世界上受高等教育程度最高的国家之一。"（2016.12.03）由于受教育程度和国民经济发展计划，韩国不仅在过去的50年里令人吃惊地发展了其社会政治和经济，而且还高度赞美了作为发展中国家之典范有助于国家改变的教育体系。

作为高速社会经济发展的一种驱动力的韩国高等教育对劳动力市场和社会体制有着重大的影响。尽管韩国通常是被某些度量和指标作为一种经济奇迹来评价的，而且一直保持着亚洲最发达的国家之一的地位，但它现在也遭遇了严重的社会—经济问题和困难，如收入的不平等、贫富悬殊、政治的不稳定、朝鲜半岛的分离、环境污染问题、青年人视野、教育的不平等和教育体制的高度紧张、社会福利问题以及其他社会问题。（2016.12.03）

特别是，韩国的高等教育直接培养韩国社会所需的人力资源，并为国民经济规划做出了重大的贡献，满足了个体对有机会接受高等教育的热切要求。尽管韩国的高等教育对国家的发展以及社会经济与政治的改革做出了重大贡献，但其面临着一系列严重的问题：高等教育的过度供给、学术的资本化和商业化、学术的文凭化和派别化、分层的封闭的教育体系、学术的新殖民主义、过度的教育费用、学历的无保障、严苛而权威的儒家价值观和文化以及其他受到批评的社会教育问题。

通过对现时发生在韩国首都首尔的一系列大规模游行反对韩国总统朴槿惠的反省、政治领导的严重不胜任和腐败以及政治人物与企业集团间的紧密联系是现时这些抗议的主要原因。此外，韩国教育体系的激烈竞争也可能是这一系列持续大规模游行的重要原因之一。而且，集约的教育体系直接或间接地带来了如下的问题：学术的派别化、家长式的官僚精英主义、政治经济的勾结以及以自我为中心的对成功的野心。

韩国传统的精英教育是以儒家追求修身、和谐的道德社会和道德国家的标准和价值观为基础的。儒家的精英教育在韩国的文化史上也对公务员或官僚主义学者的产生做出了很大的贡献，这些人属于管理阶层或拥有最高的社会等级，获得了其既得的利益，并高度垄断了社会地位和政治经济权。在社会经济的功能方面，儒家的精英教育很大程度上是从旧时的朝鲜王朝转变为新的韩国的，有着儒家的规范和价值观以及儒家官员的既得特权和社会经济权力。儒家精英教育机构明显地转变成了著名的大学。此外，儒家官员的既得特权和社会经济权力还普遍转变为韩国的受过教育的知识分子们的既得利益和保守的社会规范。

在韩国等级森严的高等教育体系中，那些名校毕业的既没学会健康的道德教育观也没进行过伦理训练的学生有可能很容易变成以自我为中心的、喜欢搞学术派别的、家长式的管理精英主义的以及与政治经济权利之间有着密切联系的知识分子。他们中的许多人把高等教育看成一种成功获得其以自我为中心的野心的有效手段或投资。在当今的韩国社会里，许多有钱的或受过良好教育的人霸占着权力或垄断了社会经济或政治地位和利益。韩国高等教育的主要功能变成了一种获得以物质主义的、商业主义的、拜金主义的或社会的、经济的、政治的自我权力为基础的非他人的普通利益而是其自我野心的工具或手段。

从道德教育的视角来看，除了实用和技巧外，知识或学问根本上寻求的是真理和善。因而，教育也追求伦理的或道德的价值观和规范以及实用的或经济的理论和实践。现在正是需要对韩国的高等教育进行修正或革新的时候。正是在这样的状态中，本文作者对将《圣经》和《道德经》中所蕴含的关于"福"的智慧和指示应用到韩国的高等教育中去进行了讨论。

与儒教一样，道教和基督教都对当代韩国高等教育的企业文化和伦理价值产生了很大的影响。儒家对韩国高等教育的影响表现为：等级森严的封闭体系、互惠的人道主义的关系、学术集体主义、宗派主义、论资排辈体系以及男权统治文化等。实际上，韩国的儒家思想是与受到传统的儒教、佛教和道教之哲学和宗教思想影响的中国的新儒家思想密切相关的。现在，基督教和佛教在个体的高等教育中起着积极的作用，而儒家思想和道家思想并不直接贡献于当代韩国高等教育的发展。然而，儒家思想和道家思想对韩国高等教育的伦理价值观和企业文化有着很大的影响。

在高等教育方面，道教和基督教的概念"福"和"福"观是重新建构道德教育或伦理教育的良好范例，尤其是《箴言》和《传道书》中关于"福"的核心法则表明或许可作为基督社会高等教育的主要伦理价值观或规范。此外，老子的"福"观可作为竞争激烈的韩国高等教育中的有价值的伦理规范。基督教和道教的"福"观都强调了无私的共同利益和自然的生活方式。为此，上述的"福"观对于重新建构现时的面向获得成功的自我抱负和为自我利益与社会经济或者政治地位而彼此竞争的韩国高等教育是有用的手段。

结语

该研究的目的在于讨论《圣经》和《道德经》中所表明的概念"福"和"福"观在高等教育中的应用。系统地回顾这篇文章，文中阐释了3个研究问题。一是《圣经》中的概念"福"和"福"观；二是《道德经》中的概念"福"和"福"观；三是概念"福"和"福"观对高等教育中的德育能有哪些应用。文章运用跨文化方法对这些问题进行了描述性的分析。

研究结果可简单地概括为：1.《箴言》和《传道书》中的重要"福"观是对主的敬畏、寻求主的智慧和享受你的分。2.《道德经》中的核心"福"观是基于"道"和"德"的"无为"和"返或俗"；3.基督教和道教的"福"观都强调了无私的共同利益和自然的生活方式。因此，"福"观对重构现代韩国高等教育中的德育是有用的。总之，基于该研究的研究结果，作者认为概念"福"和"福"观或许能为现代教育的实践者和理论家重新建构健康合理的个人道德和社会道德提供有价值的道德教育理论或"福"的研究。作者建议可进一步探究西方和东方经典中的宗教和哲学思想中的优点。最后，作者认为，基于当前大学的主要功能在于功利主义潮流下的科学的和实用主义的教育，科学至上主义、快乐主义和拜金主义应该强调道德和伦理的教育，强有力地强调个体、社会或民族应和谐和平地保持道德规范和正义道德。

听别人说，走自己的路

鲁迅先生在《拿来主义》一文中如是说："总之，我们要拿来。我们要或使用，或存放，或毁灭。那么，主人是新主人，宅子也就会成为新宅子。然而首先要这人沉着，勇猛，有辨别，不自私。没有拿来的，人不能自成为新人，没有拿来的，文艺不能自成为新文艺。"^①该文涉及了在将"他者"的宝贝"拿来"时应该本着"去其糟粕，取其精华"的精神，尽管鲁迅先生并没有明确地使用这个词语。

美国现代诗人罗伯特·弗洛斯特在其有名的自然诗《补墙》(*Mending Wall*)中描绘了诗的叙事者向其邻居提出的疑问：此墙完全没有存在的必要，干嘛还要修补它呢？但是他那无知而又不假思索的邻居却告诉叙事者说，他这么做只是不想违背父亲的训诫："有了好篱笆才能有好邻家。"(He will not go behind his father's saying, "Good fences make good neighbors.")^②他从未去探究过：父亲这么说对吗？而我照父亲说的去做又对不对呢？真的有必要这么去做吗？

鲁迅先生和弗洛斯特都告诫我们，在将"他山"之石拿来为己所用时，不可不加甄别地照搬全取，而是应该"听别人说，走自己的路"，即根据自己现时的实际情况，选取那些适合自己的精华，作为可资借鉴可为自己所用的攻玉之石。《道德经》的教义于英语世界的"他者"如此，英语世界的"他者"对《道德经》的教义在教育中的应用研究成果于我们亦如是。

---

① 鲁迅：《且介亭杂文》，北京：人民文学出版社，1973年，第26页。

② Cleanth Brooks, et al. eds. *American Literature: The Makers and the Making*, Vol. 2. [M]. New York: St. Martin's Press, 1973.

六、媒介与乡村：理论、方法及路径

主持人语

2019 年 7 月，西北大学新闻传播学院和缙云河阳乡村研究院联合举办了"从全球到村庄：西部传播与乡村振兴"国际暑期班。这是缙云河阳乡村研究院联合中外学术机构举办的第四届暑期班。暑期班报名人数远超预期，令人始料未及。西安盛夏炎热，但连续七天的授课与考察，并没有令学员疲惫。但当学员们以饱满的热情投入到乡村场域时，理论和方法都成为问题。

就着暑期班的举办，西北大学新闻传播学院的两位研究生分别对赵月枝和孙信茹进行了访问。《在中国西北想象"新地球村"——赵月枝教授谈全球视野下的乡村文化传播研究》《"好想说的田野"：媒介人类学的方法与实践——孙信茹教授专访》两篇文章是专访后的整理。两位受访学者分别从理论和方法角度，为乡村传播研究提供了有意义的参考。

赵月枝认为，乡村的现代化被裹挟在全球化的浪潮中，全球与乡村、全球南方与全球北方这些概念的提出，不断提示研究者注意，中国的乡村传播研究其实是一个全球化视野中的问题，同时也是一个历时性问题。在全球化的背景下，中国乡村的独特面貌给传播学研究者提供了充满想象的空间。

不过，乡村是一个微观社会实体，它所具有的细腻性和具象性，如何与宏大的传播政治经济学理论有机衔接？孙信茹在访谈中结合自己的研究经验，梳理了媒介人类学的研究方法和路径。在她看来，从发现问题，到进入田野，再到最终的研究表述，是一个有机的整体。

从发展的角度看，乡村是一个整体性和历时性的存在，媒介与乡村的关系寄存于这个整体性和历时性的框架内。如果从更开阔的学术领域探索乡村传播问题，或许能够发现更具开拓性的研究路径。本专辑的另外两篇论文呈现了这样的学术探索。

赵爽英的研究论文《占用、改造和重建：一个关中村落的空间流变》，从空间生产的角度探索了诸如"空间秩序场""信仰空间""媒介空间"的问题。她以历史学者的研究视角，通过对一座村庄的微观史描述，试图发现媒介在村庄历史过程中的意义。张思宇的研究《社火仪式中的乡村自治——以侯官寨"牛老爷"社火为例》，挖掘了关中民间社火仪式中的社会治理功能。这个研究对我们反思媒介与乡村治理的关系有很好的参照性。

从社会史的角度看，乡村是一个具有历史沉积的空间场域，我们必须意识到乡村原本的整体性和历时性存在，才能够比较客观、理性地认识乡村传播的多重问题，而非以理论分解乡村，如此才能"把城乡关系提升到定义传播研究的基本理论框架的高度来讨论"[①]。本专辑的五篇文章均显示了研究者在乡村传播研究上的积极探索。

赵爽英（西北大学新闻传播学院副教授）

[①]　沙垚：《重构中国传播学——传播政治经济学者赵月枝教授专访》，《新闻记者》，2015年第1期。

在中国西北想象"新地球村"

——赵月枝教授谈全球视野下的乡村文化传播研究

赵月枝　祝　盼　梁　媛*

摘　要：作为对麦克卢汉"地球村"概念的发展，赵月枝教授提出的"新地球村"概念超越了原有概念技术乌托邦主义的偏颇和西方中心主义盲点，在原概念基础上，把村庄共同体所包含的人与人之间紧密关联的状态延伸到全球层面。在全球权力转移和"中国崛起"语境下，"新地球村"想象离不开对帝国主义和资本主义权力关系的超越，而"一带一路"的倡议和"乡村振兴"战略是支撑这一想象的"双翼"。基于信息技术、身份认同和意义问题在新闻传播研究中的核心地位，赵也考虑到中国西北地区在"一带一路"与"乡村振兴"中的历史文化及地缘政治经济地位，在重构中国新闻传播研究的主体性，尤其在东西方关系与城乡关系视野下进行在地化知识创新有得天独厚的优势。

关键词：新地球村；主体性；乡村振兴；知识创新；城乡关系

祝盼（以下简称祝）：赵老师，您好！我们都知道，"地球村"是麦克卢汉提出的一个很重要的概念，他认为由于现代传播技术的发展和信息的流通，全球变为了一个村庄。而您不但提出了"新地球村"愿景，而且强调"全球""村庄"之间的视域转换，您能再深入阐释一下其中的意涵？

---

* 作者简介：赵月枝，浙江省丽水市缙云县，加拿大西门菲莎大学传播学院教授、加拿大皇家学会院士、清华大学新闻与传播学院特聘教授、浙江缙云县河阳乡村研究院执行院长，研究领域：传播理论与社会理论、传播政治经济学、国际传播与全球媒体治理、传播技术与社会发展、城乡关系视野下的文化与传播；祝盼（1995—），陕西蓝田人，西北大学新闻传播学院硕士研究生，研究领域：乡村传播；梁媛（1990—），女，辽宁葫芦岛人，中国传媒大学传播研究院博士研究生。研究方向：传播政治经济学、乡村传播研究。

赵月枝（以下简称赵）："全球"和"村庄"是人类家园中两个尺度不同的概念，一个最大，一个最小；相比于国家、省份、城市、郡县、乡镇、社区或小区这些概念，它们最能勾起有关人类共同体的情感想象，也最富有人文历史内涵。"村庄"是农业文明时代人类家园的最基本单位，今天，虽然我们进入了后工业社会，"村庄"这个概念依然让我们感到亲切和温馨，它与人和人之间紧密相连的共同体生活以及人与人、人与自然在生产生活生态层面彼此依存的状态相联系。"全球"是一个更新的、直到20世纪60年代才有广泛影响的概念。随着人类在航天、卫星和传播技术的发展，"全球"的具象性存在——那个漂浮在宇宙中的星球的形象，首先在1966年从月球上以黑白照片的形式被表达了出来。到了1968年，从美国的阿波罗8号上拍到的那张蓝色地球的彩色照片，更以其强大的视觉冲击力，让人类感受到了"全球"性。

麦克卢汉的"全球村"概念产生于20世纪60年代，成了"全球化"概念的先声，这也不是偶然的。不过，在麦克卢汉的"全球村"概念中，村庄是个隐喻性的符号，而麦克卢汉的文学家气质和技术浪漫主义倾向，也使他的概念缺乏全球政治经济批判的视野，更枉论对资本主义发展的不平衡的批判，尤其是资本主义发展过程中乡村被城市消灭的命运。我提出"新地球村"概念，就是用跨文化传播政治经济学的理论框架超越麦克卢汉"地球村"概念中的技术中心主义，同时让其与全世界现实存在的千千万万的真正的村庄及其未来相关联。

正如我在今年暑期班的讲座中所说的那样，我把"全球"和"村庄"这两个概念放在一起，强调这两个层面的视域转换，无非是为了强调我们今天在研究时需要有世界历史视野和全球与村庄互构关系的视野，而这是麦克卢汉"地球村"概念所不能提供的。[①]一方面，要理解资本主义体系的全球性，意识到地球上的每一个地方，包括每一个村庄，都不外在于这个体系；另一方面，又恰恰是每个地方，每一个村庄，构成了"全球"。比如，我所在的温哥华，也算是个全球性的城市，但是，不仅历史上它曾是加拿大原住民的"冬村"，今天，这里依然有原住民村落的存在；同时，我所出生的浙江缙云河阳村，老人妇女在院落里从事着来料加工的工作，他们的产品被卖到世界各地，他们是全球化生产体系中的一部分，从这个角度讲，这里的生产，就有"全球"的意涵，更不必说互联网早就把村庄"全球化"了。村庄的空心化问题并不是村庄本身造成的，而是中国经济被整合到全球资本主义生产体系的结果。从这个角度来看，村庄的问题就是全球的问题。总之，"从全球到村庄"的意涵是既要从全球的视野来看待村庄，又要将任何一个村庄都作为构成全球的节点来看待全球，即用联系的、互构的眼光来看问题。当然，从全球到村庄，或者从村庄到全球，中间有很多地理空间、行政单位层级和地缘政治维度，需要一层一层去分析。

由于中国在资本主义全球化过程中一开始是被动的，因此我们在谈论到"全球"时，往往会自然而然地把"全球"与"西方"等同，而忽视我们自己也是"全球"的一部分，更忘了我们这个"全球"中的部分，还有许多是以村庄作为基本单位存在的。这正是我们需要纠正的思维方式，我们需要在谈到"全球"时，想到中国历史悠久的农耕文明的何去何从，想到中国自己在这个全球秩序中的位置和改变现有全球秩序的能力。[1]这并不是以自我为中心，而是真正的全球意识。否则，我们容易陷入一种不断要求自己和西方国家"接轨"的线性逻辑和思维定式。中国是人类历史上唯一持续的农耕文明，村庄作为这种文明的载体，在中华文明中有非常特殊的地位。尽管现代化进程已经导致许多村庄的消失，但村庄不仅事关近一半人口的生产和生活，而且对于生态文明建设和修复人和自然关系，有极为重要的观念上的启示和现实中的意义。这是我把"全球"和"村庄"两个概念联系在一起所希望强调的。

祝：您为我们搭建了一个重新看待全球与村庄的认识视角，但在之后您提到了"全球南方"也在"全球北方"内部的观点，您能对此进一步说明下吗？

赵：首先，和上述"全球"概念一样，"全球南方""全球北方"看似地理上的概念，但在本质上是地缘政治概念。"南方国家"大多是在推翻了西方殖民统治后建立的国家，而"北方国家"大多是历史上的殖民地宗主国。中国虽在北方，但由于自己的半殖民地历史经历，在全球政治中选择站在世界被压迫民族和民众，即"南方国家"的一边。

在毛泽东时代，有"第三世界"这种说法，但随着苏联的解体和第三世界运动的衰落，这个概念就失去了原有的参照。后冷战时代，南北国家之间

---

① Lin Chun, *China and Global Capitalism: Reflections on Marxism, History and Contemporary Politics*, New York: Palgrave Macmillan, 2013.

的贫富鸿沟成了主要分野，"南"指的是发展中国家，"北"则是发达国家。但是，由于国家内部的贫富差距和发展不平衡性，早就有观察者说过，第一世界里有第三世界，第三世界里有第一世界，还有第四世界。这里的第四世界，指的是资本主义全球化过程中被边缘化和被损害的群体，比如北美一些原住民部落、大城市最穷街区中的贫民窟以及难民营中的群体。[①]总之，"全球南方"，泛指在全球范围内被资本主义发展所剥夺、所边缘化的处于弱势的国家、区域和群体。它指在全球资本主义内部所有被压迫的力量。这个力量不只是在南半球，它也在北半球国家，即发达资本主义国家的内部。这是资本主义和帝国主义不平衡发展逻辑的必然结果。这里有几点需要说明，第一，这是一个宽泛的概念，它有国家层面的意涵，如"南南合作"主要就是发展中国家在国际层面的合作，也有更松散的区域或群体的意涵，如在"世界社会论坛"这样的语境中，"全球南方"往往指全球被压迫民众的集合体。更重要的是，就像当年的"第三世界"不是一个负面的概念，而是包含新独立国家团结进取和积极向上精神一样，"全球南方"不是落后、贫穷的象征，而是一种抗争的力量和挑战现有全球秩序不平等的力量。从这个角度，"南"和"北"实际上也就有了国际话语中的"全球阶级"的内涵。它们让我们认识到全球存在于国家间和国家内部的结构性不平等和为超越这种不平等而进行的斗争。

祝：对于"全球"和"村庄"的关系，您曾以一个新提法描述过："一带一路"和"乡村振兴"是中国腾飞的双翼。您能具体阐释下这句话的内在理论意涵是什么吗？

赵："一带一路"和"乡村振兴"是中国在数字时代有可能改变全球资本主义发展逻辑，在世界上腾飞的双翼，这是我2019年5月在中国青年政治学会在山东日照召开的年会的主旨演讲中最初提出来的。前面讲到的两个问题，核心都是全球资本主义体系中发展的不平衡问题。"一带一路"不仅仅涉及"全球南方"国家，但它有助于解决"全球南方"国家的发展不平衡问题，尤其是这些国家在基础设施建设方面的欠缺问题。我们需要记住的是，解决发展问题，恰恰是当年"第三世界"的愿景，但是这个愿景在新自由主义全球化时代与"第三世界"理想一起，破碎了。中国在经过了70年的快速发展

---

① 赵月枝：《全球到村庄，东南到西北：探索新闻传播在地化知识创新路径》，《现代视听》，2019年第10期。

以后，有了资本、技术和产能输出的能力和需要。在我的理解中，如何超越以往帝国主义和强权政治的模式，以平等互利和共同参与方式与其他国家一起，解决全球发展不平衡问题，从而改变现有全球资本主义体系里的"中心"和"边缘"关系，为人类做出较大的贡献，正是"一带一路"倡议所包含的理想。

"乡村振兴"则是中国解决自己内部发展不平衡和不充分问题的战略。如果能成功，中国这个人类历史上唯一持续的农耕文明大国，就改变了资本主义在发展过程中城市消灭乡村的宿命。从表面上看，"乡村振兴"和"一带一路"分别从内和外两个层面来解决发展不平衡的问题；但是，具体分析起来，它们又是相互关联的，而中国的西南和西北地区就是它们的交汇处和连接点。也就是说，"一带一路"的实施，能有效带动中国西南和西北地区的发展，从而推动解决中国区域发展不平衡的问题。

祝：我们知道河阳乡村研究院以"新地球村"作为标识，随着"从全球到村庄"国际暑期班在 2019 年夏顺利移师西北，您认为本届暑期班与以往在缙云举办的暑期班之间的异同是什么？

赵：这次在西安办"从全球到村庄"暑期班，有点电视节目"模式输出"的意思。第一，我们的大标题还是"从全球到村庄"，它的含义是要从整体的、全球的、城乡关系的视野来研究村庄和文化传播问题；第二，在教学模式上我们始终强调理论与实践的结合，既有课堂上老师授课的部分，还有调研考察的部分。为期三天的调研虽然比较短，但它的目的就是带大家入门，在一定的理论指引下和带着一定的问题意识去调研。这个调研是以团队方式进行的，大家一起事先讨论、一起调研、一起分析调研结果和准备汇报的过程，也是一个知识共同体的生产过程；第三，与以前一样，我们采取了跨学科和跨界学者相结合的授课形式。此外，暑期班在邀请本学科和跨学科的学者来讲课的同时，也邀请当地文化专家来授课。这丰富了授课内容，也有助于我们更好地理解和尊重乡土文化的多样性和地域特征，从而形成比较的视角；第四，从一开始，我们就邀请包括"老中青"不同代际的学者来授课，并且让青年学者做田野调研带队教师。这些都是最近几年在缙云摸索出来办暑期班的经验。

"不同"的地方当然也不少。第一，今年的暑期班和西北大学新闻传播学院联合主办，地点在西安，这不仅仅是一个地点上的变化，也是一个主题上的深化。我在暑期班上的演讲叫"从全球到村庄，从东南到西北"，意在突出西北在中国道路形成过程中的重要地位和今天在乡村振兴和一带一路中的双重地位。虽然中国共产党领导的革命是从东南沿海开始的，但是，中国共产党的新闻理论和实践，是在西北成熟起来的，从毛泽东的延安文艺座谈会讲话到《解放日报》的改版，这些都是在西北完成的。有学者甚至有"西北为体，东南为用"的说法。中国是一个大陆文明，中国历史上最有影响的跨文化交流渠道是"丝绸之路"，西安是一个大陆文明的交流中心。随着资本主义的崛起，西方国家从沿海入侵中国，在上海和各个通商口岸产生了最早的工人阶级，革命的红船也从浙江嘉兴的南湖起航。但是，由于中国是一个大陆文明的国家，马列主义指导下的政党要在中国取得革命的胜利，最后一定要在西北完成与中国的内陆乡村对接和扎根的过程。从表面上，这是一个无奈中被迫的选择，共产党是被围剿、被追着、赶着来到西北的；但反过来看，中国革命起始于东南，发展于西北的过程，也蕴含着深刻的历史逻辑和地缘政治逻辑，共产党从某种角度也是顺应了这个历史逻辑和地缘政治逻辑。暑期班从浙江缙云出发来到西北，一方面是来学习西北厚重的乡土文化，另一方面也是希望强调中国城乡关系问题和东西部区域关系问题的重叠性质。中国的乡村千变万化，没有任何一个地方能完全代表乡土中国。西安是一个大都市，然而，西安周边有许多有深厚文化底蕴的中国西部村庄，它们非常值得我们去探究，去跟东南的村庄去比较分析。

无论是在缙云还是在别处办暑期班，还是组织"河阳论坛"，我希望通过立足乡土的学术活动，来促进学术交流和新闻传播学术的创新，发展有全球视野和乡土中国立场的学术。2019年的暑期班从缙云回到大学校园，花开西北大学，在一定意义上也实现了我的这个学术理念和初衷。从这个角度，此次暑期班相较以往不仅是地点的不同，而是在把乡村视野、城乡关系视野植根到中国新闻传播研究这一目标上前进了一步。这是真正让我高兴的变化。

祝：我听说在暑期班期间您还经历了一次小插曲，就是您去参观了鄠邑区农民画展览馆和农村电影放映员的收藏馆，并且用您的话来说是"内心受到了极大的震撼与洗礼"，您可以简单叙述下这个过程和缘由吗？

赵：对，我在西安工业大学王昊老师的建议和陪同下，去看了鄠邑区农民画和一位农村电影放映员，所见所闻让我深受震动，尤其感受到农民强大的文化创造力和他们中间的优秀代表对文化的执着和坚守。当然，我并不是抽象、孤立和本质化地美化农民作为文化创造者的角色。实际上，农民画是社会主义中国历史上城市知识分子与农民相结合的产物，是新中国社会主义文化建设过程中，国家、知识分子和乡村有机互动的成果。1949 年新中国成立后，中国社会主义建设在文化传播方面，有三样东西是在农民主体性的表达和锻造方面最值得说的。第一是农村的有线广播，它是最重要、最普及的；第二就是由有文化和受党和政府教育的优秀青年组成的农村电影放映队；第三是各种形式的以农民为主体的文化创作和艺术表达，而鄠邑区农民画就是这个领域的一朵奇葩。它的存在，让我们看到，一旦国家文化政策真正把农民当成社会的主人，一旦知识分子和农民能真正相结合，农民就会成为文化的主人和审美主体，而他们的创造性潜力也就能得到前所未有的发挥。

在看鄠邑区农民画的时候，我发现，很多作品是表达农民与文化传播的主题，包括农民在田间地头和农田水利建设工地上围在一起听喇叭，读报纸，农民在图书室里看书看报，农民办的黑板报，以及支部书记在看书学习等等。一方面，这说明了社会主义建设年代传播和文化学习本身之于农民生活的意义；另一方面，作为一种理想主义的图景，这些农民画表达了当时主流价值所倡导的东西。当然，作为一个传播学者，我在看农民画时，也特别关注到了这方面的主题。然而，这些实实在在的以农民与文化、传播为题材的农民画，无疑彰显了文化与传播在当年中国农村社会主义建设中的重要地位。

另一个让我十分震动的经历，是去拜访老电影放映员刘公信先生并参加他的个人影片和放映器材首映。公社电影放映员和赤脚医生一样，都是新中国在社会主义建设年代的创举。赤脚医生在国外有重要影响，这以前我就知道，但公社电影放映队作为一种基层传播机制在国际传播领域的影响，还是2015 年我第一次在老家河阳带队做“从全球到村庄”暑期调研时，从我的中加全球传播双硕士学位项目的一位毕业生那里，才意识到的。这是一位学生来自南美的哥伦比亚，她入学前的身份是该国的一位女记者。在问她的调研选题时，她说希望访谈一位中国的公社电影放映员，因为她在参与拉美社区传播实践的过程中，早就对中国的公社放映员制度感兴趣。虽然到了 2015年，公社电影放映制度早已成为历史，我这位年轻的拉美学生的兴趣点，让我意识到中国创新的传播制度和实践在第三世界进步文化圈的影响。尽管时过境迁，对我来说，这也是从“全球”反馈给我的对“村庄”的新认知。

当年，公社电影放映员是一个农村青年趋之若鹜的职位，入选放映员队伍的都是有文化、有理想的年轻人或者是退伍军人。人民公社解体和电视崛起后，这支队伍也慢慢解体了，而且由于身份和待遇问题，许多人也有悲情与抗争。因此，当王昊老师说带我去看一位老电影放映员的时候，我颇有几分顾虑，又怕碰到自己解决不了的问题。然而，与我的担心相反，出现在我面前的，是一位堪称"不忘初心"和"永不褪色"的红色放映员。与许多他当年的同伴一样，刘公信也是退伍军人出身。所不同的是，他把自己一生的全部身心都投入到电影放映事业上。人民公社制度解体后，作为公社文化制度载体的电影放映员团队，也逐步解散了，许多人转业做其他工作了。刘公信不仅苦苦坚守，在十几年间坚持在农村做电影放映，而且在这个过程中自己设计和改装了四辆流动放映车。后来，由于数字化放映的冲击，很多原来的机器被淘汰，刘公信又怀着对自己的事业和传播工具的热爱，收藏了当年的那些各种型号的放映机以及各种各样的胶卷片子。他那座承载着他的农村电影放映理想、现在被他的儿子拿来办幼儿园的院子，是一个令人思绪万千历史、现实和未来交集的场所。我们是根据一个幼儿园的名字找到这个院子和刘公信的。然而，在这个充满未来感的幼儿园的装潢和装饰背后，在儿童们的欢歌笑语声后面，更确切地说，在园中那两扇车库门后面，是让人震撼的一排排放映机和一架架胶卷。一个幼儿园里，住着一位红色公社放映员；两扇车库门后，隐藏着中国社会主义农村电影放映的历史，这是多么神奇的地方呀。当我们爬上他仅存的那辆自己改装的放映车时；当我们伫立着，观看这位老放映员给我们放 1950 年代的《黄河大合唱》电影的片段时；当我们听他夫人讲起，丈夫如何把毕生的精力和积蓄全部放在电影放映和这些收藏时，那种物质感、历史感和精神力量，真的是让人十分震撼。

　　放映员是时代的身份，历史的产物，但我们强烈感受到了刘公信的主体力量，他的精神道德。原来，一个人可以活得如此的纯粹和专一，如此的自在和自信，如此痴迷与执着。当然，刘公信也有烦恼。这就是，他希望能为自己几十年收藏下来的东西，找到一个合适的去处，因为现在这个地方没有博物馆的标准，而胶卷是会发潮的，机器也是会生锈的。我在想，我所遇到着这位，是不是就是真正意义上的社会主义"新人"，一位有强大的社会主义主体性的农村基层文化工作者？他对毛泽东思想和社会主义事业是如此的深信不疑，以至于自觉地将毕生的精力和金钱都放在了这个事业上。他那积极的整个精神面貌和院子的幼儿园墙面上写的"高高兴兴每一天"遥相呼应，让我十分感动。另一个让我感动的地方他对乡土西北的挚爱。他的收藏中，有一台机器是解放初期的国产放映机，这种放映机非常昂贵和稀少，现在全国可能只剩下他这台了。他说，他拒绝了把这台机器运到北京收藏的建议，希望将这台机器留在西北。

在刘公信的身上，我看到了一个人的道德精神和信仰的力量，看到了共和国乡村文化建设和乡村传播史上的光辉一页。我也看到了，传播技术一旦嵌入一个"为人民服务"的制度，就可以产生巨大的社会效益。今天在数字化时代，面对"乡村振兴，文化先行"的认识，面对乡村公共文化服务建设的各种挑战，面对县级融媒体建设中的诸多矛盾，总之，面对日益复杂的农村文化领导权建设问题，我们能从刘公信身上和他那一个人的农村电影放映收藏馆里，得到很多启示。

祝：那种精神力量，我听老师讲都特别有感触。但是，我们也听到很多人在说，中国人是没有信仰的。尤其在农村，精神空虚被认为是一个严重的问题。对这个，您有什么看法？

赵：这是把不同层面的问题放在一起了。首先，"中国人是没有信仰的"这句话，表达的是充满东方主义和西方中心主义色彩的偏见。信仰不一定是西方意义上的宗教性的，更不等同于西方意义上的一神教。我们不能因为中国文化不是西方意义上的基督教—神教文化，不信西方的上帝，就认为中国人没有精神信仰。其次，就传统中国文化来说，不但儒释道各种精神信仰体系非常丰富，而且不同的地方，也有地方性的精神信仰体系和各种神灵。因此，从一定角度，与其说中国人没有信仰，不如说中国人信仰体系是多元和丰富的。总之，我们不能拿基督教主宰下的西方对宗教信仰的理解来分析中国文化，说中国"缺少什么"。如果按照这种逻辑，我们也可以说西方"缺少"我们的神灵信仰系统。实际上，超越一神教宗教信仰，超越"神"与"人"之间的宰制关系，强调人的道德精神和天人合一境界，这使中国文化有更深刻的人文主义内涵。像钱穆这样的中国思想文化研究者早就对中西文化在这个问题上的异同有深刻的分析。传播学是一门真正的跨学科学问。中国传播学者需要有广博的人文和社科知识基础，否则，很难克服媒介中心主义与西方中心主义的知识结构缺陷。

新中国成立以后，在马克思主义关于宗教和意识形态思想的指导下，中国共产党以"破除迷信"为口号，在中国社会，尤其在农村进行了深刻的思想文化和教育革命，甚至试图把建立共产主义的信仰体系当作最高的文化思想建设目标。应该说，这种努力也是取得巨大成就的。前面提到的有线广播、公社电影放映员、以鄠邑区农民画为代表的农民文化生产，都是这种思想教育体系与农村新文化体系的一部分。同时，由于农村建立了集体经济制度，在从兴修水利到医疗卫生等生产和生活方面取得了现代化建设的重要成就，农民的精神面貌和农村的精神生活也发生的巨大的变化。比如,"靠天吃饭"的年代,向老龙王"求雨"成了农民的无可奈何诉求,但是,有了水利设施,组织起来的农民就成了自己的主人;同样,一旦改变了农村缺医少药的状态,求神拜佛的现象也就减少了。当然,意识形态有相对独立性,"移风易俗"不是一蹴而就的事情,社会主义价值体系也是要在与西方资本主义意识形态的不断斗争中建立和巩固起来的。更何况,疾风暴雨式的文化革命不但容易过火,而且会产生意想不到的反弹,而"迷信活动"与"文化遗产"之间的区分,也是一个复杂的社会文化斗争过程。

不可否认,人民公社解体以后,国家对农村文化生活的关注,尤其是精神文明建设方面的关注,出现了松懈,乡村共同体也由于集体经济的衰落,面临解体,这都是现实存在的问题。也正是在这个过程中,国外宗教势力则乘虚而入,以各种方式占据农村的公共文化空间。宗教和各种类宗教活动所提供的那种人际的交流,那种精神共同体的归属感,甚至最基本的人和人之间相聚的机会,对于面临日益原子化的农民,尤其农村妇女和老人群体,无疑是有吸引力的。与此同时,国家的文化和传播体系却忽视了农村,或者与农村的精神文化需求脱节。比如,电视就是在人民公社解体以后在农村普及的,由于它的高度集中化的大众传播特征,也由于它所呈现的内容的城市中心主义偏颇,在一定程度上对乡村共同体带来了原子化的冲击。

今天,在乡村振兴的语境下,我们不但要从资本、科技和劳动力等层面促进资源向农村的回流,而且面临着乡村共同体的重建和推动乡土文化复兴的重任。"乡风文明"是乡村振兴的重要内涵之一,这里就包含了乡村精神生活和文化建设的内容。从古村落保护到非物质文化遗产的传承,从农村公共文化体系建设到各种新形式的"移风易俗"努力,我们都看到了乡土文化复兴的进程。也正是从这样的角度,我对源于家乡浙江丽水的乡村春晚现象充满了兴趣,认为无论是从它的内容和形式,这都是乡土文化复兴过程中的一个令人惊喜的现象。① 当然,一台乡村春晚不能解决你所说的"农村精神空虚"问题。但是,我要提醒的是,就像"中国人是没有信仰的"这句话一样,"农村精神空虚"这个说法本身也有城市中心主义的居高临下和对转型中的中国乡村复杂的精神文化生活图景的以偏概全。更重要的是,我们要一方面

---

① 赵月枝、龚伟亮:《乡村主体性与农民文化自信:乡村春晚的启示》,《新闻与传播评论》,2018 年第 2 期。

意识到乡村振兴的迫切性和乡土文化复兴所面临的挑战，一方面也不要因为各种有关乡村的负面新闻和此起彼伏的唱衰乡村论调而掉入失败主义的陷阱。正如我在前面强调的那样，要走出一条中国特色的社会主义道路，就不能重蹈西方资本主义扩张过程中城市消灭乡村的覆辙。

祝：也经常听到"农民意识"这个词，我们该如何理解"农民意识"和农民主体性的表达？

赵：在中国语境下，"农民意识"是个贬义词，几乎是自私、狭隘和保守的代名词。而西北的农民或者更广义上的北方农民，更容易被当作负面的"农民意识"的代表。记得当年那部颇有精英主义、历史虚无主义和西方中心主义偏颇的电视纪录片《河殇》，就是用西北农民的现象来代表落后、保守，甚至是现代化的负担。我无法用三言两语回应这个问题，鲁迅笔下的农村人物的形象和他们的精神面貌我们都熟悉，但是，正如我在另一个访谈中已经谈到，把当下的中国农民当作前现代、前资本主义的主体，这是一种西方中心主义线性历史观和历史虚无主义的表现，因为社会主义对农民改造的历史都不见了，更枉论改革开放时代中国农民作为一个社会阶层的转型。[①] 这里，让我强调三点。首先，中国农民是中国几千年农耕文明的主要创造者，他们有许多智慧和处理生老病死以及各种生产生活和生态问题的方法、知识体系和文化实践。在当代社会面临各种危机的背景下，农民和农村所包含的价值体系和实践理性值得我们去尊重，研究和重新认识；第二，从个体的角度，在我自己采写农民口述的过程中，我深刻认识到，一旦我们抛弃了刻板印象和城市精英主义的偏见，我们就会发现，在新中国接受过社会主义现代化建设洗礼的农民，不仅有开拓和进取精神，而且也不比其他阶层更狭隘和自私。第三，也是最重要的，没有一成不变的、本质化的"农民意识"。在中国革命和建设的过程中，不正是那些被认为落后或者保守的农民，在共产党的领导下，变成强大的革命和建设主体吗？这里面的传播和动员机制是如何运作的？其中有哪些曲折与斗争？作为新闻传播学者，我们尤其有责任和义务去解构和分析"农民意识"这种"意识"本身形成与传播的背景、过程及其与其有互构关系的社会权力结构和社会文化结构。我们还需要通过农民口述史研究、乡村民族志研究和各种旨在助推乡村振兴和乡土文化复兴的参与式行动研究，

---

① 赵月枝，沙垚：《被争议的与被遮蔽的：重新发现乡村振兴的主体》，《江淮论坛》，2018 年第 6 期。

来深入理解活生生的、具体的中国农民的精神面貌和他们的主体性的型构与表达,并在此过程中促进学者自己的学术主体性的发展。

祝:意识形态问题是马克思主义研究的一个重要课题,我们怎么将马克思主义理论、新闻传播学和乡村研究更好结合在一起?

赵:这是一个理论问题,也是一个实践问题。在 20 世纪,马克思主义理论的中国化所要解决的关键问题,就是中国的农民问题和乡村问题。具体到新闻与传播领域,作为马克思主义新闻理论与中国革命相结合的结果,中国共产党的党报理论,就是在国际共产主义运动的脉络里,在中国革命的实践中发展和成熟起来的。去年我有机会参观延安清凉山上的新闻纪念馆,深感"从全球到村庄"这一主题的相关性。一方面,无论是马克思的新闻思想,还是列宁的党报理论,中国共产党新闻思想的来源,离不开全球性的国际共产主义运动;另一方面,正如纪念馆中一个十分醒目的一位新闻人与一位老农交流的场景所提醒的那样,这个新闻事业又是与乡土中国和中国农民有历史性的联系。

今天,在促进新时代的马克思主义中国化发展的过程中,需要从"全球"和"村庄"两个层面丰富马克思主义理论。一方面,在全球层面,需要在网络时代深化对殖民主义遗产和霸权主义的批判,并通过推进"一带一路"倡议,为切实解决全球发展的不平衡问题提供中国方案和做出中国贡献;另一方面,在中国内部,需要把城乡关系视野当作新闻传播研究的核心维度,并在此基础上和在乡村振兴的过程中,探索新时代"工农联盟"的实现形式和途径。正如我在前面所谈及的那样,中国西北是"一带一路"和"乡村振兴"战略的交汇点,这里有深厚的农耕文明底蕴,这里有延安的革命传统,这里有过鄠邑区农民画这样的社会主义乡村文化奇葩,这里还有刘公信这样的社会主义乡村文化奇人。我深信,这里有创新中国传播研究的得天独厚优势。

(说明:本文先以祝盼、梁媛在 2019 年西北大学与缙云河阳乡村研究院主办的"从全球到村庄:乡村振兴与西部传播"暑期班间对赵月枝的访谈为基础,赵月枝在访谈稿上进行了修改和删节。本文的访问主要由祝盼完成。)

"好想说的田野"：媒介人类学的方法与实践

——孙信茹教授专访

孙信茹　林卓君*

摘　要： 田野调查作为人类学的基本研究方法，有一整套严格的流程和规范。云南大学的孙信茹教授作为媒介人类学研究者，将媒介技术及围绕媒体的社会实践作为研究视角的同时，在方法上继承了人类学的田野作业。这种方法强调研究者走进"田野"的重要性，即需要进入特定社会和文化情境进行文化阐释。孙信茹教授从认识论和方法论两条路径出发，一方面探讨了对媒介人类学研究方法及对网络民族志的认识，另一方面详细解答了田野调查中发现问题、进入"田野"与文本叙述等几个具体环节的操作过程。对研究方法的再讨论与再认识，是让研究者重新思考研究方法与研究领域关系的一种路径。

关键词： 研究方法；田野调查；民族志

一、媒介人类学的研究方法

林卓君（以下简称林）：孙老师，您好！您作为云南土生土长的媒介人类学研究者，近年来一直特别关注当地的民族文化及少数民族村落，比如大羊村普米族。您也一直在积极探究网络对于少数民族地区村民的影响，并且用到的研究方法几乎都是田野调查或网络民族志。田野调查作为媒介人类学的重要研究方法之一，从认识论和方法论的角度对研究者有哪些新的启示，将是本次访谈的重点。

---

　　* 作者简介：孙信茹（1976—），女，云南人，云南大学新闻学院（南亚东南亚国际传播学院）副院长，博士生导师，研究方向：媒介人类学、传播与社会、互联网人类学。林卓君（1994—），女，陕西西安人，西北大学新闻传播学院硕士研究生。

林：您对媒介人类学用到的田野调查方法有什么独特见解？

孙信茹（以下简称孙）：现在我之所以能够总结一点方法上的问题，是因为我做了很多年的田野调查，总是想通过个案做一些更为抽象的方法论上的讨论。我更关注媒介人类学的理论和田野调查的方法会关涉到哪些问题。我一直坚持两条腿走路，一个是田野，一个是理论。其实好的民族志不会陷于繁杂的叙事，而是在绵密的表述中内含理论诉求。但我也强调，并非一味抽象地去讨论理论概念，而须用理论烛照田野材料。尽管两条腿走路很难，但一直是我的期待或者目标。我认为理论方法不是架空的，而是从更多的"田野"中慢慢生成。

做田野不能将自己封闭在某个学科中，实际上我们也想和更多的理论对话。这几年的研究与互联网、新媒体更相关，因为确实看到互联网技术对于少数民族村落产生着深远的影响，我们想通过个案去回应这个变化，即到底媒介怎样植入到人们的日常生活里。这自然需要和很多不同研究的问题产生对话。

林：网络民族志是民族志新的研究方法之一，您怎么理解这个研究方法的客观性问题？[①]

孙：从人类学角度来看，20世纪六七十年代就有人类学反思的浪潮，许多人对当年马林诺夫斯基所谓的"客观"提出质疑，毕竟研究者多少会受自己已有的文化框架影响。再有包括后现代的学科、后现代主义的浪潮，其实都对客观性有所反思。而对网络民族志来说，真的能够提供一个所谓理论意义上的"客观"吗？其实是不现实的。

做网络民族志，研究者可能会对研究的群体有一些影响，但并非是不客观。另外，我觉得不用担心研究者的介入是否会影响原有的文化。就好比无论都市还是村庄使用的技术相同，但是使用技术的逻辑却是大相径庭的，产生的意义也有很大区别。所以我们不能一味地认为研究者的介入就会对原生的文化有影响甚至摧毁，何况原生的文化本身也在经受外界影响从而不断地变化。

对于研究者，其实也在经历一场文化实践。我甚至认为我们不再像过去那样只是作为一个观看者，也可能是一个参与者，没有必要惧怕自己进入这

---

① 孙信茹：《线上和线下：网络民族志的方法、实践及叙述》，《新闻与传播研究》2017年第11期。

一过程中。我在碧色寨也参与到拍摄实践中，我和我的学生换上军装，跟游客一样拍照。换装以后，我真的才能够体会到在碧色寨拍照的人的心境。一开始我是置身事外看他们，并没有更多的感受，但换了装，我发现自己居然也想要拍照，拍完了还忙着发朋友圈，并且特别关注评论。而且我换了装以后，还有人来主动跟我拍照，我也"被合影"了，在这个过程中更能体会到"角色"的变化。

我在文章里也提到对方法的思考，就是作为一个研究者应该怎么介入的问题。有时候，或许这种参与会改变我们对一些问题的理解，但不见得是要回避或者惧怕的。当然这种"介入"和"参与"是从一般意义上来讲的，我们并没有去改变环境。

不过，如果涉及一些伦理的问题，肯定就需要注意避免。比方我在写大羊村的时候提到过一个例子，我跟村民已经成好朋友了，在文章的表述里面用了一些日常对这些人的称呼，可是他们未必喜欢这个称呼。所以在写作时，还是要注意他们的感受，避免因为所谓的熟络，而让被调查者不舒服。① 在今天这个网络时代，我们也可能成为被观察的对象。在网络这个情境中，把彼此分开已经不可能了。从这个意义上看，只有参与到角色中，才能感受到更多的变化。

二、从发现问题开始

林：您怎样理解媒介人类学研究的问题意识？

孙：英国皇家人类学会编订的《人类学的询问与记录》就在讲这个问题。人类学和传播学在研究中有很多相同的地方，但也有很多不同。人类学的一个特点就在于要用理论资源解释行为本身，而作为媒介人类学的研究者，使命在于分析和解释行为是怎样产生的，有什么意义、影响。学科之间的差异，决定了研究最后所呈现的东西是不一样的。

另外，研究一定有非常严肃的学理问题。有一个例子，就是我调查大羊村普米族时，看到很多传统的仪式，包括葬礼。婚礼的变化可能会比较多，但葬礼通常变化较少。葬礼在人类学中是一个特别重要的领域，因为它凝聚的本民族文化内核是最丰富的。如果从人类学分析葬礼，一般会从仪式的角

---

① 孙信茹：《微信的"书写"与"勾连"——对一个普米族村民微信群的考察》，《新闻与传播研究》2016 年第 10 期。

度去讲，而且已经有非常精彩的研究成果了。可是我是从媒介人类学的角度进行研究，这里面就存在一个问题，到底怎么去理解传播？过去我们讲太多媒体机构，认为一定要有技术性中介才是传播。其实传播的范围非常广，不仅仅由技术机构中介所构成，其中还可能就包括社区里人际交往的网络。所以我去看葬礼仪式，其实是通过仪式来看这个村落的交往结构、交往网络的构成，这不是传播的问题吗？当然是。就像杜威讲传播和教育也有关系一样。

　　这就是为什么我们现在希望年轻的学生，不要再抱着自己的学科精耕细作，以为就只有那几个研究路径。我们也要尝试着跳出去和其他学科对话，去解释其他的一些问题。我举大羊村的例子就是想说明，我对仪式的观察可能会和纯粹的人类学研究者视角不一样。我不能说这个是不是就算媒介人类学，但是至少我觉得通过这个仪式，看到葬礼中村落的人情往来，就是一个交往互动的结构，甚至我可以看到今天这些交往互动可能会发生什么样的变化。这样的一种转换，或许就可以理解为它构成了媒介人类学的研究领域。

　　我觉得不要在意应该叫媒介人类学还是媒体人类学，它关注的一定都是人围绕媒介，围绕传播实践，是怎样去展开活动的，这个其实也就是我要研究的问题。

　　林：您一直强调研究问题是一切研究的基础和关键，那么该如何发现研究问题呢？

　　孙：每个人做研究的方法不一样，但基本上可以得到一样的答案，即问题要在田野里找，否则就没有必要去做田野了。我们说问题是在田野里发现的，这就涉及理论预设的问题。理论预设并不是说我假想了一个结论，我去用田野材料验证它，而是说可能在前期了解的基础上，不断地穿梭在田野与理论之间，去找寻它会和何种问题相关。比如我通过前期的了解，确定要做婚姻的或者交往的研究，大概有一个领域和方向后，再带着大的框架去到田野里找寻有用的材料，确定研究的具体问题。也就是说，我并非是先确定一个具体的研究问题，因为具体的问题只有在田野中提炼。

　　林：您研究过"迷你四驱车爱好者"①和"中老年女性群体"②，请问您是怎样找到这些研究对象，并发现其中的研究问题？

_____

①　孙信茹、王东林：《玩四驱：网络趣缘群体如何以"物"追忆——对一个迷你四驱车QQ群的民族志考察》，《新闻与传播研究》2019年第1期。

②　孙信茹、赵洁：《手机拍照、社会参与及主体建构——基于一个城市中老年女性群体的观察》，《现代传播》2018年第2期。

孙：关注"迷你四驱车爱好者"是因为 2017 年我招了一个博士生，他刚刚入学的时候就跟我讲他对"迷你四驱车"很感兴趣，问我可不可以做相关研究。我在对四驱车有初步的了解后，觉得这个研究当然可以做。这里我想说明，其实任何现象、任何个案都是可以做研究的，但是不可否认个案之间的质量还是有高下之分。个案之间存在差别，到底合不合适做研究，一定要先去了解，一切在进入田野之前都是未可知的。当时，我跟我的博士生说，你先去做田野，我也不知道你要做什么，可是你要先去观察，先进入田野。他调查了几个月后，拿着资料给我看，我又说你要先写。尽管一开始他并没有讨论清楚问题，但是我们又继续做田野，不断讨论，就发现可能其中的问题会和"记忆"有关。玩四驱车其实是玩家小时候都爱看日本动漫，长大后想要重温当年的经典，才有了这个活动，所以最终确定到了"记忆"这个研究问题上。

在这个研究中，研究者本身就是所研究群体的一员。我经常跟学生说，研究不一定非得是我不熟悉的东西，我们总觉得是不是应该研究其他的文化、其他的群体，才有"文化震撼"，我觉得其实也可以研究自己的群体、自己的生活。

当然，我们也常进入所不熟悉的研究领域。比方青年学者去研究"中老年女性群体"，可能研究者并非属于群体的一员。我们发现中老年女性在自拍时有一种特有的、普遍的表现，不能片面按照媒体报道的那样，为"中国大妈"拍照标志的丝巾、墨镜贴标签。而是要考虑，为什么中老年女性会有这种拍照行为？再观察她们在社交媒体上的表现，比如，她们特别喜欢在微信朋友圈发自拍照。我们通过现象进一步思考，这个群体为什么会这样做？怎么去解释这个现象？也就有了研究对象和研究问题。当然还应当注意，这个问题的背景就是当下人人都在拍照，但是不同的人群拍照行为是有其独特性的！到底不一样的是什么？为什么会不一样？带着这样的好奇，就需要进入到群体去观察。

说到个案，我想强调的是不停地换个案，不是好的民族志。也许我换了一个新的对象，一开始会让大家觉得新奇，可是最终到底要说什么呢？如果没有新的理论对话，那依然没有意义。比如我对大羊村普米族的研究也进行了好几年，但是从这个个案中依旧能够发现很多值得挖掘的地方。

三、如何进入"田野"？

林：孙老师，无论是熟悉的还是不熟悉的群体，我们首先都需要进入田野。那您一般是如何进入田野的呢？

孙：开展一段田野调查，首先需要了解一些背景情况，在这个过程中也有一些技巧。比如在碧色寨调查时，为了了解游客的拍照情况，我会主动向需要拍照的游客说"我帮你拍吧"。因为游客太多，互相帮忙拍照都是很正常的，对方一下子就接纳我了。而对于看起来特别专业的拍摄者，我会说"师傅，这个景怎么取，你觉得怎样拍好，我怎么老拍不好"，他会很乐意跟我讲，告诉我怎么取景。借着这个话茬，我就可以接着问"你为什么要取这个景"等等，这样话题就逐渐展开了。在"田野"里，需要不断去追问，这就是访谈。此外，田野里的很多访谈是即兴的，或者只是只言片语。当然也有比较长时间的访问，长到一整天时间。我们在做乡村调查时，跟老乡一起吃饭，在饭桌前的几个小时就变成了漫谈，它也是访谈的一种相对比较复杂的形式。

如果在流动的空间中，比较重要的一点，就是一定要有量的累积。如果你访问了来往的十来个人就做研究，几乎是不可能有收获的。当你在这个地方问过一百个人或者更多，就会得到一些结论。所以"田野"花功夫、花时间，主要就是在这些问题上。

当然可能在田野刚开始的时候，很多问题是不清晰的，不过一定要有大概的方向，否则就会像一个无头苍蝇，又怎么在短时间内拿到那么多有用的信息呢？所以在进入田野前就要快速明确自己可能研究的方向是什么，然后奔着那个目标去。

林：在熟悉的环境里展开田野调查，怎样把握调查对象的特性呢？

孙：人类学有一个非常重要的词叫"文化震撼"，传统意义上讲这种震撼越强烈越好。但是在自己比较熟悉的环境，当这种震撼不那么强烈时，就要试图让自己跳出来，换一个角度看问题，当把自己悬置在他者的角度重新看问题时，可能会有一些新的发现。

我对云南碧色寨的研究就是我熟悉的空间，是我家乡的风景地，也是电影《芳华》的取景地之一。实际上碧色寨车站很老了，它是清末滇越铁路修建的时候，法国人在云南通往越南的第一条铁路的途经站。我小时候经常到那个地方玩，觉得就是一个普通的景点。但是《芳华》拍了之后，影视媒介的介入让它一下子成了一个地标，很多人会去打卡，于是这里成了一个网红打卡地。当我再去的时候，会觉得特别神奇，以前都没有的一些场景，怎么一下子就出现了！这里多了很多游客，更为关键的是这些游客都在拍照。其实这本身也不奇怪，去旅游景点大家都会拍照，但是问题就在于他们怎么拍？有趣之处在于，因为《芳华》火了，所以很多人就要求穿军装拍照。这在以前与车站其实是完全没有关联的，大家即便去拍照，最多拍一个米轨，不会特意换衣服。但是电影火了后，就会看到很多人在这里换军装，甚至还有民国装。我觉得很有意思，这和我小时候记忆中的景象反差特别大。我就想看一看游客们为什么要拍照？怎么去拍照？拍完之后又会做什么？

　　国庆节期间旅游的人最多，是一个特别好的时间，我们国庆节就在不到一公里的铁轨上来来回回、边走边看，观察那些拍照的人。如今手机很方便，游客们拍了之后马上上传，用来发朋友圈、抖音等等。我们需要了解游客在这个空间中的行为可能意味着什么？可能会和其他地方的拍照有什么不一样？首先既然是旅游景点，肯定会有很多一样的地方，但是问题就在于这个独特的空间赋予了人们哪些不一样的东西。这就要做文化的阐释，必须回到特定的情境里面。或许是铁路、怀旧，或者就是《芳华》所营造出来的那样一种向青春致敬、缅怀，或者老兵、越战的概念，恰恰都成了这个空间非常具有象征意味的符号，成了这个空间的特性。拍照实际上是要在那个特定场合中，通过特定行为和一些意象符号产生呼应的。①

　　林：您是如何快速融入研究对象的圈子里，让他们接受您的？比如在做"中老年女性群体"的研究时，如何进入她们这个群体？

　　孙：这肯定得有个过程。这个论文是我一个博士生的毕业论文，她跟阿姨们当然不是一个群体，所以刚开始时阿姨们也觉得奇怪，一个小姑娘，成天跟着一群大妈干什么？对她有所戒备，慢慢她跟人家混熟了，甚至成朋友，就开始到阿姨们的家里面听她们讲自己的人生经历、家庭，听她们讲每一张照片背后的故事。要想融入研究对象的圈子，其实是一个很长的过程。

　　田野是掺杂着苦乐的真切人生体验，做田野必须经历长时间的过程。我大概从 2000 年开始，就在做一些少数民族村落的研究，有的村落条件很差，有时候语言还不通。到村里都是住在村民家。在大羊村时，海拔比较高，冬

---

　　① 孙信茹、王东林：《身体表演与拍照的意义生产——社交媒体时代个人影像实践的田野考察》，《新闻大学》，2019 年第 3 期。

天水就会结冰，没有水几天都洗不了脸是常有的事。但只有和村民同吃同住，才能真正快速融入他们的圈子里。大家都觉得做田野挺好玩的，其实这背后是异常辛苦的过程，特别是在刚开始进入到一个研究对象的圈子时。

林：在与人交流的过程中，需要暴露自己的研究目的吗？

孙：如果有人要问，你可以解释你要做什么，在不涉及任何伦理问题的时候，这个解释本身是让对方了解你的一个过程。同时看对方怎么回应，也是有信息的。当然有些人不感兴趣，那就没有必要解释了。比如在碧色寨做田野时，对于当地的商户，他们肯定很好奇我们在干什么，每天在那里走来走去，也不租衣服。我们就给他们解释，我们是来研究拍照的，我们是新闻学院的等等。有的人以为我们是媒体记者，这样反而有些不太好进展，后来我们干脆说是来调查旅游的，他们就明白了。所以你甚至可以换一个方式来开展调查。但对于大多数游客来说，他们并不好奇我们在干吗，那就不必要跟人家解释了。当然田野调查中被拒绝是经常的事。如果你跟对方解释后，对方还是可以接受的，那很好；有的实在回避，也没有必要强人所难，换下一个目标就是了。

林：当一些内部信息比较难以获得，或者调查遇到阻力时，应该怎么去解决呢？

孙：首先你需要明确，你为什么要获得这些信息，你要考虑它在你的讨论里面有什么用，那当然是跟你的研究需要的基本数据有关。通常被访对象有所戒备是因为对你的目的不了解，所以这时就要让人家了解你到底要做什么，明确了你的目的是单纯无害的，才会对你放下戒备。同时也不要着急，一开始就单刀直入地问一些比较隐私的问题，大部分人是不愿意去回答的，要想取得信任需要一个过程，肯定也是比较难的。

在城市中做研究有时是比较麻烦的，你要拿到一些官方的数据，人家未必给你。所以你还需要想一些其他渠道，找到这些人，认识这些人，让他回答你，或者让他提供给你哪怕不是特别详细但必要的信息。同时不能把所有的希望都依托于这个难以获得的渠道上，或许那些信息也只是提供给你一个背景性的资料，没有资料或者资料少一点，并不影响你的整个研究。最关键还是你要做什么，你要这些资料有什么用？我觉得这个跟你研究的主题还有方向应该是有关的。所以还是回到了研究问题上，如果这个不清楚的话，花很长时间在田野中，也是没有意义的。

林：田野调查工作开展的顺利与否，与研究者本人的个性有关系吗？

孙：我觉得这个跟研究者的特质还是有关的。如果你的性格比较开朗，与人交流就相对容易，但有的人特别内向，前期进入田野就会慢，研究者本人也会觉得这个过程很不舒服。所以如果你想做这个研究的话，你本身至少应该是一个愿意去跟人沟通、聊天、交流的人，这个就是比较好的状态。

其实比起其他研究方法，民族志的或者田野的研究，研究者本人就是工具，就看你能把这个工具用到什么样的程度。有的人立马可以拿到材料，有的人慢一点，有的人在材料里面能看到有价值的东西，有的人可能熟视无睹，这个跟研究者本人太有关了。所以可能大家觉得田野是不是就去访谈一下，问一问就可以了。完全不是的！首先如何进到田野，怎么拿到资料，这是一个难题；拿到资料，在这个资料上找到什么问题，又是一个难题；这个研究问题怎么去和其他理论对话又是一个难题，而且做田野往往也不是一次的，是要好多次，反反复复，这就跟研究者自身有特别大的关系。研究者自己这个工具能够发挥到什么样的程度，决定田野的成果到底好不好。这个是跟其他研究特别不一样的地方，个人的关系非常重要。

但是我要强调的是，田野调查虽然跟研究者本人非常相关，却不意味着就没有规范了，这个规范就是我们所说的统一的学术标准，当然还是有的，是在树立起学术规范的前提下，我们再来讨论个人因素的问题。

林：文献对田野调查的意义在哪里呢？

孙：做田野非常重要的是要有一个研究问题，有了大概的研究问题，有了材料，其实还要回到文献里面。去阅读文献，和文献对话，才会知道你的这个研究的理论脉络在哪里。像碧色寨的调查，回来后我们找了很多和摄影有关的材料，中国的、国外的摄影史等，社会学家、哲学家，甚至一些文学家，他们都讨论过摄影，人类学里面也有很多对摄影的分析，所以要梳理一个脉络，明确他们到底在讨论些什么，在这个里面可能自己的研究回应了哪些问题，慢慢才会变成一个理论性的问题。这其实是一个研究训练的过程。

文献资料与田野调查的关系，不是事先做好准备，再去田野。它不是一个割裂的，或者说需要先准备好哪个部分再去做的过程。选择一个田野点，大概是有一个范围的，比如做乡村的民俗文化，那肯定得几手准备了，一个就是对民俗文化本身的研究，或者对地方历史文化的研究，这个地方到底有些什么民俗肯定要先去做了解；另一个就是这个村落的一些基本情况，也得做一些了解，当然这些都不能给你提供一个明确的研究问题。但是当有了这样一些基础性的东西，再去到田野，田野的过程就是帮助你发现问题的过程。

田野调查结束后需要带着资料回来，再回到文献里面，这个过程就是反反复复的。很少有做好了一切准备，再去到田野，或者压根什么准备都不做，就去田野的。

林：在每一次田野调查结束后，往往需要田野笔记的整理，您在做田野笔记上有怎样的心得呢？①

孙：最好的一种方式就是能够有一个小的研究团队，或者老师带着学生一起做。在这个过程里面，每天要去讨论、去反思，今天拿到的这个资料到底有什么用？意味着什么？如果没有这个反思的过程，真的不知道第二天要干什么。我自己带学生做田野，特别要求他们必须有非常完整的田野日志，当天整理不完不能休息。当天回来我会给他们一点时间去整理，在那个时间内把田野笔记发给我，然后当天晚上就讨论。如果暂时来不及做完，就讨论完了回去补。不这样的话，你就不知道下一个要访问谁，需要弥补的信息是什么。田野的过程不是今天集中做完，明天就停了，它是一个随时都在关注，随时都在记录的过程。

而且不是每一次田野调查都是自己当地的情况，有的地方离得很远就没法回去了，或者下一次回去要很久以后。那怎么办呢？这种每天的田野记录分析，就成了一个特别重要的过程。在做大羊村的调查时，我带了两个学生，一个博士，一个硕士，我们每天晚上一定要碰头，讨论到底观察到了什么？它可能会是一个什么问题？怎么去分析这个材料？我做田野调查的方式其实就是这样的，人少或者人多都需要这个过程。

当然今天也要看个人研究的问题是什么了，因为有相当一部分田野调查可能是在网络上进行的。如果你要做的是社交媒体的活动，那网络随时随地都是你的"田野"。

四、在整理和叙述中见成果

林：孙老师，您是如何把笔记转换成论文的？

孙：首先肯定最重要的就是田野材料，材料是进行分析的一个基础，如果没有这些东西，不可能写得出文章。每天到底访谈了什么，有些什么样的话，有些什么样的场景，有些什么样的事件，这个都是要记在笔记里的，所

---

① 孙信茹、王东林、赵洁：《作为意义探究的田野笔记——媒介人类学"实验性文本"的实践与思考》，《新闻记者》，2018年第8期。

有这些都是文章写成的基石，如果没有的话，怎么去写质性文章？至于最终呈现出来该用哪个该删哪个，还是跟自己的研究问题有关，研究问题是一个核心。

我们在读一些好的文章时，会发现它也是有技巧的。要读懂作者的研究脉络到底是什么，他为什么要这样写，甚至做一个推测，就是从文章里面我们可以分析出作者的理论背景是什么，要学会这样读，才会明白作者是怎样去切入研究问题，怎么去调动材料的。

就像我带学生做大羊村的调查时，我们每天都会整理田野笔记，在整理的时候，我发现一个特别好玩的现象，就是我们三个人明明同时在场，同时在问，怎么三个人的笔记都不一样。这个道理很简单，因为每个人的文化框架都不一样，就像格尔茨讲的那样，每个人的情感结构不一样。当然他是从宏观讲的，我讲的是一个个体。不同的人，看到的不一样，每个人体验到的也不一样。对同样一个问题，有的人是这样讲，另外一个人是另外一番讲述，写出来的文章自然也是不一样的。这就是研究者创造意义的过程，文字本身其实就在创造一种意义。

林：田野调查中的个人感受是否需要写进文章呢？

孙：其实很多研究不会把体验的过程都写在文章里，但是写不写跟讨论的问题有关。我刚才讲碧色寨的调查有提到个人感受，因为我们就是要讲置身在情境当中的人，用身体拍照的独特意义，所以刚好我们这种体验跟文章是有关的，就可以写进去。如果不相关，那么就可以不写。不过，我认为在整个田调或者研究的过程中，这种体验式的思路、想法要有，而且蛮宝贵的。

很多调查，其实不是所有资料都用得到。就像我们做大羊村微信群的那篇文章，我的原始资料有二十几万字，很多最终都用不到。但还是必须做这些工作，因为这是成文的基础。很多体验在文章里面没法呈现，读者永远看到的只是研究者取舍后留下的东西，其实其中有趣的细节、故事，甚至遭遇的尴尬，是不可能一一写进去的。

林：在写作过程中，如何将描述性叙事与理论有机结合起来？

孙：现在可能很多人依然觉得写论文是不是先要找一个理论，然后用它去解释现象。其实做质性研究，我认为理论是在研究的过程里面生成的，而研究的过程就要自己亲自去实践了。只有自己真的独自完成一次田野或者一个完整的质性研究，才会明白理论是如何在过程中产生的。

我们有时候不免可能还是会用一些已经成熟的或者非常具有解释力的理

论去阐释某个现象。但是我认为最好的一种方式，至少在我心目当中比较理想的一个质性研究的过程，一定是需要置身于你的研究对象的社会结构、文化逻辑里面，然后去解释这个现象是什么，它的生成过程是怎样的，最后再在这个里面发现一个理论问题。我觉得理论不是去告诉别人我用到哪些概念就可以了。我认为其实能把一个现象解释清楚，就是在创造一种理论，不是说我一定要用到谁的理论才是理论。比如我把文化解释的过程讲清楚，那么它本身就是理论生成的过程。当然我这里所说的理论或者解释，不是空穴来风，自己生造出来的，它一定是在不同的知识体系当中产生的。所以在解释完这样一个个案现象后，要学会跳出来，和其他理论去勾连、去对话。这可能是比较好的一个过程，而且我觉得这样一定程度上会避免套用理论的问题。比如现在大家都在研究社交媒体，都在讲自我呈现，相关自我呈现的理论都出来了，一大堆都是从这个角度去讲的，但是到底除了自我呈现还有什么？还可以做出什么样的新意？目前还没有看到，那可能就存在套理论的问题了。

民族志的研究一定会和叙事有关。因为民族志很多时候其实是需要靠文本叙述来呈现研究过程或者问题的，想要把它展示出来，可能会和其他研究不一样，叙事的成分显得特别重。当然也会有一个好处，就是读者觉得挺好看。但是问题在于我的这种叙事不是一个纯粹的叙事或者讲故事，它一定是跟研究的理论问题有关。要在一定的框架当中展开叙事，这就限定了哪些资料不要，哪些必须留，有些哪怕可能是一个细节一句话，但正和讨论的问题有关，那就必须要。这就决定了研究一定是一个完整的体系。

所以做田野调查难在什么地方？首先要从田野材料当中知道可能是和什么研究问题有关；第二步，还要把那个材料描述清楚；第三步要跳出个案，去和更多的理论问题对话。这几个环节一个都不好把握。描述性叙事其实也是在问题指引下的，你不是一个漫无目的的讲故事的人，一个故事你留下了什么，删除了什么，它一定是跟你要讨论的理论问题有关。

当然我的叙事方式，不建议所有学生都这样做。因为个人叙事的东西太明显，未必人人都能够接受，或者都能够使用。但是有一点是可以肯定的，做质性一定要找到属于自己的叙事方式。这是需要一个过程的，一定得自己真的扎扎实实做过研究，才知道到底是怎么做研究的。同时如果没有文字的东西，只是单纯讨论，我认为其实收益也不会很大。所以如果真的做过那么一两个扎扎实实地研究并且以文字的形式呈现出来，去体会它的过程，一定会有收获的。

林：如何理解网络民族志中您经常提到的"编织"和"讲述"这两个词？（"编织"是如何进入，如何交往；"讲述"是一种文本的表述。）

孙：其实任何民族志都存在这个问题。你要把材料和理论之间的对话"编织"，然后进行"讲述"，就是书写的过程，这是一个呈现和叙事的问题。其实碧色寨那篇文章里面，也在回应一些网络时代做研究的问题。我们当时还调查了好多抖音、微博上的内容，做了很多分析，有一部分就是在线上的观察，这就是"编织"的过程，但篇幅有限没办法全部展开，这就是"讲述"方面的问题了。如果从方法的角度来讨论"编织"和"讲述"，我觉得今天做民族志或者个案研究，都会面对这样的一个过程。

林：您有什么做田野调查的经验可以传授给我们？

孙：如果要简单讲的话，首先应该是要有比较充分的理论准备。我建议在每一次去田野之前，都做好充分的理论准备。它包括两个方面，一个是研究问题本身的理论体系；再有就是研究的对象，可能也会有一系列的文献作为参考。

进到田野之后，更多的就需要有一些心理上的准备。比方可能田野里面有很多预想不到，甚至不太符合预期的问题出现。但既然决定要做，还是要有信心和勇气去完成这样的调查，这个是从心理上的准备。如果从工作的程序上来看，我认为在进入田野时，还是得多一些具体工作环节上的准备。比方有没有了解过田野，做过一些类似的研究，甚至上过一些方法课的训练，笼统来讲的话这些是从方法上来做的准备。

田野调查的过程还在于回来以后尽可能做好对田野的归纳总结，最关键的是必须把前一天调查的东西写成一个完整的文本，然后再讨论缺少什么，再次回到田野里就是有方向的。同时，时间是必不可少的投入，真正进行研究，我们不是去几天，走马观花就结束了，还是必须扎下去、沉下去，在田野里面多花一些时间，这真的是一个非常重要的条件。如果就花了几天时间做田野，我觉得可能是没有办法完成的。

最后我一直强调要"去到那里"，这个也是和其他方法特别不一样的地方。都不走进"田野"中，怎么去了解对方的生活方式？他们的文化，自然更是没有办法了解的。所以最重要的还是要去做！

占用、改造和重建：一个关中村落的空间流变

赵爽英*

（西北大学新闻传播学院，陕西西安，710127）

　　摘　要：列斐伏尔认为，空间生产是体现物质空间、精神空间和社会空间相互统一的过程。对于一个传统村落而言，漫长历史过程中发展出的礼俗传统和定居文化，提供了空间生产的社会资本，使村庄社区能够更好实现空间的统一性和完整性。这个统一性和完整性对其后社区空间的再生产具有重要意义。本文通过梳理一个关中传统村落的空间流变历史，呈现了这一现象的逻辑过程。

　　关键词：关中；村庄；空间；统一性；完整性

　　基金项目：本文系国家社会科学基金项目"明清陕西关中地区民间村社组织研究"（17XZS034）阶段性成果。

　　空间是一个复杂的概念，亨利·列斐伏尔（Henri Lefebvre）认为，任何空间都是空间实践、空间表象和具象空间的三位一体，他试图通过对空间生产的关注，建立起物理空间、精神空间和社会空间之间的理论统一性[①]。立足列斐伏尔的空间理论，安德烈·詹森（André Jansson）从媒介化的视角探究了数字媒体网络对对瑞典农村媒体空间一致性和社会可持续性的影响。他认为，新网络对农村社区有重要的象征意义，有助于其建立空间上的连贯性和

---

　　* 赵爽英（1971—），女，陕西西安人，历史学博士，西北大学新闻传播学院副教授。研究方向：区域社会史。

　　① Lefebvre, Henri: *The production of space*. Translated by Donald Nicholson-Smith，Basil Blackwell Ltd.1991.

社会持续性，增强社区归属感，而非瓦解其整体性。[①]这项研究的启发点在于，詹森将农村媒体空间视为一个完整的空间场域，从空间生产的三元模型中理解网络技术对乡村社区的意义。但是在研究思路上，他忽视了农村社区的历史背景对媒体空间生产的意义。

从整体性角度认识乡村社区，也是地域社会史研究的路径之一。在岸本美绪看来，地方场域是各种社会权力的关系场，追问"秩序如何形成"是地域社会史研究的核心问题[②]。而空间的本质就是秩序[③]，从空间生产角度追问秩序的形成，能够将社区秩序外化为可以探析的空间现象。例如，社区秩序的平衡如何体现在社区的空间布局中？社区秩序的失衡与社区空间格局的破坏或波动具有怎样的关系？新的社会力量如何通过空间生产进入社区秩序的核心层？相较于媒介地理学者，地域社会史学者对社区的关注点集中在空间生产的时间线索上，即空间流变的历史面貌及其内在逻辑。这个研究思路某种意义上呼应了列斐伏尔空间研究中的历史态度。对于中国传统乡村而言，漫长的定居农业背景和礼俗传统，使农村空间的表征及意象内涵具有更丰厚的历史性沉积，并必然影响到村庄社区的空间生产。从社会史的角度探究村庄社区的空间流变，能够为媒介地理学者关于乡村媒体空间的研究提供更宏观的历史背景和更具纵深感的逻辑线索。

为了充分展开研究，最好能够找到一个材料丰富的村庄，以便看到它如何形成、发育和演变，从而更清晰发现村庄社区空间的流变过程。这个思路来自法国年鉴学派代表人物布罗代尔的"长时段"理论[④]以及微观史学的学术实践。在多年的田野调查中，笔者找到了这样一个村庄。其名为解家村，位于黄河西岸、关中平原东北隅韩城市，是一个典型的关中村落。作为中国农耕文明的早期发源地，以及曾经的政治、经济和文化中心，关中地区的历史面貌独特，也令这里的乡村呈现出独特性。

相较于那些历史久远的村庄，解家村大约只有五六百年的历史。之所以

---

① Jansson,André: Mediatization, Spatial Coherence and Social Sustainability: The Role of Digital Media Networks in a Swedish Countryside Community,*Culture Unbound*, Volume 2, 2010: 177–192.

② ［日］岸本美绪：《场、常识与秩序》，罗东阳译，黄东兰主编：《身体、心性、权力》，杭州：浙江人民出版社，2005 年，第 315—330 页．

③ 冯雷，《理解空间：20 世纪空间观念的激变》，北京：中央编译出版社，2017 年，第 15 页。

④ ［法］费尔南·布罗代尔，《论历史》，刘北成、周立红译，北京：北京大学出版社，2008 年，第 27—60 页．

选择这个村庄作为研究对象，一个重要原因是，这个村庄保留了丰富的民间
文献：包括五份很完备的家谱①、一些祠庙碑刻、一些族人的墓志铭，同时韩
城县志里也有对解氏家族的较多记录。在 2000 年，这个家族又重修了一次
家谱。同时，解氏家族内不断有人撰写村庄与家族历史回忆文字，提供丰富
的实证材料。根据这些材料，我们能够比较清晰地梳理出解家村的发展历史，
从而看到村庄空间流变的详尽过程。

一、村庄的发育与信仰空间的形成

根据解氏家谱的记载，大约金元之际（14 世纪中期），解氏先祖迁居韩
城，在一个名为"井头坡"的地方定居下来。这个"井头坡"距离现在的解
家村仅半公里，地处半山腰，为窑洞式聚落。元中期，家族中的一支族人从
"井头坡"迁出，在一里以外的台塬地另建宅居住。台塬之上地势相对平坦开
阔，发展空间充裕。新的聚落群很快形成，而"井头坡"则在几次水患和灾
难之后彻底荒废。大约 200 年后（16 世纪中期），这个新的聚居点已经发展
到 300 多户，且均为同姓族人，一个独姓聚落逐渐形成。

（一）村庄的发育

整个 16 世纪中期至 17 世纪中期，是解家村发展的重要阶段，基本奠定
了其后的村庄格局。这个时期有几件标志性事件。

第一个标志性事件是村庄围墙的修建。根据家谱的记录，1543 年（明嘉
靖二十二年），解氏宗族出面，组织全村人力、物力修建了村庄城墙。城墙的
修建增强了村庄的安全性，也建构出一个封闭的社区空间。在这个封闭的空
间内，村人的关系更为紧密；同时，城门的定时开启与关闭，也会催化社区
内部管理组织的出现。

第二个标志性事件是风水建筑的出现。据家谱记载，因为村庄东南地势
低洼，曾有风水先生建议修楼厌胜，故村庄东南角建有一座小楼。明嘉靖年
间小楼建起，解氏族内"科第愈见昌盛"，仅嘉靖、万历年间（16 世纪中后
期）就出了三位进士、十多位举人。1634 年（明天启元年），村人又在同一
方位稍远处修建起更为气派的文昌阁。其后族内又出了八位进士，成为远近

---

①　五份家谱分别是明嘉靖四十三年（1564 年）、清乾隆十五年（1750 年）、嘉庆二十二
年（1817 年）、道光十八年（1838 年）、民国九年（1920 年）。目前，解氏家族保存有乾隆、嘉
庆、道光和民国四个版本的家谱，嘉靖谱仅存谱序。

闻名的十一进士家族。

第三个标志性事件是寨子的修建。寨子是当地乡民用以避乱的场所，并非长期居住点，它的出现主要是出于防御需要。金元时期，韩城已经出现修寨建堡的风气。明后期，由于社会动荡不安，修寨之风再起。1621 年（明天启元年），解家村修筑了金城寨，后被村人称为"老寨"。清顺治初年，族人因老寨避乱较远，又修筑了小寨，位置在村之西，与村西门隔沟相望。修建寨子耗资巨大，需要动员全部村民参与，这个事件再次加速了村庄内部的凝聚。

（二）信仰空间的形成

在村庄发展中，民间信仰系统也得到充分发育。这个时期村庄内出现了两套信仰系统，一个是体现宗族血缘关系的祠墓系统，一个是显示民间信仰的寺庙系统。

祠墓指的是祠堂和墓地。在华北地区，祖先祭祀一般都在墓地举行，每年清明的墓祭是最为重要的祭祀活动。墓地一般都选在村庄附近，便于族人祭祀。族人若因种种原因迁徙离村，清明也必须返回原村的先祖墓地祭祀。解氏的先祖墓地在村庄的北墙之外，紧邻居住区。此外村内还建有祠堂，冬至和元旦的祭祀活动多在祠堂内举行。族内一些大户人家也都建有自己的府祠。全族性的祖祠出现在 1750 年（清乾隆五十年），其位置在村中心的主干道旁，除了元旦、冬至的祖先祭祀，族内重要大事也会在祖祠内商议。

寺庙系统主要是指各种佛寺、道观、压胜塔楼等。庙宇体现着村民的精神需要以及风水的需求。例如观音庙，一般都建在涝池或低洼空地旁，有厌胜的讲究；关帝庙是安全防御系统的神庙，寨堡内多建；娘娘庙原是祭拜土地的神庙，后来又有求子祈福的意思；法王庙与药王庙的功能接近，用于求医、看病；土地庙、马王庙等诸多庙宇也与日常信仰有关。解家村内分布着大大小小十几个庙宇，村内、村外均有。在这些寺庙中，有两个比较重要的寺庙：一个在村东门外，为观音庙，村人称之为"东庙"；另一个在村西门外，是一个庙宇群，集中了关帝、娘娘、法王、土地等庙宇，村人称之为"西庙"。

祠墓和寺庙不仅仅代表着民间信仰的存在，同时也是建构村庄秩序社会资源。在中国传统社会中，国家力量向来无力顾及村庄，祠墓和寺庙背后的民间社会组织——宗族组织和社庙组织，便成为村庄秩序的建构与维系的重要民间力量。

在解家村内，首先出场的是宗族组织，修筑村庄的城墙、修建风水建筑、组织建造寨堡等等公共性事件，都在宗族的动员和组织下完成。为了保证活动资金，族内乡绅出资购买了祭田，同时还有族人捐赠资金。祭田以及捐赠的资金都被归在"祖茔"名下，由专人负责管理，除了用于每年的祭祀活动，也会用于族内公共事务，比如修缮祠堂、设立私塾、建设村内公共设施等。

宗族是以血缘关系为纽带的民间社会组织，在村内姓氏单一、人口稳定的情况下，宗族能够借助血缘关系的力量发挥治理村庄的效能。但当族人迁徙，或异姓迁入，村庄内部血缘关系的统一性减弱，宗族对村庄的管理能力也会随之下降。大约18世纪中期开始，宗族的组织方式越来越不能够适应因人口增长和族人迁徙带来的村庄格局的变化，新的民间组织接替了宗族的村庄管理职能。

社庙组织是围绕寺庙祭祀活动而形成的民间社会组织，它的组织方式依据信仰社区的地缘关系展开。社庙组织会以村庄内部的居住区域为基础，按照一定的住户数量划分出几个信仰社区，这些区域一般按照方位冠名为"某某社"（如东社、西社），全村性的信仰活动中（主要是迎神赛会），各个信仰社区以"社"为单位参与。这种以地缘关系为纽带的民间社会组织，更适于管理村庄社区，当宗族的效能逐渐衰弱时，社庙组织逐渐取代了宗族在村庄管理中的地位。

根据村庄格局，解家村以村内的中央大道为界分出东、西两社，两社共同参与的迎神赛会仪式在村西的社庙（关帝庙，即西庙）内举行，同时还会有全村性的抬神楼巡游活动。两社也各有社庙，西社是三官庙，东社是东观音庙（即东庙）。清嘉庆年间，东西两庙都进行了大规模改建，增建了戏台，其中西庙内建了两座戏台，每一次的迎神赛会中，两社各请戏班唱对台戏，场面极为热闹。另外，各个社庙内还专门增建了供社家主事人议事的厢房。

每年庙会的费用由社庙名下的土地出租及本社人的捐赠维持，结余部分归在社庙名下，来年使用。社庙名下的土地是全社的公共财产，主要用于社庙的维修、举办庙会活动等。若有余资，也会用于公共事务，比如修路补墙，灾荒年份替社人垫付赋税等。解氏家谱中记录，1797年（嘉庆二年），本族乡约解丕祥倡议重修废毁的村庄城墙，部分资金便来源于庙会资产。

由于宗族和庙会组织分别行使过管理村庄的职能，故祠墓与寺庙形成的信仰空间，在村庄内部具有格外重要的意义。祖祠和关帝庙都曾是村内重要的议事场所，它们既有信仰空间的意义，也有职能空间的象征。同时，宗族各房支、庙会各社也都建有自己相应的社庙，同样兼具信仰和公共职能双重身份。由祠庙系统所形成的信仰空间，也是社区空间秩序的象征。

从解家村的早期发展看，村庄空间格局的形成与村庄发育过程一致：出于安全需要修筑的村庄围墙和寨子，出于风水需要修建的风水塔和文昌阁，出于信仰和祭祀需要建造的祠庙，以及出于治理需要增建的庙堂、祠府……在这个过程中，村庄空间结构日趋完整。同时，秩序的稀缺性刺激了村庄内部自我治理机制的发育，维系血缘关系的宗族组织和维系地缘关系的社庙组织依次成为治理村庄的有效民间力量。它们在建构村庄秩序的社会实践中，进一步完善了祠墓和寺庙系统，使其成为统一物质、精神和社会空间的有机体，形成了村庄社区空间的统一性和完整性。这个统一性和完整性对其后的空间再生产具有重要意义。

二、占用、改造与重建

20世纪始，中国社会发生剧烈动荡，也给这个偏居黄河岸边的村庄带来冲击。战争、土改、修路征地、农田水利建设，村庄面貌在急速的社会变革中变化。

（一）拆除与占用

抗战时期，秦晋之间的黄河一线是抗日边防线，韩城因紧邻黄河西岸，成为战事前沿。出于修筑防御工事的需要，不少沿河村庄的庙宇被拆除，砖料木材被用来修建炮台、哨楼。解家村的东庙和三官庙在此时相继被拆毁，马王庙、千佛观音庙等也最终被拆。后来军队欲拆关帝庙时，村民将学堂迅速迁移至关帝庙内，并以此为理由保全了庙堂。

20世纪60年代初，韩城开始大力发展农田水利建设，并修建新的公路和铁路。解家村之北因修韩龙公路及盘河干渠，墓地被平整；修建西侯铁路时，东边坟地及东庙遗址基本消失。"文革"时期，文昌阁被拆除，村内的祖祠被改为村委会。20世纪中期开始，村庄围墙便陆续毁塌，80年代初，为了扩充村内宅基地，村庄围墙彻底拆除，村庄居住面积整体向外扩展。1986年，解家村小学因修建新教学楼，历经多次灾难保留下来的关帝庙也被拆除。

1958年韩城县实行人民公社制，公社下设生产大队、生产队。解家村被划归在昝村人民公社，与下干谷村合为一个生产大队，解家村内又分出三个生产小队（组）。至70年代，人民公社解体，解家村逐渐形成了一个大队部、三个村小组的格局。村内残存的祠堂、寺庙、官房被改建为村支部、各村队（组）的办公地点。

随着祠庙、墓地的消失，各种祭祀仪式、迎神赛会活动相继中断，新的文化娱乐活动随之出现。据村内长者回忆，40至50年代，每年清明前后，村内的麦场都会竖起四五丈高的秋千，村民们纷纷到此竞秋千技艺。此外，村里的能人还组织了秧歌队，每年春节的时候在关帝庙的戏台唱秧歌。解家村的秧歌在周边村庄很有名气，每年春节唱秧歌时，都能吸引十里八村的人前来观看。1949年后，村内成立了业余剧团，60年代中期，村大队部组织业余剧团就地取材，以发生在本村的真实事件为依据，自编有《刘巧儿》《我叫共青团员》等剧目，很受村民欢迎。至70年代，种种原因，业余剧团解散。这些新的文化娱乐活动填补了宗族祭祀、迎神赛会中断留下的精神生活空白，但因为缺少根植于社区本身的空间生产能力，它们都未能长久延续下去。

1956年，韩城县成立电影队，分五个放映队负责县域内的电影放映。1976年，全县17个公社相继成立了公社电影队，负责各公社辖区内的电影放映。解家村最早放映电影的地点设在关帝庙内，据说是为了方便收费。关帝庙拆除后，放映电影的地点移到了六门祠堂（此时的六门祠堂已改建为村委会），电影放映开始免费。后来，电影放映地点移至村内主巷道北的商店门前，这里是平时聚集村民比较多的地方。免费以后的电影放映一直由国家资助，地方政府出面组织。

1966年，解家村通了电；1975年，县政府出资安装了有线广播。这个时期，地方政府不断筹集资金进行广播传输网络的建设，一方面建立调频（无线）广播电台，实现有线广播和无线广播相结合的农村广播网，另一方面喇叭入村、入户，村民可以通过调频音箱随时收听中央、陕西省和韩城县人民广播电台的节目。2000年村里的有线广播出了技术故障，村广播就基本停播了。

20世纪70年代后期，地方政府陆续为各村配置黑白电视，解家村在1976年有了第一台电视机。大约到了80年代后期，村里买电视的人多起来，2000年前后，家家都有彩色电视。如今，不少农户都有两台以上的电视机。2010年宽带网络连接到村上，不少农户家都连上了网络。现在人人都有了智能手机，更多的村民开始通过手机上网。

电影、广播、电视和网络以不同的方式进入村庄，并在其中寻找着自己的空间位置。如果说电影是以占据空间的方式进入村庄，广播、电视和网络则选择了嵌入空间的方式——它们并没有在村庄的空间缺口中寻找位置，而是通过家庭开辟出自己的新位置。

（二）重建

1995 年，解家村一位村民在翻修自家老祠堂时，发现了藏在阁楼里的几本《解氏家谱》。老家谱的发现成为一个契机。1999 年，时任村主任解军（化名）根据老家谱的内容并结合其他资料，编写了《今古解家村》。2000 年，解氏全族重新续修了 1920 年到 2000 年的解氏世系，同时对残损的老家谱进行了修整。2001 年，参与编谱的解云（化名），通过对韩城县志及家谱资料的爬梳，编写了《解氏家谱与解氏精粹录》。2003 年清明，解氏全族举行了合祀活动。合祀仪式的地点设在村西的学校操场，这里曾是关帝庙的旧址。2007 年，族人在操场边树立起"解家村进士碑"，碑中列出历朝历代解氏族人中的名望，碑阴是解云 2003 年主笔撰写的合祀叙文。2008 年清明，解氏全族在进士碑前再次祭祖。2014 年，新任村主任在村南大路的边墙上刷写了"明清十一进士村"的标语，并将"进士村"作为解家村的标签，试图参与到韩城当地的旅游项目开发中。

2005 年，在关帝庙原址上，村内集资修建了一座新式戏台，由于资金不到位，戏台未最终封顶。但是此后每年重阳节，村民们都会在这里举行秦腔表演。2013 年，村里的老年协会组织起自乐班，阴历每月的初八、十八、二十八会在原六门祠堂（曾为村委会所在地）内排练并表演。

2015 年，村委会从原六门祠堂迁至五门祠堂旧址。五门祠堂位于村内主巷道边，这里曾被改造为村卫生所。六门祠堂目前是村内老年协会的活动场所。另外，村内准备借着当地发展文化旅游的契机，重新整修戏楼，并增加每年的娱乐活动。

在 20 世纪的历史波动中，解家村的大量祠庙被拆毁，村庄围墙荒废，村庄格局发生很大变化。同时，各种新的社会力量进入到村庄内部。它们以各种方式寻找着自己的空间位置：或占据空间漏洞，或改造旧空间位置，或以嵌入方式挤入空间。虽然村庄的空间格局发生很大变化，但在定居产生的地缘关系以及宗族维系的血缘关系中，村庄空间的统一性和完整性并没有消失。只要地缘关系和血缘关系不被破坏，村庄社区空间的统一性和完整性便不会彻底消失，并会产生某种空间修复力，不断弥合、修补空间漏洞，使之恢复统一和完整。重修家谱、恢复合祀仪式、重立祭祀碑，就是这种空间能力的表现。不过，秩序重建的内外部环境已经发生很大变化，新的社会力量也在伺机加入空间重构的行列，村庄社区的空间再生产变得线索复杂。

结　语

从解家村的空间流变中，我们窥探到一个传统关中村落如何基于生存发展需要，逐步完善它的空间结构。以血缘关系为纽带的宗族组织和以地缘关系为联结的社庙组织，以自身的完整性参与到村庄的空间生产中，塑造了社区空间的统一性和完整性。在地缘关系和血缘关系的延续中，这种空间上的统一性被保留并继承下来，成为延续村庄完整性的重要内生力。这个内生力不仅具有修补空间漏洞、恢复秩序失衡的能力，同时，当新的社会力量进入村庄时，只能通过占用、改造或嵌入的方式进行空间再生产。

在解家村的空间流变历史中，能够发现，基于地缘关系和血缘关系的民间社会组织是建构乡村社区空间统一性和完整性的重要社会资源。这些民间社会组织经历了漫长的历史发育，形成了完整但相对封闭的空间系统，对村庄社区的空间生产有决定性影响，这是很值得继续探讨的一个话题。此外，结合历史语境和地域特点，更为细致地探寻现代媒介与传统乡村社区空间再生产的关系，对认识全球乡村也具有重要的意义。

社火仪式中的乡村自治

——以侯官寨"牛老爷"社火为例

张思宇 *

（西北大学新闻传播学院，陕西西安，710127）

摘　要： 陕西关中侯官寨社火因"牛老爷"这一角色的存在而变得与众不同。侯官寨村人赋予"牛老爷"独立于行政权力之外的权威，以实现村庄的自我管理。在侯官寨的社火仪式中，我们可以发现一种村庄治理的在地化路径，即以完全自治的社火局为前提，以明确的村规为依据，在社火展演中建构出公共空间，将全体村民纳入其中并凝聚在一起，从而实现村庄自治。

关键词： 牛老爷社火；仪式传播；村庄自治

基金项目： 本文系陕西省教育厅专项科研项目"明清关中乡约与乡村社会治理研究"（17JK0731）阶段性成果。

一、"牛老爷社火"由来

社火仪式是一种民间传统的"娱神娱人"狂欢活动，在陕西关中地区尤为普遍。而位于陕西省长安区东南方向的侯官寨社火颇具特色。据《长安县志·地名》记载：侯官寨始建于唐代甚至更早。其村名根据《西安通览·侯官寨》篇考论：皆因该村历史上一直长期驻扎军队，且武官战功卓著，从西周樊侯开始，至汉唐、明清，被封为侯爵官员近50人，故得名[①]。侯官寨的社火之所以远近闻名，得益于其社火仪式中的一位特殊角色——牛老爷。

据侯官寨社火传承人刘平运介绍，"牛老爷社火"源自唐朝，发展在明朝，

---

* 作者简介：张思宇（1995—），女，河南周口人，西北大学新闻传播学院硕士研究生。

① 刘平运：《侯官寨的"牛老爷"》，《西部大开发》2008年第4期。

鼎盛时期在清朝。唐代的时候，村内曾在高土台建筑"先农庙"，每年农历二月初一、十月初一举行"春祈秋报"的祭祀活动。据说祭祀前，庙的中央用泥塑一头青牛，用来祭天。整个祭祀过程由村中德高望重的长者主持，这位长者便是当时的"春官"。后来因为先农庙在历史发展的过程中遭到不同程度的改造，这一习俗逐渐演变成了在每年农历的二月初一，春官骑牛绕村一周，以敲锣的形式来提醒村民农事开始。因春官总是骑牛出现，故村寨后人将其称作"牛老爷"，因而"牛老爷"也成为社火仪式中的核心人物。

社火这一项乡村文化传播习俗，在西安市长安乡侯官寨一直被保留并延续着。而侯官寨的"牛老爷社火"也是陕西省首批非物质文化遗产的保护项目。"牛老爷社火"具有深厚的底蕴，它的发展极具包容性。作为一种民间艺术传播演绎方式，具有深远的意义，尤其对于当下社会主义新农村的建设更是意义非凡。每年的社火表演都会吸引上万人前来观看，在关中地区颇有名气。

二、"牛老爷社火"仪式流变

侯官寨"牛老爷社火"共有六个社火局，七个社。其社火巡演路线是由西南方上堡老爷府—向东至狮子社（老爷府）—北上到东南社—到侯官寨村委会—再到大庙社（老爷府）—然后向西至永宁堡社—向南经过土地社—最后到龙门社。每年的农历正月初五，以社为单位烧社火。再至正月初九，已经参与烧社火的社要出几桌社火以示诚信，而应该出但却没有出的社则要受到惩罚。因村规规定在烧社火环节中，需六社俱全，当年社火里"牛老爷"方能登场。

在正月初十至十五日，侯官寨七个社火头在上堡社共同商议本年的社火时间，程序等。在商议的事项取得统一意见之后，留名签字，作为来年社火运作的根据，此后各社社火头回去分别进行准备。正月十三下午，侯官寨的六个社，需出不少于三桌社火，在上堡社演示上香社火。侯官寨村六社社火陆续前往上堡社老爷府，请"老爷"下堡看社火 [①]。

作为社火的核心人物，"牛老爷"在浩浩荡荡的仪仗队中尤为显眼，他贴着两撇八字胡，鼻梁上挂着一幅椭圆黑墨镜，身着清朝官服，脖子上系着天蓝色披风，一脚蹬着官靴，另一只脚穿着麻鞋。形象虽滑稽可笑，但却妙趣

---

① 刘平运、刘晓梅：《牛老爷在社火中的作用、影响与价值》，内部印发。

横生。在几个社的相请之下，"牛老爷"开始骑牛巡村，在村民的拥簇下，前方马队开道，开路人敲锣呐喊"老爷来了！"。仪仗队里的"令牌官"身着官服，手举"肃静""回避"令牌，前有牵牛人后有跟差者，衙役们手持手铐、堂棍、锁链等刑具，身着宫女服的侍女手持"日月扇"服侍在"牛老爷"旁，还有一个专门为"老爷"服务的跟班官差，手中一直得拿着"牛老爷"的烟袋杆子。

到了布置在社火场的"侯官府"中（此地是由狮子社和大庙社安排布置），眼看侯官府左联挂着"法制不肖之民"，右联挂着"权管一府之地"，大堂中央高高挂着"明镜高悬"四个大字。"牛老爷"与"二老爷"在这里一起观看其余六社的社火。与此同时每个社派出两名甚至多名腰系串铃，手持马鞭的"马牌子"，沿着事先制定的路线开路，后面紧跟着各社的社旗和标语，锣鼓队、底子、芯子等表演都有序的行进着。听村人讲，早些年堂上还专门立一个木杆，当场将"不肖之民"捆绑悬吊示众。

随着时代的发展，侯官寨社火不再仅仅局限于重复表演传统的剧目，也逐渐与时事政治相结合，创作出了与当下生活息息相关的作品。例如，在一次大庙社社火表演中，有队伍打出"奥运足球冠军中国队"的标语，并高举印有国家领导人形象的牌子。2006 年，侯官寨社火中出现了两个与时事紧密关联的社火造型，其主题分别为"胡连会·两党握手反台独"和"村务公开，村务民主"[①]。这些变化都体现了当代农民对国家事务的关心，并将其融入于社火娱乐中，既表达了村民们对于参政议政的热情，也是一种在民间的政治话语传播。

"牛老爷社火"里的内容也是丰富多样。"芯子"是群众性闹社火的表现形式之一，为了达到一鸣惊人的艺术效果，从"型芯"、纸扎、服饰道具、化妆到挑选娃娃等程序，都是由各社的"社火头"及骨干分子负责。社火剧目也较为丰富，有一人表演的《天女散花》《诸葛撑船》，两人一出的《花亭相会》等，还有许多带有杂技技术的群体芯子如《铡国舅》等。

---

① 王楠：《"牛老爷"的威风和魅力哪里来？——看侯官寨社火的自娱与自卫精神》，《美术观察》2008 年第 6 期。

三、"社火"仪式中的村庄自治

（一）社火组织

侯官寨的社会局在组织上和经济上都具有较高的独立性。首先，侯官寨的社火局是独立于行政机构的民间组织，能够充分做到自建、自办、自管，从而不受行政权力的干涉。此外，社火的资金主要来自村民的捐赠，甚至从侯官寨嫁出去的姑娘也会为村里闹社火捐赠资金、腰鼓、服装等。因而，侯官寨的社火局是较为自由的，在每年闹社火前夕，会有公示张贴于各社火局办事点门前，将本社的人事安排详列于上，分工十分细致。例如，仅是东南社社火局，就设有局长、社火头、坐堂、头帐、大衣、化妆、装社火、芯桌、平桌、领队、仪仗队、锣鼓队、车队等职位，有共计 138 位办事人员。公示最末还特别标示："群众娱乐人人参与，未写名者积极配合。"[1]

因而，侯官寨的社会局及其管理制度是依托于地域和血缘关系而建立的。"牛老爷社火"正是在共同信仰和熟人关系的基础上，形成了相应的规章制度。从而指导社火表演由谁组织，怎样执行，如何进行财务运作等。在这样的条件下，将"软性"的关系转化为可以复制和规范的"硬性"的制度[2]，使得社火局的工作能够长久稳定地进行下去。

侯官寨的社火仪式能够最大限度地调动所有人积极参与，村民们在合作与互动中实现了情感的联结，凝聚了人心。平日里的矛盾也会在社火的筹备与表演过程中得到化解。当地有句话叫作"庄稼要红火，趋队闹社火"。各个宗社用社火戏的内容一拼高下，相互竞争，社火成了大家争当先进的载体。村里一些出社火的高人，每年都要绞尽脑汁，使出浑身解数，想招出戏，胜出别的宗社。此外，侯官寨的社会以"和谐"二字出名，据侯官寨的刘平安老人介绍，侯官寨社火的最大特点是和谐，不管在什么地方，因为闹社火打架的例子比比皆是，但侯官寨从来没有人为社火打架[3]。

（二）社火活动中的"村规"

在侯官寨社火的个例研究中，"牛老爷社火"之所以能够被继承保留下

---

① 王楠：《"牛老爷"的威风和魅力哪里来？——看侯官寨社火的自娱与自卫精神》，《美术观察》2008 年第 6 期。

② 沙垚：《乡村文化治理的媒介化转向》，《南京社会科学》2019 年第 9 期。

③ 刘平运：《侯官寨的"牛老爷"》，《西部大开发》，2008 年第 4 期。

来，是因为有着一套完整且能被村民所接受的"乡村秩序"。而这种秩序就是为"牛老爷社火"私人订制的村规。根据侯官寨永宁堡社社火《百总薄》中记载，在 19 世纪末，侯官寨人就制定了村规来规范"牛老爷社火"的仪式流程。20 世纪 80 年代末，社火仪式进行了一次大的修改，制定了新的"村规"，并在一九九○年农历正月二十正式生效。许多村民讲，在耍社火期间，大家都视"村规"如宪法，井然有序地做着份内的事。历史上记载，侯官寨与上堡村都属同一村，只是在 1961 年时，为了利于农业生产，便于管理，才将上堡村从侯官寨中分离出，成为一个独立的行政村。但两个村的村民还是共同按原有的风俗习惯生活着，感情依旧深厚。所以从历史渊源上看，侯官寨乡村仪式传播中的个体，都是具有相似性的社会群体。

法国社会学家埃米尔·涂尔干曾提出，传统农业社区中的社会联结是一种"机械团结"，即"在传统社会里，人们基本生活在小社区里，人与人之间的联系，包括信仰、道德、习俗、情感、经历等各个方面是'机械''单一'的，也就是根据'同质'而形成的同一集体。①"以侯官寨村为例，高度相似的生活经历使得村庄内部成员形成了较为一致的行为规范和价值观念，以此为基础，社区内部也出现了高度统一的集体意识。侯官寨村民的集体意识源自大家都想要传承保留"牛老爷社火"，因而这种村规的设定不是压制型的而是恢复型，其目的在于增强村民的认同感与归属感，维护小社区的秩序，加强个体与群体之间的联结。仪式不仅专属于传统的前现代社会，现在看来传衍已久的"村俗""村规"也同社火仪式一样，成为代表地方文化与荣誉的高价值产物。

田野调查中的受访村民表示，这种"村规"扮演着监督员的角色，同时也是他们活动自治的根据，大家都自愿遵从这种秩序。这种文化秩序体系对于当地人而言，不仅是情感上的认同，也象征着上堡村和侯官寨之间的兄弟情谊。

（三）社火巡游建构的公共空间

所谓公共空间，是指一种能够公开讨论公共事务的场域，在这个场域中人人可参与，人人可发言。大家的目的是一致的，即帮助社区更好地解决现存问题，以实现社区的长足发展。因此，对于侯官寨而言，每年耍社火期间，

---

① 埃米尔·涂尔干：《社会分工论》，渠敬东译，上海：三联书店，2000 年，第 40—41 页。

社火仪式本质上在村庄中建构了一个虚拟的公共空间,也就是实现了场景化的再造。此时,所有村民聚集在一起,在同一时空里关注着同一件事,在心理上联结成一个整体。

侯官寨的社火由七个社火局组成,在社火仪式表演期间,七个社的所有社火都要听从于"牛老爷"的指挥。换而言之,侯官寨的村民将自治的权力转交至这一公共空间中的核心人物——牛老爷。因而,牛老爷被村民赋予超越地方行政权力的影响力,可谓"见官大三级"。在社火巡演过程中,牛老爷不受行政权力的约束,威风凛凛地带着表演队伍进行巡村,之后"牛老爷"在村部门前设"衙"升堂,来审判这一年中违反村庄秩序的村民。甚至在平日里,村民们也会用"牛老爷"的威慑力相互约束。因此,在社火仪式的展演过程中,侯官寨不仅完成了对传统价值观和文化的传承,而且将当下生活中的议题纳入社火表演中,借用"牛老爷"这一权威形象化解现实生活中的问题。此时的"衙门"便具备了哈贝马斯笔下"公共领域"的雏形,所有村民汇聚在一起,共同讨论着关于村庄的事务,实现了村庄的自治。从这个层面出发,"牛老爷"社火表演作为一种仪式,为村民提供了表演的舞台和机会,村民用戏谑的方式发表对于村庄事务的意见,参与村庄的治理。

此外,社火表演也可以作为化解村庄之间矛盾的载体,村民们将难以言说的现实议题融入一出出精心挑选的戏文中,通过剧目的竞演,矛盾双方便能知晓彼此要表达的意思,于是矛盾也就在喜庆热闹的仪式中解决了。在侯官寨的一次社火游行中,两个社因巡游路线问题产生了争执,然而彼时社火表演已经结束,若就此留下矛盾,对接下来一年两个社的生产生活都会带来影响。于是村中一"老者"拍板决定:"不行,要再凑一回社火,把这事再说合说合,不然来年娃们要的时候,路线到底咋个走法?①"随即又安排了一次社火游行,化解了矛盾。可见,侯官寨的社火仪式在传承乡村文化,维护乡村秩序等方面发挥着重要的作用。

四、结语

通过对侯官寨"牛老爷社火"的调查分析,可以发现,在历史的进程中,这一乡村仪式也在不停地更迭,这种被关中地区乡村民众认可并追捧的"非

---

① 王楠:《叫一声牛老爷,你懂人情——侯官寨社火中的"村规"与伦理价值》,《美术观察》,2008 年第 5 期。

物质文化遗产"是足够体现国家民族民俗文化内涵的，也是一定时期历史经济文化政治研究的典型案例。在"乡村振兴"的背景下研究乡村仪式中信仰的流变，我们可以从其发展传播过程中看到传统农业社会的特征，所以"牛"才会成了社火中至关重要的一环，在旧社会封建制度的影响下，府衙仆人的扮相依然体现着封建等级观念。有人认为仪式和节日习俗的复兴是改革后政府对过激文化政策的修正，倒不如将其看作新的社会经济秩序不断发展的历史必然结果。

考察乡村传播的传播制度，不仅是要从大众媒介的管理和控制视角出发，更主要的是从政府和相关社会组织的立场出发，站在乡村社会内部的角度"发声"。在侯官寨这样重大的节日中，每一个决策的商议制定，每一次展演的举行，无不加深了村民对村落的认同感。每户的热情参与，都为了证明自身是村庄的一分子，这并不是宗教上的期许，而是遵从本地区区域的民间信仰，在这种乡村仪式中纪念经典历史。而社火的内容又大多与村民的日常生活相关。因此，"牛老爷社火"有着强大的生命力，这是历史发展的必然结果。这种仪式使得村民在国家权力之外找到了"非正式权威①"力量的领导，即"牛老爷"的存在满足了村民的心理需求，从古代的春官鞭牛农事开始，演变为现代以"牛老爷"为主的迎春社火，村民们愿意认同"牛老爷"的权威，实则包含了官员能够为百姓考虑的期许。

从侯官寨自建、自办、自管的"牛老爷社火"中，我们不仅能看到传统价值观是如何在仪式展演中得到继承和发展的，更能窥见村庄自治的路径。这一路径不同于行政机构"自上而下"式的管理，而是着重凸显村民的主体性地位，使得村庄成员都卷入到这一盛大的仪式中，从而将村民们纳入一个具有公共性的场景中，在喜庆热闹的氛围里讨论村中事务，增强村庄凝聚力和向心力。

① 王铭铭：《社区的历程》，天津：天津人民出版社，1996 年。

七、新媒体传播研究

主持人语

据 CNNIC 发布的第 45 次中国互联网统计报告显示，截至 2020 年 3 月，我国即时通信用户规模达 8.96 亿，占网民整体的 99.2%；手机即时通信用户规模达 8.90 亿，占手机网民的 99.2%(CNNIC，2020)。而就在 2019 年初，习近平总书记在《求是》杂志发表文章《加快推动媒体融合发展　构建全媒体传播格局》，其中明确指出，推动媒体融合发展、建设全媒体成为我们面临的一项紧迫课题。要运用信息革命成果，推动媒体融合发展，做大做强主流舆论，巩固全党全国人民团结奋斗的共同思想基础，为实现"两个一百年"奋斗目标、实现中华民族伟大复兴的中国梦提供强大精神力量和舆论支持。(习近平，2019)

在这样深刻的时代变动背景下，新媒体传播研究正吸引越来越多的学者投身其中，并且呈现出多元、多维和多立场的态势。套用著名华人传播学者李金铨先生的话，差可说这一领域的研究已经初步具备了"历史脉络和全球视野"(李金铨，2019)。

更重要的是，当下的新媒体领域，无论从产业走向还是文化风潮，都可以称得上瞬息万变，君不见"犀利哥""贾君鹏"已成过往，Papi 酱、罗永浩风光不再，李佳琦、肖战如日中天？而这些网络现象的盛与衰，可能不是以往的传播研究所能解释或涵盖的。至少在今天的新媒体传播研究领域，"传播已不再被简单地认为是信息的传递，更多地被认作信任与关系的问题"（多米尼克·吴尔敦，2012）。只有在一种追求信任纽带和关系维护的互动型粉丝的认知框架下，我们才能更好地理解粉丝的强大动能，从应援到反噬，莫不如此。

浙江传媒学院的王淑华副教授就应用了查尔斯·蒂利的"斗争剧目"这一理论概念，意图观照不同粉丝社群的动员和运作，这就很自然地让人将粉丝群体与社会运动联系在一起。姑且不论这两者之间的勾连有多深，但至少非常明确地提醒我们，粉丝社群的组织动员能力将是新媒体时代最为值得关注的话题之一。褒贬或由人，左右不可躲，新媒体传播研究或许应该更多地从这些群体内部去发掘声音，给予足够的理论关怀。

其实，在新媒体领域，遭受某种程度污名化困境的不仅仅是作为用户的粉丝群体，同时还包括媒介端的新媒体本身，尤其是被冠以"自媒体"之名的社交化媒体。河南财经政法大学的陈海峰博士就以自媒体行业作为出发点，以突出的社会洞察能力剖析了"治理"面临的困局以及可能性的解决之道。当然，从"人人都有麦克风"的自媒体勃兴，到像六神磊磊、同道大叔这些"大号"的机构媒体转型，再到平台媒体的"头部化"趋势，无疑都会进一步对该领域的研究者提出挑战。

始自 2014 年的"媒体融合"国家战略，推动了一大批传统意义上的主流媒体迅速占领互联网（如人民日报社全媒体矩阵的推出，新闻联播入驻抖音）。同时，在传播话语的层面上，主流媒体也以自己的叙事方式、媒介镜像做出引导、规范，乃至收编。尤砺锋、陈佩佩两位硕士研究生就抓住电子游戏这一独特的媒介产品，通过考察《光明日报》在 21 世纪近 20 年的报道中的态度倾向、内容类型等，很好地呈现了时代变迁过程中的"爱恨交织"。

一如所见，新媒体传播研究领域不仅可以关涉多多，而且完全能够容纳不同的倾向。如果我们将自己设定为"夏宜楼的千里镜"（黄旦，2019），就可能看到在这一领域内部的合纵连横、辩难诘责。换言之，这是一个布尔迪厄笔下的"场域"。布尔迪厄说过，物体越具有能量，就越能使其周围的空间变形。一个在场域中非常强大的作用物（agent），能够使整个空间变形，迫使其他空间围绕其而进行组织（布尔迪厄，2000）。略作延伸，如果我们承认对新媒体传播研究领域在拓展传播理论，甚至构建传播理论体系上有所期待，如果我们寄望新媒体传播研究领域能够更好地观照诸般现象迭代，甚而指导实践层面的"治理"或产业推进，那么，对于作为一个场域的新媒体传播研究，或许更愿意看到其间的冲突与分歧、讨论与商榷、经验与洞察，一言以蔽之，多元知识的生产。

洪长晖（上海大学新闻传播学院副教授）

社交媒体时代粉丝社群的斗争剧目、数据游戏和情感制造

——以周杰伦和蔡徐坤的粉丝大战为例

王淑华 *

（浙江传媒学院新闻与传播学院　浙江杭州　310018）

内容摘要： 本文以周杰伦和蔡徐坤的粉丝大战为例，探讨社交媒体时代粉丝社群的斗争剧目、数据游戏和情感制造。研究发现，除粉丝社群严谨的组织分工外，丰富而具有针对性的斗争剧目是决定粉丝大战成败的重要因素；在以数据为主要资本的社交媒体场域中，粉丝在自我规训下承认游戏规则的合法性并遵循之，参与赶工游戏、相互竞争，以获取场域中的最佳位置，然而在数据幻象下的无酬情感劳动，只能制造出冷冰冰、程序化的流水线情感，相对的，创造性的情感表达才更真实、更真诚，使情感共鸣更具扩散性和连接力。

关键词： 斗争剧目；场域；赶工游戏；情感劳动；情感制造

2019 年 7 月中下旬，在社交媒体上掀起了一场超话粉丝大战。事情源于 2019 年 7 月 16 日一位小姑娘在豆瓣"自由吃瓜基地"上发布一条题为"周杰伦微博数据这么差，为什么演唱会门票还难买啊"的帖子（目前该帖已被删除）："我一直看到有人说他票难买，但是我查了查，他微博超话排名都上不了，官宣代言什么，转发评论都没破万。演唱会一般都是粉丝去看，他粉丝真这么多吗？……"这条帖子引起了周杰伦粉丝的众怒："你可以说他胖，

---

* 作者简介：王淑华（1980—），女，汉族，浙江义乌人，博士，浙江传媒学院新闻与传播学院副教授，硕士生导师，研究方向：传播与社会、网络公共性、新媒体研究等。

不能说他没粉丝！你可以说他老，不能说他没数据！""中年朋友们，紧急集合！快去微博超话参战！"号召之下，周杰伦粉丝们纷纷加入超话，把冲到超话排名第一作为奋斗目标，于是一直位居超话第一的蔡徐坤自然而然地成为他们的竞争目标，由此，一个非周杰伦和蔡徐坤粉丝的"路人"的帖子引发了一场周杰伦和蔡徐坤粉丝的超话大战。在接下来的几天里，两队粉丝短兵相接，各显神通，直到 7 月 21 日凌晨 0：30，周杰伦新浪微博超话登顶第一，影响力破亿，这场战争才得以收尾。

有人说，在这场数据之战中，周杰伦夕阳红粉丝战胜了以 Z 世代为主要年轻歌手蔡徐坤的粉丝，有人称这是一场经典音乐作品和流量之战，也有人说这是一场 80、90 后对 95、00 后的代际战争，无论何种表达都以"战争"或者"斗争"称呼之。对周杰伦粉丝来说，这是一场介入不熟悉的超话领域的夺权斗争，而作为蔡徐坤粉丝来说，这是一场抵御不速之客，保卫自己排名第一的夺权斗争。无论对哪一方而言，都试图通过上演不同的斗争剧目，传达一个信息，即让偶像及其粉丝社群走进当代大众流行文化的主流舞台。在这场粉丝运动中，为赢得超话第一，双方都采用了什么样的斗争剧目？在社交媒体的超话场域中，数据与资本之间有何关系，粉丝社群为获取更多权力如何展开竞争，而他们基于情感的数据劳动又会受到何种因素影响？在数据时代，他们以何种方式来表达自己对偶像的情感？本文试从查尔斯·蒂利（Charles Tilly）的斗争剧目理论着手，结合场域理论和情感劳动理论探讨周杰伦和蔡徐坤的粉丝大战的斗争剧目，分析社交媒体时代粉丝社群为偶像做数据，争夺超话榜单的情感劳动实践及其受到的场域规训，最后探讨数据幻象下粉丝社群对偶像的情感制造式表达和情感创造式表达的特点。

一、"以偶像之名"：决战微博的粉丝社群斗争剧目

在蒂利看来，社会运动包括三个要素：运动、斗争剧目形式以及 WUNC 展示。首先，必须确认这是场运动，即不间断地、有组织地、公开地向目标当局提出群体性的诉求。其次，在社会运动中采用随机或者随机组合的各种剧目形式，如：散步、聚集、游行、示威、占领公共场所、设立纠察线、堵塞道路、公共集会、派遣代表、在公共媒体发表声明、请愿进行公投、写信、发行小册子、院外游说，以及组建专项协会、联盟或联合阵线等。最后，参与者拥有协同一致的 WUNC 展示，即价值（worthinesss）、统一（unity）、

规模（numbers）以及参与者和支持者所做的奉献（commitment）。① 他指出，三个要素整合统一，融为一体，才能产生普遍而持久的权力，人民通过这种方式能够强有力地表达自己的意愿和价值，会产生改变现状的力量和能力。

　　与现实社会运动不同的是，网络运动以制造和传播符号、图像、话语和声音来动员情感，动员集体行动。② 粉丝社群基于对偶像的情感在网络中迅速集结，很容易形成网络运动。刘海龙指出，粉丝社群将为偶像生活和工作服务看成自己的事业，为向其他粉丝群体炫耀自己的偶像更受欢迎，会建立严密的组织与分工，以便在发动网络战争中占据优势。③ 首先，可以确认的是这场周杰伦和蔡徐坤的粉丝大战是偶然性的粉丝运动，但双方都有组织地、公开地提出了群体性的诉求：自己的偶像是最棒的，要保护好他不被别人欺负。周杰伦的粉丝认为周杰伦可以有数据，有流量，他们努力的目标是获取超话第一名；蔡徐坤的粉丝认为"我们才是这个时代的 Top1，不能让别人抢了第一名"。在这场以偶像之名展开的微博超话对决中，两个粉丝社群既把对方看成竞争对手，也把对方看成政权方。在蔡徐坤粉丝看来，蔡徐坤是新生代明星，知名度没有周杰伦高，是小辈，是权力的弱方；在周杰伦粉丝看来，周杰伦没有微博账号，从来没有进入超话排名，是这个领域的新手，粉丝不懂打榜技能，也不知道如何制造流量，是新手，也是权力的弱方。因此这场争取自己偶像权力的粉丝运动实则是向公众公开表达自身的身份诉求、立场诉求和行动诉求的运动。从身份诉求表达来看，周杰伦的粉丝是 80 后和 90 后，自称中老年夕阳团，蔡徐坤的粉丝是 95 后、00 后，自称新生代。从立场诉求表达来看，周杰伦的粉丝试图向网络公众表明，虽然周杰伦平时不上社交媒体，没有微博账号，不做数据，但只要他愿意，分分钟可以秒杀现在以数据获取关注的流量明星；蔡徐坤的粉丝要向网络公众表明，蔡徐坤很出色，他才是这个时代的第一名，前辈已经不符合时代发展要求了。从行动诉求表达看，双方采取的行动就是争取超级话题的第一名。双方粉丝社群都试图通过这场粉丝大战来确认自己及其偶像的身份认同与社会认同。

　　其次，双方采取了不同的策略即斗争剧目（形式）以获取粉丝大战中更

　　① ［美］查尔斯·蒂利：《政权与斗争剧目》，胡位钧译，上海：上海人民出版社，2012 年，第 62—63 页。

　　② 杨国斌：《多元互动条件下的网络公民行动》，《新闻春秋》，2013 年第 2 期。

　　③ 刘海龙：《像爱护爱豆一样爱国：新媒体与"粉丝民族主义"的诞生》，《现代传播》，2017 年第 4 期。

大的赢面。斗争的剧目形式，即一种地方性的、为人熟知的、在历史中形成的、群体性的诉求伸张活动的表现形式，也是一种在大多数条件下由投身于斗争政治中的人们自行界定和发挥的斗争手段。①社交媒体时代粉丝社群的斗争剧目既参照了传统社会组织和政治运动的斗争形式，也具有网络表达的鲜明特色，善用各种传播符号来动员集体情感。自我表达、标签使用、宣传口号、指导手册以及合作联盟等是本次粉丝大战中双方普遍使用的斗争剧目。

（一）自我表达

周杰伦粉丝以 80 后和 90 后居多，自称中老年夕阳红粉丝团，虽然 80 后尚属中年，但相对于以 95 后和 00 后居多的蔡徐坤粉丝来说，年纪已经很大，因此这种自称是一种自嘲，是表达赶不上现在追星潮流的自我调侃。IKUN是蔡徐坤粉丝团一直在使用的专属名词，"I"意指"爱"，"KUN"指蔡徐坤的"坤"，IKUN 是直接表达爱蔡徐坤的意思。

（二）多标签组合运用

周杰伦粉丝在发微博超话时，会跟上多标签的排列组合，比如＃周杰伦粉丝被迫营业＃、＃大型夕阳红团建现场＃、＃周杰伦需要做数据吗？＃等。蔡徐坤粉丝在发微博超话时，后面会跟上＃蔡徐坤新歌 YONG＃、＃蔡徐坤探索自然力＃等。前者凸显本次大战中粉丝的身份诉求和行动诉求，后者则是为自己的偶像新歌宣传的日常表达，其诉求表达与此次粉丝大战关系不大。

（三）宣传口号

周杰伦粉丝为这次粉丝大战特别制作了一系列有针对性的宣传口号。"你一票我一票，杰伦肯定要出道！你也投我也投，杰伦顶流不用愁！你打榜我打榜，杰伦马上要上榜！你也催我也催，杰伦新专有的追！""你不做我不做，弟弟妹妹笑话我！你不急我不急，鸽王何时发专辑！你偷懒我逃跑，珍珠奶茶喝不饱！你发帖我打榜，业务能力一级棒！你转发我评论，哥哥继续走花路，你挨家我挨户，伦哥地位够稳固！兄弟姐妹们冲鸭！"……宣传口号朗朗上口，声势浩大，诙谐幽默又振奋人心。蔡徐坤的粉丝并没有为粉丝

---

① [美]查尔斯·蒂利：《政权与斗争剧目》，胡位钧译，上海：上海人民出版社，2012年，第1页。

大战特别定制口号，但不停地号召大家守住分数往前冲，于是经常出现诸如"大家一定要守住""最后两天绝对不能懈怠！""大家冲鸭"之类的口号，防守甚于攻击，被动多于主动。

（四）指导手册

大部分周杰伦粉丝是微博菜鸟，对超话一无所知，需要很多指导，于是粉丝中出现了"保姆级"的指导手册，传授大家什么是超话，怎么轮博、做任务、打榜，在发微博时也不时出现诸如"必须带话题评论才有积分，直接复制这条去评论，一定要带话题！评论也带！"的提醒。有粉丝还制作了流程图，手把手传授领分捐分的操作过程，满满的诚意让很多不涉足超话的粉丝都感动地拿起手机来支持，一些老年粉还把老人机换成智能机，和年轻人学习，从零开始学做数据，然后把数据全部无私贡献给了周杰伦超话。相比之下，蔡徐坤粉丝的指导手册更为高阶，打榜是他们的日常工作，一直以来他们都保持超话第一名，已经积累了丰富的经验，他们日积月累，每天囤分、每个粉丝都有好几个小号做任务领积分，更有应急策略，面对这次突如其来的斗争，粉丝社群从长线考虑，指导大家如何理性抛分，如何采用技巧牢牢压制住第二名。在这种策略之下，在很长一段时间内蔡徐坤的数据一直都控制着领先周杰伦 10 万分左右。

（五）合作联盟

周杰伦数据反超的一大助力是有联盟支持。在粉丝之战过程中，网上声援周杰伦粉丝者众，其中包括普通路人、明星、网红、球星、游戏公司等，都愿意贡献自己的积分给周杰伦打榜，甚至还有政府部门的官微和大 V 也发言力挺周杰伦，虽然这些联盟贡献的分数并不多，但在舆论造势上胜出不少。相比之下，蔡徐坤是势单力薄，孤军奋战。

最后，无论是周杰伦的粉丝还是蔡徐坤的粉丝在参与的时候都有协同一致的 WUNC 展示，支撑他们坚持到最后一刻。（见下图）

WUNC	周杰伦粉丝	蔡徐坤粉丝
价值（worthinesss）	80、90后中老年群体，有一定经济积累，不混饭圈不懂超话	95后、00后，能为偶像守擂堵上尊严，意志坚强
统一（unity）	散粉纷纷集结，统一的口号和标签，低调行动	统一的组织机构，统一的口号和标签
规模（numbers）	全体粉丝、联盟支持，有声援者	全体粉丝
奉献（commitment）	利用生活工作之余的时间、主动学习做数据，义务分享超话教程	日常做数据，愿意为偶像花大钱，"爱的供养"

表　周杰伦和蔡徐坤粉丝的 WUNC 展示

斗争是因，政权是果。当周杰伦超话赢下微博超级话题明星榜2019年第29周周榜冠军后，这场以偶像为名的粉丝大战落下了帷幕。从斗争剧目和 WUNC 来看，周杰伦粉丝采用的是闪电战的方式，关注的是短期获胜，所以倾其所有力气，一鼓作气，赢得胜局；而蔡徐坤的粉丝采取持久战的方式，关注的是长期可持续发展，因此在斗争剧目中过于保守，再加上对这匹在超话和数据战场上横冲直撞的"黑马"潜力以及支持者力量的估计不足，导致最终败落。可见除组织结构之外，丰富的斗争剧目的上演也是影响粉丝斗争结果的重要因素。根据微博超话的规则，第二周所有数据清零，游戏重新开始，权力争夺战也将重新拉开序幕，斗争剧目需要重新调整，继续上演。

二、"数据很忙"：从流量游戏到赶工游戏的场域规训

无论斗争剧目如何变化，孰胜孰败，在这场粉丝大战中，双方均以数据作为夺权目标，而数据成为现在衡量明星成功与否的重要指标。在大数据时代，社交媒体的发展催生出大量的流量明星，这些明星被称为养成式明星，没有太多作品，只能靠粉丝制造数据和热度，增加曝光率来获得成功，和之前用唱片、销量、演唱会、作品说话不一样的是，用数据说话成为现在明星制造的规则，也成为评估明星价值的最直接标准，怪不得引起战端的那篇帖子里发出这样的疑问："不要骂我啊，我的意思是他粉丝总不会什么也不干吧，超话什么的好歹侧面是流量的证明啊……我不是在质疑他什么，我就是印象里演唱会这些东西要和粉丝挂钩的……因为我看大家专辑销量都差不多，所以就觉得超话排名转评赞也会差不多。"按照这个帖子的意思，现在的明星要

成名，演唱会门票必须与流量挂钩，专辑销量必须与超话排名转评赞挂钩，而所有这些都必须与粉丝挂钩，粉丝不仅不能什么都不做，而是几乎要做全部，甚至比明星本人以及经纪人付出还要多。会做数据成为当前粉丝追星的基本素养，打榜成为他们生活中的日常。在社交媒介时代的粉丝经济推动下，"数据很忙"归根结底意味着流行文化的制造模式从以支持周杰伦为代表的"牛仔很忙"模式转向了保护蔡徐坤的"粉丝很忙"模式，而流行文化的话语的主流斗争空间也已从线下实体社会文化场域转为虚拟的社交媒体场域，微博超话空间则是其中一个权力场。

　　布迪厄指出，场域是位置之间客观关系的网络或构型[①]，它作为围绕特定资本类型或资本组合而组织的结构化空间[②]，是以行动者的关系为主要形式的空间，行动者在场域中的位置与他们在其中的行动与互动关系互为影响的，位置的可移动性意味着等级和权力的存在，因此场域有时候可以称为权力场。而权力场则是各种类型资本之间，或者，更确切地说，行动者之间的力量关系的空间，行动者拥有各种不同类型资本中的一种，能够支配相应的场。大众流行文化明星周杰伦和蔡徐坤到底谁更有名，本不在同一个考核体系和评价圈内，但因为一个帖子，两个明星的粉丝社群进入同一个微博超话场域，追逐超话榜首，周杰伦的粉丝自嘲自己是被迫营业，蔡徐坤的粉丝认为打榜是日常生活的常态，双方铆足了劲开展较量。虽然这是一个虚拟空间，但充满力量，力量的来源或者权力的来源即数据和粉丝的转发评论赞等网络表达等，其中数据成为最大的资本，它既是一种符号资本，也是文化资本，更成为一种经济资本排名，成为形塑偶像分层的关键要素。此外，一些经济资本和文化资本也能转化成数据资本得以实现权力增值。特定资本的价值成为斗争的武器，粉丝社群为获取更多权力，确保或者改变自己在场域中的等级位置，一方面团结合作、同仇敌忾，一方面不断积累、转化资本，以便在和竞争对手斗争中占据有利局势，因此微博超话场域不仅是个关系场，也是个斗争场，资本、权力和位置的确认和流动同时也保持或改变着这个场的整体结构。[③]

————————

　　① P. Bourdieu and Wacquant. *An Invitation to Reflexive sociology*, Chicago: The University of Chicago Press,1992. p.97.

　　② ［美］戴维·斯沃茨：《文化与权力——布尔迪厄的社会学》，陶东风译，上海：上海译文出版社，2006年，第136页。

　　③ ［法］皮埃尔·布尔迪厄：《实践理性：关于行为理论》，谭立德译，北京：生活·读书·新知三联书店，2007年，第38页。

如火如荼进行的粉丝大战使身在其中的粉丝们沉浸在打榜做数据的实践感之中，而在旁人看来这像是一场数据游戏。布尔迪厄指出实践感和游戏感的相似之处在于幻惑（illusion），游戏者参与其中，彼此敌对，对游戏的价值深信不疑。①周杰伦和蔡徐坤的粉丝对数据游戏的价值深信不疑，他们将获取高分、打败对方、荣登超话榜首作为最高目标。蔡徐坤粉丝一直依靠惊人的数据占据权力场的优势位置，曾稳居微博超话排名第一，将第二名稳稳压制住。而当周杰伦的粉丝加入战局之后，懵懵懂懂的中老年夕阳红粉丝，在联盟的声援之下，步步紧逼，后来居上，蔡徐坤一个人的流量游戏就变成了双方你追我赶的"赶工游戏"。赶工游戏原指在艰难和枯燥的工作中注入一些游戏的成分，为工作注入新的意义，使工作显得更加有趣轻松，使工作者忘却工作带来的辛苦和无趣。对于周杰伦的粉丝来说，打榜是一件很好玩的事情，是一次新领域的新尝试，他们充满好奇和新鲜感，眼见数据与竞争对手的差距越来越近，内心产生狂喜的情绪；与此同时，对看热闹的"吃瓜群众"来说，内心深处怀着某种期望地关注数据变动，情绪的兴奋感随之起伏；而联盟声援者加入到游戏中来，成为赶工游戏的一部分，既有参与感和融入感，也增加了游戏的趣味指数和刺激指数。当周杰伦的粉丝在数据制造战中赢得胜利的同时，以上三者均获得了游戏通关的快感。然而，赶工游戏的提出者迈克尔·布若威（Michael Burawoy）指出，赶工游戏的本质是意味着工人同意了垄断资本主义对自己的管理和剥削。②周杰伦和蔡徐坤粉丝们进行的赶工游戏同样也意味着他们承认新浪微博超话制定的规则，同意数据对衡量偶像价值的权威性。可以确认的是，超级话题的制定者新浪微博是驾驭了整个场域最大利益的一方，它始终保有权威，不仅规定了游戏的规则，规定了游戏的合法性③，还能在这场超话大战中获得实在的经济收益，因此在这场数据游戏中，无论斗争剧目怎么精彩，无论哪方粉丝胜出，新浪微博始终是最大赢家。

一方面，场域会对内部行动者的行动具有强制力，无论行动者在其中做什么，都必须遵循场域的规则。哪怕周杰伦的粉丝只是把这次粉丝大战看成

---

① 成伯清：《布尔迪厄的用途》，[法]皮埃尔·布尔迪厄：《科学的社会用途——写给科学场的临床社会学》，刘成富 张艳译，南京：南京大学出版社，2005年，第15页。

② [美]迈克尔·布若威：《制造同意——垄断资本主义劳动过程的变迁》，李荣荣译，北京：商务印书馆，2008年，第67页。

③ [法]皮埃尔·布尔迪厄：《科学的社会用途——写给科学场的临床社会学》，刘成富 张艳译，南京：南京大学出版社，2005年，第33页。

一场游戏，但一旦进入其中也不得不按规矩办事。正如布迪厄所言，作为游戏的场域同样扮演着"一种任意的和人为的社会构成……它按其所是地再现于对其自主地位作出规定的一切——明晰的和特殊的规则、非一般的和有严格界限的空间和时间"。①而另一方面，场域内的行动者无意识中已承认制度中存在的规则的合理性以及必然性，并形成了在场域中生存和适应的习性。习性不仅是一种存在方式，一种身体上的习惯性状态，一种倾向、脾性、资质或者嗜好，还是作为一种组织化行动的结果②，倾向于作为促结构化的结构发挥作用，使行动者默认并且遵从达到目的所必需的程序，并据此确保实践和表象活动是客观地得到"调节"并"合乎规则"，而不是被迫地服从某些规则的结果。③两个粉丝社群集体地、协调一致地打榜行动，即是受到习性的影响。习性使打榜制度保持活力，使数据永葆对偶像和粉丝社群的重要意义，这促使粉丝们周复一周地持续从事做数据的工作。"做数据"成为粉丝经济环境中粉丝社群的一种潜在自我规训。福柯指出，军事规训采用四种技术：制定图表、规定活动、实施操练、为了达到力量的组合而安排"战术"。④意外入场的周杰伦粉丝可能对数据的意义并没有全面的认识，相比之下，每天做数据的蔡徐坤的粉丝每天都在自我规训技术指导下进行数据劳动：制作偶像与竞争对手的数据对比图；规定粉丝每天必须完成的各项工作，督促粉丝做数据为偶像打榜助威；重视微博打榜的时间点；在竞争中采用合理抛分策略打压竞争对手。蔡徐坤的粉丝以极大的热忱和强大的自律精神，生活在数据游戏营造的虚拟环境之中，团结一致，为偶像无私奉献自己的一切。纪律不再仅仅是一种分散肉体，从肉体中榨取时间和积累时间的艺术，而是把单个力量组织起来，以期获得一种高效率的机制。⑤正是在自我规训的高效工作之下，蔡徐坤的粉丝社群能够强大到一直稳稳地坐在微博超话首位，曾蝉联内地榜64周连冠。

一场游戏一场梦，周杰伦的粉丝在打赢这场战争之后，毅然退出了游戏，

① [法]皮埃尔·布迪厄：《实践感》，蒋梓骅译，上海：译林出版社，2003年，第102页。
② P. Bourdiu, *Outline of a Theory of Practice*, Cambridge: Cambridge University Press, 1977, p.214.
③ [法]皮埃尔·布迪厄：《实践感》，蒋梓骅译，上海：译林出版社，2003年，第80—81页。
④ [法]米歇尔·福柯：《规训与惩罚》，刘北成 杨远婴译，北京：生活·读书·新知三联书店，2007年，第188页。
⑤ [法]米歇尔·福柯：《规训与惩罚》，刘北成 杨远婴译，北京：生活·读书·新知三联书店，2007年，第184页。

因为他们的初衷并非盘踞此场域，只为好玩，正如一个粉丝在微博上说的，"全网都知道我们打榜就是图一乐，想要个截图下周就撤"，"杰迷团建，下周不见"，他们看清了这里并非他们的日常战场，而是一场不会进行第二次的数据游戏（周杰伦本人没有微博账号，中老年粉丝团打赢这一战还要通过其他途径通知他）。虽然蔡徐坤粉丝团官微在 7 月 22 日发布声明，表示今后将退出微博各项数据榜单的竞争，将很多资金投入偶像的作品中，但是否真能这么洒脱地离开流量战场，还很难说，毕竟这里是他的主战场。蔡徐坤作为互联网数据"原住明星"，成名之路很长，就目前而言，依靠数据和粉丝是他成名的关键，各种资本的积累在以数据为资本权力的社交媒体场域中仍在进行，现在彻底离场意味着前面的努力前功尽弃，对于他来说，目前已无第二条可以选择的道路。这不仅是他一个人的无奈，也是现在无数流量明星的无奈：已经按下游戏启动键，无论愿不愿意，不得不玩到游戏结束那一刻。

三、如何"简单爱"：数据幻象下的情感制造和情感创造

人民日报官方微博在 7 月 21 日发表的"人民微评：偶像会发光"中提到的："两名艺人各自拥趸的较劲，虽是娱乐'游戏'，却映射了时代征候。这不是代际冲突，更无关价值观断裂，而是一场联合致敬，寻找内心深处的寄托。一个时代有一个时代的偶像，一个群体有一个群体的向往，向美好看齐，夯实审美坐标，岁月就无法带走我们的乡愁和坚守。"[1] 这场战争让我们看到了不同时代的粉丝以不同方式表达对偶像的爱和情感。其实在这场粉丝之战中，周杰伦和蔡徐坤的粉丝有着共同的情感认同：我们只是爱自己的偶像，爱就这么简单。与传统时代的偶像崇拜不同的是，在互联网发展的虚拟时代的数据幻象之下，粉丝对偶像的情感表达发生了变化，这种变化让"简单爱"变得没那么简单。

做数据是互联网时代粉丝表达对偶像感情的一种情感劳动。情感劳动能通过劳动使人感到轻松、舒适、满意或兴奋，以达到生产或调控人的情绪的目的。[2] 粉丝的情感劳动是免费的数字劳动，然而数据是冷冰冰的，在数据包裹之下的赶工游戏成为机械化、标准化和程序式的流水线工作，其中看不到

① 《人民微评：偶像会发光》，人民日报新浪官微，2019 年 07 月 21 日 18:35，https://weibo.com/rmrb?refer_flag=1001030103_&is_hot=1。
② Michael Hardt, Antonio Negri, Empire, Cambridge: Harvard University Press, 2001, pp.292-293.

感情的流动。无论是将经济现象、社会现象还是文化现象数字化，都将丢失历史的深度、人性的温度和精神的厚度，以至于构成数据幻象。①我们不妨把用做数据的方式表达情感的方式称为"情感制造"或"制造式情感表达"，它指的是粉丝将自己对偶像的情感用数据的方式体现出来，用数据说话，用流量说话，对数据的盲目追求隐藏了对偶像情感的自主、真实表达，导致了数据生产中的"情感隐形"。情感制造强化了数据制造的过程和作用，弱化甚至排除了粉丝对偶像丰富而真挚的情感成分。数据的复杂使人看不清虚幻和抽象背后的真实内容和真正意义，一切变得模糊不清，包括情感。

相比之下，"情感创造"或"创造性的情感表达"则指粉丝以创造性方式来表达自己对偶像的真情实感，更有人情味，能打动人心。在虚拟空间数据之外的周杰伦粉丝，在日常中没有依靠数据来与偶像互动，而采用创造性的情感表达，使自己与偶像的互动更接近面对面的人际传播，因为面对的是真实的人和现实世界发生的事，使情感表达有了明确的对象和目标，情感指向清晰可辨。对他们来说，打榜做数据是一种另类的爱，是一种不属于自己时代，也不属于周杰伦时代的偶像崇拜方式，他们不留恋、不羡慕、不追随也不认同，周杰伦演唱会"一票难求"才是他们认同的偶像的价值。在这场数据之战中，他们以丰富的情感创造的方式来表达自己对偶像的感情。比如当粉丝大战结束后，不少粉丝发布如下微博："周杰伦你记住，就这一次了哈。以后靠你自己争气，该发专辑发专辑，该开演唱会开演唱会，你的歌迷年纪大了，只想给你花钱，这些数据打榜啥的，搞不懂，你想都不要想有第二次。"（新浪微博，2019年7月21日）这种创造性的情感表达是发自内心的简单表白，像聊天，像自述，也像情感的宣告。表达的爱很简单很纯粹，但是很深刻。

讲故事也是一种真情表白的方式，如英雄联盟游戏用一个温馨的生活小故事说出了自己支持周杰伦的原因：周杰伦的太太昆凌曾经提起过周杰伦晚上打英雄联盟的时候，要帮他煮消夜。玩同一种游戏，过相似的生活，这让众多英雄联盟玩家乃至电竞圈都支持周杰伦。因为共同爱好所以爱，爱如此简单。

挪用既有的话语符号，生产新的话语意义和情感意义，也是情感创造的

① 宁殿霞：《金融化视域中的数据幻象与全球经济不平等——重读〈21世纪资本论〉》，《武汉大学学报（人文科学版）》，2017年第4期。

一种方式。周杰伦的粉丝模仿"蔡徐坤粉丝体"创造了"周杰伦粉丝体",来表达这次数据大战中自己作为周杰伦粉丝的重要情感价值。蔡徐坤粉丝体包括"坤坤没有后台没有公司只有我们,别再让坤坤难过了""ikun加油啊,我们只能为坤坤刷数据了""我们坤坤没公司,没团队,一直孤苦伶仃一个人"……周杰伦粉丝掌握了精细的"承租人"的艺术,在占主导地位的文本中融合入自己的差异内容,[①]用最简单的方式进行挪用和"改装",创造出以下"周杰伦粉丝体":"哥哥只有我们了,公司又给不了哥哥好资源,代言都是品牌方自己找上门,资源全靠哥哥一个人谈下来,公司也没给宣传过,还要奶娱乐圈新人。哥哥又瘦不下来,还上有老下有小,我们不做数据哥哥怎么出圈!"这种改编既是对蔡徐坤粉丝原创性内容的戏谑和反讽,又是对周杰伦"发福""二胎"等日常生活的调侃和关爱。情感的创造性改编,既简单又贴近现实,同时不乏幽默,引起粉丝们的情感共鸣。亨利·詹金斯在《文本盗猎者:电视粉丝与参与式文化》提到,写作作为(电视剧的)粉丝的社会活动,既是个人表达的方式同时也是集体身份的来源,[②]个体与别人分享自己的想法,从中获得粉丝群体的鼓励和赞赏。网络粉丝对原作品内容改写或挪用的社会活动从写作延伸至图片、音频、视频以及多种符号的组合。多元化的挪用、改装、戏谑和反讽等展示了粉丝的群体智慧,反映了交流生活方式的改变,形塑着新的社会话语表达,[③]表达了深厚的情感。

情感制造容易被商业所操控,因为只看见数据看不见人,容易使人陷入非理性的数据追逐中。而情感创造更注重内心的沟通,推崇情感的迸发,理性又不乏激情,宛如充满爱意的粉丝与偶像在面对面地诉说、交流和表白,更为简单、真诚、真实,这种情感能通过网络传播产生扩散性和联结力,形成凝聚人心的力量。

四、结论

本文以周杰伦和蔡徐坤的粉丝大战为例,呈现了在社交媒体时代,除粉丝社群严密的组织分工外,丰富而有针对性的斗争剧目和WUNC也是影响粉

---

① Michel de Certeau, *The Practice of Everyday Life*, translated by Steven Rendall, Berkeley Los Angeles, London: University of California Press, 1988, p.xxii.

② [美]亨利·詹金斯:《文本盗猎者:电视粉丝与参与式文化》,郑熙青译,北京:北京大学出版社,2016年,第147页。

③ 郑满宁:《"戏谑化":社会化媒体中草根话语方式的嬗变研究》,《中国人民大学学报》,2013年第5期。

丝社群网络对战结果的重要因素。在这场粉丝斗争之中，粉丝社群进入超话场域，自觉承认并遵循游戏规则的合法性，将数据视作竞相争夺和不断积累的最大资本，以便在竞争中占据有利位置。然而无论采用何种斗争剧目，无论是把它当成一场游戏还是日常工作，粉丝实践的本质都是追逐数据和流量的无酬情感劳动和赶工游戏，新浪作为游戏规则制定者、场域最大的权力控制者才是最大赢家。粉丝社群的情感劳动本是一种基于对偶像充满爱意的无私奉献，但做数据带来的是冷冰冰的、流水线的情感制造，复杂的数据让情感处于虚幻的隐形状态，唯有创造式的情感表达才能实现人与人之间真实而真诚、简单而直接的交流，形成情感共鸣和情感合力，产生打动人心的力量。社交媒体下的数据幻象会带给我们什么？粉丝社群面对的应该是活生生的偶像，还是一堆数据？一位网友说的话或许能带给我们深思："百年之后，有人留下的是面孔，有人留下的是数据。"

另一方面，需要注意的是，网络情感的挑动是件非常轻而易举的事情，同时其走向如何将越来越难以预测。这次粉丝之战源自一个不知名的小姑娘的一个帖子，这说明在网络上粉丝的情绪燃点很低，没有大 V 声援号召，只因普通粉丝"不争馒头争口气"的零星情绪火苗，就瞬间点燃了熊熊燃烧的舆论大火。本是两大粉丝社群的对决，却不断刺激着众多吃瓜群众的围观和参与热情，这说明网民的情绪燃点不仅低，而且扩散性强，燎原速度非常快。因此，对网络情感的关注应该是未来网络舆情监控的一大重点，一个不经意的细节可能引发情感爆炸式的网络舆论和网络运动。如果没有办法预测网络舆情如何发生，那么了解网络运动过程中的斗争剧目和群体 WUNC 的特点，对分析、掌控可能存在的舆情风险将有所帮助。

智能传播时代自媒体治理的四大困局及出路

陈海峰 *

（河南财经政法大学文化传播学院　河南郑州　450046）

摘　要：相对于前几年，自媒体治理的大环境已经发生了深刻的变化：一是资本介入使自媒体内容生产和传播从自发走向自觉，流量经济模式开始主宰自媒体行业；二是从大众传媒到互联网时代，信息传播基本模式发生根本性变化，从而导致传统的治理方式和效果的低效。在智能传播时代，自媒体治理工作在深层次上存在着自由表达与内容失范、全民内容创业与流量经济"原罪"、企业自主经营与公共利益平衡、技术中立与价值有涉等四对矛盾关系。我们对自媒体治理的方向性建议包括建立自媒体自律联盟、提升公民媒介素养和明确自媒体治理方向和框架以及政府功能等。

关键词：自媒体　智能传播　社交媒体　治理

一、研究概述

2019 年初，知名自媒体"咪蒙"注销了旗下的两个微信公众账号，同时其他社交媒体平台上的账号亦被封禁。自媒体行业何去何从再次成为行业乃至全社会关注的话题。一方面，自媒体作为大众表达渠道和知识创新平台而不可或缺；另一方面自媒体内容参差不齐，出现了大量的低俗炒作、标题党甚至侵犯人格权、知识产权等问题。随着自媒体行业自身发展与社会环境变化，自媒体治理问题也不断升级变异。本研究将对智能传播背景下的自媒体治理问题做简要分析和探讨。

"治理"是政治学概念，自媒体治理属于社会治理和互联网治理的一部分。

---

　　* 作者简介：陈海峰（1980—），男，河南叶县人。河南财经政法大学讲师，新闻学博士，研究方向：新媒体、政治传播。

目前学界关于自媒体治理的研究主要包括在以下几个方面：一是自媒体侵权研究方向，包括洗稿、抄袭相关的版权问题以及自媒体侵犯名誉权、隐私权等人格权问题；二是自媒体舆情舆论治理研究方向；三是自媒体治理架构和策略的研究。本研究侧重于整体上研究自媒体治理问题，与第三个研究方向一致。胡泳教授认为应该从政府、自媒体平台、社会和公民个人四个层面建立多维立体的分层治理体系，不同层次的治理主体承担不同的治理功能。[①] 王丽娜和肖燕雄提出了"堕距"概念，用以解释当前自媒体治理方式与快速发展的信息技术和自媒体技术之间的错位关系，长期来看政府运动式的自媒体治理方式是延迟的、低效的，甚至会消耗政府公信力[②]。刘宁分析了当前自媒体治理中困境，倡导采用"软法治理"路径进行治理，即强化行业组织的治理功能[③]。现代治理理论认为，治理并非政府管理的同义词，而是包含着有共同目标、多方参与、协调互动的含义[④]。治理理论的隐含前提是对各方主体的尊重，对相关议题所涉及的各种价值的平衡和保护。针对自媒体行业而言，治理主体往往也是治理的对象，同时也涉及了国家、社会和个人多方的利益。所以自媒体治理不仅包含更加完备的法律法规这种硬治理，更要充分调动相关主体参与治理过程中来。不仅要明确自媒体传播的规范，更要通过多方协调互动形成多方一致同意并遵守的规范。在此理念前提下，本研究将首先分析自媒体运行逻辑以及当前传播格局的根本性变化，然后提出自媒体治理中的四大困局。所谓"困局"，并不是需要消除的问题，而是自媒体治理中必须考虑四个基本议题或关系。最后针对自媒体治理提出方向性的建议。

二、自媒体治理环境的新变化

（一）资本介入促使自媒体内容生产和传播从自发走向自觉

自媒体内容失范问题一直都存在，较"咪蒙"更早一些的自媒体大号"二更食堂""暴走漫画"也都因发布不当内容而被封号。其实，社交媒体平台上的奇谈怪论、骂战攻讦甚至谎言流传都属正常现象，像微博、微信这样的超

---

① 刘文帅：《构建我国自媒体分层治理体系》，《青年记者》，2018 年第 13 期.

② 王丽娜、肖燕雄：《自媒体发展与政府运动式治理转型》，《新闻界》，2016 年第 16 期.

③ 刘宁：《自媒体治理的软法路径》，《荆楚学刊》，2018 年第 6 期.

④ Smouts.C, The Proper Use of Governance in International Relations, *International Social Science Journal*,1998(1),pp.81-89.

级舆论场都是社会公众的减压阀和出气筒。然而曾几何时，自媒体在资本力量的左右下迅速完成了从草根阶层表达渠道到舆论生意的转变。一大批人以"自媒体创业"的方式加入到了自媒体传播的行业，"做号""10 万 +""标题党"成了他们工作的主要内容。从自发的意见表达到以流量为目的舆论生意，自媒体传播逻辑发生了根本的变化。

以新浪微博为例，社交媒体在其快速成长期体现的主要是媒体属性和社交属性，主要体现了解放大众表达交流欲望的价值。而微博的商业价值并没有得到释放，早期新浪微博的盈利模式一直是其经营者苦苦探索的问题。后来，微信开放微信公众平台的尝试为社交媒体开启了商业发展的大门，普通用户就可以注册微信公众号传播信息，并根据流量规模（阅读量、评论量）等获取收益。可以说，运营微信公众号为每个人都提供了通过运营一家媒体进行获利的机会。随即，诸多互联网公司纷纷投资试水，"头条号""百家号""一点号"等一时间蜂拥而至。

门槛低又能赚外快，不少人加入到了自媒体运营者队伍，运营各种平台的自媒体账号成为一种风潮。仅微信公众账号，2017 年就超过 2000 万个。自媒体运营收益与阅读量、评论量直接挂钩，流量基本成为唯一的追求。所以，大量自媒体账号为吸引用户眼球制作传播了大量有违公序良俗的内容。随着内容创业的爆炸式发展，流量经济模式的弊端更加突出。仅"江歌案"中一周（2017 年 11 月 9 日至 2017 年 11 月 15 日）内累积发文 4348 篇，阅读量 4265 万，诞生了 146 篇"10 万 +"。自媒体借"江歌案"狂轰滥炸，将互联网舆论从高潮推向高潮，其目的只有一个——流量。这种"10 万 +"文章被网友们称为"带血的混沌"。2018 年初一位青年创业者自杀，前央视媒体人王利芬因在其自媒体账号一篇主题相关推文首次达到"10 万 +"而在其个人微博上表达了"高兴"之情，此举遭到众多网友的批评。可以说，这种"高兴"完全是流量经济逻辑左右下的价值观的真实写照。

简言之，资本的介入使原本属于自由表达渠道的自媒体变成了一门生意。内容本身变得不再重要，内容所带来的流量才是真正的目标。与此同时，各大社交媒体平台都已采用人工智能算法来分发信息，这在相当程度上影响了自媒体内容的生产和传播。因此，自媒体治理的大环境已发生了深刻的变化，在新条件下探讨自媒体治理问题显得十分有必要。

（二）互联网传播基本逻辑变化导致既有规制效力弱化

自媒体传播乱象最直接的表现就是出现有悖公序良俗的内容，一方面是自媒体账号主体制作并上传了有害内容，另一方面平台方监管不到位才出现此种情况。以2018年初的"儿童邪典视频"①为例，直接原因是视频网站监管不力所致，再加上搜索机制和智能推荐方式也存在技术漏洞造成的。但按逻辑讲，更直接责任方应该是制作者和上传者。为什么这些毒害儿童的内容能够轻而易举地被传到视频网站呢？当我们将此问题置于传统媒体时代时就会发现，最为根本的原因是互联网赋权普罗大众，人人获取了向社会喊话的麦克风所致。信息传播格局发生巨大变化，内容规管的逻辑也随之发生变化。

所谓信息传播格局巨变，指的是在互联网技术的推动下，信息的生产和传播的主动权开始从专业化的传媒组织向社交媒体平台转移——即使没有完全转移，大众传媒信息传播的垄断性地位也已经被打破。这中间最深刻的变化就是传播主体的变化，即所谓的互联网传播去中心化的趋势。从大众传媒到互联网传播，这不仅仅意味着基本传播范式的变革，也意味着相应的规范体系也面临着调整。在笔者看来，信息传播格局变化导致传统的政府规制效力减弱，出现了"失效"和"失控"双重结果②。

在专业化媒介组织垄断信息生产传播的传统媒体时代，政府具体通过准入资格、人员、财政和日常业务指导来规管媒体组织本身，进而达到调控信息流通和舆论导向的效果。然而进入社交媒体时代后，信息生产和传播的主动权在一定程度上从大众传媒组织向普罗大众转移，有相当规模的信息通过非媒介组织（社交媒体平台）生产和传播，因此通过规管媒介组织实现规管信息的既有路径在相当程度上失去效果了。此即所谓的"失效"。

"失控"则描述的是社交媒体平台信息生产传播的状况。在生产和传播机制上，大众传媒和社交媒体是截然不同的。我们知道，最终通过大众传媒传播的信息是经过重重把关"精心挑选"出来的信息，对此李普曼将新闻反映

---

① 2018年1月中下旬，被称为"儿童邪典视频"的一批视频在多个网站传播并引起了公众的强烈关注。此类视频或恶劣篡改经典动画片，或以儿童游戏为幌子，传播的却是暴力、血腥、恐怖和色情内容。不少家长被这些披着温馨可爱外衣的有害视频所蒙蔽，同时也为其毫无阻碍地进入儿童的视野而震惊。国内多家视频网站随即删除了此类视频，政府有关部门也对相关制作方进行查处。"儿童邪典视频"源自国外，2017年经媒体曝光后被 YouTube 大量删除，然而时隔不久竟大规模出现在我国视频网站上。

② 陈海峰：《从自媒体把关模式看舆论管理》，《新闻前哨》，2014年第8期.

的事实比喻为探照灯照到的现实世界某一角落的说法已非常精当①。而社交媒体的生产传播的机制则是完全相反的，社交媒体用户发布的大量信息中，只有那些违背社会公序良俗的信息才被禁止，绝大部分的信息的传播都是畅通无阻。此即所谓的"失控"。自媒体有害内容传播就是在上述传播格局发生根本性转变的时代背景下发生的，传统的信息规管方式的"失效"和"失控"是该问题产生的根本性原因。

三、自媒体治理的四大困局

社交媒体不断迭代更新，从微博、微信到今日头条、知乎等，社交媒体一直都是信息传播格局中最为火爆也最为无序的信息平台。政府部门陆续出台了规管社交媒体的一系列规定，同时宣传管理部门也有针对性地开展了整治活动，社交媒体传播混乱局面有所改观。但是社交媒体传播中存在几个固有矛盾并没有得到根本解决。笔者认为，在规管层面需要平衡好以下四对关系。

（一）自由表达与内容失范

自由表达与传播内容失范之间的关系问题是个老话题，在社交媒体时代得到了延续和放大。互联网改变了民间意见一向表达不舒畅的状况，尤其是社交媒体为每个人向社会喊话的麦克风。然而由于信息素养比较欠缺，民意表达很快从失语状态到了失控状态。在短暂的爆发之后，杂乱无序的意见表达受到了政府和舆论管理机构的针对性规管。如果民意表达无法走上文明理性的正轨，可能会引发政府规制的进一步紧缩。尤其是法律法规层面的规制一旦确立就很难更改，不断的累加之后可能对正常的意见表达形成消极的影响，最终受影响的是整个国家和社会。

社交媒体从技术层面对公众进行赋权，其最大价值在于为公众提供了可操作的自由表达的权利。自由表达与内容失范之间的矛盾，实质上是抽象意义的权利和实质结果之间形成的冲突。有研究者提出了"法律理论、道德主题"的理念，来解决社交媒体自由表达与内容失范的问题②。此理念强调对自媒体的规制要体现道德化的倾向，要将法律法规对通过社交媒体进行规管转

---

① 沃尔特·李普曼：《舆论学》，林珊译，北京：华夏出版社，1989年，第240页.
② 蔡斐：《自媒体规制中法律与伦理关系探析》，《当代传播》，2012年第5期.

化为用户源自内心的自发遵守。除了在宪法框架下对违法犯罪行为进行法律追究外，对自媒体的规制应该以建设"自由、平等、自律、诚信、互相尊重的伦理体系和行为范式"为核心。

笔者十分赞同这种理念，但在操作层面可能需要一个长期和复杂的过程。本文认为，不能因表达混乱的实质结果而否定自由表达的权利，也不能任由不当内容肆意传播，关键在于度，在于平衡。这需要三个主体的共同努力。一是管理部门需要有足够的耐心，减少运动式的整治活动，代之以稳定清晰的规制边界，明确好网民的权利和义务。二是公众形成克制理性的表达习惯，现实生活中的伦理规范在社交媒体平台同样适用。三是社交媒体平台及相关自媒体组织应及早确立行业规范，成立自律协会，以自律换自由。

（二）全民内容创业与流量经济"原罪"

如果说山崩海啸式的意见表达，是社交媒体解放中国人嘴巴的表现的话，那么当下正火爆的内容创业、知识生产则为有能力者和愿意付出劳动的人提供了收获成就感和物质收益的机会。从豆瓣到知乎，从微信公众号到今日头条号、百家号、一点号、喜马拉雅 FM 以及各种直播平台等，社交媒体正在改变知识乃至普通信息的生产模式。不管是罗振宇、咪蒙等原本名不见经传的媒体人，还是各种默默无名草根人士，都通过社交媒体公众平台以内容创业的方式实现了自我价值。内容创业为草根阶层提供了一种可操作的想象，不管是为了宣泄还是营利，更新微信公众号已成为普通人的日常生活。

毫无疑问，通过社交媒体进行内容创业与国家提倡的"大众创业、万众创新"理念是一致的，在诸多层面都有其显著的积极意义。首先，对于知识创新和积累十分有益，就像现在，我们打开微信公众号能够免费阅读大量优质的知识内容。其次，作为知识经济的一种形式，为国民经济贡献了相当力量。早在 2017 年业内人士就认为内容创业的市场规模已经达到了千亿级。然而社交媒体全民内容创业也带来相当多的问题，在规制层面提出了许多挑战。第一个就是版权问题。自媒体平台侵权现象非常普遍，Chinabyte2016 年自媒体行业版权报告显示，超过六成的自媒体运营者都遭遇过侵权。而有组织大规模的"洗稿"现象更是让原创者深恶痛绝，这种专业化的抄袭行为大大增加维权的难度。第二个是流量经济模式所带来的种种弊端。自媒体唯流量是从的经营逻辑，在内容生产导致了一系列问题。上文已做论述，在此不再赘言。其实，如果与大众传媒中的报纸类比的话，绝大多数经营逻辑仍停留在以规模取胜的"大众报纸"，很少有影响力为诉求的自媒体。当然两者有巨大差异，不可简单由此推彼。

（三）企业自主经营与公共利益

目前主流的社交媒体平台都属于企业性质的，"赚更多的钱"是天经地义的事情，所以计算机工程师的算法逻辑里只考虑如何获得更多的流量和用户。今日头条创始人张一鸣也曾公开表示今日头条不是媒体而是一家计算机技术公司，因此不承担传播价值观的责任。然而我们知道，社交媒体传播的是信息，是大众的意见和情绪。社交媒体传播的对象是所有的用户，这些信息会影响到每个人。毫无疑问，这不仅仅是企业赚钱的事情，也关乎公共利益。这就是经济学里所谓的"外部性"现象。

如果我们稍微回顾一下大众传媒的发展历史，也会发现类似的情况。大众传媒业比较发达的欧美国家，其报刊虽多为私人企业性质，但都有一套严整的行业规范体系对其进行约束。对于影响力更为强大的广播电视类媒介，以英国为代表的公共广播体制则从制度层面确保广播电视媒介服务于公共利益。当下的社交媒体亦如此，其商业属性自不能否认，但相应的在媒体属性的行业规范、伦理原则都是空白。除了法律法规，社交媒体的行业规范、自律准则亟待建设。

社交媒体的自主经营所产生的外部性的影响不仅体现在社会层面也体现在国家层面。社交媒体成为信息交换的主流平台，对舆论管理和意识形态安全也提出了两个层面的挑战。一是自媒体内容生产与自由表达权利之间的平衡问题，上文已做阐释不再赘述。二是私人企业掌控管理社交媒体平台，实际上对原有的传媒体制形成了冲击。我国传媒有严格的准入机制，而现在申请一个自媒体账号就基本实现了办媒体的效果。同时，包括传统媒体在内的各级各类公共机构组织都在微博、微信平台上开办账号，而新浪、腾讯成了管理机构。这其中的意识形态安全问题不得不考虑。2016年东方网下属的微信账号被封号引发的"徐世平致马化腾公开信"事件，在一定程度上反映了这样的问题。互联网办社交媒体的现实可能无法改变，但由此产生的舆论管理和意识形态安全隐忧，是在政府规制层面需要考虑的问题。

彭兰教授曾提出过在智能传播中如何体现人的价值的问题，因为算法是人设定的，人的价值观念会体现在算法里①。在算法大行其道的时代，更需要人来评判算法的得失，这就是人的价值。Facebook 采用的算法，由于在美国大选中对假新闻的传播起到推波助澜的作用，而遭到了批评。于是 Facebook 就启用了人工编辑，人工介入进行纠偏，人的价值得到了体现。这就是算法的"算法"，应该把公共利益考虑在内。

（四）技术中立与价值有涉

目前，新一代的社交媒体平台往往是按个性信息算法方式向相关用户推送相关的内容。具体来讲有三种推荐方式②。一是按照用户浏览痕迹总结用户画像，并以此向用户推荐相关内容。二是协同过滤推荐，即向用户推荐同类用户浏览的内容。三是单因子推荐方式，即按照阅读量、转发量等标准向用户进行推荐。多数平台公司都是混合这几种方式向用户提供个性化的信息服务。

无论采用何种算法，平台的算法的逻辑都是获得更多的注意力，获得更多的用户。这是一种类似流量经济的逻辑，是一种纯商业的考虑。然而如同我们上文所言，社交媒体平台所"经营"的内容是信息和观点，是一种具有"外部性"的商品（如果真是商品的话）。这和食物、衣服等一般性商品不一样：为用户提供类似的和相关的衣服可以提高服务质量，而总是向用户提供类似和相关的信息是不是合理就需要认真考虑了。

今日头条创始人张一鸣 2016 年在接受《财经》杂志采访时表达过算法没有价值观的理念——在计算机工程师的眼中可能确实如此。但不能否认的是，算法会"造成"价值观，算法延伸出的逻辑会影响用户的价值观。算法工程师的目的是如何获得更多的用户流量，而不会为用户的"健康成长"考虑。所以其所设置算法里并不包含公共利益的逻辑，这就是关于算法的"算法"的问题了。在传播效果层面，此种算法逻辑造成的结果就是布热津斯基所说的"奶头乐"产业盛行，人们沉浸在廉价的快乐里无法自拔。所以，即使满足了大众某种需求的算法，其合理性也是值得考虑的。2017 年以后，政府有关部门连续约谈今日头条、关停内涵段子等行动也表明国家已经不能容忍算法逻辑毫无节制的放纵了。

① 彭兰：《机器与算法的流行时代，人该怎么办》，《新闻与写作》，2016 年第 12 期.
② 张潇潇：《算法新闻个性化推荐的理念、意义及伦理风险》，《传媒》，2017 年第 11 期。

"算法没有价值观"可以说是一种技术中性论的老调，然而许多研究者对此并不认同。彭兰教授认为，算法很可能以更隐蔽的方式带来偏见和歧视。伊尼斯、麦克卢汉等媒介环境学派学者对技术有深刻的论述，媒介技术对人的认知、社会发展甚至文明类型都有巨大的影响。即使在现实生活中，人们也常常以精辟的语言解释技术（工具）对观念的影响——"如果有一把锤子，在你眼里什么都是钉子。"作为技术的一种表现形式，算法不是中性的。

四、自媒体治理的出路

自媒体治理是一个复杂的问题，它至少纠缠了以上四对关系，因此处理不好就会让某一种甚至多种社会功能和社会价值受损。不能因为传播不良内容而限制自由表达，不能因为经济发展而损害公共利益和国家利益，不能因为满足用户需求而无节制地延长技术逻辑。当然，这些关系反过来依然成立。所以，这是考验我们治理智慧的时刻，每一步都要谨慎。在笔者看来，我们需要从以下几个方面进行考虑。

第一是建立自媒体自律联盟，形成自媒体传播行业规范。从2018年自媒体行业开始进入所谓的"下半场"，然而在笔者看来这种洗牌主要是市场主导下的淘汰与创新、合并与重组，是资本逐利的体现。从行业发展的角度来讲，建立自媒体联盟，形成正能量导向的自媒体传播规范，才是实现良性发展的正确途径。毕竟自媒体传播的外部性非常强大，并不简单是万众创业、企业盈利的问题。同时，自媒体行业通过行业自律规范自身行为不但不会影响自媒体盈利，而且还会因为向社会提供优质内容而活力更多。自媒体行业强化自我规范是通过自律换自由的一种体现，如果自媒体通过试探政府管理底线的方式寻求更高的流量，只会导致相关法律法规不断收缩，最终形成作茧自缚的后果。所以，自媒体的自律就是自保、自爱与自我发展。

第二是提升公民媒介素养，建设公共传播的公共性。后真相传播时代公民媒介素养并非一个虚幻抽象的理论概念，而是一项实实在在、全民参与的伟大事业。尤其是了解互联网信息传播、了解社交媒体传播机制非常必要。社交媒体让所有人既是传播者又是接受者，我们传播的内容最后会以某种形式影响我们自身。所以只有整体提升公民媒介素养，才能形成开放、理性、文明的传播文化，塑造健康有序的公共传播秩序。其实，从"咪蒙"关闭等一系列事件中我们已经能感觉到公众媒介素养的提升，公共传播的公共性已经在觉醒。公共性一直都是大众传媒最重要的价值追求，现如今自媒体内容的生产和传播依然要彰显公共性。

第三是稳定自媒体治理的导向和架构，明确政府管理的功能。在自媒体治理过程中，政府往往成为推动整个工作的主角，而其他主体陷入"被管理"的被动局面。但从治理的角度来看，自媒体治理应该多方参与、充分互动到达共同目标的过程。在笔者看来，政府应该明确一种治理理念和框架，并较为稳定地执行下去。运动式的治理往往过粗过硬过猛，短期效应明显。笔者认为政府在自媒体治理的功能和角色应该主要体现在框架和方向性质的，具体包括制定完善法律法规保障公民和企业的权利，保障社会公共利益和意识形态安全底线。自媒体治理是一项复杂的系统工程，需要多方充分的沟通、足够的耐心和智慧。

主流媒体中电子游戏的媒介镜像

——以《光明日报》游戏报道框架分析

尤砺锋　　陈佩佩*

（浙江传媒学院　　浙江杭州　　310018）

摘　要：据伽马数据的报告显示，2019 年中国游戏市场实际销售收入预计将超过 2300 亿元，随着 5G 技术的到来，用户数量增多和云游戏这一形式的完善，将会为移动电子竞技注入新的活力。本文通过对《光明日报》2000 年以来对游戏的报道共 223 篇文本展开话语分析，试图梳理游戏在中国社会当中进入、流行到最终被主流社会正视与接纳的过程，反映了游戏报道的变化与倾向。并试图分析报道背后主流社会对游戏行业逐渐接纳和融入的过程。

关键词：电子游戏；电子竞技；《光明日报》；媒介镜像

一、引言

2019 年 11 月 10 日，全球知名的电子竞技游戏《英雄联盟》第 9 赛季的全球总决赛在欧洲举办，中国战队 FPX 获得英雄联盟全球总决赛的冠军。根据 Esports Charts 的统计数据显示，S9 总决赛最高同时观看人数超过 370 万人（不含中国地区）。国内直播平台快手也参与了国内比赛的全程直播，据快手统计，比赛期间快手总直播观看人数达到 7200 万。国内外如此庞大的观看人数，足以证明游戏正在被越来越多的人接纳和消费；与此同时，游戏文化与游戏产业的蓬勃生产力也让游戏逐渐成了主流社会中不可忽视的一种文化

---

　　* 作者简介：尤砺锋（1996—）男，江苏泰州人，浙江传媒学院硕士研究生，研究方向：广告与品牌传播；陈佩佩（1996—）女，安徽安庆人，浙江传媒学院硕士研究生，研究方向：新媒体传播。

和生产因素。

《光明日报》是由中宣部直接领导的全国性、综合性日报，主要面向知识界和文化界群体，创办之时就将主要读者定位为广大知识分子，是知识分子相互交流的学术平台。[①]《光明日报》创刊于 1949 年 6 月 16 日，由中国民主同盟创办，现为中共中央宣传部代管。《光明日报》以知识分子作为目标受众，在长期的报道过程中注重教科文卫报道，对互联网和游戏产业也有着长期的跟踪报道。

游戏是一种自愿的活动和消遣，这种活动是在某一固定的时空范围内进行的；其规则是游戏者自由接受的，但又有绝对的约束力；它以自身为目的并伴有一种紧张、愉快的情感以及对它不同于"日常生活"的意识。[②] 本文所包含的电子游戏，则包括以 PC、游戏主机、互联网和手机中由用户主动参与的娱乐活动。电子竞技还是主要以电子游戏为载体[③]，因此本文以"电脑游戏""计算机游戏""电子竞技""电竞""电子游戏""手机游戏""手游""网络游戏"这八个关键词，并按照报道主题与游戏的相关性分为"直接相关"与"非直接相关"。本文通过对《光明日报》2000 年以来与游戏相关的报道进行文本分析，试图了解主流媒体中对电子游戏呈现的媒介镜像。

二、《光明日报》对电子游戏报道的分析

（一）《光明日报》对电子游戏报道的总体特征

从相关报道的文章数量分析，《光明日报》对电子游戏的报道有着明显的时间特征，在 2004—2005 年、2009 年和 2018 年分别达到了高峰。

---

① 郑逸：《框架理论视角下的屠呦呦媒介形象建构》，硕士学位论文，西南交通大学，2017。

② 赫伊律哈：《人：游戏者》，成穷译，贵阳：贵州人民出版社，1998 年，第 34 页。

③ 何威：《电子竞技的相关概念和类型分析》，《体育文化导刊》，2004 年第 5 期。

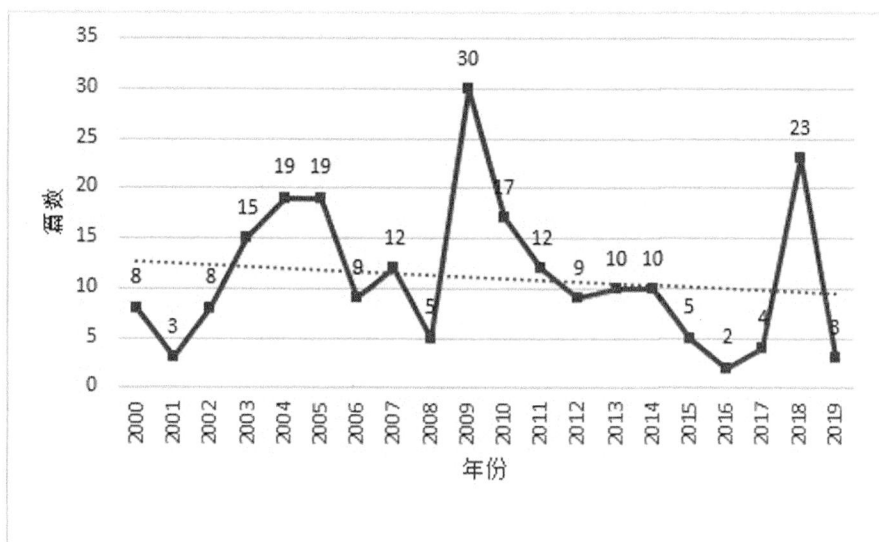

图1　《光明日报》历年电子游戏报道篇数分布

　　从报道国别来看，《光明日报》对于电子游戏的报道主要集中在中国国内的情况，有211篇占比95%，在对国外的报道中美国、比利时都有所关注。

表1　《光明日报》历年电子游戏报道篇数分布

国家	篇数	比例
中国	211	95%
美国	5	2%
比利时	2	1%
其他	5	2%

（二）《光明日报》对电子游戏报道的态度倾向

　　从报道倾向上看，《光明日报》涉及电子游戏的223篇报道中，正面报道37篇，占比17%；负面报道89篇，占比40%；还有97篇呈中性态度，占比43%。

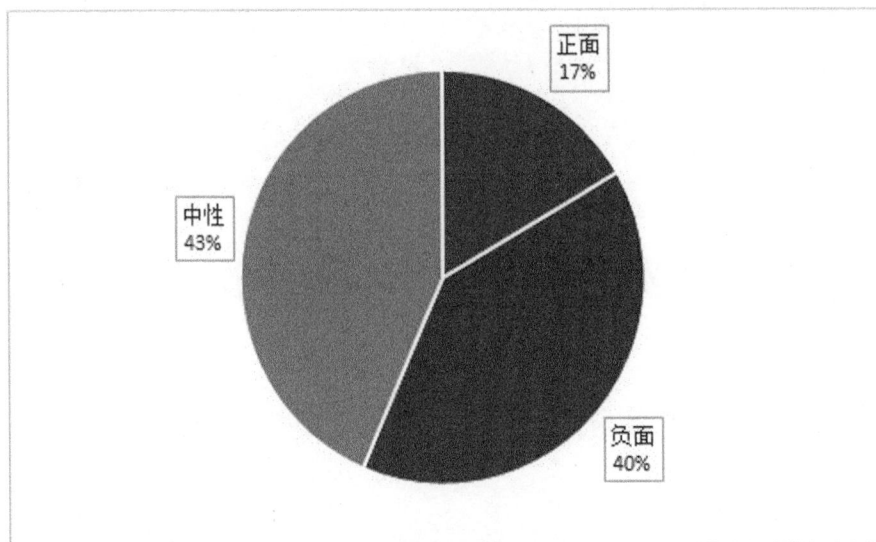

图 2 《光明日报》涉及电子游戏报道的态度倾向

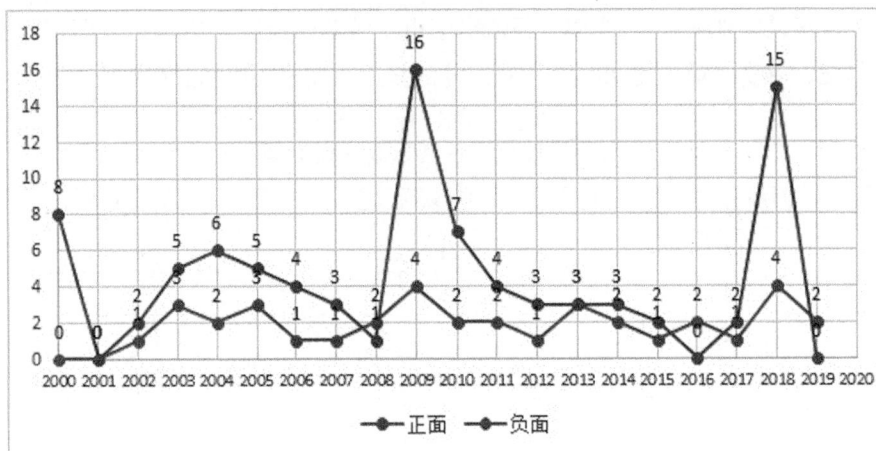

图 3 《光明日报》涉及电子游戏报道的态度倾向的时间分布

从报道的时间分布上来看，2008、2016 和 2019 年至今，《光明日报》对游戏的报道以正面为主，其中 2002 年首次出现正面报道，2008 年首次正面报道超过负面报道。从图中可以看出，目前《光明日报》对电子游戏的报道语境仍以负面为主。

从相关性上来看，在直接相关的报道当中，负面报道达到了 49%，占据了接近一半的比重；而在非直接相关的报道中，中性报道占据 65%。无论是直接相关报道还是非直接相关的报道，对电子游戏的正面报道都是少数，直接相关报道中正面态度（26篇）占17%，非直接相关报道中正面态度（11篇）占17%。

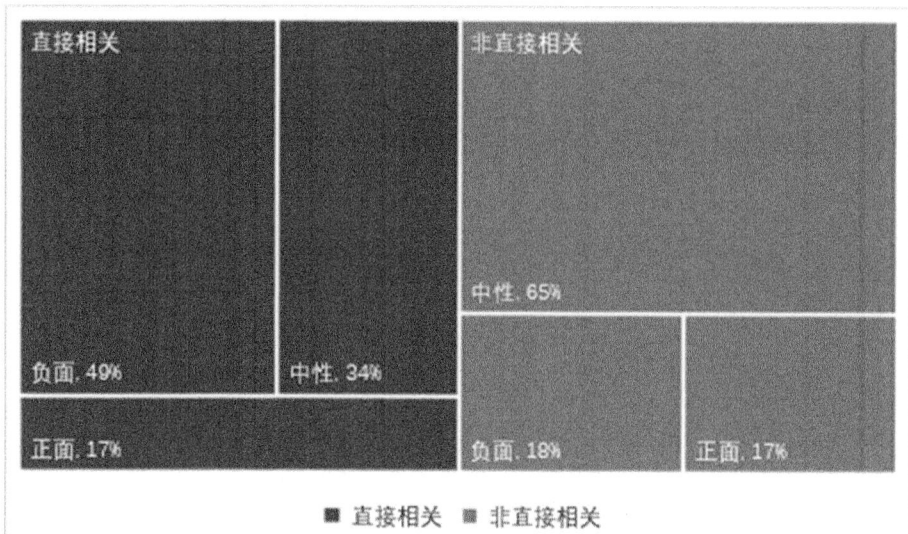

图4 《光明日报》涉及电子游戏报道的相关性态度分布

（三）《光明日报》对电子游戏报道的内容类型

通过关键词检索发现，《光明日报》的报道中"网络游戏"相关报道的数量占据了绝大多数，2001年开始出现每年都占据较大比重；电子竞技在2002年首次被报道，2015年后出现的频率增加，关于电脑游戏／计算机游戏的报道近4年都没有出现。

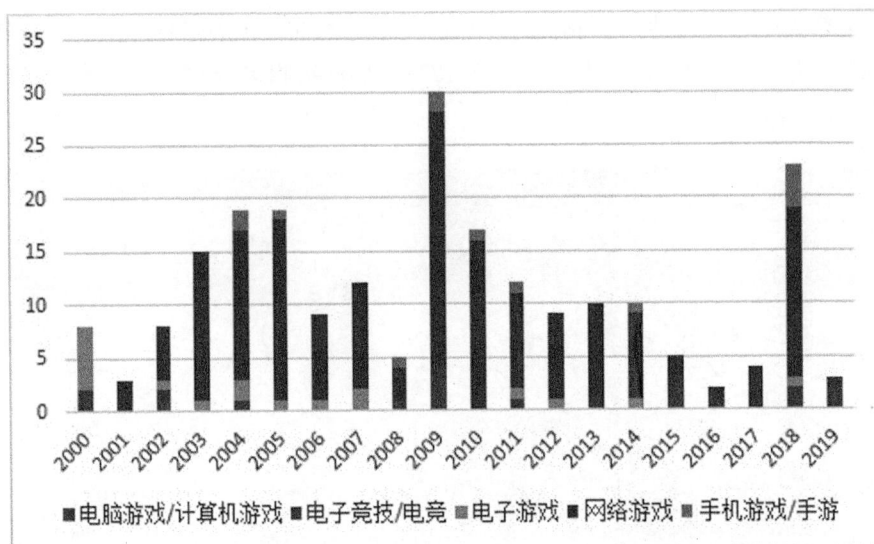

图 5 《光明日报》涉及电子游戏报道的相关性态度分布

在含有关键词"网络游戏"的相关报道中《光明日报》以中性报道（79篇）为主，正面态度（30篇）17%。由此可见，光明日报对网络游戏的态度以中性为主。

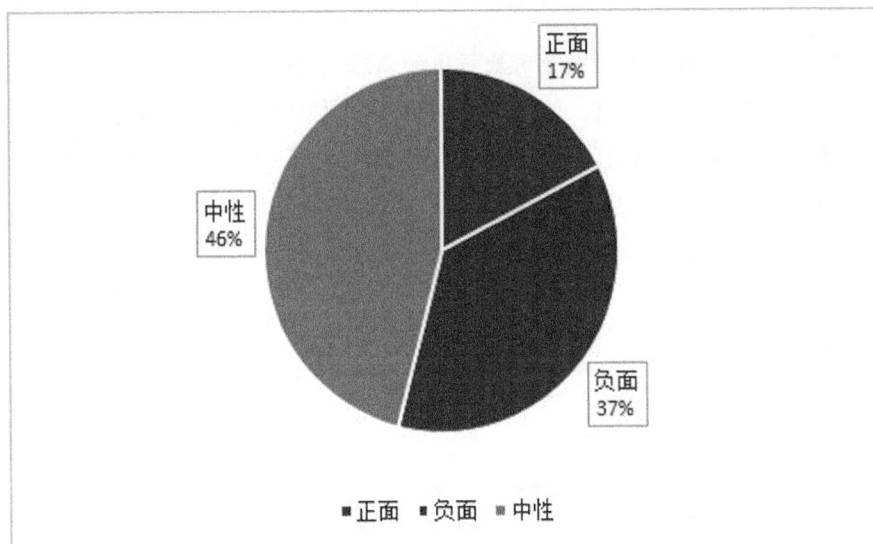

图 6 《光明日报》对"网络游戏"相关报道的态度分布

从报道的类型上看，《光明日报》对于电子游戏管理报道最多，有 61 篇相关报道，占比 27%；电子游戏产业方面的内容有 49 篇，占比 22%；其次为电子游戏的危害，占比 15%，有 33 篇相关报道；还有关于网瘾相关报道 26 篇。此外，对文化产业、电子竞技、教育与计算机技术的报道分别有 22 篇、13 篇、12 篇和 7 篇。

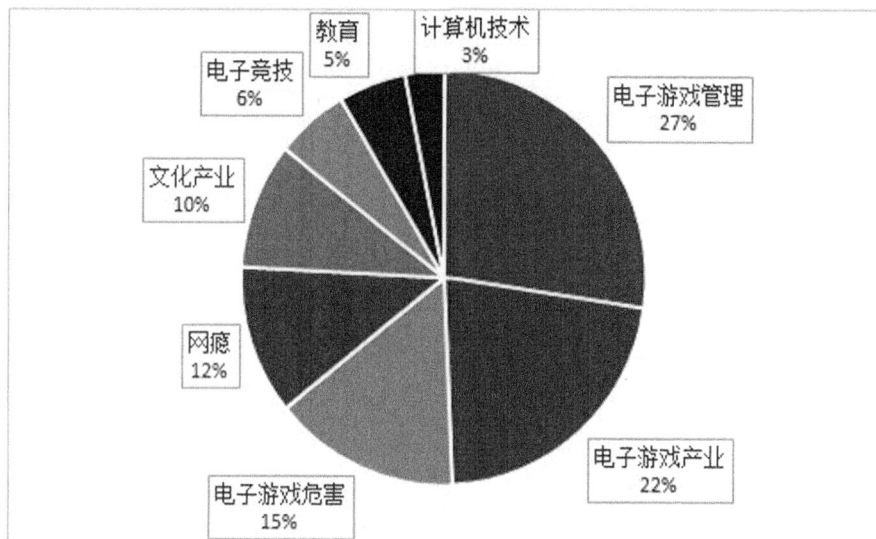

图 7 《光明日报》对"网络游戏"相关报道的内容类别与比例

《光明日报》对于电子游戏管理内容有着明显的时间区隔，在 2000—2003 年期间，《光明日报》对电子游戏的管理主要集中在对当时还较为流行的电子游戏厅和网吧的专项治理活动。如 2000 年 8 月 11 日刊发的《辽宁电子游戏场所压减七成》针对的是电子游戏机和网吧、电脑屋的管理。2001 年 4 月 11 日刊发的《网吧管理将走向正规》则与之前的一系列网吧专项报道一脉相承，邀请全国文明办、文化部市场司副司长和专家从业者等人进行讨论。2002 年 7 月 4 日还刊发了第一篇来源于巴基斯坦的消息，讲述了电子游戏对巴基斯坦青少年的负面影响。2002 年 11 月 5 日，《积极引导中国电子游戏健康发展》一文中报道了中国互联网协会主办的中国首届电子竞技大赛，这也是《光明日报》对电子竞技的第一篇正面报道。

《光明日报》中第一次出现电子游戏的正面报道是刊发于 2002 年 10 月 30 日的报道《网络游戏 成功的关键在服务》。《传奇》是韩国 Actoz 公司开发的网络游戏，2001 年盛大网络获得代理权之后引入中国并正式开始公测。在报道中详细介绍了盛大网络运营《传奇》与《疯狂坦克》的成功经验。

2003—2006 年期间，对于游戏报道的题材类型更加丰富，从原有的对网吧的管理内容丰富为对网络游戏知识产权、网络游戏立法和对互联网游戏企业的介绍。2003 年 1 月 22 日刊发的《警惕网络盗版行为》中对当时热门的游戏《传奇》的"私服"现象做了详细的介绍，报道了文化部网络文化处的打击行动，这也是文化部门首次介入到网络文化市场的管理当中。也是在此期间，网瘾问题被首次报道，2005 年 2 月 18 日的文章中就报道了贾容韬帮助青少年戒除网瘾的经过；同年，手机游戏作为电子游戏的分类第一次被报道。

2007—2010 年，对电子游戏的相关报道进入了一个高峰期，在这期间对发达国家的电子游戏和相关产业的报道明显增多，在 2007 年 1 月和 2 月分别刊发了介绍欧盟和比利时的动漫与游戏产业的消息。报道类型也更加丰富，有大量的读者和教授针对一系列问题展开了讨论，还进行了一系列的专访和调研。

2010 年以后《光明日报》对电子游戏的报道日趋多元化，更多聚焦于电子游戏作为产业的发展与经济价值，对电子游戏的危害报道过程中的报道主体也由原来的电子游戏转变为手机游戏，群体也由城市青少年转向农村留守儿童。总体来说，《光明日报》对电子游戏的报道总体呈中性态度，负面报道远多于这年报道，下文将具体分析《光明日报》中电子游戏的媒介镜像。

三、《光明日报》电子游戏的媒介镜像

（一）爱恨交织的新兴产业：2000—2005《光明日报》的电子游戏镜像

通过对 2000—2005 年之间的 72 篇报道进行具体分析，在这段时期当中，对电子游戏产业和电子游戏管理的报道占据了大多数。在 2000—2005 年期间，中国电子游戏产业方兴未艾，在当时涌现出了一批颇具原创潜力和运营实力的游戏公司。因此在这段时间的报道中，《光明日报》主要以新兴产业视角对电子游戏进行报道。

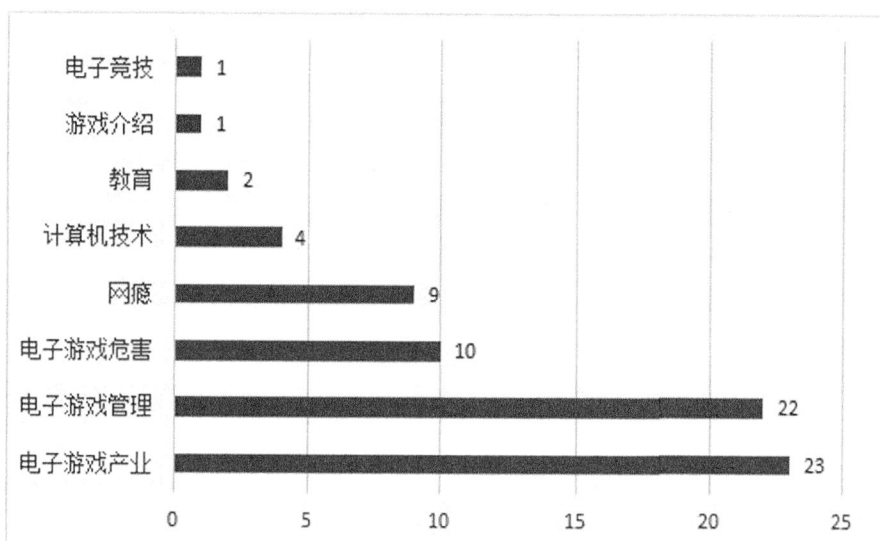

图 8 《光明日报》(2000—2005)涉及电子游戏的报道内容分布

在此期间的报道中,《光明日报》对当时风靡一时的游戏和软件公司如:金山、盛大、新浪都有着一定的报道,如在 2001 年 7 月 4 日就对 Tom 网的收费行为进行了采访;2003 年 2 月 19 日,《"韩流"游戏双重入侵下的思考》和 2003 年 8 月 6 日《游戏运营商需要合理发展空间》中都报道了盛大网络与韩国 Actoz 公司对于网络游《传奇》的代理权纠纷,并对当时国内游戏代理商多代理韩国游戏带来的文化冲击进行反思;2003 年 9 月 3 日《和解有利产业发展》一文中,详细叙述了盛大网络与 Actoz 的官司和解;2004 年 3 月 7日刊发的《盛大网络打造中国网络游戏第一研发基地》介绍了盛大网络对网游研发的投入,报道中记者写道:"据了解,目前,盛大网络共有 250 位网络游戏开发人员,其中大部分都有 2 年以上的游戏开发经验。这些人分成 4 个游戏工作室,按照各自不同的方向正在同时开发多款不同类型的网络游戏。"报道中还援引时任盛大网络总裁唐骏的评价:"一直以运营能力著称的盛大网络,竟能在短短 1 年之内,聚集起了中国最大的网络游戏研发实力。"

在对电子游戏产业的报道中,《光明日报》对游戏产业的报道正面与负面态度都有报道,总体上仍以中性报道为主。在 2003 年 1 月 15 日《何苦都挤一条路》中作者评价:"这几年,网络游戏被认为是最有'钱'途的互联网业务之一,因此在短短 2 年多的时间里,国内上线的各种网络游戏已达 100 多种,且今年增长的速度还在加快。不过,在一哄而上的众多网络游戏中,质量高、服务好的并不多，而真正能盈利的更是少之又少。"对互联网企业一窝蜂开展游戏业务做出了负面评价。随后在 2003 年 10 月 8 日发表的《网络游戏开发为何列入 863 计划》这篇报道中，通讯员援引时任科技部高新产业与市场化司副司长的话："目前，网络游戏发展很快，但基本上都是国外开发的软件，国内研究开发比较滞后。但如果我们不去研究，国外就会搞，所以才把它们列入 863 计划，隶属于中文处理与人机交互技术综合示范应用课题。"并在这之后报道了金山公司和高校的项目合作。2003 年 11 月 12 日《Flash 怎样形成产业》对中国新兴的动漫产业做出了正面报道，2004 年 5 月 12 日和 2004 年 9 月 17 日分别从网络游戏品牌建设和国产网游竞争角度对网络游戏进行了正面报道。

从报道中可以看出，这一时期《光明日报》主要集中在对国家层面相关政策的解读和专项治理的报道。《光明日报》从 2001 年 3 月 26 日开始推出《应管一管网吧》的系列新闻报道，其中在《网吧管理将走向正规》一文中报道了"网吧管理与网络文明建设研讨会"的会议情况；2002 年 8 月 9 日的《网络游戏管理要"五管齐下"》中也援引了相关从业者、专家教授对网络游戏治理的看法和初步探索。

在这一时期，《光明日报》对电子游戏的媒介镜像呈现出"爱恨交织"的状态，一方面游戏作为新兴产业促进了国家文化产业的发展，另一方面，游戏又带来了一系列社会和文化问题。这一时期《光明日报》发挥自己定位知识分子的优势，在相关的研讨会上对电子游戏治理做出了一定的探索，发挥了其一定的作用。

（二）"电子海洛因"：2006—2010《光明日报》的电子游戏镜像

2006—2010 年期间，《光明日报》对电子游戏的相关报道进入了井喷期，报道数量从 2008 年的 5 篇跃升到 2019 年的 30 篇。在这期间，作为产业的电子游戏报道逐渐减少，《光明日报》的报道内容转变为对"电子游戏管理""网瘾""电子游戏危害"的报道之中。从之前的产业话语框架转变为危害的话语框架。

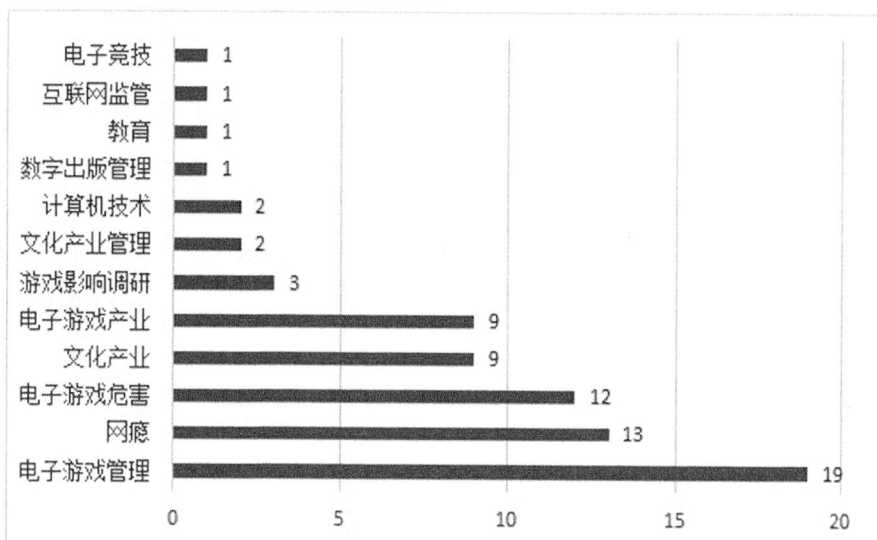

图 9 《光明日报》（2006—2010）涉及电子游戏的报道内容分布

在相关报道中，从 2006 年 2 月 22 日《大一学生，寒假为何沉迷电子游戏》报道了大学生沉迷电子游戏的现象，总计有 15 篇报道阐述了电子游戏的危害和网瘾相关的话题。对网瘾的报道也呈现出了明显的时间特点，在这一时期最开始对网瘾和电子游戏的危害主要以揭露网瘾现象为主，如 2006 年 9 月 3 日发表的《警惕大学生网游成瘾》、2006 年 5 月 17 日的《沉迷"网游"的孩子何时醒来》都只是揭露了社会中所出现的网瘾现象。在 2006 年年末的《"目标心理"是网瘾形成的关键因素》开始探究网瘾现象背后的心理因素，之后《光明日报》对网瘾和电子游戏危害的报道逐渐从揭露现象转向了分析原因和管理层面。2007 年 4 月 14 日和 22 日的《防沉迷系统如何营造健康网络》《用责任唤醒沉迷》报道了网络游戏防沉迷系统的实施情况，体现了游戏企业在面对巨大社会舆论压力下承担社会责任和规范管理的举措。在之后的报道中，对网瘾和电子游戏危害的报道框架从管理转变为对青少年危害的关注，2009 年 8 月 3 日《网瘾是网络对青少年的最大威胁》对山东临沂网戒中心杨永信进行了报道，并公布了的针对网瘾青少年的调查结果。2009 年 12 月 17 日刊发的读者来信《一位大学教师的刻骨体验 不良网络游戏就是精神鸦片》都是从教育和对青少年危害的视角出发，对电子游戏进行报道。

在这一时期中，电子游戏的社会形象从产业转变为"电子海洛因"，对电子游戏的关注也从产业转变为对网瘾现象和对青少年危害的担忧。这一时期

《光明日报》的报道框架也经历了揭露现象—分析原因—进行管理—危害这一转变过程。

（三）寓教于乐，回归产业：2011—2015《光明日报》的电子游戏镜像

统计显示，2011—2015 年《光明日报》对电子游戏的报道有所减少，在这段时期，以网瘾为主题的报道不再出现，对电子游戏危害的报道仅有 5 篇，中性报道占据主流。

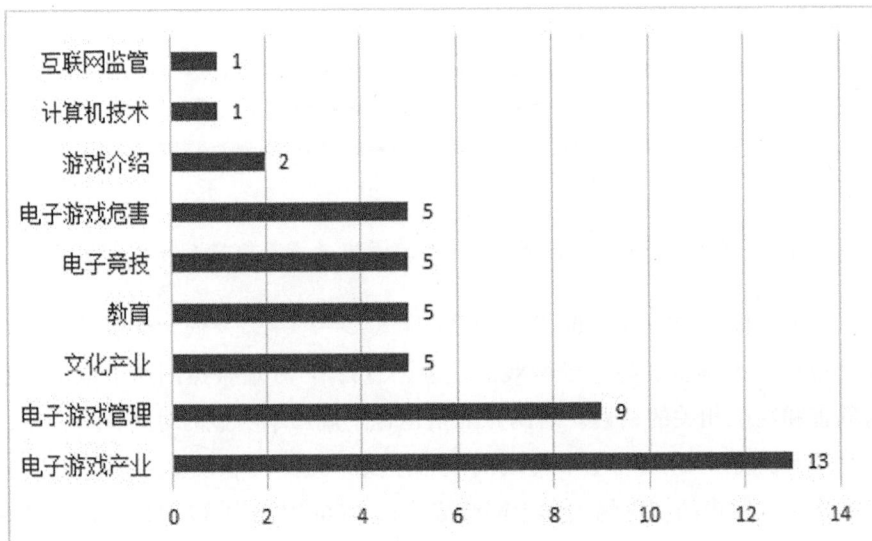

图 10 《光明日报》（2011—2015）涉及电子游戏的报道内容分布

这一时期的报道回归了对电子游戏产业的探究，在报道中出现了网络游戏与教育结合，并将游戏产业置于更为庞大的文化产业议题之下。2014 年 5 月 3 日发表的《电子游戏或将改变教育的面貌？》翻译了外国教育游戏公司撰写的文章，从游戏化的理论出发，大量介绍了国外游戏应用于教育的案例。2011 年 5 月 19 日《不要误解电子竞技》和 2013 年 3 月 29 日的《电子竞技，你到底了解多少？》都对电子竞技有了全面客观的描述。在《不要误解电子竞技》一文中，通讯员更是详细解答了关于"电子竞技就是网络游戏""电子竞技对青少年影响消极""电子竞技难以实现大规模发展"这三大误区，有助于社会更加客观地了解电子竞技行业。在相关产业报道中，2014 年 2 月 18 日的《为"游戏毒品论"正名》中，在回顾了 10 年来电子游戏产业产值的进步，并援引时任国家新闻出版广电总局出版司副司长宋建新的观点"作为新

兴行业，传统思想让很多人对游戏存在误解，导致'游戏毒品论'深入人心。对此，宋建新直言这'非常错误'。'事物都具有两面性，比如菜刀是生活必需品，但也能伤人，游戏也是如此。所以，现在需要做的，就是将自身发展好，'有色眼镜'才会被摘掉。我相信，游戏产业一定能继续创造辉煌。'"

这一时期的电子游戏报道框架摆脱了"电子海洛因"这一刻板印象的束缚，更多从产业、教育和经济层面为电子游戏在一定程度上摆脱了刻板印象，更多的是对游戏产品、游戏公司和游戏展会的介绍，也意味着电子游戏的经济和文化属性得到了认可，对电子游戏的报道更加客观

（四）新一轮的担忧，2016—2019《光明日报》的电子游戏镜像

2016—2019 年是移动互联网蓬勃发展的时期，移动互联网的使用者除了城市之外还有了更多的农村用户，在这样的情况下引起了新一轮的担忧和焦虑，网瘾相关报道重新出现，电子游戏的危害报道也再次回归视野。相比之下，电子竞技已经能够为更多的人所接受，在 6 篇报道中全没有呈现出负面的报道倾向。

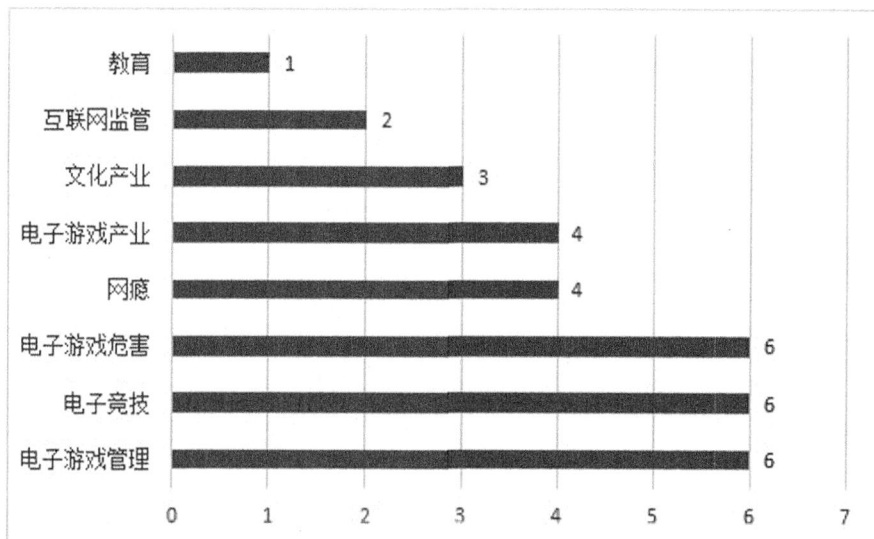

图 11　《光明日报》（2011—2015）涉及电子游戏的报道内容分布

2018 年 9 月 3 日报道的《游戏成瘾，手机依赖——农村孩子很"受伤"》，2018 年 10 月 8 日刊发的《陪伴农村孩子的不该只剩手机》都报道了农村留守儿童沉迷手机的现状。2018 年 9 月 12 日的《我们该如何应对"手机控"》

更是发出了"这样的忧虑不仅存在于一个家庭中。上网检索'手机依赖'——'母亲发个朋友圈孩子就不见了，北京 8 岁双胞胎青岛溺亡''未成年人触网呈低龄化，超六成小学生有手机'……身边的故事和相关调查数据不断敲击公众的神经，我们到底该如何与手机相处？"这样的忧虑，对电子游戏的忧虑逐渐转向了手机使用的担忧。

四、结语

通过对《光明日报》2000—2019 年电子游戏的文本分析，不难发现其对电子游戏的报道经历了了解—担忧—去污名化—新一轮的担忧的报道框架之中。在电子游戏文化产品和经济属性逐渐得到承认的同时，随着计算机技术的进步，移动互联网为代表的手机游戏成了社会的主流和现象，新技术的出现总会伴随着管理和制度规范的过程。在《光明日报》的报道中电子游戏经历了从"网瘾"到"毒品论"被洗刷的这样的媒体话语的转变，这也与社会对电子游戏的认知过程不谋而合。在当下我们面对手机和移动互联网产生新一轮的焦虑同时，对互联网更加精细化和规范化的管理也一定能够逐渐改变目前产业和技术在社会认知和媒体话语中的负面形象。各种社会实践就是行为者对场景的诠释和在具体场景下策略的选择，这些实践又成为其他人面对的"社会事实"，被他们所诠释，构成他们行为的条件。[1] 电子游戏的媒介形象终将被社会更加客观地了解、接纳，并被媒体加以呈现。

---

① 皮埃尔·布尔迪厄：《实践理性：关于行为理论》，北京：生活·读书·新知三联书店，2007 年，第 1 页。

八、华莱坞电影与中国文化传播

主持人语

本专题的五篇文章既有对电影史的追述也有对当下电影研究的讨论：朱栩沁和付永春的论文对电影史上被忽略的外资电影公司——平安影戏公司的案例分析，不仅是"打捞电影史失踪人口和企业"的重要研究，更丰富了20世纪10年代中国电影放映业和发行业的研究，一定程度上填补了学界的空白。张霁月的论文《粉丝文化与我国主旋律电影研究》利用学界方兴未艾的粉丝研究，将粉丝文化作为一种参与式文化来考察我国主旋律电影创作如何利用粉丝文化宣传电影的同时，构建粉丝文化语境中的主流价值观叙事，从而实现自己的意识形态宣传的议程设置。孙一江的论文着力于电影《西楚霸王》对《史记》中《项羽本纪》的改编。他指出电影《西楚霸王》通过调整项羽与吕雉、范增、刘邦以及虞姬之间的关系，丰富了项羽的忠贞、真诚、仁爱而又刚愎自用和鲁莽冲动的复杂人物形象。廖璇、杜凯和杨子豫的论文《〈哪吒之魔童降世〉：国产动画电影的新传播策略》试图通过运用"C.W"传播模式和现代交互模式来分析《哪吒之魔童降世》

这一现象级影片成功的原因。作者也将影片成功的原因归结于情怀抚慰和大众狂欢。李嘉敏的论文分析了1949—1976年中国电影海报中女性形象的构建。在"女性能抵半边天"的号召下，电影海报呈现出的女性大多泯灭了女性性征。李嘉敏通过对246幅电影海报的分析提醒我们也需要看到这种意识形态之下的"裂缝"。这种"裂缝"存在于海报中女性的发型、服装和眼神之中。

付永春（浙江大学宁波理工学院副教授）

平安电影公司历史初探（1909—1927）

朱栩沁　付永春 *

（浙江大学宁波理工学院华莱坞电影研究中心　浙江宁波　315100）

摘　要： 平安电影公司是华北最早的外资电影公司之一，也是中国早期电影史上重要的电影公司。学界目前对平安电影公司的研究并不多，只几篇针对京津两地早期电影放映史的文章有所提及，未有更深入的探究。本文主要通过收集整理中英文期刊上的相关资料，考察从 1909 年巴厘（Abdul Bari）初建天津平安电影院，至该公司在京津的 3 所影院 1927 年与北京真光电影公司并为华北电影公司合作营业为止的时间段。厘清平安电影公司早期的发展脉络，梳理平安电影放映、影片经营等情况，以期考察 20 世纪 10—20 年代中期中国电影院的经营状况，补充学界对中国早期影片进口、影院放映的分析。

关键词： 平安电影公司；电影放映；影片

平安电影公司始于天津最早的电影院——天津平安电影院的建立，并在随后形成了华北最早的外资电影集团。其下属的北京的平安电影院也是当地最早的专业电影院之一，并且为"北京从清末存续到民国，时间长达四十年以上的唯一常设电影院"。①创始人巴厘（Abdul Bari）是最早来华从事电影放映和影片进口的电影人之一。

学界对电影传入中国的历史研究较为充分，但在 20 世纪 10 年代影院情况的挖掘上存在空白。而对于作为典型个案的平安电影公司的研究并不多，

---

　　* 作者简介：朱栩沁（1998—），女，浙江瑞安人，浙江大学宁波理工学院华莱坞电影研究中心科研助理，研究方向：电影史；付永春（1981—），男，山东潍坊人，浙江大学宁波理工学院副教授，华莱坞电影研究中心主任，研究方向：早期电影史，电影工业。

　　① 黄德泉；DjaibKamal：《清末民初北京的电影放映与制片》，《当代电影》，2018 年 12 月 5 日。

只在叙述北京与天津最初放映时有所提及，并未做更深入的探究。而影院具体经营状况，包括影院内部布局、影片经营、宣传等都不清楚。本文着力于收集考证中英文杂志期刊上的资料。如《益世报》《顺天时报》等报纸上的广告和报道、刊登在美国早期电影杂志《电影世界》（The Moving Picture World）上，平安与该杂志社在 1912 年至 1920 年交流中的文字、图片资料。文章也参考了参与平安电影公司经营的冯紫墀的回忆录《我在平安电影院二十年的经历》。

笔者试图从这些文献资料中厘清从 1909 年巴厘初建天津平安电影院，至 1927 年其在京津的 3 所影院与北京真光电影公司合并为华北电影公司为止，平安电影公司早期的发展脉络，梳理平安的放映和影片购买出售情况，从而考察 20 世纪 10—20 年代中期中国电影院的经营状况。从实证的角度出发，以期补充当前学界对中国早期影片进口、影院放映情况的分析。

一、平安电影公司的影院

平安电影院属于平安电影公司，初建于 1909 年，英文名为 Arcade Theatre，由巴厘（Abdul Bari）开设在天津法租界迤西路南。[①] 平安电影公司（Arcade Amusement Company）也开设于此，经营电影放映和影片进口业务，是一人公司。[②] 巴厘是印度裔英国人，在 1926 年之前都是平安电影公司的主要经营者。《电影世界》称赞巴厘为对远东电影业有深刻见解的人。[③]

1916 年，新建的天津平安电影院落成于天津法租界（今国民饭店现址），影院英文名也改为 Empire Theatre。影院内部共有两层座位，600 名观众可同时观影。室内的装饰效果引人注目，吊灯悬挂在礼堂中心的天花板上，其他灯则分布在整个建筑中，具有出色照明效果和艺术美感。此外，该电影院有良好的通风系统，并配备了暖气、照明和卫生间装置。[④]《电影世界》称它为东方最美观、设备最好的影院之一。这幢欧式建筑内除了影院，还兼营咖啡馆和歌舞厅。[⑤]

平安电影院开业后的第一次放映活动是为红十字基金会募集善款的集会，

---

① 换：《新开平安电影公司》，《大公报》，1909 年 9 月 25 日。
② "A Chat from China," The Moving Picture World, January 11, 1913.
③ "China Kicks in With a Champion," The Moving Picture World, April 26, 1919.
④ "Empire Theater, Tientsin, China," The Moving Picture World, March 3, 1917.
⑤ "China Kicks in With a Champion," The Moving Picture World, April 26, 1919.

法国、俄国、英国和比利时领事馆人员参加了该活动。节目包括殖民步兵乐队和一支法国乐队的演奏、喜剧《错误的绑架》（An Error in Kidnapping）、卓别林的《冠军》（the Champion）等影片的放映。[①]

在第一次世界大战尾声，天津租界的协约国绅商在听到德国接受协约国提出的停战条件这一消息后，举办了系列庆祝活动，其中也包括1918年11月14日下午在平安电影院设茶点接待协约国旅津幼童。[②]可见平安电影院不只是放映电影的空间，也是能满足人们社交和举办活动的场所。

平安电影公司的经理桑德森（F. M. Sanderson），对《电影世界》的说："平安电影院不只是一个影院，这是一个俱乐部。东方人有一种慷慨的生活哲学。他们喜欢愉快地度过时间，感受到快乐，所以我们决定我们在中国的目的就是使人愉快，这就是为什么我们设置咖啡馆和歌舞厅。现在即使中国女性也在跳舞，这在5年前是不敢想象的。"[③]

图1.《电影世界》称新的天津平安电影院（Empire Theatre）为东方最美观、设备最好的影院之一。（米源：Empire Theater, Tientsin, China, The Moving Picture World, 1917年3月3日，第1353页。）

---

① "Empire Theater, Tientsin, China," The Moving Picture World, March 3, 1917.
② 《天津租界中之庆祝声》，《申报》，1918年11月16日。
③ "China Kicks in With a Champion," The Moving Picture World, April 26, 1919.

图 2. 1916 年，位于天津法租界（今国民饭店现址）的平安电影院内部照片。
（来源：Empire Theater, Tientsin, China, The Moving Picture World, 1917 年 3 月
3 日，第 1353 页。）

1921 年 11 月 25 日，天津平安电影院遭遇火灾，付之一炬。[①]虽然十一家保险公司共赔付十几万两白银，但电影院仍受到极大经济损失。[②] 1922 年巴厘以每亩年租钱 500 文的价格租下了英租界小营门（今天津音乐厅）的 6 亩 1 分地，并在此之上兴建新影院。[③]新的平安电影院（Empire Theatre）在同年建成。因经营耗资较大，平安电影公司也进行了几次增股。1918 年，平安电影有限公司（The China the aters, Ltd.）根据香港《公司条例》在香港成立，为股份有限公司，之后在上海注册。[④]因股东多为英国人，该公司也被称为英商平安电影公司。

二、平安电影公司的扩张

事实上，平安电影公司不只有这家天津平安电影院，在天津当地、北京、

①　冯紫墀在《我在平安电影院二十年的经历》把平安电影院遭遇火灾时间写作 1919 年，提及这次火灾的大部分文章都引用该文并使用这个时间。但根据《益世报》的报道，这场火灾发生在 1921 年 11 月 25 日（《平安电影园之损失》，《益世报》，1921 年 11 月 27 日）。
②　《保险诉讼之纠葛》，《大公报》，1922 年 2 月 12 日。
③　Tientsin: Lot No.4 The China Theatres Ltd., National Alarchives, FO 678/718.
④　"Shares Of China Theaters Doubled, Capital Reduced," The China Press, April 10, 1930.

上海都另有影院。

　　北京平安电影院最初由犹太人开办于 1907 年，位置在北京东长安街北，座位仿照西洋剧场，"椅横列、前排低下、后排渐高"，票价昂贵，观众多为外国人。[1]1910 年 12 月停演扩建。1911 年，巴厘接手经营。[2]据《电影世界》的文章，北京平安电影院（The Peking Pavilion）在 1913 年 12 月中旬开业，地理位置临近墨西哥使馆。在内部布局图，可以看出大厅中间有 13 排共计 140 个座位，围绕着大厅的左右两侧和后方有两层共计大约 30 个包厢。[3]

　　但到了 1925 年，电影院被指虽然装潢美观但"只能容纳五百人……乃因容量过少，故每次必有人满之患"。[4]北京平安电影院还是北京最早取消男女分坐的电影院，《申报》上一首竹枝词写道"来到平安电影园，微闻香泽最销魂。此间男女无拘束，扑朔迷离笑语喧。（北京游戏场类皆男女分坐，惟平安电影园无此例）。"[5]

图 3.　图为 1913 年施工中的北京平安电影院。来源：The Peking Pavilion，Tientsin, China, The Moving Picture World，1914 年 4 月 4 日，第 64 页。

---

[1]　晓：《北京电影事业之发达》，中国电影资料馆编，《中国无声电影》，北京：中国电影出版社，1996，第 177 页。

[2]　田静清：《北京电影业史迹 上 1900—1949》，北京：北京出版社，1990 年，第 9—10 页。

[3]　"New Theater in Peking, China," The Moving Picture World, January 3, 1914.

[4]　白谷：《平安电影公司之近状》，《电影周报》，1925 年第 2 期。

[5]　《游戏文章·都门竹枝词》，《申报》1918 年 7 月 3 日。

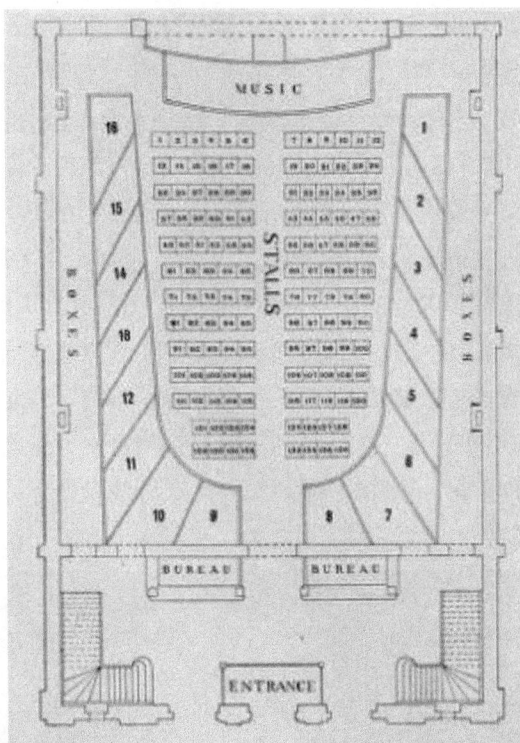

图 4. 北京平安电影院内部布局图。（来源：New Theater in Pekin, China, The Moving Picture World，1914 年 1 月 3 日，第 46 页。）

1919 年，平安电影公司在天津的另一家影院光明社（Empire Cinema）开始营业，这幢白色平房建筑坐东朝西，位置在法租界天增里（今和平路），接映平安电影院放过的二轮片。①据张绍祖在《天津电影概述》中的描述，这是天津最早实行对号入座的影院，并且在电影院内安装了通风设备。②

1923 年，平安电影公司在上海建立了卡尔登影戏院（Carlton Theater），地址为静安寺路派克路口。据《申报》描述，卡尔登影戏院内部"容积甚广"，两层共有 950 个座位。以美国米高梅电影公司摄制的《卢宫秘史》作为开映

---

① 杨振：《天津市和平区文化旅游局志·文化篇》，天津：天津市和平区文化和旅游局，2008 年，第 248 页；冯紫墀在《我在平安电影院二十年的经历》中称光明社在 1917 年被平安电影公司兼营，位于今光明电影院略东。

② 张绍祖：《天津电影概述》，《天津文史资料选辑》2005.2（总第一百零六辑），天津：天津人民出版社，2005 年，第 269 页。

第一片，①十分卖座，放映前 4 天票房约有 4 千余元。②在外国影片的放映上，卡尔登同夏令配克、爱普庐、上海大戏院一样为一轮院线，有优先放映电影的权利。③

1925 年，有"华南影院大王"之称的英籍华人卢根（Lo Kan）入股英商平安电影公司，企图将平安纳入其电影发行放映产业链。1926 年 10 月，平安电影公司在天津召开特别大会，关于是否要搬迁总公司到上海进行讨论。以上海小组为主的支持搬迁者持有多数股权，且以天津小组在过去几年经营不利为由，在这场博弈中获得胜利。总部随后离开华北迁往上海。④1927 年，天津平安、北京平安及天津光明社三家影院与北京真光电影公司罗明佑属下的北京真光电影院、中央电影院、天津皇宫电影院合作营业，总管理处定名为华北电影公司，罗明佑代管京津影院，卢根控制了影片供应的权力。⑤

三、平安电影公司的影片经营

20 世纪 20 年代中期之前，外国影片绝对占有中国电影市场，外国片商统治着大部分的影院放映，影院依赖大量进口的外片维持经营。⑥这与平安电影公司的影院放映情况相符合。平安电影公司作为外资公司在扩展影院数量过程中逐渐形成了早期院线，并且影片绝大多数从国外制片公司及其经销商处购买获得。

平安电影公司在 1912 年和伦敦的 M.P. 销售公司（M. P. Sales Company）签订协约，该公司每月会将电影寄往天津。平安在伦敦有一位代理人，为平安购买二手的经典片和长片，片子大多比较陈旧。根据经理阿雅尔（M.S. Ayer）的叙述，1911 至 1913 年，天津当地的影院进口法国片较多，但美国电影更受观众欢迎。⑦

1914 年平安电影公司注意到著名演员电影公司（The Celebrated Players' Film Co.）刊登在杂志《电影世界》上的广告，并给该公司的经理费利克

---

① 《卢宫秘史为卡尔登之第一片》，《申报》1923 年 2 月 7 日。
② 《追记旧岁暮各影戏院情形》，《申报》1923 年 2 月 19 日。
③ 付永春，《从"学舌"到"成蝶"：早期华莱坞电影发行制度的确立（1925—1934）》，《江苏师范大学学报》（哲学社会科学版），2017 年第 3 期。
④ "CHINA THEATRES, LD. Removal of Company's Head Office to Shanghai," The North-China Daily News, October 27, 1926.
⑤ 沈芸：《中国电影产业史》，北京：中国电影出版社 2005 年，2005 年，第 55 页。
⑥ 沈芸：《中国电影产业史》，北京：中国电影出版社 2005 年，2005 年，第 29 页。
⑦ "A Chat from China," The Moving Picture World, January 11, 1913.

斯·费斯特先生（Mr. Felix Feist）写信，表示想购买该公司的《海王星的女儿（Neputune's Daughter）》等 8 部影片。平安电影公司写道："我们只有两个影院可以放电影，因此若能以非常便宜的价格提供二手货或副本将不胜感激。"[①]

1919 年 5 月，在"亚洲皇后号"去香港和马尼拉的旅客名单里看到了巴厘的名字。[②] 之后报纸报道中有这样的叙述：平安电影院经理巴厘在中国南部和新加坡进行了两个月的游历后于 11 月 6 日返回了天津港口。巴厘获得了美国最优秀的公司生产的非常受欢迎的影片。[③] 这说明除向美国的电影商直接购买影片外，平安电影公司还会向国内、新加坡等地的片商购买影片。

根据平安在报刊中透露的交易记录，也可看出平安早期在利用多种渠道购买外国影片的同时，尽量节约影片本身的进口成本，即大量购买旧片和副本。

在 1925 年卢根成为平安电影公司大股东之后，影片则主要来自同为卢根控制下的香港明达和上海联利两家发行公司。

平安电影公司不仅经营影片进口业务，也进行影片的出售。在 1915 年 10 月和 11 月，《益世报》登载了平安电影公司"影片租售均可"的特别声明：

启者敝公司现存有正剧滑稽伦理家庭格致物理种种影片数十万尺，大小悉皆不同。或租赁影演，或买归己有，均可任听尊便。如有合意者，即请驾临敝公司面议，或远处亦可邮函通商，无不格外克己，以广招徕。本公司谨启。[④]

1921 年 6 月 20 日，平安公司与哈尔滨的环球公司（Globus Company）签订合同，以 15850 美金的价格，把从美国纽约第十七大街 729 号的分销商大卫·豪威尔斯（David P. Howells）独家获得的电影，以"第一国家制作（First National Productions）""精选制作（Select Productions）"和"银幕经典（Screen Classics）"的三部分出售给环球公司。这些电影曾经在天津、上海和香港的电影院播放过。根据合同，环球公司在 1921 年 9 月 1 日开始获得这 41 部影片在从奉天到哈尔滨之间的中国领土上（包括整个满洲）的唯一展示权。

① "'World' Advertisement Brings Business from China," The Moving Picture World, October 24, 1914.
② "Departed," The Shanghai Times, May 19,1919.
③ "News from North China," Millard's Review of the Far East, November 29,1919.
④ 《法界红楼平安电影公司》，《益世报》1915 年 10 月 10 日。

四、平安电影公司的广告宣传

当时包括法国、英国、德国在内的大部分西方强国在天津都有行政自治权和治外法权的租借地。据平安电影院的经理阿雅尔（M.S. Ayer）在1913年给美国电影期刊《电影世界》的信中所写，天津大约有7000名外国士兵和2000名外国平民。为了吸引来自不同国家的观众，平安电影院以分发广告单、电影海报和在报纸上刊登广告的方式来吸引人们的注意力。

自营业起，平安电影公司各家影院一直持续在当地报纸上刊登影院广告，中文报纸包括天津的《大公报》《益世报》、北京的《顺天时报》和上海的《申报》等。

当日放映影片的信息是核心内容，有时也有下期电影预告。"不惜重资""与众不同""变幻离奇""身临其境"等词频频在广告中出现，吸引读者注意力，对影片产生好奇。突显影片制作精良，情节跌宕起伏，十分难得，不可错过。影院内部环境的宽敞雅致、设备的先进也常被作为宣传点，表明观众在影院能享受到新颖摩登的娱乐体验。早期广告以文字描述为重点，部分附上了电影海报，到后来则多为图文并茂。广告上还有影院地点、放映时间、票价等信息。

在1912年，平安电影院制作了多于290版广告单、30版电影海报，同时还为长片制作了小册子。经销商在寄运电影时也随之运送一些高质量电影海报，但不直接匹配所购买的影片，因而不能派上用场。宣传品都需要平安自己排版与印刷。在天津广告品制作非常困难，成本大约是在美国制作的两倍，且对于生意的帮助并不明显。[1] 根据现存于中国电影资料馆的单张宣传单《平安影录》（1927年，北京平安电影院制作）可以看出，宣传单的主要内容包括"演期"（放映具体时间）、"本期电影剧目"（放映内容和流程）、"本期说明"（影片内容和演员等具体信息介绍）。[2] 因有比报纸上的广告更大的版面和篇幅，宣传单能给出更详细的影片内容介绍来吸引潜在观众。"本期电影剧目"列出了当期所放映影片的本数、休息时间、奏乐时间，更清晰直接的表现了影片放映顺序。

---

[1] "The Arcade, The Moving Picture World," January 25, 1913.

[2] 李楠：《特刊·影录——〈盘丝洞〉宣传史料介绍》，中国电影资料编：《盘丝洞1927》，北京：世界图书北京出版公司，2014年，第198页。

图 5.　1912 年天津平安电影院（Arcade Theater）门前张贴着电影海报。(来源：
The Arcade, The Moving Picture World, 1913 年 1 月 25 日，第 356 页。)

图 6.　平安制作了纪录片短片《泰坦尼克号灾难》的海报。(来源：The Arcade,
The Moving Picture World, 1913 年 1 月 25 日，第 356 页。)

平安电影公司在天津和北京还出版了自己的周刊 The Revue，并以报纸的形式在邮局登记。[①]出版在 1918 年 10 月的第 58 期一共有 20 页，封面彩印且有两幅图画，内容不只是电影广告，还包括当地小道传闻、话说电影、采访、文章、编辑问题等板块。[②]

平安还采取了多种特别方式来吸引观众的注意力。在 1913 年 9 月庆祝公司四周年之际，它推出了特色电影、额外的长片和进行影院内部特殊装饰。[③]1917 年天津水灾后，平安重新开始营业之时，在登《益世报》的广告中写着将票价的三分之一捐赠用以天津的水患的赈灾。[④]除此之外，电影院还接受委托，举办了多次募捐活动，1918 年 10 月 10 日为红十字筹经费的音乐演唱、演奏和电影放映就为一例。[⑤]

五、结语

从 1909 年巴厘（Abdul Bari）初建天津平安电影院，至 1927 年与北京真光电影公司合作营业，成立华北电影公司为止，平安电影公司共拥有四家电影院。分别为天津平安电影院、天津光明社、北京平安电影院、上海卡尔登影戏院。据在报刊上登载的图片和文字报道，这些影院大多较为美观，设备先进。除播放电影之外，还有音乐演奏、魔术表演，场地也被借用作募捐集会和庆祝大会，影院成为社交热门场所。

平安电影公司拥有的绝大多数影片为外国电影，共有三种购片渠道。分别为与外国电影公司或其分销商签订合约、通过登载在报刊上的影片出售广告与片商进行单笔交易和向国内及新加坡等地的片商购买影片。影院广告宣传则为在报刊上登载多种形式的广告，以吸引更多潜在观众。同时制作分发有更详细内容的纸质宣传品和电影海报。特殊节日举办特别活动和参与筹款募捐也为其获得了更多关注度。

---

① "Growing, The Moving Picture World," November 22, 1913.
② "Still Going Strong, The Moving Picture World," January 11, 1919.
③ "From The Arcade, The Moving Picture World," November 22, 1913.
④ 《平安电影公司新张广告》,《益世报》1917 年 11 月 1 日。
⑤ 《请看平安电影》,《益世报》1918 年 10 月 6 日。

粉丝文化与我国主旋律电影研究

张霁月 *

（河南大学文学院，河南开封，475001）

摘　要： 在我国近年的电影市场中，粉丝文化对一部影片口碑及票房的影响愈发明显，主旋律电影也不例外，从《战狼2》到《我和我的祖国》等无不在粉丝文化的影响下获得口碑与票房的双丰收。对当下主旋律电影所遭遇的粉丝文化进行深入分析，既是中国电影研究的一个理论问题，也是主旋律电影在互联网时代创作出更多"思想精深、艺术精湛、制作精良"作品的现实问题。因此发挥互联网时代粉丝文化的特点和优势，创作出兼顾时代征候与受众审美，兼顾电影社会价值、艺术价值与商业价值的作品正是当前主旋律电影发展的关键。

关键词： 粉丝文化；主旋律电影；粉丝经济；主流价值观

基本项目： 本文系河南省教育厅人文社科研究项目粉丝文化与我国主旋律电影创作研究（编号：2019-ZZGH-550）研究成果。

进入21世纪的第二个十年，后新时期以来形成的主旋律电影、艺术电影、商业电影三足鼎立的中国电影发展格局在新时代社会文化语境中呈现出新的状态：主旋律电影创作繁荣却时常陷入困境，艺术电影似乎以所谓的"阳春白雪"隔绝着更为普罗的观众，商业电影纠结徘徊于"叫好"与"叫座"之间；尽管三者的生存状态迥然，但都毫无例外地被裹挟进日益汹涌的互联网冲击中。这其中基于互联网粉丝文化及相关粉丝经济，作为近年中国电影发展中出现的新问题与新现象，彰显出中国电影与互联网深度融合的新征候；

＊ 作者简介：张霁月（1982—），女，河南南阳人，河南大学文学院副教授，主要研究兴趣：电影史论和电影文化。

而其发展过程中所暴露出来的问题，正是当今中国电影创作的集体焦虑。"当下中国电影之所以会进入一个所谓的粉丝经济或者金融资本控制的时代，并让偶像明星拥有最大的话语权，是因为中国电影在技术、艺术、美学和工业体系上总是缺乏应有的追求与基本的建树，或者说缺乏探索的勇气与创造的锐气。"①

主旋律电影作为最具国族文化特色的电影类型，是讲好中国故事，增强文化自信的重要文艺创作，在互联网时代同样深受粉丝文化的影响。对主旋律电影所遭遇的粉丝文化进行深入分析与阐释，既是中国电影研究的理论问题，亦是当今互联网语境下主旋律电影承前启后、创作出更多"思想精深、艺术精湛、制作精良"作品的现实问题。也就是说，在粉丝文化大行其道的语境中创作出既"叫好"又"叫座"的主旋律电影，适应并有效利用粉丝文化构建互联网时代的主流价值观叙事表达，是当前中国电影和大众文化领域都亟待研究与解决的问题。

一、粉丝文化与近年中国电影发展

继"小镇青年"在2016年成为影响中国电影发展的关键词之后，最早出现于2014年，国人用于指称韩国男性明星的"小鲜肉"，则成为当下中国电影无法回避的一个话题。

"小镇青年"是彼时拉动中国电影"居民消费价格指数（CPI）"的重要群体，正是这些生活在三四线城市和县级城市的青年观影群体，借着中国商业地产在一二线城市相对饱和之后下沉、渗透的东风，搅动了膨胀中的中国电影市场的一池春水，成为2016年中国电影"票房奇迹"中不可小觑的力量——不仅当时互联网上出现了诸多如"小镇青年才是中国电影的坚挺受众""中国电影的票房得靠小镇青年"的口号，而且2016年2月的《人民日报》也刊文指出："当下中国电影发展过程中一个极为独特的群体——'小镇青年'，他们被视为中国电影新的观众、新的增量，代表着中国电影的未来"；"新世纪进入第二个十年，一二线城市与东部地区的有限观众和'小镇青年'完成了票房交接棒的传递"；"由于基数庞大，'小镇青年'显然是一支特别重要的潜在电影消费力量"。② 其实从新中国成立初期国人对"二十二大电影明

———————

① 李道新、蒲剑、孙佳山：《时代的焦虑——"小鲜肉"及其文化征候解读》，《当代电影》，2017年第8期。

② 孙佳山：《"小镇青年"与电影品质》，《人民日报》2016年2月23日。

星"的追捧，到改革开放之初热闹一时的"追星族"，都是不同时代语境中滋生的粉丝文化的具体体现；而"小镇青年"作为近年孕育、成熟的电影粉丝文化主体，凸显了中国电影在新社会历史时期的产业发展与文化特点、接受心理与审美征候。

随后，在互联网势力日益壮大的背景下围绕"小鲜肉"所形成的粉丝文化及其重要影响力体现的粉丝经济，则是 2017 年至今中国电影产业发展的重要驱动力。"作为当下某一类别男明星的命名，与传统概念下的明星不同，'小鲜肉'体现出电影的时代性——它是在互联网与消费文化主导下生产，经由大众媒介与'网生代'群体的推波助澜，成为一道时代的文化景观"；"尤其是当'小鲜肉'遭遇嗅觉敏锐的资本，与之相关的粉丝经济大行其道"。[①]可以说，由"小鲜肉"引发的粉丝经济所生成的那些直接、明晰的票房数字及相关资本运作，不仅是当下中国电影产业的重要标识，更是互联网时代中国电影创作和发展必须直面的现实。在两年前国内某知名门户网站评选出"中国十大小鲜肉"之后，这批年轻有活力（"小"）、感情经历单纯（"鲜"）、长相美丽且身材健硕（"肉"）的青年男演员的片酬便疯狂上涨；他们主演或参演的电影也无不是关注度剧增、票房火爆。如再次解构西游"IP"的电影《西游·伏妖篇》，虽然因叙事过于孱弱和空洞在上映后遭到不绝于耳的"超级烂片"骂声，但由于"小鲜肉"吴亦凡的担纲主演，使影片在输掉口碑的同时却赚尽票房：总票房高达 16.56 亿元。造成这种现象的原因，正是粉丝文化大行其道所带来的粉丝经济效应，也彰显出现今中国电影产业发展的特点："在互联网重新定义的电影市场中，电影的意义被认为'绝不仅仅是娱乐，其实是提供了 IP+ 社会化营销 + 粉丝经济的理想模型'。由此看来，国内电影产业的发展已经进入了新的十字路口。"[②]

"粉丝文化"从其英文"fans culture"的词源意义解释，其本质是一种"迷文化"，"粉丝"即"fan"的意义是"迷"，相应的由粉丝群体的社会活动所形成的文化，就是"迷文化"即"粉丝文化"。具体就粉丝文化对电影产业的影响来看，粉丝们"以自身的消费不仅维系着媒介及娱乐产业的生存和发展，成为一种甚至左右市场、不可忽视的中坚力量"，关键是在如今互联网语境下电影"迷文化"群体的活动中，"媒介——尤其是以互联网为代表的新媒

---

① 编者按：《消费时代下的明星、偶像与粉丝经济》，《当代电影》，2017 年第 8 期。

② 王昀：《真实或是虚空：互联网时代电影市场的转型与解构》，《东南传播》，2015 年第 3 期。

介，在此过程中起到了至为关键的作用"。当下中国电影的粉丝文化与互联网紧密相关，因为互联网可以"有意地引导集群传播，进一步强化网络空间迷群传播的效应，辅以相应的营销手段以提高媒介产品的到达率，服务于迷文化的同时也借助迷文化空间来取得资源，深化影响力，并获取自身的商业利益"。① 粉丝经济时代的电影创作与生产已经突破了原有的场域，即在兼顾传统院线市场的同时，将内涵和外延不断向互联网领域延伸。正如亨利·詹金斯在粉丝文化研究的经典论著《文本盗猎者》一书中所指出的："粉丝"一词有着"极为丰富的扩展性，从极为个人的与媒体产生联系的方式，到高度社会化的连接"。② 而互联网的深度介入和由互联网孕育的粉丝群体所带来的巨大商业效益，就成了粉丝经济时代中国电影最显著的两个标识。

　　一方面，当下互联网对电影创作和票房的影响十分突出。张艺谋的"大片"《长城》的首日票房（1.22 亿）竟远不及同期上映的《盗墓笔记》（首日票房 2 亿）。造成这种现象的一个重要原因，是因为《盗墓笔记》的剧本来源是深受追捧的"网红"小说，即电影由著名"网络 IP（Intellectual property）"改编；与此同时，这部小说还在电影上映前被改编为"超级网络季播剧"，在国内门户视频网站播出。也就是说，如今丰富的互联网资源不仅为电影创作提供了内容来源的新智库，而且使这些网络改编电影与生俱来地拥有了一定的受众基础，尤其是那些拍摄为电影之前就有着较好口碑和知名度的"IP"，可以凭借在互联网上积累的影响力和美誉度，为电影票房提供基本和稳定的保障——这也是如今电影与互联网深度融合的一种体现。

　　另一方面，活跃于互联网的粉丝群体也是当下影响电影创作和票房的重要因素。2016 年曾上映三部"十大小鲜肉"之一的鹿晗参演的电影，除了在《盗墓笔记》中担任主角，《长城》《摆渡人》中都只是配角，然而这三部影片的总票房却达到惊人的 26 亿，关键是很多观众都因为鹿晗才买票进电影院，以至于这些"鹿饭"（鹿晗粉丝名字）带来的惊人票房让人唏嘘："鹿晗演什么，什么就大卖。"鹿晗与粉丝之间的关系维系得益于互联网的发展：其微博单条评论曾创"吉尼斯世界纪录"；2017 年国庆假期最后一天，因其在微博公开恋情导致国内最大的微博服务器一度瘫痪，造成"当天比'黄金周'更'堵'的是微博"。互联网时代粉丝与明星之间的互动被前所未有的强化，"过

---

① 陈霖：《迷族：被神召唤的尘粒》，苏州：苏州大学出版社，2012 年，第 7、53 页。
② ［美］亨利·詹金斯：《文本盗猎者：电视粉丝与参与式文化》，郑熙青译，北京：北京大学出版社，2016 年，第 280 页。

去的明星效应模式主要是靠宣传来进行单向度的传播，而在网络社交媒体兴起的时代，明星与粉丝的互动关系得到了极大的强化，微博等自媒体成了电影营销的重要阵地，互动性的增强让'粉丝电影'从影片还未开拍之前到影片上映，一直都能够受到粉丝们持续的关注"。① 正是依靠在互联网上展开的广泛互动，使粉丝之于偶像明星所参与的电影的"黏性"增强，并成为促使相关影片赢得市场、获得商业红利的重要原因。

如今中国电影创作与互联网之间的交互愈发紧密：不仅有越来越多的"网络 IP"被改编为电影，而且通过网络形成和传播聚集的粉丝群体往往成为相关电影的忠实拥趸与票房保障。关键在于，基于互联网形成的粉丝文化也是当下中国电影文化的重要组成部分，而这种粉丝文化的核心是一种新型的"参与式文化（Participatory culture）"。"互联网时代的'参与式文化'使内容和消费得到了有效沟通，更颠覆性地改变了文化话语权和归属权，而互联网对电影的影响首先体现为受众参与程度的增加。"② 在这种"参与式文化"中，粉丝或是作为电影创作的引导者，如韩寒的电影《后会无期》就依靠微博大数据进行背书；郭敬明的"小时代"系列电影也对主创和演员的粉丝群体进行了较为详尽的分析："《小时代》大概有 2400 万的小说读者，电影里所有的明星加起来粉丝数超过 1 亿，这样电影的票房不用赌、不用猜，因为可以算出来。"③ 有的粉丝甚至还成了电影创作的参与者，尤其是近年互联网上涌现出了多个众筹拍摄电影的平台，如阿里的"娱乐宝"、百度的"百发有戏"等，使普通粉丝拥有了以往看来是遥不可及的电影投资人的体验。正是这种具有强烈参与感的粉丝文化，彰显出粉丝经济时代电影创作所必须直面的一个现实生存之维。

二、"明星粉丝经济策略"与主旋律电影创作

中国电影"三足鼎立"的格局稳定后，随着我国市场经济的全面发展和电影产业化时代的到来，进入 21 世纪的三种电影类型之间开始融合与交汇，出现了诸如"主旋律电影商业化""商业电影主旋律化"等创作实践。其中"主旋律电影商业化"是将主流意识形态与电影商业属性结合的重要叙事表达。

① 靳斌：《重构与融合：电影产业新格局》，北京：知识产权出版社，2016 年，第 271 页。
② 靳斌：《重构与融合：电影产业新格局》，北京：知识产权出版社，2016 年，第 196 页。
③ 孙冰：《盘点互联网＋神应用：电影小时代选演员用大数据分析粉丝群特征》，《中国经济周刊》，2015 年第 15 期。

开"主旋律电影商业化"创作风气之先的，是 2006 年的电影《云水谣》。彼时导演尹力在完成取材真实革命历史人物的主旋律电影《张思德》(2004)的拍摄后，具有突破性地进行了"主旋律电影商业化"的创作尝试：在讲述一个延续六十年跨越海峡两岸的大时代故事时，一方面将"两岸和平统一"的主题思想彰显于电影的故事内核和叙事价值中，一方面以爱情叙事为主线索，并大胆使用当红偶像明星陈坤、李冰冰、徐若瑄等出演男女主角，而这种利用偶像明星的影响力和消费力进行电影创作的理念，正是一种典型的粉丝经济策略，即"明星粉丝经济策略"。"明星粉丝经济策略"作为一种"围绕偶像的明星经济模式"，是"当下最普遍和传统的路径，明星所属的娱乐公司首先在纵向消费链上从周边产品生产到粉丝消费进行单向传递，同时在互联网环境下生产商利用网络对资源进行跨界的整合联系和利用"①。

随后我国的主旋律电影创作纷纷效仿，采用"明星粉丝经济策略"也成为"主旋律电影商业化"的一种惯用手段。其中以"建国三部曲"：《建国大业》(2009)、《建党伟业》(2011)、《建军大业》(2017)为代表的革命历史题材电影创作尤为突出，三部影片中动辄就有一两百名的当红偶像明星出演，以至于有评论称观看这几部电影时的一个重要任务是"数星星"。尤其是在《建军大业》中，多个"小鲜肉"饰演革命历史人物让该片的"主旋律电影商业化"意味得到了极大的彰显："潮酷街头少年"欧豪饰演叶挺，"好男儿"马天宇饰演林彪，"小绵羊"张艺兴饰演卢德铭，还有凭借"小时代"电影走红的李易峰饰演何长工等。这些年轻甚至还有些稚嫩的男演员虽然"成名不久，谈不上有深厚的演技，也还没有什么电影代表作"，但是都"具有火爆的人气，在影市几乎一呼百应"；作为炙手可热的偶像明星，他们拥有大量粉丝，而"粉丝文化的特性在于以偶像为核心，作品里只要有偶像，粉丝就愿意买单；粉丝也明白，偶像参与主旋律电影拍摄可以提升其'形象价值'，故而乐见其成、乐于支持"。②于是《建军大业》上映时出现某些"小鲜肉"的粉丝包场，便也就不足为奇了。

对于这种使用"小鲜肉"进行主旋律电影创作的"明星粉丝经济策略"，有学者一针见血地指出："中国的主旋律电影和艺术电影／独立电影，现在还

① 李康化：《粉丝消费与粉丝经济的建构》，《河南社会科学》，2016 年第 7 期。
② 曾于里：《〈战狼 2〉的聚力与〈建军大业〉的聚星》，《解放日报》2017 年 8 月 3 日。

没有能力打造明星，需要借助商业电影打造的偶像。"① 其实主旋律叙事与商业化表达融合过程中出现的这些问题，作为中国电影市场化、商业化进程中衍生的一种文化现象，正是当前中国社会多元文化角力与博弈的体现。"一方面，大片的文化秉性借助主旋律题材与主题的呈现，摆脱了前几年国产大片为人诟病的空洞、苍白、滑稽与唯消费论，变得有'重量'，有历史的内涵和视野；另一方面，作为主流电影文化重要组成部分的主旋律精神，在大片所属的商业体制中，遭遇到不可避免的改写，并面临深刻的文化变异，其实际的社会接受效果可能偏离经典主旋律精神的初衷，甚至走向它的反面。"② 因此，立足具体的社会语境，观照相关文化征候，在多元开放的格局中吸收、容纳多元的电影创作观念，以开放的姿态推动自身不断突破、完善，正是包括主旋律电影在内的中国电影创作发展的关键与题中之意。

可以说，经过十余年的探索和实践，我国主旋律电影创作已经有了较为明晰的商业意识，在进行主流意识形态叙事时辟出一条蹊径，即以一种更符合大众文化的满足市场和观众需求的"明星粉丝经济策略"作为创作通路。"商业化包装中，最显而易见的一种操作手法便是起用具有票房号召力的偶像明星参演，这也是最近几年主旋律电影向商业方向靠拢的一种常用手段。当红演员的明星效应，不仅体现在吸引粉丝走进影院，更重要的是他们本身就是电影的招牌之一，能为电影招来传媒的关注，形成一定的社会话题性，进而影响到本身不是明星粉丝的观众。"③ 在粉丝文化的语境中，偶像明星的价值不仅在于其本身所拥有的众多粉丝，同时借力于互联网，粉丝群体的影响力又扩大了明星参演电影的传播范围和受众范围。近年多部以"明星粉丝经济策略"进行创作的主旋律电影，确实在相当程度上扭转了以往这类题材电影的刻板面孔和票房低迷的状况，尤其是一些主旋律"大片"上映前后还一度成为"现象级"事件，就足以使那些本没有关注影片的人们也走进影院，而对潜在受众群体的激发又带来了更多的商业利益。主旋律电影在中国电影产业化的发展过程中依靠偶像明星的粉丝经济效应，正在形成一条链接主流价值观与电影商业价值的有效通路。"一方面，通过商业策略的运用，包括巨

---

① 李道新、蒲剑、孙佳山：《时代的焦虑——"小鲜肉"及其文化征候解读》，《当代电影》，2017年第8期。

② 陶东风等著：《当代大众文化价值观研究：社会主义与大众文化》，沈阳：辽宁教育出版社，2014年，第156页。

③ 路春艳、王占利：《主旋律电影的商业化与商业电影的主旋律化》，《当代电影》，2013年第8期。

额投资、明星策略等，弥补主旋律电影曾经缺失的商业主流性之翼；另一方面，通过商业化运作，促进了主旋律电影所承担的主流意识形态宣传功能的完美实现。"①

粉丝文化研究的领军人物费斯克在《粉丝的文化经济》一文中指出："粉丝是由各种文化决定因素所组成的奇特混合物。一方面它是对形成于官方文化之外，并与官方文化相对应的大众文化的一种强化；另一方面它又反抗收编并重塑了与其对立的官方文化中的某些价值和特征。"②我国主旋律电影有着天然的官方文化属性，而粉丝经济作为一种商业文化则有着天然的大众文化属性，那么在官方文化与大众文化结合的"主旋律电影商业化"创作实践中，"明星粉丝经济策略"正是对"大众文化的一种强化"。以"明星粉丝经济策略"进行主流意识形态叙事，一定程度而言是对"明星制"所代表的电影商业文化的认同，观众通过影片"将明星消费与主旋律历史教育同步接收"，同时"在主流文化层面，强势确认了明星制所代表的商业电影体制"，其本质是"将当下中国逐渐形成的商业社会的明星崇拜文化，捆绑纳入主旋律的意义生产机制"，从而开发出主旋律电影"与商业化电影生产体系接通和隼和的崭新方式"。③

值得强调是，唯经济利益是瞻的好莱坞"明星制"虽然十分重视电影的商业价值，但在其影片中随处可见美国社会主流价值观的彰显。这也为我国主旋律电影创作提供了有益的借鉴：既要有易于被大众认可、接受的方式实现电影的商业价值，又要始终坚守主流价值观以实现电影的社会价值，即粉丝经济时代的主旋律电影创作要让观众在消费明星的同时接受主流价值观"询唤"。"第七艺术"电影是当代社会最重要的艺术样式，纵然时代发展到商品经济充斥的当下，艺术创作就更需要维持社会价值与商业价值的平衡。也许今天的观众偏爱那些极具感官刺激的商业"大片"，但电影创作不能抛弃本身所应具有的艺术价值和社会价值，因为这才是电影创作的初心。主旋律电影作为我国社会历史记录者的意义尤为明显，那么在互联网不断冲击并滋生出诸如粉丝文化等新文化现象的语境中，就愈发需要能够真正反映历史和时代

① 陈旭光、车琳：《中国电影的主流化与主流电影的大众化：文化、美学与限度》，《上海大学学报（社会科学版）》，2012年第4期。
② ［美］约翰·费斯克：《粉丝的文化经济》，陆道夫译，杨玲校，《世界电影》，2008年第6期。
③ 陶东风等著：《当代大众文化价值观研究：社会主义与大众文化》，沈阳：辽宁教育出版社，2014年，第157—158页。

的电影作品来传承民族精神、铭记国家发展。

三、构建粉丝文化语境中的主流价值观叙事

粉丝文化是一种典型的"亚文化（subculture，又称次文化）"，根据文化研究的观点，亚文化可以"通过风格化的和另类化的符号对主导文化进行挑战从而建立起认同的附属性文化"，同时还能够"给主流文化和主导文化带来难以抵挡的冲击力和活力"。[①]结合中国电影的发展现状，虽然粉丝文化作为"亚文化"处于"亚"和"次"的位置，但是倘若能够合理有效地利用，尤其是把握粉丝文化可以给主流文化带来"冲击力和活力"的能动性，从而使其成为主旋律电影不断突破，创作出现更多符合时代语境、符合大众文化和审美需求的作品的重要维度。

"主旋律电影"的概念提出于20世纪80年代，是彼时中国电影在改革开放之初面对市场经济的冲击而对抗娱乐片、商业片的有益之举，承担的是以宏大主题和严肃叙事行使"意识形态国家机器"的使命。然而伴随着历史车轮的滚滚向前，进入90年代之后的中国电影开始全面市场化改革，并在21世纪伊始开启"大片"时代，主旋律电影"终究敌不过现代社会强大的商业法则，尤其是进入新世纪后面对为数众多的本土大片以及好莱坞大片的冲击，生存空间进一步被蚕食。在这种困难局面下，主旋律电影主动向商业化方向转变，吸收融入商业电影的娱乐元素，无疑是一种正视并遵守市场法则的表现，是市场竞争机制下的一种自我调节"。[②]为了融入这种市场化、产业化的中国电影发展生态，近年主旋律电影在创作实践中不断吸纳各种商业元素，"明星粉丝经济策略"作为一种积极尝试，正是主旋律电影主动向市场靠拢的具体体现。那么，置身粉丝经济大行其道的时代语境，就要在把握中国社会发展现状的基础上，使主旋律电影创作在兼顾粉丝文化业已在大众文化中"由补充变为主宰，由互动变为主导，边缘变为主流"[③]的基础上，熟稔粉丝文化的特点并坚持其正面导向，使其真正成为既承担主流价值观叙事功能又能被市场接受和观众喜爱的艺术创作。

具体而言，主旋律电影创作首先要立足互联网的发展现状其不仅带来了

① 陶东风、胡疆锋：《亚文化读本》，北京：北京大学出版社，2011年，第3页。
② 路春艳、王占利：《主旋律电影的商业化与商业电影的主旋律化》，《当代电影》，2013年第8期。
③ 马小盐：《粉丝文化背后解读》，《电视指南》，2015年第9期。

令人应接不暇的信息资源和文化产品，而且使广大粉丝们拥有了非常便捷、快速、高效的信息集结与传播，沟通与交流的途径。可以说，正是当前互联网快速发展所形成的巨大"推手"，使粉丝群体前所未有的壮大，粉丝文化的影响力也随之剧增。曾经热播的主旋律题材电视剧《人民的名义》，所掀起的收视热潮就彰显了如今影视创作与基于互联网的粉丝的深度关联：最早的电视观众只是这部电视剧受众群体的一小部分，更多的受众来自"剧粉"们在互联网上广泛的口碑传播之后；同时大多数观众都是在互联网上观看的这部电视剧；还有不少人通过网络平台进行"二刷""三刷"。可以说，这是一部正剧"刷出了网感"，正如中国艺术研究院马克思主义文艺理论研究所的孙佳山研究员所言：《人民的名义》中所塑造的人物和讲述的故事，"过去都是成人世界的人物和话题"，现在"居然也受到了'网生代'的粉丝文化主体们的高度关注，这在既往的任何阶段也都没出现过"。① 此外，这部电视剧还在被誉为"世界移动互联网行业发展风向标"的"全球移动互联网大会（GMIC大会）"上，被评为"互联网时代最具影响力的影视作品"。

这就意味着互联网时代粉丝的涉猎范畴已然实现了超越：不仅关注偶像和明星，而且更关注作品本身的叙事与价值；也正是由于粉丝文化在互联网时代的这一"文化跃进"，为当下的主旋律电影创作开辟了一个新的维度。因此，主旋律电影创作就要在兼顾传统院线市场和电影观众的同时，将更多的精力和关注投向互联网时代的大众文化传播特点，尤其是要掌握、利用粉丝经济对电影商业性的影响，粉丝文化对电影艺术性的影响，并坚守主旋律电影作为主流价值观叙事本身所具有的思想性，从而实现电影的商业性、艺术性与思想性的和谐统一。

主旋律电影在创作过程中还要熟稔并善于利用粉丝文化的特点。亨利·詹金斯在《文本盗猎者》一书中指出，粉丝文化"这一亚文化打破了传统的地理和年龄的壁垒，以特定消费风格和文化偏好的形式自我定义"；具体就影视创作而言，粉丝文化中的"类型期待（generic expectation）"所能够引发的接受效果不容小觑，粉丝们往往会通过影视剧类型的"常规套路（generic convention）"，来实现自己的心理期待和对文本的接受。② 其实近年我国的现

---

① 李道新、蒲剑、孙佳山：《时代的焦虑——"小鲜肉"及其文化征候解读》，《当代电影》，2017年第8期。

② ［美］亨利·詹金斯：《文本盗猎者：电视粉丝与参与式文化》，郑熙青译，北京：北京大学出版社，2016年，第1—2、131、116页。

实题材主旋律影视创作在"类型期待"方面已经有了较为成功的实践。如根据 2011 年中国船员在"金三角"遇害的"湄公河惨案"创作的电影《湄公河行动》，上映后得到从官方到民间的一致好评：获"中国电影金鸡奖最佳故事片奖""五个一工程优秀作品奖"等，观众评价其"以弘扬英雄主义为叙事基调，以打造影视精品为追求目标"，"是一部接地气、扬正气、聚人气"的主旋律电影。① 这部电影的成功很快就使国人对维护国家主权和人民安全的现实题材主旋律创作充满"类型期待"，并汇聚了一大批活跃在互联网上的粉丝。影片热映后不久，一部名为《如果蜗牛有爱情》的电视连续剧播出，这部电视剧从名字来看与"主旋律"没有关系，但当该剧后半部分被称为"电视剧版'湄公河行动'"通过互联网广泛传播后，包括之前电影粉丝在内的诸多观众就自发加入观剧的队伍中：仅在"腾讯视频"上线 14 小时网络点击量就突破了 1 亿，上线 40 个小时后网络播放量突破 2 亿，成为粉丝文化培养出来的名副其实的主旋律"网络爆款"。

我国的主旋律电影是一种有着丰富创作实践经验的电影类型，从新中国"十七年"的革命题材电影创作到新时期"弘扬主旋律，提倡多样化"指导思想下的电影创作，已经在国人的观影习惯和接受心理中形成了较为稳定的"类型期待"。而近年多部以"明星粉丝经济策略"进行创作的主旋律作品，又在培养观众新的有关主流价值观叙事的"类型期待"。粉丝文化与主旋律电影创作的深度勾连，不仅代表了如今中国电影发展的新特点，而且彰显了中国电影适应时代发展讲好中国故事的努力。

一直以来，有关粉丝文化的研究都强调粉丝群体的主观能动性："在德赛都、费斯克、詹金斯的粉丝理论中，一个核心的理论问题就是如何理解读者及其接受过程的问题，粉丝理论几乎就是读者理论和接受理论。"尤其是在互联网时代，粉丝作为"生产者和消费者，观众和参与者"，已经成了"一个覆盖全球的文化和社会网络"。② 具体就粉丝文化对中国电影的影响来看，从极具本土粉丝文化特色的"小镇青年"到强力带动粉丝经济的"小鲜肉"，关键是如今活跃于互联网的粉丝文化对主旋律电影创作的影响，都在不断提示、强调电影创作必须重视粉丝群体，观照粉丝文化。即便粉丝文化只是纷繁芜

① 法制晚报快讯：《取材"湄公河惨案"电影〈湄公河行动〉国庆期间上映》，《法制晚报》2016 年 9 月 28 日。
② 陶东风：《粉丝文化研究：阅读－接受理论的新拓展》，《社会科学战线》，2009 年第 7 期。

杂的大众文化中的一种"亚文化",但是其作为当下时代文化的重要征候,与拥有最为普罗受众的电影之间有着其他艺术门类无法企及的紧密联系,那么这就意味着主旋律电影创作的一个重要维度,就是充分发挥互联网时代粉丝文化的特点,努力创作出兼顾时代发展和受众审美,兼顾电影的社会价值与艺术价值、商业价值的作品。尤其在互联网让生活变得更为碎片化、去中心化的时代,主旋律电影创作需要拥有更多的情怀去直面商业浪潮的冲击。

论华莱坞历史片《西楚霸王》对项羽形象的创造

孙一江 *

（扬州大学新闻与传媒学院，江苏　扬州　225009）

摘　要：探究古代历史人物的电影改编，对中华优秀传统文化在当下的传承与发展具有重要意义。在《史记》中，司马迁以深厚的文学造诣描绘出项羽英勇悲怆的传奇形象。在艺术领域，华莱坞历史片《西楚霸王》着力刻画项羽形象上"真情真义"的特征，重构吕雉对项羽的影响事件；增改项羽与范增间的观点分歧；深化项羽与刘邦、项羽与虞姬间的关系情感，依靠人物形象间的正反相衬，彰显项羽复杂性格。影片丰富了项羽形象的艺术性，契合了当下人呼唤真情、崇尚诚信、强调个性自尊、努力实现自我价值的积极心态；然而把项羽矛盾性格的展现，淹没在大量人物情感纠葛之中，使得悲剧英雄的伟岸崇高感遭到一定程度的消解。

关键词：华莱坞历史片；《西楚霸王》；项羽；人物改编；《史记》

引　言

历史片是电影早期就出现的一个影片样式，一般是指以历史人物和历史事件为表现对象的影片①。改革开放 40 年来，中国影视制作人积极响应时代号召，踊跃参与主流意识形态建构和全球商业资本运作，创作出一批规模宏大、影响深远的历史片。储双月认为，20 世纪八九十年代的中国电影在努力还原历史、再现历史和追求历史人文魅力的同时，也出现了非历史化的文本

---

　　* 作者简介：孙一江（1994—），男，汉族，江苏宜兴人，戏剧与影视学硕士，扬州大学新闻与传媒学院研究生，研究方向：中国历史片人物研究。
　　① 王广西、周观武：《中国近现代文学艺术辞典》，郑州：中州古籍出版社，1998 年，第 108 页。

实验，以及非权力形态也非精英文化形态的"游戏"历史的叙事倾向①。《西楚霸王》便是其中代表之一。影片于1994年在中国上映，由张艺谋监制，冼杞然导演，吕良伟、关之琳、巩俐及张丰毅领衔主演，讲述了秦末英雄项羽从会稽起义至乌江自刎的悲壮人生故事。该片以华人为电影生产的主体，以华语为基本的电影语言，以华事为主要的电影题材，以华史为重要的电影资源，以华地为电影的生产空间和生成环境②，是一部典型的华莱坞电影。

研究华莱坞电影中的古代历史人物形象，对中华优秀传统文化在当下的传承与发展具有重要意义。依托传统经典资源与文化理念，既对人物研究大有裨益，也对华莱坞电影的本土话语体系建构具有促进作用。学界对该领域的研究，专注于单个历史人物，秉持文本对比分析，热衷切入全球视野与西式理论，多维批判人物价值。然而，学界对人物改编研究的挖掘程度还不深，传统经典的借鉴意识还不足，本土话语建构力度还不强。针对"项羽"事迹与形象改编的研究，还具有一定的探索空间。

值得注意的是，中国历史诗学特别强调"文学"与"历史"、"诗"与"史"之间的"通"和"合"③。因此，本文无意于纠结历史的真伪，而是把研究力度聚焦在人物改编的方法、规律与价值的探讨上，进一步加强《史记》文本与电影文本的对比，以期为当下华莱坞电影人物研究做出微薄的启示与推动作用。

司马迁《史记》对于项羽形象的描绘是全面、客观而生动的。冼杞然《西楚霸王》改编项羽事迹的落脚点，是变动电影中项羽与吕雉、范增、刘邦以及虞姬这四位主要人物的互动情况。影片既刻画了项羽对虞姬的热烈忠贞，对兄弟的真诚信任，对百姓、将士的宽厚仁爱；又描绘了他刚愎自用、鲁莽冲动、天真幼稚、残暴凶狠的性格缺陷。本文深入辨析人物在影像中的各种行动变化，同时依托司马迁《史记》的描绘及其思想内涵，剖析影片对项羽形象的文学改编方法与传播价值。

一、重构吕雉对项羽的影响事件

电影通过重构吕雉主导或参与的事件，安排其对项羽言行产生影响，从而依靠她的复杂形象来反衬项羽的复杂性格。

---

① 储双月：《中国历史电影艺术史》，北京：文化艺术出版社，2016年，第229页。
② 邵培仁主编：《华莱坞电影概论》，杭州：浙江大学出版社，2017年，第3页。
③ 张进：《历史诗学通论》，广州：暨南大学出版社，2013年，第282页。

（一）内讧事件：靠拢项羽势力

内讧事件是吕雉首次参与项、刘关系，并成为她影响项羽征战经历的起源。钟离眜与樊哙因身份等级问题而产生纠纷。项羽治军巧妙，处罚得当。吕雉提议项羽与刘邦应结为生死兄弟。项羽重诺守信，欣然接受她的建议。

吕雉参与此事件的目的，一是想借助项羽言出必行的性格特征，壮大并稳固刘邦军团的势力。二是想利用项羽重情重义的个性，靠拢项羽，以图谋长远之计。

历史上并未记载钟离眜与樊哙的矛盾事件，刘邦投靠项家军时，吕雉也并未跟随其中。电影虚构事件，增设吕雉言行，初步建立起吕雉与项羽间的互动关系，为之后的剧情发展做出铺垫。

（二）阿房宫事件：丑化项羽形象

吕雉利用虞姬诱导项羽火烧阿房宫，强化了天下人对项羽的仇视感。刘邦离开鸿门宴后，项羽本想铲除其势力。吕雉求见并道出虞姬在秦王宫的下落。项羽立刻改变主意，前往阿房宫寻找虞姬。吕雉故意放出虞姬被秦二世侮辱的消息。项羽大怒，下令杀尽秦国宗室大臣并焚毁阿房宫。

历史上，刘邦离开鸿门宴后，项羽不可能在鸿门接触吕雉。《史记·项羽本纪》载："汉王……东伐楚。……欲过沛，……求太公、吕后不相遇。审食其从太公、吕后间行，求汉王，反遇楚军。楚军遂与归，报项王，项王常置军中。"[1]刘邦被封王之后，率军讨伐项羽失败。逃难途中，刘邦寻求吕雉不得，吕雉最终被项羽掠获。也就是说，项羽直到分封天下之后，才有机会接触到吕雉。《项羽本纪》又载："居数日，项羽引兵西屠咸阳，杀秦降王子婴，烧秦宫室，火三月不灭。"[2]刘邦逃离鸿门之后，项羽并未立即前往咸阳，《史记》中也并未点明项羽暴虐行为的心理缘由。杨宁宁认为："项羽道德错位的根本原因，就是潜藏在他内心深处非常强烈的复仇意识和复仇情结。"[3]

反观电影，项羽的行为实际也是出于一种复仇心理，但复仇动机发生了变化，由"家仇国恨"转成"为爱暴发"。电影安排吕雉改变项羽焚烧阿房宫的动机，实现其让项羽失去民心的戏剧性需求，突出了项羽铁血柔情而又暴

① 司马迁：《史记》，北京：中华书局，2011年，第273—274页。
② 司马迁：《史记》，第268页。
③ 吴桂林、刘殊、金绪道主编：《项羽研究专题》，北京：中国文史出版社，2015年，第367页。

虐无仁、鲁莽冲动的复杂形象。

（三）刺客事件：博取项羽的信任

此时，吕雉的身份是刘邦军团的卧底，她的任务是替刘邦军团传递楚国军情。在诸多互动中，吕雉凭借自己深刻的军事眼光与高超的政治才能，深得项羽依赖。项羽分封天下后，刘邦主动把吕雉留在项羽身边。项羽善待吕雉，甚至让其处理楚国朝政。对于"田荣谋反"一事，吕雉与虞姬有不同的看法，是因为她比虞姬更了解项羽崇武尚力、剽悍霸道的治国手段。遇刺时，吕雉帮助项羽击杀刺客，这让项羽刮目相看。遇刺后，范增决定处死吕雉，虞姬与项羽相继出面阻拦。刺客认为项羽比秦始皇更让人痛恨，吕雉私会项羽，指出他治理天下的根本弊端，这更让项羽倾慕不已。

历史上获得项羽极大信任，能为刘邦军团提供关键情报的，不是吕雉，而是项伯。《项羽本纪》交代，项伯与张良交情深厚，又与刘邦订立了儿女婚约，因此他对刘邦军团十分关照。项羽为人具有浓厚的宗亲意识，用人非亲即故，对长辈尊敬顺服。何梅琴认为，项羽的早年生活环境主要是宗族社会，这培养了他根深蒂固的宗族意识[1]。项羽对季父项伯是言听计从的。鸿门宴上，因项伯翼护刘邦，项羽迟迟不肯下手。分封天下时，项羽又听从项伯的说情，改封刘邦。然而，项伯却为刘邦军团扭转危机提供了重要帮助，甚至成为项羽军团走向衰亡的导火索。

电影重新安排人设，省略项伯这一人物，让吕雉承担其角色作用，利用她影响项羽今后关键的军事判断，突出吕雉的机敏善谋，反衬出项羽忠厚诚恳而又天真幼稚的性格特征。

（四）诈降事件：导致项羽败局

电影设计吕雉促成楚汉议和，安排其逼走范增，使其直接影响项羽征战的结局。

广武山对峙后，吕雉为解除刘邦军危机，亲往楚营诈降。首先，吕雉利用虞姬，使其向项羽求情。其次，吕雉凭借对项羽的了解，让其宽恕自己并答应议和。最后，吕雉故意挑动是非，激怒项羽，逼走范增。此事件中，吕雉的目的是为刘邦军团等候韩信援军拖延时间。历史上，"离间计"与"楚

---

[1] 何梅琴：《试析项羽复杂的性格》，《渭南师范学院学报》，2009年第3期。

汉议和"是不同时期的两件事情。首先，"汉王患之，乃用陈平计间项王"。^①《史记》中成功离间项羽与范增的人物不是吕雉，是陈平。其次，促成楚汉议和的人物也不是吕雉，而是侯公。"汉王复使侯公往说项王，项王乃与汉约，中分天下，割鸿沟以西者为汉，鸿沟而东者为楚。"^②另外，《史记》中并未细说项羽答应议和的原因，只是提到了侯公劝和成功的结果。

电影让吕雉代替陈平、侯公的作用，调整历史事件发生的次序与内容，重设项羽同意议和的原因，突出了项羽宽厚仁爱、正直坦荡的形象。

历史上，吕雉的确具备高超的政治智慧。司马迁评价："吕后为人刚毅，佐高祖定天下，所诛大臣多吕后力。"^③司马迁用"刚毅"一词来形容女性，足见吕后能力之强。又有："故惠帝垂拱，高后女主称制，政不出房户，天下晏然。"^④惠帝时期，吕后临朝称制，坚持无为而治，维护了国家稳定，司马迁对此十分赞扬。张大可认为，司马迁视吕太后在定天下中立有大功，故为之立本纪，这是一种肯定妇女才能的实录精神，同时也展示了男女平等的进步女性观^⑤。

然而，吕雉的所作所为，是在汉高祖刘邦平定天下之后，才逐渐显露出来。她对项羽事迹的影响，在历史上是很微薄的。电影创作者们积极勾勒吕雉勇敢果决、深谙机谋的政治家面貌，夸大了她在反秦起义及楚汉战争中对项羽的影响，从侧面丰满了项羽的性格，从而在古代经典故事中借助女性形象彰显人物间世俗情感互动的现代观念。

二、增改项羽与范增间的观点分歧

电影增删变化项羽与范增间的言语交流，利用俩人观点交锋，互相衬托形象。项羽与范增对话的核心内容是关于"情义重，还是天下重"的辩题，他们辩论的过程，总体上呈现出一种待人处事价值观上的分歧。

（一）重义与寡义：对待战友的态度反差

电影中，项羽珍惜战友，极重情义。范增则一切以社稷为重，薄情寡义。

---

① 司马迁：《史记》，第 276 页。
② 司马迁：《史记》，第 281 页。
③ 司马迁：《史记》，第 334 页。
④ 司马迁：《史记》，第 346 页。
⑤ 张大可：《史记二十讲》，北京：商务印书馆，2013 年，第 229 页。

创作者们添加项羽与范增在棘原之战后的对话。言语中，范增心中唯念楚国江山，而项羽却始终怀忧战友的不幸。创作者们还虚设项羽与范增议论刘邦言行时的不同观点。鸿门宴结束后，项羽把刘邦所赠礼物视为"心意"。范增却摔碎礼物，道出刘邦入关的真实意图，力主追杀刘邦。广武山对峙后，范增极力反对楚汉议和，痛斥项羽姑息刘邦的错误想法。项羽却为一时太平，无视刘邦隐患，对范增的劝谏厌烦猜忌。另外，创作者们还利用虞子期事件呈现两人不同立场。虞子期为项羽辩护，误杀义帝。范增认为虞子期必须以死谢罪，项羽出于兄弟情义极力反对。虞子期自杀后，项羽与范增的立场则更加对立。然而，《史记》却并未记载虞子期这一人物及其事件。项羽处理义帝之死的时间和做法，也与史书记载截然不同。

总之，范增一心为楚国江山考虑，情义在他眼中微不足道。项羽却无视江山社稷，对待战友情愿舍弃生命。

（二）有情与无情：对待女性的态度反差

电影中，项羽对待弱势女性的态度始终是真诚宽厚的。范增则对于项羽重视的女性人物，公然侮辱蔑视。

项羽平定天下后，不思朝政，与虞姬玩乐，范增劝谏。言语中，范增歧视虞姬，诋毁吕雉，惹得项羽十分尴尬。刺客事件中，范增发出"一女已可倾城，二女更堪亡国"的尖锐讽刺，这进一步加深了他与虞姬的嫌隙。诈降事件中，范增恼羞成怒的举措，更是让项羽、虞姬失望厌弃。范增对虞姬态度恶劣，必然招致项羽的厌恶。范增一心想要除掉吕雉，则会引起虞姬与项羽的不满。

历史上，在项羽与范增的互动事迹中，没有出现女性人物的身影。创作者们虚设范增对女性人物的评价和行动，继而突出项羽的态度与立场，这使得俩人形象相互映衬，最终强化了主人公项羽的复杂性格。

范增是项羽身边唯一的谋臣，他在秦末农民起义以及楚汉相争的历史进程中，具有举足轻重的作用。千百年来，后人对范增的评价褒贬不一。司马迁认为范增"好奇计"，苏轼盛赞"增高帝之所畏也，增不去，项羽不亡"[①]。汉高祖刘邦也侧面承认范增功劳，"项羽有一范增而不能用，此其所以为我擒

---

① 苏轼：《苏轼全集（中）》，傅成、穆俦标点，上海：上海古籍出版社，2000年，第752页。

也"①。当代学者陈凤、陈恩虎认为，范增长于谋划，事君忠勤且爱国坚毅②。南宋文学家洪迈、清代学者王鸣盛则认为，范增亲见项羽"坑降卒"行为，未发一言，是其才疏的表现，提议"立怀王""分关中"等计策，都是"拙计"③。

创作者们增改项羽与范增间的交流频率与内容，使其两人的互动更加情感化、人性化，总体上以范增之"忠"来衬托项羽之"真"与"愚"。

三、深化项羽与刘邦、虞姬间的关系情感

电影还通过调整具体的历史事件，对项羽与刘邦、项羽与虞姬间的关系情感进行深入的刻画。

（一）强调项羽与刘邦间的友情纠葛

司马迁在《项羽本纪》中明确指出项羽与刘邦曾是一种兄弟关系。电影则进一步强化了这种关系，保留了主要的历史事件框架，增设了两人间的言行细节，集中力量利用刘邦的虚伪狡诈，来反衬项羽的真诚坚守。

鸿门宴场景中，影片为刘邦设计大量台词，让其利用与项羽的兄弟情谊，尽力洗刷自己进入关中的居心。根据《项羽本纪》中的描述，刘邦只在鸿门宴的初始阶段，说了句试探奸细曹无伤的话。直到离开宴会前，刘邦再无主动发言。刘邦顺利脱离宴会后，也只命令张良留下献礼。创作者们让刘邦全程参与，在言辞中不断强调与项羽的兄弟情分，使得项羽深信不疑，最终成功脱险。

广武山对峙场景中，范增利用太公要挟刘邦，刘邦再次利用兄弟情义，说出"烹父分羹"的冒险之词。项羽认为刘邦过于残忍，于是亲自射杀刘邦。《史记》中，项羽亲自策划烹杀太公，刘邦急中生智，利用"约为兄弟"一说，再加上项伯对项羽的劝告，成功化解父亲生命危机。后来，刘邦又细数项羽十条罪状。项羽大怒，于是埋伏弓箭手射杀刘邦。电影则省略了部分较为复杂的人物言行互动，通过描绘刘邦对待兄弟情感的随意态度，突出项羽

① 司马迁：《史记》，第322页。
② 陈凤，陈恩虎：《亚父文化与范增的政治品格》，《淮北师范大学学报（哲学社会科学版）》，2018年第1期。
③ 陈凤，陈恩虎：《亚父文化与范增的政治品格》，《淮北师范大学学报（哲学社会科学版）》，2018年第1期。

正直坦荡而又天真幼稚的复杂个性。另外,《史记》中并未记录楚汉议和以及乌江自刎前项刘双方的对话内容。电影在展现这些事件时,增设角色台词,其中内容依旧涉及"兄弟情义"的话题。

历史上,刘邦确实有自私狡黠、反复无常的形象特征。《项羽本纪》有:"楚骑追汉王,汉王急,推堕孝惠、鲁元车下,滕公常下收载之。如是者三。"①刘邦在逃亡的过程中,为了能够加快车马行进的速度,竟多次把自己的儿子、女儿推下车。《淮阴侯列传》有:"果若人言,狡兔死,良狗烹;高鸟尽,良弓藏;敌国破,谋臣亡。天下已定,我固当烹!"②。韩信对刘邦忠心不二,刘邦却城府极深,无情剿灭昔日与自己肝胆相照的兄弟。

电影对《史记》中"约为兄弟"一说大做文章,进一步夸大刘邦负面性格,以反衬项羽复杂性格。

（二）突显项羽与虞姬间的爱情悲剧

创作者们还花费较大心力,填充项羽征战经历中与虞姬的情感互动。

在剧情发展的较早阶段,创作者们从诸多细节上刻画两人的亲密关系,如送宠物、互赠信物等。到了中期阶段,虞姬的作用正式凸显出来,如项羽因其焚烧阿房宫,为其勇闯火海等。直到后期,创作者们开始集中刻画两人之间的悲壮爱情。

垓下之围中,虞姬为自己阻止项羽杀吕雉并围剿刘邦一事而懊悔。项羽反而不断宽慰虞姬,甚至苛责自己没能保护好她。四面楚歌后,项羽击鼓唱《垓下歌》,虞姬泪流满面,最终自刎谢罪。项羽悲痛万分,亲自火葬虞姬。直到乌江自刎时,项羽心中所念依然是虞姬。

《史记》中,项羽与虞姬的互动事迹只集中在"垓下之围"时刻。"项王军壁垓下……有美人名虞,常幸从……歌数阕,美人和之。"③《史记》的描述并没有电影这般复杂,只是安排项羽唱诗,虞姬作和,互诉心声。电影进一步丰富细节,填充入虞姬自刎,项羽送葬,最终生死与共的结局。影片突出了项、虞爱情的悲壮热烈,对塑造项羽形象起到正衬作用。

① 司马迁:《史记》,第273页。
② 司马迁:《史记》,第2303页。
③ 司马迁:《史记》,第283页。

四、契合与消解：项羽角色描绘的价值利弊

茅盾曾论述过关于历史剧改编的两个问题，一是历史剧古为今用的问题，二是历史真实与艺术真实如何统一的问题。他认为，历史剧既然要古为今用，就不得不对史实有所取舍、有所更改①。历史剧可以采用不见于正史的传说、异说，乃至凭想象来虚构一些人和事，以增强作品的艺术性，但不能损害作品的历史真实性②。

（一）借古喻今：契合当下人的生活态度

创作团队在塑造项羽形象的过程与结果中，具备"借古喻今"的效用。

创作者们在叙事编排上的一个突出特点，是设计女性人物事迹对项羽形象的建构发挥作用，其中揭示出男女关系中应秉持的信任真诚、忠贞热烈的价值观念。除此之外，创作者们还铺设项羽与诸多男性角色间的言行互动，揭示出兄弟关系中肝胆相照、守望相助的情感态度。

本文认为，这些改编理念有利于引发观众的共情效应及传递当下启发意义。可以说，冼杞然团队对于项羽形象的塑造契合了当下人呼唤真情、崇尚诚信、强调个性自尊，努力实现自我价值的现代生活态度。

（二）崇高消解："家仇国恨"让位"儿女情长"

电影对于项羽事迹的改编，在历史真实与艺术真实的统一问题上，还有待提高。

司马迁论赞："然羽非有尺寸，……近古以来未尝有也。……自矜功伐，奋其私智而不师古，……尚不觉寤而不自责，过矣。乃引'天亡我，非用兵之罪也'，岂不谬哉！"③司马迁不以成败论英雄，为项羽立本纪，在批判他的同时，也高度肯定了他誓灭暴秦、重振山河的伟大功业。张大可认为，《项羽本纪》的历史价值是描绘灭亡暴秦的真正英雄是项羽④。韩兆琦也认为，司马迁如此喜爱项羽，最根本的原因是项羽是一位反秦的英雄⑤。由此可见，项羽形象上真正蕴含着的是一种渴望建功立业的人生使命感，司马迁着力描写

---

① 茅盾：《关于历史和历史剧》，北京：作家出版社，1962年，第103页。
② 茅盾：《关于历史和历史剧》，北京：作家出版社，1962年，第106—107页。
③ 司马迁：《史记》，第287页。
④ 张大可：《论项羽》，《信阳师范学院学报》（哲学社会科学版)2009年第1期。
⑤ 韩兆琦：《史记讲座》，桂林：广西师范大学出版社，2017年，第276页。

的是项羽的抗暴与英武，是一种"家仇国恨"的复仇信念。伏俊连认为，反抗强暴的英雄被毁灭了，其实就是毁灭了人类寂寞心灵中的希望，悲剧感即由此而生①；项羽英武时的自由自主的本质得到瞬间肯定，又把他毁灭掉，于是闪出了最光辉耀眼的悲剧火花。②项羽捣毁旧世界，开创新世界，然而他却被毁灭了，这是其悲剧性的根源。与此同时，他的诚实、天真和单纯，又进一步使人同情怜悯。

总体而言，创作者们在大方向上基本按照《史记·项羽本纪》中所记载的历史事件进行线性叙事，在描绘具体历史事件的小方向上则做出较大调整。影片除了删繁就简地展现项羽在抗秦以及楚汉战争中骁勇善战的形象，表达项羽在东城快战以及乌江自刎时的铁血柔情、英雄气短，进一步丰富大众对于历史英雄的想象；还重点依靠人物言行互动间的正反相衬，着力刻画项羽形象上"真情真义"的特征。

冼杞然等编创者们尚未完全背离项羽性格发展逻辑，而是夸大了他对于世俗情感的理解，这样的编法有利于增强项羽形象的观赏性。但把项羽矛盾性格的展示，淹没在大量"儿女情长"式的人物情感纠葛之中，如项羽对虞姬的痴恋、与吕雉的暧昧、和兄弟的羁绊等等，这使得项羽形象的伟岸崇高感遭到了一定程度地消解。

　　结　语

张进认为："司马迁笔下写的大多是奇人异事，为了突出人物非凡的才能或奇异的经历，他常常在'实录'的同时，喜爱选用一些奇异的现象，传奇般的经历以及怪异的神话传说并特意加以突出，使之鲜活传神，跃然纸上。"③这说明《史记》的叙述内容并非完全"实录"，而是充满艺术想象力的。司马迁对于项羽形象的理解是崇高深邃的，对其形象的刻画是生动精彩的。因此，借鉴经典的书写方式与思想内涵，则能进一步提高电影艺术的"文学性"内涵，避免出现"巧妇难为无米之炊"的尴尬局面。

20世纪90年代初的中国正值改革大潮之时，电影领域商业化特征突出，颠覆传统成为一时潮流。华莱坞历史片《西楚霸王》这样一部突出女性形象的作品，印刻着张艺谋风格，在当时拥有着不错的受众市场。然而，影片还

---

① 伏俊连：《论〈项羽本纪〉的悲剧性》，《贵州文史丛刊》1988年第4期。
② 伏俊连：《论〈项羽本纪〉的悲剧性》，《贵州文史丛刊》1988年第4期。
③ 张进：《历史诗学通论》，广州：暨南大学出版社，2013年，第239页。

需更加准确地把握"悲剧英雄"项羽的性格发展逻辑与精神内涵，并在人物事迹的正向价值传播以及诸多细节刻画上下功夫。

电影是一门集艺术性、工业性与商业性于一身的综合艺术。创作者们在进行历史人物的艺术塑造时，应统筹兼顾，以高艺术性为根本，又能保持一定程度的商业性，更要有意识地突出历史人物的启示意义，弘扬恰当正面的历史情怀，这样才能进一步推动华莱坞历史片的发展与繁荣。

《哪吒之魔童降世》：国产动画电影的
新传播策略

廖　璇　郑媛媛　杜　凯　杨子豫*

（贵州民族大学　贵州贵阳　550025）

摘　要：继《大圣归来》《悟空传》后，中国国产动画电影又迎来了新的历史高点。2019 年暑期上线的《哪吒之魔童降世》无疑成为今年中国电影票房市场最大的黑马。其扎根于中国传统文化故事，由此改写出一部"我命由我不由天"的叫座又叫好的动画电影。这部电影之所以如此火爆，与其讲好中国故事、传播中国文化息息相关。本文欲以"C.W"传播模式和现代交互模式分析《哪吒》庞大票房背后的传播策略，以南风法则和"狂欢化"视听表现找出其一举成名的主要因素，探索出《哪吒》叫好又叫座的真正原因，最后总结出动画电影市场经验，这对我国未来国产动画电影的制作与传播有着重要影响。

关键词：《哪吒之魔童降世》；国产动画电影；传播策略；中国故事

　　于 2019 年 7 月 26 日上映的中国国产动画电影《哪吒之魔童降世》在上映当天一个半小时就票房破亿，8 月 4 日票房破 21 亿，8 月 8 日票房破 30 亿，成为中国影史首部 30 亿票房动画电影。8 月 21 日，《哪吒》票房冲破 42 亿，首超《复联 4》升至中国影史票房总榜第三。8 月 23 日，《哪吒》票房超 43 亿，成为全球影史单一市场票房最高的动画电影。一部国产动画电影，在

---

　　* 作者简介：廖璇（1984—），女，贵州贵阳人，贵州民族大学副教授，西南民族大学博士在读。主要研究方向：艺术学、文化人类学、新闻传播学；郑媛媛（1995—），女，山西太原人，贵州民族大学硕士研究生在读。主要研究方向：影视艺术学；杨子豫（1996—），女，河南虞城人，贵州民族大学硕士研究生在读。主要研究方向：影视艺术学；杜凯（1996—），男，河南商丘人，贵州民族大学硕士研究生在读。主要研究方向：影视艺术学。

上映不到一个月的时间里拿到 43 亿票房，这是中国国产动画电影的奇迹。而自《哪吒》上映以来，"哪吒风"也成了这一个月的潮流。各大明星纷纷扎起哪吒头，画上哪吒妆，"小爷"成为大众自称的新方式，结巴似乎也成为大家玩闹打趣的新方式。而这所有的一切，都和《哪吒》贴合时代的传播策略息息相关。

一、自媒体时代信息压缩诱导下的"C.W"传播

C.W 传播模式，即 C（conclusion）+W（5w 传播模式）的传播模式，是针对当今自媒体发展迅猛，开掘出新的传播效应后，所出现的一种传播模式。融媒体时代，微博和朋友圈已经成为大众分享生活的常驻地。随时随地人们都可以用双微记录身边的大小"新闻"，如《哪吒》上映当天一个半小时票房破亿这一新闻。事件（what）中，只有 7 月 27 日（when）、《哪吒之魔童降世》（who）、影院（where），至于原因（why）为何短短时间就票房破亿不得而知。就在人们不知情的情况下，自媒体利用事件带自身结论（国产动画电影的高光），为此事促成二次传播，从而形成一种信息压缩下的 C.W 传播模式。

之后，随着越来越多的人在好奇心的驱使下走进影院，这部在朋友圈、微博被疯狂叫好的电影真正以一种断论式的形态出现在双微。如：我（who）今天（when）终于在朋友的推荐下（why）于保利影院（where）看了《哪吒》（what），真的不虚此行！非常好看！强烈推荐（conclusion）！而具体的为什么好看，哪里好看，并没有详细说明，需要被传播者自己探究。因此，在这一传播模式下，《哪吒》在双微完成了二次、三次乃至于四次、五次的传播，从而有了今天的好成绩。

同时，受到微博微信朋友圈字数的限制，5W1H[①]六合法被不同受众进行了选择传播，更容易激发二次受众的情感认同。对 5W[②]的取舍，准确定位目标群体，选择 To Whom，直接锁定粉丝群体；选择 In Which Channel，标识电影制作方的行业地位；选择 Says What，讲什么样的故事和故事的讲述方式满足终端受众的个人需求；选择 With What Effect ，找准电影二次传播的

---

① 文中的六合法，是指 C+5W，结论结合传播过程五要素。

② 1948 年，美国传播学家哈罗德·拉斯韦尔发表了《社会传播的结构与功能》一文。提出了传播过程及其五个基本构成要素，即：谁 (who)、说什么 (what)、通过什么渠道 (in which channel)、对谁 (to whom) 说、取得什么效果 (with what effect)，即"5W 模式"。

拓展途径。这些 w 的选择实际上都是出于对观众情感发生的考虑，强调的还是情景特征。

《哪吒之魔童降世》首先在选择 To Whom 时，就将电影的目标受众定位为中青年、幼年群体。动画首先是小朋友的首选，可爱的动画人物和快节奏的激斗情节正符合小孩子对新鲜、刺激事物的喜好。而作为小朋友的父母亲这一中年群体，陪伴小朋友一同观看的十分必要的。而冲着《哪吒》这一幼时情怀的，当属青年群体。《哪吒》在选择 In Which Channel 时，选择全国各地的院线同步上映，无论你在哪里，大城市还是小县城，北京还是云南，你都可以在 7 月 27 日一睹哪吒风采。在选择 Says What 上，《哪吒》选择了以中国古典神话《哪吒闹海》为故事蓝本，在其基础上进行故事改写和角色的重新赋予，以传统文化为根基，将中国的处世文化一并诉说。而在选择 With What Effect 上，《哪吒》选择了在广大青少年放假的暑假进行上映，同时迎合 8.7 日的中国传统节日七夕，以暑期—七夕档，吸引了众多年轻人和小朋友的关注。不仅如此，《哪吒》的电影主题曲也同步在各大音乐平台上线，当红歌手张碧晨的献唱、洛天依的加盟，也使得大众对这部电影有了些"总想看看"的想法。

二、"容器人"视域受众偏好控制下的交互模式

"容器人"① 是日本传播学者中野牧在《现代人的信息行为》一书中描述现代人的形象时提出的。融媒体时代，大众容易对某一事物产生"固有思维"。随着近年来国产动画电影的节节高升，民众对国产动画电影也逐渐形成了"应该不错"的固有想法。因此，当《哪吒》提上档期，大众纷纷有了看一看的观影欲望。

（一）观众呈现"容器人"后现代特征

在"容器人"视域下，当代观影群体交互传播② 特征为以下三点。首先

---

　　① "容器人"由日本传播学者中野牧在《现代人的信息行为》一书中描述现代人的形象时提出，指在现代的大众传播环境下，人们的内心世界犹如封闭的容器，孤立且封闭。他们为了打破这种孤独的状态也希望与别人接触，但是这种接触只是容器外壁的碰撞，并没有内心世界的交流。

　　② 交互式传播指的是在一个传播管道中，当来自受众的实际反馈被收集，而且发讯者将其加以使用，以便不断地调整或修饰再次传送给受众之信息。交互对等、双向传播的能力，可归因于传播媒介或传播关系的因素。

是强烈的个人情感代入。当今大众大多相信自己的感觉，以自我感觉作为评判事物的最终要素。拒绝客观事实，推崇自我认知。在《哪吒》上映的三天里，微信朋友圈就已经被"吹爆《哪吒》、好评如潮"等大众自我情感认知刷屏，人们对于哪吒"以身抗命"和"以身扛命"的做派大有好感。其情感认知大于影片中传递出的传统优秀文化追捧。其次是标新立异。当今大众追求与众不同，《哪吒》在上映三天后的朋友圈刷屏内容已不再是"我命由我不由天"这一口号，而是变成"红蓝CP"你值得拥有。年轻人组"CP"已成为一种潮流，而"红蓝CP"的诞生就是当代青年对于追求与众不同这一自我价值观的体现。最后，《哪吒》一改之前主流电影的说教模式，以动漫、好笑的方式，嫁接进当代对"身份成见论"的价值观，从而以轻松的方式获得年轻人的喜爱。

（二）新媒体模式下的交互传播

微博作为新媒体的主阵地，是任何媒介都愿意分一杯羹的流量主产方。在《哪吒》上映前，片方就注册了"电影哪吒之魔童降世"这一官微，在微博上发布几十秒或几百秒不等的短视频，以哪吒敖丙对立、混元珠一分为二等美轮美奂的内容，吸引大众对《哪吒》的观影期待值。而在《哪吒》上映后，官微又主持了#哪吒之魔童降世#的话题，以电影精彩视频集作为置顶，时不时发布一些互动话题，并设置参与抽奖环节，送哪吒周边。如8月27日，官微发布的一个为敖丙设计下凡新衣的活动，在原图基础上为敖丙设计新衣，将有机会获得"海盐珍珠蚌"卡套。而新形象有可能会被使用在下部电影中，这就激起了很多原创动漫插画用户的热情。不同方式的互动话题，持续点燃着大众心中对《哪吒》人物的热爱，也使得更多的人了解、参与到《哪吒》这部动画电影中。短时间内，《哪吒》官微粉丝达140万，#哪吒#话题阅读量高达31.3亿。综上所述，借势新媒体与大众的互动传播，《哪吒》在上映后的一个月里，以强势之姿，持续斩获着中国乃至世界动画电影票房的各项新纪录，成为未来中国国产动画电影成长的奠基石。

三、当代情怀抚慰和大众狂欢

（一）情怀期待到情怀抚慰

从2015年的《大圣归来》到之后的《大鱼海棠》再到大众喜爱的《悟空

传》，中国国产动画电影近年来的强大崛起不仅让国人看到了国产动画电影的未来潜力，更对本民族文化有了更为深刻的情感认同。因此，大众对于2019年上映的国产动画电影《哪吒》就有着更高的期待。这就是"拍球效应"。自2015年后，国内观众以电影《大圣归来》为先，对优秀国产动画的需求一直等待被激发，压抑得久了，这一'皮球'就弹得特别高。而《大鱼海棠》《悟空传》的唯美画面、特效等也在随着时间越来越丰富，这使得很多人都对国产动画电影有了一种情怀。漫威看多了，却始终不是自己的东西。如今中国国产动画电影的逐步崛起，让大众看到了国产动画电影的潜力，也愿意为国产动画电影掏钱出力、贡献票房。

而如何使得这一情怀期待转化为情怀抚慰，就要通过中国传统优秀文化作为电影内容的根基。从《西游记》到《封神榜》，中国古典神话故事早在年幼时就深埋在每一个国民的心中。从孙悟空大闹天庭到哪吒闹海，每一个耳熟能详的典故背后，都传达着中华民族最优秀的文化。哪吒剔骨还亲，有情有义，正是中国五千年来被一直传承的精神。法国文学家让·拉封丹曾在一则寓言中揭示出南风法则①的原理："感人心者，莫先乎情。"能被人牢牢地记在心里的，不是生硬难懂的文化，而是文化背后所拥有的情怀氛围。电影《哪吒》以古典神话哪吒闹海为基调，插以当代价值观，以"我命由我不由天"这一思想向世人表达中国年轻人不认命、能改命的态度。尤其是对前几年"寒门再难出贵子"这一论调的抗拒和改写。以情动人，从而将这一正能量注入每个观影人的心中，完成电影的情怀抚慰，让大众愿意将这一文化认同的情怀进行分享。

（二）"狂欢化"②的视听表现

动画电影说到底是一种以娱乐大众为主要目的的"杀闲"文化艺术。在如今快节奏的生活方式下，大众普遍压力较大，其观看电影是希望通过观赏电影这一过程得到一种审美愉悦和身心放松。因此，动画电影中的"狂欢化"视听表现也是《哪吒》的一大卖点。

---

① 南风法则也称温暖法则，来自法国作家拉封丹的一则寓言：北风和南风比威力，看谁能让行人把身上的大衣脱掉。北风首先来了个寒风刺骨，结果行人把大衣裹得紧紧的。南风则徐徐吹动，顿时风和日丽，行人春意上身，纷纷解开纽扣，继而脱掉大衣，于是南风获得了胜利。

② "狂欢化"理论是苏联文艺理论家巴赫金在探讨文艺问题时提出的理论。指的是文学作品中表现出来的充满狂欢精神的审美特质。近几年随着对"狂欢化"理论的深度挖掘，该理论亦被用来研究以电影为代表的视听艺术。

中国人普遍有着"看热闹"的从众心理，哪里有"热闹"就往哪里凑。这种"看热闹"的行为如今在微博被称为"吃瓜"。因此，素有"有瓜不吃非好观众"一说的广大微博网友，对"吃瓜"这件事有着异于常态的兴奋感。《哪吒》在上映当天的一个半小时就票房破亿，引得人民日报、新浪娱乐等官方、非官方的关注报道，这不禁引起了广大微博网友强烈的好奇心：这部国产动画电影有这么好看？不行，我也要去看看！

等观众都坐进电影院，片方"狂欢化"的吸引就完成了一半。"狂欢化"的影视表达说白了就是四个字，酣畅淋漓。如何以快节奏的叙事速度不断地抓取现场观影人的眼球，如何以酣畅淋漓、大快人心的对决引起观众雀跃兴奋的"狂欢"心情，正是这部动画电影在告诉大众、告诉市场的东西。打架无疑是引起观众紧密关注的最大动因，而正义取胜更是大众心理对畅快淋漓这一心情获得的最大期许。因此，《哪吒》中，哪吒和敖丙的决战，成为影片"狂欢化"视听表现最强的一块。哪吒成魔与敖丙救世，哪吒醒悟与敖丙入魔两段立场不同的战斗，不仅完成了大众心中哪吒敖丙亦正亦邪的角色塑造，更完成了不论影片叙事中两个段落的哪个片段（哪吒逃走或敖丙战败），都有邪不压正这一观点的传达。架也打了，正义也胜了，观众心中的"狂欢"自然而然也在酣畅淋漓的审美情态下被完成。而情感的完美释放，必然通过分享得以成全。因此，受微博朋友圈字数的限制，广大从电影院走出来却急不可耐向外界表达自己心中满足的人们，在"C.W"传播模式限定中，不知不觉地帮助电影《哪吒》完成了线下宣传的循环圈。

结　语

纵观全文，《哪吒之魔童降世》的成功并不是偶然，依托强大中华传统文化为内容根基的它，在前期情怀宣传和后期口碑推荐的双重作用下，借势新媒体（微博微信），《哪吒》一举成为今年中国电影市场当之无愧的黑马。"好酒也怕巷子深"，如何在做好内容的基础上，通过好的传播营销手段将自身宣传出去，同时以好的宣传为反哺以坐拥更大的群众认可，是《哪吒》这部动画电影通过实践给市场的一个经验。在融媒体主趋的未来，这类讲好中国故事，传播中国文化的国产动画电影一定会有更加辉煌的时刻。

现实中的虚幻女性

——1949—1976 年中国电影海报中女性形象构建分析与反思

李嘉敏*

（浙江大学宁波理工学院，浙江宁波　315100）

摘　要：电影海报作为电影宣传的有效媒介，通过对符号的具体建构实现对社会文化的反映。女性形象受到电影海报设计的偏爱，是海报设计符号和重要元素。本文围绕 1949 年后社会主义意识形态和文艺政策，以 20 世纪 50—70 年代《中国电影老海报》（除去 1976 年后的海报 54 幅，共计 246 幅）为文本，对其中女性形象进行梳理和研究分析，试图探寻 1949—1976 年间的性别观念、社会主流女性审美以及女性角色变化。研究发现，该时期电影海报中女性形象被赋予了新的革命化性征，单一且一致；并在爱情画面叙事中形成一种刻画公式，两性中看似平衡的天平却是倾斜的。

关键词：电影海报；女性形象

新中国建立初期，国家在女性的劳动、婚姻、财产上都颁布了相关的法律来对女性的权益进行多方的保护，宣传男女平等。国家虽然颁布了一系列保障女性权益的条例，但新中国成立时，全国 5.5 亿人口中，文盲总数达到了 2.9 亿，其中农村青壮年文盲有 1.65 亿人，农村文盲率高达 95% 以上。②

---

　　* 作者简介：李嘉敏（1998—），女，浙江绍兴，浙大宁波理工学院华莱坞电影研究中心科研助理，研究兴趣：华莱坞电影文化。

　　② 郭帮，赵敏：《中华人民共和国建立初期农村文化建设的历史背景初探》，《教育教学论坛》，2018 年第 43 期。

在当时新中国文盲数量如此众多的情况下，农村女性很难及时了解并切身感知国家政策，而电影作为最有力的表现形式之一，能够吸引农村文化水平低的群众，一起进电影院上一堂"政治课"，通过电影这种喜闻乐见的方式传递出新时期的女性形象以及社会对于女性的期望。那么，电影海报就担起了把不识字的民众吸引进电影院的重任，海报是电影最具张力的一个画面，我们不难发现，所有的海报都是以图片为主，以几乎可以忽略的文字为辅，人物占据了各大海报的主画面，相衬的是富有农耕意义的麦田、革命意义的鲜艳党旗、现代化的工地等等，虽然这些背景才是政治教育的重点，但静态却鲜活的人物才最能打动观众，因此对海报主角的塑造，以及人物与背景的互动意义就变得尤为重要。

同时，为了配合政治宣传，人民政府全面整合电影行业，扩大电影放映点，降低电影的费用，使得电影的受众层面大幅度扩大，工农无产阶级人民有更多观赏电影的机会。[1] 例如，1952 年 7 月，为教育引导农民走上合作化道路，浙江省定点在临安、於潜、昌化的电影队为农民放映苏联影片《金星英雄》。[2] 电影和电影海报慢慢地步入寻常百姓家，这使得在生产建设急需力量的情况下，女性可以投身于社会主义建设。

一、女性被"去性别化"

（一）无法摆脱的"内在性"

波伏娃认为，女性不是天生的，而是特定的社会经济环境和文化氛围决定的，男性强制为女性贴上了"妻子""母亲"的标签，孕育生命和繁重的家务劳动成为女性实现自我价值的标准，后又贴上"劳动"的标签，只把女人当作从事劳动的人。如果女性想真正实现自我解放，不能仅仅沦为生殖工具和生产工具。[3]

新中国成立初期，中央人民政府政务院、中国纺织会都对女工多方利益进行了保障，在农业生产合作社里，她们会根据妇女体力强弱、四期（经期、

---

[1] 达志翔：《建国前后两个时期的中国电影海报比较研究》，《淮北师范大学学报（哲学社会科学版）》，2015 年第 2 期。

[2] 临安县电影发行放映公司：《临安县电影志》，临安：临安县电影发行放映公司，1993 年，第 14—16 页、第 96—97 页。

[3] 波伏娃著，陶铁柱译：《第二性》，北京：中国书籍出版社，1998 年，第 57—66 页。

孕期、产期和哺乳期）和家庭情况来合理安排妇女劳动力。[1] 国家对女性工作者各方面待遇的提高使得女性可以放心走出家门，积极响应工业建设、农业生产的号召，在哪个行业都能看到女性忙碌的身影。

女性需要突破内在性实现自身的超越，但过分无视女性生理特征实则是对女性认识的不到位。虽然新中国成立后女性的社会地位和社会形象发生了改变，他们可以挣脱家庭的束缚，突破"女主内"的枷锁，有了自己的工作，但这不意味着繁重的家务有所减少，在父权的期望中，她们需要兼顾"内外"，同时扮演好"贤妻""慈母""最佳员工"的角色。并且在实际的农业生产中，关于妇女的一些保护措施也逐渐形同虚设，高强度的劳作使得劳动妇女超出能力所及，"大跃进"时期尤为明显。"患子宫脱落的农村妇女增加，占到农村妇女劳动总数的 20% 以上，在水稻区患闭经症的妇女达 50% 以上。"[2] 女性不顾自身生理健康，以此来体现自己在社会进程中的价值，这是男性和女性本身对于女性"内在性"的完全泯灭，几千年的"男耕女织"束缚在短短几年内发生改变，女性为了搭上这第一班车，无底线牺牲，以此来提醒、证明、实现时代背景下的解放。

（二）主体的迷惑行为

解放后，不断涌出以"女主男客"为构图的电影海报，根据汪海明的《中国电影老海报》（20 世纪 50—70 年代，除去 1976 年后的海报 54 幅）246 幅海报文本，统计得，平均每 3 幅海报中，就有 1 幅海报以女性为主角，改变了以往女性的"客体身份"，主动将主体地位交付于女性，女性开始成为各大海报的主体部分。

在海报中，她们开始承担男性的社会义务。女性可以成为党委书记、列车长、交通员、公安干部、教师、飞行员等等，例如作为"革命样板戏"的《海港》电影海报中，党支部书记方海珍（海报中女主角）占据了画面的三分之一，其身后是作为后备力量的男性工人，方海珍的脖子上挂着有共产党徽章的白色毛巾，身着工装，袖口向上卷，一手拿着竹藤头盔，一手拿着图纸，面带微笑注视着前方，眼神中充满了希望，体现了女党员干部奋斗一线且高瞻远瞩的干练形象特征。在生活中，虽然女性可以走出家门，从事和男性一

---

① 罗琼：《当代中国妇女》，北京：当代中国出版社，1994 年，第 220 页。
② 罗琼：《当代中国妇女》，第 59 页。

样的工作，但事实上，当时的女性干部只是占据了少部分，现实中男性还是掌握着主导地位。

图 1　海港

尽管当时电影海报塑造的女性形象非常单一朴素，但不论是电影中的对于女性角色设计偏爱还是社会对于女性的观看的偏爱，都没有发生质的改变，女性成了一种宣传的方式，是吸引男性走入电影放映厅的一种工具和宣传意识形态的一种载体。女性是教化女性的宣传的工具，其次才是目的。

二、电影海报中的女性的三种性征

过于刻画女性的身体让女性成为被看的一方，而 1949—1976 年间的电影海报的女性形象构建中，没有通过任何对于女性的第二性征来刻画，而是将其全部隐藏，海报中女性没有了裸露的身体、多变的服饰和阴柔的眼神，取而代之的，是朴素的衣衫、干练的短发和兼顾大局的眼神。通过女性的思想和工作来展现出女性的价值，女性的解放模版化，大多是响应了国家政策和国家生产力和社会建设的需求所刻画出的代表者，例如朴实的劳动者、无畏的革命者还有干练的干部形象，女性的身体诉说在政治的压迫和美学消解中模糊了性征。

革命的一律性让性别失去颜色，女性试图同意压抑身体诉说，让政治话语对女性形象大改造，从而实现男性权力中心化的虚假破除。1949—1976 年电影海报中的女性被"去性别化"，女性的面部轮廓硬朗，与男性无异，那电影海报作为电影的高度浓缩，如何来呈现出女性特征？

（一）存在于发式中的性征

女子蓄长发在中国古代寓意着吉祥与幸福，是对于父母、丈夫的归顺。自五四新文化运动，女子剪发开始流行，女性开始尝试着从旧时封建和社会印象中挣脱，再到民国革命时期，短发又有了新的含义，成了女性投身革命的标志。

新中国成立后，麻花辫和短发是当时女性选择的主要发式之一。这个时期的短发与民国时期的短发有两处不同，第一是长度，民国时期的短发是相对于旧时的齐肩短发，而新中国成立后的短发才是真正意义上的短发，整齐的直头发刚好盖住双耳。第二是出发点，民国时期的女性剪短发是一种运动，是女性主动向往自由、摆脱传统观念的自发行为；而再看新中国成立十七年和"文革"期间，短发成了宣传的手段，海报中的女性大多去胭脂、剪短发，尤其是在 70 年代的 11 幅样本中，短发的女性达到了 54.5%，女性被剪短发，社会塑造出一种短发时尚，且视烫发、染发为资产阶级思想的产物。

图 2 青春似火　　　　　　　　　　图 3 山花

图4 牛角石

短发可以让女性轻装上战场、农田、建筑工地，看上去十分干练，但却很中性，它虽然赋予了女性参与社会建设，参与和男性一样工作的能力，却压抑了女性对美的追求。女性的性征在逐步社会化中被磨得越来越平，短发剪去了女性的身体诉说，却手下留情了。统计90幅以女性为主角的样本发现，仅有6幅海报所呈现的女性没有"刘海儿"，几乎所有的女性都留有不遮住眉毛的短"刘海儿"，这使得略显呆板的女性形象有了一些俏皮的韵味，而过于统一的发式突破，又给人带了一丝规训的意味。

（二）未穿上革命服装的革命性女性

从90幅样本中可以看出，1949—1976年间，没有出现穿着旗袍的女性，这离不开当时人们所崇尚的朴素节俭生活风尚，以女性为主角的海报中，并没有出现大量的中山装和列宁装，而是左边开襟的短衫受到美术家的喜爱，样式简单朴素，弱化了女性的身体，颜色却也没有受到灰绿蓝的约束，出现不少红色和图案。新中国成立十七年间广为流行的中山装并不受电影海报美术人员的青睐，而是让女性穿上了朴素的劳动妇女服装，样式不硬朗，不像中山装与列宁装这般挺拔，但完全没有掩盖女性的硬气，反而更好地凸显了女性的精气神。她们可以穿着简单的短衫戴着"红袖套"成为浴血奋战的前锋战士，也可以穿着短衫挂着"白毛巾"代替革命男性劳作。

"红袖套"成了革命女性必不可少的服饰之一，红色不仅可以吸引人的眼

球，还意味着红色精神，革命以及党性的象征，反映出了女性明确的政治立
场。在劳动妇女形象类的海报中，白毛巾在海报中屡次出现，这时的白毛巾
已经不仅仅是其本身擦汗的含义，而是与锄头、稻田等物一起构成农作元素，
与女性紧密相连。

图 5 洪湖赤卫队　　　　　　　图 6 哈尔滨之夏

70 年代开始，女性形象以女性干部为主，女性又慢慢穿上了工作制服，
女性党员干部的形象干练果敢，作为社会建设的掌控带领者，散发出刚毅坚
强的品质，奉献在各个岗位。

（三）女性的眼神——荷枪实弹的坚定

人的感官聚集在头部，但最灵动的要属眼睛，眼神往往透露出一个人的
心境和不曾言说的情绪。新中国成立前后，女性的眼神有了很大的变化。民
国时期女性眼神温柔，透露出神秘、渴望得到保护的诉求，而新中国成立
后女性的眼神不再回避，不再妩媚，大多瞪大眼睛，向上向远处坚定地看
去，和枪一样具有杀伤力，让人战栗，体现出他们不可动摇的意志力和决心。
1950 年海报《赵一曼》（图 8）中共产党员赵一曼一手高举枪支，张大嘴巴，
神情激动，表达其激昂的革命精神和不屈的英雄气概。1974 年海报《杜鹃山》
（图 11）中女主人公柯湘手持驳壳枪霸气地站在党旗前，表情刚毅严肃，英
姿飒爽，有着要与恶势力斗争到底的决心。1975 年海报《海霞》（图 9）的画
面中，三位荷枪实弹的女民兵站在礁石上，不论海浪如何翻涌，她们都从容

坚定。

图 7 胜利在望　　　　图 8 赵一曼　　　　图 9 海霞

图 10 南海的早晨　　　　　　图 11 杜鹃山

女战士坚定的眼神让尖锐的枪支与她们的形象毫无违和感，枪作为硝烟战火的一个典型元素，在 27 幅以女战士、女英雄为主角的海报中出现率达 29.6%，意味着平均每 3.4 幅左右的海报中就有一幅出现枪这一元素，女性的柔若无骨消失不见，更多的是女性的力量表达和主导权的体现，女性可以驾驭枪支，象征着女性可以与命运抗争。

三、浪漫主义革命性爱情的画面叙事

新中国成立后，欲言又止的不再是女性的眼神，而是女性的爱情呈现。在 1949—1976 年的电影中，鲜少有个人化的爱情表达，更多的是以革命为主线，以爱情为辅线，全人民的解放事业永远高于个人的爱情诉说，尤其是在文化大革命期间，爱情匿迹在银幕中。^①在十七年间电影海报在两性关系的视觉传达中，对男女亲密关系的画面叙事进行了弱化处理，女性的形象构建中也回避了两性的性吸引力。

（一）爱情中的女性刻画公式

革命性爱情中的女性往往通过三种方式获得爱情，一是反抗封建社会和家庭的束缚，在革命中追寻自己的爱情；二是在男性的引导下，为了爱情进行革命，投身社会主义建设中；三是为了革命，为了社会主义建设而缩小自己的爱情。

电影海报在恋爱女性的人物面部刻画上没有发生改变，依旧使用硬朗的与男性无异的手法进行描绘，在装饰上也有比较统一的公式，即鲜艳的衣裳加头饰。1951年《新英雄儿女传》（图12）中的杨小梅（海报中女主角）头戴一朵小白花，头扎红色发结，身穿花袄；1954年《结婚》（图13）中的杨小青（海报中女主角）身着左边开襟的大红袄，黑色短发上扎着红色丝带；1956年《刘巧儿》（图14）中的刘巧儿（海报中女主角）头戴粉色小花，身穿花袄，胸口戴着大红花；1958年《柳堡的故事》（图15）中二妹子（海报中女主角）头扎红色发结，身穿大红袄；1958年《金铃传》（图16）中李兰英（海报中女主角）头戴黄发卡，身穿粉色短衫；1963年《朝阳沟》（图17）中银环（海报中女主角）头扎红发结，身穿黄衣。

图12 新儿女英雄传　　　　　图13 结婚　　　　　图14 刘巧儿

①　任晓西：《论中国当代军事题材电影中的红色爱情》，硕士学位论文，河北师范大学，2014年，第3页、第13页。

图 15 柳堡的故事　　　　　　图 16 金铃传

图 17 朝阳沟

　　鲜艳的服饰和装饰是女性在爱情画面叙事中的描绘手法，而这种女性刻画公式是建立在统一上的再次统一，忽视了女性的自我美感追求和多变的人物形态。

（二）爱情的天平——两性平衡构图

　　在一男一女同框画面中，女性和男性的画面比例大致相等，身体动作和神态并没有明显的强弱变化，一改民国时期女性依靠在男性身上的画面设计，女性的身体重心都在自己身上，画面中女性不再成为男性的依附品，爱情的天平不再倾斜，而是出现了一个相对平衡的状态，暗示着以革命，以社会主义建设为一致的前进目标。

1955 年《神秘的旅伴》（图 18）中，海报右上方一男一女并排站立，目视前方，脸上流露出喜悦之情。1956 年的《刘巧儿》（图 14）中，男女主角并排出现，各占画面一半，整体庄重喜庆。1954 年的《结婚》（图 13）中，女主角杨小青和男主角田春生在金色麦浪中面露微笑，没有眼神交流和身体互动，而是目视前方，眼神中充满了希望，画面左上角有一行小字："本片从一对农村青年结婚的故事中，表现了新中国青年对待个人问题与集体利益的正确态度和为公忘私的优良品质。"同时以两小幅画面作为解释：杨小青帮助孕妇接生和田春生帮忙决堤险情的故事画面，他们在赶往区里结婚登记的路上都遇到了突发事件，且不约而同地将结婚搁置一边，舍小家为大家。

图 18 神秘的旅伴

大部分爱情电影中，男女主人的结局都是伴随着革命成功，准确来说是，革命的成功伴随着男女主人的团圆结局，时代改变了爱情的位置和功能，爱情开始服务政治、服务革命、服务社会，女性和男性目标的一致性使得男女在海报中的呈现有了明显的平等性。但女性的形象刻画中，男女目标的一致性也包括了男女容貌气质的接近性，两性关系的表达更接近于革命伙伴、劳动搭档。

四、存在性女性形象的言说

女性的特质和价值并不是与生俱来的，而是被社会所塑造的。国家对女性形象的构想和大众主流女性审美作用于电影海报设计，现实环境要求女性和男性一样勇敢，有力量，电影海报的女性形象就塑造成这样。例如，当时中国人民刚从战争中解放出来，群众的反抗情绪高涨，抗战女英雄成了主流社会审美之一。"花木兰"式的女人成为当时主流意识形态中女性最为重要的镜像，当代女性意识发展初期，是通过抹杀差异性来寻找平等，[①] 而花木兰只有在穿上军装成为男性后才是冲锋陷阵的英雄，不难看出女性解放的背景依旧是父权社会。

被塑造的女性形象又作用于大众审美。意识形态并不直接演说或者强制，但它事实上是在不断地讲述和言说，只不过是成功地隐藏起言说的机制和行为成为不被感知的言说。[②] 电影海报通过不断地、重复地将女性与那些典型形象结合，并通过符号的构建，加深大众对于女性的新印象。例如在劳动妇女形象类的海报中，"白毛巾"在海报中屡次出现，从索绪尔的语言学来看，"白毛巾"作为一种"能指"，其所具有的象征意义以及政治隐喻都是白毛巾的"所指"，在那个时期，人们很容易将白毛巾与劳作联系起来，劳作与女性联系起来，传统的胭脂、手帕、簪子等物已不再成为女性的饰物。

五、总结

新中国成立后，女性通过不断地模仿男性，做和男性一样的工作，变成一个个朴实的劳动者、干练的职业女性，甚至不顾其生理特征去承担社会建设的责任。革命扼杀了绝大部分女性特征，第二性征被隐藏，女性的妩媚多情在该年代匿迹，电影海报将女性的形象刻画得和男性十分相似，仅仅赋予女性一部分有别于男性的性征，赋予她们更多更加坚强、更加勇敢、更加男性化的特征，因为只有在形象上与男性无异，才能拥有和男性同等的权利和地位。爱情中的天平看似平等，但这种平等性实则是女性对男性的容貌模仿和身体气质模仿，女性只有无限接近男性，成为男性的政治思想伙伴后，才能实现男女平等，事实上是一种父权社会延续中的女性偏见和压抑，女性并未真正获得自我解放。

---

① 秦晓红：《女性生存状态的中国镜像——论中国电影中的女性形象建构》，《湖南社会科学》，2006 年第 3 期。

② 戴锦华：《电影理论与批评》，北京：北京大学出版社，2007 年，第 226 页.

九、新地缘政治学与去极端化传播

主持人语

　　作为地理学和政治学的混血儿，地缘政治本是一门古老的旧学问。传统上，地缘政治学是以地理因素作为基本视角考察国际关系的一种政治理论，它强调地理环境对国家战略和外交政策的至关重要的影响。前工业社会时期的传统地缘政治学属一维、单向度的"国家地缘政治"，聚焦于军事地理层面的空间集团、领土单位、战略要地划定，随时局动荡间或呈现极端化、冲突性、不合作特征。

　　然而，随着经济全球化、信息化和交通工具的日新月异发展，兼及全球网络一体化、文化认同地方化的双重巨变，传统地缘政治学固有的民族国家壁垒被打破，对国家间关系和外交政策的单一地理维度解释开始出现乏力之态。因而，地缘政治学也紧跟时代努力寻求理论的超越。一方面，突破国家视野，扩大至全球和全人类。另一方面，重视地理因素的同时，把非政府组织、经济利益、地缘文化、气候和碳排放权等因素纳入影响国际关系和外交政策的考察范围。如是多维度化、去地理化的"全球地缘政治"态势，即为"新地缘政治学"。

在新地缘政治学的视野中，国家间关系突破地理因素的限制而相互依存，世界已经形成地缘政治、地缘经济和地缘文化交织融合的新文明体系，涵盖了地理、权力、经济、技术、安全、社会、文化等多元维度。这些维度体现在本栏目的三篇原创性研究论文，就是各自立足中国本土、中美关系、"一带一路"等三个地缘维度，分别聚焦去极端化智慧及其传播价值、反恐怖主义法的媒体框架、丝路专题片的表达样态等三类跨领域议题，最终殊途同归，均得出促进双边乃至多边对话、交流、认同机制的合作地缘学之结论。

王彦（浙江工业大学人文学院副教授，

台湾政治大学传播学院博士生）

中华传统文化中的去极端化智慧及其传播价值

李宏刚　陈方曦*

（新疆大学新闻与传播学院，乌鲁木齐，830046）

摘　要： 当前的宗教极端主义具有鲜明的政治性、主张的极端性、强烈的排他性、极端的暴力性等显著特点。在中华文明五千多年的发展历程中，我们的祖先提出了以人为本、仁者爱人、兼爱非攻、贵和尚中等博大精深的思想理念，这些精神遗产对当下全球的反恐和去极端化事业有着重要的借鉴意义。在文化反恐的各种策略中，中华文化浸润策略是一种非常有效的"去极端化"策略。因此，加大对中华优秀传统文化的传播力度，不仅可以有效地遏制非理性的宗教狂热、滥杀无辜的暴力倾向和极端排他性的社会氛围，而且也有利于形成兼容并包、开放包容的社会风气和宽容异己、多元并存的社会体制。

关键词： 中华传统文化；反恐怖主义；去极端化

基金项目： 2016 年新疆大学博士毕业生科研启动基金项目（BS160115）。2019 年国家社会科学基金一般项目（19BXW014）

2019 年 3 月 18 日，中华人民共和国国务院新闻办公室发布《新疆的反恐、去极端化斗争与人权保障》白皮书，不仅梳理了暴力恐怖和宗教极端行为严重践踏人权的种种表现，而且还总结了我国依法打击和防范恐怖主义与极端主义的有效措施及经验。正如白皮书所言："恐怖主义是人类社会的公敌，是国际社会共同打击的对象。恐怖势力通过暴力、破坏、恐吓等手段，肆意

---

* 作者简介：李宏刚（1977—），男，山东临沂人，新闻传播学博士，新疆大学新闻与传播学院副教授、副院长，研究方向：反恐与去极端化传播策略、新疆新闻传播史、中国传统文化、新闻传播业务等。陈方曦（1994—），女，山东临沂人，新疆大学新闻与传播学院，2019 级在读硕士研究生，专业方向：新闻与传播专业型硕士（广播电视学方向）。

践踏人权、戕害无辜生命、危害公共安全、制造社会恐慌，严重威胁世界和平与安宁。极端主义思想的渗透与蔓延极易催生暴力恐怖行为，对人们享有各项人权直接构成威胁。"①

1997 年，联合国大会及安理会曾通过的一项决议认为："意欲或打算在一般公共场所制造恐怖状态的犯罪行为，无论引用政治的、哲学的、意识形态的、种族的、民族的、宗教的还是其他什么理由，在任何情况下都不能证明其正当性。"② 也就是说，这种针对无辜平民的暴力杀戮侵犯的是人类最基本的生存权，不管出于什么理由，恐怖主义都是一种赤裸裸的暴力犯罪行为。

鉴于恐怖主义成因的复杂性，反恐必须采取集政治、经济、文化、法律、外交乃至军事于一体的综合性控制策略，其中文化反恐是反恐战略的重要组成部分，而去极端化则是文化反恐的首要内容。③ 习近平总书记在 2016 年 4 月召开的全国宗教工作会议上曾指出："积极践行社会主义核心价值观，弘扬中华文化，努力把宗教教义同中华文化相融合。"④ 具体而言，就是要在反恐和去极端化工作中，通过传承中华传统文化中的"仁爱""中庸""和合"等理念来抵御宗教极端思想的侵袭。⑤

一、宗教极端主义的本质及特征

2017 年 3 月 29 日颁布的《新疆维吾尔自治区去极端化条例》明确指出，极端化主要是指"受极端主义影响，渲染偏激的宗教思想观念，排斥、干预正常生产、生活的言论和行为"。⑥ 由于新疆的"极端化"现象在本质上的特殊性，我们也可以将当前新疆反暴恐、反分裂、社会稳定和长治久安话语体系中的"极端化"定义为："指公民受极端思想观念支配，所实施的旨在散布

① 中华人民共和国国务院新闻办公室：《新疆的反恐、去极端化斗争与人权保障》，北京：人民出版社，2019 年，第 1 页。
② Cindy Combs, *Terrorism in the twenty-first century*, New Jersey : Prentice Hall Press,1997,pp.40.
③ 冯卫国等：《反恐怖与去极端化前沿问题探究》，北京：中国政法大学出版社，2018 年，第 259—261 页。
④ 新华社：《习近平：全面提高新形势下宗教工作水平》，2016 年 04 月 23 日，http://www.xinhuanet.com//politics/2016-04/23/c_1118716540.htm，2020 年 3 月 10 日。
⑤ 冯卫国等：《反恐怖与去极端化前沿问题探究》，第 267 页。
⑥ 新疆人大网：《新疆维吾尔自治区去极端化条例》，2019 年 5 月 9 日，http://www.xjpcsc.gov.cn/article/225/lfgz.html，2020 年 3 月 10 日。

极端思想、危害社会秩序、危害国家安全的极端行为，甚至违法犯罪行为。"[①]其行为动机主要表现为传播宗教极端思想、消灭"异教徒"、"圣战殉教进天堂"、制造社会恐慌、危害国家安全、以分裂祖国为最终目的的政治动机和以暴力恐怖为显著特征，表现出强烈的反社会、反人类和反文明的特征。[②]

《新疆维吾尔自治区去极端化条例》指出，极端主义是指"以歪曲宗教教义或者其他方法煽动仇恨、煽动歧视、鼓吹暴力等的主张和行为"。[③]而宗教极端主义的本质，则是"通过对教义教规的极端化解释，来煽动宗教狂热，进而鼓吹以暴力恐怖活动等极端手段，来达到其邪恶的政治目的"。[④]关于宗教极端主义的特征，金宜久认为主要体现在非宗教性、虚伪性、排他性和说教性四个方面[⑤]，而姜达等学者则认为主要体现在政治性、暴力恐怖性、排他性和欺骗性四个方面[⑥]。综合各种观点，笔者认为宗教极端主义的鲜明特征主要体现在以下几个方面：

第一，鲜明的政治性（非宗教性）。虽然与宗教有着千丝万缕的联系，但宗教极端主义与宗教却有着严格的区别，它是在宗教的基础上经过狂热化、政治化、极端化、非理性化等过程最终蜕变而来的。[⑦]学者吴云贵认为，宗教的本质应该是和平的，并以弘扬真、善、美为主要价值观的，而如果偏离了这种核心宗旨（如暴力恐怖活动），不管其是否是打着宗教的名义，它都不再是宗教，而是宗教极端主义。[⑧]宣扬宗教极端主义的团体，不仅信奉极端化的政治主张，而且鼓励以暴力恐怖活动等极端手段来实现其主张，这些根本不是真正的宗教团体，而是有着严密的组织体系和暴力机构的极端政治团体，其从事的活动则是披着宗教外衣的极端政治活动。[⑨]也就是说，宗教极端主

① 朱志杰：《去极端化原理：思路与方法的构建》，奎屯：新疆人民出版社、伊犁人民出版社，2016年，第33—34页。
② 朱志杰：《去极端化原理：思路与方法的构建》，第33—34页。
③ 新疆人大网：《新疆维吾尔自治区去极端化条例》，2020年3月10日。
④ 徐弢等：《宗教极端主义的实质与危害》，《宗教极端主义的产生和特点》，2020年第2期。
⑤ 金宜久：《宗教极端主义的产生和特点》，《中国宗教》，2014年第6期。
⑥ 姜达等：《论宗教极端主义的概念及基本特征——兼论宗教极端主义与邪教的关系》，《山西警察学院学报》，2017年第3期。
⑦ 金宜久：《宗教极端主义的产生和特点》，《中国宗教》，2014年第6期。
⑧ 吴云贵：《伊斯兰原教旨主义、宗教极端主义与国际恐怖主义辨析》，《国外社会科学》，2002年第1期。
⑨ 徐弢等：《宗教极端主义的实质与危害》，《宗教极端主义的产生和特点》，2020年第2期。

义根本不是宗教，而是宗教在自身发展过程中的异化物，是对原宗教的亵渎和歪曲；宗教极端主义只是借助宗教的形式灌输和煽动某些极端主张，以图达到某种险恶的政治目的。① 具体而言，宗教极端主义鲜明的政治性主要表现为：在宗教外衣的掩盖和庇护下，宗教极端势力企图通过极端暴力活动推翻现有的世俗政权，建立一个新的政教合一的国家，其信仰的政治化和主张的意识形态化特点十分明显。

第二，主张的极端性。那些打着伊斯兰教旗号的宗教极端主义组织大都主张按严格的伊斯兰教法发起所谓的"净化社会运动"②，运用一切可能的暴力手段推翻现行秩序，建立实行伊斯兰教法统治的宗教国家，甚至建立包括整个伊斯兰世界在内的"哈里发国家"③。具体来说，妄图把新疆从祖国分裂出去的宗教极端势力的政治主张主要体现在两个方面：一方面，通过煽动民族仇恨，挑起民族争端，制造民族分裂，最终实现分裂国家的政治目的；另一方面，歪曲宗教教义，挑起宗教内部矛盾，破坏宗教团结，进而在新疆建立政教合一的神权国家。④

第三，强烈的排他性。宗教极端主义的排他性主要体现在绝对排斥一切异质文化和异教信仰，不仅容不下异质文化和异教信仰的存在，而且也容不下异质文化和异教信仰载体的存在，甚至也会排斥同质文化和信仰中与其有一定差距或区别的思想观念。⑤ 宗教极端主义不仅在思想观念上，而且在主张要求和行动上，也反对同一地区有多元文化和多种宗教信仰并存，如塔利班在摧毁阿富汗境内的所有佛像（包括世界闻名的巴米扬大佛）后曾表示，他们拆毁的只是一些石头而已，他们只重视自己的信仰。⑥ 从社会心理学的角度进行分析，宗教极端主义会导致信仰的排他性，使不明真相的信徒认为自己的宗教信仰拥有绝对的、排他的真理性，进而可能导致对其他宗教教义和哲学理论的贬损，最终使信徒自认为比其他人更加优等，拥有某种特权，甚

① 朱志杰：《去极端化原理：思路与方法的构建》，第 262 页。

② 徐黻等：《宗教极端主义的实质与危害》，《宗教极端主义的产生和特点》，2020 年第 2 期。

③ 田文林：《伊斯兰极端主义的表现、根源和困境》，《阿拉伯世界研究》，2018 年第 4 期。

④ 姜达等：《论宗教极端主义的概念及基本特征——兼论宗教极端主义与邪教的关系》，《山西警察学院学报》，2017 年第 3 期。

⑤ 金宜久：《宗教极端主义的产生和特点》，《中国宗教》，2014 年第 6 期。

⑥ 姜达等：《论宗教极端主义的概念及基本特征——兼论宗教极端主义与邪教的关系》，《山西警察学院学报》，2017 年第 3 期。

至将那些不遵循宗教信条或是归属其他宗教的信徒归为"异端"。① 也就是说，宗教极端主义强烈的排他性特征决定了它容不得任何不同的思想、观点、意见和主张，也从来不会宽容异己者，对不符合其主张的一切都绝对地加以排斥，甚至采取一切手段予以摧毁或消灭。

第四，极端的暴力性。美国学者亚布拉罕·米勒（Abraham Miller）曾指出："恐怖主义"，就是"为了通过扩散恐惧气氛来达到改变政治现状的目的而随机地对无辜者实施的暴力行为"。② 宗教极端分子往往认为，运用暴力手段清除"异教徒"的恐怖行为都是"圣战"，"为主道而战"的杀戮行为则是"行善"而不是作恶。③ 在此基础上，宗教极端分子更加注重随机性的符号性暴力，把平民和非平民不加区别地全部作为攻击目标，甚至主张不分青红皂白地滥杀无辜。这种不加区别地针对无辜平民的暴力行为就是要通过制造极具轰动效应的暴力恐怖袭击事件来吸引媒体的注意，然后借助媒体的报道放大恐惧效应，进而达到恐吓社会公众和绑架公共舆论的宣传效果。④ 为了最大限度地实现其宣传效果，刻意渲染恐怖气氛，爆炸、斩首、绑架、虐俘杀俘、自杀性袭击等都成了宗教极端势力的暴力手段。与此同时，宗教极端主义还经常对特定群体进行去人性化宣传，具体表现为对待他者的消极否定和过度疏远的态度，强调以对待无生命物体的方式来对待他者，并将特定群体塑造为道德败坏的，甚至是邪恶的、非人的，进而为此后的暴力恐怖行为寻找借口。⑤

二、中华传统文化中的"去极端化"智慧

习近平总书记曾提道："中国优秀传统文化的丰富哲学思想、人文精神、教化思想、道德理念等，可以为人们认识和改造世界提供有益启迪，可以为治国理政提供有益启示，也可以为道德建设提供有益启发。"⑥ 在中华文明五千多年的发展历程中，我们的祖先不仅深入探讨过人与人、人与社会、人与

① 梁恒豪：《宗教极端主义的心理探析》，《世界宗教文化》，2019 年第 5 期。
② Abraham Miller,*Terrorism,The Media And The Law*,NewYork:Transnational Publishers, 1982，pp.1.
③ 田文林：《伊斯兰极端主义的表现、根源和困境》，《阿拉伯世界研究》，2018 年第 4 期。
④ 李宏刚：《浅析暴恐事件中主流媒体的报道策略》，《新闻战线》，2015 年第 2 期。
⑤ 梁恒豪：《宗教极端主义的心理探析》，《世界宗教文化》，2019 年第 5 期。
⑥ 央视网：《中秋佳节 听习近平讲中华优秀传统文化》，2019 年 09 月 14 日，http://news.cctv.com/2019/09/14/ARTIdq139TnnOatlYkLJkpnu190914.shtml，2020 年 3 月 30 日。

自然的关系，而且提出了以人为本、仁者爱人、兼爱非攻、贵和尚中等博大精深的人文精神和思想智慧。这些宝贵的精神遗产不仅对当前我国的精神文明建设有重要的现实意义，而且对全球的反恐和去极端化事业也有着重要的借鉴意义。

（一）以人为本

"以人为本"，是人文主义或人本主义在中国文化中的具体体现，也是中国文化基本精神的重要内容，主要是指以人为考虑一切问题的根本，在天地人之间，以人为中心；在人与神之间，以人为中心。① 换言之，在中国文化中占主导地位的始终不是神本主义，而是人本主义；天人之间，人为主导，人是目的，人是宇宙万物的中心。

中国古代儒家思想一直都坚持以人为本。反对以神为本的人文主义立场：如孔子就对鬼神采取怀疑的态度，他经常教导弟子说："务民之义，敬鬼神而远之，可谓知矣"（《论语·雍也》）；弟子问如何事鬼神，孔子回答说："未能事人，焉能事鬼？"又问人死后的情况，孔子说："未知生，焉知死？"可见孔子是将现实的人事、人的生命放在第一位，而将侍奉鬼神、人死后的情况等放在无所谓的地步。② 因为不相信鬼神，孔子从不相信祷告的有效性；当他病重时，子路请求为他祷告，他用"丘之祷久矣"（《论语·述而》）婉言谢绝；《论语》中还曾明确记载："子不语怪、力、乱、神。"（《论语·述而》）这些言论都有力地证明：孔子关注的是现实的社会人生问题，并将解决问题的希望寄托于人，而不是神。③

人本思想的确立，不仅有助于人们合理地看待人与神的关系，增强人的主体意识，而且也有助于抵御神本主义思潮的侵袭，如佛教传入中国后，南北朝时期的何承天就撰写了《达性论》来批判佛教神学，宣扬人本思想；南朝的范缜所撰写的《神灭论》提出了"形质神用、形谢神灭"的观点，不仅系统而科学地论证了形神的关系，而且还彻底批驳了神不灭论，捍卫了人本主义。④ 此外，宋明理学的三个派别（气本论、理本论和心本论）也都全力倡导和躬行人本主义，都反对灵魂不灭论，否认鬼神的存在，高度肯定人的主

---

① 张岱年等：《中国文化概论》，北京：北京师范大学出版社，2004年，第290页。

② 张岱年等：《中国文化概论》，第290页。

③ 张岱年等：《中国文化概论》，第290页。

④ 张岱年等：《中国文化概论》，第290页。

体性，肯定精神生活的价值和主体的能动作用，强调道德理性对个人境界的提升和社会发展的极端重要性，并在客观上消除了宗教神学对人们精神的影响。[①]

（二）仁者爱人

作为儒家道德体系中的核心概念和最高范畴，"仁"字在《论语》中共出现过109次，孔子从不同方面和角度对"仁"做了全面深入的阐释，不仅为整个社会奠定了道德关系的基础，也为人们树立了道德修养的理想境界。樊迟向孔子请教什么是"仁"时，孔子回答说："爱人"（《论语·颜渊》），"仁"的基本内涵就是"爱人"。具体到实践中，儒家的"仁爱"思想可以分为五个层次：

第一，仁爱之心。也就是说，人要有仁爱之心，要能够爱别人；儒家认为这是根植于人天生的性善而内在形成的品质，是人的道德行为的发端；作为彻底的性善论者，孟子曾指出仁爱是人天生的本性，而是否有良善之心也是人与禽兽最本质的区别；人之所以为人，就在于人有同情心、羞耻心、礼让心、是非心，而"四心"也只是良心的开端。[②]

第二，自爱。儒家强调仁爱是要从自爱开始，以自爱为起点，如孔子说"仁者寿"（《论语·雍也》），有爱心能爱人的人身心健康，就会长寿；汉代杨雄说："人必其自爱也，而后人爱诸；人必其自敬也，而后人敬诸。自爱，仁之至也；自敬，礼之至也。未有不自爱敬而人爱敬之者也。"这句话强调了人要自尊自爱，自尊自爱是关爱他人的必要前提。[③]

第三，爱亲人。孔子认为一切人伦关系的处理都要从孝悌开始做起，孝悌是实现"仁"的根本。如孔子说："君子务本，本立而道生。孝弟也者，其为仁之本与！"（《论语·学而》）这表明"爱人"要从孝顺父母、尊敬兄长开始。孟子进一步发挥了孔子的思想。他认为："仁之实，事亲是也。"（《孟子·离娄上》）"亲亲，仁也。"（《孟子·尽心上》）也就是说，仁爱思想是从家庭血缘亲情引申出来的，一个人只有首先爱自己的亲人，才会去爱他人。[④]

第四，爱所有人。孔子又将亲情之爱推广开来，要求人与人之间要充满

---

① 张岱年等：《中国文化概论》，第290页。
② 韩星：《仁者爱人——儒家仁爱思想及其普世价值》，《梧州学院学报》，2013年第4期。
③ 韩星：《仁者爱人——儒家仁爱思想及其普世价值》，《梧州学院学报》，2013年第4期。
④ 韩星：《仁者爱人——儒家仁爱思想及其普世价值》，《梧州学院学报》，2013年第4期。

爱心，要"己欲立而立人，己欲达而达人"（《论语·雍也》），主张"泛爱众，而亲仁"（《论语·学而》），这就具备了朦胧的博爱意识，是一种可贵的人道主义精神。① 孟子则认为："君子以仁存心，以礼存心。仁者爱人，有礼者敬人。爱人者，人恒爱之，敬人者，人恒敬之。"（《孟子·离娄下》）也就是说，爱戴和尊敬都是相互的，这就教导人们要对他人友爱、尊重，要能够与他人和谐相处。②

第五，爱万物。孟子进一步发展了孔子的"仁爱"思想，认为对待别人，要将心比心，推己及人，推人及于万物。他提出了"亲亲而仁民，仁民而爱物"（《孟子·尽心上》）的观点，主张推人及物，在爱人的基础上，将爱心进一步向外推展，将仁爱精神和情感贯注于无限广大的自然万物，用爱心将人与自然联结为一体。③

（三）兼爱非攻

墨子把社会混乱的原因归结于人与人之间的不相爱，进而在此基础上提出了"兼爱"的思想，要求人们爱人如己，彼此之间不存在血缘、等级以及地域的限制。此外，在"兼爱"思想的基础上，墨子还提出了"非攻"的思想，认为战争是社会混乱的根源之一。应该说，墨子"兼爱非攻"的思想不仅是当前和谐社会的思想渊源，而且也为反恐和去极端化工作提供了理论基础。

墨子认为，解决矛盾与混乱的途径就是提倡人们之间要"兼相爱，交相利"，"苟使天下兼相爱，爱人若爱其身，犹有不孝者乎？视父兄与君若其身，恶施不孝？犹有不慈者乎？视弟子与臣若其身，恶施不慈？故不孝不慈亡有"（《墨子·兼爱》）。如果天下的人都能相亲相爱，都能像爱自己一样爱别人，如果都能像对待自己一样对待父母兄弟和君上，那么社会上就不会发生不孝、不尊、不敬和不爱的行为，社会混乱就不会发生了。④ 墨子说："视人之国，若视其国；视人之家，若视其家；视人之身，若视其身。视人之室若其室，谁窃？视人身若其身，谁贼？……视人家若其家，谁乱？视人国若其国，谁攻？"（《墨子·兼爱中》）墨子要求人们超越国界、家别、人我的界限，树

---

① 韩星：《仁者爱人——儒家仁爱思想及其普世价值》，《梧州学院学报》，2013年第4期。
② 韩星：《仁者爱人——儒家仁爱思想及其普世价值》，《梧州学院学报》，2013年第4期。
③ 韩星：《仁者爱人——儒家仁爱思想及其普世价值》，《梧州学院学报》，2013年第4期。
④ 马璐妹：《墨子"兼爱"、"非攻"的现代审视》，《科技信息》，2009年第36期。

立视人若己、兼顾别人别家别国的"兼"的精神，像爱护自身、自家和自己国家从而不侵犯自身、自家和自己国家那样不侵犯别人、别家和别国，克服"独"爱其身其家其国而贼害人之身、人之家或人之国的"别"的行为。① 也就是说，墨子认为对他人应该平等地相待，不分血缘关系和亲疏关系的远近，做到"兼爱"和"博爱"。

墨子的"非攻"思想是由"兼爱"思想引申出来的，是"兼爱"思想的理论延伸。面对春秋战国时期战争频繁的社会现实，墨子提出了"非攻"的主张，认为武装侵略是最不符合兼爱互利精神的"天下之巨害"，战争会"入其沟境，刈其禾稼，斩其树木，残其城郭，以御其沟池，焚烧其祖庙，攘杀其牺牲"（《墨子·非攻下》）。② 因此，他反对侵略战争，提倡人民之间应相互兼爱，而不是通过残酷战争来扩大自己的领土，应该用"兼相爱，交相利"代替"战争"的思想来治理国家。③

（四）贵和尚中

作为中国文化中的最重要的基本精神，"贵和谐，尚中道"曾经在中华民族和中华文化的发展过程中起到过十分重要的作用，也是注重和谐统一的中国文化与注重分别对抗的西方文化相区别的显著性标志。④ 事实上，早在西周末年史伯就已经意识到"和实生物，同则不继。以他平他谓之和，故能丰长而物归之。若以同裨同，尽乃弃矣。"（《国语·郑语》）。也就是说，不同事物相互联结配合达到平衡，就叫"和"，"和"才能产生新事物；而如果把相同的事物放在一起，就只有量的增加而不会发生质的变化，那就不可能产生新事物，事物的发展也就停止了。⑤

孔子继承了这种"重和去同"的思想，提出了"礼之用，和为贵"（《论语·学而》）和"君子和而不同，小人同而不和"（《论语·子路》）的观点，并把对"和"与"同"的不同取舍作为区分"君子"和"小人"的重要标准，表现了重和去同的价值取向。⑥《易传》不仅高度赞美并极力提倡和谐思想，而且还提出了"太和"的观念，提出"乾道变化，各正性命，保合太和，乃

---

① 王今超：《理想主义与墨子兼爱非攻思想的比较探析》，《现代交际》，2017年第4期。
② 王今超：《理想主义与墨子兼爱非攻思想的比较探析》，《现代交际》，2017年第4期。
③ 马璐妹：《墨子"兼爱"、"非攻"的现代审视》，《科技信息》，2009年第36期。
④ 张岱年等：《中国文化概论》，第292页。
⑤ 张岱年等：《中国文化概论》，第293页。
⑥ 张岱年等：《中国文化概论》，第293页。

利贞"（《象传》），而"太和"则是至高无上的和谐，最好的和谐状态；《中庸》也提到了"太和"的境界，"万物并育而不相害，道并行而不悖"。① 孟子进一步提出了"天时不如地利，地利不如人和"（《孟子·公孙丑下》）的思想，和谐成为处理人与人之间关系的最高原则，正如《中庸》所提到的"喜怒哀乐未发谓之中，发而皆中节谓之和。中也者，天下之大本也；和也者，天下之达道也。致中和，天地位焉，万物育焉"，达到中和状态，宇宙万物和人类社会便会各安其位、各得其所。②

事实上，"贵和"的思想和"尚中"的思想是紧密相连的。如前所述，和谐是最好的秩序和状态，是最高的理想追求，而实现"和"的理想状态根本的途径则在于保持"中"道，"中"是指事物的"度"，即不偏不倚，既不过度，也不要不及。③ 孔子把"持中"的办法作为实现并保持和谐重要手段，在他看来无过无不及，凡事叩其两端而取中，便是实现"和"的根本途径；《中庸》将孔子所主张的持中原则提高到了"天下之大本""天下之达道"的认识论和政治论的高度，强调通过对持中原则的认识和实践，去实现人与人之间、人与社会之间、人与天道之间的和谐与平衡。④

综上所述，中国传统文化中的去极端化智慧主要体现在以下几个方面："以人为本"的理念不仅有助于人们合理看待人与神的关系，而且也有助于增强人的主体意识和遏制非理性的宗教狂热；"仁者爱人"的思想可以让人们形成爱自己、爱亲人、爱所有人的仁爱精神，有助于塑造人们的同情心和善恶是非观，进而达到遏制极端分子滥杀无辜的极端化倾向；"兼爱非攻"的理念则有助于形成人与人相亲相爱的和谐社会氛围，进而达到弱化基于歧视、仇恨基础上的暴力倾向；"贵和尚中"的思想则有利于形成兼容并包、开放包容的社会风气和宽容异己、多元并存的社会体制，进而达到遏制极端排他性的不良社会氛围。

---

① 张岱年等：《中国文化概论》，第294页。
② 张岱年等：《中国文化概论》，第294页。
③ 张岱年等：《中国文化概论》，第294—295页。
④ 张岱年等：《中国文化概论》，第295页。

三、遏制极端与倡导多元：中华传统文化在反恐与去极端化中的传播价值

（一）从宣传和传播的角度理解恐怖主义与反恐怖主义

宗教极端主义和暴力恐怖主义、民族分裂主义有着极其密切的关系，民族分裂主义是目标，暴力恐怖主义是手段，宗教极端主义则提供思想基础，这三者是一体三面的畸形统一体。在我国，"东突"分裂主义势力打着伊斯兰教的旗号，对部分教义进行歪曲化和极端化的解释，极力鼓吹"圣战"思想，大肆煽动宗教狂热，主张通过极端的暴力恐怖手段摧毁一切现存的社会秩序和世俗的国家政权，进而建立政教合一的神权统治。①

正如亚历克斯·施密德（Alex Schmid）和詹尼·德·格拉夫（Janny de Graaf）曾指出，只有从宣传的角度，我们才能真正理解暴力恐怖主义，因为"恐怖主义就是暴力和宣传的结合体"：恐怖分子通过精心策划暴力恐怖袭击事件，企图激活无辜受害者与政府的关系，并借助公众的舆论压力最终达到改变政府态度与行为的目的。② 也就是说，恐怖组织所策划和实施的暴力恐怖袭击事件实际上就是一种"强制性的说服行为"和"经由暴力激活并放大的传播行为"。③

既然恐怖主义的本质是一种行为宣传策略，那么反恐怖主义就不应该仅仅停留在武力打击的层面，而应该更多地关注与恐怖分子争夺民心的心理层面的较量。与其他反恐措施相比，文化反恐虽然是一种柔性的措施，但却能在缓慢的潜移默化过程中发挥作用，尤其是借助文化的教育力量，不仅可以改造恐怖分子的极端思想，而且还可以提升全民的文化素养和人格水平，增强各族群、各阶层民众的国民意识和爱国情感，促进民族团结和宗教健康发展，教育公众正确认识暴力恐怖主义的威胁，提高应对暴恐活动的心理素质，从而构建有利于反恐"软环境"，提高国家反恐的"软实力"。④

① 马品彦：《宗教极端主义的本质与危害》，《新疆社会科学》，2008 年第 6 期。
② Alex P. Schmid and Janny de Graaf, *Violence as Communication:Insurgent Terrorism and the Western News Media*,California:SAGE Publications Ltd,1982,pp.14-15.
③ 李宏刚：《暴力恐怖袭击事件信息的传播路径》，《青年记者》，2016 年 5 月下（总第 527 期）。
④ 冯卫国等：《反恐怖与去极端化前沿问题探究》，第 260—261 页。

（二）从治标与治本的角度理解反恐怖主义与去极端化

暴力往往源于某种单一的身份认知[①]，在宗教极端思想的蛊惑下，人们的身份被简单地划分为教徒和"异教徒"，而当《古兰经》中"吉哈德"的原意被曲解为对"异教徒"的"圣战"时，不明真相的群众往往就会成为民族分裂势力实施暴力恐怖袭击的工具。因此，宗教极端主义不仅是危害和破坏民族团结与社会稳定的毒瘤，也是催生暴力恐怖主义犯罪的温床，只有全力开展"去极端化"工作，才能有效遏制宗教极端主义思想的蔓延，才能彻底摧毁"三股势力"的思想根基，才能取得反恐怖、反分裂斗争的最终胜利。[②]从这个角度来说，反恐是治标，而去极端化才是治本。

所谓的"去极端化"，是动员社会中的一切积极的力量，综合运用管控、宣传、教育、教诲、矫治等手段，阻断宗教极端思想的传播路径，促使一般民众积极抵御宗教极端思想的侵袭，促使极端分子放弃极端思想回归正常的社会生活，从而促进宗教的健康发展与民族关系的和睦，进而实现社会稳定和长治久安的总目标。[③]"去极端化"工作是一项宏大而艰巨的社会系统工程，应该在政府的主导下，努力健全公共文化服务体系，推动教育发展和文化建设，改进宗教管理，有效改造极端分子，促进文化融合和民族团结，动员一切力量和手段压缩宗教极端思想的传播空间。[④]

（三）从遏制极端和倡导多元的角度认识去极端化的中华文化浸润策略

如前所述，"去极端化"是一项复杂的系统工程，不仅可以采取思想教育引导的策略和惩防并举的策略，而且还可以采取中华文化浸润策略。[⑤]具体而言，中华文化浸润策略就是要充分挖掘中华传统文化中所蕴含的"去极端化"智慧，用"以人为本""仁者爱人""兼爱非攻""贵和尚中"等人文精神浸润各族群众的精神生活和社会生活，使各族群众在交流、交融中传承中华优秀传统文化，并使其成为各族群众看待世界、看待社会、看待人生的价值标准和行为准则。

事实上，以"贵和谐，尚中道"为基本精神的中华传统文化，确实有着

---

① 阿马蒂亚·森：《身份与暴力——命运的幻象》，李风华等译，北京：中国人民大学出版社，2009 年，引言第 3 页。
② 冯卫国等：《反恐怖与去极端化前沿问题探究》，第 260—261 页。
③ 冯卫国等：《反恐怖与去极端化前沿问题探究》，第 261—262 页。
④ 冯卫国等：《反恐怖与去极端化前沿问题探究》，第 262 页。
⑤ 朱志杰：《去极端化原理：思路与方法的构建》，第 242—262 页。

天然的"去极端化"基因：这种"和而不用"的思想不仅充分肯定了事物的多样统一性，而且主张以宽阔的胸襟、海纳百川的气魄，让不同派别、不同类型、不同民族之间的思想文化交相渗透、兼容并包，并最终促中国人养成了"做事不走极端，求大同存小异，全力保持人际关系和谐"的行为准则，这对于社会的稳定和发展，对于民族精神的凝聚和扩展，对于统一的多民族政权的维护，都有着十分重要的现实意义。

正因为如此，加大对"以人为本""仁者爱人""兼爱非攻""贵和尚中"等中华优秀传统文化的传播力度，不仅可以有效地遏制非理性的宗教狂热、滥杀无辜的暴力倾向和极端排他性的社会氛围，而且也有利于形成兼容并包、开放包容的社会风气和宽容异己、多元并存的社会体制。

丝路专题片《在那遥远的地方》的"第一人称纪录"表达样态研究

张舒雅*

（杭州麻瓜网络科技有限公司，杭州，310000）

摘　要： 以丝绸之路为主题的纪实专题片节目是"一带一路"背景下国家对外宣传载体之一。本文借用纪录片研究的"第一人称"理论，以芒果TV《在那遥远的地方》为例，组合采用田野调查法、文本分析法组合个案研究工具箱，对表达形态展开研究。研究发现，主持人角色因语境而变，一是宏观政策语境中的"一带一路"倡议领读人，二是中观媒介语境中的节目脚本演播把关人，三是微观人际语境中的丝路上的旅行者。主持人兼作制片人的双重身份，赋予主持人应变"改写"脚本的权力，在单向表达、双向交流和解说配音间自如切换，发挥"内三外四"表达技巧。该片为"第一人称"叙事理论提供中国经验。

关键词： 丝路纪实专题片；《在那遥远的地方》；第一人称纪录；叙事

基金项目： 浙江省哲学社会科学规划"之江青年课题"（19ZJQN11YB）；浙江省社会科学联合会重点研究项目（编号：Z20130113)

丝路题材的电视纪实专题片（下文简称"丝路专题片"）的出现和发展是与时俱进的。1980年，中央电视台与日本NHK电视台合拍《丝绸之路》，参加摄制的日本团队是1949年以来被许可进入中国腹地进行纪录片拍摄的第一家外国媒体，受到开通铁路专线、出动军队安保等特殊政策照顾，不论是拍

---

　　* 作者简介：张舒雅（1997—），女，湖南岳阳人，系杭州麻瓜网络科技有限公司纪录片编导。研究方向：电视纪录片。
　　* 本文由浙江大学人文学院播音与主持艺术专业毕业论文改写而来。感谢指导老师王彦副教授的学术启蒙工作。

摄过程还是播出效果都不同凡响。20 世纪 90 年代末,《望长城》作为中国第一部纪实风格大型电视专题片,一改传统专题片中画面加配音的做法,第一次将主持人作为纪实主体参与节目内容之中,并被誉为"中国纪录片发展的里程碑"①(董岩,2016)。时间走到 21 世纪,适逢 2018 年"一带一路"倡议发起五周年和"改革开放"40 周年的时代语境。本研究考察近五年出品的丝路相关题材 21 部专题片,发现其语言表达日益多元化和个性化,甚至不乏引入第一人称纪录片个人化叙事的创举。芒果 TV《在那遥远的地方》便是其中精彩之作。

一、丝路专题片中的"第一人称纪录"手法

第一人称纪录片大致形成于 20 世纪 90 年代的西方,不仅可使用第一人称的声音,同时也可以第一人称带领观众进入"我"的世界(帕特里夏·奥夫德海得,2012)。② 这个时期的西方社会中,个体"对待自我的颠覆"以及"脱离群体的文化特征"更为显现,也拥有更加强烈的追求自我的自由表达(孙红云,2010)。③ 然而在当时的中国,这种个人化叙述为主的纪录片模式却还较为鲜见。直到 21 世纪初,随着 DV 等便携式摄影机的流行,个人拍摄的门槛平民化,第一人称纪录片才开始在中国萌芽生长。大家纷纷将镜头转向亲朋好友,转向身边普通的人和事,转向自我的内心表达。对于性格含蓄内敛的中国人而言,这种主观视角的影视记录无疑是一种新的自我表达突破。

(一)"第一人称纪录片"在中国

2015 年,浙江卫视主持人李晗就自己所参与主持制作的城市文化纪录片《一本书一座城》第一季为个案,提出"引入第一人称纪录片的个人化叙述"是一个"可能的突围方法(李晗,2015)。④ 2017 年,《一本书一座城》推出第二季,节目将拍摄地点选择为丝绸之路的沿路国家,沿用第一季时所采用的"第一人称纪录片"的叙事模式,以第一人称视角展开和探索这条千年之道上的人们所发生的故事。其中主持人成为与观众共同进退的拜访者、探险

---

① 董岩:《"红镜头"背后的故事——"电视将军"刘效礼访谈录(上)》,《今传媒》,2006 年第 6 期。

② 帕特里夏·奥夫德海得:《第一人称纪录片的发展》,陈玉红译,《世界电影》,2012 年第 4 期。

③ 孙红云:《公开的隐私——第一人称纪录片》,《电影艺术》,2010 年第 6 期。

④ 李晗:《一本书一座城:城市纪录片的新类型》,《中国广播电视学刊》,2015 年第 8 期。

家、普通人。这种新的尝试，掀起一阵收视热潮，并被《人民日报》等权威媒体的称道是"无论从节目形式上还是内容上，都走出了一条创新之路"（聂聆，2015）。①

2018 年 3 月，芒果 TV 联合湖南广播电视台推出专题片《我的青春在丝路》，其主题也是与"丝绸之路""一带一路"紧密结合。该片讲述从中国前往丝绸之路沿线各国、奋斗在一线的青年人是如何在丝绸之路上挥洒汗水、肆意绽放青春的力量。与其他以主旋律献礼题材电视专题片不同，《我的青春在丝路》并非宏观政策宏大叙事的直接宣达，而是从细微处入手，以个人情感和个体故事为叙述主线。该片从每一集故事中的主人公视角出发，将个体的表达以及情感融入片中，用普通人物的故事来构建宏伟主题，通过"以小见大的方式"来展现"一带一路"沿途的国家地理、人情风貌（黄洪珍、杨亚军、聂雄，2018）。② 如此创作构思和手法，十分接近第一人称纪录片中的"第一人称"叙事理念。

当创作者将"第一人称"叙事手法运用于丝路题材电视专题片的拍摄中时，创作者就从镜头背后来到镜头之前，以"我"的所见所闻所感，融入"我"的创作之中。这样一场看似是"包含创作者激情和智力的个人调查"，实际上也是创作团队紧密无间配合的成果（劳拉·拉斯卡罗利，2014）。③ 由此可见，将"第一人称纪录片"叙事引入于丝路题材电视专题片的创作之中，这样的个人化叙述模式无论对于创作团队的即兴创作还是主持人的自如表达都将会有很大的突破。

（二）《在那遥远的地方》作为研究个案

从 1980 版《丝绸之路》到今天涌现出众多丝路题材作品，这条变革之路电视工作者们跋涉近 40 年。在这 40 年中，作为叙事主体的主持人角色在节目中从无到有，从单一到丰富，承担的责任越来越多、越来越广。当主持人成为第一人称记录者，其表达形态发生怎样的变化？对节目效果有怎样的影响？本文以《在那遥远的地方》（下文简称《在》片）为例，组合采用田野

---

① 聂聆：《不妨让电视多些诗书气》《人民日报海外版》，2015 年 05 月 08 日，第 7 版。
② 黄洪珍、杨亚军、聂雄：《"一带一路"题材纪录片与国家形象建构——以《我的青春在丝路》为例》，《中国广播电视学刊》，2018 年第 12 期。
③ 劳拉·拉斯卡罗利：《私人摄像机：主观影片和散文影片》，洪家春等译，北京：金城出版社，2014 年，第 39 页。

调查法、文本分析法组合个案研究工具箱，对该片中的主持表达样态展开研究。

《在》片共16期，每期30分钟时长，节目主要内容是以主持人钟山所见所闻的主观视角讲述丝绸之路经济带沿线城市的历史、文化、旅游、地域特色以及改革开放40年来的变化，从丝绸之路起点西安出发，途径天水、兰州、武威、张掖、祁连、额济纳、酒泉、嘉峪关、瓜州、敦煌、哈密、鄯善、吐鲁番、库尔勒、库车、轮台直抵到中国的边境塔什库尔干。

之所以选择《在》片作为研究对象，一因作者实习参与该节目制作的全过程，熟悉节目制作流程，掌握台前幕后全部资料，所以本文的后续分析中也会涉及部分具讨论价值的行动者经验。二因该节目在同类题材的丝路专题片中的上乘制作水准和优异收视数据。截至目前（2019年5月），《在》片的芒果TV总播放量已达7147.3万次，其中天水篇、额济纳篇、嘉峪关篇以及鄯善篇均在湖南全省同时段收视排行第一。

二、多重语境下的复合角色：领读人，把关人，旅行者

语境，也就是指语言所使用的环境。主持人对语境的认识和把握，是主持人语言活动的逻辑起点，也是主持人语言艺术的根基（吴郁，1999）。[1]因此，也正是所处节目语境决定了主持人作为叙事主体角色的不同表达样态和角色定位。

（一）宏观政策语境："一带一路"倡议的领读人

"一带一路"合作倡议连接起中国与丝绸之路沿线49个国家之间的文化、政治、经济往来。主持人作为"一带一路"倡议的领读人，首先需要清晰准确表述和传递倡议的核心理念。这就要求主持人不仅要拥有丰富的知识储备，更要熟悉国家政策，了解国际发展态势。在敦煌一期，钟山同光热电站副总指挥黄文博一起爬上世界上最高的熔盐塔顶端，站在261米高的塔尖上：

钟山（眺望镜厂，对着镜头）：我现在是在这个星球上最高的熔岩塔的顶端。眼前是这个地球上最大的一片镜厂，我在想它的未来是什么？

黄文博（对着镜头）：它的未来将（有望）能够替代火电跟核电，（成为）点亮"一带一路"国家的一种清洁能源和光热电站。（第10期《敦煌

① 吴郁：《主持人的语言艺术》，北京：北京广播学院出版社，1999年，第31页。

篇——情怀敦煌》第 19 分第 50 秒至第 20 分第 12 秒）（注：括弧内文字系本文为便于阅读理解所加）

虽然只是简单的一问一答，但其实在镜头背后有一个小故事。嘉宾黄文博由于紧张一直没能组织好语言，导致拍摄难以顺利进行。在重复拍摄了三次之后，钟山示意编导先暂停拍摄，拍了拍嘉宾的肩膀，缓解他的紧张情绪。一直等到嘉宾调整好心态后，钟山先以朋友的身份了解了他想要表达的意思，然后根据拍摄需要，将冗长和词不达意的部分浓缩整理，揣摩他的语气，再复述给他本人确认。一切准备就绪，钟山才示意编导重新抬起摄像机录下这一问一答片段。这正是该片段，恰如其分地升华了塔式熔盐结尾部分的意义。——值得一提的是，并非所有主持人都有钟山这样自主干预节目生产的权限。是兼任制片人身份赋予钟山更灵活、更广阔的主持发挥空间。

在西安一期的印度红堡餐厅部分，印度人德福在宴请钟山品尝印度菜席间，对钟山表达自己的愿望：

德福："我也有这样一个梦想，在印度那边开这样一个餐厅，长城的一个概念。一进内就能看见这个长城，一进里面，就有卡拉 ok，就有火锅，有变脸，有各种中国元素的一个餐馆，这是我的一个最大的梦想。"

钟山（顺势引导道）："这是不是就是你之所以要把你的餐馆开在丝绸之路的起点？"

德福："对，也就是这个意义。"（第 1 期《西安篇——探寻大唐西市》第 8 分第 27 秒至第 8 分第 53 秒）

这一段对话中，当德福叙说自己在印度开长城概念餐厅的未来设想时，钟山提醒他现在已经拥有的在西安的餐厅"开在丝绸之路的起点"，巧妙地点题"一带一路"，升华了平常对话的意涵。

同样是西安篇，节目跟随着钟山，在袁家村偶遇跨国电商销售元朝晖，他的货物跟随着集装箱国际铁路联运班列——中欧班列，来往于中国与"一带一路"沿线各国之间：

元朝晖："长安号货运专列的开启，对于我们现在做国际贸易有非常大的帮助。我们自己也想的是未来跟随这个长安号，他开到哪，我们就把我们的生意做到哪。"

钟山："我觉得这个火车有点像这个新的丝绸之路呀！"

元朝晖："对,移动的丝绸之路。"(第 1 期《西安篇——探寻大唐西市》第 19 分第 21 秒至第 19 分第 45 秒)

这一段对话中,若非钟山因势利导问"我觉得这个火车有点像新的丝绸之路",元朝晖不会表示认同并锦上添花确认这是"移动的丝绸之路"。这两段都成为第一期节目中对于"一带一路"的点睛之语。在这里,钟山很好地尽到主持人引导正确舆论的社会角色和专业角色,在合适的时机引导丝路文化主旋律政策和主流价值观的公共传播。

(二)中观媒介语境:节目脚本演播的把关人

主持人作为节目脚本演播的把关人,其传播立场代表着媒介的立场。主持人的现场演播通常基于事先备好的节目脚本。但在实际拍摄过程中,主持人若足够敏锐、足够惊艳丰富,定会即兴捕捉细节加工,进一步优化原节目脚本设定的演播效果。

在天水一站,导演原拟定的脚本内容是设计钟山在告别文创园创始人后就驱车进村拜访泥画匠人,通过电话连线,再在村口见面。但在摄制组到达村口等待泥画匠人时,钟山发现,泥画匠人所在的村子入口狭窄而且道路泥泞,只有少许的几辆三轮车时不时路过。钟山意识到,若能将进村的方式调整成坐着三轮车进村拜访泥画匠人,或许比之前的常规脚本更生动、更接地气。于是在正片中我们看到,夜色中,钟山颠簸地坐在一辆老旧的三轮车上。

钟山(边坐三轮车上边说):"现在是晚上的 8 点钟,我呢,来找李老师。刚才在刘总那儿要到了他的家庭住址和电话,我觉得他家这个地方是有点儿窄,汽车进不来,我现在只能坐这样一个小摩托进来。待会儿到他们家门口再跟他联系,我相信能够找到他。"(第 2 期《天水篇——一座山,一万佛》第 7 分第 16 秒至第 7 分第 36 秒)

这一段三轮车上的演绎是前期脚本中完全没有的片段。钟山通过即兴的周边信息捕捉和口语表达,使"进村拜访"的过程在变动布局后充满情趣,巧妙地体现当地风土人情,也令观众对泥画匠人的简朴生活环境留下深刻印象。

而在祁连篇草原驿站部分,前期编导原本在踩点时定下的拍摄对象是草原驿站董事谭奎和他的女儿达藏卓玛。但到了拍摄当天,临时来叔叔家驿站玩耍的放羊少年才让东知布引起了钟山的注意。才让东知布在西宁的城市上学，对西宁和祁连的生活环境和学习环境差异有感性认识。钟山预感到，才让东知布会比一直留在草原上的卓玛对家乡的发展有更深切的感受，也更值得采访：

> 钟山："你现在在西宁上学，你觉得现在你们的生活跟在城市里面那些年轻孩子的生活有什么不一样吗？"
>
> 才让东知布："没有什么特别不一样的，像网络这方面的，像他们用的手机我们也基本上能跟他们一样，唯独不一样的就是，我身上的那些带有民族特色的东西"。（第 6 期《祁连篇——犹如仙境的雪山草原》第 25 分第 44 秒至第 26 分第 3 秒）

这一轮前期脚本中没有的即兴访问片段，有效呈现草原与城市、民族与世界、农耕时代与互联网时代的多组元素对比，令观众对丝路沿线地区的民生百态有更直观认识，也间接传递出"越是民族的，越是世界的"大国文化自信。

（三）微观人际语境：丝路上的旅行者

在第一期的最后，钟山说："我想用我的脚步和内心去感受这些'润物细无声'的磅礴！'遇见'将是我此行的唯一方式。"由此开始，钟山将自己的角色定位为"旅行者"，将与受众互动的过程定义为"遇见"。在接下来的 16 期节目中，无论是表述的语言，还是"遇见"的方式，钟山多将自己放在"旅行者"角色中，摒弃了冗长的旁白解说，而更多突出作为旅行者的主观视角，感受并记录旅程中的"遇见"。

1. 与受访者人际互动

有学者认为，主持语言表述的平易性、形象性体现了主持人职业角色中的"朋友"特色，为此，主持语言应该力戒"灌输""说教"等不利于人际互动的表达方式（吴郁，2011）。[①]当钟山作为旅行者踏上旅途，途中所"遇见"之人就不只是主持人与受访者的工作关系，而也是身份平等的朋友关系：

---

① 吴郁：《主持人语言表达技巧》，北京：中国广播电视出版社，2011 年，第 160 页。

钟山（问叶金俄日妻子东木措）："当时嫁给大哥的时候，有没有想过是过一种这样的生活呢？"

东木措："没想过，我也没有埋怨过他。挺好的，两个人都一起工作吧。"（第6期《祁连篇——犹如仙境的雪山草原》第11分第13秒至第11分第22秒）

以上对话发生在祁连一站。亲情味十足的称谓是人际沟通的润滑剂。当钟山亲切地称呼冰川巡护人叶金俄日为"大哥"，称呼叶金俄日的妻子为"大姐"，自然而然间就拉近了彼此距离。

2. 与节目组成员人际互动

钟山以亲友的身份和受访者产生交流，拉近了和受访者的距离，也使访问变得温情而轻松。这样的人际语境还体现在钟山与节目组成员的互动中。

在鄯善站一期开篇，钟山穿着传统维吾尔族服饰，赶着毛驴车，唱着毛驴之歌，来到了阿凡提原型人物——毛拉翟丁的故乡鲁克沁镇三个桥村。在参观途中，钟山突发奇想地对着镜头说道：

我突然觉得我穿这个衣服戴这个帽子，始终还是不像阿凡提。我怎么觉得我有点像反面人物巴依老爷啊。哎，我觉得马波波（摄像老师）你应该像阿凡提，要么你来当阿凡提行不行？（第12期《鄯善篇——阿凡提的故乡》第5分第2秒至第5分第20秒）

接下来的场景，就是钟山为摄像老师换上了阿凡提的原型服装，并且还发挥他的美术特长为摄像老师画上了两撇小胡子。这样的角色互动打破了拍摄的常态，但却使整期节目的节奏变得欢快明亮，也吻合主题人物阿凡提的幽默风趣。

3. 与电视机前观众人"机"互动

对屏幕前的观众而言更为常见的，则是钟山对着镜头，以第一人称"你""我""他"的主观视角来进行表述，直接与观众产生互动联系。在张掖篇的一开始，就是钟山坐在驾驶座上，边行进边自述道：

现在我们是在前往张掖的高速上。据说在山丹县的明长城和汉长城，两个相距都不到100米，但是我来过几次，每次呢都只找到了明长城，因为它非常明显。看看我今天能不能找到这个汉长城。（第5期《张掖篇——河西走廊上的

传奇民族》第 1 分至第 1 分第 14 秒）

画面上的钟山没有直视镜头，而是像一个被偷拍的普通"旅行者"，自言自语着旅行路线，自然而然切入节目第一部分"寻找汉长城"。这个第一人称表达片段看起来像是"旅行者"钟山在展示他的丝绸之路旅行日记，传递给观众如聆听友人私语一般的亲切自然，也赋予主持人予挥洒个性的原创话语空间。

三、主持兼制片双重身份下的两类视角：半知，未知

在很多早期的专题纪录片中我们发现，宏大事件的叙事背景往往要求叙事主体必须做足功课并且扮演"全知全能、绝对正确、客观冷静"的全知角色。而第一人称影片、私人游记更多强调的则是"分享、辩论、协商"。① 它不是一篇直白详细的说明书，而更像是一场由主持人邀约镜头前的观众共同参与的探索之旅。

（一）半知视角：从俯瞰到平视

主持人从全知视角向半知视角转变的过程，也可以说是主持人从俯瞰到平视的过程。而最能体现这一过程的转变，首先就是语气。

语气的转变能够让受众感受到主持人的真诚和真切。在《在》片库尔勒站开篇，钟山站在沙漠公路旁对着镜头自述道：

我是从库尔勒前往库车的路上路过轮台，特地拐个弯跑个十几公里左右来看看。别看这里的沙漠并不一定苍茫，但沿着这路往南再跑个几百公里，那沙漠腹地里可是有着著名的尼雅古城和精绝古城啊！遗憾啊遗憾，新疆实在是太大，我注定无法跑遍所有我想去的地方。（第 14 集《库尔勒篇——变迁·库尔勒》第 1 分第 27 秒至第 1 分第 55 秒）

说到"遗憾啊遗憾"的时候，钟山摇了摇头。如此朴实平常的语气娓娓道来，加上自然的肢体语言，流露出普通人的小沮丧和小软弱，显得又平凡

---

① 李晗：《〈一本书一座城〉：城市纪录片的新类型》，《中国广播电视学刊》，2015 年第 8 期。

又真实，很容易获得观众的认同感。

对于主持人而言，以第一人称的视角叙事的过程是"未知"的。这种"未知"不是什么准备都不做，而是以"求知"态度分享已知、解密未知，是为"半"知状态。当钟山向采访对象或对着镜头抛出疑问时，有更多的对象加入回答、互动分享。在第4期武威篇中，钟山站在铜奔马像下，对镜头前说道：

各位，问大家一个问题。你觉得，什么能代表咱们中国的旅游？想想咱们这里地大物博，历史悠久，要想寻找一个具象的东西实在太难。但我告诉你，还真有。就是我身后的马踏飞燕。（第4期《武威篇——"马踏飞燕"出土地》第0分第24秒至第0分第39秒）

钟山重音强调"马踏飞燕"，是为制造谜底揭晓的惊喜感。

谜底真的是"马踏飞燕"吗？节目播出后，芒果TV平台该期节目下就有网友留言：

"这个东西真名不叫马踏飞燕"（用户 mg57713066sMr）
"不是叫燕隼吗？"（用户 蛋不塔三）
"马超龙雀"（用户 ifiwasaboy54480）[①]

由此可见，当主持人以"半知"状态邀请观众共同探索时，会使结论更开放，答案更多元，表达更自由。

（二）翻转未知：制片人身份赋权脚本"改写"

在《在》片中，钟山除了是主持人，还担任着节目制片人的工作。制片人是整个节目的核心，决定节目的主要形式和价值导向。前文的中观节目语境探讨段落中，我们已经举例证明钟山的制片人身份为其主持表达样态赋予更多权限（而不必事前层层请示而延误拍摄时机）。在本段，我们将从未知翻转的角度进一步论证这个观点。将前期拍摄计划和实际播出台本进行比较后发现，因为各种原因而发生临时的变化和调整总是难以避免（详见表1），唯

---

① 详见：mg57713066sMr、蛋不塔三、ifiwasaboy54480：《在那遥远的地方·第4集 武威："马踏飞燕出土地"》之观众点评，2018年11月8日，https://www.mgtv.com/b/326525/4707588.html?fpa=se，2019年5月25日。

有主持人兼任制片人的职权便利赋权他自如翻转未知危机的可能。

表1：《在那遥远的地方》前期策划与实际拍摄的比较研究（来源：资料）

篇章	前期策划文本	实际拍摄文本	翻转未知的原因
西安篇	发现秦陵的老杨	偶遇开民宿的小杨	人物的变化
武威篇	偶遇巡视梭梭林的马俊河	通过羊圈老板询问马俊河	顺序的调整
嘉峪关篇	无嘉境铁路部分 无捡铁矿老人采访	嘉靖铁路作为重要部分 偶遇捡铁矿石老人	意外的收获
吐鲁番篇	主题"古今的变化"	主题"凝固的时光"	大方向的转变

在武威篇中，前期策划预定的原本是偶遇巡视梭梭林的马俊河，再由其带着钟山来到羊圈介绍自己的互联网电商生意。但到现场后，因为马俊河的个人原因不能及时到场，但节目拍摄必须赶上天黑的时间不能耽误。于是，钟山立刻引导团队临时调整拍摄顺序，最后在正片中呈现的就是先发现了羊圈，后通过羊圈老板了解到了马俊河。

而在嘉峪关篇的嘉靖铁路部分，前期导演其实已经选择了三位有故事性的重返老兵，做好了采访的准备，钟山也相应对其有预备了解。但在拍摄已经结束时，钟山注意到一位在河边捡矿石的老兵，他立马叫身边的摄像老师拿起机器捕捉这个画面，并上前询问老人家：

钟山："您刚才在那个边上捡了一块石头，您为什么要捡呢？"

老兵："一个是捡回来，带回老家做个留念。离开都50多年。带回去给孩子们看看，这就是爷爷干活，干活就是锄这东西。"（第8期《嘉峪关篇——天下第一雄关》第28分第54秒至第29分第13秒）

这一意外发现和即兴问答，成为嘉靖铁路最令人动容的部分。这归功于钟山新闻敏感度高，反应迅速。若不是钟山兼任制片人身份而未能及时调度拍摄资源，很可能就错过这精彩一幕。

四、场景决定声道：单向，双向，解说

主持人的单向表达，顾名思义，就是一种单向传播，指在传播语境中没有任何受众参与，而只有传播者也就是主持人进行信息传递。而主持人的双向交流注重主持人与受众的互动和配合，使受众更有参与感。《在》片节目中，钟山将单向表达、双向交流、解说配音等三种声道互相配合，穿插交替使用。在不同的场景下选择怎样的声道，由钟山所处的语境以及所扮演的角色和需要传达的信息共同决定。

表2:《在那遥远的地方》主持人钟山的微观表达样态分析（来源：资料）

集数	时间	图示	主持词	叙事形态
第1期	02：05		"在唐朝的时候，这就是大唐西市的开市鼓，何为开市鼓呢？就是每天正午的时候，大家就开始"梆梆"开市啦，然后到了晚上收工的时候就敲锣收市，要知道丝绸之路是一条贸易之路。"	口播
第6期	14：09		嘉宾：今天这方便面挺好吃的。 钟：方便面好吃啊？你们都吃了十几年了，还好吃啊？ 叶金俄日：我们习惯了吧。 钟：是不是会有一些人不理解你们？ 嘉宾：生态也好了，国家也这么重视了，现在就慢慢理解了，原来家人都不理解的。	对话
第13期	03：06		在一片平整的黄土上，千年前的人们选择往下的建筑方式，于是他们从高耸的台地表面向下挖，寺院、官署、城门、民舍和街巷在生土墙的支撑下，悠远地来到了今天。	配音

（一）单向表达：提高信息传递效率

为了向受众阐释清楚政策的内容或是向观众普及专业的知识，钟山所用到最多的就是独白，也就是单向表达。如表 2 所示，在西安一期的开篇，钟山站在一面大鼓面前，对着镜头向观众说道：

在唐朝的时候，这就是大唐西市的开市鼓，何为开市鼓呢？就是每天正午的时候，大家就开始"梆梆"开市啦，然后到了晚上收工的时候就敲锣收市，要知道丝绸之路是一条贸易之路。（第 1 期《西安篇——探寻大唐西市》第 2 分第 5 秒至第 2 分第 18 秒）

这时的钟山，首要任务是向观众说明和解释面前的这面大鼓究竟为何物。钟山通过情景再现的技巧，还原了在数百年前大唐西市的盛景。而在吐鲁番开篇，钟山站在艾丁湖前，对着镜头向观众说道：

艾丁湖。同时，也是中国陆地的最低点。有多低呢？比海平面还要低，低154.31 米，要按海拔来算应该就是负数！湖底最低处甚至达到 -161 米。喜马拉雅造山运动，在中国产生一个最高峰和一个内陆最低地。珠穆朗玛峰不那么容易爬上去，艾丁湖却在古丝路上，拐个弯就到了！（第 13 期《吐鲁番篇——时光·吐鲁番》第 1 分第 18 秒至第 1 分第 46 秒）

在这一段中，钟山一开始抛出一个设问，引起观众的兴趣。而后向观众说明和解释艾丁湖的相关信息，使受众更快了解而不是猜测。受众在这一个环节中，仅仅只是信息的接受者和欣赏者。在这段口播的最后一句，钟山放慢节奏，缓缓引出艾丁湖的故事。

另一方面要注意的是，在一些时候钟山也会对着镜头背后的观众进行描述，与观众进行虚拟的"交流"，例如在第三章第二节提到的武威篇中，钟山站在铜奔马下的口播：

各位，问大家一个问题。你觉得，什么能代表咱们中国的旅游？（第 4 期《武威篇——"马踏飞燕"出土地》第 0 分第 24 秒至第 29 秒）

在这里，钟山称镜头前的观众为"大家"，建立对象感，调动自己的主持情绪和状态。但实际上钟山其实只能通过设想镜头背后的观众数量及收看状态来调整自己的语言表达，整体而言，作者认为这也是一种单向的表达。

（二）双向交流：建立互动人际关系

双向交流更多的则是体现在与采访对象的交流、互动的对话中。例如在祁连篇中，钟山和黑河源头保护站的叶金俄日来到了他的家中，看到叶金俄日和妻子东木措虽然每天的生活重复而简朴，却仍然会为今天的面煮得还不错而有些高兴。镜头前，钟山转向叶金俄日夫妇并且微微前倾，语气平缓而柔和：

叶金俄日："今天这方便面挺好吃的。"

钟山："方便面好吃啊？你们都吃了十几年了，还好吃啊？"

叶金俄日："我们习惯了吧。"

钟山："是不是会有一些人不理解你们？"

叶金俄日："生态也好了，国家也这么重视了，现在就慢慢理解了，原来家人都不理解的。"（第6期《祁连篇——犹如仙境的雪山草原》第14分第9秒至第15分第15秒）

在这间不大但却温馨的小屋中，钟山通过语气的变化，让观众看到了他刚强外表下柔和的一面。而在库尔勒一期中，钟山邀请到当地主持人傲鲁木加甫，一起驾车参观游览库尔勒，钟山边开车边以轻松自然，就像与好朋友交流的语气和傲鲁木加甫聊天，由此引出接下来与摄影老人李汉朝的遇见。

钟山（边开车边问）："今儿天气这么好，到哪去逛逛吧！"

傲鲁木加甫："想逛哪方面？"

钟山："照相，我比较喜欢照相，有什么风景好的地方适合拍照吗？"

傲鲁木加甫："我认识一个老师，在照相摄像这方面特别有经验的，特别有趣，今天阳光这么好，他应该在拍天鹅。"

钟山："天鹅？你们这儿有天鹅？"

傲鲁木加甫："有的"

钟山："那咱们去找找他。"（第14期《库尔勒篇——变迁·库尔勒》第2分

第 38 秒至第 2 分第 54 秒）

于是，跟着这个线索，钟山遇见了李汉朝老人，展开对话，并由此展开了库尔勒之行，也与下一个"偶遇"不突兀的联系了起来。这种对话形式交流作为一种表达样态，比独白更多地出现在《在》片节目中。这样的表达样态不仅使主持人与嘉宾沟通的状态更加有温度，也让信息传递更灵巧和多变。

（三）解说配音：声画合一的书卷味表达

解说配音是以旁白的形式对作品中所匹配呈现的内容进行解释和说明的表达方式。这在传统专题纪录片中往往贯穿整个故事，以此连接起画面，推动故事的发展。虽然在《在》片中很少用到解说配音的表达方式，而更多选择以主持人或主持人与被采访者的同期声来匹配画面，但当需要较长篇幅的文字来对画面进行精准的描述或抒情时，《在》片仍会采取配音解说的表达样态，使得画面连贯、文字精准，情感真实不做作。例如在吐鲁番篇中在介绍交河故城的生土结构群时：

在一片平整的黄土上，千年前的人们选择往下的建筑方式，于是他们从高耸的台地表面向下挖，寺院、官署、城门、民舍和街巷在生土墙的支撑下，悠远地来到了今天。纵然街道上传来的笑声、脚步声、袅袅的炊烟声，已如流星坠落，但黄沙掩埋了楼兰、龟兹、于阗，却让交河顽强地屹立于时间的流转中。（第 13 期《吐鲁番篇——时光·吐鲁番》第 3 分第 6 秒至第 3 分第 56 秒）

画外音解说使得零碎的古城画面连接在一起，也使得抒情的文字有了一个更合适的载体。而在语气停连的处理上，钟山以沉稳、厚重、书卷味十足的语气进行解说配音，也对应了交河故城本身的历史厚重感。钟山还对"寺院""官署""城门"等关键词做重音、停顿、连接等表达技巧处理，使交河故城的画面就像一个个错落有致的地标一般铺陈在观众眼前。在第一期开篇的介绍中同样也体现了这一点：

一条延伸在北半球的弧度，跨越东西；一条延伸两千年的商道，连接中外；一条沟通古今的桥梁，诉说过去。这一程，我会用脚步去丈量，我会用内心去感受。此刻，绚丽多彩的西安就在眼前；此刻，繁花似锦的西安就在脚下，此刻，文化交融的西安就在身边！前任西行之路始于长安，今日，我们将循着前人的脚步，西行！（第 1 期《西安篇——探寻大唐西市》第 0 分第 20 秒至第 0 分第 57 秒）

在这一段中，用到了两个排比语句，情感十分充沛。试想这两段文字如果换成出镜口播表达样态，一定会略嫌文绉绉、过于书面化，远不如附丽于画面的解说样态自然含蓄。由此可见，当主持人能够在节目中将单向表达、双向交流以及配音解说有效结合使用，一方面，会更加符合主持人所扮演的各种角色，达到意想不到的效果。另一方面，也能帮助主持人更好地发挥主观能动性。

五、结语

丝绸之路是永恒的，但人们选择观看和记录它的方式却在不断更新和改变。《在》片中，主持人钟山作为叙事主体，在宏观政策语境中受到社会规范和国家政策制约，肩负传达国家政策的使命，扮演着"一带一路"倡议的"领读人"的角色；在中观媒介语境下作为节目脚本演播的把关人，把握节目的内容走向和信息传递；在微观语境下扮演"丝路上的旅行者"的身份，为观众讲述真实的故事和体验。叙事主体所具主持人和制片人的双重身份，赋予调度拍摄资源的权限，便于即时捕捉和拍摄新鲜重要素材，也有助于拓展其叙事空间从全知向半（未）知转变，与观众同一视角探索"未知"，表达空间更多，也为其叙事样态带来更多可能性。在叙事表达形态上，主持人根据不同场景切换不同交流方式，将单向表达与双向交流以及解说配音穿插使用，完成了节目形式和内容的统一。《在》片的第一人称叙事范式、平视结合半知观照模式，为"第一人称"叙事理论的发展提供了鲜活的中国经验。

十、古琴与中华文化传播

主持人语

"士无故不彻琴瑟",古琴是中国历史上文人成长中不可或缺的知识储备。在三千多年的历史中,先贤们为我们留下了大量中国传统乐学、中国传统乐谱和中国音乐美学文献。这些文献结合口传身授的传承方式,为我们保留了大量古代礼乐仪式、音乐思想、哲学观念以及古代音乐作品。习琴是中国文人"美育"的重要方式,历史上古琴教育目标是塑造人、培养人、使人成为国之栋梁以此来承担文人的社会责任。

"敬天爱人"是中国传统文化的精神所在,这种中国的敬畏包含内敛、含蓄、宽容、坦荡和担当。从仪式中形成的古琴艺术,自产生开始,就可以作为祭祀仪式的神器。"鼓琴鼓瑟,以御田祖",古琴早期就作为仪式音乐中进行祭祀的乐器,古琴音乐响起,本身就有了仪式的特征。在进入宫廷后,琴一直是中国礼乐中的一件重要乐器,从定音、演奏礼仪和演奏禁忌方面均有着严格限定。如果把中国文化中的"敬"理解为一种秩序,包含内在和外在两个方面的内容,对内根植于内心的自省,对外对秩序的敬畏。孔子云:"兴于诗、立于礼、成于乐"，从一个人的人格养成，到治理一个国家，靠的就是"礼乐"。"礼"里面包含着国家制度，包含着一个民族一个国家所尊崇的最重要的精神和相应的仪轨规章，古琴与中华文化传播已是一个关乎中华民族的重要课题。

2020 年伊始，突如其来的疫情，改变了大家常规的生活节奏，随着疫情在全球的蔓延，中国在国际社会中的担当和地位，以及作为中国人如何增强我们的民族自信成了重要的议题。社会各界在奉献自己力量的同时，古琴名家们也一起"发声"助力。3 月 15 日到 3 月 26 日的《海峡两岸首届琴人·琴怀古琴名家公益直播》中，每天一位古琴名家通过线上直播的课程照亮了中国传统文化的回归之路。在瀚听古琴文化平台上展示的内容引起了国人的极大关注，每天在线 8000 人以上，浏览量超过十万人，我们深刻感受到了"琴人·琴怀"对中华文化传播的巨大力量，我们也希望这种精神可以一直鼓舞中国人，本专栏所有作者均为该场公益直播的专家，本专栏以恢复中国话语体系为主导，在古琴美育、礼乐回归、专业音乐院校古琴教育、琴歌发展以及在琴曲《潇湘水云》中文人精神的讨论中，直面古琴为代表的中华传统文化传播的种种困境及重建思路。我们希望通过本专栏的相关文章把中国的"琴人·琴怀"精神传播出去，点亮各位中国人的修身之路。

陈志强（福建工程学院人文学院副教授）

面对中国音乐失语现象，如何检视
当代中国音乐的存在本质与因应之道

周纯一 *

（北京师范大学香港浸会大学联合学院 UIC，广东珠海　519087）

摘　要： 中国是一个具有三千年以上信史的复合民族大国，在三千多年前周代就已经懂得实施礼乐文明作为治国的方针，也昭示华夏"蛮夷"的对比象征。更有圣人孔夫子将儒家克己复礼的人生哲学贯穿在三千年朝代更迭之中。曾何几时，在近百年的诸多运动中，数以亿计的中国人选择了西方音乐话语来丰富中国人的精神生活，彻底取代中国传统三千年的话语系统，此中虽然仍有少数卫道者在边缘角落里哀鸣，但始终敌不过整个时代铺天盖地西化商业模式的运行，把中国传统音乐逼到不见天日的死角，本文希望在现今的中国正统音乐教育中，检视还有中国音乐存活的状态，寻找认清当代音乐教育的行为模式，才能判读将来中国人是否还有机会恢复中国人独特的礼乐话语系统——中国人应该学中国音乐、中国人应该重返礼乐。

关键词： 中国音乐教育；礼乐；中国音乐梦

我的父母都是 1949 年前去台湾的南方人，我出生在台北，自小接受在台湾提倡中华文化复兴运动的教育模式。这模式是从小读文化教材，学写书法，学公民道德，到大学后以选择中国文学系为第一志愿，学中国文学四书五经、声韵学、文字学、训诂学等。当然这是当时当局在对抗海峡另一边"文化大革命"铲除传统的情势中对应的教育对策，这一套也是清末到民国的新学堂

---

　　* 作者简介：周纯一（1955—），台北市人，香港中文大学民族音乐学博士，教授，原南华大学音乐系主任，现任北师港浸大联合学院 UIC 全人教育中心特聘教授，研究方向：中国礼乐、民族音乐学。

标准教程。而我们这一代就变成了读中国文史哲的第一批特殊实验者。当我稍有见识后，也慢慢对台湾全面西化的音乐教育十分不满，这种全面西化的制度是因袭日本占领台湾七十年"皇民化"运动，在明治维新的大流下把台湾音乐教育建设成全盘西化的新基地，因此日据台湾设立的音乐系是不教日本宫廷雅乐的，也不教日本的传统艺能，所以台湾的音乐教育在百年前就是以日本视野的西方音乐教育理想去设置的。为了让台湾彻底日本殖民化，日本天皇派遣许多批日本人类学家在台湾做铺天盖地的文化普查，这些成果提供当时的台湾总督府治理台湾时的政策参考，这一套模式就成为台湾音乐教育的基础。

我个人学习中国音乐是在1968年台北"大同国中国乐团"，当时是吹中国竹笛。有一批从四川和上海的新民乐专家随军来到台湾，这批外省音乐家就以"中国广播公司国乐团"为核心，传播"国乐"到台湾各个基层县市和学校，我的音乐启蒙就是在中学乐队中得到滋润，直到大学担任了中兴大学"国乐社"的社长，一直都以为民乐就是当时被认定唯一的正统中国国乐。后来接受昆曲洗礼后，才觉悟原来花大把时间去学习的民乐，原来是现代人的新编洋理论交响曲，只是在命名上使用了中国标题而已，丝毫没有一点传统中国的灵魂。学民乐对于理解历史中的中国音乐不但毫无帮助，更因为这一群人的集体意识全放在拉帮结社、商业运营上，连带也给后习者沾染功利的气息，复制出更多的音乐买办。直到我到香港中文大学进修，接触到已故张世彬先生的学术文章，循此思路从日本人学习唐代雅乐的成功经验，见识到中国大唐雅乐的博大精深，同时也认识到韩国接受儒家文化的艰辛历程，猛然觉醒，遂慨然以恢复中国礼乐为终生奋斗的职志。

此文不希望去揭发现状的种种弊端，那只在话语的象上打转而已，根本于事无补。我希望透过仿效日人西田几多郎（1870—1945）在探索日本究竟有否西方严格意义的哲学时，提出的五种观察方法：（1）自己；（2）场所；（3）表现的世界；（4）实践；（5）超越。取来观察中国现今的音乐现象，其本质是否能说明中国还有中国传统音乐，还是严格意义的中国音乐已死，我们要面对全面重建礼乐的窘境。

首先谈"自己"，借西田哲学说法"自己"是指中国人真正的自己，是生命的自己，是深层意识的心的自己，是中国人历经数千年岁月那颗发出中国心声的自己。在漫长的岁月中中国人用中国的心动，去发出中国动人的声音，这事实是斩钉截铁存在的，中国音乐是有心法存在中国乐人的集体思维中的，因此用"自己"的视角检验现代中国音乐大环境是严肃的课题。当下寻找还有多少人具有传承祖宗心法的能量，还有多少机构具有培养中国下一代中国乐心的能力。这一视角包括要"发现自己"，是发现一个与我不同意义的自己。现在的中国乐人在扭曲的思维中对中国人进行扭曲的音乐教育，他发现了中国人应该学中国音乐的良心吗？他发现了中国乐队应该重现"先秦乐队""两汉乐队""魏晋乐队""隋唐乐队""两宋乐队""元代乐队""辽代乐队""金代乐队""明代乐队"和"清代乐队"总总不同文明的光辉吗？这些形态的乐队是活生生存在中国的历史流中，当中国人没有觉醒认清"自己"有什么、应该做什么时，现在所有的音乐教育就是在一个偏离中国心，没有良知的干着迫害本民族音乐的行为，像孟子所比喻的坟头乞食，骄其妻妾。

第二要谈"场所"。西田几多郎所说的场所是指"无的哲学"。处在一个能生活的空间场所，瞻视本身主体独立与能动性的对立概念："无"时，才可以预视从根本重新认识"场所论"，也就是中国人在面对中国音乐场所观点时，可以从"共同体""集体无意识""固有环境"中解放出来。因为中国人近百年来处理音乐的思维，几乎从不思考本身音乐话语的"场所"性，在根本不思的当下就决定全盘西化的决定。这一改变可以从三方面检视：

（1）作为身体性东西的场所。

（2）作为象征性空间的场所。

（3）作为隐藏论点和议论之处的场所。

首先，中国人必须重新把握"存在者本身如何表现身体"，当面对世界时新的意识操纵着新的场，形成一个新场的标准，西方音乐像一株变种的病毒进入中国后，把中国人存在的场从基因深处彻底扭曲改造，表面上看仍是中国人的正常身体，却不再具有正常中国人独特的历史美感，完全以西方美感作为生命基调，将中国音乐家的身体从小就塑造成西方模式，从小弹钢琴，拉小提琴，唱美声，跳芭蕾舞，留洋深造种种一系列伟大的培训措施，冠冕堂皇地在这数千年的文明古国中场所中畅通无阻，因此第一个以身体作为场所的检视，在上一代人和上两代人对传统音乐的逐步失忆，到现今的无奈断层，对当代的身体所形成的影响，是新的意义场所已不具备认知本民族声音遗产的能力，再加上后天推波助澜的学习洋乐，早已溢出历史流里中国原本顽固的共同体，中国集体无意识，以及中国人思维的固有环境，变成一个没有文化基因的变种异乡人。由于"场所"的相反概念是"主体"，或称为"主观"，这种主观主体就是近代西方哲学的基体，依靠这个基体现代人已不需外求的独立运行西方音乐话语，更扭曲的认为中国人运用这套西方系统可以完整地呈现中国音乐全貌，甚至可以把中国音乐提升到一个更高层次的场所。在此，只能说现今中国人的身体场合已经异化，表面依循传统的音乐行为实质与中国共同体、集体无意识和固有处境已截然不同，掉入"无的逻辑"中，西田把无的场所不是当作"欠缺有"来解释，而是作为无限丰富的世界来把握。在这般情况的中国身体，寻找无限丰富的异类西方音乐系统来填补失去的无限丰富的中国音乐文明。

第二视点检视"作为象征性空间的场所"。是指区别于世俗空间场所的"神圣空间"，也就是类似一种宗教神话的空间。西田哲学认为这种神圣的空间包含着"成为具有象征性的特别意义之核心地点布置"。又带着"有以其统一的全体性而产生的宇宙论性格"。现今在中国实施的象征性空间都是西方音乐厅模式，所有的音乐成品都透过这种神圣空间展示，所有音乐人都在这种类型的神圣空间中完成意义呈现。从个人学习空间到高级音乐学院设施，无不以西方类型的象征性空间为模式，在此空间场域中完成中国音乐家的意义交换。大到西方音乐厅、西方歌剧院、西式的琴房、西方的总谱、西方记谱法、西式的节目单无不以抄袭西方为荣，小到个人书斋的钢琴摆设、欣赏音乐的品位、个人思考乐理的话语系统、演出服装的定式与演奏行为的模仿，都以西方美学来摆布自己的象征性空间。我去东邻韩国、日本考察时，不但能看到他们对于礼乐空间的重视，更感受到它们处理象征空间的敬畏与禁忌，尤其是在仪式音乐空间上的严格遵循传统。我在韩国音乐教师的教员研究室里，发现他们仍摆设中国中古时期的乐床，练习音乐时仍采用跪坐的古老形式，演奏着千年前传自大唐大宋的乐曲。中国悄悄置换了象征性空间场所，将所有的中国音乐放在西式舞台中展演，已没有自己的音乐舞台。

第三视点检视"作为隐藏论点和议论之处的场所"。这是从古代雄辩术中所谓的"辩证论"（即场所论）所关涉的种种问题。西田认为亚里士多德所谓的"辩证论"就是决定自己进行的议论要思考与那些种类的事物关联，应该运用什么话题来进行事务的意义研究。同时可以透过古代修辞学五个步骤：创造、配置、措辞、记忆、发声。从其中可从辩证的过程中创造新的理论。西田认为真正"辩证法的一般者（场）"不能不包括个体的限定和环境限定，这样才能开始设想真正的运动世界。尤其是在个体限定和环境限定的交互作用下，客观限定主观，主观限定客观，形成辩证法的完整过程。换句大白话就是先否定自身的中国音乐话语，隐藏中国体系的操作性，然后用一种仿似理性的态度，用西方乐理全盘置换了本民族的音乐话语系统。此后所有的中国音乐必须使用西方术语与理论才能说得清楚，中国本民族论述从此失语。在近百年的西化熏习，中国音乐人已全然不识中国音乐话语，也无法说清韩国、日本、越南为何还能操作中国老祖宗使用的那套音乐系统。中国三千多年"制礼作乐的体系"是真实存在的事实，没有人怀疑中国这套独特体系的不善，也没有人质疑这套体系的不堪使用。然而活生生的这套体系被中国人隐藏忽略了，不但不操作，连恢复话语的勇气都没有。中国这一千年文明古国，衰弱得连一间音乐学院开设"中国音乐理论""中国音乐作曲""中国音乐和声""中国音乐节奏""中国古乐操作"等课程都没有，更遑论"周代礼乐""汉代音乐""唐代音乐""宋代音乐""元代音乐""明代音乐""清代音乐"等的全面性专论的系统教学、对于中国历朝乐器的认知，对于中国乐人的仪容服饰，对于中国以礼配乐的仪轨，更是形同陌路。综观大学本科四年的音乐课程结构，简直是在培育西方殖民地的音乐家，中国的朝代音乐只渺小地保存在天坛神乐署里一群导览员组成的"清朝宫廷乐"中。整个民族年度的音乐设备费用，几乎全去购买了洋乐器和变种洋的民乐器了。尽管考古学家不断地发掘出先人的音乐文化，音乐研究学者不断地专研先人音乐的破译，都敌不过这个大环境变种"洋乐场"的公然忽视，把真像始终隐藏起来，继续在洋乐优势场中获取名利声望，毫不顾及培养出来的音乐人都是中国音乐的文盲。我在台湾的南华大学民族音乐系推展了一套以中国音乐为核心的课程，经过二十年努力可以收到初步的成效，证明古琴必修三年，可以改变音乐学习者的心性，强迫学生学习八种中国古乐器，可以发掘学生隐而未发的音乐能量，参加雅乐团可以团队学习在礼中作乐，这套体系经过中国许多专家学者的见证，诸如沈洽、童忠良、吴文光、于润洋、陈志明、吴钊、丁承运、成公亮等大师的亲身参与，也有许多国际大师例如日本山口修教授、韩国宫廷舞第一舞者沈淑庆博士、乌兹别克斯坦 ABBOSS 手鼓大师、印度他不拉鼓大师慕可基教授的交流指导，都说明音乐系若能具有本土话语权时会受到国际上的格外重视的。我不知道中国这套所谓正统音乐教育制度还要持续多久，它实际隐瞒中国人学音乐可以不学中国音乐的真相，可以不学中国音乐理论，可以拿学洋理论后冠冕堂皇的创作中国音乐当作教育主流。这一切现象都源于我们隐藏论点和议论的场所，暴力地指定了一套新的话语系统。

接下来谈第三个视角："表现的世界——辩证法的一般者（场域）"。西田认为人类是先有语言以后人才变成所谓的"人"，人产生了所谓的"文化"就建立特殊场域。他寻找文化形成的核心就是如何解读"表现"的问题。西田是如此解释表现的："表现就是其自身客观存在，并在自身之中包含有主观性内容。最好的例子是语言，他一面是物理性的音，同时又是使用者思想的表现。"西田提出为"为何在表现中能产生意义"的设问，他的解释出发点要放在"行为本身的自我限定"，上一代中国人在政治法律、教育制度、艺术、哲学、信仰等关联考虑下，选择了新的音乐教育模式，也选择了这一代人和下一代人的"表现"模式。对于传统中国人表现音乐的形式是：在对的季节与时辰动乐，依祖宗习俗的礼行仪，选善乐的专人操作，用中国乐器演奏，穿合适衣冠登场，演奏宾主关系得体的乐曲，这个表现的世界是受历史的他者推动的行为，个人只是依照话语结构合情合理的礼乐而已。

　　但由于中国选择了另一种哲学，就必然要与行为和实践相结合，反而为了深化行为和实践的合法性，有必要提高理论的自律性，把自己从全盘否定中国话语的苍白处境中解放出来，于是就强调用西方音乐话语置换中国音乐话语的合理性、合法性和科学性。理论的自我目的化对于新事物的开展是有其必要的，但如果超过限度就会失去对于本性的认知，同时也失去重返本土音乐话语的能力。在失语的当儿常会有人提出"怎样才能恢复中国失去的礼乐系统"这一提问直接牵引出"中国音乐话语是什么？"的认知论问题，从"知识本身是什么"，"如何认知这套系统"，认识了这套系统后"如何操作"，操作这套系统后如何"价值判断"等等。

　　目下的学术分工使得音乐门类的师生几乎不善经史，文史学科的师生不善音乐，有心人没有经济力操持中国古乐演出，多数音乐圈领导人大都盲目短视，音乐从事者忙于营利谋权，无暇顾及民族大义，学生们在此种荒唐的场域中受教，既学不到中国音乐，也学不到西方人真正的西乐，这从大学毕业生蜂拥出国留学欧美的现象，可以深知在中国是绝对学不到真正的西乐。

　　在中国这一个音乐大场域里，长时期不教或没能力教传统中国音乐的理论与实践已是事实，所以三代（夏商周）雅乐没人实践，以周代大抵出现六自封国，在中原地区出现如此丰富多元的音乐，也没人关心。隋唐五代到宋元明清多少王朝的宫廷雅乐没人理会，大家削尖了头往西方音乐钻，所有音乐教育机构仍麻木地以西乐为主，鲜见有地方特色乐队在当地实践演出，若从高处俯瞰这个民族，仿佛没有音乐实践能力了，必须乞灵于西方音乐才能获得救赎，才会有朝鲜宫廷舞者欣然来华学习唐宋宫廷舞蹈，在北京发现原来中国根本没人能教唐宋宫廷舞蹈的荒谬真相。当然外国人到中国学中国音乐，也只能学到少数的民间的传统音乐，对于三千年大王朝的宫廷雅乐是完全没有传播能力的，最多的只能教现代民乐的粗浅知识而已。

实践问题是表现的世界问题的展开，也是历史生命展开和制作的问题。历史上的中国人一向融汇百川，胡汉合流，心胸极为宽阔。但绝不是抛弃传统、全盘胡化地改造自己，这是投降主义的迷失。我借用西田哲学根本的思考方法——"历史的生命概念"。我们今天活着是因为我们活在历史流里，西田的名言"真正的理性必然是真正的历史的生命"而"所谓的客观的知识，必然是历史行为的自证，人活着，不是在感情或神秘的直觉中，而是活在客观的制作中"。前一代人迷失在全盘洋化的梦境，将近一百年的场域表现，我们失去了中国人的音乐话语，将来如果要迈向文化大国之境，能够没有音乐灵魂吗。

第四观察点"实践"。哲学界对实践或行为范畴有许多探索，最显著的是20世纪60年代初德国出现的"实践哲学的复兴"，因为19世纪后半叶，科技占领主导的地位，以自然科学为典范的实证主义，已经形成影响政治的意识形态思维，哲学在此时期已失去对人类规范引导的能力，所以民国初年的学堂歌曲就将西方歌曲、西方乐理辛苦地传播到中国，逐步将中国传统音乐置换成更科学的系统。其中也有认清利害关系的王光祈，希望在西化的过程中不要忘了"复兴国乐"，引起的波澜很小，不足以抵御当时全盘西化的浪潮。就一路走到当今十分尴尬狼狈的地步。

当务之急是中国应该确立"应该做什么"和"应该怎么做"的问题。前者是一个大家都心照不宣的伪命题，中国人应改演奏中国音乐还需要强调吗？中国人在世人面前推展具有中国特色的音乐本还需要耳提面命吗，现今的处境是：不当的教育政策与课程设计，将全中国音乐教育推向一个以民族爱国口号为标题的西方体系，现在应该做的不就是在严重疫情下发现西方世界对中国的轻视与不友善，甚至对整个国家民族的彻底藐视。中国是应该痛下决心自我检讨了，将每年投入西方音乐教育的庞大资金回归中国礼乐教育的主流，再不彻底斩断次殖民的音乐教育模式，中国终将走上"没有中国音乐"的苍白处境。

西田几多郎在20世纪30年代后受到马克思主义的刺激，在作为"表象世界"问题的展开和发展进行认真的研究。他认为实践问题是表现世界问题的展开，也是历史生命展开问题的解决和实践。西田哲学所指称的"历史的生命"是包含思维和创制这一合理或客观的媒介，是被所谓"被辩证地展开"

的具体人类生命的真实存在。诚如所言，中国人活在一个前人偏差思维的音乐场域中，体悟到的客观思维和话语竟然是一套置入性的语言营销，就像全世界民族的信仰，被友善的西方传教士偷偷地置换了上帝一般，失去了本民族的神祇和精神依归。西田认为人类是"制作工具的动物"，制作工具即是造物，物是客观的，这物被造后又反过来影响人类的思维，人类的文明就是靠不断造物不断反响堆栈形成的。物是民族生命的表现，被制作的"物"是制作人以其自身的目的所衍生的结果。如果现代中国人认为现代民乐就是正统的中国音乐，那我们也就不必再反省回归礼乐传统了，对祖宗也不会有半点歉意，对世界的眼光也不会有半丝惶恐。如果是个有良心觉悟的中国人，认为下一代人应该继承中国音乐遗产，对教育现状的反常就应该十分不满，思索改进之道。

我在二十几年前在星云大师初创的南华大学以提倡"礼乐治校"时，当时校长龚鹏程博士聘请我去创立南华大学雅乐团并成立民族音乐学系，以实践音乐教育中国主体化的理想。设立民族音乐学系（Pept. of Ethnomusicology）的目的，是把学自香港中文大学的一套民族音乐学理论实践在中国系统的音乐教育机构，这套理论的精神是："学习音乐者必先熟习本民族的音乐话语，再以这套音乐话语为基础与他民族的音乐话语进行比较，透过实地考察的手段获取音乐存在的真相，并留下有效记录。"我当时认为中国所有的音乐教育机构直接以西方音乐作为基础话语，并不教授本民族的音乐理论，这是严重失误的教学设计，培养出来的音乐人并不具备中国音乐主体性，也不擅运用中国特殊的音乐语言，在认知世界音乐的处境时是没有本民族音乐独立话语作为主观认知基础的，凡直接就以他者的音乐思维认知事务，甚至以他者的音乐话语来解释本民族音乐现象的都属"误读"，是无效的解释。我的课程设计大致只分两大块，"本民族音乐"和"他民族音乐"。详如下：

（1. 本民族主体音乐群）古琴音乐理论与实践　必修　三年　（六学期）

中国音乐基本理论　　必修　一年　（两学期）

中国乐器认识与实践　必修　唐筚篥　一学期

尺八　一学期

唐琵琶　一学期　唐筝　一学期

奚琴　　一学期　二胡　一学期

中国民间音乐课程　必修　两年　（四学期）

戏曲音乐　说唱音乐　中国器乐　中国民歌

	中国雅乐文化课程	必修	一年	（两学期）
	中国音乐史	必修	两年	（四学期）
	中国音乐美学	必修	半年	（一学期）
	中国宗教音乐	选修	半年	（一学期）
	中国乐器制作	选修	一年	（两学期）
	中国论文习作	必修	一年	（两学期）
	中国音乐大师讲座	必修	一年	（两学期）
（2. 他民族音乐课程）	世界音乐	必修	两年	（共四学期）
	第一学期 亚洲音乐	必修	半年	（含大洋洲）
	第二学期 欧洲音乐	必修	半年	
	第三学期 非洲音乐	必修	半年	
	第四学期 美洲音乐	必修	半年	
	西方音乐史	必修	一年半	（三学期）
	西方和声学	必修	一学期	
	西方音乐理论	必修	两学期	
	西方式唱练耳	必修	一学期	
	西方曲式与对位法	选修	一学期	
	西方作曲法	选修	两学期	
	西方音乐美学	必修	一学期	
	钢琴调律	选修	（初级：台式钢琴）	
（高级：演奏琴）				
	民族音乐学简史	必修	两学期	
	民族音乐学理论与方法	必修	两学期	
	民族音乐学记谱法	必修	一学期	
	国际语音学	必修	一学期	
	民族音乐学田野工作	必修	一学期	
	文化人类学理论	选修	一学期	
	论文研读与写作	必修	一学期	
	世界打击乐器课程	必修	（两年）	
	中国绛州大鼓	必修	一学期	
	朝鲜仗鼓	必修	一学期	
	阿拉伯手鼓	必修	一学期	

印度他不拉　必修　一学期

世界音乐论文制作与发表　必修　一学期

个人乐器主修与副修（一对一教学）依个人意愿可选二到四年

除此之外，学校通识中心硬性规定，任何科系的大学本科学生必须选修该中心八个门类的通识课程，这五类课程个门类是：

第一类　生命涵养课程　（成年礼　正念静坐）

第二类　通识基础课程　（中文阅读与表达　英文英听　体育　）

第三类　通识核心课程　（核心素养领域　中国经典领域　外国经典领域　）

第四类　进阶跨域课程　（人文艺术领域　社会科学领域　自然科学领域）

第五类　通识应用课程　（专业伦理领域　创新与创业领域　身心灵成长领域）

音乐系学生必须严格遵守学校规定选修其中每一门类的课程，总学分数必须达到 40 学分，后来修正到 30 学分，用以弥补一个本科学生进入社会后可能面临的知识的缺口。这种整合式的音乐教育，在全世界应当是绝无仅有的，这是因为南华大学是一间佛教团体出钱，不计营收的公益大学。

以上这套课程是本科四年的所有音乐专业课程。从 2000 年到我 2016 年退休为止，实施在十六届音乐系学生身上，其间的师资与教材教法都在我最大的努力下，克服万难地选择了最好的条件。等我 2016 年 6 月退休后不到两年的时间，学校开始大肆缩减课程时数，师资也全盘替换成还不成气候的教师，把一个很有系统规模的教学模式，改变成不知为何教育而教育的模式，我是无语中也深深被这时代的力量所震慑，西化音乐教育的反扑力量是何其巨大，想在中国既存的土地上教中国人自己的传统音乐，是比登天还难的梦想，也是我亲身经历的惨痛教训。

最后一个观察视角："超越——绝对矛盾的自己的统一"。西田认为："超越"与"内在"是相互成对的概念，他与人类生存至关紧要的"价值"或"自我认识"有密切的关系。不管中国人生活在什么环境中，都不可能完全离开价值的拘束，尽管在许多体系很乱的时空，也不敢说价值无用，反都承认价值对于人类的必要性。想在现实意义的环境中指责西化的音乐教育是没有意义的，也是很难做到的勇气。更多人在这体系混淆的场域中，连保持价值中立都是不可能的，因为面对的是绝对的唯一的西化理论课程与舞台实践方法。西田处理的方法是"把注意力转向体现辩证法的一般者（场域）之自己限定——历史的自己的活动，并把行为和直观这两种相悖的意义结合起来。行为直观的担负者并与其构成表里关系的是历史的身体，得出绝对矛盾的自我统一。"

现今中国音乐界最需要反思的是：如何把现今的身体与历史的身体结合起来，突破现今矛盾的处境，超越前人所设置的种种捆绑与障碍，勇敢而理性地走出一条冷静的中国礼乐大路。超越不是盲目的"破—立"关系，首先应该做的是针对现状的"搁置"。政府领导机构在能力所及要大力标举"重返中国礼乐核心"的大纛，用所有的管道宣示中国重返礼乐文明的决心，然后拟定一套"中国音乐梦"的战略方案。

首先，在全国重点城市建立中国音乐培训基地，在重点大学设立中国音乐师资养成基地，鼓励各省市领导要依据当地历史人文，去设立各朝代、各诸侯国的特殊宫廷乐队，并以当地的公家职业乐团来承担演出任务。奖励重点大学设立专业中国音乐本科与研究所，奖励各校成立各朝代的雅乐团，支助各校发展以五礼（吉礼、凶礼、军礼、宾礼、嘉礼）为背景的礼乐节目制作。中国特色音乐的创制不乏历史背景，单单春秋战国就有超过六百的诸侯国，秦汉王朝也有上百的分封诸侯国，魏晋南北朝胡汉交融的众多政权，缔造多少异国风味的音乐文化，到隋唐泱泱大国吸引当时的日本和韩国来长安取经，把整套大唐燕乐搬回奈良，形成千年日本国的立国核心音乐。韩国则是直接吸收宋徽宗大晟乐，并将之定为国家宫廷主流音乐。琉球那霸王朝则是学习明朝音乐，制定儒家礼仪并建立孔庙，越南则是在一千年的时间里模仿中国宫廷礼乐制度，建立了自身的王朝特色。中国需要在未来恢复并重建王朝音乐的实体，用来证明中国礼乐文明不是存在于文献的书写，而是活生生可以在中国人手里操作的一套文明话语。

第二，对于文化中国的基础音乐建设，必须设计一套从幼儿园开始，连接小学、初中、高中的音乐养成课程。这套课程同样分成两个部分：本国的课程和外国的课程。本国的课程从孔子弦歌的理念出发，让中国幼儿在出发点就学习本民族的音乐，学习弹古琴，唱琴歌，将所有童蒙幼学的教材透过琴歌形式深植在脑海中。小学、初中、高中则同样开设中国音乐课，将历史的名篇透过自弹自唱深入学生心灵之中，这比现今形式主义的音乐课来得有趣多了，瞻视现今唱游和音乐课内容，乐理是全西方的，学之其实无大用途，大多是翻译的术语和作品。实施过程经常被迫停课，转去学习考试有用的科目。这一范畴需要大量的基础师资，若再加上民间国学院的师资则是一个巨大的负担，但为了下一代具备中国特质的教养，这领域的师资培训是势在必行。至于外国的课程并不是现今的音乐课程可以胜任的，若取经于美国音乐教育理念，他们对于美国国民认知外国音乐是有相当严格的规范的，幼儿园如何认识世界音乐的多少领域，小学必须认识五大洲多少国家的音乐，初中除了能认识五大洲的音乐外，还要说得出音乐的特性和演出差异，到了高中则进入了认识世界音乐的美感层次，相比之下，我们不知道在教中国孩子啥东西，也不知道把孩子教成啥专家。

要完成此艰巨工程，相关行政主管部门必须订出每个省市严格发展本地区具有独特历史意义的音乐表演团体，必须有严格意义的考证与专家团体支撑，将中国历史流中的华丽音乐地景，以活体再现的方式立体呈现，当然原先不愿意转型的团体就保持原样经营。如此，则可将中国三千多年庞大疆域里的多元音乐纷纷再现出来，甚至多元民族音乐的美也在其中争奇斗艳。任何外国人踏进中国都会被中国的音符所迷倒，认定这谜样东方古国果然具有神秘的气质，是不同凡响的。反观现在的音乐圈充斥着迷恋西方音乐的思潮，任何西方音乐家到中国都可趾高气扬地指点我们，这是哪门子的文艺战略思想？所以如果我们不能用"去贫""去污染"雷厉风行的模式，去要求全国干部努力恢复中国音乐的命脉，尽量要压低西方音乐对中国人的危害，然后建立中国人的自信心，重建属于自己的音乐灵魂，那我们这一代人就太对不起先祖为我们开创了绚丽的文明，被不肖的子孙给糟蹋沦亡了。

"超越"的真正意义，是中国人能够在全世界有色眼光中透过"绝对矛盾的自我统一"顿悟原来重返中国礼乐文明才是中国音乐全球化的最有效利器。在这新觉悟后出现的体系是西田口中的"奇怪的体系"。他认为会受到很多人的攻击和鄙夷，因为依照文献、乐理和仪轨重造的乐队是不可能还原到真实王朝的本然面貌，只能说是大致符合该王朝体制的模仿。我以为中国音乐学院雅乐团的成立，可以提供学生亲自体验古乐器的练习，可以学习古代服装仪容的相关操作，也可以学习音乐在宗庙吉礼，在殿庭宴飨的燕乐，其他如成年礼、结婚礼、射礼或乡饮酒时的嘉礼。当然学生也可以参与音乐的制作，参与舞蹈的编排和歌唱的安腔与演出的歌法。这与现今制度下的洋式西乐团和洋式民乐团差别是极大的，未来这两种乐团会在呼唤民族灵魂回归的大潮下，逐渐改变以求生机，西乐团会被当作中国人的载体，大量演奏用中国音乐话语创作出来的音乐，中国民乐团更善用中国曲式、中国和声、中国节奏型和中国特有的乐器表情，真正用中国音乐话语运行在这改良乐器的乐团之中，成为当代中国人的流行音乐。我是从西田哲学的重要观念"绝对的善"出发，体认中国人应该采用最本质的良心，用中国人自己的智慧去发扬祖先留下来的遗产，尤其是歌、乐、舞合一的"中和"模式。全球都在肺炎疫情的威胁下，面临生死攸关的战争，中国音乐其实也处在生死攸关的境地，因为当前教育产出的音乐人是学不到真正中国音乐的，也无法在世界音乐领域为中国发言的。专家学者纸上谈兵也已历经了百年岁月，那些三千多年累积精华无数的中国音乐文明，何时才能重见天日，需要这一代人真心的反省觉悟，斩断盲目的依恋，用超越的态度重建礼乐文明于废墟之上，这是我写此文的目的，运用日人西田哲学只是一个桥梁，对于他的误读必然很多，希望大家把焦点放在"中国人应该学中国音乐""中国人应该重返礼乐核心"的焦点上，先去做积极建设的事，留下来的烂摊子慢慢再解决，方为王道。

中国古琴美育现状及重建

陈志强 *

（福建工程学院人文学院，福建福州，350108）

摘　要："士无故不彻琴瑟。"古琴是中国历史上文人成长中不可或缺的知识储备，在三千多年的历史中，先贤们为我们留下了大量中国传统乐学、中国传统乐谱和中国音乐美学文献。这些文献结合口传身授的传承方式，为我们保留了大量古代礼乐仪式、音乐思想、哲学观念以及古代音乐作品。习琴是中国文人"美育"的重要方式，历史上古琴教育目标是塑造人、培养人、使人成为国之栋梁，以此来承担文人的社会责任。当下，专业院校音乐表演专业的古琴教育和社会机构的古琴教育存在着教育目标不够明确、教学系统不足以支撑青少年的美育价值取向、理论研究与教学实践完全脱节等问题，导致古琴独有的美育价值大打折扣。通过重建社会评价体系、让古琴重新回归青少年音乐启蒙以及古琴教学中的分层教学法是重建中国古琴美育系统的必经之路。

关键词：古琴；美育；重建

基金资助：本文为福建省高校中华优秀传统文化传承《古琴美育》基地建设阶段性研究成果。

一、缘起

近年来，国家高度重视美育工作。2015 年 9 月 15 日，国务院办公厅以国办发〔2015〕71 号印发《关于全面加强和改进学校美育工作的意见》。《意见》指出："把培育和践行社会主义核心价值观融入学校美育全过程，根植中

---

　　* 作者简介：陈志强（1981—），音乐学博士，福建工程学院人文学院副教授、硕士研究生导师，闽台古琴艺术研究中心主任，福建省高校优秀传统文化传承基地"古琴美育"项目主持人，研究方向：音乐学、传播学。

华优秀传统文化的深厚土壤，汲取人类文明优秀成果，引领学生树立正确的审美观念……"根据教育部《关于切实加强新时代高等学校美育工作的意见》，"美是纯洁道德、丰富精神的重要源泉。学校美育是培根铸魂的工作，提高学生的审美和人文素养，全面加强和改进美育是高等教育当前和今后一个时期的重要任务"。这些国家政策性文件基本上指明了美育工作的目标和方向，即以中华优秀传统文化为基础，培养学生的核心价值观，树立正确的审美观念。一系列美育工作在我国如火如荼地展开，美育成为音乐教育中重要的研究方向。笔者深刻感受到中国美育仍然存在着诸多问题，在测评或者考评的环节中经常听到"钢琴没有用啊，现在我们学校每个班级至少钢琴有三分之一以上学生是钢琴十级，怎么能有用呢""除非在国内外比赛中获奖，否则钢琴没什么用了"这样类似的观点，笔者不禁要问，到底学艺术什么是有用的？什么是无用的？笔者随后也发现了一些老师思维里所谓的"有用和无用"，假如学生选择了一些未来报考学校管弦乐团里面缺的乐器，这就是"有用"，其余一概"无用"。

在招生中选择自己学校乐团中缺的乐器是近年来很多艺术特长考评的依据，尤其在国家建设"高水平艺术团"的号召下，很多知名大学的艺术特长生录取也是依据学校乐团缺的乐器来考虑录取学生。这种观念下，学生学习音乐的目标和美育完全背离，学乐器的逻辑变成了因为要获得某种录取资格，而这种资格认定的依据是"是否有用"，对于一些普及率比较高的乐器，是否有用取决于是否获奖。在中国现实的音乐评价体系中，是否有用和表演成了"唯一"评价手段，音乐美育的目标无法实现。

上述现象给当代的音乐教育提出两个重要的问题：第一，音乐教育的目标是什么？第二，中国传统乐器在今天传承的现状如何？随之而来的还有一系列问题，根植于西洋音乐系统的音乐理论用在古琴上是否能够成立？古琴的传承在今天有哪些现实困境？

二、中国古琴美育现状

"士无故不彻琴瑟。"古琴是中国历史上文人成长中不可或缺的知识储备。在三千多年的历史中，先贤们为我们留下了大量中国传统乐学、中国传统乐谱和中国音乐美学文献。这些文献结合口传身授的传承方式，为我们保留了大量古代礼乐仪式、音乐思想、哲学观念以及古代音乐作品。习琴是中国文人"美育"的重要方式，历史上古琴教育目标是塑造人、培养人、使人成为

国之栋梁，以此来承担文人的社会责任。但反观今天的古琴教育，存在诸多问题，导致古琴美育的目标无法实现、

（一）关于古琴艺术进校园

近年来，随着国家对中国传统文化的重视，从 2005 年开始，在全国范围内掀起了一场声势浩大的高雅艺术进校园的工作，此项工作获得了国家多个部门的支持。在教育部官网上的政策文件中，2005 年开始，教育部率先发布了《教育部办公厅关于在普通高等学校开展普及高雅艺术活动的通知》，该通知活动的宗旨和指导思想，在普通高等学校开展高雅艺术进校园活动，是为了全面贯彻教育方针，进一步落实《中共中央国务院关于进一步加强和改进大学生思想政治教育的意见》的精神，以先进文化为导向，引领当代青年弘扬中华民族的伟大民族精神，吸纳人类文明发展的优秀成果，提升自身的精神境界，促进当代青年向真、向善、向美，得到全面和谐的发展。在活动主要内容和形式上："1. 举办交响音乐会。2. 组建全国高等学校艺术教育讲师团，到各地高等学校，特别是西部地区高等学校开展普及交响音乐赏析讲座，并向西部地区高等学校赠送《李岚清音乐笔谈》。3. 2005 年 12 月下旬由组委会举办专题交响乐演出（北京两场，上海和天津各举办一场），纪念冼星海诞辰 100 周年和纪念约翰·施特劳斯诞辰 180 周年。届时将请中央电视台录播。"

最早的这份文件实际上有三点内容值得我们注意：第一，高雅艺术进校园的目标是弘扬中华民族伟大的民族精神，促进青年向真善美全面和谐发展；第二，所谓的高雅艺术实际上完全是西洋音乐，尤其以交响乐为主；第三，进校园的高雅艺术，实际上是以演出为主，兼顾交响乐的知识讲座并配备相应的交响乐讲师团。现在看来，这份最早的文件，以演出为主要形式的交响乐进校园的系统很难支撑起弘扬中华民族伟大的民族精神。但通过层层下达，在此政策引导下，各省教育厅、各市教育局开始从大学、中学和小学大力开展高雅艺术进校园的工作。虽然从 2007 年开始，教育部会同文化部、财政部等机关，将范围继续扩大，"以高雅的经典剧目为主要演出内容，以歌剧、芭蕾舞、交响乐、民乐、京剧、昆曲、话剧、民族歌舞等为主要演出形式"，但基本上仍然以演出为主。近年来，古琴也随着国家高雅艺术进校园的战略以演出形式进入了校园。以国内某一市为例，2016—2019 年每年市文化部门拨款对全市 30 所以上中小学开展古琴进校园的活动，通常的模式是演出，而演

出的形式是"报幕＋演奏"。在调研中，不只是一个小学校长跟笔者说，古琴每次来演出，实际上效果都是差强人意，因为古琴在众多进入小学的展示乐器中，并不占优势，音量小即便扩音也相对低沉，在演奏的生动和吸引眼球方面远远不及古筝、双排键和架子鼓，很难通过演奏调动起小学生的积极性；此外，主持人在报幕时讲完了琴曲的曲名和题解，直接进行表演，表演后拿着琴离开，听者为小学生的情况下，听者很难将表演形式和报幕的题解联系起来。直接导致的结果是，学生们普遍认为古琴不好听、听不见也听不懂，单纯的演出形式进校园给古琴文化的传播带来了淡化和负面影响。

如果说早期古琴进校园主要体现在形式上，这个形式仅仅传达了古琴表层意义上的"符号"——古琴琴器、古琴音色和古琴琴曲表现，这在当时是有意义的。但对于深入理解古琴内涵和文人精神仍然十分欠缺，这给我们提出了第一个现实问题：古琴文化进校园，到底进的是什么？如果只是进的表演，古琴乐器实际的效果和意义如何？是否能完成预期的古琴美育功能？

（二）中国现有音乐美育师资现状

上面"高雅艺术进校园"折射出的问题如果说是政府层面上的"形式主义"，国家相关部门也逐渐意识到了只有演出进校园并不能实现中国传统文化"美育"的预期功能。近年来，国家相关部门在已在高雅艺术进校园的基础上，增加了多方面支持校园美育建设的内容。在最新的 2019 年由教育部、文化和旅游部、财政部印发的通知中，我们看到开展高雅艺术进校园活动的方式为四项：

1. 艺术院团演出。包含京剧、昆曲、秦腔、黄梅戏、越剧等经典戏曲作品和话剧、交响乐、歌剧、舞剧、芭蕾、民族民间音乐歌舞等优秀作品，计划安排 400 场，其中戏曲演出 110 场左右。

2. 实施"美育浸润行动计划"。支持 20 所左右高校整合优质美育资源，为本地区特别是革命老区、民族地区、边疆地区、贫困地区和广大农村地区的中小学校美育课程教学、艺术社团活动、美育师资培训、校园文化建设等提供定向精准帮扶的美育志愿服务。

3. 走进大剧院和美术馆。组织高校学生走进国家大剧院和中国美术馆等公共艺术场馆参加周末音乐会、经典艺术讲堂、精品展演、重点剧目演出和专题展览、系列讲座、志愿者讲解等活动，计划安排 75 场左右。

4. 中华优秀传统文化传承基地建设。支持 80 所高校围绕民族民间音乐、民族民间美术、民族民间舞蹈、戏剧、戏曲、曲艺、传统手工技艺等传统文化项目，在课程建设、社团建设、工作坊建设、科学研究、辐射带动、展示交流等方面开展传承基地建设。

从上述通知，我们可以看到国家在美育方面的政策导向，在演出项下明显已将中国传统音乐单独作为一项重要内容进行整体配比，除了演出，"高雅艺术进校园活动"还囊括了高校支持地区美育服务、拓展大剧院和美术馆校外体验基地以及建设中华优秀传统文化传承基地。在此导向下，各地的教育厅会同本地的文旅厅、财政厅也依次在全国中小学开启了相关活动。政策导向下，除了演出是由各地院团完成，其他内容仍然需要各地各中小学的美育师资来完成，而中小学的音乐美育师资基本上是各个学校的音乐教师完成。

在现有中小学音乐教材中，中国传统音乐的比重大幅度上升，每年国家会有各种中国传统音乐的中小学教师提升培训课程。笔者所在的单位也承担了连续两年的高中骨干教师古琴教学水平提升课程，受福建省教育厅委托于2019 年 10 月 23—30 日，全省 70 所高中骨干音乐教师参加了此次连续 7 天的"新课标背景下的中国民族民间音乐鉴赏教学能力提升——古琴"专题培训，笔者的课程为连续两天的"古琴演奏基础、古琴音乐分析及鉴赏"。以高中为例，高中音乐教材已大幅提升中国传统音乐的比重，其中古琴欣赏也是其中一个重要的部分①。连续两年对高中音乐老师的培训中，笔者发现，现有中学音乐老师受教育背景大多为音乐表演（师范），主修或辅修专业为钢琴、声乐或者视唱练耳，他们在学校受教育的课程体系主要以西洋音乐为主，对于中国传统音乐的教育理念大多以西洋音乐的乐理和音乐分析方法分析中国传统音乐。在音乐欣赏课程中，当笔者把古琴在历代琴书中的记载向大家展示时，对于古琴曲谱中使用的"均、宫、调"概念以及文献中的琴曲题解、音乐结构以及音乐美学知识，大多数任教几十年的音乐老师们觉得很茫然，甚至研修班级中能够背诵和使用"十二律"的老师屈指可数。通过与各位高中音乐老师交流，得知老师们对于中学教材中中国古琴音乐欣赏的教学，实际上讲的内容是以西洋音乐的视角、理论以及类似于其他中国民间音乐的教学法对中国古琴音乐进行的阐释，这不仅脱离了中国古琴音乐的文献基础也同样丢掉了古琴音乐的文人传统。

---

① 如在人民音乐出版社出版的高中音乐教材中，《流水》《广陵散》两支琴曲，《阳关三叠》和《扬州慢》两首琴歌已纳入高中音乐欣赏的课程部分。

　　古琴作为中国传统音乐中的文人音乐，和民间音乐相比，核心的差异就在于古琴是有大量文献基础的传统音乐，虽然口传心授仍然是主要的传承模式，但文献记载了大量古琴信息，包括中国传统乐学、古琴乐谱、基础乐理、古琴礼仪以及古琴音乐审美等方面的知识，这些文献知识在古琴传承的三千年以上的历史中从未中断过，这些内容不是单独割裂的，而是统一构成中国古琴音乐的文人传统。在国家大力倡导中国传统文化进校园的同时，再次遇到的困境就是即使进了校园，现有的中小学音乐教师囿于中国高校近20年的西洋音乐教育政策导向和现有师范类音乐人才培养方式，无法真正承担起古琴美育和弘扬中国文化传统的重任。

（三）中国古琴音乐教育现状

　　中国古琴音乐教育大体上可以分为两个方面：一是学校教育；二是社会教育。在学校教育方面，我国从20世纪50年代老一辈琴家开始在高等院校开设了古琴专业课程，为我国培养了新中国的古琴艺术人才。国内专业艺术院校以及少量的综合性院校已经开设了古琴专业。近些年古琴教育的"得失"问题也得到了极大关注，在2019年中央音乐学院招开的古琴专业教学工作会议中也明确意识到在古琴教育中的文化缺失问题。现有古琴专业教育的不足不仅仅是高校人才培养课程设置的问题，是专业设置和整个评价系统的问题。古琴专业的学生自小学习古琴，在高中时以艺术高考的模式考取了本科专业，而本科四年学习的专业是"音乐表演（古琴专业）"，在教育中无论如何进行课程设置，实际上培养目标是以古琴为职业的导向，而与历史上将古琴作为修身之器的文人教育模式已经有根本上的区别。在"琴棋书画"游艺观念下，文人成长中不可或缺的知识系统是古琴与中国古代诗词、书画、乐律、礼法等事项在整个中国文化体系下的联结，这种联结是以"塑造人和培养人"为终极导向的，以求自身人格的独立、对民众的关怀、对民族的责任和对国家的热爱。在文人阶层消失后，新一代的文人是新中国的知识分子，当代知识分子仍然是国家的中坚力量，在任何社会都是国家建设和社会目标实现的重要群体。在本科教育向着通识教育的改革进程中，音乐教育和音乐表演专业基于自身的学科属性无法将关系到国计民生的知识纳入人才培养方案中，再加上古琴琴曲数量庞大，演奏学习任务繁重，导致的结果是培养的人才在具体演奏应用上有特长，但学科知识仍然存在短板，这和中国古琴文献的深厚底蕴不相适应。中国之所以有数量如此庞大的古琴文献，很大程度上是基于文人不断丰富自身知识系统并在国家治理和承担社会责任方面不断获得感悟后形成的记录和创作。现有的音乐教育学科分类和人才培养方式无法完成古琴美育的教育目标，当代古琴专业的学生在毕业后基本以古琴表演和古琴教育为职业，鲜有进入关系国计民生的行业从事承担社会责任的职业去历练和补充社会知识。从这个角度上说，当今教育制度下培养出的古琴教育人才很难真正承担起古琴美育的功能，中国古代文献中的古琴知识系统被割裂，古琴美育目标在专业教育中很难实现。

除了学校教育，口传心授的民间传承和社会教育仍然是重要的古琴传承方式。随着 2003 年古琴申报世界级"非物质文化遗产"的成功，古琴开始在大众传媒中亮相，包括重要活动如 2008 年奥运会、金砖会议等，在影视剧、戏剧和音乐作品中也频繁出现。"古琴热"使得古琴改变了传承路径和传播形态，社会中的个人传习所、琴馆、琴社和琴院等传播载体形成了古琴社会教育的载体。在当今古琴社会教育中，成年人是古琴学习的主力军，这和其他乐器有着根本性区别。根据笔者调研，全国 10 家中型以上的古琴机构，这些机构在学学生数均超过 100 人，虽然地理分布于中国的北京、天津、西安、福州、厦门、杭州、郑州、深圳等地，在学学生中成年人所占的比重为 80%以上，也就是说当今古琴社会教育主要的生源来自成年人，成年人学习古琴的理由主要有喜爱中国传统文化、喜欢古琴的声音、受到影视剧的影响、喜欢古琴的生活方式等，当然也有为数众多基于古琴的高度文化属性而"附庸风雅"的人群。占据学琴群体绝大部分的成年人，其世界观和人生观基本已经形成，成年人学习古琴的主要原因是"回归"，回归自我，远离尘世，或者"附庸风雅"，而恰恰古琴的"启蒙"和"美育"属性在当代被根本遗忘和淡化了。这也就不难解释今天为什么在古琴传承中"表演"比修身更容易得到关注，各种形式"古琴雅集"推崇的大量形式（焚香、汉服和品茗），各种音乐会在曲目高度重合的基础上在中国"遍地开花"。看似一片繁荣的古琴行业推动了古琴的社会教育。但我们应该清醒地看到，古琴在今天依然濒危，在古琴美育和启蒙方面，文人传统已不复存在。原本是中国文人成长中必修的知识，在今天只能在成年人的过尽千帆后才会去回头找寻。基于这个问题，笔者经常也会和一些家长聊天，其中一位家长的回答发人深省，问"古琴好不好"，答"好啊，这么有文化，电视里经常能看到"；问："那为什么不让你的孩子学古琴呢"，答："我觉得现在孩子不适合学这个，每次我经过一家琴社，里面的人穿的都跟仙人一样，每天好像无所事事，就是喝茶聊天，把大好时光都耽误了，有心去学，但真怕把我孩子带坏了，还没独立呢就成社会'废柴'了。"

古琴艺术进校园的历程、当前音乐教师普遍的受教育背景以及当下中国古琴教育现状等种种社会现实，给我们提出了一系列带有逻辑性的问题：

第一，古琴艺术进校园进的是什么？古琴和其他乐器相比有什么特殊性？

第二，如果演出只能是进校园的一种方式，那么在日常的基地建设和文化传播中，现有中国学校（尤其是中小学）音乐教育师资的受教育背景能否承担复兴中国古琴传统的重任？

第三，如果现有音乐师资的现有知识结构不足以承担，那么当前古琴教育行业自身的教材、理论和教学系统是否能够支撑古琴音乐的启蒙和美育价值取向？

三、中国古琴美育的突出问题

笔者从 2016 年开始关注古琴美育和古琴师资培训，在历经多个大中小学古琴音乐教室的设立和运行、中小学音乐教师古琴教学能力提升培训、推动文化和旅游部人才中心古琴从业人员（教学岗位）专业水平评价以及以全团队方式在全国运营古琴机构，在服务 500 名以上古琴学员，110 名中小学音乐教师、400 余人次全国各地古琴教师以及在一二线城市设立的 10 家以上的古琴教育机构"大数据"中，深感现有古琴教育突出的问题绝非仅仅是上述现实，和中国的教育评价体系、中国古琴教育理论以及具体的技术系统均有很大关系。

（一）学校古琴教育的目标不清晰

唐代薛易简的《琴诀》中，将琴乐的功能阐释为："琴为之乐，可以观风教，可以摄心魄，可以辨喜怒，可以悦情思，可以静神虑，可以壮胆勇，可以绝尘俗，可以格鬼神，此琴之善者也。"古琴在产生过程中，也和"仪式"、"礼"和"文人修身"三项主要功能联结。《论语·泰伯》中"兴于诗、立于礼、成于乐"，乐是人生提升的终极方式。琴乐承载了传承传统、塑造人格和治国安邦的教育功能，与古代文人的生活方式密切相关。在中国传统乐教中，"育人始于立美"，我国现有国家美育的宏观政策下，中国古琴美育的目标是"塑造人、培养人以及培养学生的审美情趣"。但教育本身是一个宏观的概念，包括多层次、多群体和跨学科的属性。教育目标决定了社会评价系统，因为中国古琴美育的教育目标不清晰，导致教育评价系统流于形式，对于形式给予了足够的关注，但对内容的深度挖掘仍然十分有限。近年来，形式多样的各种古琴演出、考级和比赛越来越多，在一定程度上促进了古琴艺术的发展。但演出、考级和比赛中获得好的成绩也逐渐成了古琴教育的唯一目标和评价标准，在古琴艺术进校园，进行的是演出进校园，学校将古琴美育的焦点笼统概括为是否在比赛中获奖、考级人数有多少以及是否在众多地方进行演出，并以此作为衡量古琴美育效果的评价标准。这在全国来说，这样的评价标准并不是个案，这种评价标准下，老师们在学校教授古琴的教育方式变成了完全的对外展示、日复一日的排练、比赛、展演和考级。由于古琴师资在中小学的严重不足，现有的中小学古琴教育主要是学校周边城市琴馆派出老师进行每周一次古琴兴趣班教学、学生集体授课，任课老师根据学生报名进行选拔，每次仅能满足10—20人上课，这种"精英式"的选拔和以比赛展演为目标的教学，完全无法满足中小学中国古琴美育的目标。美育应该是所有中国中小学学生都能够接受的福祉，但由于教育目标的不清晰，导致美育目标无法实现，辐射受众有限，古琴的学校教育囿于形式。

（二）现有古琴教学系统无法支撑美育的价值取向和复兴中华传统文化的重任

在教育目标不清晰的情况下，现有古琴的教学系统也脱离了原始的传承系统，在现有古琴行业出版和发行量较大的教材中，对古琴演奏法重视程度较高，但对中国传统乐论、乐律、琴事礼仪和基于传统文化的审美仍然关注度不高，尤其在众多教材中，中国话语体系的问题比较严重，具体表现在以下三个方面：

（1）古琴教材的教学逻辑不符合古琴美育的要求

我们如果从历史上较为著名的琴谱及古琴文献的内容来看，古代大多教材的教学逻辑是从音乐出发，首先解决的是何为琴、何为声、何为乐以及琴在历代和当时的社会功能，在熟悉了琴之后，其次进入的环节是乐律部分，很多传世琴谱在这一部分的内容围绕均、宫、调展开，尤其在五声、十二律、律数、音位、调弦、旋宫和转调等方面有着大量的图示及音位图，如蒋克谦先生的《琴书大全》对历代琴学书籍的汇总以及清代著名浦城派古琴名家祝桐君的《与古斋琴谱》，在乐律及宫调系统梳理完后，进入琴事礼仪及左右手手势，然后才是指法和琴曲，在琴曲中，有着详细的题解、各段落小标题、音乐审美乃至琴曲后记。在上述传统古琴教学的逻辑是从文化到音乐，然后在解决完技术后回到音乐审美，进而回归文化。传统古琴教学逻辑是全方位的知识系统，这个学习逻辑可以在习琴的开始就将古琴进行定位于中国话语体系，并且将古琴置于天地秩序、政治国家、伦理纲常、风俗教化和家国情怀的格局下，让人心生敬畏，进而通过解决技术层面的事宜回归音乐和文化。当代的古琴教材，在市面上发行量较大的古琴教材来看，第一部分简写 3—5 页认识古琴、琴史、构造和坐姿，第二部分开始指法挑开始，先后学习散音、泛音和按音，最后琴曲学习，学生们学习首先从逻辑上是以指法出发，弹奏熟练，配合欧洲传统乐理，最后到琴曲，这种教学逻辑忽视了音乐文化对演奏的指引作用，尤其是话语体系发生了偏差，指法成为欧洲传统音乐的实现方式，无法实现启蒙功能更无法实现古琴美育的目标。

（2）当代古琴教材内容上选择性"失忆"

除了在教学逻辑上的缺失外，传统琴谱或琴书中，有着重要的几部分内容，第一是整本琴谱体现了汉字和中国语言的书写文化，无论用汉字书写还是用雕版印刷，形成的谱例是由汉字构成的减字谱，即使是清代琴书如张鹤《琴学入门》中出现了音高标示的工尺谱以及钦定四库全书中的《琴瑟合谱》中的满文，总体上所有的乐谱和文字均以汉字为传统，并且有大量的书法表达，但现有的教材将书法改为打印字后，增加了大量五线谱和简谱，越来越多的古琴研习者不懂古琴减字谱的排列结构和谱字书写，进而依赖绝对精确化的欧洲记谱法，减字谱的功能受到了一定程度的弱化，书写传统也受到了打击和影响，根据减字谱而打谱的新版本越来越少，弱化了中国传统音乐的生命力；第二，在乐理方面，中国传统乐学在当代古琴教材中几乎完全空缺，几乎全方位用欧洲传统乐理来解读中国古琴音乐，由于中国传统乐理和欧洲传统乐理是两套完全不同的系统，导致遇到无法解释的问题时，当代古琴教材直接予以变更或选择性删除，这些丢失的内容主要包括：中国传统乐论，中国音乐基础概念的"声""音"和"律"，琴曲中标示旋律音阶和音乐色彩的"均、宫、调"，琴谱的题解、段落小标题和后记，古琴传统调弦法，古琴的移宫和转调等；第三，在乐教方面，古琴修身与理性、琴事礼仪、弹琴手势以及琴音和琴曲审美方面也被选择性删除。当代古琴教材内容上的选择性"失忆"，不仅仅是形式上的缺位，背后更是古琴传统文化濒危的实质，这些内容实际上在传承中已大部分遗失，尤其在从事古琴教学的院校和古琴师资的课程里遗失，给中国古琴传统文化的传承带来极大的负面影响。

基于当代古琴教材在上述内容的选择性"失忆"和全盘西化，直接导致了曾经与中国传统诗词、中国乐论、中国历史、中国书法和中国文字高度融合的古琴教材在中国现行的音乐素养课程中完全缺位。在中国青少年时期的音乐启蒙课中，已经完全没有了古琴这一历史上重要乐教方式的"一席之地"。在幼儿园阶段，音乐启蒙教学法和乐器主要是奥尔夫、柯达伊等欧美音乐启蒙课程，在小学和初中，各个学校大行其道的"中国民族管弦乐团"，实际上完全以欧洲传统音乐乐队的编配方式加上中国乐器的形式来完成，各式演出和比赛轰轰烈烈，但修身和内观的古琴音乐素养的内容在义务教育阶段完全缺位。直接导致的结果是，音乐美育和中国传统文化、中国天文地理以及中国历史几乎完全"割裂"。

（三）古琴理论研究和古琴教学实践脱节

根据《操缦笔记》，学习中国音乐理论必先操缦，也就是弹琴是学习中国传统音乐理论的必备过程，而中国传统音乐理论又是引导琴乐发展的重要依据。现有的理论研究和古琴教学在一定程度上处于脱节状态，一方面，中国传统音乐的理论成果在由古琴演奏家们出版的教材和古琴教学中没有得到使用；另一方面，中国传统音乐理论研究少有对当代古琴演奏家以及古琴表演本身进行关注，相关成果很少。在各行其道中，现有的古琴教材在以下方面呈现出在理论部分的偏差，这些偏差直接造成了古琴传承的断层。

1. "均、宫、调"理论和当前古琴书籍中的调号

在历代古琴琴学文献中，定律和定调是重要的内容，现有中国古琴教材将传承了千年的中国传统乐学理论完全剔除，《酒狂》的"仲吕均、宫音"换成了"1=F"，《阳关三叠》的"无射均、商音"换成了"1=降B"，这种标注方法不仅直接丢掉了中国最重要的定音、定调和调性提示，更是在书写的位置及提示上看，错误的引导古琴学员以为定弦法就是调号，让F调的酒狂，降B调的阳关三叠成为了古琴教学中的常用语，这实际上是错误的用欧洲传统乐理生搬硬套在中国传统音乐上的表现，这种标注方式不仅把中国的调剔除了，也在古琴移植曲中，把欧洲传统音乐中使用最多的大小调体系也完全剔除了，使学生发生了误读和错误的传播，进一步通过该调号式的古琴教学彻底与中国古琴文献阅读完全"割裂"。

此外，如果从乐理的根上找寻问题渊源，实际上与中国乐理书中用每支音乐作品的最后结束音的音高和在五声中的位置来确定音乐作品的调式及调

性，如"C宫""D商"或"F羽"等标注，这种标注实际上也是用欧洲传统音乐套用到中国音乐的表现形式。虽然起调毕曲是中国很多古琴文献中分析琴曲调式的重要依据，但其应用的前提是在中国"均、宫、调"理论下，在"移宫"和"转调"观念下的判断，失去了这个前提后，古琴琴曲经常在最后一句发生调式转换，所以会导致最后的音在五声或七声中的位置发生改变，在传统琴曲中标注了"均、宫、调"时，演奏者在演奏之前已经有了相关的调式调性提示，在终结音上的演奏不会影响整体对整个曲目风格的把握。但换成"D商"表述后，中西结合的表达方式直接结果是用欧洲音乐理论直接代替了中国音乐理论，这种假设上，均的概念不复存在了，黄钟的音高被绝对化的解释为C，在古琴教材和音乐分析的研究成果中，古琴的"移宫"和"转调"也经常被忽视，古琴曲的调性提示彻底被否定，古琴演奏和中国雅乐的传承也完全"割裂"。

2. 中国传统音乐分析方法和古琴教学脱节

在音乐分析方面，当代古琴教学除了在调性和用音方面的缺失，在音乐分析上也和传统割裂，进一步与古琴教学脱节。在传统古琴教学中，中国传统文化讲究"得意忘形"和"大象无形"，在减字谱之外，往往古人根据乐句、乐段本身的特点，加上断句符号或用文字来描述，如在《神奇秘谱》中乐谱的表达中，在一个完整乐思表达前都有一个"狂""酒"等字来提示或标示，在《琴学须知》中的《梅花三弄》每一段前全部有小标题，整篇有题解或后记，这是对音乐材料高度的凝结和美学抽象，形成了中国特有的音乐分析方法。但当代教材将该类信息从题解到小标题后记等内容基本抹去，换上特定的音高、时值和往复运动标记——小节线，改变了乐谱的原始信息，导致音乐分析方法也朝着确定性方面改变，这种源自欧洲音乐的确定性牺牲了古琴文化传承的多样性，将丰富多彩的音乐形态和每个个体在传承中的自由"变量"完全固定化和模式化，新形成的源自欧洲传统音乐的音乐分析法更是把"变奏曲式""回旋曲式"等方法直接套用在琴曲的音乐分析中，导致应用该方法进行分析的古琴老师在授课时也同样忽视了中国传统音乐自身的音乐结构。在古琴音乐中，从最小的单位——声开始，每一声都有着严格意义上的意蕴和指向，如五声对于五行，性格如何，对应何种季节等，最小的单位往往有着深厚的文化意蕴，而欧洲音乐的最小单位标示却仅具有音高属性。在乐句和乐段的关系方面僵硬的套用欧洲音乐分析法，尤其在小节线的应用上彻底改变了中国传统音乐的语言习惯和句法，在减字谱中既有严格音高属性又有流动变化的古琴音乐，而欧洲传统记谱法下的古琴教材把生动的音乐语言限定在狭窄的空间里，阻碍了中国传统"腔音"的自然流动。同时，在中国古琴琴曲中的"展衍""起承转合"等音乐结构中，"游移"是一个重要的准则，在乐音、旋律、乐段乃至曲名等层面均存在着大量"游移"，"游移"后的琴曲在结构上与原始谱本有着明显的"同源性"，如在历史上同一支琴曲有着多种谱本，在乐音、旋律、乐段乃至曲名方面均有不同，但明显在宫调系统，题解，音乐主题和审美等方面却有着完全的同源性。这种同源性必须在中国话语体系下才能进一步分析和解构，直接生搬硬套式的欧洲音乐分析法势必会让本来就传承很少曲目的版本也越来越少，最终让古琴的传统遭遇"灭顶之灾"。

3.古琴演奏法为唯一评价体系，音乐理论和教学法不再受到重视

丢掉了古琴文化、乐调系统、音乐句法、传统结构、审美取向以及文人精神的当代古琴教学，剩下的只有"指法、欧洲传统乐理、琴曲某个版本的固定程式"以及轻描淡写的古琴形制构造坐姿和简短的琴史，彻底被欧洲传统音乐"俘虏"，而欧洲音乐的表现主义和语法结构成为当前古琴发展的主流。近来，古琴演奏法几近成为古琴学习的唯一评价标准，文献、中国音乐理论和中国传统教学法不再受到重视，中国传承了三千年以上的古琴文献传统和文人传统彻底跟当前古琴教学"断裂"。所以，我们会看到在各地琳琅满目的"演出""雅集"和"普及公开课"，这虽然在古琴传播中起着积极的作用，让越来越多的人了解到古琴这一中华文化符号。但以古琴演奏为唯一评价标准的危害也是巨大的，在丢掉了传统后，技法越熟练可能离古琴文化越远。以演奏法为唯一目标的引导也同样被带入了学校，带到了青少年的教育中，学校教育也以"演出""比赛获奖""民族管乐团的需求"和"考级"作为中国青少年学习古琴的唯一评价标准，势必造成了乐教的形式化和西洋化，导致了本文开篇所讲的各种教育的功利问题。在现行的中国教育制度下，考级仍然是认定学生是否有音乐特长的方式，古琴考级在现行教育制度下是必须做的，我国现有的古琴考级体系存在着以下问题：首先，古琴考级只考核技法，对于古琴这样一个具有高度文献化特点的传统艺术，现有考级没有中国传统音乐启蒙所需的音乐素养，中国传统音乐理论完全缺失，这种只重视技艺的考评方式势必会引导社会教育也唯演奏而轻视文化，带来对古琴传承的不利影响；其次，对于璀璨的古琴曲库来说，考级曲目版本的选择不应该局限于选择出来的一些曲子，也更不应该限定在选择的几个版本，这样的选

择只能限制古琴学习者的学习视野，最终会让我们丢掉更多的传统，造成更多琴曲的失传；再次，古琴考级不应该只有一个系统，假如现有的古琴考级系统是以演奏为目标、以西洋音乐为主导和以现有难度分类的一个系统，那么一定要允许社会中存在着客观反映古琴流变的其他评价系统，比如在该系统之外，另外建设以古琴美育为目标、以中国音乐为主导和以新的分类评价的其他多个系统，只有这样，才能真正让古琴的传播回归传统路径、回归中国话语和回归文化的多样性，引导中国古琴传承向着健康方向发展。

四、中国古琴美育的重建

当代中国古琴教育基于上述原因无法实现古琴在历史上承载的美育功能，中国古琴美育的重建应当从重塑社会评价体系、在中小学重建古琴美育教室和回归分层教学法等方面开始。

（一）社会化评价体系的重建

当代古琴教育的社会化评价体系，主要有艺术考级、师资水平评价和比赛等方式，在古琴社会化评价方面依托的主要系统是中国民族管弦乐学会出版的古琴考级教材，另外一些学校，如中国音乐学院也采用了音乐素养的评价体系，但上述评价体系均是以欧洲传统乐理和演奏法为唯一评价标准的。如果让中国古琴能够回归到承载美育功能并且与中国传统不割裂，那么古琴社会化评价体系的重建是非常重要的。自2016年开始，文化部文化艺术人才中心（2018年改名文化和旅游部人才中心）率先在全国开展了"古琴从业人员（教学岗位）专业水平评价研修"工作，文化部文化艺术人才中心于1996年1月经中央机构编制委员会办公室批准成立，为文化部直属全民所有制单位，是全国文化艺术人才服务机构，也是全国文化行业特有职业鉴定机构，该项具体工作在全国由"瀚听文化"进行承办。在对外公布的简章中我们可以看到，该评价体系的目标是："为进一步推动联合国非物质文化遗产——古琴艺术的传承，传播和发扬中国传统文化，培养中国古琴艺术传承人，扩充中国古琴艺术师资队伍，制定古琴职业从业人员评价规范，引导古琴职业培训行业健康发展，提升古琴从业人员（教学岗位）专业水平，文化部文化艺术人才中心开展'古琴从业人员（教学岗位）专业水平评价工作'，评价对象为热爱古琴艺术，有志于从事古琴教学岗位的从业人员，评价单位为文化部文化艺术人才中心，证书具有权威性和指导性。"内容是中国传统音乐理论及文化基础、古琴曲目演奏评价以及古琴教学能力水平评价，这个评价体系第一次将中国传统乐理作为考评古琴教学从业人员的内容，同时将古琴教学法也纳入了评价体系，在演奏法 50%，教学法 30% 和中国传统乐理及文化基础 20% 的考评分值比重的体系中，较为科学地从多方位对古琴教师素养提出了要求。自 2016 年从北京第一站开始，该中心聘请了国内各地方的古琴名家杨春薇、张子盛、徐君跃、戴茹、罗苏理、任静、吴炯、陈成渤、姚亮等老师作为研修和考评专家，在北京、西安、天津、杭州、扬州、郑州等地开展了相应的考评和培训工作，经该系统考评的全国各地古琴教师达到四百多人次，取得了古琴老师们和专家评委们的一致好评。

古琴教学从业人员是中国处于一线的教学工作者，从知识积累上做出合理的引导，可以让这些经过研修的古琴教师更好地推广古琴文化并为中国古琴美育打下坚实的基础。

（二）在中小学重建中国古琴美育教室

古琴在历史上作为文人成长必备的知识储备，代表了中国的文化符号，在中小学重建中国古琴美育教室，重在在音乐启蒙教育中重塑中华乐教体系。在中小学重建中国美育教室主要应该包括以下内容：1.中国文人精神的传承，传承"为天地立心，为生民立命，为往圣继绝学，为万世开太平"中国文人的自觉意识和潜在传承，以及中国文人注重修身的精神品格；2.与现有学校人文艺术类课程衔接，推动学校在美学和美育方面的实践和推新，将与中国诗词、中国书画、中国中医药和中国太极等传统文化相融合，敦重乐教，提倡美育为宗旨，打破艺术课程和与其他传统文化课程无关联的窘境；3.丰富学生社团组织、组建中小学"雅乐团"，通过对古代礼乐、雅乐进行复原，培养学生参与到中国传统音乐演奏的学习中，在此基础上组建古琴、琴箫、琴歌、琴埙、乐舞等形式的"雅乐"演出团队，打造具有中华精神风范和品牌价值的整台作品；4.小学生和教职工心理健康解压，古琴音乐，具备修身养性、教化天下、通神明之德、合天地之和的意义。古琴蕴含了人与自然的和谐，天人合一的宇宙观、生命观与道德观。对于人生修养、养性修身、立命进德有莫大助益，其松沉旷远的音色、舒缓简淡的曲调以及宁静庄重之仪容，其中所蕴藏的古朴宁静的意境，传达着静远淡逸的气息，能唤起恬淡悠远的回忆，令人返于原始本然之故乡，这对于正在成长的小学生来说，可以实现修身和解压；5.通过孵化音乐老师和语文老师，让音乐老师和语文老师成为古琴美育课堂的主体，上好孩子们的第一堂国乐课。

（三）在古琴教育中恢复中国话语体系

中国古琴艺术在三千年传承的历史中，从未间断，不仅为我们留下了弥足珍贵的大量文献，更留下了大量曲谱，这些信息对于在今天吟唱古诗词、了解中国历史、熟悉中国乐论和掌握中国最具代表性的文字谱均有突出的意义，对塑造中小学生人格和丰富中国传统文化知识有着至关重要的作用。分层教学的理念在中国是具有悠久历史的，春秋时期，伟大的教育家孔子就提出了"因材施教"，更具不同的人的特性实施不同的教学方法，这样的周边城市理念就是分层教学的原型。孔子对他的学生采取不同的教学方法，培养出弟子三千，贤人七十二。分层教学法是在学生知识基础、智力因素和非智力因素存在明显差异的情况下，教师有针对性地实施分层教学，从而达到不同层次教学目标的一种教学方法。首先，古琴学习的人群，按照年龄来划分，可以分为成年人、青少年和幼儿，在教学方法上将以上授课对象在内容上进行细化；其次，在古琴的教学逻辑上可以分为数个不同阶段，在笔者的教学中采用六阶段教学法；最后，对于一支琴曲的教学，应当做以下分层教学法：一、题解小标题后记；二、中国传统乐理，至少包括均、宫、调系统，板眼，声、音律等；三、指法分解；四、音乐形态学、音乐结构和打谱方法；五、演奏者版本的处理和音乐美学分析；六、琴曲蕴含的中国哲学、道德和人格塑造相关知识。通过上述分层教学法，逐步恢复中国当代古琴教育的中国话语体系，为中国古琴美育奠定基础。

专业音乐院校古琴相关专业教学知识结构之我见

杨春薇*

（中国音乐学院　北京　10031）

摘　要： 琴乐千年流传，自成体系。20世纪初以来，古琴与其他民族器乐一样，从民间走进了专业院校，成为民族器乐专业教学中的一员，这是民族乐器近代的一次大变革，由民间师徒传承体系转向专业艺术院校体制、体系化教学，从而引发了从教学方法、乐器、乐谱、表演等多方面的变革。本文从专业音乐院校中古琴表演和理论专业的课程设置和相应的知识结构展开讨论，希望对音乐专业院校与古琴相关专业的学科规划和知识结构进行学科构建上的补充和建议。

关键词： 专业音乐院校古琴专业；课程设置；知识结构

　　古琴的专业教育与中国近现代的新教育发展是同步的，一方面，作为一门乐器演奏专业，从20世纪初的王燕卿、王露到1949年后的查阜西、吴景略、张子谦、刘少椿、管平湖，古琴与其他民族器乐（琵琶、唢呐、二胡、古筝等等）一样，从民间走进了专业院校，成为民族器乐专业教学中的一员，同时也逐渐从文人书斋走向了演奏厅的表演艺术。这是民族乐器近代的一次大变革，由民间师徒传承体系转向专业艺术院校体制、体系化教学，从而引发了从教学方法、乐器、乐谱、表演等多方面的变革。同其他民乐一样，由民间到专业院校教育，古琴在专业教育中跨越了四代人，第四代的演奏型与研究型人才正在形成。另一方面，琴学研究作为音乐史学的一个部分及中国

---

　　* 作者简介：杨春薇（1973—），北京人，音乐学博士，中国音乐学院音乐研究所副教授，中国音乐研究基地专职研究员，文化和旅游部人才中心古琴从业人员（教学岗位）专业水平考评专家，研究方向：民族音乐学、古代音乐史。

传统音乐四大类中的一类："文人音乐"，在音乐学专业教育与研究中同时展开，在琴学研究上取得了十分丰硕的成果。

一、20 世纪以来古琴从民间到专业教学的回顾：

（一）古琴演奏专业的设置与发展

20 世纪初以来，由民间琴人身份走入专业院校教育的几位琴乐演奏教育者：

王露（1877—1921）字心葵。1918 年，蔡元培聘他为北京大学教师。在北京组织了国乐研究社。张友鹤、詹澂秋都是他的入室弟子，传二十八曲辑为《玉鹤轩琴学摘要》。

王鲁宾（1866—1921）字燕卿，受学于王雩门，1916 年经康有为介绍，到南京高等师范教琴。他善于吸收时曲编之入琴，所传十四曲经弟子徐卓、邵森编印为《梅庵琴谱》。梅庵派琴乐在近代琴乐文化中影响比较深远，传播到港台地区甚至美国等地。

吴景略（1907—1987）20 世纪 50 年代，先后于津京任中央音乐学院民族音乐系教授，为中国音乐学院、中央音乐学院的古琴专业教学与传承做出杰出的贡献，培养了一批优秀的古琴演奏及琴学人才。

张子谦（1899—1991）1956 年张子谦任上海民族乐团专职古琴演奏，1988 年被天津音乐学院聘为名誉教授，为古琴音乐的表演、打谱和教学做出了贡献。

另外，除了以上几位琴人，查阜西先生、管平湖先生、刘少椿先生、刘景韶先生，也曾先后在中央音乐学院、南京师范大学、上海音乐学院担任古琴演奏教学工作。

以上面几位琴家为始，古琴在专业院校中培养了一批专业古琴演奏人才，并继续继承和承担了现在各个音乐专业院校的古琴演奏教学，历经四代人。这些古琴演奏人才在今天专业古琴教育中乃至整个古琴社会教育中，都有重要的贡献。

（二）音乐专业院校中的琴学研究

新中国成立以来，琴学研究取得了前所未有的发展。中国艺术研究院音乐研究所作为国家最高的音乐研究机构，组织和开展了一系列的琴乐普查、琴学研究及文献整理工作。音乐专业院校的音乐史学研究者、乐律学研究者、美学研究者、民族音乐学研究者们同时也参与了近代琴学的研究工作，取得了丰硕的成果。相关琴学主要从以下几个方面展开：

1. 琴曲打谱工作；2. 琴谱整理汇编及研究；3. 琴用指法的整理及研究；4. 琴乐审美及琴派研究；5. 琴律、琴调研究；6. 琴史研究；7. 琴乐的人类学、社会学、音响学等跨学科的研究（以上各个方面的研究因涉及较广，本文在此不做展开）

近一个世纪以来，古琴从民间走向专业音乐教育，是琴乐文化近代历史的重大文化变迁。这一变迁表现在：琴乐专业教育从无到有；从民间的松散性到专业古琴教育、研究的体系化、制度化；从非职业性到职业性；从书斋到演奏厅；从古籍中的古曲到舞台呈现；进而大量的音像出版物的出版、古谱的刊印、文献的整理汇集、新曲的创作以及跨学科的学术合作及研究等等，都是围绕着古琴专业教育与研究展开的。其成果的丰富和影响的深远，是几百年中国琴乐文化史上前所未有的。

二、专业音乐院校古琴相关专业教学知识结构与专业人才培养方向现状

音乐专业院校自 1949 年以来建立，古琴教育和研究被纳入其中，于古琴相关的专业分设在器乐系（古琴表演专业）与音乐学系（古代音乐史与传统音乐研究专业）中。其中，器乐系的古琴专业主要是培养古琴演奏型人才，而音乐学系为与古琴相关的研究型人才。这两个专业设立以来，从专业设置到学科的建设，以及人才培养方向上都逐渐完善、稳定，从而形成了鲜明的专业特色。

然而，古琴文化在几千年的发展中自成体系，包括道、史、论、谱、曲、器等，对琴乐的演奏、研究、传承有自身的文化要求和文化特性，这是别于其他民族乐器的文化内质。同时，1949 年以来的古琴相关专业从业一直较为困难，今天的古琴相关专业从业，需求更为综合性的人才。因而，在"分科而制"的音乐教育体制已经建立 70 多年的今天，反思目前音乐院校中的古琴相关专业的教学知识结构和人才培养是十分必要的。

本文认为，专业音乐院校中古琴表演和理论研究专业，其课程的设置和相应的知识结构应根据琴乐文化的特点、当今琴乐从业需求，进行合理的构建和相应的调整。

（一）学科内部知识结构与课程设置现状：

1.古琴表演专业的课程设置现状：

古琴演奏专业是常设在国乐系的一门器乐专业，其教学与课程设置自1949 年以来的不健全慢慢发展定型。以中国音乐学院为例，在专业课（即古琴演奏）以外，课程设置还包括基本西洋乐理、视听能力、和声曲式、中外音乐史、乐队排练。

不难看出，在上面的课程设置与知识结构中，西方音乐能力学习占较大的比重；唯一与中国音乐文化有关的"中国音乐史"课，也只是通识课，一笔带过，其中涉及古琴的部分更是少之又少。在于古琴文化几千年形成的独特的文化性，要求古琴演奏专业的学生未来具备对古琴历史、审美等多方面的知识储备，单一而偏向西学的学科知识结构无法给予学生真正的学科专业营养。一些院校只能依赖专业导师的引导进行学习，较为随性，没有相关专业课程建设。

2.琴学研究专业课程设置现状

琴学研究在专业院校中一直以来是依附于音乐学系开展的，是音乐学古代音乐史的一个研究方向，传统音乐及民族音乐学研究方向的学生也略有涉及。一方面，琴学研究专业方向的学生，其理论课程为音乐学专业课程（中外近代音乐史＋传统音乐＋民族音乐学）。其中，史学课程基本是通史学习，没有针对琴学研究开设的专门性课程。而传统音乐则主要是以民族民间音乐为主，在众多音乐种类中，文人音乐部分虽略有涉及，但也缺乏专业性系统性的学习。另一方面，琴学研究专业不设古琴弹奏必修课，一般学生通过选修的方式学习古琴演奏，古琴演奏学习时间有限，程度较低，处于一般性的了解，不具备较高水平的演奏和打谱能力。

可见，琴学研究作为一个研究方向，无论是音乐史学还是传统音乐专业，缺乏相关严谨的课程设置，学科建设不足，知识结构不太清晰。学科对研究型学生的古琴演奏能力的要求偏低。而与琴学相关的文献学研究方法、古谱学研究、文艺哲学、美学等相关学科就更无涉及。

（二）专业音乐院校古琴相关专业的人才培养方向：

1.古琴演奏专业的未来择业方向一般有：①高校从事演奏教学工作；②进乐团成为专职演奏员；③自谋职业，开个人工作室或琴馆。

2.琴学研究专业的择业方向：①高校从事音乐学教学工作；②进音乐研

究单位从事学术研究工作；③进入出版及其他文艺单位。

从上可见，这两个专业在人才培养方向上是不同的。因而课程设置以及学科内部的知识结构上需有所侧重。但因为古琴音乐古代文化体系的完整性，有些课程也会有相对的重合性。

三、古琴相关专业教学知识结构及课程设置设想和建议：

琴乐千年流传，自成体系。历代琴乐文献中包含了琴之道、论、史、谱、曲、器等部分。今人理解和考察琴乐文化的视角和关注点与古人自有不同，在建立今日琴乐演奏及琴学研究教育体系的同时，必须关照传统琴乐文化的自身构成与来龙去脉，了解古代琴乐的文化体系，从而更全面和深入的建立古琴专业教学体系建设。

传统琴乐体系中的这几个部分，其实可能包括了以下内容：

1. 琴道：认识论（天地观）

2. 琴论：乐、律、调、乐品、琴人

3. 琴谱：版本、师承（琴派）、琴曲、琴用指法

4. 琴曲：版本、解题、调意、旋律、打谱

5. 琴器：琴式、斫琴

（一）古琴演奏专业教学知识结构及课程设置的设想和建议

以上是传统琴乐体系中所包含的内容，针对这样的文化及传承体系，今天的古琴演奏专业的学生，不能仅仅只学习演奏技巧和西方式乐理体系。演奏专业的学生应该对琴乐文化的多方面以及琴乐审美进行深入学习，以辅助和促进演奏的提高；同时还应了解和掌握一定的传统乐律、乐调体系，并能具备一定的打谱知识和能力，为未来有能力创作琴乐打下根基。

古琴演奏专业在专业学习之外，可以加入以下的内容或课程让演奏专业选修，每学期1—2门，四年修完。

1. 乐论（包括先秦及历代乐论精选）

2. 琴史（历代琴史与琴乐流派风格史）

3. 琴用指法（历代琴谱中琴用指法及乐品审美）

4. 乐调乐律

5. 打谱实践

6. 传统乐种合奏实践（如江南丝竹或南音）

以上的课程中，乐论包含先秦以来的音乐思想、音乐对待观；由琴用指法入，可以使演奏专业的学生了解琴乐之品境；乐调乐律是中国音乐乐理的学习，与古琴琴调是一个体系；小型乐种的合乐让琴乐演奏专业的学生可以了解传统和乐思维、方式。这些课程的设置可较全面地补充琴乐演奏人才培养的知识结构，使古琴演奏人才并不只是单纯的演奏人才，更合乎未来作为一件文化乐器传承和传播人才所具备的专业知识基础。

（二）琴学研究专业知识结构及课程设置的设想和建议

音乐学系的古音史与传统音乐研究两个方向由于学科研究各有侧重，史学主要侧重于古代文献研究，传统音乐主要侧重于音乐文化研究。因此，应在古代音乐史学研究专业方向下设"琴学研究"专业，在传统音乐研究专业方向下设"琴乐研究"专业。此两个方向的学生可以同修相同的课程，史学专业可侧重琴乐历史与文献的研究，传统音乐专业可侧重于琴乐派别、当代流变、音乐形态及审美等方面的研究。音乐学系古琴相关专业的可以构建以下的相关课程：

1. 琴学研究历史与文献
2. 琴史研究与文献学研究方法
3. 琴谱研究与版本学研究方法
4. 琴乐形态学研究（乐律、乐调及相关音韵学方面）
5. 琴乐与美学研究
6. 琴乐民族音乐学方法研究
7. 琴乐实践与打谱实践

以上课程中从研究方法上不仅包含了史学、文献学、版本学的研究方法，同时还包含音乐层面的形态学、美学的研究方法，更将琴学作为一个现存的社会音乐文化进行民族音乐学方法上的研究，可以使琴学研究的学生们有跨学科的视野和训练。同时还强调琴乐实践与打谱，弥补了研究型学生因不精通演奏而使得研究无法入细入微的不足。

综上，从某种意义上说，无论是古琴演奏专业还是琴学研究专业，应该统合为一个大专业方向，它们的课程应该互通有无，两个专业方向的学生可以互选课程。这不仅使得各专业有明确的培养目标，同时也可以扩大学生的知识领域。

再者，跨文化跨学科的知识结构应作为辅助，如美学、哲学体系以及社会文化体系（人类学、社会学）等更大学科领域的研究和借鉴也是必不可少的。

旧时月色在潇湘

——我的 30 年《潇湘水云》之路

张子盛[*]

（天津七弦琴院　天津　300090）

摘　要:《潇湘水云》作为中国古琴十大经典古曲之一，是琴曲中弹奏难度等级最大的曲目之一，对指法技巧、音乐素养、人文气质都有极高的要求。至今传谱有 50 余种，在思想内容、曲式结构、技术技巧及旋律的可听性等方面，都充分代表了唐宋以来古琴艺术循序发展的辉煌成就，被誉为中国古典音乐中的交响诗。本文以作者 30 余年学习弹奏《潇湘水云》的经验、以自己对《潇湘水云》不断深入研究的心路历程及六次公开独奏的经历，阐述对此曲的心得与感悟。

关键词:潇湘水云；神奇秘谱；古琴传播

"自顾庸庸无片长，寸衷亦自有。"[①]不经意间，我已在漫漫琴学路上走过了 30 个春秋。回顾挫折艰辛或是成功的欣喜，感慨之余也都化作了秋月春风……

余一生爱琴，习弹琴操百余首，虽勉为人师，却时常感到惶恐不足。每

---

　　* 作者简介：张子盛（1971—），天津人，中国乐器协会器乐文化专业委员会副秘书长、古琴研究会秘书长；北京乐器学会常务理事、古琴学术委员会常务副会长兼秘书长；北京古琴文化研究会副会长、秘书长；天津七弦琴院院长，文化和旅游部人才中心古琴从业人员（教学岗位）专业水平考评专家，研究方向：古琴艺术演奏、教学。

　　① 故宫出版社官方百家号"紫禁城"：《琴人之间有知音者，以琴相授为大爱——夏溥老与管平湖的知音相濡》，2019 年 5 月 26 日，https://baijiahao.baidu.com/s?id=1634394084063486095，2020 年 4 月 10 日。

弹一曲，总遥想古代的琴家是如何弹此曲？民国前辈、当代大家又是如何弹此曲？正如吴文光老师教诲：常思古人就在你面前观听。时光如流水月色一般清澈激荡转瞬即逝，而琴声正如流水不腐、千古弥新，常思常想，久已沉溺红尘，则物我两忘、琴人合一的至高境地，何其远矣？但求能"光景常新"，超越自我以不负丝桐。

每位琴家都会在成百上千首琴曲中感到有那么一二首对自己而言最特别的曲子，或许是特别契合，或许又是特别难学，更或许还是始而艰难而后豁然开朗、一飞冲天。《潇湘水云》就是这样一首对我而言非常特殊的曲子。作为中国古琴十大经典古曲之一，此曲不但被视为弹奏难度非常大的琴曲，而且也是历代琴家所公认的非常优秀的大操，其传谱至今，有50余种之多，不论是思想内容、曲式结构、技术技巧还是旋律的可听性等方面，都充分代表了唐宋以来古琴艺术循序发展的辉煌成就，被誉为中国古典音乐中的交响诗。

一首大而化之的曲调，感情的变化是极尽微妙的。十大古曲之中，它没有《广陵散》的纷披灿烂戈矛纵横；没有《高山流水》的涤荡凡尘洋洋义志；唯有水云翻涌之间的拳拳赤子之心，缓缓流过时间的罅隙……

但同时，它却又是一首"文武"兼备的曲子，既有《碣石调·幽兰》的那种孤独、呐喊，内心挣扎的复杂情绪变化，又有《广陵散》仰天长啸、仗剑任侠的激荡情怀。也因此，它是矛盾的，又是情景交融的。要把这种江山水云翻涌的景象描写刻画得比较深刻，又要把作者强烈的主观情绪、家国情怀、复杂的心情完美准确地体现出来，是需要弹奏者具备相当的功力，而且还要有较强的气力，得指力刚健者才能完成的。

中国的文人没有不爱山水的，遇山明志、见水生情是文人的特性。我们见过太多的隐士甘愿放弃尘世繁华而隐居山林。他们喜爱那山水清明、水天共色的自然与清明，在大自然的空明世界里独与天地精神相往来，而正因为现实世界与精神世界的落差乃至截然相反，才让他们内心一面和山林云水产生了生命的默契，另一面又对现实世界充满了不满和忧郁，从失望、失落中又生出淡漠消极的心态。

古琴中有许多琴曲都是表现这类内容主题的，如《幽兰》《樵歌》《欸乃》等等，《潇湘水云》就是其中最具代表性的一首。它的产生年代也是非常特殊的，经历了北宋的太平繁华、靖康之变的国破家亡、南宋偏安一隅的苟且隐忍之后，元兵渐有南侵之势，眼看南宋朝廷岌岌可危，作为一个终身未仕而心怀家国的文人，同时还是抗金领袖的门客，郭沔（楚望）先生心中对山河残缺、风雨飘摇的时局政事定然也是无限担忧和感慨的。他为避战乱从浙江移居到了湖南，过着清苦的隐居生活。

湖南境内有潇水和湘水，潇湘漭泂，云烟翻涌、水汽蒸腾间九嶷山深邃幽奇，如人间仙境。陆游有诗说："挥毫当得江山助，不到潇湘岂有诗。"① 加上传说中舜帝南巡，崩于此地，葬在九嶷。又有舜帝二妃娥皇女英哭舜帝泪洒斑竹，死于江湘之间，死后成神，常"神游洞庭之渊，出入潇湘之浦"（《水经注·湘水》），绮丽神奇的传说更为潇湘山水增添了许多意蕴情怀。《潇湘水云》的曲谱最早见于明朝朱权编写的《神奇秘谱》②，其题解记载："臞仙曰：是曲也，楚望先生郭沔所制。先生永嘉人，每欲望九嶷，为潇湘之云所蔽，以寓惓惓之意也。然水云之为曲，有悠扬自得之趣，水光云影之兴；更有满头风雨，一蓑江表，扁舟五湖之志。"（郭沔，字楚望，南宋永嘉人，在世琴家推其为浙派创始人）

这个解题很好地说明了郭楚望创作《潇湘水云》的由来，"惓惓"二字，则含蓄地点出了作者感慨山河飘零、时局动荡的复杂心情。正是基于对时局的担忧、对收复失地的失望，才产生了后面的"满头风雨，一蓑江表，扁舟五湖"的想法，所以此曲不但是应景，而且是应运而生。——"噫！其望九嶷，怀古伤今……"③"抚弦三叹"④"感慨系之"⑤。时势之败落，如云雾之遮蔽九嶷山，非独木所能支。

《神奇秘谱》中记载的原是十段，各有标题，分别是：

一、洞庭烟雨；二、江汉舒晴；

三、天光云影；四、水接天隅；

五、浪卷云飞；六、风起水涌；

七、水天一碧；八、寒江月冷；

① 南宋，陆游：《偶读旧稿有感》，《陆游集》第三册，南京：凤凰出版社（原江苏古籍出版社），2006年。

② 《琴曲集成》第一册第167页《神奇秘谱》下卷，北京：中华书局，2010年影印本，第19页。

③ 《琴曲集成》第一册第222页《浙音释字琴谱》上卷，北京：中华书局，2010年影印本，第50页。

④ [明] 汪芝编：《西麓堂琴统》，天津：七弦琴院，2004年9月影印本，卷19第3页。

⑤ 《琴曲集成》第十四册第554页《五知斋琴谱》，清人周子安汇编于1721年，北京：中华书局，2010年影印本。

九、万里澄波；十、影涵万象。①

琴人皆知《神奇秘谱》编者朱权，为明代朱元璋之十七皇子，封为宁王。为避政权纷争，寄情于经史、黄老、戏曲、音乐等，博学多才，著述颇丰，斫制琴器亦有传世至今，堪称琴学大家。《潇湘水云》收在《神奇秘谱》下卷"霞外神品"之中，作为皇子的身份，他能征集到的曲谱应该还是很有权威性或代表性的。《神奇秘谱》中另有如《广陵散》《梅花三弄》等很多作品，都已是流传广泛的经典，《潇湘水云》亦是如此。我们从这些情景入扣的段落标题、指法次序安排的合理性、乐句的流畅性等等都可以确认这已是一首完整成熟的作品了。但我国的传统文化艺术在几千年的继承、传播与弘扬的历史长河中，"适我无非新"（王羲之《兰亭修禊诗》）是融入代代人的骨血之中的。正如此曲经过历代琴家的发展，已经发展为十三段，乃至十八段再加一尾声。可以说我们如今弹奏的版本，是在楚望先生原作的基础上融合了历代琴家反复革新再创的精华。反复的加工使其艺术手法更加成熟，但表现难度也日益增高。发展至今天已成了一首技巧与气韵兼善的经典大操。

今天最流行的《潇湘水云》的版本，主要有吴景略和查阜西两位先生弹奏的谱本。两位先生别领风韵，各有特色，风格鲜明而迥异，为当代琴人研究此曲留下了宝贵的遗产。我所习弹的版本，是虞山吴派的开派宗师吴景略先生依据《五知斋琴谱》打谱的谱本。这个谱本以跌宕起伏、细致入微的情绪描写为主要特色，难度极大。弹奏这首曲子，对指法技巧、音乐素养、人文气质都有极高的要求。就弹奏指法来说，吟、猱、绰、注需无一不精，光一个"退猱"的技法就是很大的挑战。大面积、大幅度的吟猱要表现出云水翻涌、惊涛拍岸、奔腾激荡的景象，步步紧凑的气势必须一气呵成、不能停顿。乐曲开始的泛音段落如何做到字字晶莹朦胧缥缈；曲后"寒江映月"的泛音段速度轻快肃刹，还要弹得清澈明亮，不能含糊混沌；要将峰峦起伏、云山雾绕的特殊韵致用音乐传达给听众……非左右手高度灵活地配合而不可得，如此种种也是很多琴人都很难在舞台上面现场连贯而无瑕疵地展现的原因。

水云音段后的中间至偏后部分，是全曲高潮，从这一阶段直到尾声，篇

---

① 《琴曲集成》第一册第167页《神奇秘谱》下卷，北京：中华书局，2010年影印本，第19—21页。

章较多，思想也较为复杂，表现手法忽而水深云静、其声幽逸，忽而又跌宕起伏、峰回路转。要求弹奏者全神贯注地弹到最后，要让听众脑海中跟着琴曲浮现出那一片山势、云烟、水雾，更要让听众意会作者当时或沉郁愤慨，或呐喊长啸，或无奈挣扎乃至心灰意冷的复杂思绪，可以说难上加难。正因这个曲子技巧难度极大，而音乐情绪又容易让人激动，所以各类音乐会，特别是现场直播的场合，我们较少听到琴家公开演奏此曲。好像这成了一个约定俗成的规矩：不可轻易示人。

我习琴 30 余年，也是为古琴艺术传播与弘扬的 30 年。30 年间，我举办了众多大大小小的音乐会，有过无数次的舞台演出，但算一算，正式的在台上独奏此曲也不过屈指可数的 6 次。因为对这首琴曲实在是有太多的深沉敬意和特别的感情。

记得第一次是在 1992 年，我于杭州古琴赛上以此一曲而获奖，可惜年代久远，现场视频已不可寻。当时年少，颇觉飘然自喜，到后来一路回头，却不断地发现当初的许多不足，而后再不断地去修正。而第二次到了 1995 年，三年间我对于《潇湘水云》自觉有了新的认识和把握，于是在 1995 年我的个人首场独奏音乐会上，再次弹响了《潇湘水云》。这首曲子也是当时全场仅有的一二首全部录完的琴曲，现在看来虽还显生涩，但这个完整的影像却能客观看到一些需要解决的问题。这一次的演奏虽有前辈琴家夸我进步，但自己却"若有憾之"。一是自觉舞台上的情绪刻画还有颇多不如意处，二是对自我的期许也尚留丝丝缕缕的欠缺，未能心悦默契，能听之以耳，却无法应之以手。乃至有一阵总在琴房反反复复地弹这首曲子，但越弹心里却仿佛越是茫然，对自己的疑问，对曲子的疑问反复交织，感觉自我到了一个瓶颈期。甚至曾有一度放弃弹奏寄情别艺，苦求突破。

记得当时我曾重新拿出已听过不知多少遍的、倾心临摹的吴文光先生的演奏录音，吴先生弹奏的《潇湘水云》，极尽文人行吟的气质，看似普通的搭手起音，简单的附点音符却因出神入化的运用，带出了淡云凌波的清越气韵。中音区的碧波云烟、低音区的云水奔腾、高音区的影涵万象仿佛都从指尖流泻而出。十分钟左右的弹奏过程，呈现出古琴特有的传统韵感和结构宏大的气势，堪称里程碑式的示范，让人觉得珠玉在前而心生敬仰。我一直在模仿，却始终无法超越。高山仰止，此后十余年间我在结构、气韵等表现方式上做了各种尝试与突破，但却始终不能令自己满意。琴技有涯而琴心无涯，正是在这种心态的影响下，我一直又到了 2008 年"大中致和"音乐会上，才第三次为琴友弹奏了《潇湘水云》。

"潇湘"也好，"广陵"也罢，不管是文曲武曲，既然已从书斋走向舞台，肯定会面临一个问题：如何向大众传播古琴？作为一个艺术工作者，传播与发扬是对古琴这一项非物质文化遗产义不容辞的责任。作品的呈现形式与受众度，是我及我们这一时期琴人最为矛盾与纠结的问题。从俗还是从雅？怎样才能适应现在的舞台、现在的观众？因为这些毕竟是源自至少是明清的作品，与我们这一代人，甚至上一代人都还是有很大的文化断层与"代沟"。文化背景与艺术土壤时过境迁，即便是古琴的文字谱与减字谱尽可能多地保留了以前的音乐符号，但是反而留给我们对于乐句旋律走向、气韵的探索空间也很少了。现代人的生活节奏与审美标准也肯定与古代大相径庭，更有古琴音乐艺术"重在悦己而非娱人"的特殊属性等等，这些都或多或少地困扰着像我这样长年活跃在一线舞台的古琴传播者。

怀着这种"何去何从、何处得悟"的心情，转眼又是十余年过去了。2019年4月的一次全国琴事比赛颁奖音乐会上，我再次弹奏了《潇湘水云》。随着年龄和经历的增长，许多东西看淡了，许多东西经过了，心反而越来越简单了，在对琴曲的把握上，也产生了许多共鸣。这期间的经历，有迷茫、有失落，甚至有气馁、有丢失，经常于极熟悉处又觉得与琴产生了距离感，那是一种非常微妙的感觉：明明是日日相伴，却仿佛至亲至疏，好像武侠里说的，距离任督二脉的融会贯通总还差着那么一点儿，但好在终于坚持下来了，自我的感觉仿佛初露曙光。多年的演出经验，也发现三百人左右的小剧场更适合古琴独奏的表演形式。适宜的声场、可以接受的观众背景噪音，如果再加上较好的音响以及灯光设计，会很好地激发演奏者的情绪与状态。当然关键还是琴者要做到真正放下来、静下来，抛却那一点可鄙的虚荣，专情于你指下的音韵和音色质量。这时候，不知哪一句会突然触动你已非常敏感的情怀，抑或忽然万籁俱静，你已感受到了现场观众正在努力倾听的心灵……

还是这首难弹的大曲，文武兼备、水云深处的禅者之心，望归故土的思念怀旧之情，融合在九嶷云水里。人都有难以逾越的鸿沟，30年的浸润，30年的向往，我才终于觉得桎梏的气球撑破了，才敢又有自信于舞台之上弹好这一曲《潇湘水云》！作为对自我更深的一个挖掘，更是对吴景略先生、吴文光先生这两代人经典作品的致敬。

2019年，为传播古琴传统经典的十大古曲专场巡演，我分别于北京菊隐剧场、天津津湾大剧院第五、第六次独奏这一曲《潇湘水云》。对此曲的学习，一直不曾停止，而且还在不断地继续。技巧的运用、情绪的把控、韵感的流畅，都期待着人寓琴中，琴解人意，希望真正有一天，可以做到"流古递今"，能让一直陪伴和支持我的琴友们感受到云水掩映、烟波浩渺的艺术境界，以不负这30年知音之情！行文至此，不由心潮起伏，追忆前辈琴家，回顾慢慢琴路，唯愿能以微末见识、30年之心得体会，给弹奏此曲的琴人提供一点可用之参考，有助于古琴文化的传播与发扬，便是我最欣慰之处。若以一首小诗来表达这30年习弹《潇湘水云》之路的感受，正可谓：

卅载琴中路，潇湘旧梦长。但能弦作语，便是水云乡。

琴歌与中华传统文化传播

罗苏理*

（河南博物院华夏古乐团　河南郑州　450000）

摘　要：古琴，是我国古代最具代表意义、最能体现中国音乐文化成就和美学思想的艺术形式之一。琴歌不仅从一个侧面体现着古琴数千年发展变化的过程，也是中国传统声乐艺术的遗存。本文从琴歌的历史、琴歌作品的打谱以及演奏出发，分析了琴歌在历史上的困境与当下的解决方式，以期对琴歌与中华传统文化传播有所助益。

关键词：古琴；琴歌；打谱

一、古琴在中华传统文化中的重要地位

古琴亦称瑶琴、玉琴，是我国最早的弦乐器之一，近代称七弦琴或古琴，古代则直称为琴，距今已有三千多年的历史。属于八音中的丝。其音域宽广，音色深沉，余音悠远。古琴作为中华民族最具有影响力的弹拨乐器，是华夏文明的瑰宝。不仅自唐以来，历代都有名琴传世，且关于古琴的著述、诗词文献等更是数不胜数。现存的琴谱有一百多部，琴曲达三千多个版本，这在其他乐器而言是绝无仅有的。另外还有大量关于琴家、琴论、琴制、琴艺的古代文献存世，文献遗存之丰硕堪为中国乐器之最。其独特的弹奏法、记谱法、琴史、琴律、美学等方面形成独立完整的体系，被称为"琴学"。古琴是我国古代最具代表意义、最能体现中国音乐文化成就和美学思想的艺术形式

---

　　* 作者简介：罗苏理（1980—），河南滑县人，河南博物院华夏古乐团团长，河南省古琴研究会会长，河南省民族管弦乐学会古琴专业委员会会长（河南琴会），洛阳师范学院古琴客座教授，南阳师范学院古琴兼职教授，文化和旅游部人才中心古琴从业人员（教学岗位）专业水平考评专家，研究方向：古琴艺术、琴歌和古琴制作技艺。

之一。

在中国古代的传统文化中，"琴棋书画"历来被视为文人雅士修身养性的必由之径。自古以来，古琴就是君子，文人雅客爱之如命的一件乐器，嵇康在《琴赋》中就有"众器之中，琴德最犹"的说法。可见我国古代文人对古琴的高度评价，古琴对他们来说，不仅是一种乐器，而是一种品格，一种高尚情怀的象征，更是一种抒怀激情之物。

琴学理论中蕴藏着丰富的音乐美学思想，它的许多范畴、命题，对传统音乐美学思想的形成和发展都产生了重要影响，并极大地丰富了中国音乐美学史的内容。古琴和中华传统文化息息相关，如"天人合一"等思想自始至终伴随着古琴的发展。传统的哲学思想对古琴文化影响深远，各种哲学流派中儒、道思想对古琴音乐发展的影响最深。一般以为，古琴美学思想既包括儒家思想又包括道家思想，两者相辅相成。儒家思想对古琴的影响主要表现在把古琴视为"修身、齐家、治国、平天下"的政治和道德工具；道家思想则主要体现在古琴对自然、质朴、简淡、超脱风格的追求。"中正平和""清微淡远"的审美理想，则是传统儒、道思想在古琴音乐中统一、结合的体现。在此基础上，古琴音乐以含蓄为美，在音、意之间以音求意，追求音乐中蕴含的"弦外之音"。

二、琴歌的地位及发展

古琴文化作为中华传统文化中的珍宝，琴歌，又是古琴音乐文化中一种重要的表现形式。琴歌不仅从一个侧面体现着古琴数千年发展变化的过程，也是中国传统声乐艺术的遗存。中国古代的琴歌，是以古琴伴奏，自弹自唱的演奏形式。有琴谱，附歌词。琴歌的起源非常久远，先秦的古籍就有记载。如《尚书·益稷》记载"搏拊琴瑟以咏"，《论语·阳货》记载"子之武城，闻弦歌之声"，都是以琴瑟伴奏歌唱的形式。相传最早的琴歌是《南风歌》，为舜帝所作。《礼记·乐记》曰："昔者舜作五弦之琴以歌《南风》。"《史记·乐书》曰："舜歌《南风》而天下治。"《南风》之歌，即赞颂"南风"孕育万物、播福万民的恩泽之歌。还有《史记·孔子世家》里面记载："三百五篇，孔子皆弦歌之。"中国古诗词中吸收了大量的民歌，如《诗经·国风》里就包括了十五个国家和地区的民歌。古代的一些民歌或其他民间音乐，曾被琴家作为琴歌形式随着琴的音乐而流传下来，长期保存在古琴音乐艺术之中。

汉魏时期的乐府民歌，也有一些是著名的琴歌。后来到唐宋时，文人创作了大量的诗词都可以直接配合音乐演唱，诗与乐是息息相关的。以唐诗、宋词谱曲的琴歌，如《阳关三叠》《渔翁调》《关山月》《秋风词》《醉翁操》《杏花天影》等，至今仍有流传。目前所见最早的琴歌谱，便是宋代姜白石的《古怨》和陈元靓《事林广记》中所载的《黄莺吟》。现存有词的琴曲传谱有五百多首，其中不同的歌词也有三百多篇。明刊本《浙音释字琴谱》《谢琳太古遗音》《新刊发明琴谱》《重修真传琴谱》等，都是专门收录琴歌的谱集。其后，清代的蒋兴畴、庄臻凤、程雄等人也创作了一些琴歌。

虽然中间几经衰落，但在今天，琴歌仍然活跃于广大琴人之中，是音乐会、琴人雅集聚会经常表演的艺术形式。

古琴具有独特的音色音质，加上演奏中独有的技法以及琴人的素养和弹琴时的心境，会营造出不一样的美感境界。琴歌，作为有歌词的琴曲，与琴曲比较来看，它加入了人声，并以人声为主，用琴音作为辅助配合。音乐主要是表现情感的，而情感又最能通过人的嗓音表现出来，所以琴歌在音乐表达上要更胜一筹，因为情绪更加直白而更容易使人产生共鸣。早在唐代，就有人说过"丝不如竹、竹不如肉"（《乐府杂录》），在琴歌中，就要靠人声与古琴的互相配合来完成。人声与琴声更应互补短长、相辅相成、相应相和，人声的运用，无论是音色、技巧还是歌者所表现的形神、气质都应与琴乐所需要表现的意境浑然一体。共同展现曲中的天地、万物、人情，共同营造虚、静、淡、远，中正平和的古乐世界。人声与琴声，在琴歌艺术中走到一起，两者的搭配可谓水乳交融，珠联璧合。

三、琴歌传承困境及衰微

古琴琴歌以其丰富的艺术魅力从远古时期开始便伴随着中国传统音乐文化发展，为古琴音乐增添了绚丽的色彩。琴歌萌芽于先秦时期，稳定发展于两汉、魏晋南北朝，至唐宋进入鼎盛阶段。它的高峰出现在先秦、唐宋以及明清。其间，琴歌的发展始终与中国的文人阶层保持密切联系。从开始以民歌为主，到后来文人的创作不断渗透入古琴音乐文化中，琴歌在不同历史时期形成了不同的艺术特征。

先秦是声乐艺术极为繁荣的时期。《诗经》中"风、雅、颂"不同的诗篇有不同的演唱形式。明代大音乐家朱载堉的《乐律全书》中说："《诗经》三百篇中，凡大雅三十一篇，皆宫调。小雅七十四篇，皆徵调。《周颂》三十一篇及《鲁颂》四篇，皆羽调。十五《国风》一百六十篇，皆角调。《商颂》五篇，皆商调。"而且《诗经》时期的音乐作品主要以当时各国的民歌为主，通俗易懂、朗朗上口而又充满浪漫主义色彩的特点使得歌唱艺术能够在社会各个阶层广泛流行。

唐宋时，文人创作的大量古诗词，为琴歌提供了充分的养料，甚至有文人专门创作琴歌。比如李白不仅写了大量的关于琴的诗句，还为琴写了许多歌曲。在《乐府诗集》中，就记载了李白所写的九首琴歌《雉朝飞操》《双燕离》《渌水曲》《秋思》二首、《飞龙引》二首、《山人劝酒》《幽涧泉》，其中只剩《幽涧泉》现在还存有曲谱并被后人打谱传唱（见河南博物院华夏古乐团出版 CD《华夏弦歌集 II》）。还有宋代苏轼为《醉翁操》填词的故事，可见当时的文人为琴歌填词是很普遍的事。还有如现存最早的琴歌曲谱《古怨》就是宋代文人姜夔所作。姜夔，号白石道人，是南宋文学家、音乐家。他有词曲谱集《白石道人歌曲》传世，许多词都被编为琴歌，还有其自度曲，其中的《鬲溪梅令》《醉吟商小品》（见河南博物院华夏古乐团《弦歌集 II》）都是现在很著名的琴歌。

明、清时期琴歌在创作方面与前几个时期相比的确有了较大数目的增加。更多专业琴人将毕生精力集中于琴歌创作之上。明清刊发的古琴谱中，有许多都保留了大量的琴歌曲目。如《太古遗音》《重修真传琴谱》《伯牙心法》《浙音释字琴谱》《张鞠田琴谱》《东皋琴谱》。但从琴歌的艺术方面来看，其艺术魅力正逐步体现出衰微的发展趋势。其中原因有两点：其一，明、清时期古琴器乐演奏进一步发展。当时比较具有影响力的古琴流派，如浙派、虞山派、广陵派等的琴家积极致力古琴的纯器乐演奏，在这一时期古琴的技巧、音乐表达等得到了更深层次的发展。尤其是虞山派，在《溪山琴况》中阐述了清、微、淡、远的古琴音乐美学主张。认为音乐在表达思想情感方面，有自己的独到之处，这是歌词所无法比拟的。不借助于歌词的力量而发挥出音乐的表现能力，才是最高境界。因为这些主流琴派对琴歌持反对态度，所以，琴歌受到了很深影响逐渐不被人重视。其二是在当时，大多数琴歌都是文人创作，有很多并不精通音律，纯粹为了写琴歌而编写歌词。在创作上，往往以文辞逐音相对，将诗文一字一音地与琴曲相配，十分生硬，也并不利于演唱。这种创作手法使得琴歌的艺术魅力大大削弱。如清代王坦对后世一字对一声的填词做法，非常反感，认为是："谬种流传"，不仅失去了"歌永言"的传统，而且远不如元曲那样"抑扬高下""宛转可听"。他认为古曲无词，流传已久，今人不需重新填配，以免"岐而二之"。主张从音乐本身来欣赏音乐，他的《琴旨·有词无词说》中说："声音之道，感人至微，以性情会之，自得其趣，原不系乎词也。"正因为琴歌不科学的创作手法，再加上古琴纯器乐化的发展，非常不利于琴歌的生存。因此，琴歌逐渐走向衰落。

四、现存琴歌作品及打谱

优秀的琴歌有着强大的生命力，为历代人们所赞赏。如《秋风词》《关山月》《凤求凰》《极乐吟》《阳关三叠》《渔歌》《古怨》和《醉翁操》等。

现代留存的琴歌作品的来源主要有三：

一是古代传承下来的作品，一些琴派代代相传，有曲谱亦有歌词。如《长相思》《秋风词》《关山月》《醉翁操》《阳关三叠》等。

二是古有曲谱，而后无传唱，又经后人打谱演绎产生，如《陋室铭》《精忠词》《古怨》《猗兰操》等。

三是移植而来，一些影视作品中出现的经典歌曲，配上古琴伴奏，歌词通俗，旋律流畅，更容易为大众所接受，如《卧龙吟》《牧羊曲》《女儿情》《秋窗风雨夕》等（见罗苏理《琴学初阶》）。

因为古琴使用独特的减字谱来记谱，打谱，就要将古琴的指法谱翻译成音符，然后构成旋律，打谱就是翻译琴谱。打谱是在古人的成果上进行二度创作，这使得琴乐的阐释具有开放性，在加入打谱者本人的理解之后，不同的人打出的谱子也会有不同的风格。但只有经过演奏积累与沉淀，才能留下真正经典的作品。

打谱的困难，就在于翻译的过程中会出现各种问题。比如，有很多琴谱在传抄当中会出现笔误，以至于后来收录的曲谱都带有这种笔误。或者在刊印时，印刷得不清晰，有些字是模糊不清的。所以，古谱大多时是不完整的，单凭一张谱子，不足以直接将曲子完善得打出来。这就需要将现存的历代相关琴谱都统一搜罗出来，逐一排查，找出曲谱的根源，将相近的曲谱挑出来参考比较。通过对曲谱之中包含文献的整理以及对其中主要指法定位的对比，将古谱完善，这就是前期的主要工作了。

而琴歌的打谱工作较一般琴曲而言会更加简单一些。首先是因为，琴歌的篇幅较一般古琴谱会短许多。且琴歌谱一般有两种。第一种，是一字一音的琴谱，就是指歌词中的每个字都对应一个音。一字一音的琴歌谱有很多，比如明代的《重修真传琴谱》，共有十册，收101首琴曲，里面收录的所有琴谱都是一字一音的谱子。说明收录的谱子年代比较久远，各曲都以文辞逐音相对，也有些难于演唱。另一种，是旋律性更强的琴歌谱，打谱出来，演唱效果会更好。一般都会选择旋律性更强的曲谱进行打谱。

在琴歌打谱时，因为其中附有歌词，歌词一般读起来比较方便，句句分明，在曲谱中的断句也会比较准确。相对于一般琴谱的打谱又方便许多。一般琴歌的词，也都为诗词语句，有较强的韵律感，直接朗诵出来，就自带音韵美感。那么就需要通过在朗诵诗句时，根据每个字的字调、平仄，每一句的韵脚，来判断曲谱中的旋律声调正确与否，以声歌的特点来处理音高。以及在琴歌打谱时，处理小节线中，也会注意重音和重要的文字中声母和韵母的把握。不能违背古汉语的基本声调，这在琴歌打谱中非常重要。

另外比较重要的一点，就是琴歌中的轻重缓急，也会比琴曲更好处理，更加直接。正因为有诗词的配合，诗句中自有抑扬顿挫，在演唱时，重音也会自然出现，然后根据重音处理旋律。在古诗词的结尾中，出现"……兮"在这种尾音的处理上，就可以直接根据诵读时语音语气的变化处理。

以本人打谱《猗兰操》为例（附琴谱）。在当时也将历代琴谱中，相关的琴歌作品都找出来进行筛选，最后选择了明代《陶氏乐谱》中的《猗兰操》进行打谱。

琴谱名	年代	琴曲名	是否有词
《谢琳太古遗音》	明代正德年间	《漪兰操》	有词
《新刊发明琴谱》	明代嘉靖十年（1531 年）	《猗兰》	有词
《西麓堂琴统》	明嘉靖间（1522—1566）	《猗兰》	有词
《五音琴谱》	明万历七年（1579 年）	《猗兰操》	无词
《重修真传琴谱》	明万历十三年（1585 年）	《漪兰》	有词
《新传理性元雅》	明万历四十六年（1618 年）	《猗兰操》	有词
《陶氏乐谱》	明	《猗兰操》	有词
《琴苑心传全编》	清康熙六年（1667 年）	《猗兰操》	无词
《大原止郎本东皋琴谱》	1898 年	《猗兰操》	有词
《律话》	清道光十三年（1833 年）	《猗兰操》	无词
《稚云琴谱》	清道光二十九年（1849 年）	《猗兰操》	无词
《天闻阁琴谱》	清光绪二年（1876 年）	《猗兰操》	无词
《琴学初津》	清光绪二十年（1894 年）	《猗兰操》	无词

琴谱中《猗兰操》大部分都有题解："《猗兰操》者，孔子所作也。孔子历聘

诸侯，皆莫能任。自卫反鲁，于空谷之中，见芗兰独茂，喟然叹曰：'夫兰当为王者香，今乃零落，与众草为伍，譬犹贤者不逢时，与鄙夫为伦也。'乃止车援琴鼓之，已成此曲。实伤时之言，后之哲人又增叹而美之也。"

《陶氏乐谱》的《猗兰操》，短小凝练，按谱循声，旋律清新，在经过多次的演唱实验以及校订指法之后，终于得以呈现。

图　罗苏理打谱手稿

这个曲谱正是为了2016年度中韩人文交流项目展演而整理的。在丝绸之路文物展展出的文物中，有一块浮雕精致的画像砖。在画像砖的画面中，有四位老者身着宽袍广袖，长发披肩，一人抚琴，一人吹笙，一人坐观长卷，还有一人昂首高歌。在这幅古风隐逸的画面左边，有四字楷书——"商山四皓"。后来在实际演出中，华夏古乐团也借鉴了画像砖中的造型作为演出形式，深受观众的好评（见河南博物院华夏古乐团DVD《丝路传韵》2016年度中韩人文交流项目）。

结　语

本人身为河南博物院华夏古乐团乐队队长、古琴首席、琴歌演奏员，专职古琴演奏与琴歌演唱，有多年的现场演奏经验。乐团每年有上百场演出，演出一般包含编钟古乐、筝瑟琵琶、诗词吟诵以及琴歌演唱等多种形式，从现场演出的反响便可以看到，琴歌深受观众的喜爱。"丝不如竹，竹不如肉"，正因为琴歌具有歌唱性，所以更容易被人接受。

虽然现今了解古琴的人还在逐渐增多，热爱古琴的人群尚属小众，但热爱诗词的人群非常庞大。而古琴与诗词的结合，可以使诗词的韵律美呈现至最佳。有不少观众，因为从琴歌中传达的诗词精神受到感动从而开始了解琴乐，学习古琴。

琴歌即要求边弹边唱，不仅要演奏流畅，同时还要配合以歌唱，琴歌的演唱方法我们多以吟唱为主。诗词吟唱又别于朗诵和吟诵，诗词吟唱，是文学与音乐相结合的文化艺术形式，是诗词音乐性的进一步升华。许多人便是因为羞于开口而忽略了琴歌。但琴歌其实相对于纯粹的古琴曲而言，其不仅篇幅短，弹奏的难度也往往比较低，比如《长相思》《秋风词》《阳关三叠》等，都是非常流行的琴歌曲目，初学者也能较好地演奏。如果对琴歌有兴趣，则需稍加锻炼声乐发声基础，便可顺利进行弹唱。在教学实践中，本人也将传统演唱琴歌的方式加以整理，培养了一些热爱琴歌的学生。

在此，希冀琴歌的未来，能够在中华传统文化中大放光彩。

《中华文化与传播研究》

稿约

1993 年，厦门大学新闻传播学系庆祝建系 10 周年时，见证并为之倾注巨大心血的余也鲁先生提议举办了首届"海峡两岸中国传统文化中传的探索座谈会"，会后出版了《从零开始》的论文集。此后，厦门大学成立传播研究所作为推动两岸暨香港华夏传播研究的基地，并顺利地出版《华夏传播研究丛书》和《华夏传播论》，成为传播学中国化进程中的一个标志性成果。2013年，厦门大学新闻传播学院迎来了 30 周年庆典，厦门大学的华夏传播研究在黄星民教授等前辈学者的苦心经营下，已然成为我院教学科研的一大亮点。薪火相传是我们的使命，为将华夏传播研究事业不断发扬光大，我们在广大热爱中华文化、关注中华文化研究与传播的众多学者和社会贤达的大力支持下，将以"厦门大学传播研究所"这一校级机构为平台，以传播学系为依托，以广大中华文化研究学者和新闻传播研究学者作为我们的强大后盾，创办《中华文化与传播研究》论丛，搭建文史哲与新闻传播对话交流的平台，以更大惠及学林。2017 年 1 月 25 日，中共中央办公厅、国务院办公厅印发了《关于实施中华优秀传统文化传承发展工程的意见》，《意见》指出："文化是民族的血脉，是人民的精神家园。文化自信是更基本、更深层、更持久的力量。中华文化独一无二的理念、智慧、气度、神韵，增添了中国人民和中华民族内心深处的自信和自豪。"可见，传承与发展中华优秀传统文化是时代的使命，也是学者的责任。

为了发掘中华文化中的传播智慧，提炼中华传播理论，推动传播学"中华学派"的早日形成，我们希望以本论丛为平台，继续集聚海内外有志于传播华夏文明，展现中华博大精深的沟通智慧的各方人士，彼此分享研究成果，提供学术动态，推进中华文化的社会传播与国际传播，同时兼及新闻学与传播学各领域的新成果。本论丛栏目主要方向有：（1）基础理论，研究中华文化的传播思想、传播制度与传播方法等；（2）历史发展，研究不同时代传播观念与传播技术等方面的变迁；（3）新闻理论与新闻业务；（4）传播理论，含组织传播、健康传播、公共传播、政治传播、科技传播、跨文化传播、情感传播、新媒体传播等各领域，（5）古今融通，注重中外传播智慧的比较研究和中国传播观念的古今传承；（6）新书评论，介绍中华文化与传播研究领域中的新作；（7）经典发微，注重挖掘中华文化经典作品中的传播智慧；（8）学术动态，介绍海内外学者对华夏传播研究的新成果，发表相关的学术会议综述和研究著作的书评；（9）传播实践，着重推介那些致力于国学运用的新观点和新做法，推进中华文化传承与发展的实践经验；（10）国学新知，国学领域有创见的论文，等等。

本论丛前 5 期为国际刊号出版，可从"白云深处人家"网站下载。从 2017 年起，本论丛与中盐金坛盐化有限责任公司合作，联合编辑出版，半年一辑，力邀海内外学者担任专栏主持人，兼行盲审制，以当前国际流行的开本印刷。本论丛注重学术性、知识性兼顾普及性，力求雅俗共赏。

欢迎专家学者赐稿，中英文均可，来稿一经录用，即赠样书两本，并酌付稿费。本论丛所有文章均为作者研究成果，文责自负，不代表编辑部观点。

《中华文化与传播研究》关于引文注释的规定

为了体现国际化传播与本土化发展的双重考量，本论丛从 2019 年 1 月 1 日起启用新的规定。

本规定是在《中国社会科学》注释要求的基础上修订而来，请投稿者严格按照规范投稿！

投稿邮箱：cccs2013a@126.com。来稿论文字数控制在 10000 字以内为宜。同时，请注明作者信息，包括：作者姓名（出生年—），性别，籍贯，工作单位、学术职称（学历）、研究方向和联系方式（地址，手机号码 / 邮箱，以方便联系）。基金资助：基金来源，课题名称（项目号）。

《中华文化与传播研究》编辑部

2019 年 1 月 1 日

一、注释体例及标注位置

文献引证一律采用脚注，用①，②，③……标识，每页单独排序。

二、具体注释规范与示例

（一）中文注释

1. 著作

标注顺序：责任者与责任方式 / 文献题名 / 出版地点 / 出版者 / 出版时间 / 页码。

示例：

赵景深：《文坛忆旧》，上海：北新书局，1948 年，第 43 页。

实藤惠秀：《中国人留学日本史》，谭汝谦、林启彦译，香港：中文大学出版社，1982 年，第 11—12 页。

2. 析出著作文献

标注顺序：责任者 / 析出文献题名 / 文集责任者与责任方式 / 文集题名 / 出版地点 / 出版者 / 出版时间 / 页码。

示例：

杜威·佛克马：《走向新世界主义》，王宁、薛晓源编：《全球化与后殖民批评》，北京：中央编译出版社，1999 年，第 247—266 页。

鲁迅：《中国小说的历史的变迁》，《鲁迅全集》第 9 册，北京：人民文学出版社，1981 年，第 325 页。

3. 著作序言、引论、前言、后记

示例：

李鹏程：《当代文化哲学沉思》，北京：人民出版社，1994 年，"序言"，第 1 页。

楼适夷：《读家书，想傅雷（代序）》，傅敏编：《傅雷家书》（增补本），北京：三联书店，1988 年，第 2 页。

4. 古籍刻本、影印本

标注顺序：责任者与责任方式 / 文献题名 / 卷次、篇名、部类（选项）/ 出版地点 / 出版者 / 出版时间 / （影印）页码。

示例：

《太平御览》卷 690《服章部七》引《魏台访议》，北京：中华书局，1985 年影印本，第 3 册，第 3080 页下栏。

管志道：《答屠仪部赤水丈书》，《续问辨牍》卷 2，《四库全书存目丛书》，济南：齐鲁书社，1997 年影印本，子部，第 88 册，第 73 页。

5. 期刊

标注顺序：责任者 / 文献题名 / 期刊名 / 年期（或卷期，出版年月）。

示例：

叶明勇：《英国议会圈地及其影响》，《武汉大学学报》（人文科学版）2001 年第 2 期。

6. 报纸

标注顺序：责任者 / 篇名 / 报纸名称 / 出版年月日 / 版次。

示例：

李眉：《李劼人轶事》，《四川工人日报》1986 年 8 月 22 日，第 2 版。

《上海各路商界总联合会致外交部电》，《民国日报》（上海）1925 年 8 月

14 日，第 4 版。

7. 学位论文、会议论文

标注顺序：责任者 / 文献标题 / 论文性质 / 地点或学校 / 文献形成时间 / 页码。

示例：

方明东：《罗隆基政治思想研究（1913—1949）》，博士学位论文，北京师范大学历史系，2000 年，第 67 页。

任东来：《对国际体制和国际制度的理解和翻译》，全球化与亚太区域化国际研讨会论文，天津，2000 年 6 月，第 9 页。

8. 转引文献

无法直接引用的文献，转引自他人著作时，须标明。

示例：

章太炎：《在长沙晨光学校演说》，1925 年 10 月，转引自汤志钧：《章太炎年谱长编》下册，北京：中华书局，1979 年，第 823 页。

9. 电子网络文献

标注项目与顺序：责任者／电子文献题名／更新或修改日期／获取和访问路径／引用日期。

示例：

王明亮：《关于中国学术期刊标准化数据库系统工程的进展》，1998 年 8 月 16 日，http：//www.cajcd.cn/pub/wml.txt/980810-2.html，1998 年 10 月 4 日。

（二）英文注释

1. 专著

标注顺序：责任者与责任方式 / 文献题名（用斜体）/ 出版地点 / 出版者 / 出版时间 / 页码。

示例：

Peter Brooks, *Troubling Confessions*：*Speaking Guilt in Law and Literature*, Chicago：University of Chicago Press, 2000, pp.48-49.

2. 期刊析出文献

标注顺序：责任者 / 析出文献题名 / 期刊名（用斜体）/ 卷册及出版时间 / 页码。

示例：

Heath B. Chamberlain, On the Search for Civil Society in China, *Modern China*, vol. 19, no. 2 (April 1993), pp.199-215.

（三）其他说明

1.再次引证，项目简化

同一文献再次引证时只需标注责任者、题名、页码，出版信息可省略。

示例：

赵景深：《文坛忆旧》，第 24 页。

2.引用先秦诸子等常用经典古籍，可在文中夹注（夹注应使用不同于正文的字体）。

示例：

这也就是所谓"天聪明自我民聪明，天明畏自我民明畏"（《尚书·皋陶谟》），"民之所欲，天必从之"（《尚书·泰誓》）。